Michael Quisinsky / Peter Walter (Hg.)

Personenlexikon zum Zweiten Vatikanischen Konzil

PERSONENLEXIKON ZUM ZWEITEN VATIKANISCHEN KONZIL

Herausgegeben von
Michael Quisinsky und Peter Walter

unter der Mitarbeit von
Clemens Carl

FREIBURG · BASEL · WIEN

© Verlag Herder GmbH, Freiburg im Breisgau 2012
Alle Rechte vorbehalten
www.herder.de
Umschlaggestaltung: Verlag Herder
Herstellung: fgb · freiburger graphische betriebe
www.fgb.de
Printed in Germany
ISBN 978-3-451-30330-2

Inhalt

Vorwort — 7

Einleitung

„In Sachen Konzil sind wir alle Novizen" (Johannes XXIII.)
Gegenwärtige und künftige Perspektiven auf das Vaticanum II
Michael Quisinsky — 9

Lexikon für Theologie und Kirche, 3. Auflage:
Artikel „Vaticanum II"
Giuseppe Alberigo, Peter Walter — 17

Abkürzungsverzeichnis

   Allgemeine Abkürzungen — 23

   Abgekürzte Literatur — 24

   Ordenskürzel — 28

Verzeichnis der Autorinnen und Autoren — 29

Stichwörter A – Z — 33

Stichwort- und Abbildungsverzeichnis — 299

Vorwort

Geschichte wird, auch wenn man sie unter verschiedenen Gesichtspunkten betrachten kann, von Menschen gemacht. Der Anteil der einzelnen daran ist nicht immer leicht zu bestimmen. Dies gilt in besonderer Weise auch für das Vaticanum II, das einen Knotenpunkt der Geschichte des Christentums im 20. Jahrhundert darstellt.

Während in den Jahren und Jahrzehnten unmittelbar nach dem Konzil Studierenden und anderen Interessierten viele Namen, die im Zusammenhang mit diesem genannt wurden und werden, geläufig waren, besteht heute nicht zuletzt unter Studierenden und jüngeren Konzilsinteressierten das Bedürfnis nach einer handhabbaren Erstinformation bezüglich der Konzilsakteure. Diesem Bedürfnis versucht das vorliegende Personenlexikon Rechnung zu tragen. Es stellt v. a. diejenigen der Konzilsakteure, die insbesondere in der im deutschen Sprachraum zugänglichen Sekundärliteratur häufig genannt werden, in Kurzbiografien vor und nennt weiterführende Literatur. Ursprünglich sollten die einschlägigen Artikel, die in der 1993–2001 unter der Federführung von Walter Kasper herausgegebenen dritten Auflage des *Lexikons für Theologie und Kirche* (LThK) erschienen waren, in kompakter Form zusammengestellt und so zugänglich gemacht werden. Rasch zeigte sich jedoch, dass viele in der Zwischenzeit als wichtige Konzilsakteure erkannte Personen nicht im LThK vertreten sind und es deshalb einer größeren Zahl erstmals zu schreibender Personenartikel bedarf. Zudem sind Umfang und Inhalt der Konzilsbeteiligung zahlreicher im LThK vertretener Konzilsakteure mittlerweile besser bekannt. Sowohl aus diesem Grund als auch aufgrund der verschieden gelagerten Ausrichtung von LThK und vorliegendem Personenlexikon wurden auch zahlreiche Einträge im LThK je nach Forschungsstand um Informationen zu den Konzilsaktivitäten ergänzt bzw. völlig neu geschrieben. Nur einige wenige Artikel aus dem LThK wurden schließlich unverändert beibehalten. Angesichts des gegenwärtigen Standes der Konzilsforschung dient das Personenlexikon in diesem Sinn auch als Ergänzung zu den in den letzten Jahren erschienenen großen zusammenfassenden Werken, wie der von Giuseppe Alberigo herausgegebenen *Geschichte des Zweiten Vatikanischen Konzils* (deutsche Ausgabe herausgegeben von Klaus Wittstadt und Günther Wassilowsky, 5 Bde. Mainz – Ostfildern 1997–2008) und *Herders Theologischem Kommentar zum Zweiten Vatikanischen Konzil,* herausgegeben von Peter Hünermann und Bernd Jochen Hilberath (5 Bde. Freiburg – Basel – Wien 2004–06), die auf biografische Informationen zu den einzelnen Akteuren verzichtet haben.

Angesichts von über 2.500 Konzilsvätern und einer großen Zahl von Theologen in ihrem Umkreis kann Vollständigkeit weder angestrebt noch erreicht werden. Um möglichst viele Personen aufnehmen zu können und das Ganze auch vom Umfang her in einem überschaubaren Rahmen zu halten, sind die einzelnen Einträge recht kurz gehalten. Leitgedanke war, neben allen deutschen Konzilsvätern, von denen freilich z. T. lediglich die Teilnahme am Konzil vermerkt werden kann, v. a. diejenigen Personen aufzunehmen, deren Name bei der Lektüre gegenwärtig einschlägiger Literatur zum Vaticanum II begegnet. Damit sind Leistungsfähigkeit wie Grenzen des Personenlexikons angezeigt: während es auf der Basis der bisherigen Konzilsforschung eine Erstinformation für „Einsteiger" bietet, kann es weder Vollständigkeit im Blick auf die verzeichneten Personen beanspruchen noch eine Würdigung der Konzilsakteure bieten, die wesentlich über das hinausgeht, was den in der Konzilsforschung Aktiven bereits bekannt ist. Vielmehr bildet es den gegenwärtigen Stand der Konzilsforschung ab. Damit allerdings kann es jüngeren Theologinnen und Theologen bzw. Historikerinnen und Historikern eine Hilfestellung leisten, hiervon ausgehend die Konzilsforschung um neue Akzente zu bereichern.

Das Personenlexikon verfolgt vor diesem Hintergrund zwei Ziele: Erstens können am Konzil Interessierte, gleichsam die bisherige Konzilsliteratur in der einen und das vorliegende Lexikon in der anderen Hand, schnell über eine erste Information zu den erwähnten Personen verfügen. Wenn dabei bei fortschreitender Auseinandersetzung mit dem Konzil oder gar eigenen Forschungen die Lücken des vorliegenden Personenlexikons dadurch gefüllt werden, dass weitere Personen ins Blickfeld rücken und ihr Beitrag zum Vaticanum II gewürdigt werden kann, hat das Lexikon ein zweites Ziel erreicht.

Das vorliegende Personenlexikon ermöglicht zu haben, ist das Verdienst der am Projekt beteiligten Autorinnen und Autoren. Ihnen gilt an dieser Stelle der große Dank der Herausgeber für Ihren Einsatz, durch den im Rahmen des ursprünglichen Zeitplans nicht nur eine bedeutende Zahl von Artikeln zu im LThK nicht enthaltenen Personen verfasst, sondern auch zahlreiche bereits im LThK enthaltene Artikel je nach Forschungsstand um zusätzliche Informationen ergänzt oder gar neu geschrieben werden konnten. Großer Dank gilt auch dem Redaktionsteam um Herrn Dipl.-Theol. Clemens Carl; Frau stud. theol. Franca Spies, Herrn Dipl.-Theol. Goran Subotic und Herrn Dipl.-Theol. Jorge Gallegos Sánchez haben in verschiedenen Phasen der Entstehung wertvolle Beiträge geleistet. Herr Dr. Bruno Steimer vom Verlag Herder hat das Projekt von Anfang an bereitwillig unterstützt.

Freiburg im Breisgau, am 11. Oktober 2012,
dem 50. Jahrestag der Eröffnung des Zweiten Vatikanischen Konzils
und liturgischen Gedenktag des sel. Johannes XXIII.

Michael Quisinsky und Peter Walter

Einleitung

„In Sachen Konzil sind wir alle Novizen" (Johannes XXIII.)
Gegenwärtige und künftige Perspektiven auf das Vaticanum II
Michael Quisinsky

50 Jahre nach Konzilsbeginn liegt eine unüberschaubare Zahl an Veröffentlichungen zum Vaticanum II, seiner Geschichte und seiner Interpretation, seiner Rezeption und seiner Hermeneutik vor.[1] Im deutschen Sprachraum sind diese Publikationen prominent repräsentiert durch die deutsche Ausgabe der fünfbändigen, unter Federführung Giuseppe Alberigos erarbeiteten *Geschichte des Zweiten Vatikanischen Konzils*[2] sowie durch den fünfbändigen, von Peter Hünermann und Bernd Jochen Hilberath herausgegebenen Kommentar.[3] Wer sich erstmals mit dem Vaticanum II beschäftigt, mag sich deshalb wie einst die Konzilsväter fühlen, deren Grundstimmung zu Beginn kein Geringerer als Johannes XXIII. zum Ausdruck brachte mit der Einschätzung: „In Sachen Konzil sind wir alle Novizen"[4]. Nicht zuletzt die große Zahl der am Konzil beteiligten Bischöfe, Theologen und anderen Konzilsakteure stellt neben dem umfangreichen Textcorpus des Konzils und der unüberschaubaren Sekundärliteratur für heutige „Konzilsnovizen" eine eigene Schwierigkeit dar. Dennoch war es gerade die große Zahl der am Konzil Beteiligten, die eine solche Vielfalt an aus Leben und Lehre der Kirche erwachsenden Aspekten in das Konzilsgeschehen einbrachte, dass mit fortschreitendem Forschungsstand das Verständnis des Vaticanum II als Ereignis der ganzen Kirche und darüber hinaus stets neu bereichert wird.

1. Das Vaticanum II im Spiegel seiner Teilnehmer

Während der vier Sitzungsperioden versammelten sich über 2.500 Bischöfe in der als Konzilsaula dienenden Peterskirche in Rom. Zu einem wichtigen Nebeneffekt des Vaticanum II wurde noch vor den theoretischen Grundlegungen in den einschlägigen Konzilsdokumenten die sich verstärkende bzw. in einigen Regionen der Weltkirche beginnende Zusammenarbeit der Bischöfe in Bischofskonferenzen.[5] Wenn gilt „Concilium episcoporum est"[6], so ist ein Konzil zugleich von zahlreichen weiteren Akteuren geprägt. In erster Linie sind hier die Theologen zu nennen, die freilich in verschiedener Funktion auf dem Konzil wirkten bzw. ihm zuarbeiteten: während die einen offiziell als Konsultoren vorbereitender Kommissionen bzw. später als Kommissionsmitglieder und Periti wirkten, dienten andere einzelnen Bischöfen als private Experten. Der offizielle Status entspricht dabei keineswegs automatisch dem inhaltlichen Einfluss. Untersucht man einen solchen, kann es ebenso schwierig sein, etwa den Anteil eines „offiziellen" Konzilstheologen in der Kommissionsarbeit auszumachen wie den eines „inoffiziellen" auf der atmosphärischen Ebene. Von kaum zu überschätzender Bedeutung waren auf offizieller wie inoffizieller Ebene die „nichtkatholischen Beobachter". Dass diese das Konzil in signifikanter Weise bereichern konnten, ist insbesondere das Verdienst der Verantwortlichen des von Johannes XXIII. gegründeten Päpstlichen Sekretariats zur Förderung der Einheit der Christen, des aus dem südbadischen Riedböhringen stammenden Jesuiten und Kurienkardinals Augustin Bea als Präsident sowie des niederländischen Diözesanpriesters und langjährigen Theologieprofessors Johannes Willebrands.[7] Dass die nichtkatholischen „Beobachter" bald zu veritablen „Teilnehmern" des Konzils wurden, ist bereits ein Ergebnis von dessen Dynamik. Im Laufe des Konzils wurden weiterhin ab der zweiten Sitzungsperiode zunächst 13 Laienauditoren, ab der dritten Sitzungsperiode zunächst sieben Laienauditorinnen (ab der vierten auch eine verheiratete) ernannt, womit den im Gang befindlichen ekklesiologischen Perspektivenerweiterungen Rechnung getragen wurde.[8] Gemeinsam mit den Laienauditorinnen waren es die Ordensoberinnen, die mehr und mehr die Stimme der weiblichen Hälfte der Menschheit in das Konzil einbrachten.[9] Wurde so das Vaticanum II zu einem umfassenden Dialogforum, stellt die Bildung von informellen Gruppierungen keine Überraschung dar. Die Zusammensetzung dieser Gruppen konnte von Theologen, die sich um einzelne Bischöfe versammelten, bis hin zu internationalen Zusammenschlüssen von Bischöfen reichen, von denen etwa die Kirche der Armen[10], die „évêques de Vatican II"[11] oder der Coetus Internationalis Patrum[12] zu nennen sind. Wenngleich nicht unbedingt für die Konzilsdokumente im engeren Sinn, so doch für deren Wahrnehmung innerhalb wie außerhalb der Kirche von herausragender Bedeutung wurden auch theologisch versierte Journalisten[13] und natürlich die Theologen bzw. theologischen Vermittler in den verschiedenen Fakultäten bzw. anderen kirchlichen und gesellschaftlichen Tätigkeitsfeldern.

Bei alledem kommt selbstverständlich der Konzilsgeschäftsordnung eine herausragende Rolle für Verlauf und Ergebnis des Konzils zu.[14] Diese rahmte gleichsam das Konzilsgeschehen ein, das sich aber gleichwohl in Wechselwirkung mit weiteren, jenseits der Geschäftsordnung angesiedelten Faktoren vollzog. Hier sind etwa auf der inhaltlichen Ebene theologische Grundsatzfragen mit z. T. jahrhundertelangem Nachhall wie in der Natur-Gnade-Frage zu nennen, auf der Ebene der Ereignisgeschichte sind dies z. B. politische Aspekte oder die Wechselwirkung mit der öffentlichen Meinung.[15] Vor diesem komplexen Hintergrund der Ereignisse und Entwicklungen im Umfeld des Konzils wird die Frage, wer ein Konzilsteilnehmer, Konzilsbischof oder Konzilstheologe ist, je nach den zu Grunde gelegten Kriterien unterschiedlich ausfallen. Nicht zuletzt, weil bis zum heutigen Tage in zahlreichen Konzilsinterpretationen das Vaticanum II, sein Verlauf und seine Ergebnisse „durch die Brille" einzelner Theologen, Schulen oder Traditionslinien gelesen wird, ist die genauere Kenntnis der einzelnen Konzilsakteure von herausragender Bedeutung.

Beinhaltet in diesem Sinn bei der Beschäftigung mit dem Konzil jede „persönliche" Deutung des Vaticanum II eine je eigene Wertigkeit, die zu einem wahrhaft „katholischen" Gesamtverständnis beitragen kann, so wird man zugleich bei den berechtigten Aspekten, die Einzelne in das Gesamtverständnis einbringen, dieses nicht unter der Hand auf Einzelne und die von ihnen eingebrachten Einzelaspekte reduzieren.

2. Das Vaticanum II im Spiegel der Konzilsforschung

Nach wie vor stellen die Dokumente des Vaticanum II nicht nur eine lohnende, sondern auch eine unverzichtbare Lektüre für alle dar, die sich einem „Aggiornamento" verpflichtet fühlen, d. h. die die Kirche um ihrer Sendung willen auf die Höhe der Zeit bringen wollen.[16] Freilich werden viele aufgrund des – nicht zuletzt im Hinblick auf die Vorgängerkonzilien! – umfangreichen Textcorpus des Konzils nicht dessen Dokumente von A bis Z durchlesen, sondern auf hilfreiche und kompetente einführende Darstellungen[17] zurückgreifen oder ausgewählte Texte in Verbindung mit einem Kommentar oder einer Spezialstudie lesen.[18] Diese spiegeln jeweils das Konzilsverständnis ihrer eigenen Zeit, zugleich aber bauen sie zunehmend auf der vorangegangenen Konzilsforschung auf. Aufgrund deren Vielgestaltigkeit ist es schwierig, sie in klar abgrenzbare Phasen zu unterteilen.[19] Eine ähnliche Schwierigkeit ergibt sich bei der Frage nach einer Periodisierung der Konzilsrezeption.[20] Mehr und mehr wird deren Komplexität Rechnung getragen, wobei dem Leben und Denken der Kirche in seiner ganzen Vielfalt Aufmerksamkeit geschenkt wird. Die im Leben und Denken der Kirche erfolgende Rezeption des Konzils, das selbst eine Rezeption kirchlichen Lebens und Denkens darstellte, ist dabei selbst ein spezifischer Teil der Konzilshermeneutik.[21] Verschiedene methodische Zugänge, etwa aus kirchengeschichtlicher, systematischer, pastoraltheologischer, aber etwa auch soziologischer Perspektive, ergänzen sich deshalb in der Konzilsforschung.

Eine besondere Herausforderung besteht in der konzeptuellen Bündelung der unzähligen Aspekte des Vaticanum II, seiner Vorbereitung und seiner Rezeption, seiner Theologie und seiner Hermeneutik. Denn bei aller Differenzierung gilt es nicht zuletzt immer wieder, das Konzil auch jenseits der Zugänge von Spezialisten kommunizierbar zu machen. Dieser Herausforderung wurde in den vergangenen Jahren in verschiedener Weise durch Gesamtcharakterisierungen begegnet, die nicht vorschnell als Verschlagwortungen diskreditiert werden dürfen. Für Giuseppe Alberigo ist das Konzil ein Ereignis, für dessen Verständnis vielfältige Faktoren zu berücksichtigen sind. Durch den Ereignischarakter weisen die verbindlichen Ergebnisse des Vaticanum II über das Konzil hinaus.[22] Der Tübinger Dogmatiker Peter Hünermann legte ein geschichtlich-systematisches Verständnis des Textcorpus des Vaticanum II als Konstitution, d. h. als Verfassung der Kirche, vor.[23] In seiner Weihnachtsansprache an die Kurienmitarbeiter aus dem Jahre 2005 meldete sich Papst Benedikt XVI. zu Wort und sprach sich gegen eine Konzilsdeutung in Kategorien von Kontinuität und Diskontinuität aus. Vielmehr sei eine Hermeneutik der Reform der angemessene Zugang zu Verständnis und Auslegung des Konzils. Der Papst, der selbst Konzilsperitus war, kritisiert damit eine Alberigo zugeschriebene Hermeneutik des Bruchs ebenso wie Hünermanns These vom verfassungsmäßigen Charakter der Konzilstexte.[24]

Vielversprechende Gesamtdeutungen implizieren auch die Charakterisierungen des Konzils als „Prozess", wie sie Kardinal Karl Lehmann vorlegt,[25] und als „Stil", wodurch erstmals der amerikanische Jesuit John W. O'Malley die grundlegende und irreversible Bedeutung des Vaticanum II für die katholische Kirche aufzuzeigen sucht.[26] Die Charakterisierung des Konzils als „Erbe" der gegenwärtigen und künftigen Kirche sucht historische und systematische Engführungen zu überwinden und die unweigerlich existierende Verknüpfung von Konzilshistoriografie, Konzilsrezeption und Konzilshermeneutik fruchtbar zu machen.[27] Dieses Ineinander prägt insbesondere auch die Forschungen des kanadischen Theologen Gilles Routhier zu Rezeption und Hermeneutik des Konzils, der nicht nur die verschiedenen theologischen Disziplinen miteinander ins Gespräch bringt, sondern auch über die Theologie hinaus einem interdisziplinären Horizont verpflichtet ist.[28] Schließlich kann man Christoph Theobald mit seinem Verständnis der „pastoralité" des Konzils als herausragenden Vertreter der breiten und in sich durchaus differenzierten Strömung nennen, die gemäß der Intention Johannes' XXIII. Dogma und Pastoral aufeinander zu beziehen sucht.[29]

Welcher Charakterisierung man auch zuneigt, immer hat man es beim Vaticanum II – und seiner Erforschung – mit einem an Personen und Ereignissen so reichen Geschehen zu tun, dass sich die Frage nach der Rolle Einzelner im Blick auf das Gesamt ergibt, aber auch des Gesamten im Blick auf Einzelne. Dies nicht zuletzt deshalb, weil sich auch Konzilsrezeption, Konzilshistoriografie und Konzilshermeneutik z.T. mehr, z.T. weniger aus Traditionslinien speist, die mit Namen von Konzilsakteuren verbunden sind, wobei deren jeweilige Verbindung mit dem Vaticanum II höchst unterschiedlich konkretisiert sein konnte.

3. Das Vaticanum II zwischen Geschichte und Zukunft

Von einem gegenwärtigen Zugang aus ist also einerseits eine „Vermittlung" des Konzils durch bestimmte Traditionslinien – und konkret: durch bestimmte personelle Konstellationen im Leben der Kirche allgemein wie speziell in der wissenschaftlichen Theologie – ein normaler und geradezu zwangsläufiger Teil der Geschichtlichkeit des Konzils, seiner Rezeption und seiner Hermeneutik. Dies gilt weit über die in diesem Lexikon versammelten mehr oder weniger am Konzil selbst beteiligten Personen hinaus, wie etwa die Berichte von Zeitzeugen zeigen.[30] Andererseits aber weist das Konzil in seiner Vielgestaltigkeit immer über diese einzelnen Linien hinaus und in einen größeren Horizont hinein. Dies bringt Papst Benedikt XVI. zum Ausdruck, wenn ihm in einem Rückblick auf seine eigene Konzilsbeteiligung „erst wieder so recht zu Bewusstsein gekommen [ist], wie vielschichtig der Werdegang der

Konzilstexte gewesen ist. Der Einsatz vieler einzelner und das Begegnen der einzelnen auf den verschiedensten Ebenen gehörten dazu. In solchem Zusammenwirken reifte eine Aussage, in der das Ganze wesentlich mehr ist als die einzelnen Teile und das Besondere jedes einzelnen eingesenkt ist in eine ihn überschreitende Dynamik des Ganzen, die auch sein Eigenes verwandelt und in eine nicht von ihm kommende Synthese hineingeformt hat. Nach dem Beitrag eines einzelnen zu suchen, bedeutet zugleich, dieses Dramas ansichtig zu werden, in dem das Mühen des einzelnen nicht umsonst ist, aber doch im Miteinander der versammelten Gemeinschaft Neues wird, das keiner für sich reklamieren kann."[31] In diesem komplexen und z.T. auch konfliktreichen Miteinander weisen die einzelnen, von nah und fern geleisteten direkten und indirekten Beiträge zum Konzil und seiner Rezeption in ein je weiteres und im Wortsinne „katholischeres" Verständnis nicht nur des Konzils, sondern gemäß dessen Zielsetzung von Gott und Mensch, Kirche und Welt hinein. Das Ende des Vaticanum II bedeutete so nicht einfach ein Ende dieser Dynamik. Dabei beinhalten die Biografien der am Konzil beteiligten Personen mit der Generationenzugehörigkeit eine Dimension, deren Bedeutung im Verständnis des Konzils und seiner Rezeption kaum überschätzt werden kann. Dies kommt in einer Erinnerung des Konzilsbeobachters des Ökumenischen Rates der Kirchen, Lukas Vischer, an den badisch-schweizerischen Ökumeniker Otto Karrer zum Ausdruck: dieser „war einer der Pioniere gewesen, hatte sich konsequent für ökumenische Öffnung eingesetzt und war damit in seiner Kirche oft unverstanden geblieben. Jetzt wurde ihm von höchster Stelle Recht gegeben. Das Konzil war für ihn in erster Linie ein Augenblick der Erfüllung. Seine Rede glich derjenigen Simeons: seine Augen hatten gesehen, was sich sein Herz so lange erhofft hatte. Für mich als Vertreter einer jüngeren Generation stand hingegen die Frage im Vordergrund, was sich aus diesem Durchbruch ergeben werde."[32]

So verbindet in der Gegenwart der Blick auf das Vaticanum II Geschichte und Zukunft.[33] Einerseits gilt es, zu einem besseren Verständnis des Ganzen des Konzils zu gelangen, dem eine Dynamik eigener Qualität innewohnt. Andererseits erfolgt dies aber letztlich immer vor dem Hintergrund der Frage, was sich aus dem Durchbruch des Vaticanum II für das Christsein in der Welt von heute ergeben hat und für das Christsein in der Welt von morgen ergeben kann.

---

1 Für einen aktuellen Forschungsbericht siehe F.X. Bischof: Konzilsforschung im deutschsprachigen Raum. Ein Literaturbericht: ders.: Das Zweite Vatikanische Konzil (1962–1965). Stand und Perspektiven der deutschsprachigen kirchenhistorischen Forschung. Stuttgart 2012, 13–25; J. Schmiedl: Visionärer Anfang oder Betriebsunfall der Geschichte? Tendenzen der Forschung zum Zweiten Vatikanischen Konzil: Theologische Revue 108 (2012) 3–18. Die wichtigen Veröffentlichungen der vergangenen Jahre sind fortlaufend vorgestellt in der von Gilles Routhier verantworteten „Chronique" sowie in dem von Massimo Faggioli redigierten „Bollettino": G. Routhier: Recherches et publications récentes autour de Vatican II: Laval théologique et philosophique 53 (1997) 435–454 sowie unter demselben Titel in Laval théologique et philosophique 55 (1999) 115–149; 56 (2000) 543–583; 58 (2002) 177–203; 59 (2003) 583–606; 60 (2004) 561–577; 61 (2005) 613–653; 64 (2008) 783–824; 67 (2011) 321–373 bzw. M. Faggioli: Concilio Vaticano II: bollettino bibliografico

(2000–2002): CrStor 24 (2003) 335–360; Concilio Vaticano II: bollettino bibliografico (2002–2005): CrStor 26 (2005) 743–767; Council Vatican II: Bibliographical Overview 2005–2007: CrStor 29 (2008) 567–610; Council Vatican II: Bibliographical Overview 2007–2010: CrStor 32 (2011) 755–791.

2 Für die deutsche Ausgabe siehe G. Alberigo – K. Wittstadt (ab Band 4: G. Wassilowsky) (Hg.): Geschichte des Zweiten Vatikanischen Konzils, 5 Bde. Mainz – Ostfildern 1997–2008.

3 P. Hünermann – B.J. Hilberath (Hg.): Herders Theologischer Kommentar zum Zweiten Vatikanischen Konzil, 5 Bde. Freiburg 2004–2006; siehe auch dies. – L. Boeve (Hg.): Das Zweite Vatikanische Konzil und die Zeichen der Zeit heute (Festschrift für Karl Kardinal Lehmann). Freiburg 2006. Für ein früheres von Hünermann maßgeblich mitgeprägtes Forschungsprojekt siehe H. Wolf (Hg.): Antimodernismus und Modernismus in der katholischen Kirche. Beiträge zum theologiegeschichtlichen Vorfeld des II. Vatikanums (Programm und Wirkungsgeschichte des II. Vatikanums 2). Paderborn 1998; ders. (Hg.): Die katholisch-theologischen Disziplinen in Deutschland 1870–1962. Ihre Geschichte, ihr Zeitbezug (Programm und Wirkungsgeschichte des II. Vatikanums 3). Paderborn 1999; ders. – C. Arnold (Hg.): Die deutschsprachigen Länder und das II. Vatikanum (Programm und Wirkungsgeschichte des II. Vatikanums 4). Paderborn 2000.

4 M. Plate: Weltereignis Konzil. Darstellung, Sinn, Ereignis. Freiburg 1966, 102.

5 Vgl. A. Garcia y Garcia – H. Legrand – J. Manzaranes (Hg.): Les Conférences épiscopales. Théologie, statut canonique, avenir (Cogitatio Fidei 149). Paris 1988 bzw. H. Müller – H.J. Pottmeyer (Hg.): Die Bischofskonferenz. Theologischer und juridischer Status. Düsseldorf 1989.

6 P.-R. Cren: Concilium episcoporum est. Note sur l'histoire d'une citation des Actes du concile de Chalcédoine: Revue des sciences philosophiques et théologiques 46 (1962) 45–62; siehe auch M. Lamberigts – A. Greiler: „Concilium episcoporum est". The interventions of Liénart and Frings revisited. October 13th, 1962: EThL 73 (1997) 54–71.

7 Vgl. Y. Congar: Die Rolle der „Beobachter" in der Entwicklung der Ökumene: K. Fröhlich (Hg.): Ökumene. Möglichkeiten und Grenzen heute. Tübingen 1982, 50–62; L. Vischer: Das Konzil als Ereignis in der ökumenischen Bewegung: G. Alberigo – G. Wassilowsky (Hg.): Geschichte des Zweiten Vatikanischen Konzils, Bd. 5: Ein Konzil des Übergangs: September – Dezember 1965. Ostfildern 2008, 559–618.

8 Allgemein: R. Goldie: La participation des laïcs aux travaux du concile Vatican II: Revue des sciences religieuses 62 (1988) 54–73; C. Masson: Les laïcs dans le souffle du Concile. Paris 2007, 51–57. G. Routhier: Une histoire qui témoigne du reflux du thème du laïcat?: C. Theobald (Hg.): Vatican II sous le regard des historiens. Colloque du 23 septembre 2005. Centre Sèvres – Facultés jésuites de Paris (Théologie 136). Paris 2006, 95–126, bes. 107f., sieht die Konzilsbeteiligung der Laienauditoren in der von Giuseppe Alberigo herausgegebenen Geschichte des Zweiten Vatikanischen Konzils als zu wenig gewürdigt an.

9 Vgl. C. McEnroy: Guests in their own house. The women of Vatican II. New York 1996.

10 Vgl. D. Pelletier: Une marginalité engagée: le groupe „Jésus, l'Église et les Pauvres": M. Lamberigts – C. Soetens – J. Grootaers (Hg.): Les Commissions conciliaires à Vatican II (Instrumenta theologica 18). Leuven 1996, 63–90.

11 M. Faggioli: Quelques thèmes de réflexion sur le modèle d'évêque post-conciliaire: Revue des sciences religieuses 76 (2002) 78–102.

12 Vgl. L. Perrin: Il „Coetus internationalis patrum" e la minoranza conciliare: M.T. Fattori – A. Melloni: L'evento e le decisioni. Studi sulle dinamiche del concilio Vaticano II (Testi e ricerche di scienze religiosi, N. S. 20). Bologna 1997, 172–188; P.J. Roy: La préhistoire du Coetus Internationalis Patrum. Une formation romaine, antilibérale et contre-révolutionnaire: G. Routhier – ders. – K. Schelkens (Hg.): La théologie catholique entre intransigeance et renouveau. La réception des mouvements préconciliaires à Vatican II. Leuven 2011, 321–354.

13 Vgl. beispielsweise den oben genannten Band von Manfred Plate (wie Anm. 4).

14 Die Entscheidung Johannes' XXIII., dass die Präfekten der entsprechenden kurialen Dikasterien Vorsitzende der vorbereitenden Kommissionen werden sollten, stieß z.T. auf heftige Kritik, kann aber auch als Einbindung der Kurie in die konziliare Dynamik gedeutet werden. Die Konzilsgeschäftsordnung sah die Einrichtung von Kommissionen mit z.T. durch das Konzil zu wählenden, z.T. vom Papst zu ernennenden Mitgliedern im Verhältnis von 2/3 zu 1/3 vor. Zunächst nahm das

Konzilspräsidium, später das aus vier Moderatoren bestehende Gremium eine koordinierende Rolle ein. In den Kommissionssitzungen, in denen wichtige Entscheidungen zu den zu erstellenden Schemata getroffen wurden, nahmen auch vom Papst ernannte Theologen als Experten teil, während die nichtkatholischen Beobachter bei den Generalkongregationen anwesend sein durften. Diese begannen i. d. R. mit einer Messfeier, wobei die verschiedenen Riten der teilnehmenden Bischöfe zu ihrem Recht kamen und so eine Reduktion der katholischen Kirche auf ihre römische bzw. lateinische Ausprägung sichtbar verhinderten. Mündliche bzw. schriftliche Interventionen stellten die Möglichkeit der einzelnen Konzilsväter dar, auf laufende Diskussionen um einzelne Schemata Einfluss zu nehmen, die in Abstimmungen mit placet, non placet und placet iuxta modum bewertet werden konnten. Im Laufe der Zeit erfuhr die Geschäftsordnung Anpassungen, weiterhin wurden je nach Bedarf Unter- und Gemischte Kommissionen gebildet (vgl. für die Geschäftsordnung v. a. H. Jedin: Die Geschäftsordnung des Konzils: LThK. E 3 [1968] 610–623; J. A. Komonchak: Der Kampf für das Konzil während der Vorbereitung [1960–1962]: G. Alberigo – K. Wittstadt [Hg.]: Geschichte des Zweiten Vatikanischen Konzils, Bd. 1: Die katholische Kirche auf dem Weg in ein neues Zeitalter. Die Ankündigung und Vorbereitung des Zweiten Vatikanischen Konzils [Januar 1959 bis Oktober 1962]. Mainz 1997, 189–401.369–378).

15 Die Wechselwirkung mit der öffentlichen Meinung ist freilich umso schwerer zu erfassen, als diese selbst von den gesellschaftlichen Veränderungsprozessen geprägt war, die die 1960er Jahre kennzeichnen. Wenige Jahre nach dem Konzil war es die Umfrage im Vorfeld der Würzburger Synode, „mit der erstmals demoskopische Methoden auf breiter Front in der katholischen Kirche Einzug hielten" (B. Ziemann: Öffentlichkeit in der Kirche. Medien und Partizipation in der katholischen Kirche der Bundesrepublik 1965–1972: F. Bösch – N. Frei [Hg.]: Medialisierung und Demokratie im 20. Jahrhundert. Göttingen 2006, 179–206: 183).

16 Dass dies eine anspruchsvolle spirituelle Grundhaltung erfordert und keineswegs als vordergründige Anpassung missverstanden werden kann, zeigt M. Bredeck: Das Zweite Vatikanum als Konzil des Aggiornamento. Zur hermeneutischen Grundlegung einer theologischen Konzilsinterpretation (Paderborner Theologische Studien 48). Paderborn 2007.

17 Vgl. in diesem Sinn v. a. F. X. Bischof – S. Leimgruber (Hg.): Vierzig Jahre II. Vatikanum. Zur Wirkungsgeschichte der Konzilstexte. Würzburg 2004.

18 Dazu instruktiv J. Famerée: Les premières interprétations de „Lumen gentium": enjeux pour l'herméneutique conciliaire actuelle: P. Bordeyne – L. Villemin (Hg.): Vatican II et la théologie. Perspectives pour le XXIe siècle (Cogitatio Fidei 254). Paris 2006, 37–59.

19 Am Beispiel der französischen Konzilsliteratur versucht bei M. Quisinsky: „L'Église tout entière est en état de Concile": F. X. Bischof (Hg.): Das Zweite Vatikanische Konzil (wie Anm. 1), 131–157: 154f.

20 Vgl. G. Routhier: La périodisation: ders. (Hg.): Réceptions de Vatican II. Le Concile au risque de l'histoire et des espaces humains (Instrumenta theologica 27). Leuven 2004, 225–244.

21 Vgl. G. Routhier: La réception d'un concile (Cogitatio Fidei 174). Paris 1993; ders.: Vatican II. Herméneutique et réception (Héritage et projet 69). Montreal 2006.

22 Vgl. G. Wassilowsky: Kontinuum – Reform – (Symbol-)Ereignis? Konzilsgeschichtsschreibung nach Alberigo: F. X. Bischof (Hg.): Das Zweite Vatikanische Konzil (wie Anm. 1), 17–44.

23 Vgl. P. Hünermann: Der Text. Werden – Gestalt – Bedeutung. Eine hermeneutische Reflexion: ders. – B. J. Hilberath (Hg.): Herders Theologischer Kommentar zum Zweiten Vatikanischen Konzil, Bd. 5: Die Dokumente des Zweiten Vatikanischen Konzils: theologische Zusammenschau und Perspektiven. Freiburg 2006, 5–101; ders.: Der Text. Eine Ergänzung zur Hermeneutik des II. Vatikanischen Konzils: CrStor 28 (2007) 339–358; dazu auch C. Theobald: Mise en perspective. Transmettre l'histoire de Vatican II ou/et commenter ses textes? Un débat nouveau sur la réception du Concile: ders. (Hg.): Vatican II sous le regard des historiens (wie Anm. 8), 3–23, bes. 8–15; M. Faggioli: Il Vaticano II come „costituzione" e la „recezione politica" del concilio: Rassegna di Teologia 50 (2009) 107–122.

24 Vgl. M. Faggioli: Die kulturelle und politische Relevanz des II. Vatikanischen Konzils als konstitutiver Faktor der Interpretation: P. Hünermann (Hg.): Exkommunikation oder Kommunikation? Der Weg der Kirche nach dem II. Vatikanum und die Pius-Brüder (Quaestiones disputatae 236). Freiburg 2009, 153–174: 160f.

25 Vgl. K. Lehmann: Das II. Vatikanum – ein Wegweiser. Verständnis – Rezeption – Bedeutung: P. Hünermann – B. J. Hilberath – L. Boeve (Hg.): Das Zweite Vatikanische Konzil und die Zeichen der Zeit heute (wie Anm. 3), 11–26: 13.

26 Vgl. J. W. O'Malley: The Style of Vatican II. The „how" of the Church changed During the Council: America Nr. 188/6 (24. Februar 2003) 12–15; G. Routhier: Vatican II comme style: ders.: Penser l'avenir de l'Église. Montreal 2008, 53–92; J. Famerée (Hg.): Le style de Vatican II. L'herméneutique théologique du Concile (Unam Sanctam. Nouvelle Série). Paris 2012; zum „Stil" als fundamentaltheologischer Kategorie siehe auch C. Theobald: Le christianisme comme style. Une manière de faire de la théologie en postmodernité, Bd. 1 (Cogitatio Fidei 260) und Bd. 2 (Cogitatio Fidei 261). Paris 2007 in Verbindung mit ders.: La reception du concile Vatican II, Bd. I: Acceder à la source (Unam sanctam. Nouvelle serie 1). Paris 2009.

27 Vgl. M. Lamberigts – L. Kenis (Hg.): Vatican II and its legacy (Bibliotheca Ephemeridum Theologicarum Lovaniensium 166). Leuven 2002.

28 Vgl. G. Routhier: Vatican II (wie Anm. 21).

29 Vgl. C. Theobald: La reception du concile Vatican II (wie Anm. 26).

30 Vgl. M. Quisinsky: „Gelebtes Konzil". Zur historischen, systematischen und konzilshermeneutischen Bedeutung von Zeitzeugenberichten zum Zweiten Vatikanum: K. Gallegos Sánchez – B. Henze – T. Herkert – ders. (Hg.): Aggiornamento im Erzbistum Freiburg. Das II. Vatikanische Konzil in Erinnerung und Dialog (Tagungsberichte der Katholischen Akademie der Erzdiözese Freiburg). Freiburg 2011, 31–46.

31 J. Ratzinger: Geleitwort: T. Weiler: Volk Gottes – Leib Christi. Die Ekklesiologie Joseph Ratzingers und ihr Einfluß auf das Zweite Vatikanische Konzil. Mit einem Geleitwort von Joseph Kardinal Ratzinger. Mainz 1997, XIIIf., hier: XIII.

32 L. Vischer: Die eine Kirche in der einen Welt: W. W. Müller (Hg.): Otto Karrer. Fundamente und Praxis der Ökumene gestern und heute (Schriften Ökumenisches Institut Luzern 1). Berlin 2004, 34–55: 34f.

33 Siehe dazu auch J.-H. Tück: Erinnerung an die Zukunft. 50 Jahre Zweites Vatikanisches Konzil: ders. (Hg): Erinnerung an die Zukunft. Das Zweite Vatikanische Konzil. Freiburg 2012, 11–30: 19: „Das Konzil hat universalkirchlich verbindliche Weichenstellungen vorgenommen. Die Erinnerung an diese Weichenstellungen, die vom Weltepiskopat nahezu einmütig verabschiedet und von Papst Paul VI. promulgiert wurden, ist für die Zukunft der Kirche konstitutiv."

Im Rahmen der Konzeption des Personenlexikons (siehe Vorwort) erschien es sinnvoll, auch den Artikel „Vaticanum II" von Giuseppe ⁄Alberigo † und Peter Walter aus dem *Lexikon für Theologie und Kirche* (LThK³ 10, 562–568) hier abzudrucken. Er bietet einen raschen und präzisen Zugriff auf die Geschichte und die Nachgeschichte des Konzils. Anstelle der Literaturangaben, die in der Erstveröffentlichung dieses Artikels enthalten sind, wird auf diejenigen verwiesen, die in den einzelnen Personenartikeln bzw. im Verzeichnis der abgekürzten Literatur genannt werden. Ansonsten erfolgt der Abdruck unverändert.

Vaticanum II

Von Papst ⁄Johannes XXIII. einberufenes und von ihm und seinem Nachfolger ⁄Paul VI. geleitetes ökumenisches Konzil, tagte vom 11.10.1962 bis 8.12.1965 in Rom (St. Peter).

I. Ankündigung und Vorbereitung. 1. *Der Kontext der unerwarteten Ankündigung*. Nach der Vertagung des Vaticanum I 1870 war man vielfach der Meinung, dass mit der Definition von Primat und päpstlicher Unfehlbarkeit die Zeit der Konzilien beendet sei, zumal die Päpste seit Benedikt XV. vergeblich versucht hatten, jenes Konzil zum Abschluss zu bringen. Angesichts der Entstehung von „Bewegungen" (Liturgische, Biblische und Ökumenische Bewegung) und der allgemeinen theologischen Entwicklung regten sich seit den 1930er Jahren Erwartungen auf eine Erneuerung der Kirche. Zum Abschluss der Welt-Gebetswoche für die Einheit der Christen am 25.1.1959 kündigte Papst Johannes XXIII. die Einberufung eines allgemeinen Konzils für die Weltkirche an. Während die Ankündigung bei vielen Kardinälen kühl aufgenommen wurde, fand sie allgemein ein lebhaftes Echo, da sie die Verheißung einer Erneuerung enthielt.

2. *Erste Vorbereitungen* (1959–60). Am 17.5. 1959 bildete Johannes XXIII. die *Commissio ante-preparatoria* (vor-vorbereitende Kommission) für das Konzil, bestehend aus den Sekretären der römischen Kongregationen und unter Vorsitz des Kardinalstaatssekretärs Domenico ⁄Tardini. Am 18.6.1959 wurden die Bischöfe, die katholischen Universitäten und Fakultäten sowie die Organe der Kurie gebeten, Vorschläge für das kommende Konzil zu machen. Auf 2.593 Anfragen kamen 1.998 Rückmeldungen. Das Motu Proprio *Superno Dei nutu* vom 5.6.1960 eröffnete dann die Konzilsvorbereitung im eigentlichen Sinn. Am 14.7.1960 teilte Johannes XXIII. mit, dass das Konzil „Vaticanum II" heißen solle, also keine Wiederaufnahme des Vaticanum I bedeute. Der Papst umschrieb den Charakter des Konzils als ein pastorales Ereignis für die ganze Kirche im Übergang in ein neues Zeitalter.

3. *Unmittelbare Vorbereitung* (1960–62). Es wurden eine zentrale vorbereitende Kommission und zehn Fachkommissionen gebildet, die die Gliederung der kurialen Kongregationen widerspiegelten, deren Vorsitzende auch die Leitung der entsprechenden Kommissionen erhielten. Erst spätere Ernennungen schwächten das Monopol der Kurienmitglieder ab. Neu war die auf Vorschlag von Kardinal Augustin ⁄Bea und Erzbischof Lorenz ⁄Jaeger erfolgte Errichtung eines Sekretariats für die Einheit der Christen. Weiterhin übten die römischen Kreise jedoch einen vorherrschenden Einfluss auf die Vorbereitungsarbeit aus; es wurden über 70 Entwürfe – häufig von zweitrangiger Qualität – ausgearbeitet in der Vorstellung, dass diese ohne Spannungen und Diskussionen rasch verabschiedet würden. Die Einberufung des Konzils erfolgte am 25.12.1961 (Apostolische Konstitution *Humanae salutis*), das Motu Proprio *Concilium* (2.2.1962) setzte den darauffolgenden 11. Oktober für den Beginn der Arbeiten fest. Unterdessen zeichneten sich drei Aspekte ab: Das Konzil würde a) kein „Konzil der Einheit" zwischen den christlichen Kirchen werden, sondern b) ein „pastorales" Konzil, ohne neue Dogmen oder Verurteilungen, schließlich c) ein freies

Konzil, auf welchem dem Episkopat die Protagonistenrolle zufiel. Nach dem Vorbild des Vaticanum I wurde eine Geschäftsordnung für die Konzilsversammlung aufgestellt, die die Versammlung grundlegend konditionierte und zwei Ebenen unterschied: das Plenum (Generalkongregation) und Arbeitsgruppen (elf Kommissionen sowie zwei technische Organe); schließlich sollten die Entscheidungen in den feierlichen Sessionen approbiert werden. Den Vorsitz bei den Arbeiten führte ein Präsidium aus zwölf Kardinälen, assistiert vom Generalsekretariat; die Kommissionen standen unter der Leitung eines vom Papst ernannten Kardinals, ein Drittel der 24 Mitglieder wurde ebenfalls vom Papst nominiert, die restlichen zwei Drittel vom Konzil gewählt. Ebenfalls anwesend waren „Periti" mit fachlich-beratenden Funktionen. Das Einheitssekretariat erreichte, dass Beobachter von Seiten der „getrennten Christen" zugelassen wurden. Für die Verabschiedung der Texte war eine Mehrheit von zwei Dritteln der Anwesenden erforderlich. Die einzige zugelassene Konferenzsprache war Latein.

II. Verlauf. 1. *Die feierliche Eröffnung und der Beginn der Arbeiten.* Am 11.10.1962 hielt Johannes XXIII. in der mit mehreren tausend Personen (2.540 Konzilsväter, außerdem Beobachter, Periti und geladene Gäste: 1.041 Europäer, 956 Amerikaner, 379 Afrikaner, über 300 Asiaten) gefüllten Peterskirche die Eröffnungsansprache. Der „springende Punkt" für das Konzil war die Aussage, nach der „ein Unterschied besteht zwischen dem Wesen der alten Lehre vom Depositum fidei und der Ausformulierung ihrer Gestalt". Diesbezüglich wünschte sich Johannes XXIII. ein „vorwiegend pastoral ausgerichtetes Lehramt, das den heutigen Bedürfnissen statt mit Verurteilungen mit dem Aufweis der Gültigkeit seiner Lehre begegnet". Um eine Bestätigung der vorbereitenden Kommissionen zu vermeiden, wurde am 13.10. auf Initiative der Kardinäle Achille ∕Liénart und Joseph ∕Frings die Vertagung der Wahlen beantragt; diese fanden dann am 16.10. auf der Grundlage der von den Bischofskonferenzen erstellten Listen statt. Nach Anordnung des Papstes wurde als erstes das liturgische Schema diskutiert (22.10.–13.11.). Die Verabschiedung dieses Themas wurde auf die darauffolgende Sitzungsperiode vertagt. Die folgende Debatte (14.–21.11.) betraf die „Quellen der Offenbarung": Das Schema erntete tiefgreifende und radikale Kritiken. Am 23.11. wurden zwei weitere Schemata diskutiert (Soziale Kommunikationsmittel – lebhaft kritisiert – und Einheit der Kirche) und das am stärksten erwartete Schema über die Kirche ausgeteilt.

2. *Die Diskussion über die Kirche und der Abschluss der ersten Sitzungsperiode.* Die letzten Generalkongregationen (1.–7.12.) waren dem Schema *De ecclesia* (elf Kapitel, 80 Seiten) gewidmet. Die Debatte zeigte, welch riesige Fortschritte im Bewusstsein des Konzils erfolgt waren: Es wurden schwere Einwände sowohl gegenüber der Art der Abfassung als auch der darin enthaltenen Ekklesiologie erhoben. Am 5. und 6.12. wurde ein Faszikel verteilt, der in 20 Themen die vielen Dutzende von vorbereiteten Schemata zusammenfasste. Johannes XXIII. ernannte seinerseits eine „Koordinierungskommission", welche die Konzilsarbeit in der Zeit der Sitzungsunterbrechung (intersessio) leiten sollte. Eine feierliche letzte Sessio vor der neunmonatigen Pause folgte am 8.12.1962.

3. *Intersessio 1962/63.* Die Koordinierungskommission gab die grundlegenden Richtlinien für die Neuausarbeitung der Schemata in den Kommissionen vor. Ende Februar 1963 entschied die Arbeitsgruppe zu *De ecclesia,* den von dem belgischen Theologen Gérard ∕Philips ausgearbeiteten Alternativentwurf als Grundlage zu nehmen. Auch andere Schemata wurden überarbeitet. Zum Schema XVII, die Beziehung Kirche – Welt betreffend, wurde eine gemischte Kommission gebildet.

4. *Von Johannes XXIII. zu Paul VI.: Die Fortsetzung des Konzils und die Änderung der Geschäftsordnung.* Der Tod des Papstes am

3.6.1963 stellte die Frage nach der Fortführung des Konzils. Der am 21.6.1963 gewählte Paul VI., zuvor Mitglied der zentralen Vorbereitungskommission und Teilnehmer der ersten Sitzungsperiode, ordnete am 27.6. die Fortführung des Konzils und die Wiederaufnahme der Arbeiten an. Eine Korrektur der Geschäftsordnung schien angebracht; es wurde ein Moderatorenkollegium (Gregor Petrus /Agagianian, Julius /Döpfner, Giacomo /Lercaro und Léon-Joseph /Suenens) für die Leitung der Arbeiten ernannt. Außerdem schuf Paul VI. durch die Einladung einiger Laien die neue Kategorie der „Konzils-Auditoren".

5. *Die zweite Sitzungsperiode: Kollegialität der Bischöfe und „Oktoberkrise".* Bei der Wiederaufnahme der Arbeiten (29.9.1963) hob Paul VI. vier Zielsetzungen des Konzils hervor: die Darstellung der theologischen Lehre von der Kirche, ihre innere Erneuerung, die Förderung der Einheit der Christen und den Dialog mit der modernen Welt. Im Oktober wurde die neue Fassung von *De ecclesia* erörtert. Nachdem die theologische Kommission Schwierigkeiten hatte, die mehr oder weniger große Zustimmung zu den in der Konzilsaula eingebrachten Interventionen zu berücksichtigen, kündigten die Moderatoren eine Abstimmung über einige Eingaben zu den strittigsten Punkten an. Aufgrund des Widerstands einer Minderheit wurde erst am 30.10. über fünf Anträge bezüglich Episkopat, Kollegialität und Diakonat abgestimmt, die eine überwältigende Mehrheit fanden. Darüber hinaus wurde am 29.10. das Schema über die Jungfrau Maria in *De ecclesia* integriert.

6. *Die zweite Sitzungsperiode: Bischöfe, Ökumene und Liturgie.* Nachdem die Krise bezüglich *De ecclesia* überwunden war, wurde das Schema über Amt und Vollmacht der Bischöfe diskutiert. Die Mehrheit verlangte ein aktives Eingreifen des Konzils in die Reform der römischen Kurie dergestalt, dass eine Instanz zur Entwicklung eines bischöflichen Organs geschaffen würde, das in weltkirchlichen Fragestellungen mit dem Papst zusammenwirken sollte. Paul VI. nahm sich daraufhin persönlich des Problems an und entschied im September 1965 die Einrichtung der Bischofssynode. Aufsehen erregte auch das Thema „Bischofskonferenzen" und die Festsetzung einer Dienstaltersgrenze für die Bischöfe. Am 18.11. 1963 begann die Diskussion über den katholischen Ökumenismus mit dem Ziel, die katholische Forderung nach einer „Rückkehr" der Schismatiker und Häretiker zur römischen Kirche zurückzunehmen. In der Sitzung vom 4.12. approbierte das Konzil die beiden ersten Dokumente: die Liturgiekonstitution *(Sacrosanctum Concilium)* und das Dekret über die sozialen Kommunikationsmittel *(Inter mirifica)*. Paul VI., der die in den zurückliegenden Konzilien verwendete Promulgationsformel („sacro approbante concilio") für unangemessen hielt, verwendete dafür die Formulierung „una cum Venerabilibus Patribus, in Spiritu Sancto approbamus, decernimus ac statuimus et quae ita synodaliter statuta sunt ad Dei gloriam promulgari iubemus".

7. *Intersessio 1963/64.* Der Koordinierungskommission lagen im April 1964 noch mehr als zehn Schemata vor. Das Hauptproblem wurde die Dauer des Konzils (der von Paul VI. unterstützte „Döpfner-Plan" sah den Abschluss der Arbeiten für 1964 vor) und die Verbesserung der Arbeitsorganisation. Durch die Veröffentlichung der Enzyklika *Ecclesiam Suam* (6.8.1964) wurde die Aufmerksamkeit auf das große Thema der Ekklesiologie gelenkt.

8. *Die dritte Sitzungsperiode: eine überladene Tagesordnung und die „settimana nera".* Am 14.9.1964 begann die neue Arbeitsphase; endlich waren als „Beobachter" auch die Delegierten des Patriarchats von Konstantinopel sowie weiterer orthodoxer und „nestorianischer" Kirchen anwesend. Paul VI. befürchtete, die Lehre von der Kollegialität der Bischöfe könnte eine gewisse Verletzung des päpstlichen Primats implizieren. Vom 16.–30.9. wurde die Erörterung des nunmehr acht Kapitel umfassenden Sche-

mas über die Kirche (Mysterium der Kirche, Volk Gottes, Hierarchie, Laien, allgemeine Berufung zur Heiligkeit, Ordensleute, eschatologischer Horizont, Jungfrau Maria) wiederaufgenommen. Nach der Behandlung des Schemas über die Bischöfe und die Bistumsleitung (18.–22.9.) nahm die Versammlung das Thema Religionsfreiheit (nicht mehr „Toleranz") auf. Schwierigkeiten gab es auch beim Entwurf über die Juden (25.–30.9.), ruhiger dagegen verlief die erneute Diskussion des Schemas über die göttliche Offenbarung (30.9.–6.10.). Ab Oktober 1964 – die Konzilsminderheit begann sich wöchentlich im Coetus Internationalis Patrum zu treffen – wurde der Arbeitsrhythmus zunächst gedrängt, dann verworren: *De oecumenismo* (5.10.), Laienapostolat (6.–13.10.; am 13.10. ergriff als erster Laie Patrick /Keegan das Wort); danach ging man zum Schema Dienst und Leben der Priester über (14.–15.10.) und beraumte das über die Ostkirchen an (15.–22.10.). Schließlich kam man zu einem der am gespanntesten erwarteten Themen: Schema XVII, nunmehr XIII, über das Verhältnis zwischen Kirche und Welt. Während Paul VI. beschloss, dass es eine vierte Arbeitsphase geben sollte, konzentrierte sich die Diskussion (20.10.–5.11.) auf die Frage der Verurteilung von Atomwaffen. Am 6.11. wurde das Schema über die Missionen eingebracht und innerhalb von drei Tagen bewältigt. Es folgten die Texte über die Erneuerung des Ordenslebens (10.–12.11.) und die christliche Erziehung (17.–19.11.), die beide als ungenügend empfunden wurden. Bessere Aufnahme fand der Entwurf zur Priesterausbildung (13.–18.11.), v.a. weil er eine weitgehende Verantwortlichkeit der Bischofskonferenzen vorsah. Am 14.11. erhielten die Konzilsväter den Text des Kapitels III von *De Ecclesia* über die Hierarchie, dem „im Auftrag der höchsten Autorität" eine geheim abgefasste *Nota explicativa praevia* als Erläuterung dieses Kapitels beigefügt war. Die Aufnahme von Seiten der Versammlung war nicht wohlwollend, über die *Nota* wurde weder diskutiert noch abgestimmt, noch wurde sie vom Papst unterschrieben, so dass sie nicht Bestandteil der Konzilsentscheidungen im eigentlichen Sinn wurde. Neue Aufregung entstand, als mitgeteilt wurde (19.11.), dass die Erörterung der Erklärung über die Religionsfreiheit vertagt werden musste und dass „auf Veranlassung der Autorität" in den Ökumenismus-Text etwa 20 Änderungen eingefügt worden waren. Zu diesem Zeitpunkt fürchteten viele ein Scheitern des Konzils (daher „settimana nera"). In der sessio V (21.11.) wurden die Dogmatische Konstitution über die Kirche *(Lumen gentium)*, das Dekret über den Ökumenismus *(Unitatis redintegratio)* sowie das Dekret *Orientalium Ecclesiarum* feierlich verabschiedet.

9. *Intersessio 1964/65 und der Beginn der vierten Sitzungsperiode.* Zwischen der dritten und der vierten Sitzungsperiode wurde an der Neuerstellung einiger Texte (Missionen, Schema XIII, Situation der Priester, Ordensleben) gearbeitet. In seiner Eröffnungsrede kündigte Paul VI. die Einrichtung der Bischofssynode an. Das Konzil beschäftigte sich mit der Religionsfreiheit, dem Schema über die Offenbarung sowie dem Apostolat der Laien (23.–27.9.1965). Zum Schema XIII gab es zahlreiche und eindringliche Kritiken; es zeichnete sich eine Diskrepanz ab zwischen dem Geist, der zur Formulierung einer erneuerten kirchlichen Einstellung gegenüber der Welt drängte, und der ungenügenden konzeptuellen Ausarbeitung dieser Problematik. Am 4.10. beantragte ein Bischof, die Heiligkeit und Vorbildhaftigkeit Johannes' XXIII. durch eine konziliare Kanonisation zu sanktionieren, was aber nicht angenommen wurde. Im Oktober wurde der vollständig neugestaltete Text über die Missionen erörtert; approbiert wurden die Schemata über die Erneuerung des Ordenslebens *(Perfectae caritatis)* und die Priesterausbildung *(Optatam totius)* sowie die Erklärung zum jüdischen Volk, die in eine Erklärung über das Verhältnis zu den nichtchristlichen

Religionen *(Nostra aetate)* umgewandelt worden war, und die Erklärung über die christliche Erziehung *(Gravissimum educationis)*. Alle Texte wurden in der sessio VII (28.10.), zusammen mit dem Dekret über die Bischöfe *(Christus Dominus)*, promulgiert. Tags darauf stimmte die Generalversammlung über den Text zur Offenbarung ab. Am 9.11. wurde entschieden, dass die Bischofskonferenzen zur Reform der Ablassordnung Stellung nehmen sollten. Schließlich wurde am 15.11. die Erörterung des Schemas XIII wieder aufgenommen; am 18.11. fand eine erneute feierliche sessio statt zur Approbierung der Dogmatischen Konstitution über die Offenbarung *(Dei Verbum)* sowie des Dekrets über das Apostolat der Laien *(Apostolicam actuositatem)*.
10. *Die Approbation von Gaudium et spes und der Abschluss des Konzils.* Am 2.12. konnte über das Schema zu Dienst und Leben der Priester abgestimmt werden. In der 168. und letzten Arbeitssitzung am 6.12. fand die Abstimmung zur Konstitution über die Kirche in der Welt von heute statt. Mit der feierlichen sessio IX (7.12.), in der die Erklärung über die Religionsfreiheit *(Dignitatis humanae)*, die Dekrete *Ad gentes* und *Presbyterorum ordinis* sowie die Pastoralkonstitution über die Kirche in der Welt von heute *(Gaudium et spes)* approbiert wurden, ging das Vaticanum II zu Ende. Zu diesem Anlass wurde gleichzeitig in St. Peter und Istanbul die Aufhebung der gut 1000 Jahre (1054) zuvor ausgesprochenen gegenseitigen Exkommunikation beider Kirchen verlesen. Am 8.12. wurde auf dem Petersplatz, verbunden mit Botschaften an die Menschheit (Regierungen, Menschen in Kultur und Wissenschaft, Künstler, Frauen, Arbeiter, Arme, Kranke und Leidende, Jugendliche) der Abschluss des Konzils zelebriert. Mit dem Apostolischen Schreiben *In Spiritu Sancto* wurde das Konzil für beendet erklärt, die Approbation aller Synodenbeschlüsse erneuert und deren Befolgung den Gläubigen ans Herz gelegt.

GIUSEPPE ALBERIGO

III. Nachgeschichte. Während das Vaticanum I mit seinen beiden dogmatischen Konstitutionen *Dei Filius* und *Pastor aeternus* zwar zur Durchsetzung der Neuscholastik und der päpstlichen Zentralgewalt beigetragen, ansonsten aber wenig Einfluss auf das kirchliche Leben genommen hat, wo nach wie vor die tridentinischen Vorgaben maßgebend blieben, setzte das Vaticanum II auf unterschiedlichen Ebenen Akzente. Dies besagt freilich keineswegs, dass solche Anregungen allein vom Konzil ausgegangen wären, vielmehr hat dieses in zahlreichen Fällen bereits vorher geäußerte Anliegen aufgenommen, verstärkt und institutionelle Voraussetzungen zu ihrer Umsetzung geschaffen. In erster Linie gilt dies für die von *Sacrosanctum Concilium* angestoßene Liturgiereform, welche mit Recht als „sichtbarste Frucht" des Konzils bezeichnet worden ist (Schlussdokument der 2. außerordentlichen Bischofssynode 1985: II, B, b, 1) und, bis auf relativ kleine Gruppen von Traditionalisten, kaum Widerspruch gefunden hat. Mit seiner von den Gedanken der Kirche als „Volk Gottes", „communio" und „universales Heilssakrament" (Ursakrament) bestimmten Kirchenkonstitution *Lumen gentium* und dem Dekret über das Laienapostolat *Apostolicam actuositatem* verstärkte das Konzil das Bewusstsein für die Teilhabe aller Getauften an der Verantwortung für das Leben der Kirche und deren Sendung in die Welt. Im Gefolge des Vaticanum II wurden sowohl auf der Ebene der Pfarrei, des Dekanates und der Diözese unterschiedliche Räte gebildet, die der Partizipation an der kirchlichen Verantwortung eine institutionelle Grundlage geben sollten (Pastoral-, Diözesanpastoral-, Priester-, Pfarrgemeinderat), als auch auf gesamtkirchlicher Ebene die Bischofssynode als Repräsentativorgan des Weltepiskopats zur Konkretisierung der Kollegialität der Bischöfe ins Leben gerufen. Zahlreiche Teil- und Ortskirchen haben im Anschluss an das Konzil Synoden abgehalten, um die Aussagen des Konzils in ihre Situation zu übersetzen. Dabei traten vielfach Spannungen innerhalb der Teilkirchen sowie mit der römischen Kirchenleitung auf – etwa in der Frage der auf dem Konzil aus der Diskussion ausgeschlossenen Zulassungsvoraussetzungen zum priesterlichen Dienst –, welche bislang nicht zu einem Ausgleich gebracht werden konnten. Die vom Vaticanum II eingenommene ekklesiologische Perspektive und die von ihm angestoßenen institutionellen Neuerungen fanden zum großen Teil Eingang in die noch von Johannes XXIII. angeregte Neufassung des *Codex Iuris Canonici* von 1983 sowie in den 1990 erstmals promulgierten *Codex Canonum Ecclesiarum Orientalium.* Paul VI. hat darüber hinaus die römische Kurie reformiert sowie deren Internationalisierung betrieben. Für den Dialog der römisch-katholischen Kirche mit den anderen christlichen Kirchen und kirchlichen Gemeinschaften sowie mit den Weltreligionen bedeuteten die Erklärungen über den Ökumenismus *(Unitatis redintegratio)* und die Religionsfreiheit *(Nostra aetate)* Initialzündungen, deren Gewicht kaum überschätzt werden kann. Die Offenbarungskonstitution *Dei Verbum* markiert mit ihrer positiven Bewertung der modernen Bibelwissenschaft und ihrem am Gedanken der göttlichen Selbstmitteilung orientierten Offenbarungsmodell eine Abkehr vom Rationalismus der Neuscholastik und deren vorwiegend negativ-apologetischer Auseinandersetzung mit der Moderne. Das Konzil konnte der Entkirchlichung des öffentlichen Lebens in traditionell christlich geprägten Gesellschaften insgesamt nicht Einhalt gebieten, wie viele wohl gehofft hatten; manche Kritiker warfen und werfen ihm unter Verkennung der langfristigen religionssoziologischen Entwicklungen gar vor, diese Entkirchlichung verursacht zu haben. Das Vaticanum II hat diese Situation nicht verurteilt, sondern in vielen Aussagen, v. a. in der Pastoralkonstitution *Gaudium et spes,* zum Ausdruck gebracht, dass die Kirche die Hoffnungen und Sorgen der Menschen teilt und die Aufgabe annimmt, im Hinblick auf die „Zeichen der Zeit" die Botschaft des christlichen Glaubens in den unterschiedlichen Kulturen und Situationen, in denen die Menschen leben, immer wieder neu auszurichten. Zugleich hat das Konzil, auf dem die römisch-katholische Kirche durch die zahlreichen einheimischen Bischöfe und deren Berater erstmals in ihrer Geschichte als Weltkirche in Erscheinung getreten ist, die Abkehr von der traditionell eurozentrischen Perspektive eingeleitet, ohne dass der hier eingeschlagene Weg schon an sein Ende gekommen wäre. Es liegt in der Natur der Sache – sowohl, was die Eigenart der katholischen, hauptsächlich durch Fortschreibung der Tradition geschehenden Lehrbildung angeht, als auch, was das Zustandekommen von Gremienentscheidungen allgemein betrifft –, dass die Beschlüsse des Vaticanum II vielfach Kompromisscharakter tragen, und sich in der nachkonziliaren Auseinandersetzung um ihre Interpretation auch diametral entgegengesetzte Positionen auf sie berufen. Der Streit um den „Geist des Konzils" kann nur durch eine unvoreingenommene theologiehistorische Forschung beigelegt werden, für welche die Öffnung des Archivs des Vaticanum II bzw. die vollständige Publikation der Akten unabdingbare Voraussetzung ist. Die immer wieder erhobene Forderung nach einem neuen Konzil, das, ähnlich wie das Vaticanum II, den gegenwärtigen „Reformstau" beseitigen soll, lässt angesichts der seither angewachsenen Zahl der Bischöfe die Frage nach der Durchführbarkeit stellen. Das Institut der Bischofssynode erscheint, so wie es faktisch etabliert worden ist – als reines Beratungsorgan des Papstes, das diesem die Formulierung und Veröffentlichung der Ergebnisse überlässt –, als Alternative zu einem ökumenischen Konzil kaum denkbar, zumal hier wie dort das immer stärker empfundene Desiderat einer Partizipation von Christen unterhalb der bischöflichen Ebene an synodalen Entscheidungsprozessen keineswegs erfüllt ist.

PETER WALTER

Allgemeine Abkürzungen

*	geboren	FS	Festschrift
†	gestorben	Hg.	Herausgeber
Bacc. iur. can.	Baccalaureus/Baccalaureatus in iure canonico	hg.	herausgegeben
		hl.	heilig
Bacc. theol.	Baccalaureus/Baccalaureatus theologiae	i. d. R.	in der Regel
		Kap.	Kapitel
Bd(e).	Band, Bände	Lic. iur. can.	Licentiatus iuris canonici
Bearb.	Bearbeiter	Lic. phil.	Licentiatus philosophiae
bearb.	bearbeitet	Lic. sc. bibl.	Licentiatus scientiarum biblicarum
Begr.	Begründer	Lic. theol.	Licentiatus theologiae
bes.	besonders	Mag. theol.	Magister theologiae
bzw.	beziehungsweise	Mgr(.)	Monsignore
ca.	circa	n., n°, Nr.	Nummer
DDR	Deutsche Demokratische Republik	NS-	nationalsozialistisch
ders.	derselbe	o. J.	ohne Jahr
d. h.	das heißt	o. O.	ohne (Erscheinungs-)Ort
dies.	dieselbe(n)	Prof.	Professor
Diss.	Dissertation	S., St.	Sankt (und Äquivalente)
Dr.	Doktor	s. v.	sub voce
Dr. h.c.	Doctor honoris causa	u.	und
Dr. iur.	Doctor iuris	u. a.	und andere
Dr. iur. can.	Doctor iuris canonici	u. ö.	und öfter
Dr. iur. utr.	Doctor iuris utriusque	USA	Vereinigte Staaten von Amerika
Dr. phil.	Doctor philosophiae/philologiae	v.	von, vom
Dr. rer. pol.	Doctor rerum politicarum	v. a.	vor allem
Dr. theol.	Doctor theologiae	vgl.	vergleiche
ebd.	ebenda	Vol.	Volume(n)
etc.	et cetera	z. B.	zum Beispiel
f.	folgend(er)	z. T.	zum Teil
ff.	fortfolgend(e)		

Abgekürzte Literatur

AAS   Acta Apostolicae Sedis 1 (Rom 1909) ff.

AD I   Acta et documenta Concilio oecumenico Vaticano II apparando. Series I Antepraeparatoria. Vatikanstadt 1960f.

AD II   Acta et documenta Concilio oecumenico Vaticano II apparando. Series II Praeparatoria. Vatikanstadt 1964ff.

AMRhKG   Archiv für mittelrheinische Kirchengeschichte 1 (Speyer 1949) ff.

AnPont   Annuario Pontificio. Rom 1912ff.

AS   Acta synodalia sacrosancti concilii oecumenici Vaticani secundi, 25 Bde. Vatikanstadt 1970–78.

Baraúna (Hg.): De Ecclesia
            G. Baraúna (Hg.): De Ecclesia. Beiträge zur Konstitution „Über die Kirche" des Zweiten Vatikanischen Konzils, 2 Bde. Freiburg 1966.

BBKL   Biographisch-bibliographisches Kirchenlexikon, hg. v. F.W. Bautz, Bd. 1–14. Hamm 1975–99, Ergänzungs-Bd. 14ff. Hamm 1999ff.

Bischof (Hg.): Das Zweite Vatikanische Konzil
            F.X. Bischof (Hg.): Das Zweite Vatikanische Konzil (1962–1965). Stand und Perspektiven der kirchenhistorischen Forschung im deutschsprachigen Raum (Münchener Kirchenhistorische Studien. Neue Folge 1). Stuttgart 2012.

Bugnini: Die Liturgiereform
            A. Bugnini: Die Liturgiereform 1948–75. Zeugnis und Testament. Freiburg 1988.

Burigana: La Bibbia nel Concilio
            R. Burigana: La Bibbia nel Concilio. La redazione della costituzione „Dei Verbum" del Vaticano II (Testi e ricerche di scienze religiose N. S. 21). Bologna 1998.

Cath   Catholicisme. Hier – Aujourd'hui – Demain, hg. v. G. Jacquemet, 15 Bde. Paris 1948–2000.

CiG   Christ in der Gegenwart (Freiburg 1967) ff. (bis 1966: Der christliche Sonntag).

Conc   Concilium. Internationale Zeitschrift für Theologie 1 (Einsiedeln – Mainz 1965) ff.

Congar: Mon journal
            Y. Congar: Mon journal du Concile, 2 Bde. hg. v. É. Mahieu. Paris 2002.

CrStor   Cristianesimo nella storia 1 (Bologna 1980) ff.

DC   Documentation Catholique 1 (Paris 1919) ff.

Declerck (Hg.): Willebrands
            L. Declerck (Hg.): Les agendas conciliaires de Mgr J. Willebrands, secrétaire du secrétariat pour l'unité des chrétiens (Instrumenta theologica 31). Leuven 2009.

DÉF   Dictionnaire des évêques de France au XXe siècle, hg. v. D.-M. Dauzet – F. Le Moigne. Paris 2010.

DH   H. Denzinger: Enchiridion symbolorum, definitionum et declarationum de rebus fidei et morum. Kompendium der Glaubensbekenntnisse und kirchlichen Lehrentscheidungen. Lateinisch-deutsch, übersetzt u. hg. v. P. Hünermann. Freiburg [43]2010.

DMRFC   Dictionnaire du monde religieux dans la France contemporaine, 10 Bde., hg. J.-M. Mayeur – Y.-M. Hilaire. Paris 1985–2001.

Donnelly u. a.: Belgian Contribution
            D. Donnelly – J. Famerée – M. Lamberigts – K. Schelkens (Hg.): The Belgian Contribution to the Second Vatican Council. International Research Conference at Mechelen, Leuven and Louvain-la-Neuve (September 12–16, 2005) (Bibliotheca Ephemeridum Theologicarum Lovaniensium 216). Leuven – Paris – Dudley (Massachusetts) 2008.

Doré – Melloni (Hg.): Volti di fine concilio
    J. Doré – A. Melloni (Hg.): Volti di fine concilio. Studi di storia e teologia sulla conclusione del Vaticano II (Testi e ricerche di scienze religiose N. S. 27). Bologna 2000.

EACH   The Encyclopedia of American Catholic History, hg. v. M. Glazier u. a. Collegeville (Minnesota) 1997.

EThL   Ephemerides theologicae Lovanienses 1 (Brügge 1924) ff.

Fattori – Melloni (Hg.): Experience, Organisations and Bodies
    M. T. Fattori – A. Melloni (Hg.): Experience, Organisations and Bodies at Vatican II (Instrumenta theologica 21). Leuven 1999.

Fattori – Melloni (Hg.): L'evento e le decisioni
    M. T. Fattori – A. Melloni (Hg.): L'evento e le decisioni. Studi sulle dinamiche del concilio Vaticano II (Testi e ricerche di scienze religiose N. S. 20). Bologna 1997.

FDA   Freiburger Diözesan-Archiv 1 (Freiburg 1865) ff.

Fouilloux (Hg.): Vatican II commence
    É. Fouilloux (Hg.): Vatican II commence … Approches francophones (Instrumenta theologica 12). Leuven 1993.

Gatz B 1803   Die Bischöfe der deutschsprachigen Länder 1783/1803–1945, hg. v. E. Gatz. Berlin 1983.

Gatz B 1945   Die Bischöfe der deutschsprachigen Länder 1945–2001, hg. v. E. Gatz. Berlin 2002.

Gordon Melton: Religious Leaders
    J. Gordon Melton: Religious Leaders of America. Detroit (Michigan) 1991.

Greiler: Das Konzil und die Seminare
    A. Greiler: Das Konzil und die Seminare. Die Ausbildung der Priester in der Dynamik des Zweiten Vatikanums (Annua Nuntia Lovaniensia 48). Leuven – Paris – Dudley (Massachusetts) 2003.

Grootaers: Rome et Genève
    J. Grootaers: Rome et Genève à la croisée des chemins (1968–1972). Un ordre du jour inachevé. Paris 2005.

GZVK   Geschichte des Zweiten Vatikanischen Konzils (1959–1965), 5 Bde., hg. v. G. Alberigo. Dt. Ausgabe: Bd. 1–3, hg. v. K. Wittstadt. Mainz 1997–2002; Bd. 4–5, hg. v. G. Wassilowsky. Ostfildern 2006–08.

HelvSac   Helvetia Sacra, hg. v. A. Bruckner, Abteilung Iff. Bd. 1 ff. Bern 1972 ff.

HerKorr   Herder-Korrespondenz 1 (Freiburg 1946) ff.

HThK 2. Vat   Herders Theologischer Kommentar zum Zweiten Vatikanischen Konzil, 5 Bde., hg. v. P. Hünermann. Freiburg 2004–06.

Ist   Istina 1 (Paris 1954) ff.

Kranemann – Raschzok (Hg.): Gottesdienst
    B. Kranemann – K. Raschzok (Hg.): Gottesdienst als Feld theologischer Wissenschaft im 20. Jahrhundert. Deutschsprachige Liturgiewissenschaft in Einzelporträts, 2 Bde. (Liturgiewissenschaftliche Quellen und Forschungen 98). Münster 2011.

Lamberigts u. a. (Hg.): Commissions Conciliaires
    M. Lamberigts – C. Soetens – J. Grootaers (Hg.): Les Commissions Conciliaires à Vatican II (Instrumenta theologica 18). Leuven 1996.

Le Deuxième concile du Vatican
    Le Deuxième concile du Vatican (1959–1965); actes du colloque organisé par l'École Française de Rome … (Rome 28 – 30 mai 1986) (Collection de l'École française de Rome 113). Paris 1989.

Leimgruber – Schoch (Hg.): Gegen die Gottvergessenheit
S. Leimgruber – M. Schoch (Hg.): Gegen die Gottvergessenheit. Schweizer Theologen im 19. und 20. Jahrhundert. Freiburg 1990.

LJ   Liturgisches Jahrbuch 1 (Münster 1951) ff.

LThK[3]   Lexikon für Theologie und Kirche, hg. v. W. Kasper u. a., 10 Bde. u. Nachtrags- u. Register-Bd. Freiburg 1993–2001.

LThK.E   Das Zweite Vatikanische Konzil. Dokumente und Kommentare, hg. v. H. S. Brechter u. a., 3 Bde. Freiburg 1966–68.

MSR   Mélanges de science religieuse 1 (Lille 1944) ff.

MThZ   Münchener theologische Zeitschrift 1 (München 1950) ff.

NCE[2]   New Catholic Encyclopedia, 2. Aufl., 14 Bde. u. Register-Bd. Detroit u. a. 2003.

Noël: Gli incontri
P. Noël: Gli incontri delle conferenze episcopali durante il concilio. Il „gruppo della Domus Mariae": Fattori – Melloni (Hg.): L'evento e le decisioni, 95–133.

NRTh   Nouvelle revue théologique 1 (Tournai u. a. 1869) ff.

ÖL   Ökumene-Lexikon. Frankfurt 1983, [2]1987.

OR   L'Osservatore Romano 1–4 (Vatikanstadt 1849–52), Neue Serie 1 (1861) ff.

Pelletier: Une marginalité engagée
D. Pelletier: Une marginalité engagée: le groupe „Jésus, l'Église et les pauvres": Lamberigts u. a. (Hg.): Commissions Conciliaires, 63–89.

Personenlexikon Ökumene
J. Ernesti – W. Thönissen (Hg.): Personenlexikon Ökumene. Freiburg 2010.

Quisinsky: Geschichtlicher Glaube
M. Quisinsky: Geschichtlicher Glaube in einer geschichtlichen Welt. Der Beitrag von M.-D. Chenu, Y. Congar und H.-M. Féret zum II. Vaticanum (Dogma und Geschichte 6). Münster 2007.

Roy: Le Coetus Internationalis Patrum
P. J. Roy: Le Coetus Internationalis Patrum, un groupe d'opposants au sein du concile Vatican II, Diss. phil. Université Laval – Université de Lyon 3, 2011.

RThom   Revue Thomiste 1 (Toulouse u. a. 1893) ff.

Scatena: La fatica della libertà
S. Scatena: La fatica della libertà. L'elaborazione della dichiarazione „Dignitatis humanae" sulla libertà religiosa del Vaticano II (Testi e ricerche di scienze religiose N. S. 31). Bologna 2003.

Schelkens: Catholic Theology of Revelation
K. Schelkens: Catholic Theology of Revelation on the Eve of Vatican II. A Redaction History of the Schema De Fontibus Revelationis (Brill's Series in Church History 41). Leiden – Boston 2010.

Schmiedl: Das Konzil und die Orden
J. Schmiedl: Das Konzil und die Orden. Krise und Erneuerung des gottgeweihten Lebens. Vallendar 1999.

ThGl   Theologie und Glaube 1 (Paderborn 1909) ff.

TRE   Theologische Realenzyklopädie, hg. v. G. Krause – G. Müller, 36 Bde u. 2 Register-Bde. Berlin – New York 1976–2007.

TThZ   Trierer Theologische Zeitschrift 56 (Trier 1947) ff. (bis 54 [1943]: Pastor Bonus; 54–55 [1943–44]: Theologie und Seelsorge).

Turbanti: Un concilio per il mondo moderno
> G. Turbanti: Un concilio per il mondo moderno. La redazione della costituzione pastorale „Gaudium et spes" del Vaticano II (Testi e ricerche di scienze religiose N. S. 24). Bologna 2000.

Velati: Una difficile transizione
> M. Velati: Una difficile transizione. Il cattolicesimo tra unionismo ed ecumenismo (1952–1964) (Testi e ricerche di scienze religiose N. S. 16). Bologna 1996.

Wolf – Arnold (Hg.): Die deutschsprachigen Länder und das II. Vatikanum
> H. Wolf – C. Arnold (Hg.): Die deutschsprachigen Länder und das II. Vatikanum (Programm und Wirkungsgeschichte des II. Vatikanums 4). Paderborn u. a. 2000.

ZGLB   Zeitgeschichte in Lebensbildern. Aus dem Katholizismus des 20. Jahrhunderts, hg. v. R. Morsey, Bd. 1–8. Mainz 1973–1997, Bd. 9ff. Münster 1999ff.

ZKTh   Zeitschrift für Katholische Theologie 1 ([Innsbruck] Wien 1877) ff.

ZMR   Zeitschrift für Missionswissenschaft und Religionswissenschaft 1–7 (St. Ottilien 1911–27), 8–33 (1928–49), 34 (1950) ff.

Ordenskürzel

AA	Congregatio Augustinianorum ab Assumptione – Assumptionisten	MSFS	Missionarii Sancti Francisci Salesii de Annecio – Missionare des hl. Franz von Sales von Annecy
ADJC	Arme Dienstmägde Jesu Christi		
BA	Ordo Basilianus Aleppensis Melkitarum – Aleppinische Basilianer	OCD	Ordo Fratrum Discalceatorum Beatae Mariae Virginis de Monte Carmelo – Unbeschuhte Karmeliten; Theresianischer Karmel
CanA	Canonici Augustiniani – Regulierte Augustiner-Chorherren		
CICM	Congregatio Immaculati Cordis Mariae – Kongregation vom Unbefleckten Herzen Mariä; Scheutvelder Missionare	OFM	Ordo Fratrum Minorum – Franziskaner
		OMI	Congregatio Missionariorum Oblatorum Beatae Mariae Virginis Immaculatae – Oblaten der Unbefleckten Jungfrau Maria
CJM	Congregatio Jesu et Mariae – Kongregation von Jesus und Maria; Eudisten	OP	Ordo Fratrum Praedicatorum – Dominikaner
CM	Congregatio Missionis – Lazaristen; Vinzentiner	OPraem	Ordo Praemonstratensis – Prämonstratenser
CMF	Congregatio Missionariorum Filiorum Immaculati Cordis Beatae Mariae Virginis (Cordis Mariae Filii) – Missionare/Söhne des Unbefleckten Herzens Marias; Claretiner	Or	Institutum Oratorii Sancti Philippi Nerii – Oratorianer
		OSB	Ordo Sancti Benedicti – Benediktiner
		OSBM	Ordo Basilianus Sancti Josaphat; Ordo Sancti Basilii Magni – Basilianer vom hl. Josaphat
CMI	Congregatio Fratrum Carmelitarum Beatae Mariae Virginis Immaculatae – Karmeliten von der Unbefleckten Empfängnis Marias		
		PSS	Societas Presbyterorum a Sancto Sulpicio – Sulpizianer
CSC	Congregatio a Sancta Cruce – Kongregation vom Hl. Kreuz	RSCJ	Religieuses du Sacré Cœur de Jésus
		SAM	Société auxiliaire des Missions
CSP	Congregatio Sancti Pauli; Societas Sacerdotum Missionariorum a Sancto Paulo Apostolo – Missionspriester vom hl. Paulus; Paulisten	SDB	Societas Sancti Francisci Salesii; Società Salesiana di San Giovanni Bosco – Salesianer des hl. Johannes Bosco
CSSp	Congregatio Sancti Spiritus – Kongregation vom Hl. Geist; Spiritaner	SJ	Societas Jesu – Gesellschaft Jesu; Jesuiten
CSsR	Congregatio Sanctissimi Redemptoris – Kongregation des Heiligsten Erlösers; Redemptoristen	SJSM	Schwestern des hl. Josef zu Saint Marc
		SL	Sisters of Loretto
FDC	Filles de la Charité	SVD	Societas Verbi Divini – Gesellschaft des Göttlichen Wortes; Steyler Missionare
MAfr	Missionarii Africae; Patres Albi – Weiße Väter		
MSC	Missionarii Sacratissimi Cordis Jesu – Missionare des Heiligsten Herzens Jesu		

Verzeichnis der Autorinnen und Autoren

Giuseppe Alberigo †, Prof. Dr.
Sandra Arenas, Dr., Leuven
Gottfried Bitter, Prof. Dr., Remagen
Lieven Boeve, Prof. Dr., Leuven
August Brecher †, Dr.
Clemens Carl, Dipl.-Theol., Freiburg
Giancarlo Collet, Prof. Dr., Münster
Leo Declerck, Lic. theol., Brügge/Leuven
Mariano Delgado, Prof. Dr. Dr., Freiburg i. Ue.
Michaela Dengler, SJSM, St. Trudpert, Münstertal
André Duval †, OP, Prof. Dr.
Josef Ernst †, Prof. Dr.
Massimo Faggioli, Prof. Dr., St. Paul (Minnesota)
Loïc Figoureux, Dr., Dunkerque
Balthasar Fischer †, Prof. Dr.
Hans-Friedrich Fischer, Or, Dr., Leipzig
Katrin Gallegos Sánchez, Dipl.-Theol., Frankfurt
Klaus Ganzer, Prof. Dr., München
Günther Gassmann, Prof. Dr., Tutzing
Josef Gelmi, Prof. Dr., Brixen
Maria Lucinda Grams, ADJC, Dernbach
Theresia Hainthaler, Prof. Dr., Frankfurt
Andreas Heinz, Prof. Dr., Trier
Leonard Hell, Prof. Dr., Mainz
Georges Hellinghausen, Prof. Dr., Luxemburg
Regina Heyder, Dr., Bonn
Kurt A. Huber †, OPraem
Friedhelm Jürgensmeier, MSF, Prof. Dr., Mainz
Reiner Kaczynski, Prof. Dr., München
Ulrich Keller, Dernbach
Agnes Klais, Schwester vom Hl. Andreas, Dipl.-Theol., Lyon
Aloys Klein †, Prof. Dr.
Nikolaus Klein, SJ, Mag. phil., München
Florian Kluger, Dr., Würzburg
Jan Kopiec, Bischof, Prof. Dr., Gliwice
Lutfi Laham, BS, Patriarch, Dr., Antelias/Libanon
Mathijs Lamberigts, Prof. Dr., Leuven
Karl Lehmann, Kardinal, Prof. Dr. Dr., Mainz
Theodor Maas-Ewert †, Prof. Dr.
Johannes Madey, Prof. Dr., Paderborn
Roman Malek, SVD, Prof. Dr., St. Augustin
Peter Meehan, Prof. Dr., Toronto
Joseph Meli Kamugisha, Prof. Dr. Dr., Bukoba/Tansania
Jürgen Mettepenningen, Dr., Leuven
Stephan Mokry, Dipl.-Theol., München
Ilaria Morali, Prof. Dr., Rom
Karl-Heinz Neufeld, SJ, Prof. Dr. Dr., Osnabrück
David Neuhold, Dr., Freiburg i. Ue.
Burkhard Neumann, PD Dr., Münster/Paderborn
Peder Nørgaard-Højen, Prof. Dr., Kopenhagen
Franz Ortner, Prof. Dr. Dr., Salzburg
Coelestin Patock †, OSA, Dr. h.c.
Ward de Pril, Dr., Leuven
Michael Quisinsky, Dr., Meyrin
Albert Raffelt, Prof. Dr., Freiburg
Konrad Repgen, Prof. Dr., Bonn
Hermann-Josef Reudenbach, Lic. hist. eccl., Aachen
Klemens Richter, Prof. Dr., Münster
Reinhold Rieger, Prof. Dr., Tübingen
Josef Römelt, CSsR, Prof. Dr., Erfurt
Markus Roth, Dr., München
Gilles Routhier, Prof. Dr., Québec
Philippe J. Roy, Dr., Québec/Leuven
Ulrich Ruh, Dr., Freiburg
Stefan Samerski, Prof. Dr., München
Karim Schelkens, Dr., Leuven/Tilburg
Georg Schmuttermayr, Prof. Dr., Regensburg
Ludger Schulte, OFMCap, Prof. Dr., Münster
Heinz Schütte †, Prof. Dr.
Hermann H. Schwedt, Dr., Salsomaggiore
Michael Seybold †, Prof. Dr.
Michael Sievernich, SJ, Prof. Dr., Frankfurt
Paolo Siniscalco, Prof. Dr., Rom
Franca Spies, Freiburg
Bruno Steimer, Dr., Freiburg
Jan Stříbrný, Dr., Prag
Goran Subotic, Dipl.-Theol., Wien
Guido Treffler, M. A., München
Norbert Trippen, Prof. Dr., Köln
Hans Waldenfels, SJ, Prof. Dr. Dr., Essen
Peter Walter, Prof. Dr., Freiburg
Günther Wassilowsky, Prof. Dr., Linz
Christian Wiesner, Dipl.-Theol., Linz
Klaus Wittstadt †, Prof. Dr. Dr.
Hans Peter Zelfel, Dr., Mödling
Rudolf Zinnhobler, Prof. Dr., Linz
Marek Zurowski, Dr., Königstein (Taunus)

Blick in die Konzilsaula

Adam, *François-Nestor,* CanA (1920), schweizerischer Bischof, * 7.2.1903 Etroubles (Aostatal), † 8.2.1990 Sion. Nach Schulbesuch zunächst Jurastudium in Turin, dann Noviziat in der Kongregation der Augustinerchorherren vom Großen St. Bernhard und Studium der Theologie in Innsbruck, 1927 Priester, 1939 Propst seiner Kongregation und Abtweihe. A., der 1932 die schweizerische Staatsbürgerschaft erhielt, war mit der spezifischen politisch-gesellschaftlichen Situation der Kirche im Kanton Wallis zu Beginn seiner Amtszeit als Bischof von Sitten (1952–77) zunächst wenig vertraut, jedoch führte er in der Folge zahlreiche Pfarreivisitationen durch. Seine Amtszeit war vom Vaticanum II geprägt, in dessen Kommission für die Studien und Seminare er (nach dem Tod John Christopher Codys) ebenso Mitglied wurde wie bereits in der entsprechenden vorbereitenden Kommission und um dessen Anliegen er nach anfänglicher Skepsis warb. 1970–76 Vorsitzender der schweizerischen Bischofskonferenz, hatte A. als Leiter der Synode '72 eine wichtige Rolle inne und nahm auch an der Bischofssynode 1971 teil. In seinem Bistum führte er 1972–75 eine Synode durch. In seine Amtszeit fällt auch der Konflikt um den Fribourger Moraltheologen Stephan Pfürtner um Fragen der kirchlichen Sexualmoral. 1976 errichtete Erzbischof Marcel ∕Lefebvre ohne Erlaubnis A.s in dem in der Diözese Sitten gelegenen Ecône ein Priesterseminar und zementierte damit seine unversöhnliche Haltung.

Literatur: **M. Zermatten:** N. A., Bischof von Sitten. Brig 1977; **LThK³** 1, 141 (P. L. Surchat); **V. Conzemius:** Die Schweizer Kirche und das II. Vatikanische Konzil: K. Wittstadt – W. Verschooten (Hg.): Der Beitrag der deutschsprachigen und osteuropäischen Länder zum Zweiten Vatikanischen Konzil. Leuven 1996, 87–108; **BBKL** 20, 6–12 (P. Martone); **Gatz B 1945,** 513f. (L. Carlen); **Greiler:** Das Konzil und die Seminare (Register); www.cath-vs.ch/files/pdf/Histoire_mil2.pdf (abgerufen: 5.9.2012).

MICHAEL QUISINSKY

Agagianian, *Gregor Petrus,* Patriarch der armenisch-katholischen Kirche, Kurienkardinal, * 18.9.1895 Akhaltzykh (Kaukasus), † 16.5.1971 Rom. 1937–58 Patriarch der armenischen Kirche mit Sitz in Beirut, 1946 Kardinal, 1958 „Papabile", 1960 Präfekt der Kongregation für die Evangelisierung der Völker, 1970 Rücktritt. A. war Präsident der vorbereitenden Konzilskommission für die Missionen wie auch der entsprechenden Kommission beim Vaticanum II. Das vorbereitete, sehr konservative Schema ermangelte einer genauen Definition von Mission (indirekt folgte es der vorherrschenden Sicht der plantatio ecclesiae) und war geprägt von einer Vorherrschaft des Juristischen über das Theologische. Beim Versuch, den Entwurf eines neuen Schemas über die Missionen vorzubereiten, erwies sich die konziliare Missionskommission als zutiefst gespalten; sie wurde durch Angehörige der Propaganda-Kongregation dominiert. Zur

Unterstützung A.s intervenierte ∕Paul VI. persönlich in der Generalkongregation am 6.11.1964, ein einmaliger Vorgang (GZVK 4, 387ff.). Dennoch votierte eine große Mehrheit der Konzilsväter für eine nochmalige Überarbeitung des Schemas, die ab Januar 1965 durch eine Arbeitsgruppe unter der Leitung Josef ∕Schüttes SVD in Angriff genommen wurde. Daran beteiligt war auch Yves ∕Congar, dessen Mitarbeit A. strikt abgelehnt hatte. Zur Fraktion der kurialen Eiferer gehörend (GZVK 2, 250), war A. einer jener 19 Kardinäle, die sich nach dem Scheitern des Vorbereitungsschemas *De fontibus revelationis* in einem Brief direkt an ∕Johannes XXIII. wandten, um die im Gang befindliche Entwicklung zu stoppen. Im Gegensatz zu seinen Moderatorenkollegen ∕Döpfner, ∕Suenens und ∕Lercaro, prominente Vertreter der Mehrheitsströmung des Konzils, repräsentierte A. die Konzilsminorität. In der Diskussion über die Frage der Dauer des Konzils sprach er sich gegen eine vierte Sessio aus, was eine Fertigstellung insbesondere der Pastoralkonstitution unmöglich gemacht hätte.

Werke: Bibliografia Missionaria nn. 24–34.

Literatur: **H.S. Brechter:** Dekret über die Missionstätigkeit der Kirche. Einleitung und Kommentar: LThK. E 3, 9–125: 10–21; **A. Rossi:** Anniversaire de la mort du Cardinal A.: Omnis terra 12 (1972/73) 61–69; **J. Metzler:** Präfekten und Sekretäre der Kongregation in der neuesten Missionsära: Sacrae Congregationis de Propaganda Fide memoria rerum, hg. v. dems., Bd. 3/2. Rom 1976, 315–324; **E. Louchez:** La commission De Missionibus: Lamberigts u.a. (Hg.): Commissions Conciliaires, 251–277; GZVK (Register); **Congar:** Mon Journal (Register).

CLEMENS CARL

Alberigo, *Giuseppe,* italienischer Historiker, * 21.1.1926 Cuasso al Monte (Lombardei), † 15.6.2007 Bologna. 1948 Dr. iur. an der Università Cattolica (Mailand); Assistent des Rechtshistorikers und Gründers des Bologneser Centro di Documentazione (später Istituto per le scienze religiose) Giuseppe ∕Dossetti, in dessen Umfeld A. zwei weitere prägende Mentoren kennenlernte: Delio Cantimori und Hubert ∕Jedin. A. trat wissenschaftlich zunächst mit Studien zum Konzil von Trient und zur Katholischen Reform des 16. Jahrhunderts hervor. Unter der starken Förderung durch Erzbischof Giacomo ∕Lercaro entwickelte sich das Bologneser Institut, dessen Leitung A. 1962 übernahm, in den Jahren während und nach Abschluss des Vaticanum II immer mehr zu einem internationalen Zentrum zur Erforschung der Konzilien-, kirchlichen Verfassungs- und Institutionengeschichte. Nach Stationen in Modena und Florenz wurde A. 1967 auf den Lehrstuhl für Kirchengeschichte an der Fakultät für Politikwissenschaften der Universität Bologna berufen. Im Blick auf eine erste wissenschaftliche Gesamtdarstellung der Geschichte des Vaticanum II begann A. 1988 in der ganzen Welt mit der Sammlung von Quellenmaterial aus zahlreichen privaten und öffentlichen Archiven und Nachlässen und mit der gezielten Vernetzung einer internationalen Forschergruppe. Zwischen 1995 und 2001 erschien schließlich die monumentale, fünfbändige, wenig später in sechs Sprachen übersetzte italienische Originalausgabe der *Storia del Concilio Vaticano II.* Darin erscheint das Konzil als ein hochkomplexes, intern vielfältiges und in mannigfaltigen Außenbeziehungen zur Welt sich vollziehendes „Ereignis", dessen historische Rekonstruktion nach A. notwendig ist, um die spezifische Physiognomie dieses Konzils, seine pastorale Haltung, richtig verstehen und vor diesem Hintergrund seine am Ende verabschiedeten Ergebnisse (die textlichen Dokumente) auch sachgerecht interpretieren zu können. Von konservativen Kritikern ist der Ereignis-These A.s vorgeworfen worden, sie leiste einer Hermeneutik der Diskontinuität, die das Vaticanum II als einen großen Bruch in der Kirchengeschichte begreift, Vorschub. Derartige Einsprüche ändern nichts an der Tatsache, dass die von A. herausgegebene und von zahlreichen Autoren unterschiedlicher Provenienz verfasste *Storia* noch für lange Zeit die umfassendste Geschichte des Vaticanum II darstellen wird, die der historischen Komplexität und Bedeutung dieses Ereignisses in wissenschaftlich zuverlässiger Form Rechnung trägt

Bibliografie: L. Spaccamonti – M. Faggioli: Bibliografia di G. A. 1956–2008: CrStor 29 (2008) 921–961.

Werke: I vescovi italiani al Concilio di Trento (1545–1547). Florenz 1959; Lo sviluppo della dottrina sui poteri nella Chiesa universale. Momenti essenziali tra il XVI e il XIX secolo. Rom u. a. 1964; (als Hg. zusammen mit K. Wittstadt – G. Wassilowsky:) Geschichte des Zweiten Vatikanischen Konzils (1959–1965), 5 Bde. Mainz u. a. 1997–2008 (italienische Originalausgabe Bologna – Leuven 1995–2001); Johannes XXIII. Leben und Wirken des Konzilspapstes. Mainz 2000; Die Fenster öffnen. Das Abenteuer des Zweiten Vatikanischen Konzils. Zürich 2006; Transizione epochale. Studi sul Concilio Vaticano II. Bologna 2009.

Literatur: **A. Melloni**: G. A. (1926–2007). Appunti per un profilo biografico: CrStor 29 (2008) 665–702 (sowie andere Aufsätze im selben Heft); **U. Mazzone**: G. A.: Ricerche di storia sociale e religiosa 73 (2008) 247–258; **BBKL** 29 (2008) 33–35 (G. Arnold); **G. Wassilowsky**: Kontinuum – Reform – (Symbol-)Ereignis? Konzilsgeschichtsschreibung nach A.: Bischof (Hg.): Das Zweite Vatikanische Konzil, 27–44. GÜNTHER WASSILOWSKY

Aleksij (Sergej Vladimirovič) **Simanskij,** Patriarch von Moskau und ganz Russland, * 27.10.1877 Moskau, † 17.4.1970 ebd. Juristisches Studium und Abschluss der Theologischen Akademie Moskau als cand. theol.; 1902 Mönchs-, 1903 Priesterweihe; Rektor der Geistlichen Akademien Tula und Nowgorod, 1913 Bischof von Tichwin, 1921 Verbannung (Kasachstan). Seit 1933 Metropolit von Leningrad. Medaille „Für die Verteidigung Leningrads" (1941–45). 1945 einstimmig zum Patriarchen gewählt. Wegen seiner Reisen zur Stärkung des Einflusses der russischen Kirche in der Orthodoxie, seines Engagements für die pax sovietica, bei Aufhebung der Unierten in der Ukraine (1946) und der Eparchie Užgorod (1949) im Westen bzw. von Dissidenten kritisiert. Doch verteidigte er 1960 öffentlich die Rolle der Kirche in Russland und exkommunizierte abgefallene Priester. Öffnung zu anderen christlichen Kirchen: 1961 Beitritt der russischen Kirche zum Weltrat der Kirchen (New Dehli); Entsendung von Beobachtern zum Vaticanum II; Gewährung der Autokephalie an die „Orthodoxe Kirche in Amerika" und der Autonomie an die „Orthodoxe Kirche in Japan" (1970). Durch Zugeständnisse an die kirchenfeindliche Regierung, ohne von dogmatischen und kanonistischen Prinzipien abzuweichen, konnte er die zerschlagene Kirchenorganisation wiederaufbauen und den Gläubigen die äußeren Möglichkeiten der Gnadenvermittlung bewahren.

COELESTIN PATOCK

Mit der Übernahme des Pontifikats durch ↗Johannes XXIII. kam es grundsätzlich zu einer Entspannung des Verhältnisses zwischen römisch-katholischer Kirche und russisch-orthodoxer Kirche sowie zur Sowjetunion. Hatte sich das Moskauer Patriarchat zunächst, in Übereinstimmung mit dem (staatlichen) Rat für russisch-orthodoxe Kirchenangelegenheiten, ablehnend in der Frage der Konzilsteilnahme geäußert, und hatten sich die orthodoxen Kirchen 1961 auf der ersten Panorthodoxen Konferenz auf Rhodos geeinigt, keine Beobachter nach Rom zu entsenden, so kam die Entsendung einer Beobachterdelegation durch Moskau völlig unerwartet. Vorausgegangen waren u. a. diplomatische Aktivitäten des Metropoliten Nikodim, der seit 1960 Leiter der Abteilung für auswärtige Angelegenheiten des Moskauer Patriarchats war und im März 1962 eine offen positive Haltung in der Beobachterfrage eingenommen hatte, sekundiert durch Pater ↗Borovoj, und Monsignore ↗Willebrands', seit 1960 Sekretär im Einheitssekretariat und wichtiger Mitarbeiter Kardinal ↗Beas. Willebrands besuchte vom 27.9. bis zum 2.10.1962 das Moskauer Patriarchat und legte dort den Konzilsplan Johannes' XXIII. dar. Nach seiner Rückkehr sandte Bea am 4.10. eine offizielle Einladung (direkt) nach Moskau. Mit Erlaubnis des Politbüros beschloss daraufhin der Heilige Synod in seiner Sitzung vom 10.10., den

Erzpriester Vitalij Borovoj und den Archimandriten Vladimir Kotljanov nach Rom zu entsenden; diese kamen bereits am 12.10. dort an. Die staatlichen Stellen verfolgten das Ziel, die antisowjetische Politik des Westens zu unterlaufen; die kirchlichen Vertreter wollten die Stellung der russisch-orthodoxen Kirche stärken (auch im Rahmen der Orthodoxie). Die Anwesenheit der russisch-orthodoxen Beobachter führte dazu, dass der Heilige Stuhl den Beziehungen zum Moskauer Patriarchat besondere Aufmerksamkeit schenkte. So nahm im Juli 1963 – erstmals seit mehreren Jahrhunderten – eine römische Delegation an orthodoxen Feierlichkeiten (konkret: zum 50-jährigen Bischofsjubiläum A.s) teil. Die anderen orthodoxen Kirchen werteten den Alleingang Moskaus als „Anschlag auf die Einheit der Orthodoxie" (Seide 147). Die Spannungen zwischen Moskau und Konstantinopel dauerten an. Die zweite Panorthodoxe Konferenz 1963 setzte sich erneut mit der Beobachterfrage auseinander und traf die Entscheidung, dass jede Kirche die Möglichkeit haben sollte, Priester und Laien als Beobachter zum Konzil zu entsenden. Dass es am Konzil zu keiner erneuten Verurteilung des Kommunismus kam, kann als Erfolg für die Sowjetunion gewertet werden. Die Verabschiedung der Erklärung über die Religionsfreiheit hatte umgekehrt große Bedeutung für die russisch-orthodoxe Kirche.

Literatur: **G. Seide:** In Memoriam: Kyrios 10 (1970) 129–148; Žurnal Moskovskoj Patriarchii 6 (1970) 59–63; **Metropolit Manuil (Lemeševskij):** Die Russischen Orthodoxen Bischöfe von 1893 bis 1965, Bd. 1. Erlangen 1979, 157–167; **GZVK** 1; 2; 5 (Register); **A. Melloni** (Hg.): Vatican II in Moscow (1959–1965). Leuven 1997.   CLEMENS CARL

Alfaro, *Juan,* SJ (1929), spanischer katholischer Theologe, * 10.5.1914 Carcastillo (Navarra), † 5.8.1993 Loyola; 1932–37 Studium der Humaniora und der Philosophie in Marneffe (Belgien), Lic. phil.; Theologie in Oña (Burgos) (1944 Priester) und an der Gregoriana in Rom seit 1946, Dr. theol. 1950; seit 1949 Professor für Theologie in Granada und seit 1952 an der Gregoriana in Rom; theologischer Experte beim Vaticanum II; Mitglied der Internationalen Theologenkommission 1975–85. In anfangs scholastischer Lehrweise setzte A. neue Akzente in der Auseinandersetzung um das Übernatürliche, die Eschatologie, die Mariologie und besonders um die theologischen Tugenden, Akzente, die er im Gespräch mit neuzeitlichen Denkern gewann und vertiefte.   KARL-HEINZ NEUFELD

Literatur: Fides quae per caritatem operatur. Homenaje a J. A., SJ, en su 75 cumpleaños, hg. v. **J. M. Lera.** Bilbao 1989 (Bibliografie); Dizionario dei teologi, hg. v. **B. Mondin.** Bologna 1992, 45–47; **A. Gaino:** Esistenza Cristiana. Il pensiero teologico di J. A. e la sua rilevanza morale. Rom 1999.
   REDAKTION

Alfrink, *Bernard,* niederländischer Bischof und Kardinal, * 5.7.1900 Nijkerk, † 17.12.1987 Nieuwegein. 1924 Priester, danach Sudium am Päpstlichen Bibelinstitut in Rom und an der École biblique in Jerusalem, 1930 Promotion bei der Päpstlichen Bibelkommission; nach Kaplanszeit in Maarssen 1933 Professor für Exegese am Seminar Rijsenburg, 1945 Professor für alttestamentliche Exegese und Hebräisch an der Katholischen Universität Nimwegen; 1951 Ernennung zum Koadjutor von Erzbischof Jan de Jong von Utrecht, 1955–76 Erzbischof von Utrecht, seit 1957 auch Vorsitzender der Niederländischen Bischofskonferenz, 1960 von ↗Johannes XXIII. in das Kardinalskollegium aufgenommen. Sein Engagement für das Vaticanum II begann 1960, als er in die Zentrale Vorbereitungskommission berufen wurde. Bei ihrer vorletzten Sitzung nahm er kritisch zum Kapitel über die Bischöfe im Entwurfstext über die Kirche Stellung und machte sich für die bischöfliche Kollegialität stark. Während des Konzils war er Mitglied des zehnköpfigen Präsidiums. A. kam beim Konzil insgesamt 23-mal zu Wort. Seine Redebeiträge fanden Beachtung durch ihr theologisches Niveau und waren durchweg ausgewogen im Sinn der Konzilsmehrheit. Ein besonderes Anliegen war ihm die Überwindung eines einseitig zentralistischen, auf den Papst konzentrierten Kirchenbildes, etwa durch die Einrichtung eines Bischofsrats; er unterstützte auch ausdrücklich den Konzilstext über die Religionsfreiheit. Während aller Sitzungsperioden des Konzils diente ihm der Dominikaner Edward Schillebeeckx als theologischer Berater. Schon während des Konzils hatte A. mit Verdächtigungen und Vorwürfen konservativer Kreise inner- und außerhalb der Kurie gegen den Kurs der katholischen Kirche in den Niederlanden zu kämpfen. Sie eskalierten dann in den Auseinandersetzungen um den von A. befürworteten *Niederländischen Katechismus* (1966) und um das Niederländische Pastoralkonzil (1966–70), das sich in seiner letzten Sitzungsperiode gegen den Pflichtzölibat aussprach. A.s letzte Jahre im Bischofsamt waren von der zunehmenden Polarisierung in der niederländischen Kirche der Nachkonzilszeit geprägt. Er wurde letztlich im Konflikt um selbstbewusste Reformforderungen in Teilen des niederländischen Katholizismus und römische Gegenmaßnahmen aufgerieben, die sich vor allem in der Ernennung der konservativen Bischöfe Simonis (Rotterdam) und Gijsen (Roermond) in den frühen 1970er Jahren äußerten.

Werke: Vragen aan de kerk. Toespraken van kardinaal A. in de jaren van het concilie. Utrecht – Baarn 1967; Leven in de kerk. Michel van der Plas in gesprek met kardinaal A. Baarn 1984. – A. en de Kerk. Baarn 1976, 316–364 (Bibliografie bis 1976).

Literatur: **W. Goddijn:** Rode oktober. Honderd dagen A. Een bijdrage tot de empirische ecclesiologie (1968–1970). Baarn 1983; **T. H. M. van Schaik:** A. Een biografie. Amsterdam 1997. ULRICH RUH

Aloisi Masella, *Benedetto,* italienischer Kurienkardinal, * 29.6.1879 Pontecorvo (Latium), † 30.9.1970 Rom. Studium in Rom, 1902 Priesterweihe durch seinen Onkel Kardinal Gaetano Aloisi Masella; 1906 Eintritt in den diplomatischen Dienst des Vatikans, nach Bischofsweihe durch Kardinal Pietro Gasparri 1919 Apostolischer Nuntius in Chile, ab 1927 in Brasilien, 1946 Kardinal, 1954–68 Präfekt der Kongregation für die Disziplin der Sakramente, 1958 Camerlengo (Kämmerer) der Heiligen Römischen Kirche. A. gehört zu jenen Kurienkardinälen, die maßgeblich verantwortlich waren für die vorbereiteten und später vom Konzil abgelehnten Schemata. In seiner Funktion als Präfekt der Sakramentenkongregation wurde A. von ↗Johannes XXIII. zunächst zum Vorsitzenden der vorbereitenden Konzilskommission für die Sakramente (GZVK 1, 211–213) und dann zum Präsidenten der entsprechenden Konzilskommission bestimmt (GZVK 3, 465f.). Die unter seiner Führung arbeitende Kommission hatte ursprünglich eine Vielzahl von Themen – freilich in kirchenrechtlich verengter Weise – in mehreren Schemata behandeln wollen (Firmung, Bußsakrament, Diakonat usw.) und auch entsprechende Textvorlagen erstellt; ihr Themenbereich wurde jedoch von der Zentralen Koordinierungskommission stark beschnitten und auf Ehefragen, insbesondere die Mischehenthematik, begrenzt. Am Ende legte die Sakramentenkommission lediglich ein in der Konzilsaula stark kritisiertes Votum *De matrimonii sacramento* (AS III-8, 467–475) vor (vgl. die Vorstellung des Votums in der Konzilsaula durch A. am 19.11.1964: AS III-8, 475–478), das bei der nachkonziliaren Reform des *Codex Iuris Canonici* berücksichtigt werden sollte (GZVK 4, 438–443).

Literatur: **AnPont** 1962, 39f.; **GZVK** 1, 211–213; 3, 465f.; 4, 438–443.   GÜNTHER WASSILOWSKY

Anawati, *Georges Chehata,* OP (1934), ägyptischer katholischer Theologe, * 6.6.1905 Alexandrien, † 28.1.1994 Kairo. Einer griechisch-orthodoxen Familie entstammend, konvertierte A. nach dem Studium der Pharmazie in Beirut und Lyon zum Katholizismus, wurde nach einer Zeit inneren Suchens 1934 Dominikaner und studierte Theologie und Philosophie in Le Saulchoir. Geprägt durch Jacques Maritain und Louis Massignon spezialisierte er sich in Islamwissenschaft. Seit 1944 in Kairo, gründete er dort 1953 mit Serge de Beaureceuil und Jacques Jomier das Institut Dominicain d'Études Orientales (IDEO), das er zu einem Ort der Begegnung zwischen Islam und Christentum machte. Geschätzt als Mediävist, Orientalist und Kenner Avicennas, nahm A. Lehraufträge an verschiedenen Universitäten wahr. Zunächst informell, seit der zweiten Sessio als Mitglied des Einheitssekretariats auf dem Vaticanum II aktiv, war er maßgeblich beteiligt an der Redaktion der Aussagen zum Islam in *Nostra aetate* 3 und *Lumen gentium* 16. Nach dem Konzil Konsultor des Päpstlichen Rates für die Nichtchristen und Mitglied des Päpstlichen Rates für die Kultur.

Werke: (mit L. Gardet:) Introduction à la théologie musulmane. Paris 1948; dies.: Mystique musulmane. Aspects et tendances. Expériences et techniques. Paris 1961; ders.: Islam et christianisme: la rencontre de deux cultures en Occident au moyen âge: Mélanges de l'institut dominicain d'études orientales de Caire 20 (1990) 233–299.

Literatur: **R. Morelon** (Hg.): Le Père G.C. A. Parcours d'une vie. Kairo 1996; **D. Avon:** Les Frères prêcheurs en Orient. Les dominicains du Caire (années 1910 – années 1960). Paris 2005 (Register); **J.-J. Pérennès:** G. A. (1905–1994). Ein ägyptischer Christ und das Geheimnis des Islam. Freiburg 2010 (französisch 2008); www.anawati-stiftung.de/georges_anawati.html (abgerufen: 2.6.2012).

MICHAEL QUISINSKY

Ancel, *Alfred,* französischer Bischof und Priester des Prado, * 22.10.1898 Lyon, † 11.9.1984 ebd. Nach Teilnahme am 1. Weltkrieg Eintritt ins Séminaire Français in Rom und Studium der Philosophie und Theologie (1920 Dr. phil., Gregoriana). 1923 Priester, trat er 1925 in die Kongregation des Prado ein. In der Folge widmete sich A. Jugendlichen aus benachteiligten sozialen Schichten und setzte sich auf theoretischer Ebene mit dem Kommunismus auseinander. Das Amt des Superiors des Prado, das er seit 1942 innehatte, behielt er auch, als er 1947 Weihbischof in Lyon wurde. Seinem Herzensanliegen, der Präsenz der Kirche unter den Arbeitern, verschaffte er in verschiedener Weise unter persönlichem Einsatz Geltung und erlangte dadurch hohe Wertschätzung auch außerhalb kirchlicher Kreise. Im Gefolge der Auseinandersetzungen um die Arbeiterpriester suchte er einen Weg, Nähe zu den Arbeitern und Treue zu den kirchlichen Vorgaben zu verbinden, und lebte von 1954–59 in einer kleinen Gemeinschaft in Gerland. Nach dem Rücktritt von seinen Ämtern als Superior des Prado (1971) und Weihbischof (1973) blieb er auf verschiedenen Ebenen weiterhin im Sinn seiner Anliegen und Überzeugungen tätig und lebte im Arbeiterviertel La Guillotière in Lyon. Auf dem Vaticanum II gehörte er zu den französischen Bischöfen mit den meisten Wortmeldungen in der Konzilsaula und war ab 1964 Vizepräsident der mit der Redaktion der Pastoralkonstitution betrauten zentralen Unterkommission.

Werke: L'Évangélisation du prolétariat. Lyon 1949; (mit J. Jacquet:) Un militant ouvrier dialogue avec un évêque. Paris 1982; Écrits spirituels, hg. v. Y. Musset. Paris 1994.

Literatur: **O. de Berranger:** A. A., un homme pour l'évangile. Paris 1988; **A. Michel:** L'épiscopat français au deuxième concile du Vatican: Le deuxième concile du Vatican, 281–295; **LThK³** 1, 612 (C. Muller); **L. Perrin:** Approche du rôle des évêques de France: Fouilloux (Hg.): Vatican II commence, 119–132; **Turbanti:** Un concilio per il mondo moderno (Register); **DÉF** 34 (T. Cavalin – N. Viet-Depaule); http://maitron-en-ligne.univ-paris1.fr/spip.php?page=articleCD&id_article=10036 (abgerufen: 1.4.2012).
MICHAEL QUISINSKY

Angerhausen, *Julius,* deutscher Bischof, * 3.1.1911 Warendorf, † 22.8.1990 Essen. 1935 Priester, 1936 Kaplan in Duisburg-Meiderich, 1941 in Duisburg-Neudorf, Militärdienst als Sanitätssoldat, seit 1948 Aufbau der Christlichen Arbeiterjugend (CAJ) als Diözesankaplan im Bistum Münster, 1953 Geistlicher Leiter der CAJ. 1958–64 Leiter des Seelsorgeamtes im Bistum Essen, 1959–86 Weihbischof in Essen, 1966 Bischofsvikar für die Ausländer; in der Deutschen Bischofskonferenz zuständig für die Seelsorge in Gefängnissen, 1967 Vorsitzender der Kommission für Weltmission. A. kümmerte sich besonders um die Menschen am Rand der Gesellschaft und um ihre Situation am Arbeitsplatz. Nicht zuletzt seinem Wirken verdankte das Bistum Essen eine hervorragende Rolle im Bereich der Betriebsseelsorge. Früh galt A.s Interesse der Mission, für die er sich durch Reisen in die Dritte Welt engagierte. Am Vaticanum II nahm er in allen vier Konzilsperioden teil. Seine Tätigkeit für die CAJ eröffnete ihm Kontakte zu Bischöfen aus verschiedenen Ländern. Er trat mit anderen Bischöfen, die sich in einer lose organisierten Gruppe zusammenfanden, für eine arme und dienende Kirche ein. Nach dem Konzil regte er Konzilspredigten zur Vermittlung der Ergebnisse an, deren Erfolg jedoch hinter den Erwartungen zurückblieb.

Literatur: **T. Rehberg:** Gottsucher und Bischof für die Menschen am Rand – Weihbischof J. A.: A. Pothmann – R. Haas (Hg.): Christen an der Ruhr, Bd. 1. Essen 1998, 252–284; **Gatz B 1945,** 200f. (E. Gatz); **V. Schmidt:** Das Bistum Essen und das Zweite Vatikanische Konzil. Eine Untersuchung zum Rezeptionsprozess in den Pfarreien. Münster 2011.
GUIDO TREFFLER

Antoniutti, *Ildebrando,* italienischer Kurienkardinal, * 3.8.1898 Nimis (bei Udine), † 1.8.1974 bei einem Verkehrsunfall bei Bologna. 1920 Priester, Dozent am Priesterseminar Udine, seit 1927 in diplomatischen Diensten des Vatikans in China, Portugal, Albanien und Kanada, 1936 Bischofsweihe, 1953 Apostolischer Nuntius in Spanien, 1962 Kardinal, galt im Konklave von 1963 als einer der Favoriten der Konservativen. Nach dem Tod von Kardinal Valerio ∕ Valeri wurde A. am 26.7.1963 dessen Nachfolger als Präfekt der Religiosenkongregation (bis 1973) und am 1.8.1963 auch Präsident der entsprechenden Konzilskommission. Intern erfuhr seine Art der Kommissionsführung Kritik durch Kommissionsmitglieder wie Carl Joseph ∕ Leiprecht (GZVK 4, 688–696). Ab der zweiten Sitzungsperiode gehörte A. zur Gruppe der konservativen Kurienkardinäle, die beispielsweise im Herbst 1964 ∕ Paul VI. unter Druck setzten, im dritten Kapitel des Kirchenschemas die Prärogativen des Papstamtes gegenüber dem Bischofskollegium stärker hervorzuheben, was schließlich zur Publikation der *Nota explicativa praevia* führte (ebd., 77–84). A. hat keine Rede in der Generalkongregation des Konzils gehalten.

Literatur: **AnPont** 1963, 66; **Schmiedl:** Das Konzil und die Orden (Register); **GZVK** 3–5 (Register).
GÜNTHER WASSILOWSKY

Arrighi, *Jean-François Mathieu,* französischer Theologe, * 1.5.1918 Vico (Korsika), † 1.12.1998 Rom. Nach dem Schulbesuch auf Korsika studierte A. am Institut Catholique de Paris, wo er ein Lizenziat in Theologie und in Kirchenrecht erwarb. Nach der Priesterweihe 1948 wurde er nach Rom geschickt, wo er 1949–54 das Amt eines Ökonomen im Séminaire Français ausübte und anschließend als Administrator der französischen Ordenshäuser und des Eigentums der französischen Kirche in Rom fungierte. 1956–60 Teilzeitassistent Kardinal Eugène

⁄Tisserants – dem er auch während des Konklaves 1958 diente – in der Kongregation für die Orientalischen Kirchen. Tisserant gelang es, 1960 einen Wechsel A.s zum neuerrichteten Sekretariat zur Förderung der Einheit der Christen unter Führung Kardinal Augustin ⁄Beas und Johannes ⁄Willebrands zu bewerkstelligen. Aufgrund seiner Kenntnisse auf dem Gebiet der orientalischen Kirchen und seiner Erfahrung in der römischen Kurie wurde A. einer der zentralen Berater Willebrands und versah von 1960–85 das Amt eines Untersekretärs des Einheitssekretariates. Während des Vaticanum II spielte er dabei eine wichtige Rolle hinsichtlich der Einladung der nichtkatholischen Beobachter. Bei der Redaktion von Unitatis redintegratio hatte er gewichtigen Anteil an den Ausführungen zum Verhältnis zwischen der römisch-katholischen Kirche und den orthodoxen Kirchen. Daneben wirkte er auch an der Redaktion von Dignitatis humanae mit. Die Kontakte zwischen dem Einheitssekretariat und La Petite Église prägte er während des Konzils ebenso mit wie nach dem Konzil die Beziehungen der römisch-katholischen Kirche zum Ökumenischen Rat der Kirchen. 1974 erfolgte die Ernennung zum Rektor der Kirche S. Trinità dei Monti in Rom, 1985 die Ernennung zum Titularbischof von Vico Equense und zum Vizepräsidenten des Päpstlichen Rates für die Familien (bis 1992).

Werke: Le Secrétariat pour l'unité des Chrétiens: Ecclesia 154 (1962) 193–200; Le Cardinal Augustin Bea, premier Président du Secrétariat pour l'Union des Chrétiens: OR (französische Ausgabe vom 7.2., 14.2. und 21.2.1969); Les origines et les difficultés du décret sur l'œcuménisme: Le Deuxième concile du Vatican, 607–614.

Literatur: **Velati:** Una difficile transizione (Register); **Congar:** Mon Journal (Register); **É. Fouilloux:** Eugène cardinal Tisserant 1884–1972. Une biographie. Paris 2011 (Register). KARIM SCHELKENS

Arrupe, *Pedro,* SJ (1927), Generaloberer der Gesellschaft Jesu, * 14.11.1907 Bilbao, † 5.2.1991 Rom. Seit 1923 Medizinstudium in Madrid, wo er erstmals mit sozialem Elend konfrontiert wurde. 1927 Abbruch des Studiums und Eintritt ins Noviziat der baskischen Jesuitenprovinz Loyola. Seit 1931 Philosophiestudium in Oña, nach Auflösung der Gesellschaft Jesu in Spanien (1932) Fortsetzung des Studiums im belgischen Marneffe, 1933–36 Theologiestudium in Valkenburg (Vertiefung in medizinischer Ethik bei Franz ⁄Hürth), 1936 Priester, anschließend Spezialstudien über medizinische Ethik am St. Mary's College (Kansas), 1937/38 Terziat in Cleveland (Ohio). 1938 Bestimmung für die Japanmission, worum er den Ordensgeneral mehrfach gebeten hatte, 1942 Novizenmeister bei Hiroshima, wo er am 6.8.1945 Zeuge der Atombombenexplosion wurde und erste Hilfe leistete. 1954 Superior der Vize-Provinz Japan, 1958 erster Provinzial der unabhängigen japanischen Provinz, leistete A. dort erfolgreiche Aufbauarbeit. Aufgrund seiner 27-jährigen Missionstätigkeit in Japan wurde A. zu einem wichtigen Brückenbauer zwischen Ost und West und trug dazu bei, das kirchliche Bewusstsein für das Problem der Inkulturation des christlichen Glaubens zu schärfen. Am 22.5.1965 zum 28. Generaloberen der Gesellschaft Jesu gewählt, prägte A. einen neuen Leitungsstil der Sichtbarkeit und direkten Kommunikation.

Teilnahme an der vierten Sitzungsperiode des Vaticanum II; Redebeiträge über den Atheismus (AS IV-2, 481–484; ⁄Paul VI. hatte den Jesuiten 1964 den besonderen Auftrag erteilt, sich mit dem Phänomen des Atheismus auseinanderzusetzen) und über die Missionstätigkeit der Kirche (AS IV-4, 208–212). In seiner Zeit als Generaloberer bemühte sich A. darum, die vom Konzil geforderte Erneuerung der Gesellschaft Jesu (teils gegen heftige Widerstände) umzusetzen. 1967–81 Vorsitzender der Union der Generaloberen (USG) in Rom. Teilnahme an zahlreichen römischen Bischofssynoden. 1968 Teilnahme an der zweiten Generalversammlung der lateinamerikanischen Bischöfe in Medellín, deren Ergebnisse (befreiende Evangelisierung, Option für die Armen) A. sich zu eigen machte und darin eine wichtige Bestätigung seiner eigenen Sorge um weltweite Gerechtigkeit sah. 1974/75 bestimmte die 32. Generalkongregation die Sendung der Jesuiten in der Welt von heute als Kampf für Glaube und Gerechtigkeit. Für A. war das Gerechtigkeitsthema eine theologische Frage. Dieses politische Verständnis des Glaubens führte zu zahlreichen Konflikten mit totalitären Regimen (insbesondere in Lateinamerika), aber auch zu verschärften Spannungen innerhalb des Ordens und mit dem Vatikan. Als A. 1980 den Entschluss fasste, als Generaloberer zurückzutreten, bat ihn ∕Johannes Paul II. in einem Brief, den eingeleiteten Prozess für die Wahl eines Nachfolgers auszusetzen. Nachdem A. am 7.8.1981 einen Schlaganfall erlitten hatte, bestellte Johannes Paul am 6.10.1981 Paolo Dezza zum päpstlichen Delegaten für die Jesuiten mit den Vollmachten eines Generaloberers, um so Vincent T. O'Keefe als Generalvikar auszuschalten. Die 33. Generalkongregation wählte im Herbst 1983 Peter-Hans Kolvenbach zu A.s Nachfolger.

Werke: Als Missionar in Japan. München 1967; Unser Zeugnis muß glaubwürdig sein. Ostfildern 1981; Mein Weg und mein Glaube. Ostfildern 1983; H. Zwiefelhofer (Hg.): Im Dienst des Evangeliums. Ausgewählte Schriften von P. P. A. SJ, Generaloberer der Gesellschaft Jesu (1965–1983). München 1987.

Literatur: Offen für die Zeichen der Zeit. P. A. im Zeugnis seiner Mitarbeiter, hg. v. **S. Bamberger.** Kevelaer 1986; **J.-Y. Calvez:** Glaube und Gerechtigkeit. Die soziale Dimension des Evangeliums. München 1987; **P. M. Lamet:** A., una explosión en la Iglesia. Madrid 1989; LThK³ 1, 1034 (C. Becker); **J.-Y. Calvez:** Le père A.: L'Église après le Concile. Paris 1997; **M. Maier:** P. A. – Zeuge und Prophet. Würzburg 2007; **J. Sobrino:** Padre A. und Lateinamerika. Erinnerungen an den einst umstrittenen Jesuitengeneral: Diakonia 38 (2007) 435–442; **N. Klein:** Don P. und die Kirche des Konzils. Zum 100. Geburtstag von P. A. SJ (14. November 1907 – 5. Februar 1991): Orientierung 71 (2007) 222–224; **G. La Bella – M. Maier** (Hg.): P. A. – Generaloberer der Jesuiten. Neue biographische Perspektiven. Freiburg 2008; **K. Schatz:** P. A. – Erneuerer der Gesellschaft Jesu: SdZ 227 (2009) 272–276.

CLEMENS CARL

Athenagoras I. (eigentlich *Aristokles Spyrou*), Ökumenischer Patriarch von Konstantinopel, * 25.3.1886 Tsaraplana (heute: Vasilikon) in Epirus (damals Osmanisches Reich), † 7.7.1972 Istanbul. 1907–10 Theologiestudium an der Heiligen Theologischen Schule des Ökumenischen Patriarchates auf Chalki, 1910 Mönchsprofess und Diakonenweihe, 1910–18 Archidiakon in Monastir (heute: Bitola), Diözese Pelagonia, wo er Zeuge von Hass und Intoleranz wurde; gegen Kriegsende Flucht auf den Athos, 1919–22 Sekretär des Heiligen Synods von Athen unter den Erzbischöfen Meletios und Theoklitos, 1922 Priester- und Bischofsweihe, 1923–30 Metropolit von Korfu und Paxos, 1930 Sekretär der Vorbereitungskommission für die Prosynode im Kloster Vatopedi/Athos, die sich für einen gesamtorthodoxen Zusammenschluss aussprach. 1930 Bestimmung zum Erzbischof von Nord- und Südamerika, 1931–48 Exarch des Ökumenischen Patriarchates in Amerika, wo er sich um die Einigung der Emigrantengruppen und eine neue Kirchenordnung bemühte, wichtige Impulse für seine ökumenische Lebensaufgabe erhielt und freundschaftliche Beziehungen zu den US-Präsidenten Roosevelt und Truman pflegte. Bei seiner Wahl zum Patriarchen von Konstantinopel am 1.11.1948 spielten politische Gründe eine maßgebliche Rolle; 27.1.1949 Inthronisation. A. wandte sich gegen die im Phanar vorherrschende panhellenistische Idee und engagierte sich für eine Befreiung der Orthodoxie aus den Fesseln des Nationalismus und ihr Heraustreten aus der Isolation. Er war Initiator des innerorthodoxen Dialogs sowie der panorthodoxen Konferenzen (Rhodos: 1961, 1963 [Entscheidung über die Einladung ∕Pauls VI., zum Vaticanum II Beobachter zu entsenden, sowie über den Vorschlag A.s, der römisch-katholischen Kirche einen „Dialog auf der Basis der Gleichberechtigung" anzubieten] und 1964; Chambésy: 1968) und ein Vorkämpfer des ökumenischen Anliegens („Dialog der Liebe"). 1966 Gründung des Orthodoxen Zentrums des Ökumenischen Patriarchates in Chambésy (bei Genf). Dem Heiligen Stuhl signalisierte A. bald nach seinem Amtsantritt sein Gesprächsinteresse. Einen ersten Schritt zum Dialog zwischen Rom und Konstantinopel stellte 1963 die Entsendung von Kardinal Franz /König in den Phanar durch /Johannes XXIII. dar. Weitere wichtige Ereignisse waren die Begegnung Pauls VI. mit A. in Jerusalem am 5./6.1.1964, der Besuch einer Delegation des Ökumenischen Patriarchen in Rom sowie der Gegenbesuch einer römischen Delegation im Phanar im Frühjahr 1965, die Entsendung von Beobachtern des Ökumenischen Patriarchates zur dritten und vierten Sitzungsperiode des Konzils, die Aufhebung der Anathemata von 1054 in St. Peter in Rom (im Rahmen der Schlusssitzung des Vaticanum II) und St. Georg in Konstantinopel am 7.12.1965 (gemeinsame Erklärung: vgl. AS IV-7, 652f.) sowie der Besuch Pauls VI. im Phanar am 25./26.7. 1967 und der Gegenbesuch A.s in Rom (26.–28.10. 1967). Ein wichtiges Dokument für die Entwicklung der Beziehungen zwischen Rom und Konstantinopel in den Jahren 1958–71 bildet der *Tomos Agapis*. A. betrachtete seine Bemühungen um die Wiederherstellung der Einheit der Christen nicht zuletzt als christliche Pflicht, Frieden zu stiften in einer zerrissenen Welt.

Werke: Der Patriarch spricht. Wien – München 1965. Literatur: **B. Ohse:** Der Patriarch. A. I. von Konstantinopel, ein ökumenischer Visionär. Regensburg 1968; **O. Clément:** Dialogues avec le patriarche A. Paris 1969 (Auszug daraus: **ders.:** Patriarch A.: Porträt eines Propheten. München u. a. 1982); **D. Tsakanos:** A man sent by God. The life of Patriarch A. of Constantinople. Brookline (Massachusetts) 1977; Tomos agapis. Dokumentation zum Dialog der Liebe zwischen dem Hl. Stuhl und dem ökumenischen Patriarchat 1958–1976. Innsbruck u. a. 1978; **A. Payer:** Der ökumenische Patriarch A. I. Würzburg 1986; **LThK³** 1, 1143 (M. Wittig); **V. Martano:** A., il patriarca (1886–1972), un cristiano fra crisi della coabitazione e utopia ecumenica. Bologna 1996; **GZVK** (Register); **C. Soetens:** Entre Concile et initiative pontificale. Paul VI en terre sainte: CrStor 19 (1998) 333–365; **B. T. Staurides:** Two ecumenical patriarchs from America. Meletios IV Metaxakis (1912–1923) and A. I. Spyrou (1948–1972): The Greek orthodox theological review 44 (1999) 55–84; **A. Kallis:** Patriarch A. Ein Prophet der Versöhnung. Münster 2003; **P. Duprey:** Pierre retourne à Jérusalem: Proche-Orient chrétien 57 (2007) 3–6.

CLEMENS CARL

Aufderbeck, *Hugo,* deutscher Bischof, * 23.3.1909 Hellefeld (Westfalen), † 17.1. 1981 Erfurt. Studium in Paderborn, (Wien und München), 1936 Priester, bis 1938 Religionslehrer in Gelsenkirchen, 1938–48 Vikar und Studentenpfarrer in Halle (Saale), 1948–62 Leiter des Seelsorgeamtes Magdeburg. 1962 Weihbischof von Fulda mit Sitz in Erfurt, seit 1973 Apostolischer Administrator in Erfurt-Meiningen. Bedeutsam für die Kirche in der DDR durch die Entwicklung spezifischer Pastoralkonzepte; engagiert für den Aufbau eigenständiger kirchlicher Strukturen angesichts der sich verfestigenden politisch-staatlichen Teilung Deutschlands; bemüht um die liturgische Erneuerung. A. nahm seit der zweiten Sessio am Vaticanum II teil und konnte dort Kontakte zu Vertretern der Weltkirche knüpfen (Fraternité Épiscopale). Er arbeitete u. a. am Text zur Atheismusproblematik der Pastoralkonstitution *Gaudium et spes* mit.

Schriftenverzeichnis: E. Trott: Bibliographie H. A.: LJ 34 (1984) 186–189.

Werke (Auswahl): Katechetische Wandbilder, 2 Bde. Leipzig 1955, 1962; Die geistliche Stunde. Freiburg 1968; Das gemeinsame Werk. Leipzig – Heiligenstadt 1969; Das gemeinsame Werk. Regensburg 1972; Briefe, auf die Du wartest. Graz u. a. 1979; Volk Gottes auf dem Weg. Leipzig ²1981; C. Hammerschmidt (Pseudonym): Die Stunde der Kirche. o. O. und o. J. [1961]; (als Hg.:) Pastoral-Katechetische Hefte 1–62. Leipzig 1954–1980 und Pastorale Aufsätze I–VII. Leipzig 1964–1979; Josef Pilvousek (Hg.): Kirchliches Leben im totalitären Staat. Quellentexte aus den Ordinariaten 1977–1989. Teil II. Leipzig 1998, 162–236 [Predigten und Hirtenschreiben H. A.s]; H. A.: „Euer Bruder und Gefährte". Einzigartige Originalaufnahmen der bedeutendsten Wallfahrtspredigten, Doppel-CD. Leipzig 2000.

Konzilsbeiträge: AS IV-2, 683.953.

Literatur: **LThK³** 1, 1176f. (J. Pilvousek); **H. Mondschein:** Bischof H. A. Lebenszeugnis. Heiligenstadt 1996; **C. Brodkorb:** H. A. (1909–81): ThGl 88 (1998) 145–169; **ders.:** Die Beziehungen zwischen

Staat und Kirche im Bischöflichen Amt Erfurt-Meiningen unter Bischof H. A. 1962–1981: AMRhKG 51 (1999) 263–320; **ders.**: Bruder und Gefährte in der Bedrängnis. H. A. als Seelsorgeamtsleiter in Magdeburg. Zur pastoralen Grundlegung einer „Kirche in der SBZ/DDR". Paderborn 2002; **Gatz B 1945**, 176–180 (C. Brodkorb); **E. Gatz**: Begründung und Aufbau einer mitteldeutschen Diasporaseelsorge. Zum pastoraltheologischen Ansatz H. A.s: C. Kösters – W. Tischner (Hg.): Katholische Kirche in SBZ und DDR. Paderborn u. a. 2005, 195–217; **GZVK** 5, 463; **J. Pilvousek – E. Preuß** (Hg.): H. A. 1909–1981. Heiligenstadt 2009; **C. Brodkorb – M. Schmitt:** Bruder und Gefährte in der Bedrängnis. Zum 100. Geburtstag von Bischof H. A. Paderborn 2009.   CLEMENS CARL

B

Baaken, *Heinrich,* deutscher Bischof, * 15.3.1900 Budberg bei Moers, † 11.5.1976 Münster. 1923 Priester, anschließend nach einer kurzen Aushilfstätigkeit in Herongen Kaplan in Duisburg-Hamborn, 1931 erster Pfarrektor des Rektoratskirche St. Franziskus in Duisburg-Hamborn, einer durch B. neu aufzubauenden Gemeinde, 1946 Pfarrer von Duisburg-St. Bonifatius, 1948 Stadtdekan von Duisburg, 1949 Domkapitular, 1952–76 Weihbischof in Münster, 1967 Domdekan. Auch als Weihbischof standen die seelsorglichen Belange im Vordergrund seines Wirkens. Mit zahlreichen Kirchweihen, Firmungs- und Visitationsreisen unterstützte er seinen Diözesanbischof. In der Diözesanverwaltung war er für das Schulwesen zuständig. B. nahm an allen vier Sessiones des Vaticanum II teil.

Literatur: KNA – Sonderdienst zum Zweiten Vatikanischen Konzil Nr. 40/65, 10; **F. Helmert:** Die Domkapitulare seit 1823: **A. Schröer** (Hg.): Das Domkapitel zu Münster. Münster 1976, 457; **A. Schröer:** Die Bischöfe von Münster. Biogramme der Weihbischöfe und Generalvikare (Das Bistum Münster 1). Münster 1993, 364; **Gatz B 1945,** 415f. (W. Damberg).   GUIDO TREFFLER

Bacci, *Antonio,* italienischer Kurienkardinal, * 4.9.1885 Giugnola (bei Florenz), † 20.1.1971 Rom. 1909 Priester, Spiritual am Priesterseminar in Florenz, ab 1922 Mitarbeiter im Staatssekretariat, ab 1931 Sekretär in der Abteilung für die lateinischen Breven und Hausprälat des Papstes, 1960 Kardinal, 1962 Bischofsweihe. B. gehörte beim Vaticanum II zu den Wortführern der konservativen Konzilsminderheit. Als solcher findet er sich unter den Unterzeichnern des Briefes vom 24.11.1962 an Papst ∕ Johannes XXIII., in dem eine Gruppe von 19 Kardinälen nach der Ablehnung des vorbereiteten Offenbarungsschemas *(De fontibus revelationis)* ihre Befürchtung äußerte, dass das Konzil zu wenig die doktrinären katholischen Grundsätze bekräftige (GZVK 2, 409f.). In zahlreichen Konzilsreden rief er

zur Wahrung der Tradition auf und stellte sich gegen Neuerungen (vgl. AS I-2, 409f. [9.11.1962; Brevierreform]; AS I-3, 127f. [17.11.1962; Verteidigung der Schemata aus der Vorbereitungszeit]; AS I-4, 230–232 [4.12.1962]; AS II-2, 87–89 [4.10.1963; gegen Ständigen Diakonat und Betonung der Bischofskollegialität]; AS II-2, 637f. [16.10.1963]; AS II-4, 598–600 [20.10.1963]; AS II-6, 168–170 [27.11.1963]; AS III-8, 17f. [16.11.1964]). Der Verfasser mehrerer kirchenlateinischer Lexika trat immer wieder als Verfechter des Lateinischen als allgemeiner Kirchensprache hervor: Schon kurz nach der Konzilsankündigung forderte er, dass auf dem Konzil ausschließlich Latein gesprochen werde (*In quale lingua si parlerà nel futuro Concilio ecumenico?:* OR vom 11.2.1959); in den Liturgiedebatten plädierte er vehement gegen die generelle Einführung der Muttersprache, insbesondere bei der Eucharistiefeier (GZVK 1, 236; 2, 145), lediglich in Predigt und Katechese sowie bei der Sakramentenspendung konnte er sich ihren Gebrauch vorstellen (vgl. seine Konzilsrede vom 24.10.1962: AS I-1, 408–410); bei den konziliaren Auseinandersetzungen über die Reform des theologischen Studiums bedauerte er, dass der scholastischen Theologie und insbesondere Thomas von Aquin nicht größerer Stellenwert zukomme (vgl. seine Rede in der Generalkongregation vom 16.11.1964: AS III-8, 17f.; GZVK 4, 421f.). Mit denselben traditionalistischen Argumenten meldete er sich nach dem Konzil im Jahr 1969 zusammen mit Alfredo ∕Ottaviani als Kritiker der postkonziliaren Liturgiereform und des neuen *Ordo Missae* (1969) zu Wort (Bugnini 303; 307–318).

Werke: Lexicon eorum vocabulorum, quae difficilius latine redduntur. Rom 1949; Inscriptiones orationes epistulae. Rom 1955.

Literatur: **AnPont** 1962, 70; **Bugnini:** Die Liturgiereform (Register); **GZVK** 1, 236; 2; 4 (Register).

GÜNTHER WASSILOWSKY

Backes, *Ignaz,* deutscher katholischer Theologe, * 28.7.1899 Möhn, † 18.11.1979 Gutweiler. 1923 Priester. Nach Studien bei Martin Grabmann und Bernhard Geyer 1935–50 Dogmatiker am Priesterseminar, dann bis 1968 an der Katholisch-Theologischen Fakultät Trier. Konsultor der vorbereitenden Theologischen Kommission des Vaticanum II, war B. auch Berater des Trierer Bischofs Matthias ∕Wehr. Seine im Rahmen seiner Konsultorentätigkeit für die Theologische Kommission 1961 erstellten Gutachten, in denen B. gleichwohl auch um Anschluss an die Enzyklika *Mystici Corporis* bemüht war, trugen dazu bei, dass das Verständnis der Kirche als Volk Gottes Eingang in die Debatte um das Kirchenschema fand.

Werke: Die Christologie des hl. Thomas von Aquin und die griechischen Kirchenväter. Paderborn 1931 (Dissertation); Die Kirche ist das Volk Gottes im Neuen Bund: TThZ 69 (1960) 111–117; Gottes Volk im Neuen Bund: TThZ 70 (1961) 80–93; Das Volk Gottes im Neuen Bunde: H. Asmussen (Hg.): Kirche – Volk Gottes. Stuttgart 1961, 98–129.

Literatur: **Y. Congar:** D'une „ecclésiologie en gestation" à Lumen Gentium (Chap. I et II): ders.: Le Concile de Vatican II. Son Église peuple de Dieu et corps du Christ. Paris 1984, 123–136; **LThK³** 1, 1345f. (F. Courth); **R. Burigana:** Progetto dogmatico del Vaticano II: la commissione teologica preparatoria (1960–1962): G. Alberigo – A. Melloni (Hg.): Verso il Concilio Vaticano II (1960–1962). Passaggi e problemi della preparazione conciliare. Genua 1993, 141–206; **BBKL** 20, 85f. (E. Sauser); **A. Heinz:** Das Bistum Trier und das Zweite Vatikanische Konzil: B. Schneider – M. Persch (Hg.): Geschichte des Bistums Trier, Bd. 5. Beharrung und Erneuerung 1881–1981. Trier 2004, 731–747; **K. Reinhardt:** Er sprach früh vom Volk Gottes: Paulinus, Nr. 50, 12.12.2010, 5.   MICHAEL QUISINSKY

Balić, *Karlo,* OFM (1917), kroatischer katholischer Theologe, * 6.12.1899 Katuni, † 15.4.1977 Rom. 1923 Priester, Promotion an der Katholieke Universiteit Leuven mit einer Arbeit über die franziskanische Mariologie des 13. und 14. Jahrhunderts zum Dr. theol. 1933 entsandte ihn der Orden nach Rom, wo er am Antonianum lehrte und später dessen Rektor wurde. Zweiter Gründer und Präsident der Internationalen skotistischen Kommission, gründete er 1946 zwei mariologische Institute: die Commissione Francescana Mariana, die der Entwicklung der marianischen Studien und der marianischen Frömmigkeit bei den Franziskanern verpflichtet war, sowie die Pontificia Academia Mariana Internationalis, die weltweit für die Förderung marianischer Studien eintrat. ∕Pius XII. ernannte B. zum Mitglied der Theologischen Kommission im Vorfeld der Proklamation der leiblichen Aufnahme Mariens in den Himmel 1950. Weiterhin wirkte B. als Konsultor des Heiligen Offiziums sowie als Mitglied der Pontificia Academia Theologica. Während des Vaticanum II Peritus, wurde er mit der Vorbereitung des Schemas *De Beata Maria Virgine* betraut. Nachdem dieses in das Kirchenschema, aus dem schließlich *Lumen gentium* hervorging, integriert worden war, arbeitete B., der in der Mariologie maximalistische Positionen vertrat, am entsprechenden Kapitel 8 mit.

Werke: Les commentaires de Jean Duns Scot sur les quatre livres des Sentences: étude historique et critique. Louvain 1927; De regula fundamentali theologiae Marianae Scotisticae. Šibenik 1938; Ioannis Duns Scoti initia operum omnium. o. O. 1938; Ratio criticae editionis operum omnium I. D. Scoti, 2 Bde. Rom 1939–41; De debito peccati originalis in B. Virgine Maria: investigationes de doctrina quam tenuit Ioannes Duns Scotus. Rom 1941; De definibilitate Assumptionis B. Virginis Mariae in Caelum. Rom 1945; Tractatus de immortalitate Beatae Virginis Mariae. Rom 1948; Testimonia de assumptione Beatae Virginis Mariae ex omnibus saeculis. I. Ex aetate ante Concilium tridentinum. Rom 1948; Pro Veritate Assumptionis B. V. Mariae dogmatice definienda. Rom 1949; Testimonia de assumptione Beatae Virginis Mariae ex omnibus saeculis. II. Ex aetate post Concilium tridentinum. Rom 1950; Circa theologiam iubilaei maximi. Rom 1950; De constitutione apostolica „Munificentissimus Deus": disquisitio dogmatico-apologetica. Rom 1951; Ioannes Duns Scotus et Historia immaculatae conceptionis. Rom 1955; Ioannes Duns Scotus et epistula apostolica „alma parens". Rom 1967; Studia mediaevalia et mariologica. Rom 1971.

Literatur: Miscellanea in honorem P. Caroli B. OFM septuagesimum diem natalem agentis (1899–1969). Rom 1970; **P. Melada – D. Aracić:** P. Carlo B., O.F.M.: profilo, impressioni, ricordi. Rom 1978; **D. Aracić:** La dottrina mariologica negli scritti di Carlo B. Rom 1980; **G. Calvo Moralejo – S. Cecchin** (Hg.): Memoria eius in benedictione: atti del Simposio internazionale per il 1e centenario della nascita di P. Carlo B. (1899–1999). Vatikanstadt 2001.   PHILIPPE J. ROY

Baudoux, *Maurice,* belgisch-kanadischer Bischof, * 10.7.1902 La Louvière (Hennegau), † 1.7.1988 Saint-Boniface. B. wuchs nach der Emigration seiner Eltern seit 1911 in Prud'homme (Saskatchewan, Kanada) und Saint-Boniface (Manitoba) auf. Studium der Theologie in Edmonton (Alberta) und Québec, 1929 Priester, im selben Jahr Dr. theol. (Québec). Vikar und Pfarrer in Prud'homme, 1944 Apostolischer Administrator von Saskatoon, 1948 erster Bischof von Saint-Paul (Alberta), 1952 Koadjutor mit Recht der Nachfolge in Saint-Boniface, dort 1955–74 Erzbischof. Aufgrund der Rolle von Saint-Boniface als Knotenpunkt der katholischen Kirche im Westen Kanadas mit zahlreichen Einwanderern sowie Angehörigen orientalischer Kirchen wuchs B. in die Rolle einer Führungsfigur der frankophonen Diözesen hinein und übernahm seit 1953 Führungsaufgaben in der Conférence catholique canadienne (CCC), aus der die kanadische Bischofskonferenz hervorging und deren Vorsitz er 1962 übernahm. Als Befürworter des Laienapostolats und der liturgischen Reformen ∕Pius' XII., dessen Enzykliken *Mediator Dei* und *Musicae Sacrae* er große Bedeutung beimaß, rief er zur stärkeren Beachtung der Weltgebetsoktav für die Einheit der Christen auf, die zu dieser Zeit noch der Rückkehr-Ökumene verpflichtet war. Die Konzilsankündigung löste eine intensive Tätigkeit B.s aus, beginnend mit seinen consilia et vota und den darin zum Ausdruck gebrachten „kirchlichen, liturgischen und ökumenischen Erwartungen".

Bereits vor dem Konzil wünschte B. einen mehrere Etappen umfassenden Ritus der Erwachsenentaufe sowie den „ausschließlichen Gebrauch der Sprache der Gläubigen" im Wortgottesdienst. Er trat für einen weniger scholastisch, juridisch und apologetisch geprägten kirchlichen Sprachgebrauch ein, der die Reichtümer der Offenbarung und Tradition stärker zum Ausdruck bringen könne. Hinsichtlich der kirchlichen Disziplin betonte er deren Ausrichtung an der Seelsorge sowie am Verständnis der „getrennten christlichen Gemeinschaften", deren Traditionen es willkommen zu heißen gelte. Eine eigene Kommission widmete sich der Information der Gläubigen. Im Februar 1962 führte B. eine Konsultation seiner Diözesanen über ihre Erwartungen an das Konzil durch. Auf das Konzil reiste er mit seinem theologischen Berater Antoine Hacault. Als Vorsitzendem der Bischofskonferenz fiel B. eine koordinierende Funktion unter den kanadischen Bischöfen zu, die er mit Hilfe eines Verbindungsbüros ausübte. Am 18.10.1962 übergab er Kardinal /Léger mit der Bitte der Weiterleitung an den Papst die Beobachtungen mehrerer kanadischer Bischöfe zum Konzilsreglement, in denen diese u. a. die beratende Teilnahme an Kommissionssitzungen forderten. Zwischen den Sitzungsperioden mühte sich B. um eine umfassende Information seiner Diözesanen v. a. durch Vorträge, in denen er u. a. von dem tiefen Eindruck berichtet, den die Universalität und die Vielfalt der Kirche, aber auch die Perspektive der Einheit aller Christen bei ihm hinterlassen haben, ebenso wie die vielen individuellen Kontakte zu Bischöfen anderer Riten und Kulturen sowie zu den nichtkatholischen Beobachtern. Die Dezentralisierung der kirchlichen Verwaltung sowie eine größere Autonomie der bischöflichen Verantwortung sah er als bereits erreichte Errungenschaften an. Ausgehend von der Weltgebetsoktav für die Einheit der Christen verstärkte er die herzlichen Beziehungen zu den „getrennten Brüdern" und deren Hirten. Auf die zweite Sitzungsperiode, während der er Mitglied der Kommission für die orientalischen Kirchen wurde, sorgte er sich um Informationsfluss zwischen den kanadischen Bischöfen. Der Koordinierungskommission schlug er im Namen des kanadischen Episkopats vor, sich mit Fragen des Respekts vor der menschlichen Person, der sozialen Gerechtigkeit, der Evangelisierung der Armen sowie des Krieges und Friedens zu beschäftigen. Anhänger der Kollegialität der Bischöfe, unterstützte B. einen Vorschlag von Maxime /Hermaniuk, einen aus Papst, Patriarchen, Kardinälen und Repräsentanten der Bischofskonferenzen bestehenden apostolischen Rat zu gründen. Neben seinen schriftlichen Eingaben zu nahezu allen Schemata und zahlreichen emendationes im Rahmen der Kommissionsarbeiten unterstützte bzw. hielt er mehrere Reden auf dem Konzil. Innerhalb der Diözese widmete sich B. seit 1964 insbesondere der Umsetzung der Liturgiereform und dem ökumenischen Engagement.

Werke: Le livre français dans l'Ouest Canadien. Montréal 1955.

Literatur: **G. Lévesque:** Aggiornamento de l'Église de Saint-Boniface: Mgr B. et la réception de Vatican II (1962–1968). Mémoire de maîtrise. Québec 2005; **ders.:** La conscience conciliaire chez Mgr M. B. et au sein de l'Église de Saint-Boniface: G. Routhier (Hg.): Évêques, théologiens et médias: acteurs canadiens à la deuxième période. Québec 2006, 41–72.; **D. Robillard:** M. B. (1902–1988). Une grande figure de l'Église et de la société dans l'Ouest canadien. Québec 2009. GILLES ROUTHIER

Baum, *Gregory,* deutsch-kanadischer katholischer Theologe, * 20.6.1923 Berlin. Zunächst Studium der Mathematik und Physik in Hamilton (Ontario) und an der Ohio State University; 1946 Konversion, 1947 Eintritt bei den Augustinern, 1954 Priester, 1956 Dr. theol. (Fribourg) mit einer Arbeit über die päpstlichen Einheitsvorstellungen von Leo XIII. bis /Pius XII. 1959 Professor für Theologie und Religionswissenschaft am St. Michael's College (Toronto). 1960 Peritus des Sekretariats für die Einheit der Christen, bereitete er eine Stellungnahme zur Quaestio ebraica vor, die auf seinem Buch *The Jews and the Gospel* basierte. Diese enthielt die Grundgedanken, die bis in die Endfassung der Erklärung *Nostra aetate,* an deren Kapitel *De Judaeis* er mit Johannes /Oesterreicher entscheidenden

Anteil hatte, prägend waren. Daneben Mitarbeit in der Arbeitsgruppe zum Ökumenischen Direktorium und bei den regelmäßigen Dienstagstreffen der nichtkatholischen Beobachter. Als Konzilsperitus gehörte er zu den Beratern des kanadischen Episkopats, v.a. mit Blick auf das Offenbarungs- und das Kirchenschema sowie das Ökumenismusdekret, 1965 auch in Fragen des presbyteralen Dienstes und der Geburtenkontrolle. Besonders verbunden war er Erzbischofkoadjutor Francis Pocock (Toronto), dessen Intervention in aula zu *De Judaeis* (28.9.1964) er verfasste. In Rom hielt er mehrere Vorträge vor Bischöfen und verfasste einige Beiträge zu Themen des Konzils, v.a. in *Commonweal* und in der von ihm 1962 begründeten Zeitschrift *The Ecumenist* (deren Schriftleitung er bis 1994 innehatte), außerdem Monographien zu ökumenischen Fragen sowie einen Kommentar zu *Gaudium et spes*. 1970–90 Mitglied des Redaktionskomitees von *Concilium*. 1969–71 Studium der Soziologie (New School for Social Research, New York), 1976 Austritt aus dem Augustinerorden und Laisierung. 1986–97 war er Professor an der Faculty of religious studies (Université McGill, Montreal) und befasste sich im Rahmen einer kritischen und kontextuellen Theologie mit sozialen Fragen. Ab 1986 Mitglied des Herausgebergremiums der Zeitschrift *Relations,* arbeitet er seit seiner Emeritierung 1997 am jesuitischen Zentrum Justice et Foi in Montreal. Mehrere Ehrendoktorate, 1990 Officier de l'Ordre du Canada. Für B. war das Konzil ein Beispiel für die Fähigkeit der katholischen Kirche, ihre Lehre neu zu bedenken und sie, in Treue zur Heiligen Schrift, als Antwort auf die drängenden Fragen der Zeit zu verkünden, wie es sich besonders hinsichtlich der Fragen zur Ökumene, zur Religionsfreiheit und zum jüdisch-christlichen Verhältnis zeigte.

Werke: That They May Be One: A Study of Papal Doctrine (Leo XIII – Pius XII). London 1958 (französisch 1961); The Jews and the Gospel. London 1961 (Neuauflage: Is the New Testament Antisemitic? New York 1965); Man Becoming. New York 1970; Religion and Alienation. New York 1975; Catholics and Canadian Socialism. Toronto 1980; Essays in Critical Theology. Kansas City 1994; Amazing Church. A Catholic Theologian Remembers a Half-Century of Change. Toronto 2005; The Theology of Tariq Ramadan. Toronto 2009.

Literatur: **M. Rack:** G. B. Kritisch, parteilich, kontextuell. Ein theologischer Lebensweg. Münster 2000. GILLES ROUTHIER

Baumann, *Richard,* deutscher evangelischer Pfarrer, * 5.8.1899 Stuttgart, † 2.1.1997 Tübingen. Studium der evangelischen Theologie in Tübingen und Marburg, seit 1921 Pfarrdienst in der Evangelischen Landeskirche in Württemberg; 1941 Erkenntnis der Dauer des Petrusamtes gemäß der Heiligen Schrift, ab 1946 in mehreren Büchern Aufruf an die christlichen Denominationen, die Vollmacht und Sendung des Papstamtes anzuerkennen; ab 1946 kirchlicher Lehrprozess in Stuttgart, 1953 Verurteilung und Verlust des Pfarramtes; Teilnahme am Vaticanum II als inoffizieller Berichterstatter, 1982 Aufnahme in die römisch-katholische Kirche. ALOYS KLEIN

Werke: Fels der Welt. Tübingen ²1957; Ein allgemeines freies Konzil. Würzburg 1960; Evangelische Romfahrt. Stuttgart ⁷1960; Der Berg vor dem Konzil oder ein anderes Evangelium. Tübingen 1960; Gottes Wort vom Konzil. Tübingen 1960; Ein Lutheraner im Vatikan. Ökumenische Gespräche. Essen 1962; Vom Konzil zur Einheit, 2 Bde. Essen 1965–66; Evangelisches Marienlob heute. Rottweil 1969; Der Lehrprozeß. Rottweil 1974; Was Christus dem Petrus verheißt. Eine Entdeckung im Urtext von Matthäus 16. Stein am Rhein 1988.
Literatur: **A. Guillet:** R. B. – ein Pionier der Ökumene: Klerusblatt 77 (1997) 157f.; **M. Hölter:** Petrus in Schwaben. R. B.s Lebenszeugnis für die Einheit der Christen. Münster 1997 (Diplomarbeit).

REDAKTION

Bea, *Augustin,* SJ (1902), deutscher katholischer Bibelwissenschaftler und Ökumeniker, Kardinal, * 28.5.1881 Riedböhringen (Schwarzwald), † 16.11.1968 Rom. Studien in Freiburg (1900–02), Valkenburg (1904–07 und 1910–12), Innsbruck (1910) und Berlin (1913). 1907–10 wirkte er als Präfekt am Jesuitenkolleg in Sittard. 1912 zum Priester geweiht, wurde er sukzessive Superior der Jesuitenresidenz in Aachen, Professor für Altes Testament in Valkenburg (1917–21), Provinzial der Oberdeutschen Provinz (1921–24) sowie Professor (1924–49) und Rektor (1930–49) am Päpstlichen Bibelinstitut. In dieser Eigenschaft war er Direktor der Zeitschrift *Biblica* (1930–49). B. erwarb sich um den Anschluss der katholischen Exegese an die Methoden und Fragestellungen der Zeit große Verdienste. Insbesondere erfolgte die Erneuerung der Exegese am Bibelinstitut während seiner seiner Amtszeit durch die Übernahme der historisch-kritischen Methode sowie den Einbezug von Hilfswissenschaften wie Biblische Archäologie und Orientalistik. Weiterhin wurde B. Konsultor der Päpstlichen Bibelkommission (1931), der Kongregation für die Seminare und Universitäten (1936) und des Sanctum Officium (1950). 1945–58 wirkte er als Beichtvater ⁊Pius' XII. 1959 erfolgte die Erhebung zum Kardinal, 1962 die Bischofsweihe. 1960 ernannte ihn Papst ⁊Johannes XXIII. zum Präsidenten des neugegründeten Sekretariates zur Förderung der Einheit der Christen. Darüber hinaus wurde B. Mitglied der Kommission für die Reform des Kirchenrechts (1963–68) und des mit der Liturgiereform beauftragten Consilium (1963–68) sowie Präsident der Päpstlichen Kommission für die Neo-Vulgata (1965–68). B. war Mitglied der zentralen vorbereitenden Kommission für das Vaticanum II. Johannes XXIII. übertrug ihm für das Konzil die Aufgabe, mit den verschiedenen Kirchen und christlichen Gemeinschaften in Kontakt zu treten und diese einzuladen, Repräsentanten zu entsenden, die am Konzil als Beobachter teilnehmen sollten. Bei dieser Gelegenheit stellte B. herzliche Beziehungen zum Ökumenischen Rat der Kirchen und zu dessen erstem Präsidenten, Willem A. ⁊Visser 't Hooft, her, mit dem gemeinsam er 1966 den Friedenspreis des Deutschen Buchhandels erhielt. Das „Sekretariat B." hatte entscheidenden Einfluss auf die Entstehung der Konzilsdokumente *Unitatis redintegratio, Nostra aetate, Dei Verbum* und *Dignitatis*

humanae, nicht zuletzt auch aufgrund der unter seinem Dach veranstalteten wöchentlichen Begegnungen mit den protestantischen, anglikanischen, orthodoxen und orientalischen Beobachtern. Zu erwähnen ist in diesem Zusammenhang auch B.s herausragende Rolle für die theologische Neubewertung des Judentums. B., der zu den herausragenden Mitgliedern der Konzilsmehrheit gehörte, übte aufgrund seiner Persönlichkeit einen wichtigen Einfluss auf die Konzilsväter, aber auch auf die öffentliche Meinung aus, zumal er während und nach dem Konzil zahlreiche Vortragsreisen unternahm. Während der gesamten Dauer des Konzils machte er sich, unterstützt von Johannes ⁄ Willebrands, der ihm 1969 an der Spitze des Einheitssekretariates nachfolgte, zum aktiven Sprecher der von seinem Sekretariat vertretenen Anliegen. Ausgezeichnete Beziehungen zu ⁄Paul VI. pflegend, gehörte B. mit seinem Sekretariat zu den Wegbereitern der Begegnung zwischen dem Papst und Patriarch ⁄Athenagoras in Jerusalem am 5.1.1964 sowie der gegenseitigen Aufhebung der Exkommunikation von 1054 (7.12.1965). Nach dem Konzil wurde das Sekretariat B. als dauerhaftes Organ des Heiligen Stuhls bestätigt und arbeitet seither an der Verbreitung eines ökumenischen Geistes im Inneren der katholischen Kirche sowie an der Förderung des Dialoges und der Zusammenarbeit mit verschiedenen religiösen Gruppen. In B.s Amtszeit fällt dabei nicht zuletzt die Veröffentlichung des *Ökumenischen Direktoriums* (1967) sowie die Vorbereitung eines dauerhaften Dialogs mit den nichtkatholischen Kirchen und kirchlichen Gemeinschaften insbesondere im Ökumenischen Rat der Kirchen.

Bibliografie: S. Schmidt: A. B., der Kardinal der Einheit. Graz – Wien – Köln 1989, 994–1021 (Verzeichnis der Konzilsbeiträge B.s: 1022–24).

Werke (Auswahl): Institutiones biblicae scholis accommodatae. De libris Veteris Testamenti. De Pentateucho. Rom 1928; De Inspiratione Scripturae Sacrae: quaestiones historicae et dogmaticae. Rom 1930 und 1935; Pontificii Instituti Biblici de Urbe prima quinque lustra, 1909 – VII Maii – 1934. Rom 1934; Quaestiones litterariae, criticae, historicae in Librum Danielis et in scripta apocalyptica Veteris Testamenti. Rom 1937; Ras Samra und das Alte Testament: zur neueren Literatur um Ras Samra. o. O. 1938; Moloch in den Maritafeln. o. O. 1939; Archaeologia biblica. Rom 1939; Archäologisches und Religionsgeschichtliches aus Ugarit – Ras Samra. o. O. 1939; Geographia Palaestinae antiquae. Rom 1940; Liber Psalmorum cum Canticis Breviarii Romani. Rom 1945; Die Entstehung des Alphabets: eine kritische Übersicht. Vatikanstadt 1946; Die neue lateinische Psalmenübersetzung: ihr Werden und ihr Geist. Freiburg 1949 (auch italienisch, französisch); Liber ecclesiastae: qui ab Hebraeis appellatur Qohelet. Rom 1950; Il problema antropologico in Gen. 1–2. Rom 1950; Canticum canticorum Salomonis quod Hebraice dicitur Sîr Hassîrîm. Rom 1953; De inspiratione et inerrantia Sacrae Scripturae. Rom 1954; Law and the sacred scriptures. o. O. 1960; Mary and the protestants. Dayton 1961; Akademische Forschungs- und Lehrtätigkeit im Dienste der Einheit der Christen: Festrede gehalten am Dies Academicus der Universität Freiburg am 15. November 1961. Freiburg 1962; Die Einheit der Christen: Probleme und Prinzipien, Hindernisse und Mittel, Verwirklichungen und Aussichten. Freiburg 1963 (auch italienisch, französisch, englisch, niederländisch); Das Konzilsdekret über den Ökumenismus. Meitingen 1965 (auch französisch); Einheit in Freiheit: Betrachtungen über die menschliche Familie. Stuttgart 1965 (auch englisch, französisch, niederländisch); Heilig werden, für andere. Meitingen 1965; The study of the Synoptic Gospels: new approaches and outlooks. London 1965; Die Kirche und das jüdische Volk. Freiburg 1966 (auch italienisch, englisch, französisch, niederländisch); Der Weg zur Einheit nach dem Konzil. Freiburg 1966 (auch italienisch, englisch, französisch); Von Christus erfasst: paulinisches Christentum in einer modernen Welt. Meitingen 1966 (auch niederländisch); Friede zwischen Christen. Freiburg 1966; The Church and mankind. Chicago 1967 (auch italienisch); Die Geschichtlichkeit der Evangelien. Paderborn 1967 (auch niederländisch); Das Wort Gottes und die Menschheit: die Lehre des Konzils über die Offenbarung. Stuttgart 1968 (auch englisch, italienisch, französisch); Der Ökumenismus im Konzil: öffentliche Etappen eines überraschenden Weges. Freiburg 1969 (auch italienisch); Servire, una idea forza del Concilio e le sue basi bibliche. Modena 1970; S. Schmidt (Hg.): Der Mensch Bea: Aufzeichnungen des Kardinals 1959–1968. Trier 1971 (auch englisch, italienisch). Zahlreiche Zeitschriftenartikel v. a. in Divinitas, La Rivista del Clero Italiano, La Civiltà Cattolica, Biblica und Gregorianum.

Literatur: **L. Koch:** s. v.: Jesuiten-Lexikon. Die Gesellschaft Jesu einst und jetzt, A–J. Löwen –Heverlee 1962, 167; **E.-M. Jung-Inglessis:** A. B. Kardinal der Einheit: Biographie und Dokumentation. Recklinghausen 1962 (auch französisch); **B. Leeming:** A. Cardinal B. Notre Dame (Indiana) 1964; **M. Buchmüller:** A. Kardinal B., Wegbereiter der Einheit: Gestalt, Weg und Wirken in Wort, Bild und Dokumenten aus Zeugnissen von Mitarbeitern und Weggenossen. Augsburg 1972; **M. Martin:** Three Popes and the Cardinal. New York 1972; **D. Bader** (Hg.): Kardinal A. B. Die Hinwendung der Kirche zu Bibelwissenschaft und Ökumene. Freiburg 1981; Atti del Simposio Card. A. B. (Rom, 16–19 dicembre 1981). Rom 1983; **S. Schmidt:** A. B., der Kardinal der Einheit (siehe oben) (auch englisch, italienisch); **E.-M. Jung-Inglessis:** Kardinal A. B. Sein Leben und Werk. St. Ottilien 1994; LThK³ 2, 105 f. (H.-A. Raem); **S. Schmidt:** A. B., cardinale dell'ecumenismo e del dialogo. Mailand 1996; **Velati:** Una difficile transizione (Register); **G. Griesmayr:** Die Eine Kirche und die Eine Welt: die ökumenische Vision Kardinal A. B.s. Frankfurt 1997; **Burigana:** La Bibbia nel concilio (Register); **J. Grootaers:** Actes et acteurs à Vatican II. Louvain 1998 (Register); **S. Schmidt:** s.v.: C.E. O'Neill – J.M. Domínguez (Hg.): Diccionario Histórico de la compañía de Jesús, Bd. 1. Rom – Madrid 2001, 376 f.; NCE² 2, 167 (D.M. Stanley); **B.M. Kremer:** A. Kardinal B.: zum Lebenswerk des Kardinals der Einheit und zum Kardinal-Bea-Museum in Riedböhringen: FDA 123 (2003) 125–147; **Scatena:** La fatica della libertà (Register); **B.M. Kremer:** A. Kardinal B. (1881–1968). Vorkämpfer der Ökumene und der Aussöhnung mit den Juden: Freiburger Rundbrief. Neue Folge 13 (2006) 82–92; **J.-M. Vereb:** „Because he was a German." Cardinal B. and the origins of Roman Catholic engagement in the ecumenical movement. Grand Rapids 2006; **D. Recker:** Die Wegbereiter der Judenerklärung des Zweiten Vatikanischen Konzils. Paderborn 2007; **M. Velati:** Dialogo e rinnovamento. Verbali e testi del segretariato per l'unità dei cristiani nella preparazione del concilio Vaticano II (1960–1962). Bologna 2011 (Register); **ders.:** Separati ma fratelli. Gli osservatori non cattolici al Vaticano II (1962–1965). Bologna 2012 (Register) (im Erscheinen); **D. Burkard:** A. B. und Alfredo Ottaviani. Thesen zu einer entscheidenden personellen Konstellation im Vorfeld des Zweiten Vatikanischen Konzils: Bischof (Hg.): Das Zweite Vatikanische Konzil, 45–66.

PHILIPPE J. ROY

Bekkers, *Wilhelmus Marinus,* niederländischer Bischof, * 20.4.1908 Sint-Oedenrode (Nordbrabant), † 9.5.1966 Tilburg. 1933 Priester, 1956 Koadjutorbischof (Bischofsweihe 1957), 1960 Bischof von 's-Hertogenbosch. B. war kein Fachtheologe (und sich dessen auch bewusst), aber ein aufgeschlossener Seelsorger mit ausgezeichneten rhetorischen Fähigkeiten. Bei den Gläubigen in den Niederlanden sehr beliebt, wurde er oftmals mit ∕Johannes XXIII. verglichen. B. nahm an allen vier Sitzungsperioden des Konzils teil. 1962 wurde er Mitglied der Konzilskommission für die Liturgie. Innerhalb dieser Kommission war er, als Mitglied der Subkommission IX, am Kapitel IV des Schemas über den Gottesdienst beteiligt. In seinen Interventionen wurde sein Interesse an der liturgischen Erneuerung deutlich: er plädierte für größere Autonomie der lokalen Bischöfe, wünschte sich eine umfassendere Konsultation der Bischofskonferenzen hinsichtlich der Revision der liturgischen Bücher und war der Meinung, dass der Gebrauch der Muttersprache zu einer aktiveren Beteiligung der Gläubigen an der Liturgie führen würde. B. spielte eine wichtige Rolle bei der Verbreitung der Ideen und Erfahrungen des Vaticanum II in den Niederlanden und konnte so die Katholiken seines Landes für das Aggiornamento-Anliegen sensibilisieren. Während des Konzils sprach sich B. im Fernsehen öffentlich für eine neue Sicht des ehelichen Lebens aus, nach der die Liebe der Partner ihren Ausdruck in der sexuellen Begegnung findet. In der Frage der Empfängnisverhütung vertrat er die Auffassung, dass die Ehepartner selbst entscheiden sollten, was zu tun ist. Es wird angenommen, dass der Ausdruck „settimana nera" (14.–21.11.1964) auf B. zurückgeht (Informations catholiques internationales 232 [15.1.1965], 25).

Werke: Het concilie over de liturgie: Tijdschrift voor Liturgie 47 (1963) 81–87; Toespraak van Mgr. W.M. B. over geboorteregeling: Katholiek Archief 18 (1963) 346–349; Bisschop B. Negen jaar met Gods volk onderweg. Utrecht 1966.

Literatur: **G. Laudry:** W.M. B., bisschop van 's-Hertogenbosch. In memoriam: Tijdschrift voor Liturgie 50 (1966) 297–311; **J.M.W. Peijnenburg:** s.v.: Biografisch Woordenboek van Nederland, Bd. 1. Den Haag 1979 (vgl. www.historici.nl/Onderzoek/

projecten/BWN/lemmata/bwn1/bekkers; abgerufen: 10.2.2012); **K. Hakvoort u.a.:** Bisschop B. 1908–1966: een hartstochtelijk priesterleven. Alphen aan de Maas 2006; **J.W.M. Peijnenburg:** Van Roomsche Zegeningen en Paapsche Stoutigheden. De geschiedenis van het bisdom van 's-Hertogenbosch 1559–2009. Nijmegen 2009, 263–272.

MATHIJS LAMBERIGTS

Bélanger, *Marcel,* OMI (1928), kanadischer katholischer Theologe, * 6.11.1908 Valleyfield (Québec), † 8.9.1972 Ottawa. Studien am Scholastikat Saint-Joseph in Ottawa bzw. – nach seiner ewigen Profess am 8.9.1932 – in Rom (bis 1935), wo er am 16.7.1933 zum Priester geweiht wurde. Seine Studien am Angelicum schloss er 1934 mit dem Lic. theol. ab und nahm daraufhin ein Doktoratsstudium an der Gregoriana auf. Nach seiner Rückkehr nach Kanada lehrte er ab 1935 an der Theologischen Fakultät Ottawa, wo er 1938 zum Dr. theol. promovierte. An der dortigen Fakultät bekleidete er die Ämter eines Sekretärs (1940–47) und Dekans (1947–52), bevor er 1953–58 Studiendekan der Fakultät für Recht und 1965–67 Rektor der Universität St. Paul wurde. Daneben war er Direktor der Semaines missionnaires du Canada (1937), Sekretär der theologischen Sektion der Société thomiste de l'Université d'Ottawa (1941), Gründer und Sekretär (1947–68) der Société canadienne d'Études mariales, Mitglied der internationalen marianischen Akademie in Rom (1952–72) sowie Direktor der *Revue de l'Université d'Ottawa* (1952–58). In der Vorbereitungszeit des Konzils war B. Konsultor der päpstlichen Kommission für Theologie (1960–62) und während der ersten Sitzungsperiode Peritus. An den anderen Sitzungsperioden nahm er, wohl aus Gesundheitsgründen, nicht teil.

Werke: Assumpta est Maria in Caelum: Revue de l'Université d'Ottawa, Sonderausgabe 1951, 137–150; Définition de l'Assomption et notre bonheur: La Bannière de Marie-Immaculée. Ottawa 1952, 72–89; Introduction à l'étude de la Maternité spirituelle: Journées d'études – Université de Sherbrooke 19–20 octobre 1956. Ottawa 1958, 1–42.

Zahlreiche Beiträge in Études oblates, darunter: Pour un renouveau authentique: Études oblates 31 (1972) n°3, 225–241.

Literatur: **G. Carrière:** Un ancien directeur de la Revue disparaît: le père M. B., o.m.i. (1908–1972): Revue de l'Université d'Ottawa 42 (1972) 479–481; **ders.:** Le père M. B., o.m.i. (1908–1972): Marianum 34 (1972) 559–562; **N. Provencher:** In Memoriam: Le Père M. B., O.M.I. (1908–1972): Cahiers marials 88 (1973) 255f.; **R. Normandin:** Père M. B., 1908–1972: Notices nécrologiques. Province Saint-Joseph, 1975; **G. Carrière:** Dictionnaire biographique des Oblats de Marie Immaculée au Canada, Bd. 1. Ottawa 1976, 74f.; CD-Rom Notices biographiques des Oblats du Canada, Archives Deschâtelets. Ottawa 2008; **P.J. Roy:** M. B.: itinéraire d'un expert canadien à Vatican II: M. Attridge – C.E. Clifford – G. Routhier (Hg.): Expériences canadiennes, Canadian Experiences, Vatican II. Ottawa 2011, 294–321; **G. Routhier – P.J. Roy:** Journal conciliaire de M. B. Leuven 2012 (im Erscheinen).

PHILIPPE J. ROY

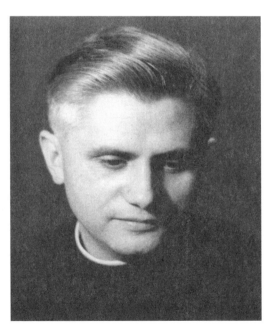

Benedikt XVI. (eigentlich *Joseph Ratzinger* [R.]), Papst (seit 2005), * 16.4.1927 Marktl am Inn (Oberbayern). Als Theologe wie als führendem Verantwortungsträger der Kirche kommt R. für die Geschichte und die Rezeption des Vaticanum II bis in die Gegenwart hinein große Bedeutung zu.

Nachdem er von 1943 bis zum Ende des 2. Weltkriegs Kriegsdienst geleistet hatte, trat er in das Priesterseminar Freising ein und studierte Philosophie und Theologie an der Universität München. 1951 Priester, 1953 mit einer Dissertation über die Kirche als Volk und Haus Gottes bei Augustinus zum Dr. theol. promoviert. 1959 Habilitation mit einer Studie über die Geschichtstheologie Bonaventuras. Seit 1958 lehrte er Fundamentaltheologie und Dogmatik am Priesterseminar Freising bzw. an den Universitäten in Bonn (1959–63) und Münster (1964–66), bevor er nach Tübingen wechselte. Nach den Studentenunruhen verließ er Tübingen 1969 und lehrte fortan in Regensburg.

R. nahm am Vaticanum II zunächst als persönlicher Berater des Kölner Kardinals Josef ∕Frings teil, ab dem Ende der ersten Sitzungsperiode dann als offizieller Peritus. Von seiner Beteiligung am Konzil ist die Rolle hervorzuheben, die er während der ersten Sitzungsperiode bei der Zurückweisung des vorbereiteten Schemas *De fontibus revelationis* sowie beim gemeinsam mit Karl ∕Rahner erarbeiteten Vorschlag eines Alternativentwurfs spielte, der zur dogmatischen Konstitution *Dei Verbum* führte. Dabei war er von seiner Arbeit über Bonaventuras historisch-charismatisches Offenbarungsverständnis inspiriert. Neben seiner Mitarbeit an *Dei Verbum* war er u. a. an der Vorbereitung und Diskussion von *Lumen gentium* 22–23 sowie der Redaktion des Missionsdekrets aktiv beteiligt. In Rom wurde er nicht nur für die deutschen Bischöfe zu einer wichtigen theologischen Bezugsperson. So hielt er Vorträge, organisierte Informationstreffen und veröffentlichte nach jeder Sitzungsperiode seine persönlichen Eindrücke und Überlegungen hinsichtlich des erreichten Stands der Arbeiten. Nach dem Konzil wirkte er an der Herausgabe der Konzilsdokumente in den Supplementbänden des *Lexikons für Theologie und Kirche* mit und kommentierte dabei insbesondere *Dei Verbum, Lumen gentium* und *Gaudium et spes*. Besonders während der Diskussionen, die zum letztgenannten Dokument führten, stand R. auf der Seite der deutschen Gruppe, die vor den möglichen Gefahren einer zu weitgehenden Öffnung gegenüber der modernen Welt warnte, wie sie sie bei französischen Konzilsteilnehmern gegeben sah. Bald nach dem Konzil wies er darauf hin, dass man in den Diskussionen um das Schema XIII über die Stellung der Kirche in der Welt die Kontroversen, von denen die nachkonziliare Kirche erschüttert wurde, grundgelegt sehen konnte. Grundsätzlich fürchtete R., dass die Zuwendung zur modernen Welt und die positive Bewertung moderner Hoffnungen theologisch gesprochen zu stark die Dynamik der Inkarnation (Gott wird Fleisch in dieser Welt) betont und darüber das Mysterium des Kreuzes (Christlicher Glaube ist nicht von dieser Welt) vergisst. Diese Zurückhaltung gegenüber dem Dialog mit der modernen Welt führte dazu, dass sich seine Wege in den frühen 1970er Jahren von denen anderer herausragender Konzilstheologen wie Rahner, ∕Congar und ∕Schillebeeckx trennten. Als Korrektiv zu der Zeitschrift *Concilium* gründete er mit Hans Urs von Balthasar und Henri de Lubac die Zeitschrift *Communio*. Seine Kritik an der nachkonziliaren Öffnung kulminierte im sogenannten *Ratzinger Report* von 1985, einem mit Vittorio Messori geführten Interview, das unmittelbar vor der Außerordentlichen Bischofssynode über die Rezeption des Konzils zwanzig Jahre nach dessen Ende erschien. In diesem Interviewband wandte sich R. gegen eine Öffnung gegenüber dem Geist der Welt und rief stattdessen zu einer wahren Restauration der Kirche auf: die wahre Rezeption des Konzils habe noch nicht begonnen.

Zwischenzeitlich war er 1977 als Nachfolger des verstorbenen Kardinals Julius ∕Döpfner zum Erzbischof von München und Freising ernannt und kurz darauf zum Kardinal erhoben worden. 1981 bat ihn ∕Johannes Paul II., das Amt des Präfekten der

Glaubenskongregation zu übernehmen. In dieser Eigenschaft nahm er auf die Rezeption des Vaticanum II besonderen Einfluss. Diesen übt er bis in die Gegenwart hinein aus: der 2005 zum Papst gewählte R., der sich den Namen Benedikt XVI. gab, befürwortete eine vorsichtige Hermeneutik des Konzils unter dem Leitgedanken der Reform, den er dem der Kontinuität einerseits und der Diskontinuität andererseits vorzieht. Darüber hinaus führten diverse Entscheidungen und Äußerungen seines Pontifikats (u. a. Motu proprio *Summorum Pontificum,* Neuformulierung der Karfreitagsfürbitte für die Juden im außerordentlichen Ritus, Zurücknahme der Exkommunikation der von Erzbischof ∕Lefebvre geweihten Bischöfe der Priesterbruderschaft St. Pius X, Konzerthausrede in Freiburg zur „Entweltlichung") zu z. T. heftigen konzilshermeneutischen Debatten, die nicht zuletzt auch die Bedeutung des Vaticanum II und seiner Interpretation für das kirchliche Leben der Gegenwart illustrieren.

Werke: Ein Werkverzeichnis findet sich in V. Pfnür: J. R./B. XVI. Das Werk: Veröffentlichungen bis zur Papstwahl. Augsburg 2009. Nach der Wahl zum Papst sind u. a. zu nennen: Jesus von Nazareth, Bd. 1. Von der Taufe im Jordan bis zur Verklärung. Freiburg 2007; Bd. 2. Vom Einzug in Jerusalem bis zur Auferstehung. Freiburg 2011; (mit P. Seewald:) Licht der Welt. Der Papst, die Kirche und die Zeichen der Zeit. Freiburg 2010; auf 16 Bände angelegt sind die seit 2008 in Freiburg erscheinenden Gesammelten Schriften (einschlägig zum Vaticanum II Bd. 7 [erscheint 2012]).

Literatur: **J. L. Allen:** Cardinal R. New York 2000; **N. Trippen:** J. R. als Mitgestalter des II. Vatikanischen Konzils: Communio 35 (2006) 541–544; **H. Verweyen:** J. R. – B. XVI. Die Entwicklung seines Denkens. Darmstadt 2007; **J. A. Komonchak:** B. XVI and the interpretation of Vatican II: CrStor 28 (2007) 323–337; **L. Boeve:** „La vraie réception de Vatican II n'a pas encore commencé". J. R., révélation et autorité de Vatican II: EThL 85 (2009) 305–339; **P. Hünermann** (Hg.): Exkommunikation oder Kommunikation? Der Weg der Kirche nach dem II. Vatikanum und die Pius-Brüder. Freiburg 2009; **L. Boeve – G. Mannion** (Hg.): The R. Reader. London – New York 2010; **L. Declerck:** Les réactions de quelques ‚Periti' du Concile Vatican II à la ‚Nota Explicativa Praevia' (G. Philips, J. R., H. de Lubac, H. Schauf): Istituto Paolo VI. Notiziario 61 (Juni 2011) 47–69; **J. Erbacher** (Hg.): Entweltlichung der Kirche? Die Freiburger Rede des Papstes. Freiburg 2012. – Ein Verzeichnis der Sekundärliteratur befindet sich auf der in V. Pfnür: J. R./B. XVI. Das Werk (siehe oben) beigefügten CD-Rom.

LIEVEN BOEVE

Bengsch, *Alfred,* deutscher Bischof und Kardinal, * 10.9.1921 Berlin, † 13.12.1979 ebd. 1940–50 Studium in Fulda und Neuzelle, 1941–46 Kriegsdienst und Gefangenschaft, 1950 Priester, Kaplan in Herz Jesu in Berlin (Ost), 1954–56 Promotionsstudium in Dogmatik bei Michael ∕Schmaus (München); ab 1955 zugleich Assistent am Priesterseminar in Erfurt, 1957 Dozent für Dogmatik und Homiletik im Priesterseminar Neuzelle, 1959 Regens im Priesterseminar Erfurt und Weihbischof in Berlin, 1961 – kurz nach dem Bau der Berliner Mauer – Bischof von Berlin, 1962 Erzbischof, 1967 Kardinal; 1961 Vorsitzender der Berliner Ordinarienkonferenz (seit 1976 Berliner Bischofskonferenz), 1972–75 Präsident der

Pastoralsynode. B. hat die katholische Kirche in der DDR umfassend geprägt: „Ära B.". Seine Sorge um die Einheit des Bistums Berlin und der „DDR-Kirche" sowie um die Seelsorge hat seinen Kurs der politischen Abstinenz und totalen Distanz zum Staat bestimmt. Er betrachtete die Einheit mit Rom und der Weltkirche als lebensnotwendig für die Kirche in seinem Bistum und der DDR. 1961 wurde B. in die Zentralkommission für die Vorbereitung des Vaticanum II berufen. Auf dem Konzil war er Mitglied der Kommission für den Klerus und das christliche Volk. B. sprach sich gegen eine explizite Verurteilung des atheistischen Kommunismus aus und gab der Pastoralkonstitution (Öffnung der Kirche zur Welt) nicht seine Zustimmung, weil er den Missbrauch des Textes durch totalitäre Regime befürchtete. Gegenüber den nachkonziliaren innerkirchlichen Entwicklungen zeigte er sich skeptisch (u. a. positive Stellungnahme zu *Humanae vitae* und „Entschärfung" der Meißener Diözesansynode).

Werke: Heilsgeschichte und Heilswissen. Eine Untersuchung zur Struktur und Entfaltung des theologischen Denkens im Werk „Adversus Haereses" des Hl. Irenäus von Lyon. Leipzig 1957; Unterwegs zum Herrn. Berlin ²1965; Der Glaube an die Auferstehung. Berlin 1962; Den Glauben leben, 2 Bde. Leipzig 1965–67; Konzil für dich. Selbstbesinnung und Konsequenzen. Berlin 1966; Bankrott der Grundsätze? Zur nachkonziliaren Situation der Gläubigen und der Kirche. Berlin 1967; Glaube und Kritik. Berlin 1968; Kirche ohne Kreuz? Berlin 1969; Mit dem Herzen glauben. Berlin 1971; Wo steht die Predigt heute? Berlin 1974; Zehn Gebote – Anstoß zur Erneuerung. Berlin 1975; Mysterium und Nachfolge. Berlin 1978; Ave Maria – Gestalt eines Gebetes. Berlin ²1979; Eucharistie – Gedächtnis und Hingabe. Berlin 1980; Die Hoffnung darf nicht sterben – Tagebuch 1940–50, hg. v. L. Bernhard. München 1981.

Konzilsbeiträge: AS I-3, 87–89; IV-2, 653–660; IV-2, 88.

Literatur: A. B., der Kardinal aus Berlin, hg. v. Bischöflichen Ordinariat Berlin (West). Berlin 1980; **H. Bengsch:** Bistum Berlin. Berlin 1985, 147–168; **G. Lange u. a.** (Hg.): Katholische Kirche – Sozialistischer Staat. Dokumente und öffentliche Äußerungen 1945–1990. Leipzig 1992 (²1993), 188–296; **LThK³** 2, 229 (J. Pilvousek); **G. Lange:** ZGLB 7, 161–174.300f.; **T. Schmitz:** Kardinal B. und die „Königsteiner Erklärung": Adnotationes in iure canonico. FS Franz X. Walter, hg. v. E. Güthoff – K.-H. Selge. Fredersdorf 1994, 42–63; **E. Wypler:** A. Kardinal B. – Theologische Grundmotive seines Handelns als Bischof von Berlin. Erfurt 1994 (Diplomarbeit); **T. Schmitz:** „Eurer Heiligkeit demütigster und gehorsamster Diener". Warum Kardinal B. die Pastoralkonstitution des Zweiten Vatikanischen Konzils ablehnte: Deutsche Tagespost vom 22.4.1995; **R. Schumacher:** Kirche und sozialistische Welt. Eine Untersuchung zur Frage der Rezeption von „Gaudium et spes" durch die Pastoralsynode der katholischen Kirche in der DDR. Leipzig 1998, 93–109; **J. Pilvousek:** Kirche und Diaspora. Die katholische Kirche in der DDR und das Zweite Vatikanische Konzil: Wolf – Arnold (Hg.): Die deutschsprachigen Länder und das II. Vatikanum, 149–167; **M. Höllen** (Hg.): Loyale Distanz? Katholizismus und Kirchenpolitik in SBZ und DDR. II, 270–460; III/1; III/2, 1–40. Berlin 1994–2000; **M. Höhle:** Die kirchenpolitischen Akzentsetzungen des Berliner Bischofs A. Kardinal B. (1961–1979): Wichmann-Jahrbuch des Diözesangeschichtsvereins Berlin N.F. 6 = Jg. 40/41 (2002 II), 155–167; **Gatz B 1945,** 94–97 (Literatur) (J. Pilvousek); **T. Grießbach:** Das Evangelium unverkürzt verkünden: das integrale Homiletik- und Predigtverständnis bei A. B. Nettetal 2002; **R. Jung:** Eine Politik der Skepsis: A. B., das Bistum Berlin und die katholische Kirche in der DDR (1961–1979): **C. Kösters – W. Tischner** (Hg.): Katholische Kirche in SBZ und DDR. Paderborn 2005, 147–191; **GZVK** 5 (Register).

CLEMENS CARL

Benoît, *Pierre* (Taufname: Maurice), OP (1924), französischer katholischer Exeget, * 3.8.1906 Nancy, † 23.4.1987 Jerusalem. Studium der Philosophie und Theologie in Le Saulchoir, 1930 Priesterweihe, 1932 Lektorat, 1933 Lizenziat (Päpstliche Bibelkommission). Ab 1932 an der École Biblique et Archéologique Française in Jerusalem, lehrte er dort (bis 1984) und entfaltete eine rege schriftstellerische Tätigkeit. Während dabei z.T. der thomistische Hintergrund seiner theologischen Bildung durchschien, stellten seine Veröffentlichungen wichtige Beiträge für den Durchbruch der modernen exegetischen Methoden in der katholischen Kirche dar, wobei er zugleich zur Weiterentwicklung dieser Methoden beitrug. Marie-Joseph Lagrange zum Vorbild nehmend, strebte er einen umfassenden Zugang zum Neuen Testament an, der neben theologischen bzw. exegetischen u. a. auch archäologische Aspekte beinhaltete. Führende Mitarbeit an der *Revue Biblique* sowie an der Bible de Jérusalem, in der er auch zahlreiche Einleitungstexte zu den diversen neutestamentlichen Schriften verfasste. 1953–68 Herausgeber der *Revue Biblique,* 1964–72 Leiter der École Biblique, die er im Geist des Vaticanum II reformierte. 1961 Mitglied der vorbereitenden Kommission für die Ostkirchen, 1964 Peritus. Während der Redaktion von *Gaudium et spes* Mitglied der Unterkommission *De homine,* überarbeitete er in der Endphase des Konzils Teile der Pastoralkonstitution (v. a. Nr. 13 und 20–21) im Hinblick auf die biblischen Aspekte. Im September 1965 wurde er zum selben Zweck auch bei der Endredaktion der Deklaration über die Religionsfreiheit hinzugezogen.

Werke: Somme théologique de S. Thomas d'Aquin. La prophétie. 2ª–2ae, questions 171–178. Paris 1947; Inspiration: A. Robert – A. Tricot (Hg.): Initiation biblique. Paris 1954, 6–44; Qumran and the New Testament: New Testament Studies 7 (1960–1961) 276–296; (zusammen mit J. T. Milik – R. de Vaux:) Les Grottes de Murabba'at. Oxford 1961; Passion et résurrection du Seigneur. Paris 1966; Inspiration de la tradition et inspiration de l'Écriture: Mélanges offerts à M.-D. Chenu. Paris 1967, 111–126; Le Père Lagrange au service de la Bible. Paris 1967; Die Religionsfreiheit im Licht der Offenbarung: J. Hamer – Y. Congar (Hg.): Die Konzilserklärung über die Religionsfreiheit. Paderborn 1967, 227–236; Exégèse et théologie, Bd. 1 und 2. Paris 1961 (deutsch: Exegese und Theologie. Düsseldorf 1965), Bd. 3. Paris 1968, Bd. 4. Paris 1982.

Literatur: **J. Murphy-O'Connor:** The École Biblique and the New Testament: A Century of Scholarship. Fribourg – Göttingen 1990, 29–68.162–178 (Bibliografie); **LThK**[3] 2, 235f. (M. Küchler); **Turbanti:** Un concilio per il mondo moderno (Register); **Scatena:** La fatica della libertà (Register).

MICHAEL QUISINSKY

Beran, *Josef,* tschechischer Bekennerbischof, * 29.12.1888 Pilsen, † 17.5.1969 Rom. Aus einer Lehrerfamilie stammend, studierte er Theologie in Rom; 1911 Priester, 1912 Dr. theol. Nach Seelsorgstätigkeit Direktor einer katholischen Lehrerinnenanstalt, 1929 Habilitation an der Prager Universität in Pastoraltheologie; 1932 Dozent, 1934 Professor und Regens des Erzbischöflichen Priesterseminars; 1942 in das Konzentrationslager Dachau verbracht. Nach seiner Befreiung (1945) Gründung des Erzbischöflichen Zentralinstituts für Seelsorge. Als Widerstandskämpfer gegen den Nationalsozialismus gefeiert (staatliche Kriegsauszeichnung), wurde B. 1946 zum Erzbischof von Prag ernannt. Seinem kaum dreijährigen Wirken waren durch innenpolitische Schwierigkeiten (Nationalismus, vordringender Kommunismus) und Seelsorgsnot in dem von den deutschen Diözesanen (1/3 der Gläubigen) entblößten Westteil der Erzdiözese Grenzen gesetzt. Die kommunistische Machtübernahme (Februar 1948) glaubte B. durch sein Ansehen als ehemaliger KZ-Häftling und ein feierliches Tedeum im Dom für die Kirche entschärfen zu können. Den bald einsetzenden staatlichen Eingriffen in die Rechte der Kirche trat er mutig entgegen (Hirtenschreiben vom 19.6.1949), daraufhin als „Volksfeind" an der Amtsausführung gehindert und (ohne Gerichtsurteil) an verschiedenen Orten festgehalten. Die Erhebung zum Kardinal (1965) ermöglichte seine Ausreise nach Rom. Als Bekenner und Symbol des kirchlichen Widerstandes gewürdigt, erhielt er seine letzte Ruhestätte in den Grotten von St. Peter in Rom. Von großer Schlichtheit, freundlichem Wesen und unprätentiösem Auftreten, war B. im Grunde unpolitisch und rein seelsorglich orientiert. Er erneuerte die Bemühungen um die Heiligsprechung der seligen Agnes von Böhmen. Auf dem Vaticanum II trat er für eine Verurteilung des Zwanges in Religionssachen ein – unter Hinweis auf die schädlichen Folgen der Gegenreformation in Böhmen für die Religion (vgl. AS IV-I, 393 f.). Umstritten ist B.s Beurteilung der Ausweisung der deutschen Bevölkerung (und Diözesanen) aus der Tschechoslowakischen Republik.

Werke: Psychologie a zpovědnice (Psychologie und

Beichtstuhl). Prag 1929; O kněžském celibátě (Vom priesterlichen Zölibat). Prag 1941; Bl. Anežka česká (Die selige Agnes von Böhmen). Rom 1974.
Literatur: Velká mše. Rom 1970 (hagiographisch); **R. Ponc:** Zum Jahrestag des Todes des Prager Erzbischofs J. B.: Květy 1970, Nr. 22 (polemisch-kritisch); **A. Zelenka:** Die Wappen der böhmischen und mährischen Bischöfe. Regensburg 1979, 78ff.
KURT AUGUSTIN HUBER

Literatur: GZVK (Register); HThK 2. Vat 4 (Register); **R. Paleczek:** Rezension zu: S. Vodičkova: Uzavírám vás do svého srdce. Životopis Josefa kardinála Berana (Ich schließe Euch in mein Herz. Die Biografie J. Kardinal B.s): Bohemia 50 (2010) 428f.
REDAKTION

Berkouwer, *Gerrit Cornelis,* niederländischer reformierter systematischer Theologe, * 8.6.1903 Amsterdam, † 25.1.1996 Voorhout (Südholland). 1927 gereformeerd Pfarrer; 1932 Promotion über das Thema Glaube und Offenbarung in der neueren deutschen Theologie; 1940 Professor in Amsterdam; 1945–73 Professor für Dogmatik, Vrije Universiteit. In Auseinandersetzung mit der dialektischen Theologie entwickelte B. seine Korrelationsmethode von Glaube und Offenbarung und legte ein umfangreiches dogmatisches Werk vor. Die Entwicklung der katholischen Theologie verfolgte er sorgfältig und war Beobachter beim Vaticanum II und beim niederländischen Pastoralkonzil (1966–70).
Werke: Geloof en openbaring. Utrecht 1932; Dogmatische Studiën. 18 Bde. Kampen 1949–72 (englisch: Studies in dogmatics. Grand Rapids [Michigan] 1952–79); Der Triumph der Gnade in der Theologie Karl Barths. Neukirchen 1957; Das Konzil und die neue katholische Theologie. München 1968; Een halve eeuw theologie. Kampen 1974; Zoeken en vinden. Kampen 1989 (autobiografisch). – D. v. Keulen: Bibliografie Bibliography G. C. B. Kampen 2000.
Literatur: **K. Barth:** Kirchliche Dogmatik, Bd. IV/3. Zollikon – Zürich 1959, 198–206; Ex auditu verbi (FS). Kampen 1965; **G.W. de Jong:** De theologie van G. C. B. Kampen 1971; Septuagesimo anno (FS). Kampen 1973; **A. L. Baker:** B.'s doctrine of election. Philipsburg (New Jersey) 1981; **M. P. van der Marel:** Registers op de Dogmatische Studiën van Dr. G.C. B. Kampen 1988; **C. Cameron:** The problem of polarization. Lewiston 1992; **D. v. Keulen:** Bijbel en dogmatiek. Schriftbeschouwing en schriftgebruik in het dogmatisch werk van A. Kuyper, H. Bavinck en G. C. B. Kampen 2003; HThK 2. Vat 2, 83.
ALBERT RAFFELT

Berto, *Victor Alain,* französischer katholischer Theologe, * 9.10.1900 Pontivy (Morbihan), † 17.12.1968 Pontcalec (ebd.). Nach dem Erwerb der Licence ès lettres (1919) Lehrer in Lorient, Dinan und Vitré. 1920 Mitglied des Dritten Ordens der Dominikaner, 1922 Profess in Rom. 1921–26 ebd. Studium im Séminaire Français, dem zu dieser Zeit Henri Le Floch vorstand, sowie an der Gregoriana, wo er zum Dr. theol. und Dr. phil. promovierte. 1926 Priester für das Bistum Vannes, anschließend bis 1928 Vikar in Noyal-Pontivy sowie ab 1929 Dozent für Bibelstudien im Großen Seminar Vannes. 1932–42 Seelsorger am Pensionat der Ursulinen in Vannes, Pfadfinderseelsorger sowie auf Diözesanebene für Fragen der religiösen Erziehung zuständig. Sein Bischof ernannte ihn außerdem zum Leiter des Œuvre de l'Adoption, einer Einrichtung, die sich Waisenknaben widmete. 1946 Gründer (mit Luc J. Lefèvre, Henri ∕Lusseau und Alphonse Roul) der Zeitschrift *La Pensée catholique,* die zu einem repräsentativen Sprachrohr des intransigenten französischen Katholizismus wurde. Während der zweiten und dritten Sitzungsperiode des Vaticanum II Peritus privatus Erzbischof Marcel ∕Lefebvres, bereitete er in dieser Eigenschaft Interventionen, Modi und Rundbriefe vor, in denen die Positionen des Coetus Internationalis Patrum zum Ausdruck kamen. Aus Gesundheitsgründen konnte er an der letzten Sitzungsperiode nicht mehr teilnehmen.
Werke: Pour les séminaristes: Lettre sur les principes de la direction spirituelle. Vannes 1934; Notre Dame de Joie. Correspondance de l'abbé V. A. B., prêtre, 1900–1968. Paris 1974; Pour la sainte Église romaine. Textes et documents de V.-A. B., prêtre, 1900–1968. Paris 1976. Zahlreiche Zeitschriftenartikel in La Pensée catholique und Itinéraires.
Literatur: Itinéraires n° 132 (April 1979) 1–193; Le Cénacle et le Jardin. Intelligence et spiritualité du sacerdoce à travers les écrits de V.-A. B., prêtre. Bouère 2000; **G. Scriff:** L'abbé B. et la Mission de

France. Une imprévisible amitié. Bouère 2002; **Roy:** Le Coetus Internationalis Patrum.

PHILIPPE J. ROY

Betti, *Umberto,* OFM (1938/43), italienischer Theologe und Kardinal, * 7.3.1922 Pieve San Stefano (Arezzo), † 1.4. 2009 Fiesole. Studium am Antonianum und in Leuven, 1951 Dr. theol., 1954 Dozent und 1964 Professor für Dogmatik am Antonianum, 1991–95 Rektor der Lateran-Universität. Spezialist des Vaticanum I, war B. am Vaticanum II Konsultor der Vorbereitungskommission, Berater des Erzbischofs von Florenz, Ermenegildo Florit, und Peritus. Beteiligt an der Redaktion von *Lumen gentium* (Kapitel III) und an der Endfassung von *Dei Verbum,* verfasste er zu diesen beiden Konstitutionen wichtige Kommentare. Nach dem Konzil Konsultor diverser römischer Kongregationen und Mitglied der Kommission „Glaube und Kirchenverfassung" des Ökumenischen Rates der Kirchen. 2007 Kardinal.

Werke: Summa de sacramentis „Totus homo". Rom 1955; La costituzione dommatica „Pastor Aeternus" del Concilio Vaticano I. Rom 1961; Der theologische Verbindlichkeitsgrad der Konstitution: Baraúna (Hg.): De Ecclesia 1, 186–194; Die Beziehungen zwischen dem Papst und den übrigen Gliedern des Bischofskollegiums: ebd. 2, 71–83; Commento alla Costituzione dommatica sulla Divina Rivelazione. Introduzione di S. E. il Card. Florit. Turin ⁴1967; La dottrina sull'Episcopato del Concilio Vaticano II. Il capitolo III della Costituzione dommatica „Lumen gentium". Rom 1984; La dottrina del Concilio Vaticano II sulla trasmissione della rivelazione: il capitolo II della costituzione dommatica „Dei Verbum". Rom 1985; Diario del Concilio. 11 ottobre 1962 – Natale 1978. Bologna 2003 (Bibliografie).

Literatur: **N. Ciola** (Hg.): La „Dei Verbum" trent'anni dopo. Miscellanea in onore di Padre U. B. o.f.m. Rom 1995; **ders.:** Il padre U. B. e il card. Ermenegildo Florit: due servitori della Chiesa al concilio Vaticano II: M. Nardello (Hg.): Pensare la fede per rinnovare la Chiesa. Il valore della riflessione del Concilio Vaticano II per la Chiesa di oggi. Cinisello Balsamo 2005, 124–139; **C. Theobald:** Die Kirche unter dem Wort Gottes: GZVK 4, 323–422.

MICHAEL QUISINSKY

Bevilacqua, *Giulio,* italienischer Seelsorger, Kardinal, * 14.9.1881 Isola della Scala (Verona), † 8.5.1965 Verona. Studium in Löwen; dort Promotion in Politik- und Sozialwissenschaften. 1905 Eintritt in die Kongregation der „Padri della Pace" von Brescia, 1908 Priester und als Pfarrer in der Seelsorge tätig. 1916–19 und 1940–44 Militärseelsorger. Nahm wiederholt gegen Bolschewismus und Faschismus Stellung, musste deshalb Brescia verlassen (1928–33) und lebte in Rom, wo er mit Giovanni Battista Montini (/Paul VI.) Freundschaft schloss. Rege Tätigkeit unter den Intellektuellen, wobei er Karl Adam und Romano Guardini in Italien bekannt machte. 1946 Mitgründer der Kulturzeitschrift *Humanitas.* Trug erheblich zur Verbreitung der Liturgischen Bewegung in Italien bei. Mitarbeit in der vorbereitenden Liturgiekommission des Vaticanum II wie auch in der Konzilskommission. Blieb auch als Kardinal (1965) in seiner Pfarrei. Veröffentlichte mehrere Werke über Spiritualität.

GIUSEPPE ALBERIGO

In der Vorbereitungskommission war B. Relator der Unterkommission I (Das Mysterium der heiligen Liturgie) sowie Konsultor der Unterkommission IX (Teilnahme der Gläubigen an der Liturgie); während der ersten drei Konzilssessionen Peritus (AS Index 938), wurde er am 3.3.1964 außerdem zum Mitglied des Consilium ad exsequendam Constitutionem de Sacra Liturgia ernannt. Vermutlich machte B. (neben Jean /Guitton u. a.) auf Bitten von /Paul VI. Notizen für die Erstellung des Textes der Enzyklika *Ecclesiam Suam* (GZVK 3, 526).

Literatur: **A. Fappani:** Padre G. B., il cardinale parroco. Brescia 1979; **Bugnini:** Die Liturgiereform (Register); **BBKL** 15, 130–132 (E. Sauser).

REDAKTION

Blanchet, *Émile,* französischer Theologe und Bischof, * 21.9.1886 Le Havre, † 1.4. 1967 ebd. Nach dem Studium der Theologie im Seminar von Rouen, während dessen sein Interesse an Maurice Blondel und John Henry Newman erwachte, 1911 Priesterweihe, anschließend Lehrtätigkeit im Externat Saint-Joseph du Havre, an dem er selbst Schüler war, zugleich Lizenziatsstudium der Philosophie in Caen. Als Vorsteher des Externats (ab 1930) um die Vermittlung von Glaube und Kultur bemüht. 1940 Bischof von Saint-Dié, kreiste sein Denken um die Rolle des Bischofs und die Sorge um das vom Krieg bedrohte Gemeinwesen. 1946 tauschte er trotz amtstheologischer Bedenken seine Aufgabe in Saint-Dié mit der eines Rektors des Institut Catholique de Paris (ICP). 1960 Mitglied der vorbereitenden Konzilskommission für die Seminare, 1961 Vorsitzender der Unterkommission für die katholischen Universitäten; auf dem Vaticanum II Mitarbeit an *Optatam totius* und *Gravissimum educationis* sowie Interventionen zu den Themen Episkopat und Ökumene; in der Debatte um *Gaudium et spes* Plädoyer für eine differenzierte Verhältnisbestimmung von Glaube und Kultur bzw. Kirche und Welt. Sein Nachfolger als Rektor des ICP wurde 1966 der Konzilstheologe Pierre ∕Haubtmann.

Werke: Journal conciliaire de Monseigneur É. B. Première Session: Transversalités 121 (janvier – mars 2012) 13–102.

Literatur: **C. Molette:** Monseigneur E. B. Le Havre 1977; **A.-M. Abel – Y. Marchasson:** Le Fonds Vatican II de Mgr B. aux archives de l'Institut catholique: Revue de l'Institut Catholique de Paris 35 (1990) 205–223; **Greiler:** Das Konzil und die Seminare (Register); **DÉF** 79f. (É. Fouilloux).

MICHAEL QUISINSKY

Bluyssen, *Johannes Wilhelmus,* niederländischer Bischof, * 10.4.1926 Nijmegen; 1950 Priester, 1961 Auxiliarbischof, 1966 Bischof von 's-Hertogenbosch, 1984 Rücktritt. B. nahm an allen Sessionen des Konzils teil, wenngleich er in regelmäßigen Abständen nach 's-Hertogenbosch zurückkehrte, um sich um die Diözese zu kümmern, während Bischof Wilhelm ∕Bekkers in Rom weilte. B. wurde Mitglied des 1964 errichteten Consilium ad exsequendam constitutionem de Sacra Liturgia (bis 1969). Bekannt als aufgeschlossener Bischof, wurde B. bald nach dem Konzil Vize-Präsident der niederländischen Bischofskonferenz. Er bemühte sich um die Umsetzung der Entscheidungen des Vaticanum II in seiner Diözese, u. a. indem er die Notwendigkeit einer besseren pastoralen Zusammenarbeit zwischen Priestern und Laien betonte. Angesichts der Polarisierung der niederländischen Kirche (vgl. die vielfältigen Reaktionen auf den Holländischen Katechismus) waren B.s Bestrebungen, ein Bischof aller Gläubigen zu sein, jedoch teilweise vergebens.

Werke (Auswahl): De vele wegen en de ene weg. Arbor 1988; ²1989; (mit A. Langebent bzw. G. Rooijakkers:) Gebroken wit. Vrijmoedige herinneringen. Anthos 1995; ²2004; (zusammen mit G. Rooijakkers:) God, verborgen en nabij. Religie als heilig spel. Anthos 2002; ²2003; (mit G. Rooijakkers – P. Nissen:) De donkere stilte van God. Alphen aan de Maas 2009.

Literatur: **J. de Raat:** Een gave Gods. Protret van monseigneur J. B.: G. Ackermans – M. Monteiro: Mannen Gods, cleriale identiteit in verandering. Hilversum 2007, 72–84; **J.W.M. Peijnenburg:** Van Roomsche Zegeningen en Paapsche Stoutigheden. De geschiedenis van het bisdom van 's-Hertogenbosch 1559–2009. Nijmegen 2009, 273–286.

MATHIJS LAMBERIGTS

Boegner, *Marc,* französischer reformierter Theologe, * 21.2.1881 Épinal, † 19.12.1970 Straßburg. 1918–54 Pfarrer in Paris, 1929–61 Präsident des protestantischen Kirchenbundes; 1938 erster Präsident des Nationalrates der reformierten Kirchen, 1945–68 Präsident des Comité Inter-Mouvement d'Aide aux Évacués, seit 1962 Mitglied der Académie française. B.s Anliegen waren die Einheit des französischen Protestantismus und das ökumenische Engagement. Er gehörte zum Gründungskreis des Ökumenischen Rates der Kirchen (ÖRK) und wurde 1948 einer der sechs Präsidenten des ÖRK. B. bemühte sich um eine enge Zusammenarbeit zwischen dem ÖRK und der katholischen Kirche und war Beobachter auf dem Vaticanum II.

BURKHARD NEUMANN

Literatur: M. B. Ein Leben für die Ökumene. Frankfurt – Stuttgart 1970; **BBKL** 1, 657f. (Literatur); **ÖL²** 183 (W. Müller-Römheld); **R. Mehl:** Le pasteur M. B. 1881–1970. Une humble grandeur.

Paris 1987; Carnets du pasteur B.: 1940–1945, hg. v. P. Boegner. Paris 1992; **J. Mouriquand:** M. B.: portrait d'un siècle de protestantisme. Lausanne 1997 (Hörbuch); www.museeprotestant.org (abgerufen: 28.3.2012).

REDAKTION

Bolte, *Adolf,* deutscher Bischof, * 15.11.1901 Hannover, † 5.4.1974 Unterbernhards (Rhön). Studium der Theologie in Paderborn, Freiburg im Breisgau und Innsbruck; 1928 Priester, anschließend Vikar in Dingelstädt (Eichsfeld), 1931 Präfekt des Knabenkonvikts Heiligenstadt, 1935 Vikar an St. Marien ebd., Sekretär des bischöflichen Kommissars für das seit 1930 zum Bistum Fulda gehörende Eichsfeld, 1941 bischöflicher Kommissar, Propst und Dekan in Heiligenstadt; 1945 Weihbischof von Fulda und Domdekan, 1955 Generalvikar, 1959 Bischof von Fulda. B. war mit einer tiefgreifenden Umgestaltung des Bistums infolge des 2. Weltkriegs und der deutschen Teilung konfrontiert. In seiner Konzilseingabe vom 25.8.1959 wünschte er u.a. eine Behandlung von ekklesiologischen Fragen und eine Auseinandersetzung mit dem religiösen Indifferentismus. Auf dem Konzil war er ab November 1963 Mitglied der Kommission für die Mission (GZVK 3, 26). Anfang 1964 wurde B. von Kardinal ∕Döpfner gebeten, zusammen mit sachkundigen Periti eine gemeinsame Stellungnahme der Konzilsväter aus Deutschland, Luxemburg, Österreich, Skandinavien und der Schweiz zum Missionsschema zu verfassen. An den Beratungen über ein reduziertes Kurzschema im Mai 1964 konnte er aus gesundheitlichen Gründen nicht teilnehmen. In seinem schriftlichen Beitrag zur Diskussion um das revidierte Missionschema im November 1964 übte er u.a. an dessen zweideutigem Missionsbegriff und Widersprüchen zu anderen Konzilsdokumenten Kritik. In der neuerlichen Diskussion um das Missionsschema (7.–13.10.1965) sprach er sich in seiner von neun weiteren Bischöfen unterzeichneten animadversio scripta für Studien des einheimischen Klerus im eigenen Land aus. 1966 erfolgte seine Berufung in die nachkonziliare Kommission *De missionibus* und in die Missionskommission der Deutschen Bischofskonferenz. Bei der Umsetzung des Konzils in seinem Bistum verband B. die „Bewahrung bewährter Traditionen mit Mut zum ,wohlüberlegten Experiment' und Neuaufbrüchen" (Mierswa 269).

Konzilsbeiträge: AS III-6, 926f.; III-7, 585f.; IV-4, 439.
Literatur: **H.-J. Konze:** A. B.: A. Beckel – H. Reiring – O. B. Roegele (Hg.): Für die Menschen bestellt. Porträts katholischer Bischöfe Deutschlands. Osnabrück 1963, 79–82; **J. Leinweber:** Die Fuldaer Äbte und Bischöfe. Frankfurt 1989, 183–185; **LThK³** 2, 566 (J. Pilvousek); **Gatz B 1945,** 228f.; **G.M. Mierswa:** A. B. (1901–1974). Bischof von Fulda in einer Zeit des Umbruchs. Fulda 2005.

CLEMENS CARL

Borovoj, *Vitali,* russisch-orthodoxer Theologe, * 18.1.1916 Minsk, † 7.4.2008 Moskau. Nach dem Studium an der Orthodoxen Theologischen Fakultät der Universität Warschau wurde B. 1941 Sekretär des Erzbischofs Pantelemeion von Minsk. 1944 zum Priester geweiht, erfolgte die Ernennung zum Vizepräsidenten des Theologischen Seminars Minsk, eine Aufgabe, die B. bis zu seiner Ernennung zum Professor für Kirchengeschichte an der Leningrader Kirchlichen Akademie 1954 (bis 1962) innehatte. Aufgrund seiner Erfahrungen mit dem römischen Katholizismus und seines Engagements in ökumenischen Gesprächen – er war z.B. an einem Treffen des Ökumenischen Rates der Kirchen (ÖRK) mit orthodoxen Theologen 1958 in Utrecht beteiligt – wurde er zum Sprecher der Russisch-Orthodoxen Kirche im Westen. So war er 1962–72 Ständiger Delegierter der Russisch-Orthodoxen Kirche beim ÖRK in Genf. 1962 wurde er als Ergebnis eines Gesprächs zwischen Johannes ∕Willebrands vom Einheitssekretariat und dem Moskauer Patriarchen gemeinsam mit Vladimir Kotliarov zu einem der nichtkatholischen Beobachter des Vaticanum II ernannt. In dieser Eigenschaft berichtete er sowohl dem ÖRK als auch dem Patriarchat in

Moskau vom Konzil. Auch spielte er eine aktive Rolle im Zusammenhang mit der Beendigung des sibirischen Exils des ukrainischen griechisch-katholischen Metropoliten Joseph ∕Slipyi 1963. 1965–72 Mitglied der ∕Joint Working Group zwischen dem ÖRK und der römisch-katholischen Kirche, 1966–72 stellvertretender Direktor des ÖRK-Sekretariates für Glaube und Kirchenverfassung. Nach seiner Rückkehr nach Moskau 1973–78 Rektor der Kathedrale der Theophanie in Elokhovo und Professor für Byzantinische Kirchengeschichte an der Moskauer Theologischen Akademie. 1978–85 erneut russisch-orthodoxer Vertreter beim ÖRK. 1985 wurde B. zum Honorarrektor der Auferstehungskirche in Moskau ernannt.

Werke: Il Significato del Concilio Vaticano II per la Chiesa Ortodossa Russa: A. Melloni (Hg.): Vatican II in Moscow, 1959–1965. Löwen 1997, 73–89.

Literatur: **E. M. Jung**: Table-Talk with the Russian Observers: The Catholic World 2 (1963) 273–278; **LThK³** 2, 598 (J. Madey); **GZVK** (Register); **A. J. Van der Bent**: V. B.: N. Lossky (Hg.): Dictionary of the Ecumenical Movement. Genf ²2002, 125; **H. C. Fey** (Hg.): A History of the Ecumenical Movement, Bd. 2. Genf 2004 (Register); **K. Schelkens**: Vatican Diplomacy after the Cuban Missile Crisis. New Light on the Release of Josyf Slipyj: The Catholic historical review 97 (2011) 679–712; **M. Velati**: Separati ma fratelli. Gli osservatori non cattolici al Vaticano II (1962–1965). Bologna 2012 (Register) (im Erscheinen).
KARIM SCHELKENS

Botte, *Bernard,* OSB (1912), belgischer katholischer Liturgiewissenschaftler, Exeget und Patrologe, * 22.10.1893 Charleroi, † 4.3.1980 Louvain. B. engagierte sich stark im belgisch-französischen Zweig der Liturgischen Bewegung; Mitgründer und erster Leiter (1956–64) des Institut Supérieur de Liturgie (Paris); Konzilsperitus; gehörte zu den Baumeistern der nachkonziliaren Liturgie (Vorsitzender der Kommission für die Reform der Weiheriten) und war entsprechenden Anfeindungen ihrer Gegner ausgesetzt. Seine wissenschaftliche Hauptleistung war die textliche Rekonstruktion der sogenannten *Traditio apostolica.* Umfangreiche Bibliografie.

Werke: Le Concile et les conciles. Contribution à l'histoire de la vie conciliaire de l'église. Chevetogne 1960 (deutsch: Das Konzil und die Konzile. Ein Beitrag zur Geschichte des Konzilslebens der Kirche. Stuttgart 1962); Le mouvement liturgique. Témoignage et souvenir. Paris 1973; Vatican II et le renouveau liturgique: Questions liturgiques 62 (1981) 113–134; La Tradition Apostolique de Saint Hippolyte. Essai de reconstruction. Münster ⁵1989.

Bibliografie: Mélanges liturgiques offerts au R. P. Dom B. O. S. B. à l'occasion du cinquantième anniversaire de son ordination sacerdotale. Louvain 1972, XIX–XXXII; Bibliographie Compléments: Questions liturgiques 61 (1980) 88–92.

Literatur: **A. M. Triacca:** Tra fede, cultura e azione. Dom B. B., osb (1893–1980): Rivista liturgica 88 (2001) 241–245; **D. Martis:** L'exégèse liturgique. La méthode de B. B.: La Maison-Dieu 232 (2002) 109–147.
BRUNO STEIMER

Boulard, *Fernand,* französischer katholischer Seelsorger und Religionssoziologe, * 28.12.1898 Paris, † 17.11.1977 ebd. 1922 Priester, dann Pfarrer und zeitweise Spiritual im Priesterseminar. 1937 Geistlicher Beirat der Landjugend auf Diözesanebene, 1942 stellvertretender Geistlicher Beirat der JAC (Jeunesse Agricole Chrétienne) auf nationaler Ebene. B. war neben Gabriel Le Bras Inspirator und führender Vertreter der Religionssoziologie und lehrte am Institut Catholique de Paris. Seine Untersuchungen über die religiöse Praxis in den verschiedenen Regionen Frankreichs (berühmt wurde nicht zuletzt die 1947 veröffentlichte *Carte religieuse de la France rurale*) hatten große Auswirkungen auf pastorale Überlegungen. Zwischen 1954 und 1968 im Auftrag verschiedener Diözesanbischöfe durchgeführte umfangreiche Umfragen führten zu zahlreichen Veröffentlichungen. B., der auch Kenner Lateinamerikas war und zahlreiche Kontakte dorthin pflegte, wurde 1962 Peritus und arbeitete in der Kommission für die Bischöfe mit. Im selben Jahr versammelte er, wohl in Absprache mit dem Pariser Erzbischofkoadjutor Pierre ∕Veuillot, zunächst einige Konzilsbischöfe, die für ihre Diözesen an einer überpfarreilichen „pastorale d'ensemble" interessiert waren. Daraus ging die Reflexionsgruppe „Évêques de Vatican II" hervor, die sich in Theorie und Praxis für ein dem Konzil gemäßes Bischofsamt einsetzte. Nach dem Konzil wirkte B. u. a. auch als Berater der Generalkonferenz des lateinamerikanischen Bischofsrates in Medellín 1968. Nach seinem Tod erschien die von ihm initiierte Sammlung *Matériaux pour l'histoire religieuse du peuple français.*

Werke: L'art d'être curé de campagne. Paris 1941; Paysannerie et Humanisme. Essai d'un manuel de culture paysanne. Paris 1945; Problèmes missionnaires de la France rurale. Paris 1945; Essor ou déclin du clergé français. Paris 1950; Premiers itinéraires en sociologie religieuse. Paris 1951 (deutsch München 1960); (mit J. Remy:) Pratique religieuse urbaine et régions culturelles. Paris 1968; La curie et les conseils diocésains (n°s 27): La charge pastorale des évêques. Décret „Christus Dominus". Paris 1969, 241–274; Le clergé diocésain (n°s 28–32): ebd., 275–295.

Literatur: **F.-A. Isambert:** In Memoriam F. B. (1898–1977): Archives des sciences sociales des religions 44 (1977) 303–305; **Y.-M. Hilaire:** La sociologie religieuse du catholicisme français au vingtième siècle: K. Chadwick (Hg.): Catholicism, Politics and Society in Twentieth-Century France. Liverpool 2000, 244–259; **M. Faggioli:** Il vescovo e il concilio: modello episcopale e aggiornamento al Vaticano II. Bologna 2005 (Register); **ders.:** Quelques thèmes de réflexion sur le modèle d'évêque post-conciliaire: Revue des sciences religieuses 76 (2002) 78–102; **Cath** 16, 237 f.; **B. Ziemann:** Katholische Kirche und Sozialwissenschaften 1945–1975. Göttingen 2007 (Register). MICHAEL QUISINSKY

Boyer, *Charles,* SJ (1907), französischer römisch-katholischer Theologe, * 4.12.1884 Pradelles (Haute-Loire), † 23.2.1980 Rom. 1916 Priester, wirkte B. zunächst als Philosophiedozent in Vals-près-le Puy, 1922–57 als Professor für Philosophie und Theologie an der Gregoriana. Der Augustinusspezialist war theologisch von der Neuscholastik geprägt. Seit den 1940er Jahren widmete er Luther und Calvin Lehrveranstaltungen, 1945 gründete er die Internationale Vereinigung Unitas, die aus römisch-katholischer Perspektive für die Einheit der Christen eintrat. 1946 erfolgte die Gründung der gleichnamigen Zeitschrift. Inoffiziell war B., der in Kontakt mit Giovanni Battista Montini (/Paul VI.) stand, 1948 bei der Gründungskonferenz des Ökumenischen Rates der Kirchen (ÖRK) in Amsterdam anwesend. Durch das 1950 errichtete Foyer Unitas, das bereits vor dem Konzil nichtkatholischen Theologen eine Anlaufstelle in Rom bot, ermöglichte er zahlreiche Kontakte, die während des Konzils ausgedehnt und intensiviert werden konnten. Wenngleich er selbst der reformatorischen Theologie ablehnend gegenüberstand und einer Rückkehrökumene verpflichtet war, brachte sein Wirken in Rom eine Reflexion über Ziele und Inhalte der Ökumene in Gang. Ab 1953 Mitglied der Katholischen Konferenz für Ökumenische Fragen um Johannes /Willebrands, wurde B. 1960 Mitglied des Einheitssekretariates und der vorbereitenden Kommission zum Schema *De fontibus revelationis* sowie 1962 als Peritus Mitglied der Theologischen Kommission. Als Mitglied diverser Unterkommissionen vertrat er während der Redaktion von *Dei Verbum* und *Dignitatis humanae,* aber auch im Umfeld der Entstehung von *Unitatis redintegratio* traditionelle Positionen. 1965 gehörte B. der Gemeinsamen Arbeitsgruppe des ÖRK und der römisch-katholischen Kirche an.

Werke: Christianisme et Néo-Platonisme dans la formation de S. Augustin. Paris 1920; L'idée de la vérité dans la philosophie de saint Augustin. Paris 1932; Unità cristiana e movimento ecumenico. Rom 1955 (deutsch 1960); (Als Hg.:) Il problema ecumenico, oggi. Brescia 1960; Questions actuelles de théologie. Rom 1965; Raisons d'être catholique. Rom 1965; Le décret conciliaire sur l'œcuménisme. Paris 1965; Sant'Agostino e i problemi dell'ecumenismo. Rom 1969; Œcuménisme chrétien: Dictionnaire de Théologie Catholique 16 (1972) 3343–3362; Calvin et Luther. Accords et différences. Rom 1973; Le mouvement œcuménique. Les faits, les dialogues. Rom 1976.

Literatur: C. B. SJ – Testimonianze: Unitas 35 (1980) 2, 81–128; **É. Fouilloux:** Les catholiques et l'unité chrétienne du XIXe au XXe siècle. Itinéraires européens d'expression française. Paris 1982, bes. 835–845; **M. Velati:** La proposta ecumenica del segretariato per l'unità dei cristiani: G. Alberigo – A. Melloni (Hg.): Verso il concilio Vaticano II (1960–1962). Passaggi e problemi della preparazione conciliare. Genua 1993, 273–350 (passim); LThK³ 2, 622 (K.-H. Neufeld); **Burigana:** La Bibbia nel Concilio (Register); **Scatena:** Il fatica della libertà (Register); **T. Salemink** (Hg.): „You will be called repairer of the breach". The diary of J. G. M. Willebrands 1958–1961. Leuven 2009 (Register); **M. Velati:** Dialogo e rinnovamento. Verbali e testi del segretariato per l'unità dei cristiani nella preparazione del concilio Vaticano II (1960–1962). Bologna 2011 (Register); Personenlexikon Ökumene, 46–48 (J. Ernesti). MICHAEL QUISINSKY

Brechter, *Heinrich Suso,* OSB (1930), Erzabt der Missionsbenediktinerabtei St. Ottilien und Abtpräses der Kongregation der Missionsbenediktiner von St. Ottilien, * 17.8.1910 Dorndorf bei Ulm, † 12.2.1975 St. Ottilien. 1936 Priester, anschließend Zweitstudium der Mediävistik und ihrer Hilfswissenschaften in München. Während der Aufhebung St. Ottiliens 1941–45 Seelsorger in Riederau und Spiritual bei den Benediktinerinnen von St. Alban am Ammersee. 1945 Bibliothekar, Prior und Dozent an der Philosophischen Ordenshochschule St. Ottilien, 1952 Vorstand des Missionswissenschaftlichen Seminars an der Ludwig-Maximilians-Universität München, 1957 Erzabt von St. Ottilien, 1957–74 Abtpräses der Kongregation der Missionsbenediktiner von St. Ottilien. B.s wissenschaftliches Talent wurde früh erkannt und gefördert, nicht zuletzt durch die Fürsprache des Benediktinergelehrten Germain Morin. Mit der Wahl zum Erzabt nahmen ihn Visitationsreisen zu den Klöstern der Kongregation und Leitungsaufgaben in Anspruch. In seiner Amtszeit wurde St. Ottilien durch zahlreiche Neu- und Umbauten als Heimatbasis der Kongregation ausgebaut. 1960 gründete B. das Gregoriuskolleg in Laupheim und das Priorat auf dem Jakobsberg. Als besondere Erfolge seiner Amtszeit in den Missionsgebieten dürfen der Übergang der beiden in Ostafrika gelegenen Abbatiae nullius Peramiho und Ndanda in Diözesen, die Gründung von Abteien und Prioraten in Venezuela, Südkorea, Tansania und im Zululand sowie der missionarische Neubeginn in Kolumbien, Kenia und Japan gelten. Von Anfang an war B. als Mitglied der vorbereitenden Missionskommission in die Arbeiten des Vaticanum II eingebunden. Als Abtpräses der Kongregation der Missionsbenediktiner von St. Ottilien nahm er in allen vier Perioden an den Vollversammlungen des Konzils teil. Er war an der Entstehung des Missionsdekrets beteiligt und gab sein Wissen im Kommentar zu diesem Dekret im *Lexikon für Theologie und Kirche* 1968 weiter. B.s Teilnahme am Konzil beeinflusste auch die 1966–71 erarbeitete Neufassung der Ottilianer Konstitutionen.

Werke: Dekret über die Missionstätigkeit der Kirche. Einleitung und Kommentar: LThK. E 3, 9–125. Literatur: **F. Renner** (Hg.): Der fünfarmige Leuchter. Beiträge zum Werden und Wirken der Benediktinerkongregation von St. Ottilien, 4 Bde. St. Ottilien 1971–1993 (Register); **ders.:** In memoriam Erzabt S. B. von St. Ottilien: Studien und Mitteilungen zur Geschichte des Benediktiner-Ordens und seiner Zweige 86 (1975) 831–833; **M. Hildebrandt:** Lebendige Steine. Baugeschichte und Baugeschichten der Erzabtei St. Ottilien (Ottilianer Reihe 4). St. Ottilien 2007. GUIDO TREFFLER

Brinktrine, *Johannes,* deutscher katholischer Theologe, * 22.3.1889 Paderborn, † 12.12.1965 ebd. Philosophisch-theologische Studien in Paderborn, Breslau, Freiburg im Breisgau (1915 Dr. theol.) und Rom (an der Gregoriana und am Angelicum bei Réginald Garrigou-Lagrange; 1920 Mag. theol.), 1912 Priester, 1922–31 Subregens und Dozent für Liturgik am Paderborner Priesterseminar, 1931–38 Professor für Fundamentaltheologie an der philosophisch-theologischen Akademie der Erzdiözese Paderborn, 1938–63 für Dogmatik ebd. Am Beginn seines wissenschaftlichen Schaffens stehen zahlreiche Arbeiten zur Liturgiewissenschaft (einige wurden ins Italienische und Polnische übersetzt) und eine zweibändige Fundamentaltheologie. Bekannt wurde B. jedoch v. a. durch seine zehnbändige Dogmatik, die – dem neuscholastischen Denkhorizont verpflichtet – eine der letzten großen, von dogmatischen Sätzen ausgehenden Schuldogmatiken darstellt (abgeschlossen 1964), bevor mit dem

Konzilsdekret *Optatam totius* die Weichen in Richtung einer biblisch-heilsgeschichtlichen und pastoralen Neugestaltung der Dogmatik gestellt wurden. Charakteristisch für B. ist eine enge Verbindung von Liturgie und kirchlicher Glaubenslehre, wonach sich in der Liturgie nur die objektive Theologie artikulieren darf. Umgekehrt ist die Liturgie (lex orandi) für ihn eine wichtige dogmatische Erkenntnisquelle. Seit den 1950er Jahren lässt sich bei B. eine zunehmende Skepsis gegenüber – aus seiner Sicht – subjektivistischen Tendenzen in der deutschen Theologie erkennen. 1959 Mitglied der Päpstlichen Theologenkommission. Seit Juli 1960 arbeitete B. als Konsultor in der Theologischen Vorbereitungskommission für das Vaticanum II mit, über dessen späteren Verlauf er sich enttäuscht äußerte.

Werke (Auswahl): Der Meßopferbegriff in den ersten zwei Jahrhunderten. Freiburg 1918; Die heilige Messe in ihrem Werden und Wesen. Paderborn 1931 (^{2}1934; ^{3}1950); Das römische Brevier. Paderborn 1932; Das Opfer der Eucharistie. Dogmatische Untersuchungen über das Wesen des Meßopfers. Paderborn 1937; Offenbarung und Kirche, 2 Bde. Paderborn 1938 (^{2}1947/49); Einleitung in die Dogmatik. Paderborn 1951; Die Lehre von Gott, 2 Bde. Paderborn 1953–54; Die Lehre von der Schöpfung. Paderborn 1956; Die Lehre von der Gnade. Paderborn 1957; Die Lehre von der Menschwerdung und Erlösung. Paderborn 1959; Die Lehre von der Mutter des Erlösers. Paderborn 1959; Die Lehre von den heiligen Sakramenten der katholischen Kirche, 2 Bde. Paderborn 1961–62; Die Lehre von den Letzten Dingen. Paderborn 1963; Die Lehre von der Kirche. Paderborn 1964.

Bibliographie: W. Knoch: Eine bibliographische Erinnerung an J. B.: ThGl 81 (1991) 121–126; M. Rieger: Liturgie und objektive Theologie. J. B. – ein Liturgiewissenschaftler? (Paderborner Theologische Studien 30). Paderborn 2002, 775–783 (667–774 Dokumente und unveröffentlichte Schriften).

Literatur: **E. J. Lengeling:** I. B. (1889–1965): Ephemerides Liturgicae 80 (1966) 309–312; **H. Mühlen:** Zum Gedenken an Prälat Prof. Dr. J. B. (1889–1965): ThGl 57 (1967) 144–151; **W. Knoch:** s. v.: Enciclopedia di Teologia Fondamentale, Bd. 2. Genua 1990; **LThK³** 2, 694f. (W. Knoch); **BBKL** 17, 190–192 (D. Berger) (Literatur); **M. Rieger:** Liturgie und objektive Theologie (siehe oben); **D. Berger:** „Columna Ecclesiae": zur Wiederentdeckung des Paderborner Dogmatikers J. B.: Theologisches 34 (2004) 31–38.

CLEMENS CARL

Browne, *Michael,* OP (1903), Generalmagister der Dominikaner und Kardinal, * 6.5.1887 Grangemokler (Tipperary), † 31.3.1971 Rom. 1910 Priester, anschließend bis 1919 Professor und Novizenmeister im Konvent von Tallaght (Dublin). 1919–32 sowie 1941–51 Lehrtätigkeit am Angelicum in Rom, unterbrochen von seiner Amtszeit als Rektor (1932–41). 1932–41 Prior des römischen Konvents San Clemente. 1951–55 päpstlicher Hoftheologe. 1955 Generalmagister seines Ordens bis 1962, als er zum Kardinal erhoben und zum Bischof geweiht wurde. Mitglied der zentralen vorbereitenden Kommission sowie während des Vaticanum II stellvertretender Vorsitzender der doktrinalen Kommission. Er stand dem Coetus Internationalis Patrum nahe. B. reichte 16 animadversiones scriptae ein und hielt fünf Interventionen, die in konservativer Zielrichtung den Schemata über die Liturgie, über die Offenbarung, über die Kirche, über die Bischöfe, über den Ökumenismus, über das Kirche-

Welt-Verhältnis, über die Religionsfreiheit und über die Priester galten.

Werke: De ultimo fine et de beatitudine: I^a–I^{ae}, Qu. I–Qu. V. Rom 1936.

Literatur: **AnPont; AS; LThK³** 2, 707 f. (G. Alberigo); **BBKL** 24, 366–369 (D. Berger); **Roy:** Le Coetus Internationalis Patrum; www.catholic-hierarchy.org/bishop/bbrownemi.html (abgerufen: 26.1. 2012). PHILIPPE J. ROY

Buchkremer, *Joseph Ludwig,* deutscher Bischof, * 4.10.1899 Aachen, † 24.8.1986 ebd. 1923 Priester, anschließend Kaplan in Aachen, 1929 Bezirkspräses der weiblichen Jugend, 1937 Pfarrer in Herzogenrath-Straß, 1942 Verhaftung durch die Gestapo, bis 1945 Gefangenschaft im Konzentrationslager Dachau, 1945 Propsteipfarrer in Aachen, Diözesanfrauenseelsorger, 1961–79 Weihbischof in Aachen, 1963 Domkapitular, 1966 Bischofsvikar für die Orden. B. nahm am Konzil von 1962 bis 1965 teil, ohne jedoch durch Redebeiträge hervorzutreten. Nach dem Konzil versuchte er, dessen Ergebnisse durch Vorträge im Bistum bekannt zu machen. Sein Vorstoß, auch im Bistum Aachen die Weihbischöfe als Regionalbischöfe zu etablieren, wurde von Bischof Johannes ↗Pohlschneider abgelehnt.

Literatur: **A. Brecher:** Bischof einer Wendezeit der Kirche. Dr. Dr. Johannes Pohlschneider 1899–1981. Aachen 1997 (Register); ders.: Dienst an der Einheit des Bistums. Die Weihbischöfe des Bistums Aachen. Aachen 2000, 88–117; **Gatz B 1945,** 48 (J. Schreier). GUIDO TREFFLER

Bueno y Monreal, *José Maria,* spanischer Bischof und Kardinal, * 11.9.1904 Zaragoza, † 20.8.1987 Pamplona. Studium an der Gregoriana und am Angelicum, 1927 Priester für die Erzdiözese Madrid. 1927–45 lehrte er am Seminar in Madrid sowie an der dortigen Journalistenschule El Debate, 1929–45 zusätzlich am dortigen Instituto Central de Cultura Superior Religiosa. 1935–45 war er zudem Ökonom der Erzdiözese Madrid. 1945 zum Bischof von Jaca ernannt und 1946 konsekriert, wurde er 1950 zum Bischof von Vitoria und 1954 zum Erzbischofkoadjutor von Sevilla ernannt. 1957–82 war er Erzbischof von Sevilla, 1958 erfolgte die Erhebung zum Kardinal. Während des Konzils war B. M., ein Freund des Opus Dei-Gründers Josemaría Escrivá de Balaguer, Vizepräsident der Kommission De episcopis et dioecesium regimine. Der konservative Konzilsvater hielt mehrere Interventionen, u. a. über die Priesterausbildung, die Ehe – wobei er für die Unauflöslichkeit der Ehe eintrat – sowie die Juden. Im Schema über die Bischöfe führte sein Einsatz zum Einschub zweier Abschnitte, die der Unabhängigkeit der Bischöfe gegenüber der staatlichen Autorität sowie dem allein der Kirche zukommenden Recht der Bischofsernennungen galten.

Werke: Las relaciones entre la Iglesia y el Estado en los modernos concordatos. Madrid 1931; Principios fundamentales de Derecho Público Eclesiástico. Madrid 1943.

Literatur: Hombre magnánimo y libre: homenaje al cardenal J. M. B. M., con motivo de sus 78 años de vida, 56 de sacerdocio, 37 de episcopado, 23 de cardenalato y 28 años de gobierno de la Archidiócesis de Sevilla. Sevilla 1983; **L. de Echeverría:** Episcopologio español contemporáneo, 1868–1985. Salamanca 1986, 106. PHILIPPE J. ROY

Bugnini, *Annibale,* CM, italienischer Kurienbischof, * 14.6.1912 Civitella del Lago (Terni), † 3.7.1982 Rom. 1936 Priester, 1972 Bischof (Titularerzbistum Diokletiana). 1948 Sekretär der Kommission für die Liturgiereform, die mit der Erneuerung der Osternacht (1951) und der Karwoche (1955), dem Rubrikencodex (1960) und den letzten vorkonziliaren Editionen von Missale, Brevier und Pontifikale (1962) an die Öffentlichkeit trat. Zum Sekretär der liturgischen Vorbereitungskommission für das Vaticanum II bestellt (11.7.1960), infolge kurialer Machenschaften jedoch nicht zum Sekretär der konziliaren Liturgiekommission ernannt, berief ⁄Paul VI. B. zum Sekretär des Consilium ad exsequendam Constitutionem de Sacra Liturgia (13.1.1964) und der daraus 1969 hervorgegangenen Sacra Congregatio pro Cultu Divino. Aufgrund von Verleumdungen wurde B. 1975 abgelöst und die Gottesdienstkongregation mit jener für die Disziplin der Sakramente vereinigt, B. Anfang 1976 zum Pro-Nuntius im Iran ernannt. Es gehört zu den herausragenden Verdiensten B.s, dass das Schema der Liturgiekonstitution dem Konzil in einer Fassung unterbreitet wurde, die nur weniger Änderungen durch die Väter bedurfte, und die Erneuerung der liturgischen Bücher des römischen Ritus nach dem Konzil in der wohl kürzest möglichen Zeit durchgeführt wurde. REINER KACZYNSKI

Werke: La Chiesa in Iran. Rom 1981; La riforma liturgica (1948–75). Rom 1983 (deutsch: Die Liturgiereform 1948–75. Freiburg 1988).

Literatur: Liturgia opera divina e umana. FS A. B. Rom 1982; Ephemerides Liturgicae 97 (1983) 5–33; **E. J. Lengeling:** Liturgiereform 1948–1975. Zu einem aufschlußreichen Rechenschaftsbericht: Theologische Revue 80 (1984) 265–284; **A.-G. Martimort:** L'histoire de la réforme liturgique à travers le témoignage de Msgr. A. B.: La Maison-Dieu 162 (1985) 125–155; **M. Paiano:** Il rinnovamento della liturgia: dai movimenti alla chiesa universale: **G. Alberigo – A. Melloni** (Hg.): Verso il Concilio Vaticano II (1960–1962). Passaggi e problemi della preparazione conciliare. Genua 1993, 67–140; **GZVK** 1–3 (Register); **P. Marini:** A challenging reform: realizing the vision of the liturgical renewal; 1963–1975. Collegeville (Minnesota) 2007 (Register).

REDAKTION

Bukatko, *Gabrijel,* jugoslawischer Bischof, * 27.1.1913 Andrijevci (Kroatien), † 19.10.1981 Belgrad. 1939 Priester, 1952 Ernennung zum Apostolischen Administrator von Križevci und Titularbischof von Severiana. 1961 Erzbischofkoadjutor von Belgrad, wo er 1964 die Nachfolge des Erzbischofs Josip Antun Ujcic antrat. Zugleich wurde er zum Apostolischen Administrator von Jugoslavenska Banat (1964–71) ernannt. Während der Vorbereitungsphase des Konzils war er Mitglied der vorbereitenden Kommission *De fidelium apostolatu,* auf dem Konzil selbst war er Vizepräsident der Kommission *De ecclesiis orientalibus.*

Literatur: **M. Wockel – H.-J. Schellmann:** Who's who in the catholic world. Wien 1981; www.catholic-hierarchy.org/bishop/bbukatko.html (abgerufen: 16.1.2012). PHILIPPE J. ROY

Butler, *Christopher Basil,* OSB (1929), Abt der Benediktinerabtei Downside und Abtpräses der englischen Benediktinerkongregation, * 7.5.1902 Reading, † 21.9. 1986 London. Studium in Oxford, 1925 Weihe zum Diakon der anglikanischen Kirche. U. a. während eines Aufenthalts in Deutschland 1926, wo sich ihm das Verständnis der Kirche als Volk Gottes aufdrängte, kamen bei B. Überzeugungen zum Durchbruch, die für ihn ein inklusives Verständnis des Katholischen zum entscheidenden Merkmal der Kirchlichkeit des Glaubens machten. Infolge dieses theologisch-geistlichen Erkenntnisprozesses wandte er sich 1928 an die Benediktinerabtei Downside, wo er zunächst in der zugehörigen Schule unterrichtete und 1929 zum Katholizismus konvertierte, wenngleich ihn die katholische Skepsis gegenüber moderner Bibelforschung bedrückte. 1933 erfolgte die Priesterweihe, zudem wurde B. Dozent für Bibelwissenschaften für die Novizen in Downside. 1939–45 Rektor der Klosterschule. 1946 Wahl zum Abt von Downside. 1961 Abtpräses der englischen Benediktinerkongregation, nahm er in dieser Funktion am Konzil teil. Nachhaltig beeindruckt vom Denken Friedrich von Hügels und theologisch geprägt vom Traditionsverständnis John Henry Newmans sowie vom Katholizitätsverständnis Henri de ∕Lubacs, zählte B. auf dem Konzil zu den gewichtigsten theologischen Stimmen aus Großbritannien. 1963 wurde er Mitglied der Theologischen Kommission und war in der Folge u. a. Mitglied der Unterkommission *De revelatione*. Er meldete sich zu zahlreichen Themen zu Wort, wobei sein Interesse insbesondere dem Offenbarungsverständnis und der Ekklesiologie galt. Dabei sprach er sich gegen zentralistische Tendenzen aus und warb für die Weite eines inklusivistischen Katholizitätsverständnisses (z. B. AS I-3, 107–110; I-4, 389f.; II-1, 462). Zum Marienschema legte er im Auftrag der englischen Bischofskonferenz einen Alternativentwurf vor (AS II-3, 816ff.). Während der Vorbereitungen zu *Gaudium et spes* nahm er zu Fragen der Ehelehre (AS III-7, 196–199) und der Friedensthematik (AS IV-3, 613–615) Stellung. In seiner christologisch akzentuierten Theologie, in der Jesus Christus Bote und Botschaft ist (AS I-3, 110; 264–266), bemühte er sich zugleich um eine angemessene Rolle für die Pneumatologie. 1966 zum Weihbischof in Westminster ernannt, wurde er nach dem Vaticanum II zu dessen herausragendem Anwalt und Vermittler in Großbritannien.

Werke: The Church and Infallibility. London 1954; The Church and the Bible. London 1960; The Idea of the Church. London 1962; Prayer. An Adventure in Living. London 1966; The Theology of Vatican II. London 1967; A Time To Speak. Southend-on-Sea 1972 (Autobiografie); Searchings. Essays and Studies by B. C. B. London 1974. Wichtige Publikationen von C. B. sind online zugänglich unter www.vatican2voice.org. Eine von A.T. Flood erstellte Bibliografie findet sich unter www.vatican2voice.org/91docs/biblio.htm.

Literatur: **A.T. Flood:** B.C. B.'s Developing Understanding of Church: An Intellectual Biography. Washington 1981 (online unter www.vatican2voice.org/thesis/thesis.htm); **Burigana:** La Bibbia nel Concilio (Register); **Turbanti:** Un concilio per il mondo moderno (Register); **P. McPartlan:** The Idea of the Church: Abbot B. and Vatican II: The Downside Review 120 (2002) 39–52; **R.J. De Roo:** Experiences of a Council Father: ebd., 57–78; **A. Wells:** Bishop C. B. at Vatican II: his role in Dei Verbum: ebd., 129–154; **G. Flynn:** Incarnation, Ecumenism and Ecclesiology in the Thought of Cardinal Yves Congar and Bishop B.C. B.: Louvain Studies 31 (2006) 196–213. – Zahlreiche Titel zu C. B. sind auch online zugänglich unter www.vatican2voice.org (abgerufen: 17.5.2012).

MICHAEL QUISINSKY

C

Cabana, *Georges,* kanadischer Bischof, * 23.10.1894 Notre-Dame de Granby, † 6.2.1986 Sherbrooke. Studium am Seminar Saint-Charles-Borromée in Sherbrooke, am Seminar Saint-Hyacinthe sowie am Großen Seminar von Montreal, 1918 Priester, anschließend Tätigkeit als Professor am Seminar von Saint-Hyacinthe (1918–20 und 1931–32) und am Großen Seminar in Toronto (1921–31), Vikar in Sorel (1932–34), Krankenhausseelsorger in St-Hyacinthe (1934–35) sowie Spiritual und Professor am Großen Seminar von St-Hyacinthe (1935–41). 1941 Koadjutor des Erzbischofs von Saint Boniface. 1952 Erzbischofkoadjutor von Sherbrooke, wo er Erzbischof Desranleau im selben Jahr nachfolgte. 1953–66 Aumônier d'État des Chevaliers de Colomb. C. gilt als Gründer der Universität Sherbrooke, deren erster Großkanzler er 1954–68 war. 1964 erreichte er dort die Gründung einer theologischen Fakultät. Teilnahme an allen vier Sessionen des Konzils, wo er Mitglied des Coetus Internationalis Patrum war. Seine einzige Intervention galt während der ersten Session dem von ihm unterstützten vorbereiteten Schema *De fontibus revelationis*.

Werke: Le ministère bilingue. Toronto 1928.
Literatur: **AnPont; AS;** Le Pionnier. Journal de la famille Charron dit C., Bd. VI, n°1 (Juni 1996) 8; **P. J. Roy:** Le Coetus Internationalis Patrum; www. catholic-hierarchy. org/bishop/bcabana. html; www. seminaire-sherbrooke.qc.ca/archives/fichiers/Archives/p76.htm (beide abgerufen: 26.1.2012).
PHILIPPE J. ROY

Caggiano, *Antonio,* argentinischer Bischof und Kardinal, * 30.1.1889 Coronda (Argentinien), † 23.10.1979 Buenos Aires. 1912 Priester, Seelsorger in der Diözese Santa Fe. 1913–31 Lehrtätigkeit am dortigen Priesterseminar, zugleich in der Katholischen Aktion aktiv, deren geistlicher Leiter auf nationaler Ebene er 1931–33 war, bevor er 1933 zum Generalvikar des Militärbistums und 1934 zum Bischof von Rosario ernannt und 1935 konsekriert wurde; 1946 Kardinal. Im selben Jahr begab sich C. im Namen der argentinischen Regierung in den Vatikan, um sein Land als Zufluchtsort für französische Kollaborateure und nationalsozialistische Kriegsverbrecher anzubieten, die sich zu dieser Zeit in Rom versteckt hielten. In den 1940er und 50er Jahren war C. auf mehreren Kongressen in Lateinamerika als päpstlicher Legat zugegen. 1959 zum Erzbischof von Buenos Aires und zum Militärbischof des Landes ernannt (bis 1975), unterstützte er Jean Ousset und seine Bewegung La Cité catholique. 1963 steuerte er zur spanischsprachigen Ausgabe von Oussets Schrift *El Marxismo-Leninismo* das Vorwort bei. Während des Vaticanum II war er Mitglied in dessen Präsidium. Der konservative Konzilsvater stand den Kardinälen ⁄Siri und ⁄Ruffini nahe.

Werke: Fondements doctrinaux de l'apostolat des laïcs: Comité permanent des Congrès Internationaux pour l'Apostolat des laïcs (Hg.): Actes du Ier congrès mondial pour l'apostolat des laïcs, Bd. 1. Rom 1952, 196–233.
Literatur: **AnPont** 1962–1965 (Register); **AS; B. Minvielle:** L'Apostolat des laïcs à la veille du Concile (1949–1959). Histoire des Congrès mondiaux de 1951 et 1957. Fribourg 2011 (Register); www. catholic-hierarchy. org/bishop/bcaggiano.html (abgerufen: 16.1.2012).
PHILIPPE J. ROY

Calewaert, *Karel Justinus,* belgischer Bischof, * 17.10.1893 Deinze (Ostflandern), † 27.12.1963 Gent. 1922 Priester, Lic. theol., Rektor und Präsident des Priesterseminars Gent (1927–48), 1948 Ernennung und Weihe zum Bischof von Gent. C. nahm als Bischof an wichtigen liturgischen Kongressen der 1950er Jahre teil und kam dabei in Kontakt mit den führenden Liturgiewissenschaftlern. Teilnahme an den ersten zwei Sitzungsperioden des Vaticanum II. C. war Mitglied der vorbereitenden Kommission für das Schema über die Liturgie und wurde zum Mitglied der konziliaren Kommission für die Liturgie gewählt. Eher konservativ eingestellt, verteidigte er den Gebrauch der lateinischen Sprache in der Liturgie, ließ aber Raum für den Gebrauch der Landessprache in den Teilen, die den einfachen Gläubigen betrafen. Im Gegensatz zu seinem Landsmann ⁄Suenens war er Gegner der Wiedereinführung des Ständigen Diakonats. Er zeigte sich sowohl in der Vorbereitungs- als auch in der konziliaren Kommission als loyaler Mitarbeiter und stand unter starkem Einfluss des französischen Liturgiewissenschaftlers Aimé-Georges ⁄Martimort. C. war Präsident und Relator der Subkommission VI, die verantwortlich war für die Paragraphen 16–32 (in denen u. a. von der eigenständigen Rolle der Bischofskonferenzen im Zusammenhang mit der Liturgie und vom Gebrauch der Landessprache Rede ist), mit Martimort als Sekretär. Bei seiner Rückkehr von der zweiten Sitzung starb er in Gent.

Literatur: **A. Rubbens:** K. J. C. (1948–1963): M. Cloet (Hg.): Het bisdom Gent (1559–1991). Vier eeuwen geschiedenis. Gent 1991, 499–509; **M. Lamberigts:** Msgr. C., Bishop of Ghent, and Sacrosanctum Concilium: Donnelly u. a. (Hg.): Belgian Contribution, 611–632.
MATHIJS LAMBERIGTS

Câmara Pessôa, *Hélder,* brasilianischer Bischof, * 7.2.1909 Fortaleza (Ceará), † 27.8.

1999 Recife (Pernambuco). 1923 Eintritt ins Diözesanseminar in Fortaleza, 1931 Priester; Sekretär für Erziehungsfragen und zwischenzeitlich Anhänger der (faschistischen) Ação Integralista Brasileira in der Provinz Ceará. 1936 Übersiedlung nach Rio de Janeiro und Tätigkeit im Erziehungsministerium. Unter dem Einfluss von Kardinal Sebastião Leme da Silveira Cintra gab C. das integralistisch-faschistische Gedankengut auf. 1943 Verantwortlicher für die Katechese in der Erzdiözese Rio und 1947 Nationaler Vizekaplan der Katholischen Aktion Brasiliens, wurde C. mit den sozialen und kirchlichen Verhältnissen Brasiliens konfrontiert und ergriff daraufhin Partei für die armen Landarbeiter. 1955 (im Anschluss an eine Begegnung mit Kardinal Pierre-Marie Gerlier) erfolgte seine „Konversion" zur grundsätzlichen Option für die Armen; Ende der 1950er erkannte er die Notwendigkeit struktureller Reformen (und nicht nur caritativer Aktionen). 1952 beteiligt an der Gründung der Brasilianischen Bischofskonferenz (CNBB), wurde er deren erster Generalsekretär (bis 1964). Im selben Jahr erfolgte die Ernennung zum Weihbischof von Rio de Janeiro. 1955 gehörte er zu den Gründern des Lateinamerikanischen Bischofsrates (CELAM) und war 1958–66 einer von dessen zwei Vizepräsidenten. 1964 zum Erzbischof von Olinda e Recife im armen Nordosten Brasiliens ernannt, trat er sein Amt wenige Tage nach der gewaltsamen Machtübernahme durch die Militärs an. Weil er nicht am traditionellen Bündnis der Kirche mit den Reichen und Mächtigen festhielt und für eine gewaltlose Veränderung der sozialen und politischen Verhältnisse eintrat („dritter Weg" zwischen Kommunismus und Kapitalismus), musste er Diffamierungen und Schikanen erdulden. Er wurde u. a. aus den nationalen Medien verbannt und auf die schwarze Liste gesetzt, seine Mitarbeiter wurden verfolgt (sein Sekretär Pater Antonio Peirera Neto wurde 1969 ermordet). Hinzu kamen Denunziationen von Mitbrüdern im Bischofsamt: so forderte Bischof Geraldo ⁄ Proença Sigaud die Militärs in einer Rede am 20.8.1968 dazu auf, C. zu verhaften.

Auf dem Konzil setzte sich C. vor allem für eine dienende und arme Kirche der Armen ein. Papst Johannes XXIII. maß er epochale Bedeutung zu. Er war Mitglied der Vorbereitungskommission *Über die Bischöfe und die Leitung der Diözesen* und seit der zweiten Sitzungsperiode der Konzilskommission *Über das Laienapostolat*. Als solches war er auch Mitglied der Gemischten Kommission für das Schema XVII. Dabei hatte C. selbst mit den Anstoß zu dem Beschluss gegeben, ein Schema über die Kirche in der Welt zu verfassen (LThK.E 3, 247). Obwohl er nie selbst das Wort auf den Generalversammlungen ergriff, galt er bald als einer der einflussreichsten Konzilsväter und als Symbol für die prophetische Dimension des Konzils. Im direkten Gespräch, über die Medien und durch zahllose Hilfestellungen, mit denen er Kontakte zwischen Menschen unterschiedlichster Herkunft ermöglichte, konnte er seine Positionen zur Geltung bringen. Als die Kardinäle Josef ⁄ Frings und Achille

↗Liénart eine Vertagung der Wahl der Konzilskommissionen erreichten, regten C. und der chilenische Bischof Manuel ↗Larraín Errazuriz ein Treffen der Sekretäre mehrerer Bischofskonferenzen an, um sich transnational über geeignete Kandidaten auszutauschen. Hieraus entstand eine Vernetzung von westeuropäischen, lateinamerikanischen, afrikanischen und nordamerikanischen Bischofskonferenzen – von C. „Ökumene" genannt –, deren Sekretäre regelmäßig tagten, um inhaltliche Fragen zu besprechen und Verfahrensfragen zu erörtern. Daneben gehörte C. der Gruppe „Die Kirche der Armen" an, einer informellen Gruppe von Bischöfen, innerhalb derer er einen Arbeitskreis zum Problem der Unterentwicklung leitete. Im sogenannten Katakombenpakt verpflichteten sich am 16.11.1965 etwa 40 Bischöfe, darunter C., zu einem einfachen Lebensstil, zur Parteinahme für die Armen und zum Einsatz für die Schaffung gerechterer Strukturen im Dienst einer integralen Entwicklung des Menschen und aller Menschen. Eine wichtige Quelle sowohl für das Leben C.s als auch für das Konzil stellen die „Rundbriefe" an seine „Familie" (d.h. die Mitarbeiter/-innen in Brasilien) dar, die, in einem täglichen Rhythmus – meist während seiner Nachtwachen – geschrieben, den ganzen Konzilszeitraum umfassen.

1968 war C. maßgeblich an der zweiten Generalversammlung des CELAM in Medellín beteiligt, die für die Theologie der Befreiung große Bedeutung erlangte. Er vertrat eine „pastorale Theologie der Befreiung" (Eigenmann 2010, 234), in der es ihm vor allem um eine Beurteilung der sozialen Verhältnisse im Licht des Evangeliums, um den Aufweis der Verantwortung des Menschen und der Christen für die Gestaltung der Welt sowie um ein angemessenes Verständnis der Kirche und ihrer Aufgabe in der heutigen Welt ging. Darum wissend, dass die Kirche in jeden Fall eine politisch relevante Größe bildet, wandte er sich insbesondere gegen „Versuche, die Kirche in eine vertikal-spirituelle und eine horizontal-politische aufzuspalten" (ebd. 235). Insgesamt steht die theologische Reflexion bei ihm im Dienste einer befreienden Nachfolgepraxis zugunsten der Armen. April 1985 Rücktritt. Zum Nachfolger C.s ernannte Papst ↗Johannes Paul II. den für soziale Probleme wenig sensiblen konservativen Bischof José Cardoso Sobrinho, der viele Anstöße C.s rückgängig machte.

Werke: Obras Completas de Dom H. C. (auf 20 Bände angelegt); Lettres conciliaires (1962–1965), 2 Bde. Paris 2006. – A selected bibliography of the works of Dom H. C.: D. S. Schipani u.a. (Hg.): The promise of hope: a tribute to Dom H. Elkhart (Indiana) 2002, 133–138.

Konzilsbeiträge: AS II-5, 150–152.

In deutscher Übersetzung u.a.: Revolution für den Frieden. Freiburg – Basel – Wien 1969; Die Wüste ist fruchtbar. Graz 1972; Mach aus mir einen Regenbogen. Zürich 1981; Hoffen wider alle Hoffnung. Zürich 1981; Von Puebla bis Bremen. Zur Bedeutung der III. Lateinamerikanischen Bischofskonferenz für Kirche und Gesellschaft in der Ersten Welt: H. Goldstein (Hg.): Befreiungstheologie als Herausforderung. Düsseldorf 1981, ³1985, 39–49; Selig, die träumen. Zürich 1982; Fragen zum Leben an Dom H. C. Zürich 1984; Der Traum von einer anderen Welt. München – Zürich 1987.

Literatur: **J. de Broucker:** Dom H. C. Die Bekenntnisse eines Bischofs. Wuppertal 1978; **U. Eigenmann:** Politische Praxis des Glaubens. Dom H. C.s Weg zum Anwalt der Armen und seine Reden an die Reichen. Fribourg – Münster 1984; **J. Toulat:** H. C.: Zeichen der Hoffnung und Stein des Anstoßes. München u.a. 1990; **R. Marin:** Dom H. C. Les puissants et les pauvres. Paris 1995; **Pelletier:** Une marginalité engagée: Lamberigts u.a. (Hg.): Commissions Conciliaires, 63–89; **Noël:** Gli incontri: Fattori –Melloni (Hg.): L'evento e le decisioni, 95–133; **H. Goldstein:** ‚Der Masse helfen, Volk zu werden': J. Meier (Hg.): Die Armen zuerst! Mainz 1999, 45–65; **Z. Rocha** (Hg.): H., o Dom. Uma vida que marcou os rumos da Igreja no Brasil. Petrópolis 1999; **BBKL** 17, 218–222 (D. Heinz) (Literatur); **LThK³** 11, 41 (H. Goldstein); **D. Regan:** Why are they poor? H. C. in pastoral perspective. Münster u.a. 2003; **J. de Broucker:** Les nuits d'un prophète. Dom H. à Vatican II. Lecture des Circulaires conciliaires de Dom H. C. (1962–1965). Paris 2005; **J.O. Beozzo:** A Igreja do Brasil no Concilio Vaticano II, 1959–1965. São Paulo 2005; **J. Wicks:** More light on Vatican Council II: The Catholic Historical Review 94 (2008) 75–101: 81–86; **N. Piletti – W. Praxedes:**

Dom H. C.: o profeta da paz. São Paulo 2008; **N. Klein:** Nächtliche Korrespondenz aus Rom. Zu den „Konzils-Rundbriefen" von H. C.: Orientierung 73 (2009) 185–188; **L. C. Luz Marques:** H. P. C. – Bischof für die Welt: Concilium 45 (2009) 545–553; **U. Eigenmann:** Dom H. C. 1909–1999. Erinnerungen an einen Kirchenvater Lateinamerikas und Bischof für das 3. Jahrtausend: Zeitschrift für Missionswissenschaft und Religionswissenschaft 94 (2010) 229–242; www.helmut-zenz.de/hzcamara.htm (abgerufen: 4.1.2012).
CLEMENS CARL

Camelot, *Pierre-Thomas,* OP (1936), französischer katholischer Patrologe, * 8.6.1901 Lille, † 11.2.1993 Paris. 1926 Priester, 1930–35 Professor am Institut catholique in Lille, 1941–69 in Le Saulchoir (Étiolles, Essonne), 1950–56 Rektor ebd.; Konzilstheologe beim Vaticanum II, 1970–73 Rektor des syrisch-chaldäischen Priesterseminars in Mosul, 1974–92 wohnhaft in Dijon.

Werke: Foi et gnose. Introduction à l'étude de la connaissance mystique chez Clement d'Alexandrie (Études de theologie et d'histoire de la spiritualite 3). Paris 1945; Spiritualite du baptême (Lex orandi 30). Paris 1960, ²1993; Ephesus und Chalcedon (Geschichte der ökumenischen Konzilien 2). Mainz 1963 [Original 1962]; La constitution dogmatique sur l'Eglise: Lumen gentium; promulgee le 21 nov. 1964. Paris 1965; Leçons spirituelles du Concile: La vie spirituelle 47 (1965) 63–77; Les propositions „De institutione sacerdotali": Études et documents, hg. v. Secrétariat conciliaire de l'Épiscopat (de France), 6 (22.6.1965); La déclaration sur l'éducation chrétienne: Études et documents 7 (3.7.1965); Die Lehre von der Kirche. Väterzeit bis ausschließlich Augustinus (Handbuch der Dogmengeschichte 3, Faszikel 3b). Freiburg 1970.

Literatur: **DMRFC** 4, 94 f.
ANDRÉ DUVAL/ALBERT RAFFELT

Carbone, *Vincenzo,* Archivar des Vaticanum II und Editor der *Acta Synodalia,* * 5.4.1920 Mercogliano (Avellino); Theologiestudium in Neapel, 1943 Priester, 1945–59 Professor für Dogmatik am Pontificio Seminario regionale del Lazio superiore in Viterbo. C. wurde 1959 von Pericle ⁄Felici, dem Sekretär der Zentralen Vorbereitungskommission und späteren Generalsekretär des Konzils, nach Rom geholt und als Mitarbeiter eingestellt. C. fungierte als Sekretär verschiedener Unterkommissionen und war schon während des Konzils im Generalsekretariat für die Sammlung und Ordnung der Akten des Konzils zuständig. Nach dem Konzil war C., der später auch als Konsultor für die Kongregation für die Selig- und Heiligsprechungsprozesse und für die Kommission zur Neufassung des *Codex Iuris Canonici* arbeitete, 35 Jahre lang der offizielle Archivar der Akten des Vaticanum II, die im Jahr 2000 in das Archivio Segreto Vaticano integriert wurden und heute für die Forschung allgemein zugänglich sind. C. war Editor der offiziellen Konzilsausgabe *Acta Synodalia sacrosancti Concilii Oecumenici Vaticani II* (Vatikanstadt 1970–96).

Werke: La inabitazione dello Spirito Santo nelle anime dei giusti secondo la dottrina di S. Agostino. Vatikanstadt 1961; L. Dehon (Hg.), Diario del Concilio Vaticano I. Rom 1962; Gli schemi preparatori del Concilio Ecumenico Vaticano Secondo: Monitor Ecclesiasticus 96 (1971) 76–86; Genesi e criteri della pubblicazione degli atti del Concilio Vaticano II: Lateranum 44 (1978) 579–594; Schemi e discussioni sull'ateismo e sul marxismo nel Concilio Vaticano II. Dokumentazione: Rivista di storia della Chiesa in Italia 44 (1990) 10–68; Il cardinale Domenico Tardini e la preparazione del concilio Vaticano II: Rivista di storia della Chiesa in Italia 45 (1991) 42–88; Il ruolo di Paolo VI nell'evoluzione e nella redazione della dichiarazione „Dignitatis humanae": Paolo VI e il rapporto chiesa – mondo al Concilio. Colloquio internazionale di studio. Rom 1991, 126–175; L'Archivio del Concilio Vaticano II: Archiva ecclesiae 34/35 (1991/92) 57–67; Il segretario generale del Concilio Ecumenico Vaticano II: Il cardinale Pericle Felici. Rom 1992, 159–194; Il Concilio Vaticano II: preparazione della Chiesa al terzo millennio. Vatikanstadt 1998.

Literatur: **L. Rolandi** (Hg.): Testimoni del Concilio. Il racconto del Vaticano II nell'esperienza dei protagonisti. Cantalupa 2006, 57–64; **P. Doria:** L'Archivio del Concilio Vaticano II: Storia e Sviluppo: Anuario de Historia de la Iglesia 21 (2012) 135–155.
GÜNTHER WASSILOWSKY

Cardijn, *Jozef,* belgischer Seelsorger und Kardinal, * 13.11.1882 Schaarbeek (Brüssel), † 24.7.1967 Löwen. 1906 Priester, Studium der Politik- und Sozialwissenschaften in Leuven, Gründer der Christlichen Arbeiterjugend (Jeunesse ouvrière chrétienne [JOC]; offizielle Anerkennung 1925), Hausprälat 1956, Bischof und Kardinal 1965. C., der sich während seines gesamten Lebens für die Arbeiter(jugend) einsetzte, war Mitglied der vorbereitenden Kommission für das Laienapostolat, konziliarer Peritus von 1963 bis 1965 und vollwertiges Konzilsmitglied nach seiner Ernennung zum Kardinal. Sein Buch *Laïcs en premières lignes* (1963) spielte bei der Entstehung des Dokumentes über das Laienapostolat eine wichtige Rolle. Während des Konzils wurde regelmäßig mit großer Wertschätzung auf seine Arbeit für die Arbeiterjugend verwiesen. Während des Konzils unterstrich er als Peritus mit Nachdruck die Wichtigkeit von Laien für das konkrete Kirchenleben in der heutigen Welt. Obwohl schon hochbetagt, intervenierte er während der vierten Sitzung in den Diskussionen über die Religionsfreiheit, über die Kirche in der Welt (zweimal) und über das Dokument zu Amt und Leben der Priester. In seinen Interventionen standen die Sorge um die Arbeiter (insbesondere um die arbeitende Jugend), der Respekt für die Menschen, wie sie sind, und die lebenslange Weiterbildung der Priester im Zentrum.

Werke: Laïcs en premières lignes. Paris – Brüssel 1963; Interventionen auf dem Konzil: AS IV-1, 406–408; IV-2, 394–396; IV-3, 364–367; IV-5, 210–213. Die Dokumente über C.s Aktivitäten im Kontext des Vaticanums II werden im Allgemeinen Reichsarchiv (Brüssel) aufbewahrt (Kopie in der Katholischen Dokumentations- und Forschungsstelle [KADOC] der Katholischen Universität Löwen).
Literatur: **M. Fievez – J. Meert – R. Aubert** (Mitarbeiter): C. Préface de Don Hélder Câmara. Brüssel ³1978; **G. Michiels:** J. C. et le mouvement liturgique: Questions liturgiques 64 (1983) 3 f.; **G. Thils:** Le laïcat dans l'Église et le monde: aspects théologiques: C. Un homme, un mouvement. Een mens, een beweging. Leuven 1983, 67–89; **BBKL** 1, 927 (F. W. Bautz); **LThK**³ 2, 943 f. (G. Ruhmöller).

MATHIJS LAMBERIGTS

Carinci, *Alberto,* italienischer Bischof, * 27.3.1899 Lanciano (Chieti/Abruzzen), † 18.7.1983 Campobasso; 1922 Priester, 1940–48 Bischof von Isernia und Venafro, 1948 Bischof, ab 1973 Erzbischof von Campobasso-Bojano, 1977 Rücktritt. 1962–1965 Teilnahme am Vaticanum II. Während der hitzigen Debatten über die Religionsfreiheit in der dritten Sitzungsperiode stand C. auf der Seite der konservativen Opposition, die die von Bischof ↗De Smedt am 23.9. 1964 vorgestellte Erklärung *De libertate religiosa* vehement attackierte. Aufgrund des Abbruchs der Diskussion konnten nicht alle Voten innerhalb der Konzilsaula gehört werden, so dass die Gegner zahlreiche schriftliche Stellungnahmen einreichten. In seiner Stellungnahme kritisierte C. die in der Aula vorgestellte Erklärung scharf mit traditionalistischen Argumenten: sie führe zu Synkretismus und fatalem Irenismus und es sei ein Leichtes, in den Skeptizismus abzugleiten (AS III-2, 639–641; GZVK 4, 131).
Literatur: **AnPont** 1962, 65; **GZVK** 4 (Register).

CHRISTIAN WIESNER

Carinci, *Alfonso,* italienischer Kurienerzbischof, * 9.11.1862 Rom, † 6.11.1963 ebd. 1885 Priester, 1945–60 Sekretär der Ritenkongregation, 1946 Titularerzbischof von Seleukia in Isaurien. Wahrscheinlich handelt es sich bei C. um den einzigen Konzilsvater, der beide Vatikanischen Konzilien miterlebte: Beim Vaticanum I ministrierte er als Siebenjähriger und auf dem Vaticanum II nahm C. hochbetagt als Konzilsvater noch an vielen Generalkongregationen der ersten beiden Sitzungsperioden teil und vollendete während des Konzils sein 100. Lebensjahr. Als Kardinal ∕Frings dies in Abwesenheit C.s auf der Generalversammlung bekanntgab, erhoben sich alle Konzilsväter und applaudierten (GZVK 2, 207).

Literatur: **AnPont** 1962, 634; **GZVK** 2 (Register).

CHRISTIAN WIESNER

Carli, *Luigi Maria,* italienischer Bischof, * 19.11.1914 Comacchio, † 14.4.1986 Gaeta. 1930 Eintritt ins Regionalseminar Bologna, von wo aus er 1932 zum Studium ans Römische Seminar und ans Apollinarium geschickt wurde. Dort promovierte er zum Dr. theol. und zum Dr. iur. utr. 1937 Priester; 1942–57 Rektor des Seminars von Comacchio, 1955 Richter am regionalen Kirchengericht in Flaminio, dessen Präsident er wurde; 1957 Bischof von Segni. Im Mai 1969 erfolgte die Wahl zum Mitglied der bischöflichen Kommission für die Glaubenslehre und für die Katechese sowie zum Sekretär für die Kommission zur Revision der Statuten der italienischen Bischofskonferenz. 1971–72 war C. überdies apostolischer Administrator der Diözese Latina-Terracina-Sezze-Priverno; 1973 Ernennung zum Erzbischof von Gaeta. Vor bzw. während des Konzils war C. Mitglied der vorbereitenden Kommission bzw. der Konzilskommission *De episcopis et dioecesium regimine.* Nach der Intervention Bischof de ∕Proença Sigauds vom 9.10.1963 gegen die Kollegialität schloss sich C. dem Coetus Internationalis Patrum an und wurde schnell einer von dessen führenden Vertretern. Während des Konzils hielt er 13 Interventionen und reichte 36 animadversiones scriptae ein.

Werke: La morte e l'assunzione di Maria Santissima nelle omelie greche dei secoli VII–VIII. Rom 1941 (Disseration); La Chiesa a Concilio. Mailand 1964; Il decreto sull'ufficio pastorale dei Vescovi nella Chiesa. Turin 1967; Nova et vetera. Tradizione e progresso nella Chiesa dopo il Vaticano II. Rom 1969; La spiritualità del clero diocesano oggi. Scauri 1982. Daneben veröffentlichte er zahlreiche Beiträge in Zeitschriften, u. a. in Studi cattolici, La Palestra del clero, Relazioni und La Pensée catholique.

Literatur: **O. Alberti:** Mons. L. M. C., Vescovo di Segni: La Pontificia Università Lateranense. Profilo della sua storia, dei suoi maestri e dei suoi discepoli. Rom 1963, 507; **E. Avallone:** Mons. L. M. C. (1914–1986) e il Concilio Vaticano II. Preparazione, Partecipazione e Ricezione (Magisterarbeit an der Pontificia Università Lateranense bei P. Chenaux). Rom 2009; **D. Vitali:** Nova et vetera. Mons. L. M. C. al concilio Vaticano II: Gregorianum 91 (2010) 91–123; **Roy:** Le Coetus Internationalis Patrum.

PHILIPPE J. ROY

Carraro, *Giuseppe,* italienischer Bischof, * 26.6.1899 Mira (Venetien), † 30.12.1980 Verona. 1923 Priester, 1952 zuerst Ernennung zum Weihbischof von Treviso, anschließend Bischofsweihe, 1956–58 Bischof von Vittorio Veneto, 1958–78 Bischof von Verona. Bereits vor dem Konzil war C. Mitglied in der Vorbereitungskommission für die Priesterausbildung, in der er mit Erzbischof ∕Hurley die Position vertrat, der pastorale Geist habe im Zentrum der Ausbildung zu stehen und müsse sich am Bild des „Guten Hirten" orientieren (HThK 2. Vat 3, 364–366.376). Diese Fokussierung auf das Pastorale sollte der einseitigen Betonung eines kultisch-sazerdotalen Priesterbildes entgegenwirken und fand letzten Endes auch Eingang in das Ausbildungsdekret *Optatam totius.* Als Vorsitzender einer Subkommission der Seminar- und Universitätenkommission wurde C. auf dem Konzil erneut mit dem Thema der Priesterausbildung betraut. Zunächst befasste er sich mit Inhalt und Struktur des Schemas; als er dann in der Intersessio vor der dritten Sitzungsperiode zum Relator ernannt wurde (HThK 2. Vat 3, 369f.), leitete er in dieser Funktion die Debatte (12.–17.11.1964) mit seinem Bericht über das von der Kommission vorbereitete Schema ein (vgl. AS III-7, 532–538 [C.s Relatio]; GZVK 4, 415). Er verwies dabei auf die Verbindung des Schemas mit den übrigen, insbesondere mit dem Kirchenschema, und erläuterte die Hauptaspekte des von seiner Kommission erarbeiteten Schemas. Obwohl dieses von den meisten Konzilsvätern sehr wohlwollend angenommen worden war, sollte es im Nachgang noch eine deutliche Umgestaltung sowie Kritik wegen der Rolle der thomistischen Philosophie in der Priesterausbildung erfahren. Kurz vor der endgültigen Abstimmung in der vierten Sitzungsperiode sah sich C. schließlich gezwungen, das Vorgehen der Kommission zu verteidigen, die aufgrund der sich widersprechenden Positionen der Konzilsväter an der ursprünglichen Version festhielt, die lediglich auf die besondere Position des Thomas von Aquin „als Meister" zur Vertiefung der Heilsgeheimnisse verwies (AS IV-4, 23; GZVK 5, 229–231).

Literatur: **AnPont** 1962, 453; **GZVK** 4; 5 (Register); **HThK 2. Vat** 3 (Register).

CHRISTIAN WIESNER

Castro-Mayer, Antonio de, brasilianischer Bischof, * 20.6.1904 Campinas, † 26.4.1991 Campos. 1924–27 Studium der Theologie in Rom, wo er 1927 zum Dr. theol. promovierte (Gregoriana). Anschließend wirkte er zunächst am Priesterseminar in São Paulo als Professor und in der Folge als Kanonikus an der dortigen Kathedrale, als Pfarrer der Pfarrei St. Joseph de Balem sowie als Generalvikar. Im Februar 1945 wurde er wegen seiner Unterstützung des Werkes von Plinio Corrêa de Oliveira gerügt, der eine progressistische Infiltration der brasilianischen Katholischen Aktion auszumachen glaubte und diese kritisierte (*Em defesa da Ação Católica*. São Paulo 1943). C. wurde daraufhin zum Vikar einer Landpfarrei und Professor an der Katholischen Universität São Paulo ernannt. 1948 erfolgte die Ernennung zum Koadjutor des Bischofs von Campos, wo er 1949 die bischöfliche Kathedra bestieg. Während des Konzils gehörte er zu den Gründern und Wortführern des Coetus Internationalis Patrum, meldete sich fünfmal zu Wort und reichte 23 Animadversiones scriptae ein. 1969 erhielt er die Erlaubnis, in seiner Diözese den tridentinischen Ritus beizubehalten. Nachdem er 1981 die Altersgrenze erreicht hatte und emeritiert wurde, führte sein Nachfolger Carlos Alberto Etchandy Gimeno Navarro in der Diözese die Liturgiereform durch. Aufgrund der dabei entstandenen Spannungen gründete C. die Administração Apostólica Pessoal São Maria Vianney mit dem Ziel der Beibehaltung des tridentinischen Ritus und der Bewahrung der „traditionellen" Lehre. Am 30.6.1988 fungierte er als Mitkonsekrator bei den durch Erzbischof Marcel ∕Lefebvre durchgeführten Bischofsweihen in Écône, was seine Exkommunikation nach sich zog.

Werke: Os papas e as congregações marianas. São Paulo 1950; Carta pastoral sobre problemas de apostolado moderno. Campos 1953; (mit P. Corrêa de Oliveira – G. de Proença Sigaud:) Reforma agrária, questão de consciência. São Paulo 1960.

Literatur: **D. A. White:** The Mouth of the Lion: Bishop A. de C. M. & the Last Catholic Diocese. Kansas City 1993; **J. O. Beozzo:** A Igreja do Brasil no Concílio Vaticano II 1959–1965. São Paulo 2005 (Register); **R. Coppe Caldeira:** Os baluartes da tradição: O conservadorismo católico brasileiro no Concílio Vaticano II. Curitiba 2011 (Register); **Roy:** Le Coetus Internationalis Patrum.

PHILIPPE J. ROY

Cauwelaert, Jan Van, CICM (1935), belgischer Missionsbischof, * 12.4.1914 Antwerpen. 1939 Priester, Professor für Philosophie am interdiözesanen Seminar von Kabwé und am Scholastikat von Nechin, 1954 Ernennung zum apostolischen Vikar in Inongo (Kongo) und Bischofsweihe, 1959 Ernennung zum Bischof von Inongo, 1967 Resignation. C. nahm an den vier Sitzungsperioden des Konzils teil. Am 16.10.1962 wurde er mit 973 Stimmen zum Mitglied der Kommission *De sacramentorum disciplina* gewählt. In dieser Kommission, die erst ab 1963 zu arbeiten begann, war er Mitglied der Subkommission, die die gemischte Ehe behandelte. Unter den belgischen Missionsbischöfen zeigte er sich als aktivster Konzilsteilnehmer, wie aus seinen diversen

Interventionen hervorgeht, die er regelmäßig im Namen von Teilen oder gar des gesamten afrikanischen Episkopats tätigte. In seinen Interventionen standen die Anerkennung der eigenen afrikanischen Art, die Notwendigkeit der Schärfung des Bewusstseins dafür, dass Mission eine Angelegenheit der gesamten Kirche ist (verbunden mit der Idee der bischöflichen Kollegialität bei Missionsaktivitäten), das Plädoyer für eine größere Autonomie der lokalen Bischöfe/Bischofskonferenzen, die Wichtigkeit der liturgischen Erneuerung, die eigene Rolle von Laien beim Kirchenaufbau, die Förderung der Einheit der Kirchen aus der Erkenntnis heraus, dass Wertvolles in anderen Kirchen geschieht, und der Respekt für das Gute in anderen Religionen im Zentrum. Darüber hinaus unterzeichnete er eine Reihe von Interventionen anderer Bischöfe. Während des Konzils hielt er seine Diözese und seine Familie in zahlreichen ausführlichen Briefen über das Konzil auf dem Laufenden. Sein Rücktritt 1967 geschah unter anderem aus der Überzeugung heraus, dass seine afrikanische Diözese einen autochthonen Bischof benötigte.

Werke: Ausführlicher Briefwechsel, aufbewahrt im Centrum Conciliestudie Vaticanum II (Katholische Universität Leuven); Auszüge publiziert in: Vatican II: concile de „l'Église, lumière des peuples". Lettres de Monseigneur Van C. à ses missionaires, lors de la première session du concile. Léopoldville o. J.; mündliche und schriftliche Interventionen auf dem Konzil: AS I-1, 241; I-2, 94–96; I-4, 156–158; II-5, 825f.; II-6, 134–139.300.396f.; III-7, 286f.; III-8, 1112–15; AS IV-4, 302–305.

Literatur: **L. Monsengwo Psinya – B. Mpoto:** Mgr. J. Van C., pasteur et visionnaire. Brüssel 1999; **E. Louchez:** Évêques missionaires belges au concile Vatican II. Typologie et stratégie: Donnelly u. a. (Hg.): Belgian Contribution, 647–684 (Literatur).

MATHIJS LAMBERIGTS

Cento, *Fernando,* italienischer Kurienkardinal, * 10.8.1883 Pollenza (Marken), † 13.1.1973 Rom. Studium im Priesterseminar in Macerata, an der Gregoriana und an der Sapienza, wo er mit der Arbeit *Il pensiero educativo di Dante* zum Dr. phil. promoviert wurde. 1905 Priester, lehrte C. 1906–16 in Macerata am Priesterseminar Literatur und am dortigen Staatsinstitut Philosophie. Während des 1. Weltkriegs war C. Militärseelsorger am Militärkrankenhaus in Ancona. 1917/18 Sekretär des Titularerzbischofs Giovanni Tacci Porcelli, der 1917/18 Präfekt des Päpstlichen Hauses war, wurde C. 1919 Kanonikus am Kathedralkapitel von Macerato, wo er auch als Pfarrer der Kathedrale wirkte. 1922 Bischof von Acireale, wurde er 1926 zum Titularerzbischof von Seleucia Pieria ernannt und wirkte als Nuntius in Venezuela (1926), Peru (1936), Ecuador (1937), Belgien und Luxemburg (1946) und Portugal (1953). 1958 erfolgte die Kardinalserhebung und die Ernennung zum Großpönitentiar der Apostolischen Pönitenz (bis 1967). Mitglied der zentralen vorbereitenden Kommission des Konzils, war C. während des Konzils Präsident der konziliaren Kommission für das Laienapostolat. Er war auch Co-Vorsitzender der Gemischten Kommission zur Redaktion des Schemas über die Kirche und die Welt. Er setzte sich dafür ein, dass der aktive Platz der Laien in der Kirche hervorgehoben wird.

Werke: La pedagogia nel pensiero di Dante Alighieri. Macerata 1921; Il pensiero educativo di Dante. Mailand 1925; Un champion de la Papauté: vie de saint Vincent-Marie Strambi de la Congrégation des Pères Passionnistes, Évêque de Macerata et Tolentino. Courtrai 1950; Un Éducateur de Génie: Dante. Lüttich – Paris 1951; Eucarestia e sacerdozio. Lissabon 1955; All'ombra della croce. Profili. Rom 1959; Il Virgilio dantesco tipo ideale dell'educatore: G. Tarugi (Hg.): L'umanesimo in Dante: atti del 4. Convegno del Centro di studi umanistici: Montepulciano, 3–7 luglio 1965. Florenz 1967.

Literatur: **L. Bogliolo – F. Casolini:** Il Cardinale C., 1883–1973. Dal focolare domestico alla porpora. Rom 1983.

PHILIPPE J. ROY

Cerfaux, *Lucien,* belgischer katholischer Exeget, * 11.6.1883 Presles (Hennegau), † 11.8.1968 Lourdes. Besuch des Kleinen Seminars in Bonne Espérance, Priester für die Diözese Tournai. 1906 Lic. phil., 1910

Lic. theol. an der Gregoriana, anschließend (bis 1911) Weiterstudium am Päpstlichen Bibelinstitut. Im selben Jahr begann C. eine bis 1930 dauernde Tätigkeit als Professor im Großen Seminar Tournai. Bereits 1928 zum Dozenten an der Katholischen Universität Löwen ernannt, wirkte er dort 1930–53 als Professor für biblische Exegese. 1941 erfolgte die Ernennung zum Konsultor der Päpstlichen Bibelkommission. C. erwarb sich Anerkennung insbesondere als Spezialist für die paulinischen Schriften sowie für die Erforschung des hellenistischen Milieus der neutestamentlichen Zeit. Auf Empfehlung Antonio ∕Piolantis wurde er 1960 zum Mitglied der vorbereitenden Theologischen Kommission ernannt, wo er eine aktive Rolle bei der Redaktion des Schemas *De fontibus revelationis* spielte. Gemeinsam mit Damien ∕Van den Eynde war er verantwortlich für das Kapitel über Schrift und Tradition, das er während des Konzils kritisierte. Mittlerweile zum Konzilsperitus ernannt, hatte C. Anteil an der Redaktion von *Dei Verbum* und spielte eine bedeutende Rolle als Mitglied der exegetischen Kommission, deren Aufgabe die Überprüfung der biblischen Zitate in den Konzilsdokumenten war.

Werke: Eine vollständige Bibliografie findet sich bei F. Neirynck: Bibliographie L. C.: J. Coppens – F. Neirynck: Receuil L. C. Études d'exégèse et d'histoire religieuse, Bd. III (Bibliotheca Ephemeridum Theologicarum Lovaniensium 71). Löwen 1985, LXI–LXXX.

Literatur: **R. Aubert:** Mgr. L. C.: Revue d'histoire ecclésiastique 63 (1968) 1071; **G. Thils:** Hommage de la Faculté à Mgr. C.: EThL 45 (1969) 5–7; Beiträge in J. Coppens – F. Neirynck: Receuil L. C. Études d'exégèse et d'histoire religieuse, Bd. III: **A. Descamps:** Monseigneur L. C. Ébauche d'un portrait, XI–XXIII (Erstveröffentlichung in EThL 45 [1969] 45–57, Annua Nuntia Lovaniensia 4 [1968] 20–31); **J. Coppens:** La carrière et l'oeuvre scientifique de Monseigneur L. C., XXIV–LX; **LThK³** 2, 993 (J. Delobel); **J. Ickx:** C., L.-J.-J.: ders.: De alumni van het Belgisch Pauselijk College te Rome (1844–1994). Rom 1994, 305–307; **R. F. Collins:** s. v.: Dictionary of Biblical Interpretation, Bd. I. Nashville 1999, 175 f.; **Schelkens:** Catholic Theology of Revelation (Register). KARIM SCHELKENS

Charrière, *François,* schweizerischer Bischof, * 1.9.1893 Cerniat (Freiburg i. Ue.), † 11.7.1976 Freiburg i. Ue. 1913–17 Theologiestudium in Freiburg i. Ue., 1917 Priester. Nach Vikarsjahren in Lausanne ab 1921 Weiterstudium in Rom (1923 Dr. iur. can.). 1924–45 Direktor und Professor für Moraltheologie am Seminar in Freiburg i. Ue., lehrte er zwischenzeitlich auch an der dortigen Universität. Mit dem ebenfalls am Seminar lehrenden Dogmatiker Charles ∕Journet gründete er 1926 die Zeitschrift *Nova et Vetera.* Seine diversen gesellschaftlichen Tätigkeiten führten im journalistischen Bereich mit zur Gründung der Katholischen Internationalen Presseagentur KIPA. Als Bischof von Lausanne-Genf-Freiburg i. Ue. (1945–70) setzte er sich für zahlreiche internationale kirchliche Organisationen, die ihren Sitz in seiner Diözese hatten, ein, darunter für das Hilfswerk für die orientalischen Christen Catholica Unio oder die Akademiker- und Intellektuellenvereinigung Pax Romana. Auch in ökumenischer Hinsicht gehörte C., in dessen Diözese der Ökumenische Rat der Kirchen seinen Sitz hat, zu den Wegbereitern auf katholischer Seite: 1952 fand unter seiner Patronage das erste Treffen der Katholischen Konferenz für Ökumenische Fragen in Freiburg i. Ue. statt. In der Folge wurde C., dem die bikonfessionelle Situation seines Heimatlandes zu denken gab, 1960 Mitglied des neugegründeten Einheitssekretariates. Die Ankündigung des Konzils führte bei ihm zu dialogischen Bemühungen mit engagierten Priestern und Laien im Hinblick auf das bevorstehende Vaticanum II, wo er an der Erklärung über die Religionsfreiheit – wofür er bereits 1960 ein Projekt vorlegte – und am Dekret über den Ökumenismus beteiligt war. Während des Konzils arbeitete er mit Heinrich Stirnimann als theologischem Experten zusammen. Nach dem Konzil leitete er in seiner Diözese die Konzilsrezeption ein.

Werke: Ego te absolvo. Réflexions sur le sacrement de pénitence à l'usage du clerc. Paris 1938; Son excellence Monseigneur Marius Besson, évêque de Lausanne, Genève et Fribourg. Freiburg i.Ue. 1945; Problèmes d'aujourd'hui. Vérités de toujours. Freiburg i.Ue. 1945; L'Église catholique et la tolérance religieuse. Freiburg i.Ue. 1957.

Literatur: **P. Mamie u.a.**: 25 ans de service épiscopal. Hommage à Mgr C.: La Semaine Catholique 99 (1970) 569–576.581–584.593–597.601f. 605–607; **HelvSac** I/4, 191–194 (Bibliografie und Literatur) (P. Braun); **P. Mamie u.a.**: À la vénérée mémoire de Monseigneur F. C.: Évangile et Mission 1976, 495–515; **B. Wild**: Im Dienste des Herrn. Bischof F. C. Ein kleines Bild seines Schaffens. Freiburg i.Ue. 1977; **É. Fouilloux**: Les catholiques et l'unité chrétienne du XIXe au XXe siècle. Itinéraires européens d'expression française. Paris 1982 (Register); **Gatz B 1945**, 308–310 (F. Metzger); **Scatena**: La fatica della libertà (Register); **M. Velati**: Dialogo e rinnovamento. Verbale e testi del segretariato per l'unità dei cristiani nella preparazione del concilio Vaticano II (1960–1962). Bologna 2011 (Register); **G. Vergauwen**: Das Zweite Vatikanische Konzil und die Ökumene: G. Bedouelle – M. Delgado (Hg.): La réception du Concile Vatican II par les théologiens suisses. Die Rezeption des II. Vaticanums durch Schweizer Theologen. Freiburg i.Ue. 2011, 155–166. MICHAEL QUISINSKY

Charue, *André-Marie,* belgischer Bischof, * 1.7.1898 Jemeppe-sur-Sambre (Namur), † 20.12.1977 Namur. 1922 Priester, Professor für Exegese im Priesterseminar Namur (1928–41), Bischof von Namur (1941–74), Mitglied der Theologischen Kommission des Vaticanum II (Oktober 1962), zu deren zweitem Vizepräsidenten er am 2.12.1963 gewählt wurde. C. ist es zu verdanken, dass das Schema *De ecclesia* von Gerard ∕Philips von der „Kommission der Sieben" als neue Textgrundlage übernommen wurde (26.2. 1963). Im März 1964 gehörte er zu den entschiedenen Unterstützern der Lehre von der Sakramentalität des Episkopats sowie von der allgemeinen Berufung zur Heiligkeit. Im Juni 1964 gelang es ihm, in der Frage des marianischen Titels Mediatrix einen Kompromiss zu finden. Zunächst seit November 1962 als Mitglied der Gemischten Kommission, dann im März und April 1964 als Präsident der Unterkommission gehörte er zu den Wegbereitern von *Dei Verbum*. An der Entstehung von *Gaudium et spes* war er ab Mai 1963 als Mitglied der Unterkommission über die Kultur beteiligt, die er in der Folge leitete. Vom Papst mit der Endredaktion beauftragt, stützte sich Erzbischof ∕Garrone im Oktober 1965 auf die Konzilsväter C., ∕Schröffer und ∕Ancel, um das Schema unter großem Zeitdruck fertigzustellen. Aufgrund seiner Kompetenz als Exeget, seiner Aufrichtigkeit und seines Sinnes für das rechte Maß erwarb sich C., dessen Arbeit im Team der „squadra belga" erfolgte, das Vertrauen Kardinal ∕Ottavianis sowie der Mitglieder der Theologischen Kommission und nahm nicht zuletzt innerhalb dieser die Funktion eines Brückenbauers ein. ∕Paul VI. konsultierte ihn mehrfach zu schwierigen Fragen, etwa zu der der Historizität der Evangelien.

Werke: Le clergé diocésain tel qu'un évêque le voit et le souhaite. Paris 1960; Carnets conciliaires de l'évêque de Namur A.-M. C., hg. v. L. Declerck – C. Soetens. Louvain-la-Neuve 2000.

Literatur: **P. Delhaye**: Quelques souvenirs du Concile: Au service de la Parole de Dieu, Mélanges offerts à Monseigneur A.-M. C. Gembloux 1969, 149–177; **C. Troisfontaines**: Introduction: Carnets conciliaires (siehe oben), 5–25. LEO DECLERCK

Chenu, *Marie-Dominique* (Taufname *Marcel*), OP (1913), französischer katholischer Theologe, * 10.1.1895 Soisy-sur-Seine (Essonne), † 11.2.1990 Paris. Nach dem Studium in Le Saulchoir und Rom (1919 Priester), wo er bei Réginald Garrigou-Lagrange promovierte, 1920–42 Professor für die Geschichte der christlichen Lehre in Le Saulchoir (Kain bzw. Étiolles), ab 1932 Rektor ebd. Sein programmatisches Büchlein *Une école de théologie: le Saulchoir* (1937) wurde 1942 indiziert, woraufhin C. sein Lehramt aufgeben musste und fortan im Konvent Saint-Jacques im 13. Pariser Arrondissement lebte. Neben der Theologie des 12. und 13. Jahrhunderts widmete er sich den geistlichen und kirchlichen Aufbrüchen seiner Zeit, die er inspirierte und die ihn inspirierten, darunter etwa die Mission de France. Dabei entfaltete er ausgehend von seiner Interpretation des Thomas von

Aquin eine inkarnatorische Struktur christlichen Lebens und Denkens zwischen Schöpfung und Eschaton. Im Gefolge des Verbots der Arbeiterpriester 1954 musste C. nach Rouen übersiedeln. Auf dem Vaticanum II konnte er punktuell die Zusammenarbeit mit Yves ⁄Congar und Henri-Marie Féret wieder aufnehmen, die in hohem Maße sein Wirken in Le Saulchoir der 1930er Jahre prägte. Sein Beitrag zum Konzil, auf dem er als Berater Bischof Claude Rollands (Antsirabé, Madagaskar) wirkte, bestand nicht nur in der von ihm initiierten „Botschaft an die Welt", diversen Tätigkeiten wie etwa der Redaktion einer Konzilsintervention von Bischof Georges ⁄Hakim sowie der auf Vermittlung von François ⁄Marty in Lumen gentium 9 eingebrachten Idee des „populus messianicus", sondern v. a. in einer breiten Inspirations- und Vermittlungstätigkeit durch Vorträge und Publikationen. Als Theologe der „Zeichen der Zeit" nahm er nach dem Konzil regen Anteil an Entwicklungen wie derjenigen der Befreiungstheologie, die ihrerseits etwa über Gustavo Gutiérrez von ihm mitinspiriert war. Seit 2001 bringt das Berliner Institut M.-D. C. wichtige Schriften in deutscher Übersetzung heraus.

Werke: La théologie comme science au XIIIe siècle. Paris 1927, ³1957 (deutsch 2008); Une école de théologie: le Saulchoir. Kain 1937, Paris 1985 (deutsch 2005); La théologie au douzième siècle. Paris 1957; S. Thomas d'Aquin et la théologie. Paris 1959 (deutsch 1960); La parole de Dieu, Bd. 1: La foi dans l'intelligence; Bd. 2: L'Évangile dans le temps. Paris 1964; Peuple de Dieu dans le monde. Paris 1966 (deutsch 1968); Jacques Duquesne interroge le Père C. Un théologien en liberté. Paris 1975 (deutsch 2005); Notes quotidiennes au Concile. Journal de Vatican II (1962–1963), hg. v. A. Melloni. Paris 1995.

Literatur: **C. Potworowski:** Contemplation and Incarnation. The theology of M.-D. C. Montreal 2001; **M. Quisinsky:** „Heilsökonomie" bei M.-D. C. OP. Kreative Rezeption ostkirchlicher Theologie im Vorfeld und Verlauf des Zweiten Vatikanischen Konzils: Catholica. Vierteljahresschrift für Ökumenische Theologie 59 (2005) 128–153; **ders.:** Geschichtlicher Glaube; **E. Vangu Vangu:** La théologie de M.-D. C. Réflexion sur une méthodologie théologique de l'intégration communautaire. Paris 2007; **M. Quisinsky:** Philosophie et théologie. Quelques intuitions du Père C. revisitées par ses héritiers: Revue des sciences philosophiques et théologiques 92 (2008) 571–589; **C. Bauer:** Ortswechsel der Theologie. M.-D. C. im Kontext seiner Programmschrift „Une école de théologie: le Saulchoir". Münster 2011.

MICHAEL QUISINSKY

Ciappi, *Mario Luigi,* OP (1926), italienischer Theologe und Kardinal, * 6.10.1909 Florenz, † 22.4.1996 Rom. 1932 Priester. Studium der Theologie und Philosophie in Rom (Angelicum, dort 1933 Dr. theol.), Fribourg und Leuven. 1935–55 Lehrtätigkeit in Dogmatik und Moraltheologie am Angelicum, zeitweise auch Dekan der Theologischen Fakultät. Das Amt des Theologen des päpstlichen Hauses übte er unter fünf Päpsten aus (1955–89). Der „esperto di fiducia" (Schelkens 247) Kardinal ⁄Ottavianis war 1960 Mitglied der vorbereitenden Theologischen Kommission und dort u. a. Vorsitzender der Unterkommission *De deposito fidei,* später Mitglied der Theologischen Kommission. Von den Zugängen des Vaticanum I zu theologischen Themen und insbesondere von dessen Konstitution *Pastor aeternus* geprägt, suchte er seinen Einfluss im Verlauf des Vaticanum II v. a. in Fragen der Ekklesiologie und der Religionsfreiheit geltend zu machen, wobei er v. a. das päpstliche Lehramt in seiner Kontinuität darzustellen suchte. 1977 Kardinalserhebung und Bischofsweihe.

Werke: De divina Misericordia ut prima causa operum Dei. Rom 1935; Il magisterio vivo di S. S. Pio XII. Norma prossima e universale di verità: Sapienza 7 (1954) 125–151; Genesi, sviluppo e valore degli argomenti teologici in valore dell'Immacolata Concezione: ebd. 470–494; Che cosa la teologia si attende dal concilio: Sacra Doctrina 6 (1961) 69–107; Le attese della teologia di fronte al Concilio Vaticano II: Divinitas 5 (1961) 494–502; De praesentia Domini in communitate cultus ratione characteris baptismatis: E. Dhanis (Hg.): Acta congressus internationalis de theologia Concilii Vaticani II. Rom 1968, 272–282; Introduzione: G. Siri: La giovinezza della Chiesa. Testimonianze, documenti e studi sul Vaticano II. Pisa 1983, 17–32; Collegiality of Bishops and Primacy of the Roman Pontiff. Are they in Contradiction to Each Other? Baton Rouge (Louisiana) 1990.

Literatur: Omaggio al Em.mo Card. L. C., O. P. Vatikanstadt 1977 (= Divinitas 21 [1977] 297–441); **J. Grootaers:** Primauté et collégialité. Le dossier de Gérard Philips sur la Nota Explicativa Praevia (Lumen gentium, Chapitre III). Leuven 1986; N. N.: La scomparsa del Cardinale M. L. C.: Analecta Ordinis Praedicatorum 104 (1996) 34–37; **Burigana:** La Bibbia nel Concilio; **Scatena:** La fatica della libertà; **BBKL** 23, 914–916 (D. Berger); **A. von Teuffenbach** (Hg.): Konzilstagebuch Sebastian Tromp SJ mit Erläuterungen und Akten aus der Arbeit der Theologischen Kommission. II. Vatikanisches Konzil, 2 Bde. Rom 2006 bzw. Nordhausen 2011; **Schelkens:** Catholic Theology of Revelation.

MICHAEL QUISINSKY

Cicognani, *Amleto Giovanni,* italienischer Kurienkardinal, Bruder von Gaetano ↗Cicognani, * 24.2.1883 Brisighella (Ravenna), † 17.12.1973 Rom. Besuch des Seminars von Faenza, 1905 Priester und bis 1910 Studien am Ateneo del Pontificio Seminario Romano, der späteren Lateranuniversität, ab 1910 Mitarbeiter der Sakramentenkongregation und ab 1914 der Konsistorialkongregation; 1921–32 Professor am Ateneo del Pontificio Seminario Romano. 1928 Assessor der Kongregation für die Ostkirchen. 1933 wurde er zum Titularerzbischof ernannt und übte während eines Vierteljahrhunderts das Amt eines Apostolischen Delegaten in den USA aus; 1958 Kardinal. 1959 kehrte C. als Sekretär der Ostkirchenkongregation nach Rom zurück und amtierte 1961–69 als Kardinalstaatssekretär. 1968–69 war er zugleich Präsident der Administratio Patrimonii Sedis Apostolicae. In der Vorbereitungszeit des Konzils Mitglied der zentralen vorbereitenden Kommission und Vorsitzender der vorbereitenden Kommission für die Ostkirchen; während des Konzils war der organisatorisch begabte und diplomatisch versierte C. Vorsitzender des Sekretariats für außergewöhnliche Angelegenheiten, der Koordinierungskommission sowie der Kommission für die Ostkirchen. 1972 Dekan des Kardinalskollegiums.

Werke: Ius canonicum: primo studii anno in usum auditorum excerpta, 2 Bde. Rom 1925; The great commandment of the gospel in the early church. Rom 1931; Canon law. Maryland 1934; Sanctity in America. Paterson 1939; The Eastern rites. New York 1941; Addresses and sermons, 1938–1942. Paterson 1942; The priest in the Epistles of St. Paul. Paterson 1944; Father Damien: Apostle of the Lepers. South Dakota 1947; Adresses and sermons, 1942–1951. Paterson 1952; Addresses and sermons, 1951–1955. Paterson 1955; Función social de la propiedad privada: carta a la III Semane Social de Chile. Caracas 1966.

Literatur: Studi su San Pier Damiano: in onore del cardinale A. G. C. Faenza 1961; **J. B. Code:** Dictionary of the American Hierarchy (1789–1964). New York 1964, 42f.; **D. O'Grady:** A. Cardinal C. Notre Dame 1965; **V. Fagiolo:** Il cardinale A. C. e mons. Pericle Felici: Le deuxième Concile du Vatican, 229–242; **C.N. Bransom:** Ordinations of U. S. Catholic bishops 1790–1989. A chronological list. Washington D. C. 1990, 207; **LThK³** 2, 1199 (J. Gelmi); **A. Melloni:** L'altra Roma. Politica e S. Sede durante il concilio Vaticano II (1959–1965). Bologna 2000.

PHILIPPE J. ROY

Cicognani, *Gaetano,* italienischer Kurienkardinal, Bruder von Amleto ↗Cicognani, * 6.11.1882 Brisighella (Ravenna), † 5.2.1962 Rom. 1904 Priester, 1925 Bischof, 1953 Ernennung zum Präfekten der Sacra Congregatio Rituum (Erhebung zum Kardinal).

In dieser Eigenschaft leitete er 1960–62 die Commissio Praeparatoria des Konzils für Liturgie und unterzeichnete am 1.2.1962, vier Tage vor seinem Tod, das von ihr erarbeitete Schema von *Sacrosanctum Concilium.*

Der um eine Synthese von Lehre und Pastoral bemühte Text der liturgischen Vorbereitungskommission war das einzige Schema aus der Vorbereitungszeit, das später von den Konzilsvätern allgemein gut aufgenommen wurde (vgl. GZVK 1, 238). Die Einfügung „linguae latinae usus in liturgia occidentali omnino servandus est" in den Artikel über liturgische Sprachen scheint der Preis für C.s Unterstützung des ausgearbeiteten Schemas gewesen zu sein. Zugleich blieb der deutliche Ruf nach einem weitergehenden Gebrauch der Landessprache im Text erhalten (ebd., 251).

Literatur: **F. Gualdrini u. a.:** Il Cardinale G. C. (1881–1962). Note per una biografia. Rom 1983; **Bugnini:** Die Liturgiereform (Register); **J. Wagner:** Mein Weg zur Liturgiereform 1936–89. Freiburg 1993 (Register); **M. Paiano:** Il rinnovamento della liturgia: dai movimenti alla chiesa universale: G. Alberigo – A. Melloni (Hg.): Verso il Concilio Vaticano II (1960–1962). Passaggi e problemi della preparazione conciliare. Genua 1993, 67–140; **GZVK** 1, 232ff.; www.bautz.de (G. Anger) (abgerufen: 7.8.2012).

BALTHASAR FISCHER

CLEMENS CARL

Ciriaci, *Pietro,* italienischer Kurienkardinal, * 2.12.1885 Rom, † 30.12.1966 ebd. 1902 Eintritt ins Seminario Romano (Sant' Apollinare), Studien mit Abschlüssen in Theologie, Philosophie und Kanonischem Recht, 1909 Priester und Seelsorgstätigkeit in Rom sowie Lehrtätigkeit für Philosophie und Fundamentaltheologie an der Päpstlichen Universität Urbaniana und am Athenaeum Sant'Apollinare, 1928 Bischofsweihe durch Kardinal Pietro Gasparri und Apostolischer Nuntius in der Tschechoslowakei, ab 1934 in Portugal, 1953 Kardinal, 1954 Präfekt der Konzilskongregation, 1955 Präsident der Päpstlichen Kommission für die authentische Auslegung des Kanonischen Rechts. Als Präfekt der Konzilskongregation (der heutigen Kleruskongregation) wurde C. im Vorfeld des Konzils mit dem Vorsitz der entsprechenden Vorbereitungskommission betraut und behielt auf dem Konzil sein Amt als Präsident der Commissio de disciplina cleri et populi christiani bei. Obwohl er die Arbeit der Kommission, die an dem Schema des späteren Dekrets über Dienst und Leben der Priester *Presbyterorum ordinis* arbeitete, sorgfältig verfolgte, trat er in der Konzilsaula diesbezüglich nicht in Erscheinung, sondern überließ dies dem Relator der Kommission, dem Erzbischof von Reims François vMarty.

Literatur: **AnPont** 1962, 50f.; **N. del Re:** I cardinali prefetto della Sacra Congregazione del Concilio dalle origini ad oggi (1564–1964): Apollinaris 37 (1964) 147f.; **P. Palazzini:** Fulgida porpora, prima guida alla revisione del Codice. Il Cardinale P. C.: Apollinaris 41 (1968) 7–42; **L. Osbat:** s. v.: Dizionario biografico degli Italiani, Bd. 25. Rom 1981, 783–785.

CHRISTIAN WIESNER

Cleven, *Johann Wilhelm,* deutscher Bischof, * 25.7.1893 Saeffelen (bei Selfkant),

† 14.8.1983 Buchen (Odenwald). 1921 Priester, anschließend Kaplan in Düsseldorf, 1926 Religionslehrer in Düsseldorf, seit 1928 Studienrat ebd. in verschiedenen Gymnasien, 1948 Domkapitular und Generalvikariatsrat in Köln, 1950–83 Weihbischof in Köln, 1958–70 Leiter der Schulabteilung, 1958–78 Domdekan, 1966 Bischofsvikar für Schule und für Katholikenausschüsse, Diözesankomitee und Diözesanführungskreis. C. wirkte nach dem 2. Weltkrieg zusammen mit Domkapitular Wilhelm Böhler am Aufbau des Schul- und Bildungswesens in Nordrhein-Westfalen mit. Daneben übernahm er auch zahlreiche überdiözesane Aufgaben, so als Vorsitzender des Katholischen Rundfunkinstituts der nordwestdeutschen Bistümer, als Präsident des Deutschen Lourdesvereins und als Vorsitzender der Arbeitsgemeinschaft marianischer Vereinigungen Deutschlands. Als Befürworter von Laienaktivitäten in der Kirche leitete er das Erzbischöfliche Seminar für Seelsorgehelferinnen und Katechetinnen und das entsprechende Männerseminar. C. nahm an allen vier Konzilsperioden des Vaticanum II teil. Sein pastorales Wirken hatte zum Ziel, die Kirche in der Welt zu vergegenwärtigen, wofür das Konzil einen Höhepunkt darstellte. Dies kommt auch in einem Redebeitrag C.s auf dem Konzil über das Verhältnis der Christen zum wissenschaftlichen Fortschritt zum Ausdruck, mit dem er zu freier wissenschaftlicher Arbeit ermutigen wollte.

Literatur: KNA – Sonderdienst zum Zweiten Vatikanischen Konzil Nr. 42/65, 8; **E. Hegel:** Das Erzbistum Köln zwischen der Restauration des 19. Jahrhunderts und der Restauration des 20. Jahrhunderts. 1815–1962 (Geschichte des Erzbistums Köln 5). Köln 1987, 152; **R. Götz:** Die Rolle der deutschen Bischöfe auf dem Konzil: Wolf –Arnold (Hg.): Die deutschsprachigen Länder und das II. Vatikanum, 17–52; **Gatz B 1945,** 298f. (U. Helbach); **N. Trippen:** Josef Kardinal Frings (1887–1978), 2 Bde. Paderborn u. a. 2003–05 (Register).

GUIDO TREFFLER

Colombo, *Carlo,* italienischer katholischer Theologe und Bischof, * 13.4.1909 Olginate (Lombardei), † 11.2.1991 Mailand. Studium der Theologie in Mailand, 1931 Priester und Dr. theol., anschließend bis 1938 Lehrer an Konvikten in Seveso bzw. Venegono, Mitarbeiter der Zeitschriften *La Scuola Cattolica* (ab 1933), *Rivista di Filosofia Neoscolastica* (ab 1936) und *La Rivista del Clero Italiano* (ab 1938). In dieser Zeit Beschäftigung mit neuscholastischer Philosophie, aber auch mit Henri Bergson und Maurice Blondel; 1938 Professor für Dogmatik an der Theologischen Fakultät Mailand. Nach dem 2. Weltkrieg u. a. beteiligt an der Gründung des Istituto Superiore di Studi Religiosi in Gazzada. Nach dem Wechsel Giovanni Battista Montinis (∕Paul VI.) vom Staatssekretariat als Erzbischof nach Mailand vertraute dieser C. eine führende Rolle in der „Accademia" an, in der Laien und Priester aus den lombardischen Diözesen zusammenkamen. Vor dem Konzil erregte C., der ökumenisch interessiert war und einen ekklesiologischen Aufbruch wünschte, das Misstrauen des Sanctum Officium. 1962 Dekan der Theologischen Fakultät und theologischer Studienpräfekt am Seminar in Venegono, wurde C. 1968 erster Dekan der Facoltà Teologica dell'Italia Settentrionale (bis 1985). 1960 Mitglied der vorbereitenden Theologischen Kommission und in dieser der Unterkommission *De ecclesia,* 1962 Peritus. C. wirkte während des gesamten Konzils als persönlicher Theologe Kardinal Montinis, der 1963 als Paul VI. Papst wurde. 1964–84 Weihbischof in Mailand, nahm C. außerdem als Konzilsvater an der vierten Sitzungsperiode teil. C. widmete sich v. a. ekklesiologischen Fragen, etwa zur Rolle des Lehramtes und des Episkopats, wobei er den Primat des Papstes ebenso wie die bischöfliche Kollegialität betonte. Er spielte neben dem eigentlichen Redaktor Gerard ∕Philips eine wichtige Rolle bei der Entstehung der *Nota explicativa praevia.* Daneben war er in die Redaktion von *Dignitatis humanae* involviert, war Mitglied der Unterkommission *De revelatione* der Theologischen Kommission sowie der Unterkommission *De matrimonio* während der Redaktion von *Gaudium et spes*. Bereits seit langem an Fragen der Ehepastoral interessiert, gehörte er zu den Beratern Pauls VI. im Umfeld der Enzyklika *Humanae vitae*.

Werke: (Als Hg. mit G. Oggioni:) Problemi ed orientamenti di Teologia dogmatica, 2 Bde. Mailand 1957; Scritti teologici. Venegono 1966. Eine Bibliografie findet sich in A. Rimoldi: Mons. C. C. (1909–1991): Teologia 16 (1991) 9–25.

Literatur: FS La teologia italiana oggi. Brescia 1979; **A. M. Negri:** Mons. C. C: fra Chiesa e società. Mailand 1993; **J. Grootaers:** C. C., excellence grise par excellence: ders.: Actes et acteurs à Vatican II. Leuven 1998, 287–300; **Burigana:** La Bibbia nel concilio (Register); **Scatena:** La fatica della libertà (Register); **L. Vaccaro** (Hg.): Monsignor C. C. (1909–1991). Brescia 2003; **G. Colombo:** Y. Congar e C. C. al Concilio. Un incontro di teologi: Teologia 30 (2005) 162–186; **K. Schelkens:** Carnets conciliaires de Mgr Gérard Philips, secrétaire adjoint de la commission doctrinale. Leuven 2006 (Register); **A. von Teuffenbach** (Hg.): Konzilstagebuch Sebastian Tromp mit Erläuterungen und Akten aus der Arbeit der Theologischen Kommission, 2 Bde. Rom 2006 bzw. Nordhausen 2011 (Register); **A. Bellani:** C. C. e la Nota praevia: inediti: Teologia 33 (2008) 248–284.   MICHAEL QUISINSKY

Compagnone, *Enrico Romolo,* OCD, italienischer Bischof, * 22.5.1908 Arce (Latium), † 20.4.1989 Rom. 1930 Priester, 1953–72 Bischof von Anagni, 1972–83 Bischof von Terracina-Latina, Priverno e Sezze. Auf dem Vaticanum II war C. Mitglied der Konzilskommission für die Ordensleute und präsentierte als deren Relator die Berichte über die Arbeiten am Schema des späteren Dekrets über die zeitgemäße Erneuerung des Ordenslebens *Perfectae caritatis*. C. war zudem Mitglied des Coetus Internationalis Episcoporum, der Gruppe der Ordensbischöfe, deren Anliegen es war, die besonderen Belange der Ordensbischöfe auf dem Konzil zu vertreten. Viele Papiere dieser Gruppe tragen seine Unterschrift, wurden jedoch nur an wenige Konzilsväter durch Vertrauenspersonen übermittelt (GZVK 3, 257f.). Im Zuge der Überarbeitung des Kirchenschemas wurde C. als Mitglied der Ordenskommission in die Subkommission für das Kapitel über die Berufung zur Heiligkeit gewählt, in der er bei der zunächst nicht zu klärenden Frage, ob den Ordensleuten ein eigenes Kapitel gewidmet oder sie in das allgemeine Kapitel über die Berufung zur Heiligkeit integriert werden sollen, für ein separates Kapitel optierte (GZVK 4, 53–55). Darüber hinaus trat C. während der Debatte um das Offenbarungsschema in Erscheinung, bei der er in fünf Punkten seine Anmerkungen zu den Kapiteln I und II darlegte (vgl. AS III-3, 203–206; GZVK 4, 251) und bezüglich des Verhältnisses von Schrift und Tradition die Position der konservativen Minderheit vertrat.

Literatur: **AnPont** 1962, 29; **GZVK** 3; 4 (Register); **Roy:** Le Coetus Internationalis Patrum.
                                                                CHRISTIAN WIESNER

Confalonieri, *Carlo,* italienischer Kurienkardinal, * 25.7.1893 Seveso (bei Mailand), † 1.8.1986 Rom. Besuch des Seminars Seveso (1904–09), des Erzbischöflichen Seminars Monza (1909–12), des Lyceum Parini (Mailand), des Seminars SS. Ambrogio e Carlo sowie der Gregoriana (1912–14). 1914–16 Militärdienst, 1916 Priester, 1916–19 Kriegsdienst, 1919–21 Seelsorger in der Erzdiözese Mailand. 1921/22 Sekretär Kardinal Achille Rattis, wurde C. nach dessen Wahl zum Papst Pius XI. in dieser Funktion bestätigt. 1935 Apostolischer Protonotar und Kanonikus zu St. Peter, 1941 Erzbischof von Aquila (Bischofskonsekration durch ↗Pius XII.). 1950 erfolgte die Ernennung zum Sekretär der Kongregation für die Seminare und Studieneinrichtungen, 1958 die Erhebung zum Kardinal, 1959 die Ernennung zum Erzpriester von Santa Maria Maggiore. 1961 Sekretär, 1966 Propräfekt der Konsistorialkongregation, 1967 Präfekt der Bischofskongregation (bis 1973). Mitglied der zentralen vorbereitenden Kommission, des Konzilssekretariats für außerordentliche Angelegenheiten und der Koordinierungskommission. Der Mann der Kurie war ein gemäßigt Konservativer, der eine Vermittlungsrolle einnahm. Während der Vorbereitungsphase vertrat er andere Auffassungen als Kardinal ↗Ottaviani, versuchte während der ersten Intersession die vorbereiteten Schemata zu retten und nahm in der Koordinierungskommission die Arbeit der vorbereitenden Phase in Schutz. Nach dem Konzil diente C. als stellvertretender Vorsitzender des Consilium ad exsequendam Constitutionem de Sacra Liturgia.

Werke: Pio XI visto da vicino. Turin 1957; Albinganen. Beatificationis et canonizationis servi dei Augusti Czartoryski, sacerdotis professi piae societatis salesianae, positio super virtutibus. Rom 1960; (mit A. Samoré – L. F. Capovilla – S. Pignedoli – G. Muccin:) Gli ultimi papi: testimonianze. Rom 1980.
Literatur: OR vom 2.8.1986, 5; HerKorr 40 (1986) 448; **S. Garofalo:** Il cardinale C. C. (1893–1986). Rom 1993; LThK³ 2, 1293 (J. Gelmi).

PHILIPPE J. ROY

Congar, *Yves,* OP (1925) (Ordensname: Marie-Joseph), französischer Theologe und Kardinal, * 13.4.1904 Sedan, † 22.6.1995 Paris. Nach Studium der Theologie und Philosophie in Paris und Le Saulchoir 1930 Priester. Als Professor für Apologetik (Fundamentaltheologie) und Ekklesiologie in Le Saulchoir 1931–54 (unterbrochen durch Kriegsgefangenschaft) entfaltete C., geprägt durch Marie-Dominique ↗Chenu, eine umfassende theologiegeschichtliche und ekklesiologische Forschung (u. a. Reihe *Unam Sanctam*), die in pastoralem und ökumenischem Horizont erfolgte und hier entscheidende Durchbrüche ermöglichte. Inspiriert u. a. von Thomas von Aquin und Johann Adam Möhler, integrierte der „Denker und Mystiker" (Osner 1295) C. in seinem Kirchen- und Traditionsverständnis, Geschichte und Gegenwart, Glaubensleben und Glaubensdenken in einem inkarnatorisch strukturierten und eschatologisch ausgerichteten Zugang. Im Gefolge des Verbots der Arbeiterpriester 1954 musste C. Le Saulchoir verlassen. 1958–68 im Straßburger Konvent, beriet er während des Vaticanum II die dortigen Bischöfe Jean-Julien ↗Weber und Léon-Arthur ↗Elchinger. 1960 Konsultor der vorbereitenden Theologischen Kommission, wurde C. 1962 zum Peritus und nach dem Konzil zum Mitglied der Internationalen Theologenkommission ernannt. Er war in verschiedenen Konstellationen an der Entstehung zahlreicher Konzilsdokumente direkt oder indirekt beteiligt, u. a. an *Lumen gentium, Dei Verbum, Gaudium et spes, Unitatis redintegratio, Presbyterorum ordinis, Ad gentes* und *Dignitatis humanae*. Als Frucht seines lebenslangen Interesses am orientalischen Christentum, aber auch des Vaticanum II kann seine zunehmende Sensibilisierung für die Pneumatologie gelten. 1968 nach Paris zurückgekehrt, schränkte ihn eine schwere Krankheit immer mehr ein. Dennoch nahm C. in zahlreichen Veröffentlichungen an der nachkonziliaren Entwicklung lebhaften Anteil, wobei er, geleitet vom Anliegen einer je größeren Katholizität der Kirche, durch Vertiefungen wie Fortschreibungen abwägend-optimistisch das Aggiornamento des Konzils in einer sich rapide und tiefgreifend verändernden Zeit zur Entfaltung zu bringen suchte. 1994 wurde er zum Kardinal ernannt. Seine Tagebücher stellen wichtige Quellen für die Theologiegeschichte des 20. Jahrhunderts dar.

Werke: Chrétiens désunis. Principes d'un „œcuménisme" catholique. Paris 1937; Vraie et fausse réforme dans l'Église. Paris 1950; Jalons pour une théologie du laïcat. Paris 1953; Tradition et traditions, 2 Bde. Paris 1960–63 (deutsch 1965); Sainte Église. Études et approches ecclésiologiques. Paris 1963 (deutsch 1966); Je crois en l'Esprit Saint, 3 Bde. Paris 1979ff.; Le Concile de Vatican II. Son Église peuple de Dieu et corps du Christ. Paris 1984; Journal d'un théologien (1946–1956), hg. v. É. Fouilloux. Paris 2000; Mon journal.

Literatur: **J.-P. Jossua:** Le Père C. La théologie au service du peuple de Dieu. Paris 1967 (Bibliografie); **J. Bunnenberg:** Lebendige Treue zum Ursprung. Das Traditionsverständnis Y. C.s. Mainz 1989; **M. M. Wolff:** Gott und Mensch. Ein Beitrag Y. C.s zum ökumenischen Dialog. Frankfurt 1990; **LThK³** 2, 1295f. (M. Osner); **J. Wicks:** Y. C.'s doctrinal service of the People of God: Gregorianum 84 (2003) 499–550; **J.-M. Vezin:** Une présentation raisonnée de la bibliographie de C.: Transversalités 98 (2006) 37–59; **Quisinsky:** Geschichtlicher Glaube; **G. Flynn** (Hg.): Y. C., théologien de l'Église. Paris 2007; **J. Famerée – G. Routhier:** Y. C. Paris 2008; **M. Quisinsky:** Aggiornamento – aber wie? Die Konzilstheologen Henri de Lubac SJ und Y. C. OP zwischen „nouvelle théologie" und Konzilsrezeption: Freiburger Zeitschrift für Philosophie und Theologie 58 (2011) 5–33; **M. Quisinsky:** Vers un Concile pastoral? La réception (ou non-réception) de la théologie de Chenu et de Congar au cours de la phase préparatoire du Concile: G. Routhier u. a. (Hg.): La théologie catholique entre intransigeance et renouveau. La réception des mouvements préconciliaires à Vatican II. Louvain-la-Neuve 2011, 145–178.
MICHAEL QUISINSKY

Corbon, Jean, MAfr (1945), französischer katholischer Ökumeniker, * 29.12.1924 Paris, † 25.2.2001 Beirut. Nach durch den Krieg unterbrochenem Studium 1951 Priester, Zusatzstudium in Rom (Biblicum) und Tunis; 1959 Inkardination in die griechisch-katholische Kirche. Von der ökumenischen Schlüsselrolle des Libanon überzeugt, wirkte C. dort auf verschiedenen pastoralen Feldern und lehrte Liturgie, ökumenische Theologie und Religionspädagogik in Beirut und Kaslik. Auf dem Vaticanum II Übersetzer für die nichtkatholischen Beobachter, war C. in der Folge Mitglied u. a. von Glaube und Kirchenverfassung, der Internationalen Theologischen Kommission sowie Mitarbeiter bei der Redaktion des *Katechismus der Katholischen Kirche.*

Werke: L'Église des Arabes. Paris 22007; (mit L. Boisset – J. Ducruet:) Foi chrétienne et inculturation au Proche-Orient. Beirut 1992.

Literatur: L'œcuménisme au service de la présence chrétienne au Moyen-Orient. Actes du colloque international en mémoire du P. J. C. Beirut 2002.
MICHAEL QUISINSKY

Cottier, Georges, OP (1945), schweizerischer Theologe und Kardinal, * 25.4.1922 Genf. Studium der Literaturwissenschaften (Genf), der Philosophie und Theologie (Rom), 1951 Priester. Mit Jacques Loew während des Vaticanum II Berater von Erzbischof Charles de ↗Provenchères (Aix-en-Provence), während der letzten Sitzungsperiode auch Berater seines theologischen und spirituellen Mentors, des zum Kardinal ernannten Charles ↗Journet. 1965 Konsultor des Päpstlichen Rates für die Nichtglaubenden, 1972–75 Delegierter Bischof Pierre Mamies bei der Diözesansynode des Bistums Lausanne-Genf-Freiburg. 1971–87 Lehrbeauftragter für Philosophie an der Universität Genf, 1973–90 auch an der Universität Freiburg (Schweiz), wirkte C. v. a. als Berater und Inspirator. In der Nachfolge Journets, der ihn auch mit Jacques ↗Maritain in Verbindung brachte, seit 1975 Schriftleiter der Zeitschrift *Nova et vetera.* Die Entwicklung seines Denkens ist nicht zuletzt von den verschiedenen Phasen der kritischen Auseinandersetzung mit dem Marxismus einerseits und – im Anschluss an das Konzil und die Enzyklika *Humanae vitae* – von der Frage nach der rechten Kirchlichkeit bzw. kirchlichen Autorität andererseits geprägt. Philosophisch-theologisch postuliert C. unter thomistisch-metaphysischen Vorzeichen eine aus Offenbarung ergehende vernunftgemäße Wahrheit, dergegenüber die autonome neuzeitlich-säkulare Vernunft defizitär ist. Davon ausgehend führt er eine Auseinandersetzung mit der Philosophie der Neuzeit sowie ihrer Rezeption in Theologie und Kirche und warnt aufgrund der eschatologischen Dimension des Glaubens vor innerweltlichen Messianismen inner- wie außerhalb der Kirche. Einfluss auf die Instruktionen zur Befreiungstheologie von 1984 und 1986. 1989–2003 Generalsekretär der Internationalen Theologischen Kommission und Theologe des päpstlichen Hauses. 2003 Kardinal.

Werke: L'athéisme du jeune Marx. Ses origines hégéliennes. Paris 1959; (mit J. Loew:) Dynamisme de la foi et incroyance. Paris 1963; Les relations de l'Église avec les religions non-chrétiennes. Déclaration Nostra Aetate. Paris 1966; L'historique de la déclaration: A.-M. Henry (Hg.): Vatican II. Les relations de l'Église avec les religions non-chrétiennes. Déclaration „Nostra Aetate". Paris 1966, 35–78; La religion juive: ebd., 237–273; La fraternité universelle excluant toute discrimination: ebd., 275–281; Chrétiens et marxistes. Dialogue avec Roger Garaudy. Tours 1967; Horizons de l'athéisme. Paris 1969; Humaine raison. Contributions à une éthique de savoir. Fribourg 1980; Interventions de Paul VI dans l'élaboration de „Gaudium et spes": Istituto Paolo VI (Hg.): Paolo VI e il rapporto chiesa-mondo al concilio. Rom 1991, 14–31; Histoire et connaissance de Dieu. Fribourg 1995; Deviens ce que tu es. Enjeux éthiques. Saint Maur 2004.

Literatur: **P. Chenaux:** G. C. Déraison moderne et vérité chrétienne: Leimgruber –Schoch (Hg.): Gegen die Gottvergessenheit, 627–639; „La vérité vous rendra libre". Hommage au cardinal G. C. Paris 2004; **P. Favre:** G. C. Itinéraire d'un croyant. Tours 2007. MICHAEL QUISINSKY

Cullmann, *Oscar,* protestantischer Theologe, * 25.2.1902 Straßburg, † 16.1.1999 Chamonix. Nach dem Studium zunächst Griechisch- und Deutschlehrer in Paris, dann Studienleiter am Thomasstift in Straßburg. 1930–38 Professor an der Faculté de Théologie protestante de Strasbourg, anschließend bis 1972 Professor für Neues Testament sowie Alte und Mittlere Kirchengeschichte in Basel, wobei er zugleich in Paris lehrte und zu einem wichtigen Mittler zwischen den verschiedenen sprachlichen und konfessionellen Traditionen wurde. Seine nicht zuletzt um die Frage des Verständnisses der Heilsgeschichte kreisende Theologie wurde von katholischen Theologen, und hier v. a. auch von den Vertretern der Nouvelle théologie, interessiert diskutiert. C. seinerseits pflegte ökumenische Kontakte etwa zu Otto ∕ Karrer, Erik Peterson und Hans Urs von Balthasar und stieß mit seiner Theologie auf Sympathie beim späteren Papst ∕ Paul VI. Auf dem Vaticanum II wurde er nicht als Vertreter einer Kirche, sondern aufgrund seiner Verdienste sowie seiner grundlegenden theologischen Anregungen durch persönliche Einladung nichtkatholischer Beobachter. Für zahlreiche auf dem Konzil versammelte Bischöfe und Theologen stellten C.s Arbeiten zur Heilsgeschichte eine wichtige Verständnishilfe für die Fragen dar, die sich aus den Fortschritten in der Exegese für die Theologie insgesamt ergaben, wenngleich sich umgekehrt auch C.s Ansatz innerhalb der protestantischen Theologie wie in der geistesgeschichtlichen Gesamtsituation bewähren musste. Der theologische ebenso wie der praktische Einfluss C.s auf das Konzil und dessen Umfeld war beachtlich. So geht die entscheidende Konzilsintervention von Bischof Andrea ∕ Pangrazio bezüglich der „Hierarchie der Wahrheiten" auf Unterredungen u. a. von C., Johannes ∕ Feiner und Gregory ∕ Baum zurück und gehören C.s Gespräche mit Paul VI. zu den entscheidenden Impulsen für die Gründung des Ökumenischen Instituts in Tantur. Auch für die von Magnus Löhrer und Johannes Feiner herausgegebene heilsgeschichtliche Dogmatik *Mysterium Salutis* war C.s Theologie mit inspirierend. Während C.s Werk derzeit wenig beachtet wird, sind die durch seinen heilsgeschichtlichen Ansatz aufgeworfenen Fragen keineswegs abgegolten. Das Archiv C.s befindet sich in der Universitätsbibliothek Basel.

Werke: Christus und die Zeit. Zürich 1946; Die Tradition als exegetisches, historisches und theologisches Problem. Zürich 1952; Petrus, Jünger – Apostel – Märtyrer. Zürich 1952; Die Christologie des Neuen Testaments. Tübingen 1957; (mit L. Vischer:) Zwischen zwei Konzilssessionen. Rückblick und Ausschau zweier protestantischer Beobachter. Zürich 1963; Heil als Geschichte. Heilsgeschichtliche Existenz im Neuen Testament. Tübingen 1965;

Die Bibel und das 2. Vatikanische Konzil: G. A. Lindbeck (Hg.): Dialog unterwegs. Eine evangelische Bestandsaufnahme zum Konzil. Göttingen 1965, 144–159; Einheit durch Vielfalt. Grundlegung und Beitrag zur Diskussion über die Möglichkeiten ihrer Verwirklichung. Tübingen 1986.

Literatur: **W. C. van Unnik** (Hg.): Neotestamentica et Patristica. Festschrift zum 60. Geburtstag O. C.s. Leiden 1962 (Bibliografie); **A. Vögtle:** O. C.: H.-J. Schultz (Hg.): Tendenzen der Theologie im 20. Jahrhundert. Eine Geschichte in Porträts. Freiburg 1966, 488–493; **H. Baltensweiler – B. Reicke** (Hg.): Neues Testament und Geschichte. FS zum 70. Geburtstag von O. C. Zürich 1972 (Bibliografie); **K. H. Schlaudraff:** O. C. (* 1902): Leimgruber – Schoch (Hg.): Gegen die Gottvergessenheit, 206–222; **T. F. Stransky:** Paul VI and the Delegated Observers/Guests to Vatican Council II: Paolo VI e l'ecumenismo. Colloquio internazionale di studio Brescia 25-26-27 settembre 1998 (Pubblicazioni dell'istituto Paolo VI 23). Brescia 2001, 118–158; Bibelauslegung und ökumenische Leidenschaft. Die Beiträge des Wissenschaftlichen Symposiums aus Anlass des 100. Geburtstags von O. C.: Theologische Zeitschrift 58 (2002) 196–298; **T. Stransky:** The Observers at Vatican Two. An Unique Experience of Dialogue: Centro Pro Unione Bulletin 63 (2003) 8–14 (online: www.prounione.urbe.it/pdf/f_prounione_bulletin_n63_spring2003.pdf, abgerufen: 17.4.2012); BBKL 27, 294–330 (K.-G. Wesseling) (Bibliografie); **T. K. Kuhn:** O. C. und das Zweite Vatikanische Konzil: G. Bedouelle – M. Delgado (Hg.): La réception du Concile Vatican II par les théologiens suisses. Die Rezeption des II. Vaticanums durch Schweizer Theologen. Fribourg 2011, 113–139 (Literatur).
MICHAEL QUISINSKY

Cushing, *Richard James,* US-amerikanischer Bischof und Kardinal, * 24.8.1895 Boston, † 2.11.1970 ebd. Studium am jesuitischen Boston College und im St. John's Seminary, 1921 Priester. Nach Seelsorgsarbeit tätig für das Büro der Propaganda fide in Boston, 1939 Weihbischof von Boston, 1944 Erzbischof (als solcher Adressat des wichtigen Briefes des Heiligen Offiziums gegen den am Boston College gelehrten ekklesiologischen Rigorismus; DH 3866–3873), 1958 durch ∕Johannes XXIII. zum Kardinal ernannt. Bedingt durch die Erfahrung der irisch-katholischen Minderheitssituation und die plurale religiöse und gesellschaftliche Situation in den USA war C. früh für die ökumenische Frage sensibel und engagierte sich auch für ein besseres Verhältnis zum Judentum. Die Reformbemühungen Johannes' XXIII. unterstützte er aus vollem Herzen. Die Wahl ∕Pauls VI., für dessen USA-Kontakte er wichtig war, lag in seinem Interesse einer Fortsetzung der Öffnung der katholischen Kirche. C. war auch für die Missionsarbeit sehr engagiert. Enge Beziehungen hatte er zur Familie Kennedy und leitete die Beisetzungsfeierlichkeiten des ermordeten Präsidenten John F. Kennedy. Während der ersten beiden Sitzungsperioden des Vaticanum II blieb er nicht in Rom, da er glaubte, zu den verhandelten Sachfragen nichts beitragen zu können. Auf der dritten und vierten Sitzungsperiode hielt er wichtige Konzilsreden zur Frage der Religionsfreiheit und zum Judentum (AS III-2, 361 f., 593 f. [vgl. LThK. E 2, 441 f.]; AS IV-1, 215 f.; vgl. GZVK 4, 188; 5, 78–81.90). C. genoss auch außerkirchlich großes Ansehen und wurde von jüdischer Seite für den Nobelpreis vorgeschlagen.

Werke: The Sacraments. Seven channels of grace for every state in life. Boston 1961; Conferences on

communism. Boston 1962; Mary. Boston 1963; „Call me John", a life of Pope John XXIII. Boston 1963; The second Vatican Council, its meaning for mankind. New York 1964; Preface: H. Küng: Structures of the Church. London 1965; Warum kein Friede im Heiligen Land?: Freiburger Rundbrief 21 (1969) 11f.
Literatur: **LThK³** 3, 2463 (R. D. Patkus); **J. H. Cutler:** Cardinal C. of Boston. New York 1970; **HThK 2. Vat** 4, 207.

ALBERT RAFFELT

D

D'Amato, *Cesario,* OSB, Abt von Sankt Paul vor den Mauern (Rom), * 17.4.1904 Neapel, † 23.8.2000 Santa Marinella (Latium). 1928 Priester, 1955 Abt von Sankt Paul vor den Mauern (bis 1964) und Titularbischof von Sebaste in Cilicia. Während der ersten Sitzungsperiode des Vaticanum II kam D. als neu gewähltes Mitglied zur Liturgiekommission hinzu und wurde zum Vorsitzenden der Subkommission für Kirchenmusik ernannt. Bei der Diskussion über die Kirchenmusik im November 1962 hatte Einverständnis darüber geherrscht, dass den Laien die Möglichkeit zur aktiven Teilnahme gegeben werden solle, was die Verstehbarkeit des Gesungenen impliziere. Hierzu sprach sich auch D. aus (vgl. AS I-2, 636f.; GZVK 2, 176). Vor allem in seiner Funktion als Relator meldete er sich auf dem Konzil zu Wort; so auch auf der 57. Generalkongregation am 29.10.1963, in der er die wenigen Änderungen des zuvor von den Konzilsvätern sehr wohlwollend angenommenen Kapitels über die Kirchenmusik erläuterte (vgl. AS II-3, 583–589; GZVK 3, 237).

Werke: Appendice al Liber Sacramentorum: indice analitico, dizionario liturgico, indice delle stazioni. Turin 1932; I monasteri benedettini dell'antica diocesi di Scala: Benedictina 19 (1972) 616f.; L'origine dell'Ordine Ospedaliero di S. Giovanni di Gerusalemme. Amalfi 1974; Scala, un centro amalfitano di Civiltà. Scala 1975.

Literatur: **GZVK** 2; 3 (Register).

CHRISTIAN WIESNER

D'Souza, *Eugene Louis,* MSFS, indischer Bischof, * 15.11.1917 Nagpur, † 18.3.2003 Bhopal. 1944 Priester, 1951 erster einheimischer Bischof von Nagpur, 1953 Erzbischof ebd., 1963–94 Erzbischof von Bhopal. Ab der zweiten Sitzungsperiode des Vaticanum II Mitglied der Kommission *De missionibus,* nahm er als führender Vertreter des progressiven Flügels der indischen Bischöfe zu Fragen des grundsätzlich missionarischen Charakters der Kirche Stellung. In der Debatte um die Kollegialität bezog er das Verhältnis von Papst, Bischöfen und Kurie in seine Überlegungen ein. Er sprach sich in seinen zahlreichen Konzilsinterventionen außerdem u. a. für größere Kompetenzen der Bischofskonferenzen in liturgi-

schen Fragen aus. Als Verfechter der Inkulturation bedauerte er, dass es bis zum Konzil nicht zu einer „implantatio" anstelle einer „transplantatio" (AS IV-4, 185) der Kirche in die jeweiligen Kulturen kam. In der vierten Sitzungsperiode Mitglied der Unterkommission Zeichen der Zeit. Darüber hinaus setzte er sich für die Aufwertung der Laien sowie die Wiedereinführung des Ständigen Diakonats ein.

Werke: An Analysis of some of the Problems of the Church in Central and North India: Pro Mundi Vita. La responsabilité universelle des chrétiens. Leuven 1964, 121–129; Préface: H. Le Saux: La rencontre de l'hindouisme et du christianisme. Paris 1966, 9–13.

Literatur: **E. Westenhaver:** Archbishop E. D'S. Notre Dame (Indiana) 1965; **E. Louchez:** La commission De Missionibus: Lamberigts u. a. (Hg.): Commissions Conciliaires, 251–277; **P. Pulikkan:** Indian Bishops in the First Session: From a Slow Start to an Emerging Conciliar Ethos: Fattori – Melloni (Hg.): Experience, Organisations and Bodies, 87–122; **ders.:** Indian Church at Vatican II. A Historico-theological Study of the Indian Participation in the Second Vatican Council. Trichur 2001 (Register).
MICHAEL QUISINSKY

Daem, *Jules Victor,* belgischer Bischof, * 11.5.1902 Sint-Antelinks (Ostflandern), † 23.4.1993 Antwerpen. 1927 Priester, 1931 Doktor der klassischen Philologie, Generalsekretär und Generaldirektor des Sekretariats des Katholischen Schulsystems (1950–62), 1962 Bischof des neu gegründeten Bistums Antwerpen. D. nahm an den vier Sitzungen des Konzils teil. Während der Wahlen zu den Konzilskommissionen am 16.10.1962 wurde er, international bekannt für seinen Einsatz für das katholische Bildungssystem, in die Kommission *De Seminariis, de Studiis et de Educatione Catholica* gewählt. In dieser Kommission wurde er Vorsitzender der Subkommission, die sich mit allgemeinen Prinzipien im Hinblick auf die Sendung der katholischen Schulen beschäftigte. Er trat sowohl in der dritten als auch in der vierten Session als Relator der Erklärung zum katholischen Bildungssystem, *Gravissimum educationis,* auf, die am 28.10.1965 angenommen wurde. Darüber hinaus setzte er sich in der entsprechenden Kommission für die Aktualisierung der Seminarausbildung ein. Den Linien des Konzils folgend, arbeitete D. auf lokaler Ebene an der nachkonziliaren Erneuerung mit, wobei er die Ausbildung von Priestern und pastoralen Mitarbeitern besonders wichtig fand. Bei diesem Erneuerungsprozess legte er großen Wert auf Dialog und Mitverantwortung.

Werke: Éducation, enseignement, école: autour de la déclaration conciliaire: Seminarium 18 (1966) 394–402.

Literatur: **Greiler:** Das Konzil und die Seminare (passim).
MATHIJS LAMBERIGTS

Daniélou, *Jean,* SJ (1929), französischer Theologe und Kardinal, * 14.5.1905 Neuilly-sur-Seine, † 20.5.1974 Paris. Nach umfassenden Studien in Paris, Jersey und Lyon-Fourvière, während derer er Jacques ↗Maritain, Emmanuel Mounier und Hans Urs von Balthasar begegnete (Priester 1938), promovierte D. 1943 zum Dr. theol. (Paris) und lehrte als Professor für altchristliche Literatur und Geschichte am Institut Catholique de Paris, wo er 1961–69 auch als Dekan der Theologischen Fakultät wirkte. Seit 1941 Schriftleiter der Zeitschrift *Études,* trugen 1946/47 zwei seiner hier veröffentlichten Artikel zur Auslösung der Krise um die sogenannte Nouvelle théologie bei. Insgesamt entfaltete er eine umfangreiche Veröffentlichungstätigkeit zu zahlreichen Themenfeldern, wobei er u. a. als Mitbegründer der Reihe *Sources chrétiennes* (mit Henri de ↗Lubac) am patristischen Ressourcement der katholischen Theologie mitwirkte und daneben im Bereich der Theologie der Religionen Pionierarbeit leistete. Neben seiner wissenschaftlichen Tätigkeit arbeitete er in der Intellektuellenseelsorge (Cercle Jean Baptiste) und befasste sich auf diese Weise mit der Situation des Christentums in der modernen Welt. Auf dem Vaticanum II als Peritus und Berater des Erzbischofs von Toulouse, Gabriel-Marie ↗Garrone, vielfältig aktiv, prägte er u. a. das erste Kapitel der Offenbarungs- sowie Teile der Pastoralkonstitution mit. Nach dem Konzil neueren Entwicklungen z.T. skeptisch gegenüberstehend, erfolgte 1969 seine Erhebung zum Kardinal. 1972/73 wurde er als Nachfolger Kardinal ∕Tisserants Mitglied der Académie Française.

Werke: Platonisme et théologie mystique. Essai sur la doctrine spirituelle de saint Grégoire de Nysse. Paris 1944; Sacramentum Futuri. Études sur les origines de la typologie biblique. Paris 1950; Essai sur le mystère de l'histoire. Paris 1953; Théologie du judéo-christianisme. Histoire des études chrétiennes avant Nicée. Paris 1958; L'oraison, problème politique. Paris 1965; L'Église face au monde. Paris 1966; Christianisme de masse ou d'élite. Dialogue avec Jean-Pierre Jossua. Paris 1968; La foi de toujours et l'homme d'aujourd'hui. Paris 1969; Carnets spirituels, hg. v. M.-J. Rondeau. Paris 2007.

Literatur: J. D. 1905–74. Paris 1975 (Bibliografie); Les travaux conciliaires du Père D. (= Bulletin des amis du cardinal D. n°s 15–18. Neuilly-sur-Seine 1989–1992); **M.-J. Rondeau:** Le Père D. au Concile: Le deuxième concile du Vatican, 333–337; **LThK³** 3, 16f. (K.-H. Neufeld); **G. Reynal:** s.v.: ders. (Hg.): Dictionnaire des théologiens et de la théologie chrétienne. Paris 1998, 128f.; **P. d'Ornellas:** Liberté, que dis-tu de toi-même? Une lecture des travaux du Concile Vatican II. St-Maur 1999 (Register); **P. Pizzuto:** La teologia della rivelazione di J. D. Influsso su Dei Verbum e valore attuale. Rom 2003; **Congar:** Mon journal; **M.-J. Rondeau:** J. D. théologien: J. Fontaine (Hg.): Actualité de J. D. Paris 2006, 127–154; **E. de Boysson:** Le cardinal et l'hindouiste. Le mystère des frères D. Paris 2008; **J. Mettepenningen:** Nouvelle théologie – New theology. Inheritor of Modernism, Precursor of Vatican II. London 2010 (Register). MICHAEL QUISINSKY

De Kesel, *Leo Karel,* belgischer Bischof, * 1.10.1903 Adegem, † 3.8.2001 Gent. Priester 1927, Lic. iur. can. 1929, Professor für Liturgie und Kirchenrecht (1929–48) und Präsident des Priesterseminars von Gent (1948–64), Weihbischof des Bistums Gent (1960–91), Teilnahme an den vier Sitzungen des Vaticanum II. Bei der Gründung der belgischen Interdiocesane Commissie voor Liturgische Zielzorg (ICLZ) und ihres französischsprachigen Gegenstücks Commission Interdiocésaine de Pastorale Liturgique (CIPL) wurde er der erste Vorsitzende. Ab 1967 hatte er auch einen Sitz in der päpstlichen Kommission inne, die mit der Ausführung der *Konstitution über die heilige Liturgie* beauftragt war. Er spielte eine wichtige Rolle bei der Implementierung der liturgischen Reformen in Belgien.

Literatur: **A. Verheul – P. D'Haese:** Mgr. L. D. K. 80 jaar: Tijdschrift voor Liturgie 67 (1983) 378–386; **P. D'Haese:** In memoriam Monseigneur L. K. D. K.: Tijdschrift voor Liturgie 85 (2001) 365–370. MATHIJS LAMBERIGTS

De Proença Sigaud, *Geraldo,* SVD (1926), * 26.9.1909 Belo Horizonte (Minas Gerais), † 5.9.1999 Diamantina (ebd.). Nach dem Ordenseintritt ab 1928 Studium der Theologie in Rom (Dr. theol. 1932, Gregoriana), 1932 Priester; anschließend lehrte er Fundamentaltheologie und Dogmatik am Großen Seminar São Paulo, wo auch Antonio de ∕Castro-Mayer wirkte. Als er ein Werk von Plinio Corrêa de Oliveira unterstützte, das vermeintliche progressistische Infiltrierungen der brasilianischen Katholischen Aktion anprangerte (*Em defesa da Ação Católica.* São Paulo 1943), wurde er – wie auch Castro-Mayer – gemaßregelt und 1946 nach Spanien geschickt. Wenige Monate später wurde er jedoch zum Bischof von Jacarezinho (Paraná) ernannt und 1947 konsekriert. 1960 erfolgte die Ernennung zum Erzbischof von Diamantina (bis 1980). Während des Vaticanum II hielt er vier Interventionen und reichte fünf animadversiones scriptae ein und war einer der Gründer und führenden Vertreter des Coetus Internationalis Patrum, als dessen Sekretär er fungierte. Der Ablehnung des Konzils durch Erzbischof Marcel ∕Lefebvre schloss er sich nicht an.

Werke: (mit A. de Castro-Mayer – P. Corrêa de Oliveira:) Reforma agrária: questão de consciência. São Paulo 1960; Carta pastoral sôbre a seita comunista – seus erros, sua ação revolucionária e os deveres dos católicos na hora presente. Diamantina 1962; Catechismo anticommunista. Rom 1967.

Literatur: Archiv der Erzdiözese Diamantina, Fonds G. de P. S.; **J. O. Beozzo:** A Igreja do Brasil no Concílio Vaticano II 1959–1965. São Paulo 2005 (Register); **R. Coppe Caldeira:** Os Baluartes Da Tradição: O Conservadorismo Católico Brasileiro no Concílio Vaticano II. Curitiba 2011 (Register); **Roy:** Le Coetus Internationalis Patrum.

PHILIPPE J. ROY

De Smedt, *Emiel-Jozef,* belgischer Bischof, * 30.10.1909 Opwijk (Belgien), † 1.10.1995 Brügge. Priester 1933, Dr. phil. 1930, Dr. theol. 1938, 1945–50 Rektor des Priesterseminars von Mecheln, 1950–52 Weihbischof von Mecheln und 1952–84 Bischof von Brügge. In dieser Funktion zeigte er sich als fähiger Organisator und großer Bauherr. Er spielte eine aktive Rolle im belgischen Schulstreit (1958–61). 1960 Mitglied des Sekretariats zur Förderung der Einheit der Christen. D. nahm an den vier Sitzungen des Vaticanum II teil. Von Beginn an war er als Mitglied der Subkommission über die religiöse Freiheit mit der Erstellung eines Dokumentes über die Religionsfreiheit eng verbunden. Er spielte eine wichtige Rolle bei der Zusammenstellung einer internationalen Liste für die Konzilskommissionen. D. verfügte über beeindruckende Sprachkenntnisse und großes rhetorisches Talent. Seine Rede vom 1.12.1962, eine scharfe Kritik am kirchlichen Triumphalismus, Klerikalismus und Legalismus, gelangte in die Weltpresse. Während des gesamten Konzils war D. Relator des die Religionsfreiheit betreffenden Sekretariats. Loyal verteidigte er die aufeinanderfolgenden Textvorschläge, obwohl sie in großem Maße von seinen Überzeugungen abwichen. Mit seinem Talent für Diplomatie gelang es ihm, die Zustimmung der Führer der mit Rom verbundenen Katholiken im Nahen Osten zu einem Text über die Juden (*Nostra aetate* 4) zu sichern. D. spielte eine wichtige Rolle bei der Teilung der Katholischen Universität Leuven (1962–68). In der nachkonziliaren Zeit Fürsprecher einer herzlichen Kirche. Er legte besonderen Wert auf Mitsprache und Zusammenarbeit innerhalb der kirchlichen Strukturen, errichtete dazu die nötigen Organe (Priesterrat, Pastoralrat, Gemeinderäte) und betonte die Wichtigkeit der Laien für das Funktionieren der Kirche. Die große Solidarität mit der Weltkirche, insbesondere mit der Kirche in der Dritten Welt, ein Kennzeichen des Bistums Brügge, wurde unter D. fortgesetzt und vertieft.

Werke (Auswahl): Het priesterschap der gelovigen. Tielt 1961 (deutsch: Vom allgemeinen Priestertum der Gläubigen. München 1962); L'amour conjugal – Eenheid in de familie en moderne tijd. Brügge 1963; Voor een klimaat van vrijheid. Tielt 1967; Dag vriendelijke licht. Tielt 1975; Met minnende kracht. Tielt 1981.

Literatur (Auswahl): **M. Van de Voorde:** Bisschop E.-J. D. S., zijn werk en zijn houding in kerkelijke en maatschappelijke aangelegenheden: **M. Cloet:** Het Bisdom Brugge (1559–1984). Bisschoppen, priesters, gelovigen. Brügge 1984, 529–545; **M. Lamberigts:** Mgr. E.-J. D. S., Bishop of Bruges, and the Second Vatican Council: Fattori – Melloni (Hg.): Experience, Organisations and Bodies, 431–469; **Scatena:** La fatica della libertà (Register); **M. Lamberigts – L. Declerck:** Mgr E. J. D. S. et le texte conciliaire sur la religion juive (Nostra Aetate, n° 4): EThL 85 (2009) 341–384; **dies.:** Vatican II on the Jews: A Historical Survey: M. Moyaert – D. Pollefeyt (Hg.): Never Revoked. Nostra Aetate as Ongoing Challenge for Jewish-Christian Dialogue. Leuven u. a. 2010, 13–56. MATHIJS LAMBERIGTS

Dearden, *John Francis,* US-amerikanischer Bischof und Kardinal, * 15.10.1907 Valley Falls (Rhode Island), † 1.8.1988 Detroit. Nach Studien in Cleveland und Rom 1932 Priester. Als Koadjutor (1948) und Bischof von Pittsburgh (1950) bzw. Erzbischof von Detroit (1958–80) reger Anteil am Ausbau der katholischen Infrastruktur. Mitglied des Einheitssekretariates und am 16.10.1962 zum Mitglied der Theologischen Kommission gewählt, wurde D. während des Vaticanum II zu einem vielseitig engagierten Konzilsvater. Vor dem Konzil „Iron John" (Reese 40) genannt, wandelte er sich durch die Konzilserfahrung. Mitglied der Unterkommission *De populo Dei* – für ihn ein Herzstück konziliarer Lehre – bei der Redaktion des Kirchenschemas und Vorsitzender der Unterkommission über die Ehe während der Ausarbeitung des Schemas XIII, wirkte D. in letzterer im Sinn einer „via intermedia" (Hünermann 466). Nach dem Konzil wurde er, auch durch die diesbezügliche Vorreiterrolle seines Bistums, zu einer Schlüsselfigur der Konzilsrezeption in den Vereinigten Staaten, wo er einen gewichtigen Anteil an der englischsprachigen Liturgiereform hatte. Daneben war er auch auf weltkirchlicher Ebene präsent (Teilnehmer der Bischofssynoden 1969, 1971, 1973 und 1975). Als erster und stilbildender Vorsitzender der neugegründeten US-Bischofskonferenz (1966–71) war D., der 1969 zum Kardinal ernannt wurde, um Ausgleich zwischen verschiedenen Strömungen bemüht. Ein Höhepunkt der Konzilsrezeption in seiner Diözese war die „Synod '69". Landesweite Bedeutung erlangte aufgrund ihres partizipativen Charakters und D.s ausgleichender Moderation die National Justice Conference „Call to Action", die 1976 in Detroit stattfand.

Literatur: **Gordon Melton:** Religious Leaders, 127; **T. J. Reese:** A Flock of Shepherds. The National Conference of Catholic Bishops. Kansas City 1992; **EACH** 418 f. (N. J. Callahan); **S. J. Thomas:** Dissent and Due Process after Vatican II. An Early Case Study in American Catholic Leadership: U. S. Catholic Historian 17 (1999) 4, 1–22; **J. Grootaers – J. Jans:** La régulation des naissances à Vatican II: une semaine de crise. Leuven 2002 (Register); **NCE**² 4, 568 f. (E. Boyea); **P. W. Carey:** Catholics in America. A History. Westport (Connecticut) 2004 (passim); **D. R. Maines – M. McCallion:** Transforming Catholicism. Liturgical Change in the Vatican II Church. Lanham (Maryland) 2007 (passim); **P. Hünermann:** Die letzten Wochen des Konzils: **GZVK** 5, 433–558; **A. von Teuffenbach** (Hg.): Konzilstagebuch Sebastian Tromp SJ mit Erläuterungen aus der Arbeit der Theologischen Kommission, Bd. 2/1. Nordhausen 2011 (Register).

MICHAEL QUISINSKY

Dell'Acqua, *Angelo,* italienischer Kurienkardinal, * 9.12.1903 Mailand, † 27.8. 1972 Lourdes. 1926 Priester und zunächst Sekretär von Erzbischof Eugenio Tosi von Mailand, 1931 Eintritt in den diplomatischen Dienst des Vatikans, Tätigkeit an den päpstlichen Vertretungen in Athen und Istanbul unter anderem unter dem späteren Papst ↗Johannes XXIII., 1935 Rektor des Rumänischen Kollegs in Rom, 1938 Aufnahme des Dienstes im Staatssekretariat zunächst als Referent, 1950 Untersekretär in der Abteilung für außerordentliche Angelegenheiten, 1953–67 Substitut in der Abteilung für allgemeine Angelegenheiten, 1958 Ernennung zum Titular-Erzbischof von Chalkedon und Weihe durch Papst Johannes XXIII., 1967 Kardinal und Präfekt für die wirtschaftlichen Angelegenheiten des Apostolischen Stuhles, bis er 1968 zum Generalvikar der Diözese Rom ernannt wurde, 1970 Erzpriester der Patriarchalbasilika San Giovanni in Laterano. Als Konsultor und Mitglied einiger Kongregationen und Kommissionen wurde D. auch im Vorfeld des Vaticanum II als Berater der zentralen Vorbereitungskommission herangezogen. Auf dem Konzil gehörte er demjenigen kurialen Drittel in den Kommissionen an, das der Papst selbst ernannte (AS I-1, 559 f.); er wurde Mitglied der Kommission für die Verwaltung der Sakramente. Wichtige Impulse in der Anfangsphase des Konzils gingen auf ihn zurück: So erfolgte die Gründung der Kommission für die „Laien" durch Johannes XXIII. auf sein Anraten hin (GZVK 5, 320). In Bezug auf die Ostpolitik des Heiligen Stuhls war er es, der neben Kardinal ↗Bea während der ersten Sitzungsperiode, kurz nach Beendigung der Kuba-Krise, den US-amerikanischen Journalisten und Pazifisten Norman Cousins beauftragte, Verhandlungen mit Chruschtschow bezüglich der Befreiung des ukrainischen Metropoliten Josyf ↗Slipyi sowie Gespräche zur Verbesserung der Bedingungen von Christen wie auch generell von Angehörigen eines religiösen Bekenntnisses in der Sowjetunion aufzunehmen (GZVK 2, 121 f.). Generell nahm D. als Substitut eine wichtige Position ein, wovon zahlreiche an ihn gerichtete Korrespondenzen zeugen. Als Verbindungsmann zwischen den Konzilsvätern und dem Papst innerhalb der konziliaren Kommunikation wirkte er insbesondere unter ↗Paul VI., mit dem er aus der gemeinsamen Zeit im Staatssekretariat gut bekannt war.

Literatur: **AnPont** 1965 (Register); **T. Benotti:** Card. A. D. nel decimo anniversario della morte:

OR vom 14.10.1982, 15; **LThK³** 3, 76f. (J. Gelmi); **GZVK** (Register).
CHRISTIAN WIESNER

Denis, *Henri,* französischer katholischer Theologe, * 3.1.1921 Roanne. Priester der Diözese Lyon. Nach dem Studium der Theologie und einer Dissertation über Leo den Großen Seminarprofessor im Séminaire Saint-Irénée, Lyon, wurde er theologischer Berater von Kardinal Pierre-Marie Gerlier und Konzilsperitus. Als Bischofsvikar in seiner Diözese lange Jahre für die Sakramentenpastoral zuständig, lehrte er zeitweise auch in Abidjan und war Mitglied des Centre National de Pastorale Liturgique (CNPL). Während des Vaticanum Mitarbeit am Priesterdekret.

Werke: Le prêtre de demain. Paris 1967; La théologie du presbytérat de Trente à Vatican II: J. Frisque – Y. Congar (Hg.): Vatican II. Les prêtres. Décrets „Presbyterorum Ordinis" et „Optatam totius". Paris 1968, 193–232; Église, qu'as-tu fait de ton Concile? Paris 1985; Avec le cardinal Gerlier et monseigneur Villot: Échos d'un compagnonnage: Fouilloux (Hg.): Vatican II commence, 133–145; L'avenir en face. Paris 2002; Semences. Paris 2004; Dieu en toute liberté. Paris 2005.

Literatur: **Congar:** Mon journal.
MICHAEL QUISINSKY

Deschâtelets, *Léo,* OMI (1919), Generalsuperior der Oblatenmissionare, * 8.3.1899 Montreal, † 11.1.1974 Ottawa. Nach Ewiger Profess 1922 und Priester 1925 Lizenziat in Philosophie und Kirchenrecht, Promotion in Theologie. 1926 als Professor und Spiritual im Scholastikat St. Joseph, dessen Superior er 1938–44 war. Unter seiner Ägide erlebte die Missionswissenschaft einen neuen Aufschwung. 1934 rief er die Semaines d'études missionnaires au Canada ins Leben, seit 1936 gehörte er dem Zentralkomitee der Union missionnaire du clergé du Canada an, 1937 wirkte er als deren Untersekretär in Rom. Nach seiner Rückkehr nach Kanada 1938 Präsident der Société thomiste, Vizedekan der Theologischen Fakultät der Universität Ottawa, Vizepräsident der Association canadienne-française pour l'avancement des sciences und Mitglied im Direktionsrat der Zeitung *Le Droit.* 1944 Provinzial für Ost-Kanada mit 800 Oblatenmissionaren in Kanada und 100 im Basutoland, wurde er 1947 Generalsuperior seines Ordens (37 Provinzen und Vikariate, 5.964 Mitglieder). Während seiner 25-jährigen Amtszeit erreichte sein Orden 1966 die höchste Mitgliederzahl (7.268). D. wirkte im Sinn einer Rückkehr zu den Quellen und zum Evangelium an einer Fortschreibung der Berufung seines Ordens angesichts der Entwicklungen in Kirche und Welt und trieb die nach dem 2. Weltkrieg notwendige Erneuerung von dessen pastoralen Aktivitäten voran (Engagement im Presse- und Kommunikationswesen, Mitarbeit an verschiedenen Zeitschriften, in der Katechese sowie Einsatz im sozialen Bereich und in der Entwicklungshilfe). Dabei befürwortete er auch die Mitarbeit von Laien. Im Oktober 1962 von ∕Johannes XXIII. zum Mitglied der Konzilskommission für die Mission ernannt, brachte er sich mit einer schriftlichen Eingabe zum Kapitel IV des Schemas *De ecclesia* (31.10.1963) sowie einer Intervention in aula zum Schema *De episcopis* (7.11.1963) ein. Vor der dritten Sitzungsperiode gehörte er zu den Unterzeichnern der von Kardinal ∕Larraona entworfenen und an ∕Paul VI. gerichteten *Nota riservata,* die v. a. von Mitgliedern des Coetus Internationalis Patrum unterstützt wurde und sich gegen das dritte Kapitel von *Lumen gentium* richtete. Anfang 1965 gehörte er zu den 111 Unterzeichnern der von Erzbischof ∕Lefebvre im Namen des Coetus initiierten Petition zur Modifizierung des Schemas *De divina revelatione,* das in der vierten Sitzungsperiode diskutiert wurde. Seine Bedeutung für das Konzil liegt aber wohl weniger in dieser punktuellen Zusammenarbeit mit dem Coetus als vielmehr darin, dass er die Oblaten zur aktiven Teilnahme am Konzil und einer breiten Informationstätigkeit in den von ihnen betriebenen kirchlichen Medien anhielt. Zudem wurde das Generalat seines Ordens unter seiner Leitung zu einem zentralen Ort konziliarer Kommunikation und Bewusstseinsbildung zwischen Bischöfen und Periti seines Ordens, aber auch zahlreichen Missionsbischöfen. Nach dem Konzil oblag ihm das Aggiornamento der Konstitutionen und des Lebens seines Ordens, dessen Nachwuchssorgen sich abzuzeichnen begannen. Paul VI. ernannte D. zum Mitglied der Kongregation für die Evangelisierung der Völker. Nach Amtsverzicht 1972 kehrte er nach Kanada zurück.

Werke: Notre Vocation et notre Vie d'Union Intime avec Marie Immaculée. Circulaire No 191 du Père Général. o. O. 1951.
Literatur: **D. Levasseur:** Histoire des Missionnaires Oblats de Marie Immaculée, Bd. 2: 1898–1985. Montréal 1986.   GILLES ROUTHIER

Dhanis, *Édouard,* SJ (1919), belgischer katholischer Theologe, * 6.2.1902 Gent; † 17.12.1978 Rom. Nach Studium am Jesuitenkolleg Gent Eintritt in den Jesuitenorden und Studium an der Gregoriana (Dr. theol. 1933). Anschließend Professor für Theologie in Löwen. 1949 beauftragte ihn der Jesuitengeneral Jean-Baptiste ↗Janssens, die französischen Studienhäuser des Ordens zu visitieren, die zu dieser Zeit im Mittelpunkt eines Konfliktes um Natur, Methode und Ziel der Theologie standen. 1950 wurde D. Rektor des Kollegs San Roberto Bellarmino in Rom, 1955 Präfekt und 1956 Professor an der Gregoriana, der er 1963–66 als Rektor vorstand. Verlässlich zur römischen Orthodoxie stehend, wurde er Mitglied der vorbereitenden Theologischen Kommission sowie während des Konzils Peritus und Mitglied der Theologischen Kommission. Zudem wirkte er während des Vaticanum II als persönlicher Berater des Jesuitengenerals J. B. ↗Janssens. Auf kurialer Ebene war D. seit 1962 Konsultor des Sanctum Officium bzw. der Glaubenskongregation sowie ab 1971 der Kleruskongregation. 1967 wurde er im Namen des Heiligen Stuhls erneut mit einer Visitation beauftragt, diesmal aufgrund des *Nieuwe Katechismus* in den Niederlanden, an dem sein Ordensbruder Piet Schoonenberg maßgeblichen Anteil hatte. Schließlich suchte er 1976 im Namen des Heiligen Stuhls Marcel ↗Lefebvre in der Schweiz auf.

Werke: De natura religiosa obligationis moralis: Acta Secundi Congressus Thomistici Internationalis (Acta Pontificiae Academiae Romae St. Thomae Aquinatis et Religionis Catholicae, Nova Series, Vol. III). Rom 1937, 454–467; Bij de verschijningen en het geheim van Fatima. Brügge 1945; Le problème de l'acte de foi. À propos d'un livre récent: Nouvelle revue théologique 78 (1946) 26–43; En marge d'un cours sur Hegel et Feuerbach: Gregorianum 30 (1949) 574–587; Révélation explicite et révélation implicite: Gregorianum 34 (1953) 187–237; Un chemin de la preuve du miracle: Analecta Gregoriana 67 (1954) 63–86; Qu'est-ce qu'un miracle?: Gregorianum 40 (1954) 201–241; Christus victor mortis. Rom 1958; Miracula et resurrectio Jesu. Rom 1961.
Literatur: **W. Bless** (Hg.): Witboek over de Nieuwe Katechismus. Utrecht 1969 (passim); **G. Martina:** Padre E. D.: OR vom 15./16.1.1979, 5; In memoriam Pater E. D. (1902–1978): Jezuïeten 37 (1979) 66–69; **C. E. M. Struycker Boudier:** Wijsgerig leven in Nederland, België en Luxemburg 1880–1980, Part I: De jezuïeten. Nijmegen 1985 (Register); **É. Fouilloux:** Une Église en quête de liberté: La pensée catholique française entre modernisme et Vatican II (1914–1962). Paris 1998 (Register); **A. Dockx:** s. v.: C. E. O'Neill – J. M. Dominguez (Hg.): Diccionario Histórico de la Compañía de Jesús, Bd. 2. Rom – Madrid 2001, 1110; **J. Mettepenningen – K. Schelkens:** ‚Quod immutabile est, nemo turbet et moveat': Les rapports entre H. de Lubac et le P. Général J.-B. Janssens dans les années 1946–48, à propos de documents inédits: CrStor 29 (2008) 139–172 (passim); **J. Mettepenningen:** Nouvelle Théologie – New Theology: Inheritor of Modernism, Precursor of Vatican II. London 2010 (Register).
                    JÜRGEN METTEPENNINGEN

Dillenschneider, *Clément,* CSsR (1911), französischer katholischer Theologe, * 2.11.1890 Dabo (Moselle), † 5.2. 1969 Ostwald (Bas-Rhin). Nach dem Studium der Philosophie und Theologie am Scholastikat seines Ordens in Echternach, 1917 Priester. Im Anschluss an ein Vertiefungsstudium in Freiburg (Schweiz) lehrte er 1921–58 in Echternach Dogmatik. Die Heilung einer leiblichen Schwester in Lourdes 1923 veranlasste ihn, sich intensiv mit der Mariologie zu beschäftigen. Er wurde einer der führenden Theologen auf diesem Gebiet und bereitete die ekklesiale Sicht Marias in *Lumen gentium* VIII mit vor. Einen weiteren Schwerpunkt seines theologischen Schaffens bildete der priesterliche Dienst.

Werke: La mariologie de St. Alphonse de Liguori, 2 Bde. Fribourg – Paderborn 1931–34; Marie au service de notre rédemption. Haguenau 1947; Le sens de la foi et le progrès dogmatique du mystère marial. Rom 1954; Le principe premier d'une théologie mariale organique. Paris 1956; Marie dans l'économie de la création rénovée. Paris 1957 (Maria im Heilsplan der Neuschöpfung. Colmar – Freiburg 1960); Le Christ, l'unique prêtre et nous ses prêtres, 2 Bde. Paris 1960–61; Le mystère de Notre-Dame et notre dévotion mariale. Paris 1962; L'Esprit Saint et le prêtre. Paris 1963; Le dynamisme de nos sacrements. Paris 1964; La paroisse et son curé dans le mystère de l'Église. Paris 1965; Joie humaine, joie chrétienne. Paris 1967; Le dynamisme de notre foi. Paris 1968.

Literatur: **M. Benzerath:** Le Père C. D.: Ephemerides Mariologicae 20 (1970) 245–251 (Bibliografie).

PETER WALTER

Dirks, *Marianne* (geborene *Ostertag*), Aktivistin in der katholischen Jugendbewegung und Frauenverbandsarbeit, * 29.8. 1913 Freiburg (Breisgau), † 15.10.1993 Wittnau (bei Freiburg). Studium der Musik in Freiburg, anschließend als Klavierlehrerin und Konzertkritikerin tätig. 1941 Heirat mit dem Publizisten Walter D., vier Töchter. D., ursprünglich in der Jugendbewegung und Liturgischen Bewegung beheimatet, wurde 1951 von Generalpräses Hermann Klens zur Präsidentin des „Zentralverbandes der katholischen Frauen- und Müttergemeinschaften" (seit 1968 Katholische Frauengemeinschaft Deutschlands, kfd) berufen und bis 1972 mehrfach in dieses Amt wiedergewählt. Von 1952–72 war sie Mitglied des Zentralkomitees der deutschen Katholiken (ZdK), von 1968–72 auch dessen Vizepräsidentin. D. war als Synodalin der Gemeinsamen Synode der Bistümer der Bundesrepublik Deutschland (1971–75) Mitglied der Sachkommission I „Glaubenssituation und Verkündigung". Ab Mitte der 1970er Jahre engagierte sie sich in der Friedensbewegung, in der Eine-Welt-Arbeit und im ökumenischen Dialog. Besondere Anliegen von D. waren die Stellung von Frauen in der Kirche, verantwortete Elternschaft und die Zulassung wiederverheirateter Geschiedener zu den Sakramenten. Gemeinsam mit Anneliese Lissner als Schriftleiterin der Verbandszeitschrift *Frau und Mutter* initiierte D. eine Umfrage zu den Erwartungen der Verbandsmitglieder an das Konzil. Sie war Grundlage der Konzilseingabe des Zentralverbands, die von Kardinal Josef ↗Frings im Juli 1961 an die Zentralkommission weitergeleitet wurde. Während des Vaticanum II unternahm D. mehrfach Romreisen, um mit Konzilsvätern, nichtkatholischen Beobachtern, Journalisten, Theologen und Vertreterinnen internationaler Frauenorganisationen ins Gespräch zu kommen; vom 27.–29.10.1965 nahm sie an der Generalkongregation teil. Während und nach dem Konzil war D. eine gefragte Referentin bei Tagungen und (Priester-) Fortbildungen und setzte sich für die Umsetzung der Konzilsbeschlüsse besonders in der Frauenverbandsarbeit ein.

Werke: Große Dinge erwarten wir von diesem Konzil: Frau und Mutter, April/Mai 1961, 79f.115; Wir alle durften Vorschläge machen: Frau und Mutter, September 1961, 197f. (Artikel und Zuschriften fast identisch publiziert als: Wünsche katholischer Frauen, Mütter und Ehepaare an das ökumenische Konzil: V. Schurr [Hg.]: Konkrete Wünsche an das Konzil. Kevelaer 1961, 57–93); Notizen aus Rom zum Konzil: Frau und Mutter, Januar 1964, 12–14; Notizen aus Rom 1964: Frau und Mutter, Januar 1965, 16; Fünf Tage für „Frau und Mutter" in Rom: Frau und Mutter, Januar 1966, 108f.; Die Ehe. Freiburg 1968 (2. Auflage: Die Ehe, Chancen und Aufgaben heute. Freiburg 1970); (Als Hg.:) Sie prägten das Antlitz der Kirche: heilige Frauen. Mainz 1982; (Als Hg. mit I. Drewitz:) Glauben Frauen anders? Freiburg 1983 (^{5}1987, Neuausgabe 1993); (mit K. Rahner:) Für eine neue Liebe zu Maria. Freiburg 1984 (^{3}1987); A. Lissner (Hg.): M. D. – sich wandeln und nicht müde werden. Lebenstexte. Düsseldorf 1994.

Literatur: **LThK**^{3} 3, 258 (A. Lissner); **BBKL** 31, 367–369 (K. Großmann); **H. Großmann:** Kirche in der Tradition des „Aggiornamento". Wie das Engagement M. D.s uns heute Beispiel sein kann: M. Eckholt – S. Wendel (Hg.): Aggiornamento heute. Diversität als Horizont einer Theologie der Welt. Ostfildern 2012, 109–124.

REGINA HEYDER

Döpfner, *Julius,* deutscher Bischof und Kardinal, * 26.8.1913 Hausen (heute Bad Kissingen), † 24.7.1976 München. 1933 Studium der Theologie in Würzburg, ab November 1933 als Alumne des Collegium Germanicum an der Gregoriana in Rom, 1939 Priester, 1941 Dr. theol. (Rom) und erste Seelsorgstätigkeit in seiner Heimatdiözese Würzburg, 1944 Präfekt im bischöflichen Knabenseminar Kilianeum, 1946 Subregens des Priesterseminars, 1948 Bischof von Würzburg, 1957 Bischof von Berlin, 1958 Kardinal, 1961 Erzbischof von München und Freising, Vorsitzender der Freisinger Bischofskonferenz (1961–76) sowie der Deutschen Bischofskonferenz (1965–76). Frühe theologische Prägungen durch Hermann Schell, John Henry Newman u.a. machten ihn sensibel gegenüber geschichtlichen Entwicklungen und der Dimension der Kirche als Volk Gottes. 1959 vertrat er in seinem Berliner Konzilsvotum eine christliche Anthropologie in Abgrenzung zum Sozialismus und plädierte für die Mitwirkung der Laien an der kirchlichen Sendung, Dezentralisation in der Kirche und liturgische Reformen. Als Mitglied der Zentralen Vorbereitungskommission (ab 1960) kritisierte er in zahlreichen Wortmeldungen die meist zu defensiv gehaltenen Textvorlagen. 1962 ernannte ihn ∕Johannes XXIII. zum Mitglied der Kommission für technische Angelegenheiten sowie derjenigen für außerordentliche Angelegenheiten. Nach dem Ende der ersten Sitzungsperiode 1963 berief ihn ∕Paul VI. in die Koordinierungskommission zur Verbesserung der Konzilsarbeiten, wo er im Auftrag des Papstes mit dem sogenannten „Döpfner-Plan" für eine Straffung der Sitzungen und der Themen eintrat. Ab der zweiten Sitzungsperiode gehörte er mit den Kardinälen ∕Lercaro, ∕Suenens und ∕Agagianian dem neugeschaffenen Moderatorengremium an, das mit der Abstimmung zu den fünf Propositiones im Rahmen der Diskussion des Kirchenschemas (u.a. Kollegialität der Bischöfe, Wiedereinführung des Ständigen Diakonats) vom 30.10.1963 die weitere Richtung der konziliaren Diskussionen entscheidend bestimmte. D. selbst bezog in 16 Wortmeldungen zu wichtigen Inhalten des Konzils Stellung (u.a. Aufgaben der Kirche und der Bischöfe, zeitgemäßer Vollzug der Liturgie, Wesen und Wirken der Offenbarung, verschiedene Lebensformen und Lebensstände in der Kirche), sein Votum zugunsten des Ständigen Diakonats war wegweisend. Als herausragender Vertreter des Aggiornamento-Anliegens Johannes' XXIII. arbeitete D. eng mit führenden Konzilsvätern wie den Kardinälen ∕Alfrink, ∕Bea, ∕Frings, ∕Jaeger, ∕König, ∕Liénart, ∕Léger und Suenens zusammen. Bedeutende Konzilsberater D.s waren u.a. Johannes ∕Hirschmann, Klaus ∕Mörsdorf (privater Peritus), Karl ∕Rahner, Michael ∕Schmaus und Klemens Tilmann sowie sein Konzilssekretär Gerhard Gruber. Mit der raschen Einführung des Diakonats (1970) und der pastoralen Laienberufe (z.B. erste Aussendung von Pastoralreferenten 1971), aber auch der Laienräte auf Pfarrei- und Diözesanebene ab 1967 war er ein maßgeblicher

Wegbereiter bei der Umsetzung der Konzilsergebnisse. 1971–75 setzte sich D. als Präsident der Würzburger Synode nachdrücklich für die Rezeption des Konzils in Deutschland ein.

Quellen: J. Kardinal D.: In dieser Stunde der Kirche. Worte zum II. Vatikanischen Konzil. München 1967; A. Leugers: J. D. Briefe an Georg Angermaier 1923 bis 1944: Würzburger Diözesangeschichtsblätter 58 (1996) Ergänzungs-Bd., 9–100; G. Treffler – P. Pfister (Bearb.): Erzbischöfliches Archiv München. J. Kardinal D. – Archivinventar zum Zweiten Vatikanischen Konzil. Regensburg 2004; G. Treffler (Bearb.): J. Kardinal D. Konzilstagebücher, Briefe und Notizen zum Zweiten Vatikanischen Konzil. Regensburg 2006.

Literatur: **K. Wittstadt:** J. Kardinal D. (1913–1976). Anwalt Gottes und der Menschen. München 2001 (Literatur); **G. Gruber:** Kardinal J. D. Um Gottes und der Menschen willen leben. Erinnerungen eines Begleiters: Beiträge zur altbayerischen Kirchengeschichte 46 (2001) 257–275; **C. Hartl:** Wir aber predigen Christus, den Gekreuzigten. Spuren der Kreuzesspiritualität J. Kardinal D.s in seinem Leben und in seiner Verkündigung. Würzburg 2001; **K. Nussbaum:** Klaus Mörsdorf und Michael Schmaus als Konzilsberater des Münchener Erzbischofs Kardinal D. auf dem Zweiten Vatikanischen Konzil. Eine Untersuchung aufgrund des Konzilsnachlasses Kardinal D.s: MThZ 55 (2004) 132–150; **G. Treffler:** Léon-Joseph Cardinal Suenens and J. Cardinal D.: Donnelly u. a. (Hg.): Belgian contribution, 219–231; **S. Mokry:** Kardinal J. D. (1913–1976) und das II. Vatikanische Konzil – Forschungsthemen und vorläufige Bilanz: Bischof (Hg.): Das Zweite Vatikanische Konzil, 67–79.

STEPHAN MOKRY

Dossetti, *Giuseppe,* italienischer Politiker und katholischer Theologe, * 13.2.1913 Genua, † 15.12.1996 Oliveto di Monteveglio (Bologna). Studium der Rechtswissenschaft in Bologna und Mailand, anschließend Lehrtätigkeit in Kirchenrecht an der Universität Modena. Während des 2. Weltkriegs in der Widerstandsbewegung, war D. später an der Ausarbeitung der italienischen Verfassung beteiligt und wurde führendes Mitglied der Democrazia Christiana, für die er Parlamentsabgeordneter wurde. 1959 Priesterweihe durch Kardinal Giacomo ↗Lercaro, dessen Sekretär er wurde. Persönlicher Konzilsberater Lercaros, wurde D. auf Druck von Erzbischof Pericle ↗Felici von seiner inoffiziellen Aufgabe als Sekretär des Moderatorenkollegiums entbunden, daraufhin allerdings zum Peritus ernannt. Engagiert u. a. für die Anliegen der Gruppe „Die Kirche der Armen", war D., der in der Intersessio 1962/63 auch z. T. angenommene Vorschläge zum Konzilsverfahren machte, während und nach dem Konzil Kritiker eines „Possibilismus" (Grootaers 551), der die Chancen des Konzils nicht ausschöpfte. Gründer der geistlichen Gemeinschaft Piccola Famiglia dell'Annunziata in Monteveglio bei Bologna sowie des Centro di documentazione (seit 1961: Istituto per le scienze religiose) in Bologna, entfaltete D. seit den 1950er Jahren eine umfangreiche Forschungs- und Publikationstätigkeit zu geistlichen und historischen Themen, wovon nicht zuletzt auch Impulse für die Erforschung der Konziliengeschichte und insbesondere des Tridentinums ausgingen.

Werke: Il Vaticano II. Frammenti di una riflessione. Bologna 1996; Per una „Chiesa eucaristica". Rilettura della portata dottrinale della costituzione liturgica del Vaticano II. Lezioni del 1965, hg. v. G. Alberigo – A. Melloni. Bologna 2002; La piccola famiglia dell'Annunziata. Le origine e i testi fondativi 1953–1986. Mailand 2004.

Literatur: **A. Alberigo – G. Alberigo** (Hg.): Con Dio e con la storia. Una vicenda di cristiano e di uomo. Turin 1986; **dies.:** „Con tutte tue forze". I nodi della fede cristiana oggi. Omaggio a G. D. Genua 1993 (Bibliografie); **G. Alberigo** (Hg.): G. D. Prime prospettive e ipotesi di ricerca. Bologna 1998; **J. A. Komonchak:** La valutazione sulla Gaudium et spes: Chenu, D., Ratzinger: Doré – Melloni (Hg.): Volti di fine concilio, 115–153; **A. Melloni:** G. D. Studies on an Italian Catholic Reformer. Münster 2008; **J. Grootaers:** Diversité des tendances à l'intérieur de la majorité conciliaire. Gérard Philips et G. D.: Donnelly u. a. (Hg.): Belgian Contribution, 529–562; **C. Lorefice:** D. e Lercaro. La Chiesa povera e dei poveri nella prospettiva del Concilio Vaticano II. Mailand 2011.

MICHAEL QUISINSKY

Doumith, *Michael,* libanesischer Bischof (Maroniten), * 20.7.1915 Ain-el-Kharroubé, † 25.2.1989 Sarba. 1940 Priester, anschließend Lehrtätigkeit an der Universität Saint-

Joseph in Beirut. 1956 maronitischer Bischof von Tyr, 1959 von Sarba. Auf dem Vaticanum II Mitglied der Kommission für die Glaubenslehre, trat er, u. a. als Mitglied einer Unterkommission während der Erarbeitung des Kirchenschemas, für die Überwindung lateinischer Engführungen in der Theologie des Bischofsamtes ein. Im Rahmen der Redaktion von *Gaudium et spes* Mitglied in verschiedenen Unterkommissionen. D. gehörte auch zur einflussreichen „Gruppe der 22" in der Domus Mariae.

Werke: Urgences actuelles: Notre Église en question. Beirut 1969, 53–62.

Literatur: Proche-Orient Chrétien 6 (1956) 183; **GZVK** (Register); **Turbanti:** Un concilio per il mondo moderno (Register); **J. Grootaers – J. Jans:** La régulation des naissances à Vatican II: une semaine de crise. Leuven 2002 (passim); **M. Wilde:** Vatican II. A sociological analysis of religious change. Princeton (New Jersey) 2007 (Register).

MICHAEL QUISINSKY

Dumont, *Christophe-Jean,* OP (1919), französischer katholischer Ökumeniker, * 22.6.1897 Valenciennes, † 11.2.1991 Paris. 1924 Priester. 1927 Leiter des Seminars Saint-Basile in Lille, in dem russische Exilkatholiken auf die Priesterweihe im griechisch-katholischen Ritus vorbereitet wurden. 1931 Direktor des neugegründeten dominikanischen Studienzentrums Istina, das sich besonders dem Christentum in Russland widmete und mit diversen orthodoxen (Institut Saint-Serge) und katholischen (Chevetogne) Zentren zusammenarbeitete und seit 1937 die Zeitschrift *Russie et Chrétienté* (ab 1954: *Istina*) herausgab. Mit seinem Ordensbruder Yves ∕Congar suchte D. nach Möglichkeiten der Ökumene. Nach dem 2. Weltkrieg hatte er verstärkt Kontakt zu orientalischen Christen (∕Maximos IV. Saigh) und ökumenisch engagierten Katholiken (Mitglied der Katholischen Konferenz für ökumenische Fragen um Johannes ∕Willebrands), aber auch zum Ökumenischen Rat der Kirchen. 1959 stand D. gemeinsam mit Johannes Willebrands – mangels fehlender offizieller Strukturen als „Journalist" – bei der Sitzung des Zentralausschusses des Ökumenischen Rates der Kirchen in Rhodos im Mittelpunkt des auch in den Medien beachteten „Zwischenfalls von Rhodos", der eine Frucht zahlreicher Missverständnisse darstellte und darin symptomatisch für den Mangel an funktionsfähigen ökumenischen Beziehungen vor dem Vaticanum II war: fälschlicherweise als offiziell wahrgenommene Gespräche D.s mit Vertretern der orthodoxen Mitgliedskirchen des ÖRK führten zum Verdacht, dass der Vatikan den ÖRK zugunsten bilateraler Beziehungen zu den Orthodoxen Kirchen umgehen wolle. Auf dem Konzil wirkte D. v. a. im Umfeld des Einheitssekretariates als Peritus und half den Weg „vom Uniatismus zum Ökumenismus" (Destivelle 71) zu ebnen. 1967 gab er die Leitung des Zentrums Istina ab und leistete auf römischer Ebene im Dialog zwischen Orthodoxen und Katholiken Grundlagenarbeit für ein sakramentales Verständnis der Kirche. D. machte früh den Gedanken der „Hierarchie der Wahrheiten" stark.

Werke: Les voies de l'unité chrétienne. Doctrine et spiritualité. Paris 1948; Décret sur l'Œcuménisme avec commentaires par C.-J. D. et René Beaupère: Istina 10 (1964) 355–466; (Als Hg. mit D. Papandreou – P. Duprey:) Tomos agapès. Vatikanstadt – Phanar 1958–1970, Rom – Istanbul 1971.

Literatur: **É. Fouilloux:** Les catholiques et l'unité chrétienne du XIXe au XXe siècle. Paris 1982 (Register); **C. Bova:** C.-J. D. Una vita per l'ecumenismo. Bari 1989 (Bibliografie); **B. Dupuy:** In memoriam: Istina 37 (1992) 57–64; **Velati:** Una difficile transizione (Register); **Grootaers:** Rome et Genève (Register); **K. Schelkens:** Le „conflit de Rhodos" au jour le jour. La correspondance inédite entre Johannes G. M. Willebrands et C.-J. D.: Istina 54 (2009) 253–277; **H. Destivelle:** Souvenirs d'un pionnier. Les Mémoires inédits du Père C.-J. D.: Istina 54 (2009) 279–297; **ders.:** s. v.: Personenlexikon Ökumene, 70f.; **L. Declerck** (Hg.): Les agendas conciliaires de Mgr J. Willebrands, secrétaire du Secrétariat pour l'unité des chrétiens. Leuven 2009 (Register); **T. Salemink** (Hg.): „You will be called repairer of the breach". The Diary of J. G. M. Willebrands 1958–1961. Leuven 2009 (Register); **M. Velati:** Dialogo e rinnovamento. Verbali e testi del segretariato per l'unità dei cristiani nella preparazione del concilio Vaticano II (1960–1962). Bologna 2011 (Register). MICHAEL QUISINSKY

Dumoulin, *Heinrich,* SJ (1924), deutscher katholischer Religionswissenschaftler, * 31.5. 1905 Wevelinghofen (Niederrhein), † 21.7. 1995 Tokyo. Seit 1935 in Japan. Als Philosophieprofessor an der Sophia-Universität (1941–76) und Gründer sowie erster Direktor des „Instituts für Asiatische Kultur" (1969–76) nahm er früh an interreligiösen Dialogen teil. Auf dem Vaticanum II arbeitete D. an den Passagen von *Nostra aetate* über den Buddhismus mit. Er wurde international bekannt durch seine vergleichenden Studien zu christlicher Mystik und buddhistischer Erleuchtung sowie seine Forschungen zur Geschichte des Zen.
HANS WALDENFELS
Werke: Östliche Meditation und westliche Mystik. Freiburg – München 1966; Exkurs zum Konzilstext über den Buddhismus: LThK. E 2, 482–485; Vaticanum II on Buddhism: Japan missionary bulletin 21 (1967) 23–27; Geschichte des Zen-Buddhismus, 2 Bde. Bern 1985–86.
Literatur: **H. Waldenfels – T. Immoos** (Hg.): Fernöstliche Weisheit und christlicher Glaube. FS H. D. Mainz 1985; **J.W. Heisig:** Editor's introduction: Japanese Journal of Religious Studies 12/2-3 (1985) 109–117: 109–115 (online unter http://nirc.nanzan-u.ac.jp/publications/jjrs/pdf/206.pdf; abgerufen: 5.7.2012); **H. Waldenfels:** H. D. SJ 1905–1995: ZMR 80 (1996) 44f.; **L. García Daris:** In memoriam H. D. S.J. (1905–1995): Oriente – Occidente 13 (1996) 163–167. REDAKTION

Duprey, *Pierre,* MAfr (1942), französischer katholischer Ökumeniker, * 26.11.1922 Croix (Nord), † 13.5.2007 Rom. 1950 Priester in Karthago (Tunesien) und Studien der katholischen und orthodoxen Theologie u. a. in Rom und Athen wurde D. 1956–63 Professor für Dogmatik am melkitischen Seminar Sainte Anne in Jerusalem. Mitglied der Katholischen Konferenz für ökumenische Fragen, war D. katholischer Beobachter bei der Panorthodoxen Konferenz auf Rhodos 1961. Während des Vaticanum II diente er in Rom den orthodoxen Beobachtern als Theologe und Übersetzer und gestaltete die Kontakte zum Ökumenischen Patriarchen von Konstantinopel ⁄ Athenagoras. Seit 1963 war er Untersekretär, seit 1983 (bis 1999) Sekretär des Einheitssekretariats. 1990 empfing er die Bischofsweihe. Im Einheitssekretariat bzw. -rat trieb er in organisatorischer wie konzeptioneller Weise die Ökumene mit dem christlichen Osten voran. Daneben wirkte er in zahlreichen Kommissionen am Dialog mit verschiedenen Konfessionen mit und pflegte als Verbindungsmann zur Kommission für Glaube und Kirchenverfassung die Zusammenarbeit mit dem Ökumenischen Rat der Kirchen, wobei er hierin die besonderen Chancen eines multilateralen Dialogs sah. D. engagierte sich auch für das Tantur Ecumenical Institute for Theological Studies, das seine Existenz dem Vaticanum II verdankt.
Werke: (Als Hg. mit D. Papandréou – C.-J. Dumont:) Tomos agapès. Vatikanstadt – Phanar 1958–1970, Rom – Istanbul 1971; Erneuerung, Dialog und Rezeption: K. Froehlich (Hg.): Ökumene. Möglichkeiten und Grenzen heute. Tübingen 1982, 63–69; Paul VI et le décret sur l'œcuménisme: Istituto Paolo VI (Hg.): Paolo VI e i problemi ecclesiologici al concilio. Brescia 1998, 225–248; I gesti ecumenici di Paolo VI: Istituto Paolo VI (Hg.): Paolo VI e l'ecumenismo. Brescia 2001, 198–214.
Literatur: **Velati:** Una difficile transizione (Register); **J. Willebrands:** Préface: J.-M. R. Tillard (Hg.): Agapè. Études en l'honneur de Mgr P. D. M. Afr., Évêque tit. de Thibar. Chambésy 2000, 13–15; **D. Papandréou:** Un modèle d'être et d'agir: ebd., 17–34; **E. Fortino:** s. v.: Personenlexikon Ökumene, 71f.; **L. Declerck** (Hg.) : Les agendas conciliaires de Mgr J. Willebrands, secrétaire du secrétariat pour l'unité des chrétiens, Leuven 2009 (Register); www.africamission-mafr.org/mgr_pierre_duprey.htm; www.wcc-coe.org/wcc/who/dictionary-article10.html (abgerufen: 13.8.2012). MICHAEL QUISINSKY

Duval, *Léon-Étienne,* französisch-algerischer Bischof und Kardinal, * 9.11.1903 Chênex (Haute-Savoie), † 30.5.1996 Algier. Sohn eines Landwirtes in Savoyen, nach Studien in Annecy und Rom 1926 ebd. Priester. Nach Promotion (Dr. theol. 1927) und Seelsorgstätigkeit 1930–38 Seminarprofessor für Dogmatik in Annecy, 1942 ebd. Generalvikar. 1946 Bischof von Constantine und Hippo (Algerien), verfolgte D. engagiert die Entwicklungen in der französischen Kolonie auf dem schwierigen Weg zur Unabhängigkeit. Seit 1954 (bis 1988) Erzbischof von Algier, bezog er verschiedentlich Position gegen Gewalt, Kolonialismus und Nationalismus. Wegen seines Eintretens für die Rechte der Muslime als „Mohammed Duval" geschmäht, blieb der von vielen auch innerhalb der katholischen Kirche zunächst Unverstandene nach der Unabhängigkeit Algeriens und dem Wegzug vieler Französischstämmiger im Land und wirkte für den christlich-islamischen sowie den interreligiösen Dialog. 1963–88 Vorsitzender der nordafrikanischen Bischofskonferenz, 1965 Kardinal, verlas er am 8.12.1965 die Botschaft des Konzils an die Frauen und trat innerhalb der Kirche für „Solidarität" (ders. 1967, 168) zwischen Laien, Ordensleuten und Priestern ein.

Werke: Dociles à l'esprit: L'Esprit nous a rassemblés. Témoignages d'évêques au Concile. Paris 1966, 13–26; Laïcs, prêtres, religieux dans l'Église selon Vatican II. Paris 1967; Au nom de la vérité: Algérie 1954–1962. Paris 1982; Le cardinal D. „Évêque en Algérie". Entretiens du cardinal L.-É. D. avec Marie-Christine Ray. Paris 1984.

Literatur: **M.-C. Ray:** Le cardinal D. Un homme d'espérance en Algérie. Paris 1998; **DÉF** 238–240 (É. Fouilloux).

MICHAEL QUISINSKY

Dwyer, *George Patrick,* britischer Bischof, * 25.8.1908 Manchester, † 17.9.1987 ebd. Studium der Theologie in Rom, 1932 Dr. theol. (Gregoriana) und Priester, Studium der klassischen und modernen Sprachen in Cambridge (Christ's College) und anschließend Französischlehrer in St. Bede's College, Manchester. 1947 Assistent seines Studienfreundes John Carmel ∕ Heenan in der Leitung der Catholic Missionary Society und 1951 dessen Nachfolger. 1957 folgte er Heenan als Bischof von Leeds nach und wurde 1965 Erzbischof von Birmingham (bis 1982). Während des Vaticanum II Mitglied der Kommission für die Bischöfe. Nach dem Konzil innerhalb der Bischofskonferenz von England und Wales verantwortlich für die Durchführung der Liturgiereform, wobei er persönlich eher klassische Frömmigkeitsformen bevorzugte. 1976–79 Vorsitzender der Bischofskonferenz von England und Wales.

Werke: The Catholic Faith. A Course of Leaflets. London 1954; Pray for me: John Carmel Heenan. London 1975; Preface: Y. Congar: Challenge to the Church: The Case of Archbishop Lefebvre. London 1977, 6f.

Literatur: **M. Faggioli:** Il vescovo e il concilio: modello episcopale e aggiornamento al Vaticano II. Bologna 2005 (Register); Oxford Dictionary of National Biography 17 (2004) 458f. (D. Worlock).

MICHAEL QUISINSKY

E

Edelby, *Neophytos,* BA (1936), syrischer Bischof (Melkiten), * 10.11.1920 Aleppo, † 10.6.1995 ebd. 1944 Priester, 1950 Dr. iur. utr. (Lateran-Universität), anschließend Dozent am melkitischen Priesterseminar Sainte Anne der Weißen Väter in Jerusalem. Zeitlebens umfangreiche Publikationstätigkeit v. a. zu ökumenischen und liturgischen Fragen (u. a. Mitbegründer der Zeitschrift *Proche-Orient chrétien,* Mitherausgeber der Reihe *Patrimoine arabe chrétien*). 1961 zum Erzbischof von Edessa, 1968 zum Metropoliten von Aleppo gewählt. An der Schnittstelle der Kulturen, Mentalitäten und Religionen vermittelte er auf dem Vaticanum II zwischen ostkirchlichen und lateinischen Bischöfen und war Bindeglied zur Orthodoxie. E.s Interventionen während des Konzils waren etwa hinsichtlich des Offenbarungsschemas theologisch weiterführend. Als Mitglied der vorbereitenden wie der konziliaren Kommission für die orientalischen Kirchen hatte E. entscheidenden Anteil an der Entstehung von *Orientalium ecclesiarum,* wobei er dieses Dekret als Schritt auf dem weiteren Weg der Ökumene betrachtete. Sein Konzilstagebuch zeugt von den Spannungen zwischen Patriarchen und römischer Kurie, aber auch zwischen den verschiedenen orientalischen Kirchen. E., der während des Vaticanum II für eine Kurienreform eintrat, war nach dem Konzil Mitglied in verschiedenen römischen Dikasterien und gehörte dem Redaktionskomitee des Katechismus der katholischen Kirche an.

Werke: Liturgicon. Missel byzantin à l'usage des fidèles. Beirut 1960, ²1991 (deutsch: Liturgikon. Messbuch der byzantinischen Kirche. Recklinghausen 1967); verschiedene Beiträge in: L'Église Grecque Melkite au Concile. Discours et notes du Patriarche Maximos IV et des Prélats de son Église au Concile oecuménique Vatican II. Beirut 1967; (zusammen mit I. Dick:) Les Églises Orientales Catholiques. Décret „Orientalium Ecclesiarum". Paris 1970; Réflexions de Mgr N. E.: Le lien 61 (2001) n° 4-5 (juillet-août) 33-35; Souvenirs du Concile Vatican II. Beirut 2005.

Literatur: **I. Dick:** N. E. (1920-1995): Métropolite grec catholique d'Alep: Proche-Orient Chrétien 46 (1996) 360-372; **BBKL** 14, 948-950 (J. Madey); **Noël:** Gli incontri: Fattori –Melloni (Hg.): L'evento e le decisioni, 95-133; **N. Edelby – P. Masri** (Hg.): Mélanges en mémoire de Mgr N. E. (1920-1995). Beirut 2005 (Bibliografie); **S. Shofany:** The Melkites at the Vatican Council. Bloomington (Indiana) 2005 (passim); **E. Lanne:** Le rôle du monastère de Chevetogne au deuxième concile du Vatican: Donnelly u.a. (Hg.): Belgian Contribution, 361-388.

MICHAEL QUISINSKY

Ehrle, *Gertrud Elisabeth,* Aktivistin der katholischen Frauenbewegung, * 29.4.1897 Ravensburg, † 11.6.1985 ebd. E., eine Nichte des Kurienkardinals Franz Ehrle, entstammte einer angesehenen Ravensburger Bürgerfamilie. 1918-20 an der Sozialen Frauenschule des Katholischen Deutschen Frauenbundes (KDFB) in Aachen, nach dem Abitur Studium der Volkswirtschaftslehre, Psychologie, Philosophie und Soziologie in Köln, 1928 Promotion in Psychologie. Seither arbeitete sie in verschiedenen Funktionen beim KDFB, zunächst als Dezernentin für „Frauenarbeits- und Berufsfragen". In zahlreichen Frauenverbänden aktiv, initiierte sie u.a. das Studentinnenwohnheim Helfta-Kolleg, das nicht zuletzt auch die Begegnung junger Frauen aus verschiedenen Kontinenten zum Ziel hatte. Auf internationaler Ebene engagierte sie sich für die World Union of Catholic Women's Organizations. In ihrem nationalen wie internationalen Einsatz für die katholischen Frauen suchte sie u.a. auch die Zusammenarbeit zwischen Laiinnen und Ordensfrauen zu fördern. 1952-79 war E. im Vorstand des KDFB, 1960-70 Präsidentin des Deutschen Frauenrates (DFR). 1961 verfasste E. gemeinsam mit Helene Weber eine Konzilseingabe des KDFB, die u.a. die Unterstützung der Kirche für eine eigenständige Mädchenbildung und die Bemühungen katholischer Frauenorganisationen erbat. 1965 war E. Laienauditorin beim Vaticanum II. Die Interventionen zu *Gaudium et spes* des Kölner Weihbischofs Augustinus

↗Frotz, der Geistlicher Beirat des KDFB war, entstanden in Zusammenarbeit mit E.

Werke: Aus dem Wertleben des Kleinkindes. Beobachtungen und Experimente. Münster 1930 (Dissertation); Leben spricht zu Leben. Freiburg 1937; Licht über dem Abgrund – Aufzeichnungen christlicher Frauen 1933–45. Freiburg 1951. Zahlreiche Beiträge in der Zeitschrift des KDFB Die Christliche Frau.
Literatur: **LThK³** 3, 514 (U. Hansen); **C. E. McEnroy:** Guests in Their Own House. The Women of Vatican II. New York 1996, bes. 84–87; **B. Sack:** Zwischen religiöser Bindung und moderner Gesellschaft. Katholische Frauenbewegung und politische Kultur in der Weimarer Republik (1918/19–1933). Münster 1998; **M. Seelen:** G. E. Eine Frau weist Wege. Köln 1998; **A. Icken:** Der Deutsche Frauenrat. Etablierte Frauenverbandsarbeit im gesellschaftlichen Wandel. Opladen 2002, bes. 74f.

MICHAEL QUISINSKY

Elchinger, *Léon-Arthur,* französischer Bischof, * 2.7.1908 Soufflenheim (Bas-Rhin), † 27.6.1998 Straßburg. 1931 Priester, Dozent am Priesterseminar Straßburg bzw. Regens des kriegsbedingt nach Clermont-Ferrand ausgelagerten Priesterseminars. 1947 Gründer des Centre de Pédagogie Chrétienne und 1948 der Zeitschrift *Vérité et Vie,* suchte er mit der Veranstaltungsreihe „Humanités chrétiennes" ein zeitgemäßes Glaubensverständnis zu ermöglichen. 1957 wurde er zum Koadjutor von Erzbischof Jean-Julien ↗Weber ernannt, dem er 1967 im Amt des Bischofs von Straßburg nachfolgte (bis 1984). Auf dem Vaticanum II entfaltete E. eine rege Aktivität und setzte entscheidende Akzente u. a. in den Diskussionen um die Liturgie-, die Kirchen- und die Pastoralkonstitution, wobei er in seinen theologisch Perspektiven eröffnenden Interventionen zum Verhältnis des Christentums zur Kultur, zur Religionsfreiheit und zur christlichen Erziehung Stellung bezog. Ökumenisch sensibel, war ihm auch die Beziehung zum Judentum ein Anliegen. Der Elsässer fungierte während des Konzils als Verbindungsmann zwischen deutschen und französischen Konzilsvätern und Theologen. Sein Eintreten auf dem Konzil für die Rehabilitation Galileo Galileis bezeugt seine Aufgeschlossenheit gegenüber kulturellen Zusammenhängen des Glaubens, jedoch kritisierte er bei nachhaltigem Eintreten für die Anliegen des Konzils insbesondere nach 1968 auch Strömungen in Gesellschaft und Kirche.

Werke: Als Hg.: L'Église en dialogue. Paris 1962; L'Église invitée au courage. Paris 1964; Le courage des lendemains. Paris 1966 (deutsch 1968). Als Autor: Le retour de Ponce Pilate. L'Église provoquée au courage. Paris 1975; La liberté d'un évêque. Paris 1976; Je plaide pour l'homme. Paris 1976 (deutsch 1977); Zeugnis einer Wegstrecke: K. Froehlich (Hg.): Ökumene. Möglichkeiten und Grenzen heute. Tübingen 1982, 70–79; Paroles pour la France. Paris 1984; L'âme de l'Alsace et son avenir. Témoin du XXe siècle. Straßburg 1992; Was bleibt vom II. Vatikanischen Konzil ? Eine brennende Frage dreißig Jahre nach Konzilsende : W. Weiß (Hg.): Zeugnis und Dialog. Die katholische Kirche in der neuzeitlichen Welt und das II. Vatikanische Konzil. Würzburg 1996, 11–14.
Literatur: **R. Epp** (Hg.): Histoire de l'Église catholique en Alsace des origines à nos jours. Straßburg 2003, 544–558; **K. Wittstadt:** Der Straßburger Bischof L.-A. E. Ein Anwalt des Menschen und der Humanität auf dem Zweiten Vatikanischen Konzil: **ders.:** Aus der Dynamik des Geistes. Aspekte der Kirchen- und Theologiegeschichte des 20. Jahrhunderts. Würzburg 2004, 352–375; **Quisinsky:** Geschichtlicher Glaube, 293–328; **R. Epp:** L.-A. E. Un grand évêque, symbole d'un lien profond entre l'identité alsacienne et la quête de la transcendance: ders.: Figures du catholicisme en Alsace (1789–1965). Straßburg 2007, 394–400; **B. Xibaut:** Mgr L.-A. E. Un évêque français au Concile. Paris 2009.

MICHAEL QUISINSKY

Emanuel, *Isidor Markus,* deutscher Bischof, * 7.10.1905 Merzalben (bei Pirmasens), † 30.11.1991 Zweibrücken. Studium der Philosophie und Theologie in Innsbruck und Rom (Gregoriana), 1927 Dr. phil., 1931 Dr. theol., 1930 Priester; Kaplan in Dudenhofen und in der Dompfarrei Speyer, 1933 Subregens des Priesterseminars in Maria Rosenberg, 1939 Pfarrer in Hohenecken, 1941 Leiter des diözesanen Exerzitienwerkes, des Exerzitienhauses Maria Rosenberg und der Wallfahrtsseelsorge, 1950 Domkapitular; 1953 Bischofsweihe. E. führte das Wiederaufbauprogramm seines Vorgängers Joseph Wendel weiter (u. a. Wohnungsbauprogramm, Wiederaufbau oder Neubau von ca. 100 Kirchen, seit 1957 umfassende Restaurierung des Speyrer Doms), engagierte sich für die deutsch-französische Freundschaft und war um den Abbau von Spannungen zwischen den christlichen Konfessionen bemüht. 1957 (pastoral ausgerichtete) Diözesansynode. E. nahm an allen Sitzungsperioden des Vaticanum II teil und reichte schriftliche Interventionen zu den Schemata über die Liturgie (AS I-2, 703f.), die Kirche (AS I-4, 489–492), das Laienapostolat (AS III-4, 302) und die Priesterausbildung (AS III-8, 281f.) ein. In seiner Rede auf der 59. Generalkongregation sprach er sich dafür aus, in der Heiligenverehrung die Laien stärker zu würdigen (AS II-4, 30–33). Die Impulse des Konzils brachte er in seine Diözese ein. Ende 1967 entschloss sich E. aus Gesundheitsgründen zur Resignation. Nach Annahme seines Rücktritts am 1968 lebte er zurückgezogen in Maria Rosenberg, wo er erneut in der Wallfahrtsseelsorge tätig war.

Schriften: Psalter meiner frühen Jahre. Speyer 1967; Sieben Jahre im roten Talar. Römische Erinnerungen eines Germanikers. Speyer 1970; Meine Bischofsjahre. Speyer 1974; Aus meinem Dienst am Wort Gottes. Speyer 1985.

Literatur: Bischof des Aufbaus und der Versöhnung: Klerusblatt 70 (1990) 250; **B. Thiebes:** In piam memoriam. Altbischof Dr. I. M. E. † 30. November 1991: AMRhKG 44 (1992) 467–471; **F. Schlickel:** I. M. E. (1953–1968): H. Ammerich (Hg.): Lebensbilder der Bischöfe von Speyer seit der Wiedererrichtung des Bistums Speyer 1817/21 (FS Bischof Dr. Anton Schlembach). Speyer 1992, 307–337; **ders.:** Kein Fürst – ein Diener Gottes und der Menschen. Am 30. November 1991 starb Bischof Dr. I. M. E.: Pilger-Kalender 72. Speyer 1993, 94–108; **LThK³** 3, 618f. (K. Ganzer); **Gatz B 1945,** 519–521 (H. Ammerich); **H. Ammerich u. a.:** Kirche unterwegs. Vom Wiederaufbau zur Jahrtausendwende. Das Bistum Speyer und seine Bischöfe 1945–2000. Speyer 2002, 44–92.   CLEMENS CARL

Enciso Viana, *Jesús,* spanischer Bischof, * 14.1.1906 Laguardia (Baskenland), † 21.9.1964 Palma de Mallorca. Dr. theol. und Lic. sc. bibl. in Rom, Professor am Institut Francisco Suárez, Geistlicher Rat der Katholischen Aktion, Domherr in Madrid, 1949 Apostolischer Administrator von Ciudad Rodrigo, 1950 Bischof ebd., 1955 Bischof von Mallorca. In einem Hirtenbrief vom 25.8.1956 verfügte er in seinem Bistum die „vorläufige Suspendierung" der geistlichen Erneuerungsbewegung „Cursillos de Cristiandad", die in Mallorca entstanden war, erkannte aber später deren gute Früchte an. E. nahm an der ersten und zweiten Sitzungsperiode des Vaticanum II teil; verschiedene Wortmeldungen bei der Diskussion über das Schema der Liturgiekonstitution (zum Ausdruck „in persona Christi" und zum Gebrauch der Volkssprachen) und die Konstitution über die Kirche (zur Beschreibung der Kirche als mystischer Leib Christi sowie zur Kollegialität der Bischöfe).

Werke: Problemas del Genesis. Revelación y ciencia. Vitòria 1936; Curso de Historia comparada de las religiones. Madrid 1943; Prohibiciones españolas de las versiones bíblicas en romance antes del Tridentino. Madrid 1944; Cursillos de cristiandad en la diócesis de Mallorca. Madrid 1956; Por los senderos de la Biblia. Madrid 1956; Cartas. Madrid 1964; (postum mit A. Núñez González:) El libro de los Salmos. Historia de su formación. o. O. 1966.

Literatur: **S. Garcías Palou:** Oración fúnebre. Palma de Mallorca 1964.   MARIANO DELGADO

Enrique y Tarancón, *Vicente,* spanischer Bischof und Kardinal, * 14.3.1907 Burriana (Valencia), † 28.11.1994 Valencia. 1929 Priester, Promotion (Valencia) Seelsorge und Tätigkeit für die Katholische Aktion, 1945 Bischof von Solsona, 1964 Erzbischof von Oviedo, 1969 von Toledo (Erhebung zum Kardinal), 1971–83 von Madrid und Vorsitzender der spanischen Bischofskonferenz. Während des Konzils Mitglied der Kommission *De disciplina cleri.* E., aus dem die für ihn spirituell umwälzende Konzilserfahrung einen „otro hombre" (Javierre) machte, wurde zu einem zentralen Akteur der Rezeption des Vaticanum II in Spanien. So stand er 1971 der Asamblea Conjunta de Obispos y Sacerdotes vor, der angesichts der komplexen nachkonziliaren Situation allerdings kein umfassender Erfolg vergönnt war. Von ↗Paul VI. bestärkt, spielte er eine herausragende Rolle während der „Transición" von der Franco-Diktatur zur Demokratie. Seine postum erschienene Autobiografie *Confesiones* (1996) ist ein wichtiges Dokument der jüngeren spanischen Kirchengeschichte.

Werke: La nueva forma del apostolado seglar. Vigo 1937; El sacerdocio a la luz del concilio Vaticano II. Salamanca 1966; La crisis de fe en el mundo actual. Salamanca 1968; Unidad y pluralidad en la Iglesia. Salamanca 1970; Confesiones. Madrid 1996.

Literatur: Al servicio de la Iglesia y del Pueblo. Homenaje al cardenal T. en su 75 aniversario. Madrid 1984 (Bibliografie); **J. Infiesta:** T. El cardenal de la reconciliación. Madrid 1995; **J.M. Javierre:** Aconteció T. Si somos hijos del cardenal. Madrid 1996; **M. Delgado:** Spanien: E. Gatz (Hg.): Kirche und Katholizismus seit 1945, Bd. 3: Italien und Spanien. Paderborn 2005, 107–175; **D. Neuhold:** Franz Kardinal König – Religion und Freiheit. Ein theologisches und politisches Profil. Fribourg 2007, 261–269; www.cardenaltarancon.org (abgerufen: 25.7.2011).
MICHAEL QUISINSKY

Etchegaray, *Roger,* französischer Bischof und Kardinal, * 25.9.1922 Espelette (Pyrénées Atlantiques). Während des Studiums im Seminar von Bayonne mit pastoralen Erneuerungsbewegungen in Kontakt gekommen, führte E. seine Studien als Alumne des Séminaire Français in Rom fort; 1947 Priester. Nach der Rückkehr nach Frankreich zunächst Sekretär seines Heimatbischofs, erfüllte er zunehmend diverse diözesane Aufgaben und wechselte 1961 als Sekretär des Generalsekretariats des französischen Episkopats nach Paris. In dieser Eigenschaft zum Konzilsperitus ernannt, spielte er auf dem Vaticanum II eine wichtige Rolle, indem er zum einen die Reihe *Études et Documents* betreute, in der im Auftrag des französischen Episkopats wichtige theologische Studien im Blick auf das Konzil veröffentlicht wurden, und zum anderen als Sekretär der in der Domus Mariae tagenden Delegiertenkonferenz die Zusammenarbeit der verschiedenen nationalen Bischofskonferenzen maßgeblich prägte. 1966 Generalsekretär des französischen Episkopats, 1969 Weihbischof in Paris, 1970 Erzbischof von Marseille, Vorsitzender des Rates der Europäischen Bischofskonferenzen ab 1971 und der französischen Bischofskonferenz ab 1975. Im selben Jahr wurde er auch Prälat der Mission de France (bis 1982). 1979 erfolgte die Ernennung zum Kardinal. Seit 1984 als Kurienkardinal in Rom (Präsident des Päpstlichen Rates Cor Unum bis 1995 sowie Präsident des Päpstlichen Rates Iustitia et Pax bis 1998), unternahm er während des Pontifikats von ↗Johannes Paul II. mehrere diplomatische Missionen.

Werke: J'ai senti battre le cœur du monde. Conversations avec Bernard Lecomte. Paris 2007.

Literatur: **L. Perrin:** Approche du rôle des évêques de France: Fouilloux (Hg.): Vatican II commence, 119–132; **M. Wilde:** Vatican II. A Sociological Analysis of Religious Change. Princeton 2007 (Register); **DÉF** 244f. (T. Cavalin – N. Viet-Depaule).
MICHAEL QUISINSKY

F

Feiner, *Johannes,* schweizerischer katholischer Theologe, * 7.6.1909 Zürich, † 30.11.1985 ebd. 1934 Priester, 1936 Dr. theol. (Gregoriana), ab 1938 Professor für Dogmatik und Fundamentaltheologie in Chur (bis 1965), ab 1954 auch Dozent für Dogmatik und Rektor der „Theologischen Kurse für Laien". 1966 Leiter der Paulus-Akademie in Zürich, 1969–73 Mitglied der Internationalen Theologenkommission. Ökumenisch interessiert, wurde der Kenner der Theologie Karl Barths und Emil Brunners 1960 zum Konsultor des Einheitssekretariates ernannt und fungierte während des Konzils als Übersetzer und Berater für die nichtkatholischen Beobachter, deren Anliegen er so umgekehrt Gehör verschaffen helfen konnte. Mitarbeit an der Redaktion von *Dignitatis humanae.* Von seiner Mitarbeit am Ökumene-Dekret erlangte besonders die Formulierung von der „Hierarchie der Wahrheiten" Bedeutung, die nach einer von F. mitverfassten Intervention Bischof Andrea ∕Pangrazios am 25.11.1963 in *Unitatis redintegratio* 11 Eingang fand. Nach dem Konzil war F. Mitherausgeber der heilsgeschichtlichen Dogmatik *Mysterium Salutis* sowie, gemeinsam mit dem Konzilsbeobachter des Ökumenischen Rates der Kirchen, Lukas ∕Vischer, des Neuen Glaubensbuches.

Werke: Die Erbsündenlehre Albert Pigges. Ein Beitrag zur Erforschung der katholischen Kontroverstheologie in der Reformationszeit. Zürich 1940; (Als Hg. mit J. Trütsch – F. Böckle:) Fragen der Theologie heute. Einsiedeln 1957; Was bedeutet das Zweite Vatikanische Konzil für uns Katholiken?: W. Schatz (Hg.): Was bedeutet das Zweite Vatikanische Konzil für uns? Basel 1966, 53–95; Kommentar zum Dekret über den Ökumenismus: LThK.E 2, 40–126; La contribution du Secrétariat pour l'unité des chrétiens à la Constitution dogmatique sur la Révélation divine: B. Dupuy (Hg.): La Révélation divine. Constitution dogmatique „Dei verbum", Bd. 1. Paris 1968, 119–153; (Als Hg. mit M. Löhrer:) Mysterium Salutis. Grundriss heilsgeschichtlicher Dogmatik, 5 Bde. Einsiedeln 1965–1976; (Als Hg. mit L. Vischer:) Neues Glaubensbuch. Der gemeinsame christliche Glaube. Freiburg 1973.

Literatur: J. F. zum 60. Geburtstag (7. Juni 1969). Einsiedeln 1969; **J. Trütsch:** „Mysterium Salutis". Grundriss heilsgeschichtlicher Dogmatik, herausgegeben von J. F. (1909–1985) und Magnus Löhrer (* 1928): Leimgruber – Schoch (Hg.): Gegen die Gottvergessenheit, 440–448; **T. F. Stransky:** Paul VI and the Delegated Observers/Guests to Vatican Council II: Paolo VI e l'ecumenismo. Colloquio internazionale di studio Brescia 25-26-27 settembre 1998. Brescia 2001, 118–158; **Scatena:** La fatica della libertà (passim); **M. Delgado:** „Mysterium Salutis" als innovativer systematischer Ansatz im Anschluss an das Zweite Vatikanische Konzil: G. Bedouelle – ders. (Hg.): La réception du Concile Vatican II par les théologiens suisses. Die Rezeption des II. Vaticanums durch Schweizer Theologen. Fribourg 2011, 167–178. MICHAEL QUISINSKY

Felici, *Pericle,* italienischer Kurienkardinal, * 1.8.1911 Segni (bei Rom), † 22.3.1982 Foggia. Studium im Seminar in Segni sowie am Pontificio Seminario Romano, 1933 Priester; 1934 Dr. theol. mit einer Arbeit über die Psychoanalyse Sigmund Freuds sowie 1938 Dr. iur. utr. am Päpstlichen Athenaeum Lateranense. 1938 Rektor des Pontificio Seminario Romano für die juristischen Studien am Apollinarum sowie kirchlicher Assistent der Associazioni Cristiane Lavoratori Italiani (ACLI). 1943 Professor für Moraltheologie am Lateranum, 1947 Auditor der Rota und Konsultor der Konsistorial-, der Sakramenten- sowie der Konzilskongregation. 1959 ernannte ihn ∕Johannes XXIII. zum Sekretär der vorvorbereitenden Konzilskommission. 1960 Titularerzbischof von Samosata. In der Folge wurde er Sekretär des Konzils, der Koordinierungskommission sowie der zentralen nachkonziliaren Kommission. 1967 Kardinal. F. gilt als einer der Baumeister des Kirchenrechts von 1983 und wurde 1977 zum Präfekten der Apostolischen Signatur ernannt. Im Verlauf des Vaticanum gelang es F., das Generalsekretariat des Konzils von einem eher administrativ-koordinierenden Organ zu einem auch hinter den Kulissen wirkenden Macht- und Leitungszentrum der Konzilsarbeiten umzuwandeln. Unter der Leitung F.s nahm das Generalsekretariat des Konzils eine „politische" Rolle in den Beziehungen zwischen Konzil, Papst und römischer Kurie wahr, wobei es in einigen entscheidenden Momenten des Konzils im Sinn der römischen Kurie und der Konzilsminderheit agierte. Nachdem Giuseppe ∕Dossetti Ende Oktober 1963 vom Amt des Sekretärs der vier Moderatoren entbunden worden war, übernahm F. teilweise dessen Aufgaben. Besonders ab 1964 hatte er faktisch eine Art „Vorsitz" über das Konzil inne und fungierte als Emissär ∕Pauls VI. gegenüber der Konzilsversammlung, wie z. B. in der Episode um die *Nota explicativa praevia*. F. übte eine Kontrollfunktion aus, bis dahin, dass er sich um die „Domestizierung" der italienischen, im *Osservatore Romano* veröffentlichten Übersetzungen der in lateinischer Sprache gehaltenen vom Konzil verabschiedeten Texte bemühte.

Werke: Summa psychanalyseos lineamenta eiusque compendiosa refutatio. Segni 1937; De poenali iure interpretando. Rom 1939; Il lungo cammino del concilio. Mailand 1967; Concilio si, concilio no. Neapel 1968; Concilio vitam alere: Meditationes super decretis Concilii Vaticani II. Vatikanstadt 1975. Literatur: **P. Levillain:** La mécanique politique de Vatican II. Paris 1975; **J. Grootaers:** I protagonisti del Vaticano II. Cinisello Balsamo 1994, 115–132; **G. Alberigo:** Concilio acefalo? L'evoluzione degli organi direttivi del Vaticano II: ders. (Hg.): Il Vaticano II tra attese e celebrazione. Bologna 1995, 193–238 [auch in: G. Alberigo: Transizione epocale. Studi sul Concilio Vaticano II. Bologna 2009, 229–270]; **GZVK** (Register); Burigana: La Bibbia nel concilio (Register); **Congar:** Mon journal (Register); Il Cardinale P. F., 1911–1982, hg. v. **A. Chiarelli – U. Meucci.** Vatikanstadt 2003.

MASSIMO FAGGIOLI

Feltin, *Maurice,* französischer Bischof und Kardinal, * 15.5.1883 Delle (Territoire de Belfort), † 27.9.1975 Paris. Nach Studium in Dijon und Paris 1909 Priester, anschließend und Tätigkeit als Vikar im Bistum Dijon; 1928 Bischof von Troyes, 1932 Bischof von Sens, 1935 Erzbischof von Bordeaux, 1949 Erzbischof von Paris, 1953 Kardinal; 1966 Resignation aus Altersgründen. Mitgründer und erster internationaler Präsident der Pax Christi-Bewegung (1951–65). Engagiert und im Konflikt mit Rom vermittelnd tätig in der Mission de Paris und nach deren Auflösung in der Mission Ouvrière. Auf dem Vaticanum II stand er auf Seiten der Befürworter der Liturgiereform und setzte sich für die Forderung nach Abrüstung und Entwicklung ein (vgl. *Gaudium et spes* 79 ff.). Als theologischer Autor nicht hervorgetreten.

Literatur: **Cath** 4, 1162f.; 12, 700; **DC** 1139 (1953) 100; 1684 (1975) 861f.; 1685 (1975) 939f.; **DÉF** 257–259 (Frédéric Le Moigne); www. bautz. de (G. Anger) (abgerufen: 10.9.2012). BRUNO STEIMER

Fenton, *Joseph-Clifford,* US-amerikanischer katholischer Theologe, * 16.1.1906 Springfield (Massachusetts), † 7.7.1969 Chicopee Falls (ebd.). Nach dem Schulbesuch im Holy Cross College, Worcester (Massachusetts), studierte F. 1926–30 am Großen Seminar von Montreal, 1930 Priester für die Diözese Springfield. Lic. theol. in Montreal, Studien am Angelicum, wo F. unter Réginald Garrigou-Lagrange zum Dr. theol. promovierte. 1938–63 wirkte er als Professor für Dogmatik an der Catholic University of America, Washington D.C. In dieser Eigenschaft entwickelte er eine heftige Gegnerschaft zu John Courtney ∕Murray und setzte sich beim Sanctum Officium, das von seinem Freund Kardinal Alfredo ∕Ottaviani geleitet wurde, für dessen Verurteilung ein. Theologisch stand F. auf klassisch-thomistischem Boden und war bekannt für seine intransigenten und antimodernistischen Positionen. Diese brachte er u. a. im *American Ecclesiastical Review* zum Ausdruck, dessen Schriftleiter er 1944–63 war. Päpstlicher Ehrenkaplan 1951 bzw. Hausprälat 1954, wurde F. auch zum Mitglied der Accademia Teologica Romana ernannt. Mitglied der vorbereitenden Theologischen Kommission des Vaticanum II, wurde er während der ersten Sitzungsperiode zum Peritus und Mitglied der Theologischen

Kommission ernannt. Er war aktiv im Sinn der Konzilsminderheit, ohne jedoch Mitglied des Coetus Internationalis Patrum zu werden, dem er gleichwohl mit Sympathie gegenüberstand. 1963–69 wirkte er als Seelsorger an der St. Patrick's Catholic Church in Chicopee Falls.

Werke: The Concept of the Diocesan Priesthood. Milwaukee (Wisconsin) 1951; (zusammen mit E. D. Benard:) Studies in Praise of Our Blessed Mother. Selections from the American Ecclesiastical Review. Washington D. C. 1952; The Catholic Church and Salvation in the Light of Recent Pronouncements by the Holy See. Covent Garden 1958.

Literatur: **M. Höhn:** Reverend J. C. F.: ders.: Catholic Authors. Contemporary Biographical Sketches, 1930–1947. Newark (New Jersey) 1948, 244; **EACH** 505f. (J. A. Komonchak); **NCE**² 5, 684f. (P. Granfield); **Scatena:** La Fatica della libertà (Register).

KARIM SCHELKENS

Ferche, *Joseph,* deutscher Bischof, * 9.4. 1888 Pschow (Oberschlesien), † 23.9.1965 Köln. 1911 Priester, anschließend Kaplan in Schomberg, 1914 in Königshütte, 1921 Kuratus ebd., 1922 Pfarrer von Ohlau, 1927 von Cosel, 1931 Ernennung zum Domkapitular in Breslau, 1932 Leiter des diözesanen Bonifatiusvereins, 1940 Ernennung zum Weihbischof in Breslau, 1942 deutschlandweites Redeverbot, da sich F. auch in polnischer und tschechischer Sprache an die Gläubigen im südlichen Teil des Erzbistums wandte. 1946 Ausweisung aus Breslau, vorübergehender Aufenthalt in Erfurt, 1947 Ernennung zum Weihbischof in Köln, Generalvikariatsrat und Domkapitular, 1950 Erster Vorsitzender des Diözesancaritasverbandes. Im Westen Deutschlands wurde F. bald zum Bischof der Heimatvertriebenen, insbesondere der Schlesier, für die er sich bis zuletzt einsetzte. Am Vaticanum II nahm er während der ersten drei Sitzungsperioden teil. Im Zusammenhang mit der Erstellung der deutsch-polnischen Versöhnungserklärung wurde er konsultiert.

Literatur: KNA – Sonderdienst zum Zweiten Vatikanischen Konzil Nr. 50/65, 6; **J. Negwer – K. Engelbert** (Hg.): Geschichte des Breslauer Domkapitels im Rahmen der Diözesangeschichte vom Beginn des 19. Jahrhunderts bis zum Ende des Zweiten Weltkrieges. Hildesheim 1964 (Register); **R. Samulski:** Die Breslauer Weihbischöfe. Zu ihrer Geschichte, persönlichen Zusammensetzung und Bedeutung für das kirchliche Leben in Schlesien bis 1945, Teil 1: Schlesisches Priesterjahrbuch 3/4. Köln 1964, 95f.; **E. Brzoska:** Bischöfe der Katholischen Kirche aus Oberschlesien. FS J. F. Augsburg 1965; **W. Marschall:** Geschichte des Bistums Breslau. Stuttgart 1981 (Register); **E. Hegel:** Das Erzbistum Köln zwischen der Restauration des 19. Jahrhunderts und der Restauration des 20. Jahrhunderts. 1815–1962 (Geschichte des Erzbistums Köln 5). Köln 1987, 151f.; **G. Hug:** Weihbischof J. F. (1888–1965). Anwalt der Vertriebenen. Tübingen 1991 (Diplomarbeit); **BBKL** 15, 556–559 (S. Bialas); **Gatz B 1945,** 297f. (U. Helbach).

GUIDO TREFFLER

Fernández Alonso, *Aniceto,* OP (1914), Generalmagister der Dominikaner, * 17.4. 1895 Pardesivil (León), † 13.2.1981 Rom. 1921 Priester. F. lehrte ab 1932 (aristotelische) Physik und Kosmologie am Angelicum und war zeitweise Dekan der Philosophischen Fakultät. 1941 erlangte er den ordensinternen Grad eines Magister der Theologie. 1950 Provinzial der Provinz Spanien, 1954 Präsident der CONFER (Vereinigung der Orden in Spanien), 1962 zum Generalmagister des Dominikanerordens gewählt (bis 1974). Während des Konzils Mitglied der Kommission für die Glaubenslehre, Vizepräsident der Gruppe der Ordensoberen und der Kommission für die Ordensleute. In diversen Unterkommissionen, in denen die Abschnitte zu den Orden in *Lumen gentium, Christus Dominus* und *Perfectae caritatis* erarbeitet wurden, sprach sich F. u. a. für eine bessere Zusammenarbeit zwischen Ordens- und Diözesanklerus aus. 1968 leitete er in River Forest das Generalkapitel zur Umsetzung des Konzils im Dominikanerorden.

Werke: (mit V. de Couesnongle – D. Byrne – T. Radcliffe:) Louer, bénir, prêcher. Paroles de grâce et de vérité. Lettres aux frères et aux sœurs de l'ordre dominicain (1962–2001). Paris 2004.

Literatur: **Schmiedl:** Das Konzil und die Orden (Register); **H. Raguer:** Das früheste Gepräge der

Versammlung: **GZVK** 2, 201–272 (passim); **J. R. Lebrato:** Notice biographique: A. F. A. u. a.: Louer, bénir, prêcher (siehe oben), 9–11.

MICHAEL QUISINSKY

Fesquet, *Henri,* französischer Journalist, * 8.11.1917 Millau (Aveyron), † 28.4.2011 Paris. Nach Kriegsgefangenschaft in Schlesien (mit Yves ∕Congar) wurde F. für religiöse Fragen zuständiger Redakteur der Tageszeitung *Le Monde* (1950–83) und war römischer Korrespondent während des Vaticanum II und der darauffolgenden Bischofssynoden, wobei seine engagierte Berichterstattung aufgrund von Kontakten zu Bischöfen und Theologen Einfluss erlangte. F. widmete sich nach dem Konzil auch dem christlichen Glauben, wie er sich in nichtkirchlich verfassterer Gestalt äußerte.

Werke: Le journal du Concile. Le Jas du Revest-Saint-Martin 1966; Le journal du premier synode catholique. Le Jas du Revest-Saint-Martin 1967; Une Église en état de péché mortel. Paris 1968; La foi toute nue. Paris 1972; Als Hg.: Une brassée de confessions de foi. Paris 1979; Demain la foi. Paris 1987.

Literatur: La Croix vom 5.5.2011; **A. Woodrow:** Le Monde vom 6.5.2011.
MICHAEL QUISINSKY

Fischer, *Balthasar,* deutscher katholischer Liturgiewissenschaftler, * 3.9.1912 Bitburg, † 27.6.2001 Trier. 1931–37 Studium in Innsbruck, u. a. bei Josef Andreas Jungmann; 1936 Priester; Studium an der Benediktinischen Akademie in Maria Laach (bei Ildefons Herwegen), 1946 Habilitation (Patrologie) in Bonn (bei Theodor Klauser), 1947 Professor für Liturgiewissenschaft im Priesterseminar Trier, 1950–80 an der dortigen Theologischen Fakultät, gleichzeitig Leiter der Wissenschaftlichen Abteilung des Deutschen Liturgischen Instituts und dessen zweiter Vorsitzender (1976–99); Berater der Liturgiekommission der Deutschen Bischofskonferenz. Zusammen mit Johannes ∕Wagner Schriftleiter des *Liturgischen Jahrbuchs* (1953–58). Bischöflicher Konzilsperitus; Mitverfasser der offiziellen deutschen Übersetzung der Liturgiekonstitution, über deren Inhalt er als Kommentator der Eurovisionssendung am Tag der Schlussabstimmung (4.12.1963) als erster die deutschsprachige Öffentlichkeit informierte; Relator und Mitglied verschiedener Studiengruppen und 1966 Konsultor des römischen Rates zur Durchführung von *Sacrosanctum Concilium,* 1975 Konsultor der Congregatio de Cultu Divino et Disciplina Sacramentorum; Mitgründer der Societas Liturgica, deren Präsident er 1975–77 war. Maßgeblicher Mitgestalter der nach dem Vaticanum II erneuerten Liturgie, besonders des Kinder- und Erwachsenentaufritus, auf Weltebene wie im deutschen Sprachraum, und ihr Anwalt und Vermittler in zahllosen Vorträgen und Vorlesungsreihen, u. a. mehrfach in den USA, wo er 1988 mit dem Ph. D. der katholischen Universität Washington und dem Berakah-Award der amerikanischen Liturgik-Professoren ausgezeichnet wurde.

Werke: Die Psalmen als Stimme der Kirche, hg. v. A. Heinz. Trier 1982; Redemptionis mysterium. Studien zur Osterfeier und zur christlichen Initiation, hg. v. A. Gerhards – A. Heinz. Paderborn 1992 (Bibliografie); Frömmigkeit der Kirche. Gesammelte Studien zur christlichen Spiritualität, hg. v. dens. Bonn 2000.

Literatur: **Bugnini:** Die Liturgiereform (Register); **A. Heinz:** Im Dienst der Kirche und der Erneuerung ihres Gottesdienstes: Notitiae 28 (1992) 211–214; **ders.:** Der erste Lehrstuhl für Liturgiewissenschaft an einer deutschen Theologischen Fakultät (Trier 1950): TThZ 108 (1999) 291–304; **ders.:** B. F. Zum Gedenken: LJ 51 (2001) 121–128; **ders.:** B. F. (1912–2001). Professor der Liturgiewissenschaft im Dienst der Kirche und der Erneuerung ihres Gottesdienstes: TThZ 120 (2011) 129–149; **ders.:** B. F. (1912–2001): Kranemann – Rachzok (Hg.): Gottesdienst 1, 330–340; **ders.:** Konzilstagebuch des Liturgiewissenschaftlers B. F. († 2001): LJ 62 (2012) (im Druck).
ANDREAS HEINZ

Fittkau, *Gerhard,* deutscher katholischer Theologe, * 11.5.1912 Tollnigk (Ostpreußen), † 6.3.2004 Essen. Seit 1930 Studium in Rom (1932 Lic. phil.), 1934–36 in Freiburg (Schweiz) und Braunsberg (Ostpreußen). 1937 Priester, dann Kaplan des Bischofs von Ermland Maximilian Kaller in Frauenburg, bis er 1939 aus Ost- und Westpreußen ausgewiesen wurde und nach Schlesien ging. In Breslau wurde er 1944 zum Dr. theol. promoviert. Danach kehrte er als Pfarrer von Süßenberg in seine Heimat zurück, von wo aus er 1945 von der Roten Armee in die Sowjetunion verschleppt wurde. Diese Zeit hat er in seiner vielfach aufgelegten und in zahlreiche Sprachen übersetzten Autobiografie *Mein 33. Jahr* (München 1957 u.ö.) beschrieben. Nach Kriegsende kümmerte er sich zunächst zusammen mit Bischof Maximilian Kaller um die Vertriebenen-Seelsorge, wurde 1948 Generalsekretär des Bonifatiuswerkes in Paderborn und 1949 Direktor der American St. Boniface Society, des amerikanischen Pendants, in New York, von wo aus er Hilfe für die deutsche Diaspora organisierte. Nach der Rückkehr nach Deutschland (1960) dozierte F. 1962–83 am Priesterseminar in Essen-Werden Dogmatik. Während des Vaticanum II leitete er die deutschsprachige Abteilung des Pressebüros des Konzils und fasste täglich Verlauf und Ergebnisse der Sitzungen zusammen. 1968–71 beobachtete er im Auftrag der nordrheinwestfälischen Bischöfe das holländische Pastoralkonzil in Nordwijkerhout. Die nachkonziliare Entwicklung sah er kritisch.

Werke: Der Begriff des Mysteriums bei Johannes Chrysostomus. Eine Auseinandersetzung mit dem Begriff des „Kultmysteriums" in der Lehre Odo Casels. Bonn 1953; Art. Kaller, Maximilian: Gatz B 1803, 357–361; zahlreiche Beiträge in der Zeitschrift Theologisches (vgl. BBKL 24, 629).

Literatur: **P. Levillain:** Il Vaticano II e i mezzi di comunicazione sociale: M. Guasco u.a. (Hg.): La Chiesa del Vaticano II (1958–1978), Bd. 1. Cinisello Balsamo 1994, 518–549; **BBKL** 24, 626–629 (D. Berger); **A. Penkert:** Höhere Mächte haben entschieden. Flucht, Vertreibung und Ankommen ostpreußischer Katholiken im Spiegel ihres Briefwechsels mit Bischof Maximilian Kaller. Mit einem Abriss der ermländischen Nachkriegsgeschichte. Berlin 2008 (Register). PETER WALTER

Fleig, *Paul,* deutscher katholischer Pädagoge und Schulpolitiker, * 6.7.1899 Straßburg, † 1.4.1967 Freiburg. F. studierte in Freiburg im Breisgau Altphilologie, Philosophie, Psychologie und Pädagogik, 1922 Promotion bei Martin Honecker. Anschließend war er gleichzeitig im badischen höheren Schuldienst (bis 1945) und wissenschaftlich tätig; seine Forschungen galten der Sinneserkenntnis nach Duns Scotus (eine Habilitation in Freiburg scheiterte am Widerspruch Martin Heideggers) und der Methodik des Lesenlehrens. F. publizierte zu religiösen Grundfragen der Erziehung und zum Elternrecht. F. regte deutsch-französische Lehrertreffen und eine Überprüfung der jeweiligen Geschichtsbücher an. 1956 wurde F. Präsident des Bundes katholischer Erzieher, von 1957–67 war er in dieser Funktion Mitglied des Zentralkomitees der deutschen Katholiken (ZdK) und mehrfach bei ZdK-Tagungen Leiter des Arbeitskreises „Schule und Erziehung". Im August 1963 wurde er zum Präsidenten der „Union Mondiale des Enseignants Catholiques" (UMEC) gewählt und im Folgejahr von Papst ∕Paul VI. als Laienauditor beim Vaticanum II berufen (4.11.1964). „Schulbischof" Johannes ∕Pohlschneider von Aachen würdigte in einem Nachruf insbesondere F.s Verdienste um die Konzilserklärung *Gravissimum educationis.*

Werke: Die Sinneserkenntnis nach Thomas von Aquin. Freiburg 1922 (Dissertation); (mit F. Hirtler – A. Ries:) Wir lernen lesen. Eine Fibel für Stadt und Land. Freiburg 1946 (mehrere Aufl.); Das Elternrecht im Bonner Grundgesetz. Freiburg 1953; Die badische CDU am Scheideweg. Freiburg 1953; (Als Hg. mit dem Bund Katholischer Erzieher:) Freiheit in Erziehung. Freiburg 1956; Vom Wissen zum Gewissen. Schulpolitisches ABC in Frage und Antwort. Waldkirch (Breisgau) 1959; Ist die Synthese tot? Eine notwendige Besinnung über das Lesenlernen. Bochum 1963.

Literatur: **M. Müller:** Auseinandersetzung als Versöhnung. Ein Gespräch über ein Leben mit der Philosophie, hg. v. W. Vossenkuhl. Berlin 1994 (Register); **E. Gießler-Wirsig:** Vorbemerkung zum Repertorium des Bestandes T1 (Zugang 1985/0109), Staatsarchiv Freiburg: Nachlass Dr. P. F. (https://www2.landesarchiv-bw.de/ofs21/olf/einfueh.php?bestand=10393; abgerufen: 13.8.2012).
REGINA HEYDER

Florit, *Ermenegildo,* italienischer Bischof und Kardinal, * 5.7.1901 Fagagna (Friaul),

† 8.12, 1985 Florenz. 1925 Priester und Seelsorgstätigkeit, 1929–54 Lehrtätigkeit an der Theologischen Fakultät der Lateran-Universität, deren Prorektor er 1951–54 war. 1954 Koadjutor, 1962 Erzbischof von Florenz (bis 1977), 1965 Kardinal. Mitglied der vorbereitenden Konzilskommission für die Bischöfe. Als Mitglied der Konzilskommission *De fide* war F. insbesondere an der Redaktion des dritten Kapitels von *Lumen gentium* beteiligt. Außerdem war F., der sich nicht modernen exegetischen Methoden verschloss, Relator für die ersten beiden Kapitel von *Dei Verbum*. In seinen Konzilsreden legte F., dessen Kirchenbild zunächst stark von *Mystici Corporis* geprägt war, zwar u.a. gegenüber dem Thema der Kollegialität eine gewisse „perplessità" (Bocchini Camaiani 201) an den Tag und sprach sich für eine Rückkehr-Ökumene aus, weitete aber seine theologischen Perspektiven durch das Konzilsereignis. Einigen der aus geistlichen und theologischen Überlegungen heraus unternommenen Aktivitäten des Florentiner Bürgermeisters Giorgio La Pira stand er zurückhaltend gegenüber. Nach dem Konzil leitete F. die Kommission der italienischen Bischofskonferenz zur Erstellung einer offiziellen Bibelübersetzung und war Mitglied der Kardinalskommission zum Holländischen Katechismus.

Werke: Il metodo della „Storia delle forme" e sua applicazione al racconto della passione. Rom 1935; Ispirazione biblica. Rom 1943; Corrispondenza dell'arcivescovo E. F. a p. U. Betti. Natale 1962 – Natale 1978: U. Betti: Diario del Concilio (11 ottobre 1962 – Natale 1978). Bologna 2003, 183–244.
Literatur: **B. Bocchini Camaiani:** L'episcopato di F. a Firenze. Temi e linee di governo della diocesi fiorentina: G. Alberigo (Hg.): Chiese italiane e Concilio. Esperienze pastorali nella Chiesa italiana tra Pio XII e Paolo VI. Genua 1988, 187–215; **Burigana:** La Bibbia nel Concilio (Register); **J. Wicks:** Dei Verbum developing. Vatican II's Revelation Doctrine (1963–1964): D. Kendall – S.T. Davis (Hg.): The Convergence of Theology. A Festschrift honoring Gerald O'Collins. Mahwah (New Jersey) 2001, 109–125 (passim); **N. Ciola:** Il padre Umberto Betti e il card. E. F.: due servitori della Chiesa al concilio Vaticano II: M. Nardello (Hg.): Pensare la fede per rinnovare la Chiesa. Il valore della riflessione del Concilio Vaticano II per la Chiesa di oggi. Cinisello Balsamo 2005, 124–139.

MICHAEL QUISINSKY

Forer, *Heinrich,* italienischer Bischof, * 2.11. 1913 Taufers (Pustertal), † 5.10.1997 Bozen. Studium in Brixen, 1938 Priester; Kooperator in Franzensfeste, Stilfes, Cortina d'Ampezzo und Bruneck; 1947 Leiter der Katholischen Aktion, Geistlicher Assistent des Katholischen Verbandes der Werktätigen und Religionslehrer; 1951–56 Dekan und Pfarrer von Cortina d'Ampezzo; 1956 Weihbischof der Erzdiözese Trient mit Sitz in Bozen. F. war zuständig für den gemischtsprachigen Trienter Diözesanteil; später wurde er Weihbischof der neu errichteten Diözese Bozen-Brixen (1964). Auf dem Vaticanum II Interventionen zur Gottesmutter (AS III-2, 117–120) und zu Fragen von Familie und Mutterschaft (AS IV-3, 195–198) im Kontext der Entstehung der Pastoralkonstitution. Bekannt u.a. als Wünschelrutengänger und bescheidener volksnaher Anwalt der Armen und Schwachen; 1989 Ruhestand.
Literatur: **J. Innerhofer – A. Frenes – J. Moroder:** Mit Hirtenstab und Wünschelrute. Bozen 1998; **J. Gelmi:** Geschichte der Kirche in Tirol. Innsbruck 2001, 441f.456–458; **Gatz B 1945,** 112f. (J. Gelmi).

DAVID NEUHOLD

Franić, *Frane,* jugoslawischer Bischof, * 29.12.1912 Kambelovac (Kroatien), † 17.3. 2007 Split. 1936 Priester. Dr. theol. (Gregoriana). Am 22.9.1950 zum Weihbischof der Diözese Split-Makarska ernannt und am 17.12.1950 konsekriert, 24.12.1960 Bischof ebd., seit 27.7.1969 (nach Erhebung zur Erzdiözese) Erzbischof bis zu seiner Emeritierung am 10.9.1988. Mitglied der vorbereitenden Theologischen Kommission und während des Konzils der Kommission *De doctrina fidei et morum.* Vor dem Coetus Internationalis Patrum hielt er am 3.11.1964 einen Vortrag mit dem Titel *Il comunismo e la chiesa.* In 12 Interventionen und 13 animadversiones scriptae nahm er zu den meisten Schemata Stellung, v. a. aber widmete er sich dem Verhältnis von Kirche und Welt im Sinn der Konzilsminderheit.

Werke: De Justitia originali et peccato secundum J. Duns Scotum. Rom 1941; De peccato originali secundum Duns Scotum et recentiores theorias: De Doctrina Ioannis Duns Scoti. Acta Congressus Scotistici Internationalis Oxonii et Edimburgi 11.–17. sept. 1966 celebrati, Bd. 3. Rom 1968, 439–448.

Literatur: **M. Wockel – H.-J. Schellmann:** Who's who in the catholic world. Wien 1981, 150; **Roy:** Le Coetus Internationalis Patrum. PHILIPPE J. ROY

Frénaud, *Georges,* OSB (1926), französischer katholischer Theologe, * 19.3.1903 Lamballe (Côtes d'Armor), † 8.8.1967 Alenquer. Nach dem Eintritt ins Priesterseminar Saint-Brieuc setzte F. 1919–27 seine Studien am Séminaire français in Rom fort, wo er an der Gregoriana ein Doktorat in Philosophie und ein Lizenziat in Theologie erwarb. 1932 Priester. Bis 1939 wirkte er als Philosophieprofessor im Kloster, ab 1942 als Dogmatikprofessor, und wurde am 27.10.1961 Prior der Abtei Solesmes. Während des Konzils diente er Jean ∕Prou, Superior der französischen Benediktinerkongregation und Mitglied des Coetus Internationalis Patrum, als Theologe und Sekretär. F. war auch Mitglied der Société Française d'Études Mariales.

Werke: La Passion Nostre Seigneur, sermon „Ad Deum vadit" prononcé par Maistre Jean Gerson, en l'église Saint-Bernard de Paris, le Vendredi Saint 1403. Texte établi et annoté par le R. P. Dom G. F. Paris 1947; La Grâce de l'Immaculée Conception, rapport présenté au VIIe Congrès marial national. Lyon 1954; (mit L. Jugnet – R. T. Calmel:) Gli errori di Teilhard de Chardin. Turin 1963; Pensée philosophique et religieuse du père Teilhard de Chardin. Le Chesney 1963; zahlreiche Artikel erschienen u. a. in den Zeitschriften Revue grégorienne, Revue thomiste, Cahiers de la vie spirituelle, Études Mariales, Cahiers Marials, Marianum und La Pensée catholique.

Literatur: Archives de l'abbaye bénédictine de Solesmes. Carton dom G. F. et Livre de l'abbaye; **T. Moral:** Dom G. F., O. S. B. (1903–1967): Marianum 30 (1968) 389–391 (392–395 Bibliografie); **Roy:** Le Coetus Internationalis Patrum. PHILIPPE J. ROY

Freundorfer, *Joseph,* deutscher Bischof, * 31.8.1894 Bischofsmais (Niederbayern), † 11.4.1963 Augsburg. Gymnasium und Hochschulstudium in Passau, 1920 Priester, 1926 Dr. theol. an der Theologischen Fakultät München, 1928 Habilitation in Exegese des Neuen Testaments, 1930 außerordentlicher Professor, 1945 ordentlicher Professor an der Hochschule in Passau, dort ab 1947 Rektor; ab 1940 Konsultor der Päpstlichen Bibelkommission, 1931–39 Mitherausgeber der *Biblischen Zeitschrift* (Einstellung durch die Nationalsozialisten), Autor fachspezifischer und bibelpastoraler Publikationen, auf weite Strecken auch nach der Enzyklika *Divino afflante Spiritu* Pius' XII. (1943) der traditionellen Exegese verpflichtet. Als Bischof von Augsburg (ab 1949) zahlreiche Hirtenschreiben, Predigten und Vorträge bibeltheologischer Ausrichtung; erwies sich v. a. als „sozialer" Bischof (Armenspeisungen und Stiftung des „St. Ulrichswerkes" für Wohnungsbau), förderte christliche Kunst (v. a. Thomas Wechs, Dominikus Böhm, Franz Nagel, Josef Henselmann), „Katholische Aktion" und kirchliche Verbände, initiierte (1955) die Verehrung des hl. Ulrich (Feier der jährlichen Ulrichswoche). F. war Beauftragter der Deutschen Bischofskonferenz für christliche Kunst und die Erarbeitung von Richtlinien für eine „Einheitsübersetzung" der Bibel, Konzilsvater des Vaticanum II während der ersten Sitzungsperiode.

GEORG SCHMUTTERMAYR

Werke: Erbsünde und Erbtod beim Apostel Paulus. Münster 1927; Die Apokalypse des Apostels Johannes und die hellenistische Kosmologie. Freiburg 1929; Lebenswerte aus dem Neuen Testament. Vorträge. Würzburg 1940; Vorsehung, Leid und Krieg. Biblische Gedanken. Würzburg 1940; Gott der Herr der Geschichte. Nürnberg 1948; Das ewige Evangelium des Kreuzes. Acht christliche Reden in der Karwoche. Würzburg ²1949; Licht im Leid. Würzburg ²1949. Die Pastoralbriefe, übersetzt und erklärt. Regensburg 1950, 162–262 (weitere Auflage, niederländische Übersetzung 1964).

Literatur: **J. Schmid:** J. F.: Biblische Zeitschrift 7 (1963) 161 f.; **E. Emmerich:** J. F. †, Bischof von Augsburg: K.W. Kraemer (Hg.): Für die Menschen bestellt. Porträts katholischer Bischöfe Deutschlands. Osnabrück 1963, 103–106; **E.M. Buxbaum:** Ostbairische Grenzmarken 24 (1983) 31–59 (Werke,

Quellen; Literatur); **P. Rummel:** Die Augsburger Bischöfe, Weihbischöfe und Generalvikare: Jahrbuch des Vereins für Augsburger Bistumsgeschichte 24 (1990) 25–114: 69–71; **G. Grünsteudel u. a.** (Hg.): Augsburger Stadtlexikon. Augsburg ²1998, 412; **Gatz B 1945,** 54–56 (P. Rummel); **E. M. Buxbaum:** Der Tod des Augsburger Bischofs Dr. J. F. am 11. April 1963 und dessen persönlicher Nachlass im Archiv des Bistums in heutiger Form: Jahrbuch des Vereins für Augsburger Bistumsgeschichte 37 (2003) 168–218; **ders.** (Hg.): Dr. J. F., Bischof von Augsburg (1949–1963). Regensburg 2004. REDAKTION

Frings, *Josef,* deutscher Bischof und Kardinal, * 6.2.1887 Neuss, † 17.12.1978 Köln. 1910 Priester, 1916 Dr. theol. (Freiburg), bis 1937 in der Seelsorge tätig, 1937–42 Regens des Kölner Priesterseminars, 1942 Wahl und Ernennung zum Erzbischof von Köln, 1946 Kardinal, 1945–65 Vorsitzender der Fuldaer Bischofskonferenz, 1969 Emeritierung als Erzbischof. Bis zu seiner Bischofsweihe war F. wenig hervorgetreten, wuchs unter den Herausforderungen seines Amtes zu einer bedeutenden kirchlichen Führungspersönlichkeit in Deutschland und in der Gesamtkirche. Nach mutigen Akzenten in der Spätphase der NS-Zeit zeigte F. erstmals Profil als Anwalt der regierungslosen deutschen Bevölkerung bei den Besatzungsmächten 1945–49. Das Kölner Domfest 1948 wurde zur Initialzündung des Wiederaufbaus in Köln. F. machte sein Erzbistum zum Zentrum des modernen Kirchenbaus, gab aber ebenso dem Siedlungsbau Impulse. Durch Wilhelm Böhler nahm er auf die Entstehung des Landes Nordrhein-Westfalen (Verfassung 1950) und der Bundesrepublik Deutschland (Grundgesetz 1949) Einfluss. Die Kölner Diözesansynode 1954 wandte die kirchlichen Rechtsbestimmungen auf die Nachkriegsverhältnisse an. F. betrieb die Gründung des Bistums Essen (1958). Die Partnerschaft der Erzbistümer Köln und Tokyo seit 1954 war ein weltkirchliches Pilotprojekt. Das gilt ebenso für die von F. angeregten Hilfswerke der deutschen Katholiken „Misereor" (1959) und „Adveniat" (1961). F. stützte sich dabei ganz auf seinen Generalvikar Joseph ∕Teusch, wie er allgemein großes Geschick in der Auswahl seiner Mitarbeiter bewies. Nicht zuletzt wegen dieser Hilfswerke für die Weltkirche war F. vielleicht der „angesehenste, nicht der einflußreichste" (Onclin/Jedin) Konzilsvater des Vaticanum II. Von den 19 Konzilsreden war die erste am 13.10.1962 entscheidend, mit der er für das Konzil die Entscheidung über die Zusammensetzung der Konzilskommissionen reklamierte. NORBERT TRIPPEN

Mitglied der Zentralen Vorbereitungskommission des Konzils, ließ sich F. von Hubert ∕Jedin, Kirchenhistoriker in Bonn, und, was seelsorgspraktische und kanonistische Fragen angeht, von seinem Generalvikar Joseph Teusch beraten. Ab Frühjahr 1962 wurde der Bonner Fundamentaltheologe Joseph Ratzinger (∕Benedikt XVI.) sein entscheidender Berater in theologischen Fragen: Ratzinger erhielt alle theologischen Konzilsvorlagen zur Begutachtung vorgelegt; während des Konzils arbeitete er F. für alle Konzilsreden zu, und gehörte außerdem der deutsch-französisch-belgischen Theologengruppe an, die anstelle der ungeeigneten vorbereiteten Schemata wichtige Konzilstexte neu formulierten, u. a. zu den Themen Kirche und Offenbarung. Von ⁄Johannes XXIII. wurde F. ins zehnköpfige Konzilspräsidium berufen, das während der ersten Sessio die Generalkongregationen leitete. Außerhalb der Konzilsaula leitete F. im Wechsel mit Kardinal ⁄König die Montagskonferenzen des deutschsprachigen Episkopats in der Anima. Bald trugen sich die an diesen Treffen teilnehmenden Bischöfe in Anwesenheitslisten ein, so dass sich F. bei seinen Voten in der Konzilsaula auf die Unterstützung von 80 oder 90 deutschsprachigen Konzilsvätern berufen konnte. F.s wichtigste Intervention vom 13.10.1962 (im Anschluss an Kardinal Achille ⁄Liénart) geht auf den Konzilsspezialisten Hubert Jedin zurück. Große Beachtung fand auch F.s Intervention vom 8.11.1963 zur Reform der römischen Kurie, v. a. wegen seiner öffentlichen Kritik an den Praktiken des Heiligen Offiziums. F. erhob die Forderung, dass niemand verurteilt werden dürfe, ohne die Argumente zu kennen, die gegen ihn vorgebracht werden, und ohne vorher gehört worden zu sein. ⁄Paul VI. bat F. daraufhin noch am selben Tag, Vorschläge für eine Reform des Sanctum Officium zu unterbreiten, die der Löwener Kanonist Willy ⁄Onclin umgehend ins Werk setzte und in einer Promemoria zusammenstellte. Trotz seiner Bereitschaft zu einer zeitgemäßen Weiterentwicklung war F. nicht progressiv, manchen ihm neuen und ungewohnten Vorschlägen und Beschlüssen stand er distanziert gegenüber. Im Bereich der Liturgie und Marienfrömmigkeit konnte er die Entwicklungen mitvollziehen, in der Frage der Ökumene und Religionsfreiheit hingegen musste er einen Lernprozess durchmachen. Die Wiederherstellung des Ständigen Diakonats lehnte er auf dem Konzil ab, überzeugte sich später jedoch von dessen Notwendigkeit und ließ ab 1968 verheiratete Männer zu Diakonen weihen. Angesichts der nachkonziliaren Entwicklung wurden F. und seine Berater Ratzinger, Jedin und Teusch von überzeugten Förderern des Konzils zu Konzilsskeptikern.

Werke: Für die Menschen bestellt. Erinnerungen des Alterzbischofs von Köln. Köln 1973.

Literatur: **H. Jedin:** Kardinal F. auf dem Zweiten Vatikanischen Konzil: G. Adriányi (Hg.): Festgabe für Bernhard Stasiewski zum 75. Geburtstag. Leverkusen u. a. 1980, 1–16; **Gatz B 1803,** 210–213 (Literatur) (E. Hegel) [vgl. **Gatz B 1945,** 287–290]; **E. Hegel – W. Neuss** (Hg.): Geschichte des Erzbistums Köln, Bd. 5. Köln 1987, 105–109 (Literatur); **N. Trippen:** J. Kardinal F. (1887–1978): ZGLB 7, 143–160.299f. (Literatur); **N. Trippen:** J. Kardinal F. (1887–1978), 2 Bde. Paderborn u. a. 2003–05; **ders.:** Kardinal J. F. auf dem Zweiten Vatikanischen Konzil: Bischof (Hg.): Das Zweite Vatikanische Konzil, 71–82; **J. Ratzinger:** Gesammelte Schriften, Bd. 7: Zur Lehre des Zweiten Vatikanischen Konzils. Freiburg 2012.
CLEMENS CARL

Frisque, *Jean,* SAM (1947–78), belgischer katholischer Theologe, * 21.2.1925 Corroy-le-Grand (Wallonien), † 5.9.1982 Braine l'Alleud (ebd.). Studien in Mecheln und Leuven, 1950 Priester (Société auxiliaire des Missions); Dr. theol. 1957 (Institut Catholique de Lyon), 1958–69 Dozent für Ekklesiologie am Seminar der Mission de France. Als Konzilsberater von Erzbischof François ⁄Marty gemeinsam mit Henri ⁄Denis und René Salaün (Mission de France) Zuarbeit zum Schema *De presbyteris.* Nach dem Konzil Autor zahlreicher Hinführungen zu Lesungen und Messtexten der erneuerten Liturgie, daneben Vortragstätigkeit u. a. in Afrika und Asien und Studium der Soziologie in Leuven. 1978 Heirat.

Werke: (Als Hg. mit A. Chavasse u. a.:) Église et Apostolat. Tournai 1958; Oscar Cullmann. Une théologie de l'histoire du salut. Tournai 1960; (mit T. Maertens:) Guide de l'assemblée chrétienne. Tournai 1965ff. (deutsch: Kommentar zum Messbuch bzw. Kommentar zu den neuen Lesungen der Messe. Freiburg 1969ff.); (Als Hg. mit Y. Congar:) Les Prêtres. Décrets „Presbyterorum ordinis" et „Optatam totius". Paris 1968; (mit H. Denis:) L'Église à l'épreuve. Tournai 1969 (deutsch: Die

Kirche darf nicht sterben. Luzern 1969); Die Ekklesiologie im 20. Jh.: H. Vorgrimler u. a. (Hg.): Bilanz der Theologie im 20. Jahrhundert, Bd. 3. Freiburg 1970, 192–243.

Quellen und Literatur: Archives de la Société auxiliaire des Missions; **H. Denis:** Église, qu'as-tu fait de ton Concile? Paris 1985 (passim); **Congar:** Mon journal (Register); **T. Cavalin – N. Viet-Depaule:** Une histoire de la Mission de France. La riposte missionnaire 1941–2002. Paris 2007 (Register).
MICHAEL QUISINSKY

Frotz, *Augustinus,* deutscher Bischof, * 25.5.1902 Wuppertal-Vohwinkel, † 12.11.1994 Bergisch Gladbach. 1930 Priester, 1931 Kaplan in Köln-Lindenthal, 1934 Domvikar, 1934–38 Bezirkspräses der männlichen Jugend in Köln und Stellvertretender Diözesanpräses, 1937 Diözesan-Jugendseelsorger für die männliche Jugend, 1942 Freistellung zur Evakuierten-Seelsorge in der Diözese Meißen, Pfarrvikar im Bereich Aue, 1944–63 Regens und Dozent am Priesterseminar in Bensberg (seit 1958 in Köln), 1945–88 Geistlicher Beirat des Katholischen Deutschen Frauenbundes, 1957 Domkapitular, 1958–59 Personalreferent im Generalvikariat, 1962 Ernennung zum Weihbischof in Köln, 1966–75 Bischofsvikar. F. nahm an allen vier Konzilsperioden des Vaticanum II teil, zwei Wortmeldungen (Personenwürde der Frau; Anerkennung der Leistung Unverheirateter). Eine besondere Bedeutung für das künftige Wirken F.' sollte die Kirchenkonstitution *Lumen gentium* erlangen, die die Erneuerung des Diakonats ermöglichte. F. wurde 1965 Mitglied der internationalen Studienkonferenz über den Diakonat. 1967 wurde er Vorsitzender der neu errichteten Diözesankommission für Fragen des Ständigen Diakonats, 1969 Vorsitzender des Erzbischöflichen Diakoneninstituts. F. selbst weihte am 28.4.1968 im Kölner Dom weltweit die ersten verheirateten Männer zu Ständigen Diakonen. 1970–75 war er Mitglied der Sachkommission Pastorale Dienste der Würzburger Synode.

Literatur: KNA – Sonderdienst zum Zweiten Vatikanischen Konzil Nr. 37-38/65, 15 f.; **H. J. Hecker:** Chronik der Regenten, Dozenten und Ökonomen im Priesterseminar des Erzbistums Köln 1615–1950. Düsseldorf 1952, 280 f.; **J. Frings:** Für die Menschen bestellt. Erinnerungen. Köln 1973, 21 f.100.160; **D. Froitzheim:** Personalchronik des Kölner Priesterseminars 1951–1976. Ergänzungen zur Chronik H. J. Heckers. Siegburg 1976, 29–32; **N. Trippen** (Hg.): Das Kölner Priesterseminar im 19. und 20. Jahrhundert. Festschrift zur Feier des 250-jährigen Bestehens am 29. Juni 1988. Siegburg 1988 (Register); **BBKL** 14, 1009–12 (E. Sauser); **Gatz B 1945,** 299 f. (U. Helbach); **N. Trippen:** Josef Kardinal Frings (1887–1978), 2 Bde. Paderborn u. a. 2003–05 (Register).
GUIDO TREFFLER

G

Gagnebet, *Marie-Rosaire* (Taufname *Charles*), OP (1927), französischer katholischer Theologe, * 6.8.1904 Quatre Routes (Lot), † 1.6.1983 Toulouse. Studium der Philosophie und Theologie in Saint-Maximin und Rom, dort 1937 Dr. theol. 1938–76 Professor am Angelicum. Als strenger Thomist Verteidiger eines spekulativen Theologieverständnisses und kritisch gegenüber der Nouvelle théologie. Seit 1954 Mitarbeiter des Sanctum Officium, wurde der Vertraute des Generalmagisters Michael ↗Browne zunächst Mitglied der vorbereitenden Theologischen Kommission, in der er der Unterkommission *De ecclesia* vorstand. Während des Konzils Peritus, wirkte er in der Kommission *De fide* insbesondere an der Redaktion von *Lumen gentium* mit. Daneben hatte er Anteil an den Diskussionen um *Dei Verbum* und *Gaudium et spes*.

Werke: La nature de la théologie spéculative: RThom 44 (1938) 1–39.213–255.645–674; De natura theologiae ejusque methodo secundum S. Thomam, 2 Bde. Rom 1951–52; L'origine de la juridiction collégiale du corps épiscopal au Concile selon Bolgeni: Divinitas 2 (1961) 431–493; L'œuvre du P. Garrigou-Lagrange: itinéraire intellectuel et spirituel vers Dieu: Angelicum 17* (1965) 7–31.

Literatur: **J. Grootaers:** Primauté et collégialité. Le dossier de Gérard Philips sur la Nota Explicativa Praevia (Lumen gentium, Chap. III). Leuven 1986 (Register); **É. Fouilloux:** Du rôle des théologiens au début de Vatican II: un point de vue romain: Cristianesimo nella storia. Saggi in onore di Giuseppe Alberigo. Bologna 1996, 279–349 (passim); **H. Donneaud:** s. v.: G. Reynal u. a. (Hg.): Dictionnaire des théologiens et de la théologie chrétienne. Paris 1998, 177; **Burigana:** La Bibbia nel concilio (Register); **Turbanti:** Un concilio per il mondo moderno (Register); **Congar:** Mon journal; **R. Christian:** s. v.: D. Berger u. a. (Hg.): Thomistenlexikon. Bonn 2006, 187f.; **K. Schelkens:** Carnets conciliaires de Mgr Gérard Philips, secrétaire adjoint de la commission doctrinale. Leuven 2006 (Register); **A. von Teuffenbach** (Hg.): Konzilstagebuch Sebastian Tromp mit Erläuterungen und Akten aus der Arbeit der Theologischen Kommission, 2 Bde. Rom 2006 bzw. Nordhausen 2011 (Register).

MICHAEL QUISINSKY

Galli, *Mario von,* SJ (1924), österreichischer katholischer Theologe, Prediger, Redner, Publizist, * 20.10.1904 Wien, † 28.9.1987 Zürich. Studium der Philosophie in Rom und Pullach sowie der Theologie in Valkenburg und Pullach. Wegen Predigten wider das Regime 1935 Redeverbot und Ausweisung aus dem Deutschen Reich. Bis Kriegsende am „Apologetischen Institut" Zürich, Mitbegründer der *Apologetischen Blätter* (später *Orientierung*). Ab 1946 erneut Predigtreisen im süddeutschen Raum. Förderung der deutsch-französischen Verständigung gemeinsam mit Jean du Rivau von Offenburg aus. 1949 Rückkehr in die Schweiz. Vielfältiges publizistisches Wirken u. a. bei *Dokumente* (Mitherausgeber 1960–82), *Orientierung* (Chefredakteur 1954–72) und *Christ in der Gegenwart* (Mitarbeiter 1960–80, Herausgeber 1980–87). Als „der" Konzilsberichterstatter (Schifferle) prägte G. die Rezeption des Konzils im deutschsprachigen Raum und erkannte die Rolle der Journalisten zur Begleitung und Verbreitung des Ereignisses. Nach Ankündigung des Konzils warb er für dessen Notwendigkeit und Anliegen. Innovativen Denkern bot er in der Zeitschrift *Orientierung* ein Diskussionsforum. Im dort abgedruckten regelmäßigen Brief aus Rom und in wöchentlichen Radiokommentaren informierte er während der Sessionen ein breites Publikum. Dazwischen hielt er (gemeinsam mit Bernhard Moosbrugger) durch vier Bild- und Textberichte das Interesse am Konzil wach. *Das Konzil und seine Folgen* (1966) wurde mehrfach übersetzt. In zahlreichen Vorträgen (u. a. Katholikentage 1964, 1968), der WDR-Fernsehreihe *Reformation aus Rom* und geistlichen Beiträgen *(Gelebte Zukunft)* machte sich G. zu einem Botschafter des Konzils. Den gefragten Redner kennzeichnete Humor, eine empathische, auf Vermittlung zielende Sprache sowie eindrückliche Gestik und Mimik.

Werke: Zeichen unter den Völkern. Mainz 1962; Das Konzil, 4 Bde. Olten 1963–66; Das Konzil und seine Folgen. Luzern – Frankfurt 1967; Gelebte Zukunft: Franz von Assisi. Luzern – Frankfurt 1970; Gott aber lachte: Erinnerungen. München 1988; Prophetische Reden, hg. v. U. Stockmann. Zürich 1988.

Literatur: **H.W. Brockmann** (Hg.): Sauerteig. FS M. v. G. Zürich 1979; **A. Schifferle:** M. v. G. Eine prophetische Existenz. Freiburg 1994; **ders.:** Brandstifter des Geistes: M. v. G., 1904–1987. Leipzig 2000.

KATRIN GALLEGOS SÁNCHEZ

Gargitter, *Joseph,* italienischer Bischof, * 27.1.1917 Lüsen (bei Brixen), † 17.7.1991 Bozen. Studium als Germaniker an der Gregoriana in Rom, 1942 Priester, 1944 Dr. theol.; 1945 Bürgermeister in Lüsen, ab 1945 Regens des Cassianeums und Religionslehrer, ab 1950 Leiter des Seelsorgeamtes und Professor für Dogmatik; 1952 Bischof von Brixen; 1961–63 Apostolischer Administrator von Trient. Im Geist des beginnenden Vaticanum II, auf dem er sich in den ersten beiden Sessionen zu Wort meldete, v.a. im November 1963 gegen römischen Kurialismus (vgl. AS II-4, 453–455), und in mehreren Kommissionen mitarbeitete, ließ er im Oktober 1962 das bekannte Bildungshaus „Nikolaus Cusanus" in Brixen errichten. G. wirkte bei der Neugestaltung der Grenzen der Diözesen Bozen-Brixen und Trient mit (vgl. dazu am Konzil selbst AS II-4, 454). Des Weiteren intervenierte er auf dem Vaticanum II zur wichtigen Aufgabe der Theologen, besonders der Exegeten (AS I-3, 92–94), betonte die bedeutsame Stellung der Bischöfe, aber auch der Laien (AS I-4, 193–195) und mahnte insgesamt eine Kirche unter dem „Kreuz" an (AS II-1, 359–362). Am 1.9.1964 übernahm G. die neue Diözese Bozen-Brixen mit Sitz in Bozen. Er erwarb sich große Verdienste um die Befriedung der drei Volksgruppen in Südtirol sowie um die soziale und religiöse Entwicklung des Landes. 1986 Rücktritt aus Gesundheitsgründen.

Werke: Kirche und Fremdenverkehr. Innsbruck 1960; Fastenhirtenbrief 1965 (Südtirol-Dokumentationen). Wien 1965; Dekret über die Hirtenaufgabe der Bischöfe in der Kirche. Mit einer Einleitung und Erläuterung von J. G. Münster 1967.

Literatur: **J. Gelmi:** 25 Jahre Diözese Bozen-Brixen: Der Schlern 63 (1989) 683–695; **P. Renner:** Theologie und Gesellschaft bei den Konzilsbischöfen Vinzenz Gasser und J. G.: Konferenzblatt für Theologie und Seelsorge 103 (1992) 152–168; **J. Gelmi:** Geschichte der Kirche in Tirol. Innsbruck 2001, 429–447; **Gatz B 1945,** 108–111 (J. Gelmi).

DAVID NEUHOLD

Garofalo, *Salvatore,* italienischer katholischer Bibelwissenschaftler, * 17.4.1911 Torre del Greco (Kampanien), † 25.10.1998 Rom. G. studierte 1925–28 am Großen Seminar Neapel, anschließend am Pontificio Seminario Romano Theologie, wo er 1932 zum Dr. theol. promoviert wurde. 1933 Priester, setzte er 1933–40 seine Studien am Biblicum in Rom fort. 1940 erfolgte die Ernennung zum Professor für biblische Exegese am Großen Seminar Neapel. 1948–54 Gründungsdirektor der Associazione Biblica Italiana, wurde er 1948 zum Professor für Exegese an der Pontificia Università Urbaniana ernannt, deren Rektor er 1959–71 war. G. erlangte als Bibelwissenschaftler große Bekanntheit, u. a. auch als treibende Kraft hinter der Serie *La Sacra Bibbia,* die eine mit Anmerkungen versehene italienische Ausgabe der Heiligen Schrift bot. Mitglied der vorbereitenden Theologischen Kommission und Präsident von deren Unterkommission *De fontibus revelationis,* wurde er während der ersten Sitzungsperiode des Vaticanum II zum Peritus ernannt. Er wirkte insbesondere an der Redaktion von *Dei Verbum* mit. Daneben spielte er eine zentrale Rolle im Seligsprechungsprozess für Vincenzo Romano. 1970–77 Kanonikus im Kapitel von S. Maria Maggiore, anschließend bis 1998 im Kapitel von St. Peter in Rom.

Werke: La nozione profetica del ‚Resto d'Israele'. Rom 1942; La Sacra Bibbia. Traduzione italiana dai testi originali. Turin 1950–76; La Madonna della Bibbia. Mailand 1958; Parole di vita. Vatikanstadt 1979; Il cardinale Carlo Confalonieri (1893–1986). Rom 1993.

Literatur: **J. S. Martins:** Mons. S. G.: OR vom 4.11.1998, 4; **F. Franco:** s.v.: Lexicon. Dizionario dei Teologi. Casale Monferrato 1998, 525; **Burigana:** La Bibbia nel Concilio; **Schelkens:** Catholic Theology of Revelation (Register). KARIM SCHELKENS

Garrone, *Gabriel-Marie,* französischer Bischof und Kardinal, * 12.10.1901 Aix-les-Bains (Savoie), † 15.1.1994 Rom. Studium in Rom als Schüler des Thomisten Louis Billot, 1925 Priester, theologische Neuausrichtung während seines anschließenden Philosophiestudiums in Grenoble bei Jacques Chevalier; dort auch Kontakte zur Christlichen Arbeiterjugend; 1939 mobilisiert, 1940 Kriegsgefangenschaft, in der er sich für die Weiterbildung der Seminaristen und Offiziere engagierte; 1945 Seminarregens, 1947 Koadjutor des Kardinals Jules Saliège in Toulouse; in der Bischofskonferenz beschäftigte er sich mit den sozialen Konflikten und der Arbeiterpriesterfrage; 1956 Erzbischof von Toulouse. Seit 1960 war er an den Konzilsvorbereitungen beteiligt und bereitete den wichtigen Vorstoß Kardinal ↗Liénarts hinsichtlich der freien Wahl der Kommissionsmitglieder auf dem Konzil mit vor (GZVK 2, 39). Er war Mitglied mehrerer Kommissionen, bei der Redaktion von *Dei Verbum* und *Lumen gentium* beteiligt und Berichterstatter der Pastoralkonstitution *Gaudium et spes*. In der neugeschaffenen Französischen Bischofskonferenz wurde er Vizepräsident. 1966 von ⁄Paul VI. nach Rom berufen, wurde er Präsident der Kongregation für die Seminare und Universitäten, sodann für die katholische Erziehung (1968). 1967 erfolgte die Ernennung zum Kardinal. G. redigierte die *Normae quaedam* für die Universitäten und die *Ratio studiorum* für die Seminare. ⁄Johannes Paul II. beauftragte ihn, 1985 beim 20. Konzilsjubiläum die Bischofssynode zu eröffnen. G. publizierte umfangreich zu Fragen des Konzils und des christlichen Glaubens und Lebensvollzugs.

Werke: Der Glaube als Mitte der Erziehung. Düsseldorf 1963; Panorama des Glaubens. Ein Erwachsenenkatechismus. München 1964; Die Ordensfrau, Zeichen Gottes in der Welt. Salzburg 1966, ²1967; Die Ordensfrau vor Gott und Welt. Salzburg 1967; Wer bist Du, Herr? Salzburg 1970; Was soll ich tun? Gedanken zur christlichen Moral und ihrer Widersprüchlichkeit. München 1972; Maria, gestern und heute. Wien 1978; Cinquante ans de vie d'Église. Paris 1983 (Le concile, 21–37; Le poids d'un concile, 39–53); Synode 85, nouveau départ pour le Concile, hg. v. J. Vandrisse. Paris 1986.

Literatur: **AS**; **AnPont**; **Cath** 4, 1762f. (H. Mazerat); 16, 905f.; **DMRFC** 8, 211–214 (C. Sorrel); **DÉF** 285–287 (C. Sorrel).

ANDRÉ DUVAL/ALBERT RAFFELT

Gauthier, *Paul,* französischer katholischer Theologe, * 30.8.1914 La Flèche (Sarthe), † 25.12.2002 Marseille. Tätigkeit als Seminarprofessor in Dijon, bat er 1954 Bischof Guillaume-Marius Sembel, ihn von dieser Funktion zu entbinden, um im Geist Charles de Foucaulds Arbeiterpriester zu werden. Ab 1956 auf Einladung von Erzbischof Georges ⁄Hakim Aufenthalt in Nazaret, wo er 1958 die Fraternité des Compagnons de Jésus Charpentier gründete. Während des Konzils Berater Hakims und treibende Kraft der Gruppe „Kirche der Armen", der neben Hakim u.a. die Kon-zilsväter Pierre-Marie Gerlier, Hélder ⁄Câmara, Manuel ⁄Larraín, Charles-Marie ⁄Himmer, François ⁄Marty, Alfred ⁄Ancel, Guy-Marie ⁄Riobé und Julius ⁄Angerhausen angehörten. Inspirator der Befreiungstheologie, suchte G. nach dem Konzil nach Wegen, die Radikalität des Evangeliums zu leben.

Werke: Les pauvres, Jésus et l'Église. Paris 1963; Les mains que voici. Paris 1964; „Consolez mon peuple". Le Concile et „l'Église des pauvres". Paris 1965; Et le voile se déchire. Paris 1990 (Autobiografie).

Literatur: **G. Gutiérrez:** Les grands changements à l'intérieur des sociétés et des Églises de nouvelle chrétienté après Vatican II: G. Alberigo (Hg.): Les Églises après Vatican II. Dynamisme et prospective. Paris 1981, 33–46; **Pelletier:** Une marginalité engagée: Lamberigts u. a. (Hg.): Commissions Conciliaires, 63–89; **G. Alberigo:** „Église des pauvres" selon Jean XXIII et le Concile Vatican II: A.-M. Vanier u. a. (Hg.): Anthropos laïkos. Mélanges Alexandre Faivre à l'occasion de ses 30 ans d'enseignement. Fribourg 2000, 13–31; **N. Edelby:** Souvenirs du concile Vatican II (11 octobre 1962 – 8 décembre 1965). Beirut 2003 (Register); **H. Câmara:** Lettres conciliaires (1962–1965), 2 Bde. Paris 2006 (Register).

MICHAEL QUISINSKY

Ghattas, *Isaac,* ägyptischer Bischof (Kopten), * 20.6.1909 Nazlet Ghattas (Ägypten), † 8.6.1977 Minya. 1932 Priester, 1949 Bischof von Theben und Luxor, 1963 Erzbischof (persönlicher Titel), 1967 Bischof von Minya. G. trat auf dem Vaticanum II für eine umfassende Katholizität der Kirche ein, die sich nicht im Lateinischen erschöpft. Ausgedrückt sah er dies u. a. in der Liturgie und der Kollegialität der Bischöfe, aber auch im situativ angemessenen Umgang mit der Tradition und pastoralen Fragen. Er verfasste als Ergebnis der Diskussionen einer Reflexionsgruppe das Konzil begleitende jährliche Broschüren und sandte diese an zahlreiche orientalische Bischöfe (Grootaers 566).

Literatur: **M. Mariantoni:** La Chiesa copta cattolica al Concilio Ecumenico Vaticano II: Studi e ricerche sull'oriente cristiano 11 (1988) 33–50; **J. Grootaers:** Zwischen den Sitzungsperioden: GZVK 2, 421–617 (passim); **A. Bwidi Kitambala:** Les Évêques d'Afrique et le Concile Vatican II. Participation, contribution et application du Synode des Évêques de 1994. Paris 2010 (Register).

MICHAEL QUISINSKY

Gilroy, *Norman Thomas,* australischer Bischof und Kardinal, * 22.1.1896 Sydney; † 21.10.1977 ebd. 1923 Priester, 1924 Dr. theol., 1935 Bischof von Port Augusta, 1937 Koadjutor und 1940–71 Erzbischof von Sydney, 1946 Kardinal, 1958 und 1963 Teilnahme am Konklave, als Konzilsvater Mitglied des Konzilspräsidiums (GZVK 1, 502). G. vertrat eher traditionelle Positionen (z. B. in der Liturgie), trat aber für offene Diskussionen ein und stand loyal zu den Konzilsbeschlüssen. Sein hohes nationales Ansehen zeigt die Verleihung des Preises „Australian of the Year" 1979.
Literatur: **T. P. Boland:** s. v.: Australian Dictionary of Biography, Bd. 14. Melbourne 1996, 275–278; **GZVK** (Register); www.adb.online.anu.edu.au/biogs/A140312b.htm (dort Hinweise auf Archivalien) (abgerufen: 30.6.2011). ALBERT RAFFELT

Glazik, *Josef,* MSC (1934), deutscher katholischer Missionswissenschaftler, * 1.2.1913 Hagen, † 17.10.1997 Münster. 1939 Priester; 1940–49 Kriegsdienst und Gefangenschaft; Studium der Missionswissenschaft bei Thomas Ohm. G. war Professor für Missionswissenschaft zunächst in Würzburg (1958–61), dann in Münster (1961–70), Konsultor des Sekretariats für die Nichtchristen, Schriftleiter der *Zeitschrift für Missionswissenschaft und Religionswissenschaft* (1962–74) und Berater der Gemeinsamen Synode der Bistümer Deutschlands. Er galt als gründlicher Kenner der russischorthodoxen Mission. GIANCARLO COLLET

G. nahm ab der dritten Sitzungsperiode am Konzil teil. Das Schema über die missionarische Aktivität der Kirche, das zur dritten Sitzungsperiode erstellt worden war, empfand er theologisch unzureichend fundiert. Er trat für ein Verständnis der Missionstätigkeit als zum Sein der Kirche gehörend ein, wobei er eine enge Anbindung an die anderen Texte des Konzils suchte. Gemeinsam mit Bischof José Lecuona entwarf er das Kapitel über die Missionare, später kamen redaktionelle Aufgaben hinzu. U. a. der Kompromisscharakter einiger Formulierungen in der Endfassung von *Ad gentes* ließen ihn das Konzil als Ausgangspunkt einer erhofften Entwicklung sehen.
Werke: Die russisch-orthodoxe Heidenmission seit Peter dem Großen. Münster 1954; Die Islammission der russisch-orthodoxen Kirche. Münster 1959; Die Mission im II. Vatikanischen Konzil: ZMR 50/1 (1966) 3–25; Das Konzilsdekret Ad gentes: ZMR 50/2 (1966) 66–71; Mission – der stets größere Auftrag. Aachen 1979; Vor 25 Jahren Missionsdekret „Ad gentes": Erinnerungen eines Augenzeugen des Konzils: ZMR 74 (1990) 257–274.
Literatur: **S. Paventi:** Entstehungsgeschichte des Schemas „De Activitate Missionali Ecclesiae": J. Schütte (Hg.): Mission nach dem Konzil. Mainz 1967, 48–81; **LThK.E** 3, 9–125; **H. Waldenfels** (Hg.): ‚Denn ich bin bei Euch'. FS J. G. u. B. Willeke. Zürich 1978; **GZVK** (Register); **G. Collet:** Nachruf: ZMR 82 (1998) 38f. FRANCA SPIES

Glorieux, *Achille,* französischer Kurienbischof, * 2.4.1910 Roubaix, † 17.9.1999. 1934 Priester, 1949 Rom, verschiedene kuriale Funktionen, Konzilsperitus, Sekretär der Konzilskommission für das Laienapostolat sowie der Gemischten Kommission bei der Erstellung der Pastoralkonstitution *Gaudium et spes;* seine Publikationen zeigen die organisatorischen und theologischen

Schwierigkeiten dieser Arbeit auf; 1969 Titularerzbischof von Beverley. G. war als Apostolischer Pro-Nuntius in Syrien und Ägypten tätig.

Werke: Histoire du décret: L'Apostolat des laïcs (Unam sanctam 75). Paris 1970, 91–139; Les étapes préliminaires de la Constitution pastorale „Gaudium et spes": NRTh 108 (1986) 388–419.
Literatur: **Cath** 5, 63 (G. Jacquemet); **AnPont** 1952ff.; **DMRFC** 4, 258; **GZVK** (Register); **Turbanti:** Un concilio per il mondo moderno (Register); **HThK 2. Vat** 4 (Register; zur Mitarbeit an *Apostolicam actuositatem* und *Gaudium et spes*).

ALBERT RAFFELT

Glorieux, *Palémon,* französischer Mediävist und katholischer Theologe, * 8.3.1892 Bray-sur-Somme (Somme), † 6.7.1979 Saint-André-lèz-Lille (Nord). Studium in Rom, 1915 Priester, 1927 Professor in Lille. Während des Vaticanum II war G. Theologe Kardinal Achille ∕Liénarts. G. erforschte die mittelalterliche Geschichte der Sorbonne, edierte das Werk Johannes Gersons und arbeitete über dessen Theologie. Seine eigenständigen dogmatischen Arbeiten galten der Ekklesiologie, dem Heil der Nichtglaubenden, der Christologie und der Eschatologie (Endentscheidungshypothese). Sozialtheologisch war er in der Action catholique sowohl als Autor wie als Seelsorger der Jeunesse ouvrière chrétienne engagiert.

Werke: La littérature quodlibétique, 2 Bde. Paris 1925–35; Endurcissement final et grâces dernières: NRTh 59 (1932) 865–892; Répertoire des maîtres en théologie de Paris au XIIIe siècle, 2 Bde. Paris 1933/34; Corps mystique et apostolat. Paris 1935; Paul, apôtre du Christ Jésus. Paris 1936; Le Christ et sa religion. Paris 1937; Introduction à l'étude du dogme. Paris 1949; In hora mortis: MSR 6 (1949) 185–216; Pour revaloriser Migne. Lille 1952; Le laïc dans l'église. Paris 1960.
Literatur: **Cath** 5, 63f. (J.-C. Didier); **L. Boros:** Mysterium mortis. Olten 1962, 180f.; Hommage à Mgr P. G.: MSR 37 (1980) 125–182 (mit Bibliografie); Dictionnaire de biographie française, hg. v. J. Balteau u.a., Bd. 16. Paris 1985, 369f.

ALBERT RAFFELT

Gnädinger, *Karl,* deutscher Bischof, * 5.11.1905 Bohlingen, † 12.3.1995 Freiburg im Breisgau. Studium der Theologie in Freiburg, 1930 Priester, anschließend Pfarrseelsorge und Präfekt, 1952 Pfarrer und Dekan am Konstanzer Münster – einer ehemaligen Konzils- und Bischofskirche. 1960 Weihbischof in Freiburg mit besonderer Verantwortung für die Belange der Caritas, 1977–78 Diözesanadministrator. Auf dem Konzil wenig hervorgetreten, machte G. die Menschlichkeit zu einem Leitgedanken seiner in vielen Predigten und Ansprachen entfalteten Konzilsinterpretation.

Literatur: **H. Riedlinger:** FDA 116 (1996) 275–280; **Gatz B 1945,** 222 (K.-H. Braun); **C. Schmider:** Die Freiburger Bischöfe. 175 Jahre Erzbistum Freiburg. Eine Geschichte in Lebensbildern. Freiburg 2002, 176–182; **M. Quisinsky:** Freiburger Konzilsväter auf dem II. Vaticanum. Konzilsbeteiligung und Konzilshermeneutik von Erzbischof Hermann Schäufele und Weihbischof K. G.: FDA 129 (2009) 181–289.

MICHAEL QUISINSKY

Godfrey, *William,* britischer Bischof und Kardinal, * 25.9.1889 Liverpool, † 22.1.1963 London. 1916 Priester, war G. ab 1929 Rektor des English College in Rom. Als er 1938 als erster apostolischer Delegat nach Großbritannien entsandt wurde und die Bischofsweihe empfing, stand ihm der einheimische Episkopat zunächst reserviert gegenüber. Nach einer Station in Polen erfolgte 1953 die Ernennung zum Erzbischof von Liverpool und 1956 von Westminster, wo er gegenüber liturgischen und ökumenischen Neuerungen zurückhaltend war. 1958 Ernennung zum Kardinal. Teilnahme an der ersten Sessio des Vaticanum II.

Literatur: **M. Lamberigts:** Die Liturgiedebatte: GZVK 2, 129–199; **N. Schofield – G. Skinner:** The English Cardinals. London 2007, 203–207; **M. Walsh:** The Westminster Cardinals. The Past and The Future. London 2009, 155–166.

MICHAEL QUISINSKY

Goldie, *Rosemary,* australische katholische Theologin, * 1.2.1916 Manly, † 27.2. 2010 Randwick. Nach dem Studium in Sydney und Paris, wo sie mit der Gedankenwelt von Jacques Maritain und Charles Péguy vertraut wurde, war G. in Freiburg (Schweiz) für die katholische Studenten-

Organisation Pax Romana tätig und engagierte sich auf internationaler Ebene im Rahmen der COPECIAL (Comité permanent des congrès internationaux pour l'apostolat des laïcs) für das Laienapostolat, das in den 1950er Jahren durch die Weltkongresse 1951 und 1957 Auftrieb erhielt. Als Konzilsauditorin (ab 1964) seit 1965 Mitwirkung in der zu *Gaudium et spes* führenden Kommissionsarbeit; 1985 Gast der außerordentlichen Bischofssynode. 1967–76 war G. Untersekretärin des Päpstlichen Laienrats und damit als erste Frau in leitender Funktion in einer vatikanischen Behörde tätig. Daneben Tätigkeit für den Einheitsrat, u. a. im Zusammenhang mit dessen Kontakten zum Ökumenischen Rat der Kirchen. Nachdem ihre Position im Rahmen der Umstrukturierung des Laienrats entfiel, lehrte sie an der Lateran-Universität Pastoraltheologie.

Werke: Vers un héroïsme intégral: dans la lignée de Péguy. Paris 1951; Un point de vue „féminin"?: L'Église dans le monde de ce temps, Bd. 3. Paris 1967, 93–106; Laici, laicato, laicità – bilancio di trent'anni di bibliografia. Rom 1986; La participation des laïcs aux travaux du Concile Vatican II: Revue des sciences religieuses 62 (1988) 54–73; Una donna al Concilio. Ricordi di una „uditrice": Rivista di scienze religiose 2 (1988) 375–390; I laici e il rapporto Chiesa-mondo nella catechesi di Paolo VI durante l'elaborazione della „Gaudium et spes": Istituto Paolo VI (Hg.): Paolo VI e il rapporto Chiesa-mondo al concilio. Rom 1991, 45–58; From a Roman window: five decades: the world, the church and the Catholic laity. Blackburn 1998 (italienisch 2000); Préface: B. Minvielle: L'apostolat des laïcs à la veille de Vatican II (1949–1959). Histoire des Congrès mondiaux de 1951 et 1957. Fribourg 2001, 1–3; R. G.: L. Rolandi (Hg.): Testimoni del Concilio. Il racconto del Vaticano II nell'esperienza dei protagonisti. Cantalupa 2006, 105–109.

Literatur: **C. McEnroy:** Guests in Their Own House. The Women of Vatican II. New York 1996 (passim); **Grootaers:** Rome et Genève (Register).

MICHAEL QUISINSKY

Gonçalves Cerejeira, *Manuel,* portugiesischer Bischof und Kardinal, * 29.11.1888 Lousado (Braga), † 2.8.1977 Lissabon. Studium in Braga und Coimbra, 1911 Priester. 1911–28 Lehrtätigkeit an der Universität Coimbra. 1928 Weihbischof in Lissabon mit dem persönlichen Titel eines Erzbischofs, 1929 Kapitularvikar, im selben Jahr Patriarch ebd. (bis 1971) und Kardinal. Sein Einsatz galt einem Konkordat zwischen dem Heiligen Stuhl und Portugal, das 1940 unterzeichnet wurde. 1966–72 Militärbischof, 1967 Gründer der Katholischen Universität Portugals. Mitglied der zentralen vorbereitenden Kommission, war er während des Vaticanum II Mitglied der Kommission *De missionibus.* Dem Coetus Internationalis Patrum gehörte er nicht unmittelbar an, jedoch sprechen Indizien dafür, dass er ihm nahestand. In seinen vier Interventionen und zwei animadversiones scriptae widmete er sich der Liturgie, der Offenbarung und dem Kirchenschema. G. C. war ein Freund des portugiesischen Diktators António de Oliveira Salazar.

Werke: O Renascimento em Portugal: Clenardo (com a tradução das suas principais cartas), 2 Bde. Coimbra 1917–1918; A Igreja e o pensamento contemporâneo. Coimbra 1925; O humanismo em Portugal: Clenardo. Coimbra 1926; Vinte anos de Coimbra. Lissabon 1926; Cartas aos novos. Coimbra 1933; Obras pastorais, 7 Bde. Lissabon 1936–70; A mensagem de Fátima e o mundo contemporâneo. Rio de Janeiro 1955; O Cardeal C. e o tempo presente: antologia. Lissabon 1963; Na hora do diálogo: resposta a multas questões. Lissabon 1967.

Literatur: **M. das Neves:** Cardeal C.: o homem e a obra. Lissabon 1988; mehrere Artikel in Lusitania Sacra, 2e série, 2 (1990): **J. Borges de Macedo:** O tempo do cardeal C. Quadro de uma acção apostólica e cultural: ebd. 9–20; **A. Pinto de Castro:** O cardeal C.: universitário e homem de letras: ebd. 21–45; **J. Vitorino de Pina Martins:** M. G. C. e os estudos humanísticos em Portugal: ebd. 47–68; **M. Cavaleiro Ferreira:** O pensamento político-social do cardeal C.: ebd. 69–87; **D. Manuel Franco Falcão:** O cardeal C., pastor da Igreja Lisbonense: ebd. 89–121; **J. António de Sousa:** O cardeal C., pai e amigo do seu clero:, ebd. 123–145; **A. Luciano de Sousa Franco:** O cardeal C. e os leigos: ebd. 147–168; **A. Montes Moreira:** O cardeal C., fundator da Universidade católica Portuguesa: ebd. 169–221; **L. de Azevedo Mafra:** Lissabon no tempo do Cardeal C.: um testemunho. Lissabon 1997; **L. Salgado de Matos:** Cardeal C.: universitário, militante, místico: Análise Social 36 (2001) 803–837; **J. da Cruz Policarpo:** Cardeal C.: fotobiografia. Lissabon 2002; **L. Salgado de Matos:** D. M. G. C. (1929–1971): D.

Carlos Azevedo u.a. (Hg.): Os Patriarcas de Lisboa. Lissabon 2009, 143–160; **R. A. Carvalho:** António Oliveira Salazar, M. G. C.: Correspondência 1928–1968. Lissabon 2010; **I. F. Pimentel:** Cardeal C.: O Príncipe da Igreja. Lissabon 2010; **Roy:** Le Coetus Internationalis Patrum.   PHILIPPE J. ROY

González Martín, *Marcelo,* spanischer Bischof und Kardinal, * 16.1.1918 Villanubla (Valladolid), † 25.8.2004 Fuentes de Nava (Palencia). 1941 Priester. Dr. theol. (Comillas), Professor für Theologie in Valladolid, sozial engagierter Priester, 1960 Bischof von Astorga, 1966 Weiherzbischof von Barcelona mit Sukzessionsrecht, 1967 Erzbischof ebd., 1971 Erzbischof von Toledo, 1973 Kardinal. Beim Konzil äußerte sich G. mehrmals in den Diskussionen über die Kirche, die zu den Konstitutionen *Lumen gentium* und *Gaudium et spes* führten: er mahnte, dass zur Hauptaufgabe der Bischöfe die Förderung der eigenen Heiligkeit und der ihrer Priester gehöre (AS II-3, 377–380); dass diese für die soziale Nutzung der kirchlichen Güter verantwortlich seien (AS II-5, 256–258); dass die Frucht des Konzils von einem guten Klerus abhänge (AS III-4, 440–442); dass die Kirche in der Pastoralkonstitution vermeiden solle, falsche Hoffnungen und Illusionen hinsichtlich ihres Beitrags zur Lösung der Probleme dieser Welt zu wecken, sondern sich darauf konzentrieren solle, ein Beispiel des Dienstes, der Armut, der Hoffnung und der Liebe zu geben (AS III-5, 464–468). Als „kastilischer" Erzbischof Barcelonas wurde er mit dem Wunsch des Kirchenvolkes nach katalanischen Bischöfen konfrontiert. Gleichwohl förderte er auf kluge Weise die Umsetzung des Konzils einschließlich der Liturgiereform. Als Erzbischof von Toledo und Primas von Spanien kümmerte er sich besonders um das Priesterseminar und das Heranwachsen eines Klerus im Sinn seiner Konzilsvorstellung über die priesterliche Rolle. Daneben förderte er in seinem Bistum die mozarabische Liturgie. Am 23.11.1975 hielt er die Totenrede bei der Beerdigung Francos und avancierte so – wider Willen – zur Identifikationsfigur für die konservativen Katholiken, während der Madrider Kardinal Vicente ∕ Enrique y Tarancón zum Hoffnungsträger der progressiven wurde. In Zeiten der Demokratie wurde G. zum Mahner gegenüber bestimmten gesellschaftlichen Entwicklungen (fehlende invocatio Dei in der Verfassung, in der er auch den Bezug auf das Naturrecht, ein Abtreibungsverbot oder den expliziten Schutz der Erziehungsfreiheit und der Familie vermisste). Im Nachhinein gilt er als kluger Mentor einer behutsamen, entideologisierten Konzilsrezeption, als Förderer eines vorbildhaften Klerus und des Laienapostolats sowie eines sozial gesinnten Katholizismus.

Werke: La figura del sacerdote hoy. Madrid 1971; Creo en la Iglesia. Madrid 1974; Escritos sobre el carácter sacerdotal. Burgos 1974; Obras del Cardenal M. G. Toledo 1986ff.; En el corazón de la Iglesia. Toledo 1987; Evangelizar. Toledo 1988; Los valores de siempre. Toledo 1995; Véante mis ojos: Santa Teresa, para los cristianos de hoy. Madrid 2003; Escritos sobre la transición política española (1977–1984). Toledo 2006.

Literatur: **O. González de Cardedal:** Iglesia y política en la España de hoy. Salamanca 1980; **R. Palmero Ramos:** Don M. G. Ávila 1983; **A. González Chaves:** Don M. Madrid 2005.

MARIANO DELGADO

Gouyon, *Paul,* französischer Bischof und Kardinal, * 24.10.1910 Bordeaux, † 26.9.2000 ebd. In einer republikanisch gesinnten Familie aufgewachsen, studierte G. zunächst bis zum Erwerb des Lizenziats Jura und Literaturwissenschaft, bevor er ins Priesterseminar eintrat und in Bordeaux und Paris Theologie studierte. 1937 Priester, folgte er dem Wunsch seines Ortsbischofs ∕ Feltin und studierte an der Gregoriana in Rom, wo er aufgrund seiner theologischen und politischen Meinungsäußerungen mit den Verantwortlichen des Séminaire français aneinandergeriet. Mit Duldung Feltins, der ihm auch nach dem Verweis aus dem Séminaire français seine Unterstützung nicht versagte, lebte G. fortan im kanadischen Kolleg. Während des 2. Weltkriegs zunächst zum Kriegsdienst eingezogen, begann G. seine pastorale Tätigkeit ab 1940 als Gemeindepfarrer im ländlichen Umfeld von Bordeaux, wo er mit einem „plan pastoral" religionssoziologische Erkenntnisse u. a. Fernand Boulards aufzugreifen suchte. Nach der kanonistischen Promotion wechselte er zunächst als Schulseelsorger (ab 1944), dann als Generalvikar (ab 1951) nach Bordeaux und setzte sich in dieser Eigenschaft auf diözesaner Ebene für eine moderne, den Herausforderungen der Zeit gegenüber sensible Seelsorge ein. 1957 Bischof von Bayonne, wechselte er 1963 als Koadjutor nach Rennes, wo er 1964 Kardinal Clément-Émile Roques nachfolgte (bis 1985). 1969 erfolgte die Ernennung zum Kardinal. Der engagierte Konzilsvater G. sprach sich in der Konzilsaula u. a. gegen Insignien wie die cappa magna aus und setzte sich für die Kollegialität ein. Ab der zweiten Sitzungsperiode war er Mitglied des Einheitssekretariates. Nach dem Konzil förderte er in seiner Diözese behutsam, aber entschieden die Erneuerung im Geist des Vaticanum II, wobei seine besonderen Interessen u. a. der Ökumene und dem Atheismus in der modernen Welt galten. Der Konzilserklärung über die christliche Erziehung widmete er einen Kommentar. Überdiözesan wirkte er von 1966–82 als Präsident von Pax Christi.

Werke: L'introduction de la réforme disciplinaire du concile de Trente dans le diocèse de Bordeaux 1584–1624. Bordeaux 1945 (Dissertation); Déclaration sur l'éducation chrétienne. Mulhouse 1966; Œcuménisme et conversion du cœur: C. Argenti u. a.: Le schisme. Sa signification théologique et spirituelle. Lyon 1967, 87–106; L'intercommunion est-elle possible? Fribourg 1976; Marcel Callo. Märtyrer der Arbeiterjugend in Mauthausen. Salzburg 1988.

Literatur: **A. Michel:** L'épiscopat français au deuxième concile du Vatican: Le deuxième concile du Vatican, 281–295; **P. Levillain:** Cardinal P. G.: ders. u. a. (Hg.): 150 ans au cœur de Rome. Le séminaire français 1853–2003. Paris 2004, 269–283; **DÉF** 311 f. (Y. Abiven). MICHAEL QUISINSKY

Graber, Rudolf, deutscher Bischof, * 13.9. 1903 Bayreuth, † 31.1.1992 Regensburg.

Studium der Philosophie und katholischen Theologie (1922–26) in Eichstätt und Innsbruck; 1926 Priester; Dr. theol. 1929 (Rom, Angelicum); Religionslehrer, (Jugend-)Seelsorger und Dozent, 1941–62 Professor für Kirchengeschichte, Patrologie und Fundamentaltheologie in Eichstätt. G. neigte in den frühen 1930er Jahren einer expliziten Christozentrik und einer durchaus ambivalenten Reichstheologie zu; später wurde v. a. die Mariologie zu seinem Hauptanliegen. 1962 zum Bischof von Regensburg ernannt, nahm er an allen Sessionen des Vaticanum II teil (aktenkundig ist eine schriftliche Eingabe zur verstärkten Ablehnung des Proselytismus und Antisemitismus im späteren Dekret Nostra aetate: AS III-3, 166); in der Folge führte er die liturgisch-pastorale Erneuerung in seiner Diözese durch. Den nachkonziliaren Entwicklungen in der Kirche stand er überwiegend kritisch gegenüber, ohne dass sich für ihn daraus eine ablehnende Haltung zum Konzil selbst ergeben hätte. In ökumenischer Hinsicht bemühte er sich besonders um die orthodoxen Kirchen; seit Mitte der 1960er Jahre förderte er das Entstehen des heutigen „Ostkirchlichen Instituts" und der „Regensburger Symposien". 1981 Rücktritt; apostolischer Administrator bis 1982.

Bibliografie: Bibliographie Dr. theol. Dr. h.c. R. G., erarb. v. E. H. Ritter. Regensburg 1983.

Literatur: **E. H. Ritter:** Berufen und auserwählt. Zum Gedenken an Bischof Dr. theol. Dr. h.c. R. G. Regensburg ²1992; **LThK³** 4, 970 f. (K. Hausberger); **Gatz B 1945,** 457–460 (K. Hausberger); **E. H. Ritter:** „Dienen in Liebe". Gedenken an Bischof Dr. theol. Dr. h.c. R. G.: Klerusblatt 83 (2003) 203–207; **L. Brandl:** Die Bischöfliche Philosophisch-Theologische Hochschule Eichstätt: D. Burkard – W. Weiß (Hg.): Katholische Theologie im Nationalsozialismus, Bd. 1/1. Würzburg 2007, 575–603.

LEONHARD HELL

Gracias, Valerian, indischer Bischof und Kardinal, * 23.10.1900 Karachi, † 11.9.1978 Bombay (Mumbai). Studium der Theologie in Kandy (Sri Lanka), 1926 Priester, anschließend weitere Studien in Rom. Seit 1929 diverse Aufgaben auf Diözesanebene in der Erzdiözese Bombay, dort 1946 Weihbischof, 1950 Erzbischof. 1953 Kardinal, 1954–71 Vorsitzender der Catholic Bishops' Conference of India. 1960 Mitglied der zentralen Vorbereitungskommission des Vaticanum, 1963 Mitglied der Kommission zur Revision des Kirchenrechts, 1964 Mitglied des Consilium zur Ausführung von *Sacrosanctum Concilium,* 1966 Mitglied der Kommission zur Geburtenkontrolle, 1969 Mitglied des Sekretariats für die Nichtchristen. In seinen zahlreichen Konzilsinterventionen verwies G., der stark von John Henry Newman geprägt war, u. a. auf den dienenden Charakter der Kirche. In G.s Diözese fand 1964 der Eucharistische Weltkongress statt, der für die konziliare Bewusstseinsbildung eine wichtige Rolle spielte.

Werke: Cardinal G. Speaks. Bombay 1977.
Literatur: **P. Pulikkan:** Indian Bishops in the First Session: From a Slow Start to an Emerging Conciliar Ethos: Fattori – Melloni (Hg.): Experience, Organisations and Bodies, 87–122; **ders.:** Indian Church at Vatican II. A Historico-theological Study of the Indian Participation in the Second Vatican Council. Trichur 2001 (Register); **S. Pimenta:** Cardinal V. G. His Life and Ministry. Mumbai 2002.

MICHAEL QUISINSKY

Griffiths, *James Henry Ambrose,* US-amerikanischer Bischof, * 16.7.1903 Brooklyn (New York); † 24.2.1964 New York. Studium in Brooklyn und Rom. 1927 Promotion zum Dr. theol. an der Gregoriana und Priester, verschiedene seelsorgliche und diözesane Aufgaben, Mitbegründer der Canon Law Society of America und deren Präsident 1941/42. Im 2. Weltkrieg Funktionen in der Militärseelsorge (beibehalten bis 1955), 1950 Weihbischof der Diözese New York und Titularbischof von Gaza durch Kardinal ↗Spellman. Repräsentant des Heiligen Stuhls bei den Vereinten Nationen und ständiger Beobachter beim Economic und social council der Vereinten Nationen. Während des Vaticanum II einer von fünf Mitgliedern der Bischofskommission der Vereinigten Staaten zur Einführung der englischen Sprache in der Mess- und Sakramentenliturgie.

Literatur: Most Rev. J. G. Dies. Vatican Observer at U.N., 60: The New York Times vom 25.2.1964; en.wikipedia.org/wiki/James_Henry_Ambrose_Griffiths#cite_ref-curtis_0-6 (abgerufen: 14.6.2012).

ALBERT RAFFELT

Grillmeier, *Alois,* SJ (1929), deutscher katholischer Theologe und Kardinal, * 1.1.1910 Pechbrunn (Oberpfalz), † 13.9.1998 Unterhaching (München). 1937 Priester, 1942 Dr. theol. in Freiburg (Breisgau); lehrte 1944–48 in Pullach (zusammen mit Karl ↗Rahner), 1948–50 in Büren (Westfalen); 1950–78 Professor für Dogmatik und Dogmengeschichte in Frankfurt (St. Georgen). Als Peritus des Bischofs von Limburg, Wilhelm ↗Kempf, nahm G. am Vaticanum II (1963–65) teil. Von Dezember 1962 bis Februar 1963 erarbeitete eine deutsche Gruppe (Rahner, ↗Semmelroth, G. um Bischof ↗Volk, z.T. Ratzinger [↗Benedikt XVI.]) einen neuen Entwurf zu *De ecclesia* (der späteren Dogmatischen Konstitution *Lumen gentium*), der vom deutschen Episkopat vorgelegt wurde (zu diesem sogenannten „Deutschen Schema" und der Rolle G.s als Hauptredaktor vgl. Wassilowsky). Als Mitglied der Theologischen Kommission arbeitete G. in verschiedenen Subkommissionen besonders zu *Lumen gentium* (Relator für Kap. III) und *Dei Verbum* (Schriftführer für Kap. III), aber auch zur Ordenstheologie. Grundlegende dogmengeschichtliche Forschungen zur Christologie der alten Kirche, die auch wichtig für den ökumenischen Dialog mit den orientalischen Kirchen wurden. 1994 Kardinal.

Werke: (Als Hg. zusammen mit H. Bacht:) Das Konzil von Chalkedon, 3 Bde. Würzburg 1951–54; Der Logos am Kreuz. München 1956; Mit ihm und in ihm. Freiburg 1975; Jesus der Christus im Glauben der Kirche, Bd. 1. Freiburg 1979 (englisch: Christ in Christian Tradition. London 1965) (auch französisch, italienisch, spanisch); Bd. 2/1. Freiburg 1986 (englisch, französisch, italienisch); Bd. 2/2. Freiburg 1989 (englisch, französisch, italienisch); Bd. 2/4. Freiburg 1990 (englisch, französisch, italienisch); Bd. 2/3, hg. v. T. Hainthaler. Freiburg 2002; Fragmente zur Christologie. Freiburg 1997.

Literatur: Theologie und Philosophie 74 (1999) 85–97 (T. Hainthaler); **BBKL** 17, 493–505 (T. Hainthaler); GZVK 2–5 (Register); **G. Wassilowsky:** Universales Heilssakrament Kirche. Innsbruck – Wien 2001.   THERESIA HAINTHALER

Grimshaw, *Francis Joseph,* britischer Bischof, * 6.10.1901 Bridgwater (Somerset), † 22.3.1965 Birmingham. 1926 Priester, 1947 Bischof von Plymouth, 1954 Erzbischof von Birmingham, Konzilsvater, Mitglied der Kommission für Liturgie.

Literatur: **GZVK** 2, 52 (Register).
ALBERT RAFFELT

Guano, *Emilio,* italienischer Bischof, * 16.8.1900 Genua, † 26.9.1970 ebd. Studien in Genua und Rom (Istituto Biblico), 1922 Priester. Pfarrseelsorger, Lehrer und Seminarprofessor in Genua, seit 1935 für verschiedene Studenten- und Laienvereinigungen tätig, seit der Mitwirkung am Weltkongress für das Laienapostolat 1950 auch auf internationaler Ebene. Daneben ökumenisches Engagement. 1959 Konsultor der vorbereitenden Kommission des Vaticanum II; 1962 Bischof von Livorno, wurde G. auf dem Konzil zunächst Mitglied der Kommission für das Laienapostolat und in der Folge als Vorsitzender der Ausschuss- bzw. zentralen Unterkommission der Gemischten Kommission Koordinator der Arbeiten an der Pastoralkonstitution, bevor er in der vierten Konzilssession krankheitsbedingt diese Aufgabe nicht mehr fortführen konnte und durch Erzbischof Gabriel-Marie /Garrone abgelöst wurde. 1963 Teilnahme an den ersten Konsultationen zwischen römisch-katholischen Theologen und dem Ökumenischen Rat der Kirchen in Bossey, im selben Jahr auch Assessor für die Konzilsbeobachter und Laienauditoren. 1964 Mitglied des Consilium zur Ausführung von *Sacrosanctum Concilium.*

Werke: La Chiesa. Rom 1936; Ricerca di Dio. Rom 1938; La rivelazione di Dio, 4 Bde. Rom 1940–45; Gli intenti della costituzione „Gaudium et spes": Studium 62 (1966) 637–645; I temi dominanti della costituzione „Gaudium et spes": ebd. 710–719; Introduzione alla lettura della „Gaudium et spes": Commento alla costituzione pastorale sulla Chiesa nel mondo contemporaneo. Mailand 1967, 133–152; Vincoli di communione del vescovo con i presbiteri: I sacerdoti nello spirito del Vaticano II. Turin 1969, 582–601.

Literatur: E. G. Uomo della Parola. Rom 1977; **G. Turbanti:** I laici nella chiesa e nel mondo: G. Alberigo u. a. (Hg.): Verso il Concilio Vaticano II (1960–1962). Passaggi e problemi della preparazione conciliare. Genua 1993, 207–271; **M.L. Paronetto Valier:** Don G. La testimonianza dell'Assistente: carità e sapienza: Studium 92 (1996) n° 5, 43–66; **G. Turbanti:** La commissione mista per lo schema XVII-XIII: Lamberigts u.a. (Hg.): Commissions Conciliaires, 217–250 (passim); ders.: Un concilio per il mondo moderno (Register); **L. Rolandi:** E. G. Religione e cultura nella Chiesa italiana del Novecento. Soveria Mannelli 2001.
MICHAEL QUISINSKY

Guillemin, *Suzanne,* FDC (1927), Generalsuperiorin der Filles de la Charité, * 16.10.1906 Bétheniville (Marne), † 28.3.1968 Paris. Wirkte zunächst in einem Arbeiterviertel in Paris, später in Tourcoing, bevor sie ab 1954 leitende Funktionen in ihrer Ordensgemeinschaft wahrnahm. 1962 Generalsuperiorin der Filles de la Charité

(1966: 45.000 Angehörige), die zur Zeit des Vaticanum II eine bedeutende Präsenz des Christlichen in der Gesellschaft darstellten. 1964 Präsidentin der Union Nationale des Congrégations d'Action Hospitalière et Sociale. Als Auditorin in der letzten Sitzungsperiode Mitglied in Unterkommissionen (Zeichen der Zeit, De munere ecclesiae) für die Redaktion von Gaudium et spes; nach dem Konzil Konsultorin der Kommission Iustitia et Pax sowie der Ordenskongregation. Gehaltvolle und realitätsnahe Stimme in der praktischen Verwirklichung der Konzilsintentionen in den Ordensgemeinschaften.

Werke: Mère S. G. (1906–1968). Conférences et témoignages. Paris 1968.

Literatur: **C. McEnroy:** Guests in their own House. The Women of Vatican II. New York 1996; **Turbanti:** Un concilio per il mondo moderno (Register); **L. Mezzadri:** Testimone della carità al concilio Vaticano II: madre S. G. FdC (1906–1968): G. Perego (Hg.): La Chiesa della carità. Bologna 2009, 17–31. MICHAEL QUISINSKY

Guitton, Jean, französischer Philosoph, * 18.8.1901 Saint-Étienne, † 21.3.1999 Paris. 1920 Studium an der École normale supérieure, 1923 Agrégé de philosophie, 1933 Dr. ès lettres (*Le temps et l'éternité chez Plotin et S. Augustin* und *La notion de développement chez Newman*). Lehrtätigkeit in Moulins, Lyon, Montpellier und nach der Kriegsgefangenschaft in Avignon und Dijon. 1954/55–68 Professor für Philosophiegeschichte an der Sorbonne. 1961 Mitglied der Académie Française, 1986 der Académie des sciences morales et politiques. Beeinflusst durch John Henry Newman, den Lazaristenpater Guillaume Pouget, Henri Bergson und Maurice Blondel, stellte sich G. in die augustinische Tradition und entwickelte eine Philosophie der Zeitlichkeit und Ewigkeit. Weitere Arbeiten dienten dem Verständnis des christlichen Glaubens und der Ökumene. Sein Buch *La vierge Marie* (1949) wurde von Giovanni Battista Montini (später ⁄Paul VI.) vor der Indizierung bewahrt. G. sandte ⁄Johannes XXIII. eine Denkschrift zum kommenden Konzil (Œuvres 5, 449–453). Von ihm wurde er zum Beobachter beim Vaticanum II ernannt (speciali facultate Summo Pontifice concessa observator; vgl. Un siècle, une vie, 366). Im Auftrag Papst Pauls VI. sprach er als erster Laie auf dem Konzil am 3.12.1963 zu den Konzilsvätern über die Ökumene (Œuvres 6, 18–22; DC Nr. 1415, 5.1.1965, 81–84).

Werke: Regard sur le concile. Paris 1964; Œuvres complètes, 6 Bde. Brügge 1966–86 (Bd. 5: Journal de ma vie; Bd. 6, 573–586: Le concile); Un siècle, une vie. Paris 1988 (Le concile dans ma vie: 351–407). – Die Jungfrau Maria. Paris 1953, ²1957; Synthese des Christlichen. Theologie des blinden Pariser Lazaristen Monsieur Pouget. Wien 1956; (zusammen mit J. Bosc – J. Daniélou: Geeint durch das, was trennt. Ein katholisch-protestantisches Gespräch. Graz 1963; Der geteilte Christus. Würzburg 1965; Dialog mit Paul VI. Wien 1967.

Literatur: **Cath** 5, 424–426 (M. Nédoncelle) und 16, 984; **H. Hude:** J. G.: Christliche Philosophie im katholischen Denken des 19. und 20. Jahrhunderts, Bd. 3. Graz 1990, 500–506; **G. Leclerc:** Portrait de Monsieur G. Paris 1998; **J.-J. Antier:** La vie de J. G. 1901–1999. Paris 1999; **H. Hude:** Entretiens posthumes avec J. G. Paris 2001; **LThK³** 11, 120 (J. Hengelbrock); **GZVK** 3, 368f. ALBERT RAFFELT

Gülden, Josef, Or (1934), deutscher katholischer Liturgiewissenschaftler, Mitgründer des Oratoriums in Leipzig, * 24.8.1907 Mönchengladbach-Neuwerk, † 23.1.1993 Leipzig. Ab 1927 Theologiestudium in Innsbruck und Bonn, 1932 Priester, 1934 Oratorianer in Leipzig und Seelsorger in der Liebfrauengemeinde. 1927 Teilnehmer am V. Unionskongress in Velehrad, ab 1936 Leiter des Neudeutschland-Älterenbundes und Redakteur der *Werkblätter;* pastoralliturgische Arbeit im Leipziger Oratorium, seit 1940 Mitglied einer Liturgiekommission der deutschen Bischöfe; 1951 Mitgründer des St.-Benno-Verlags (Leipzig) und der Kirchenzeitung *Tag des Herrn;* 40 Jahre Herausgeber und Autor des Liturgiekalenders *Von Advent zu Advent* und des katholischen Hausbuchs *Jahr des Herrn;* 1964 Ehrendoktor der Katholisch-Theologischen Fakultät der Universität Mainz. – Jahrzehntelang war G. maßgeblich am Aufbau des katholischen Verlags- und Pressewesens in der ehemaligen DDR beteiligt. Er hatte wesentlich Anteil an der Durchsetzung der „Gemeinschaftsmesse", der Wiedergewinnung des Allgemeinen Gebetes („Fürbitten") und an der Erneuerung der Feier der Osternacht. 1962–65 Teilnahme am Vaticanum II; schon vor Beginn des Konzils empfand G. große Sympathie für die Anliegen der Liturgischen Bewegung, von der er sich eine Belebung der Gemeinden und des Kirchenbewusstseins erhoffte. Auf dem Konzil nahm er neben seiner Tätigkeit als Peritus von Bischof Otto /Spülbeck, der Mitglied der Liturgiekommission war, Aufgaben im Presseamt des Konzils wahr. Währenddessen arbeitete er an der Veröffentlichung des Sammelwerkes *Vaticanum Secundum* mit.

Werke: Volksliturgie und Seelsorge. Colmar 1942; Parochia. Colmar 1943; Lehre uns beten. Regensburg 1947; Emmauswege. Freiburg 1948; Johann Leisentritts pastoralliturgische Schriften (Studien zur Katholischen Bistums- und Klostergeschichte 4). Leipzig 1963; In den Tagen des Alters. Leipzig 1980; Wovon wir Menschen leben. Freiburg 1982. (Als Hg. mit E. Kiel:) Unser Konzil und aus der Konzilsgeschichte. Leipzig 1963; (Als Hg. mit O. Müller – W. Becker:) Vaticanum Secundum, Bd. I–V/1. Leipzig 1963–68; (Als Hg. mit S. Seifert:) Unum in veritate et laetitia. Bischof Dr. Otto Spülbeck zum Gedächtnis. Leipzig 1970.

Literatur: **T. Maas-Ewerd:** Nachruf auf Dr. J. G. (1907–1993): Träger des Ehrenrings des Deutschen Liturgischen Instituts: Klerusblatt 73 (1993) Nr. 3, 63f.; **K. Richter:** „... wie in den Urgemeinden". Eine Erinnerung anlässlich des 100. Geburtstags von J. G.: Gottesdienst 41 (2007) 166; **A. Poschmann:** J. G.: Kranemann – Raschok (Hg.): Gottesdienst 1, 432–438.

FRANCA SPIES

Gut, *Benno* (Taufname *Walter*), OSB (1918), Abtprimas der Benediktiner und Kardinal, * 1.4.1897 Reiden (Luzern), † 8.12.1970 Rom. Studium in Luzern, Einsiedeln, Basel (Musik) und Rom (Theologie); 1921 Priester, 1923 Dr. theol. (Sant'Anselmo, Rom), anschließend Professor für Exegese in Einsiedeln bzw. ab 1930 an Sant' Anselmo. Nach Abschluss des weiterführenden Studiums am Päpstlichen Bibelinstitut 1935 Studienreise nach Palästina und Kleinasien, 1942 Präfekt des Internats und Lehrer an der Stiftsschule in Einsiedeln, 1947–59 Abt der Territorialabtei Einsiedeln; 1959–67 Abtprimas der Benediktiner. Ab 1960 beschäftigte er sich als Mitglied der vorbereitenden Kommission *De fide* v.a. auch mit Fragen, die das Ordenswesen betrafen, und sprach sich u.a. für eine gute Zusammenarbeit zwischen Bischöfen und Orden, aber auch für die Exemtion der Religiosen aus. Während des Konzils Mitglied der Kommission *De fide*. Am 30.10.1964 Relator für das fünfte und sechste Kapitel der Konstitution über die Kirche (AS III-3, 65–68); nach dem Konzil Mitglied des Consilium ad exsequendam Constitutionem de sacra Liturgia; seit 1967 Mitarbeiter, seit 1968 Präfekt der Ritenkongregation sowie Vorsitzender des Consilium, außerdem Mitglied der Kommission zur Revision des kanonischen Rechts. 1967 Erhebung zum Kardinal.

Werke: Absolutions-, Dispens- und Segensvollmachten des Klosters Einsiedeln. Einsiedeln 1949.

Literatur: **HelvSac** I/1, 32f. (K. Burgmann); III, 1/1, 591f. (Literatur) (J. Salzgeber); **LThK**³ 4, 1116 (O. Lang); **N. Giampietro:** Il Card. Ferdinando Antonelli e gli sviluppi della riforma liturgica dal 1948 al 1970. Rom 1998 (Register); **Schmiedl:** Das Konzil und die Orden (Register); **Gatz B 1945,** 165 (F.X. Bischof); **BBKL** 21, 586f. (E. Sauser); **A. von Teuffenbach** (Hg.): Konzilstagebuch Sebastian Tromp SJ mit Erläuterungen aus der Arbeit der Theologischen Kommission, Bd. 2. Nordhausen 2011 (Register).

MICHAEL QUISINSKY

H

Hakim, *Georges,* ägyptisch-libanesischer Bischof (Melkiten), * 18.5.1908 Tantah (Ägypten), † 29.6.2001 Beirut (Libanon). Schulbesuch bei den Weißen Vätern und den Jesuiten, Studium im Seminar Sainte Anne (Jerusalem), 1930 Priester; Tätigkeit als Lehrer und Direktor im Collège Patriarcal sowie als Pfarrer in Kairo, Gründer der Zeitschrift Le Lien; 1943 Bischof von Akko und ganz Galiläa, 1964 Erzbischof ebd., 1967–2000 als Maximos V. Patriarch von Antiochia. In seiner Amtszeit förderte er u. a. den geistigen und materiellen Ausbau der melkitischen Infrastruktur im Nahen Osten, aber auch den weltweiten Zusammenhalt mit den emigrierten Angehörigen seiner Kirche. Neben der innerchristlichen Ökumene war ihm die interreligiöse Dimension des Glaubens ein Anliegen. H. trat auf dem Vaticanum II für eine Überwindung der ekklesiologischen Engführung auf die lateinische Tradition ein. Zusammen mit Paul ∕Gauthier führender Vertreter der Gruppe „Kirche der Armen". Hielt seine Konzilsinterventionen meist in französischer Sprache. Förderer der Rolle der Laien, setzte er sich in grundsätzlichen amtstheologischen Überlegungen zugleich für die Wertschätzung des verheirateten Klerus, wie es ihn in den unierten Kirchen gibt, durch das Priesterdekret ein.

Werke: Pages d'Évangile lues en Galilée. Brügge 1958; Vatican II: 25 ans après: Le Lien 55 (1990) n° 1-2, 37–45; Suggestions proposées au second Concile du Vatican: Proche-Orient Chrétien 44 (1994) 316–318 (= AS III-4, 599–603).

Literatur: **P. Gauthier:** „Consolez mon peuple". Le Concile et „l'Église des pauvres". Paris 1965; L'Église grecque melkite au Concile. Discours et notes du Patriarche Maximos IV et des Prélats de son Église au Concile œcuménique Vatican II. Beirut 1967 (vgl. nunmehr auch www.melkite.org/faith/faith-worship/introduction; abgerufen: 15.5. 2012); Brève notice biographique: Le Lien 33 (1968) 22–26; **A. Panfili:** La Chiesa melkita cattolica al Concilio Ecumenico Vaticano II: Studi e richerche sull'Oriente christiano 11 (1988) 163–177 und 12 (1989) 23–52; **Pelletier:** Une marginalité engagée: Lamberigts u. a. (Hg.): Commissions Conciliaires, 63–89; Souvenir. S. B. Maximos V H. (18/5/1908 – 29/6/2001) (= Le Lien 61 [2001] n° 4-5 [juillet-août]); **N. Edelby:** Souvenirs du concile Vatican II (11 octobre 1962 – 8 décembre 1965). Beirut 2003 (Register); **S. Shofany:** The Melkites at the Vatican Council. Bloomington (Indiana) 2005 (passim).

MICHAEL QUISINSKY

Hallinan, *Paul John,* US-amerikanischer Bischof, * 8.4.1911 Painesville (Ohio), † 27.3. 1968 Atlanta. 1937 Priester, dann Pfarrseelsorge in Cleveland, während des 2. Weltkriegs Militärpfarrer. Nach Ende des Krieges hatte H. leitende Aufgaben im Rahmen des Newman Apostolate inne, das jungen Priestern theologische Weiterbildung ermöglichte, und nahm selbst ein Promotionsstudium in Geschichte auf (Dr. phil. 1963). Als Bischof von Charleston (seit 1958) Einsatz gegen die Rassentrennung, als Erzbischof von Atlanta (seit 1962) außerdem bedeutendes ökumenisches und interreligiöses Engagement. Während des Vaticanum II Mitglied der Liturgiekommission, war er nach dem Konzil führende Kraft bei der Durchführung der Liturgiereform in den Vereinigten Staaten. Aufgrund seiner ausgleichenden Stellungnahmen zur Rassentrennung und zum Vietnamkrieg erlangte H. landesweite Bekanntheit.

Werke: Richard Gilmour. Second Bishop of Cleveland 1872–1891. Western Reserve University 1963 (Dissertation).

Literatur: **T. J. Shelley:** P. J. H. First Archbishop of Atlanta. Wilmington (Delaware) 1989; **EACH** 611–613 (T. J. Shelley); ders.: Slouching Toward the Center: Cardinal Francis Spellman, Archbishop P. J. H. and American Catholicism in the 1960s: U. S. Catholic Historian 17 (1999) n° 4, 23–49.

MICHAEL QUISINSKY

Hamer, *Jérôme,* OP (1934), belgischer katholischer Theologe und Kardinal, * 1.6. 1916 Brüssel, † 2.12.1996 Rom. 1941 Priester. Studium in La Sarte, Leuven, Freiburg/Schweiz (Dr. theol.). Lehrtätigkeit in La Sarte, am Angelicum sowie in Le Saulchoir, dort Rektor 1956–62, dann Assistent des Generalmagisters für die frankophonen Provinzen und Dozent am Angelicum. Während des Konzils Peritus und Konsultor des Einheitssekretariates, 1969–73 dessen Sekretär, 1973–84 Sekretär der Glaubenskongregation, 1984 Propräfekt und 1985–92 Präfekt der Kongregation für die Ordensgemeinschaften, 1985 Kardinal. Zu Beginn des Vaticanum II war H. Mitglied der Gemischten Kommission *De fontibus revelationis* und hatte Einfluss auf die Debatte um die Kollegialität, im weiteren Verlauf arbeitete er führend an *Dignitatis humanae* mit.

Werke: Karl Barth. L'occasionalisme théologique de Karl Barth, étude sur sa méthode dogmatique. Paris 1949; L'Église est une communion. Paris 1962; (Als Hg. mit Y. Congar:) Die Konzilserklärung über die Religionsfreiheit. Paderborn 1967; Il programma ecumenico di oggi: E. Dhanis (Hg.): Acta congressus internationalis de theologia Concilii Vaticani II. Rom 1968, 736–742; La responsabilité collégiale de chaque évêque: NRTh 105 (1983) 641–654; I soggetti della suprema potestà nella Chiesa: visione teologica: Apollinaris 56 (1983) 475–485; Dix thèses sur l'Église comme communion: Nova et vetera 59 (1984) 161–180; Un témoignage sur la rédaction de la déclaration conciliaire „Dignitatis humanae": Istituto Paolo VI (Hg.): Paolo VI e il rapporto chiesa-mondo al concilio. Rom 1991, 177–185.

Literatur: La morte del cardinale J.J. H. Notizia Biografica: Analecta Ordinis Praedicatorum 104 (1996) 564–566; **Velati:** Una difficile transizione (Register); **Scatena:** La fatica della libertà (Register); **Grootaers:** Rome et Genève (Register); **J. Famerée:** Gustave Thils et le De Ecclesia: Un début d'enquête: Donnelly u.a. (Hg.): Belgian Contribution, 563–584 (passim); **Declerck** (Hg.): Willebrands (Register); **M. Velati:** Dialogo e rinnovamento. Verbali e testi del segretariato per l'unità dei cristiani nella preparazione del concilio Vaticano II (1960–1962). Bologna 2011 (Register).

MICHAEL QUISINSKY

Hänggi, *Anton,* schweizerischer Bischof, * 15.1.1917 Nunningen (Solothurn), † 21.6. 1994 Freiburg (Schweiz). 1936–40 Studium der Philosophie und Theologie in Luzern und am Angelicum in Rom, 1941 Priester; 1941–44 Vikar in Brugg, 1947 Dr. theol. (Kirchengeschichte), 1947–54 Pfarrer in Kriegstetten, 1954–56 Studium der Liturgiewissenschaft in Trier und Rom, ab 1956 Professor für Liturgiewissenschaft an der Universität Fribourg (neu errichteter Lehrstuhl). H. gründete 1963 das Liturgische Institut der deutschsprachigen Schweiz, ebenso die Reihe *Spicilegium Friburgense;* außerdem ist er Mitbegründer der Zeitschrift *Gottesdienst.* 1960 Konsultor der vorbereitenden liturgischen Kommission des Vaticanum II, Beiträge v.a. in Hinblick auf das „Hochgebet". Am Konzil in den Subkommissionen *Feier der Sakramente* und *Liturgische Ausbildung* aktiv, danach Mitglied der Kommission zur Ausführung der liturgischen Beschlüsse. 1968 Bischof von Basel; 1982 Rücktritt; Alterssitz Fribourg. H. setzte sich für eine umfassende und integrale Konzilsrezeption ein (z.B. Synode 1972). Besonderes Anliegen war dem Liturgiehistoriker die Liturgiereform sowie die Mitsprache der Laien in der Kirche; zudem große ökumenische Offenheit, 1984 Ehrendoktorat der Universität Basel (reformierte Fakultät).

Werke: Gottesdienst nach dem Konzil. Mainz 1964; (Als Hg. mit I. Pahl:) Prex eucharistica. Fribourg 1968.

Literatur: **LThK³** 4, 1183f. (W. von Arx); **S. Leimgruber – B. Bürki:** A. H. (1968–1982). Im Lichte des Zweiten Vatikanischen Konzils: Die Bischöfe von Basel 1794–1995. Fribourg 1996, 303–336; **Gatz B 1945,** 77–79 (Redaktion); **BBKL** 21, 608–610 (E. Sauser); **V. Conzemius:** s.v.: Historisches Lexikon der Schweiz, Bd. 6. Basel 2007, 103; **M. Klöckener – B. Bürki** (Hg.): Der Zeit voraus. Devancer son époque. 50 Jahre Lehrstuhl für Liturgiewissenschaft an der Universität Freiburg Schweiz. 1956–2006. Fribourg 2011, darin v.a. die Beiträge von W. von Arx, G. Muff und die Bibliografie H.s; **I. Pahl:** A. H.: Kranemann – Raschzok (Hg.): Gottesdienst 1, 439–448.

DAVID NEUHOLD

Häring, *Bernhard,* CSsR (1934), deutscher katholischer Moraltheologe, * 10.11. 1912 Böttingen (Württemberg), † 3.7.1998 Gars am Inn. Promotion bei Theodor Steinbüchel (*Das Heilige und das Gute,* 1950). Seit 1947 an der Philosophisch-Theologischen Hochschule der Redemptoristen in Gars am Inn; 1951 Professor an der Accademia Alfonsiana (Lateranuniversität); Gastprofessor an der Yale Universität in New Haven und am Union Theological Seminary in New York. Bei der Vorbereitung des Konzils war H. vom Papst ernannter Konsultor der Theologischen Kommission. Zu den beiden Subkommissionen, die Fragen der Moral behandelten, war er zunächst nicht beigezogen worden; das geschah aber dann auf Anordnung ∕Johannes' XXIII. (vgl. B. Häring, Geborgen und frei. Mein Leben. Freiburg 1997, 76–79). Während des Konzils blieb H. Mitglied der Theologischen Kommission und war beteiligt an der Ausarbeitung von *Lumen gentium;* die Endredaktion des 4. Kapitels über die Laien in der Kirche geht auf ihn zurück; Mitarbeit auch am 5. Kapitel über die Allgemeine Berufung zur Heiligkeit in der Kirche (vgl. ebd., 82). Für die Erarbeitung der Pastoralkonstitution *Gaudium et spes* wurde eine gemischte Kommission (Theologische Kommission und Kommission für die Laien) gebildet, deren Mitglied H. war sowie Sekretär des Redaktionskomitees, das entscheidende Grundlagen redigierte, die den späteren Text tief prägten. Dazu gehört der Ansatz der Konstitution bei den konkreten Anliegen und Konflikten der modernen Welt, für die die Kirche als Botschafterin der erlösenden Nähe Gottes offen sein muss. Darüber hinaus hat H. die Würdigung der ehelichen Beziehung als partnerschaftliche Freundschaft und Liebe durch das Konzil engagiert vorbereitet, gegen den heftigen Widerstand einer der Tradition verpflichteten Tendenz. Auch wenn er gerade aufgrund dieses Einsatzes aus konzilspolitischen Gründen bei der Endredaktion des Konzilsdokumentes eher an den Rand gedrängt wurde, waren diese Weichenstellungen nicht mehr umkehrbar. Er war maßgeblich an der Erstellung des Textes beteiligt, der schließlich angenommen wurde (vgl. ebd., 83–88). Von der Kommission für die kirchlichen Studien wurde H. zu einer Stellungnahme gebeten. Er verfasste einen Textvorschlag zu Nr. 16 von *Optatam totius,* der unverändert in den Endtext einging (vgl. ebd., 90f). Schließlich war H. Redaktionssekretär in einer Subkommission der Theologischen Kommission, die sich mit *Dignitatis humanae* befasste (ebd., 91).

Unter seiner immensen schriftstellerischen Produktion befinden sich zwei Handbücher: Das Gesetz Christi (Freiburg 1954, 81967; Übersetzung in elf Sprachen) und Free and faithful in Christ (3 Bände. New York 1978–81; deutsch: Frei in Christus, 3 Bände. Freiburg 1979–81). H. hat eine biblisch orientierte, personale Moraltheologie begründet und die weitere Entwicklung dieser Disziplin maßgeblich beeinflusst. Ökumenisches Gespräch und Dialog mit der modernen, pluralistischen Kultur prägten zunehmend seine Arbeit. Die Erfahrung innerkirchlicher Widerstände (1975–79 römisches Lehrverfahren ohne Verurteilung) war Grund dafür, dass am Ende seiner Tätigkeit kirchenpolitische Anliegen dominierten.

Werke: Fede, storia, morale. Rom 1989 (deutsch: Meine Erfahrung mit der Kirche. Freiburg 1989).
Literatur: **W. Nethöfel:** Moraltheologie nach dem Konzil. Göttingen 1987, 25–77; **P. Stephan** (Hg.): Theologen unserer Zeit. Stuttgart 1997, 97–110; **Turbanti:** Un concilio per il mondo moderno (Register); **BBKL** 17, 562–587 (O. Weiß) (Schriftenverzeichnis); HThK 2. Vat 4, 581ff. JOSEF RÖMELT

Hasler, *Joseph,* schweizerischer Bischof, * 22.4.1900 Altstätten (St. Gallen), † 20.12.1985 Appenzell. 1921–25 Theologiestudium in Fribourg, 1926 Priester in St. Gallen, 1926–32 Kaplan in Appenzell, 1933–57 Pfarrer in Eschenbach, Andwil und Wil, 1957 Bischof von St. Gallen. H. nahm an allen Sessionen des Vaticanum II teil; am Konzil drei schriftliche Eingaben (AS I-2, 717f.; II-4, 206–208: u.a. zum universellen Heilswillen Gottes [1 Tim 2,4]; 273: Ökumene) und Mitglied in den Kommissionen für Studien- und Missionswesen. Führte die Synode 1972 in seiner Diözese durch; bereits 1970 Aufnahme von Laientheologen in den kirchlichen Dienst. 1957 Dr. h.c. der Theologischen Fakultät der Universität Fribourg; besondere Verdienste in Fragen der Mission, Weltkirche und Entwicklungszusammenarbeit („Fastenopfer der Schweizer Katholiken"), der Ausländerseelsorge sowie um die Innenrenovation der Stiftskirche bzw. Kathedrale. Nach seinem Rücktritt 1976 Kaplan in Appenzell.

Literatur: **LThK³** 4, 1205 (A. Portmann-Tinguely); **M. Gschwend:** J. H. (1957–1976): Bischof in einer bewegten Zeit: J. Müller (Hg.): Die Bischöfe des Bistums St. Gallen – Lebensbilder aus 150 Jahren. Fribourg 1996, 184–196; **Gatz B 1945,** 526–528 (F. X. Bischof); **C. Dora:** s. v.: Historisches Lexikon der Schweiz, Bd. 6. Basel 2007, 124 f.

DAVID NEUHOLD

Haubtmann, *Pierre,* französischer katholischer Theologe, * 14.11.1912 Saint-Etienne, † 6.9.1971 Paris. 1936 Priester, avancierte H. nach umfangreichen Studien v. a. der Philosophie, Theologie und Soziologie zu einem Fachmann der Pastoral und war u. a. 1954–62 Aumônier national der Action Catholique Ouvrière (ACO). 1961 Professor am Institut Catholique de Paris. 1962 wurde er zusätzlich zum stellvertretenden Direktor des Generalsekretariats der französischen Bischofskonferenz und zum Direktor des Bureau d'information religieuse bestellt. Als Rektor des Institut Catholique de Paris (seit 1966) führte H. strukturelle Reformen durch. Auf dem Vaticanum II Peritus sowie verantwortlich für den Kontakt zwischen französischem Episkopat und Presse, wurde er im November 1964 von Bischof Emilio ↗Guano mit der Redaktion des Schema XIII betraut. Einen Ausgleich zwischen religiösen und nichtreligiösen Zugängen zur menschlichen Wirklichkeit einerseits sowie zwischen verschiedenen theologischen Zugängen zu den Themen der Pastoralkonstitution andererseits suchte er in einem christlichen Humanismus auf der Höhe der Fragen und Herausforderungen der Zeit, der in seiner Sensibilität für die Angst als Signum menschlichen Lebens der Gegenwart zugleich die Gegenüberstellung von Natur und Übernatur dogmatisch, fundamental- und moraltheologisch hinter sich lässt. Sein Konzilsarchiv befindet sich im Institut Catholique de Paris.

Werke: Simples réflexions sur les fondements de l'intervention de l'Église dans le temporel: M. Herlaud u. a.: Construire l'homme. Paris 1961, 9–38; Avant-propos: Mater et Magistra. Paris 1961, 11–130; La communauté humaine: Y. Congar u. a. (Hg.): Vatican II. L'Église dans le monde de ce temps, Bd. 2. Paris 1967, 255–277; Pierre-Joseph Proudhon. Sa vie et sa pensée (1809–1848). Paris 1982.

Literatur: **G.-M. Garrone:** À Dieu: Nouvelles de l'Institut Catholique de Paris, 3.11.1971, 12–18; Institut Catholique de Paris (Hg.): Le livre du Centenaire 1875–1975. Paris 1975; **A.-M. Abel – J.-P. Ribaut:** Inventaire du Fonds P. H. Paris 1992; **Turbanti:** Un concilio per il mondo moderno (Register); **P. Bordeyne:** P. H. au Concile Vatican II. Un historien et un théologien de l'inquiétude contemporaine: EThL 77 (2001) 356–383; **ders.:** L'homme et son angoisse. La théologie morale de Gaudium et spes. Paris 2004 (Register); **ders.:** La collaboration de P. H. avec les experts belges: **Donnelly u. a.** (Hg.): Belgian Contribution, 585–610; **ders.:** Mgr P. H. (1912–1971), un théologien de la communication de la foi: Transversalités n° 116 (2010) 127–149.

MICHAEL QUISINSKY

Heenan, *John Carmel,* britischer Bischof und Kardinal, * 26.1.1905 Ilford (bei London), † 7.11.1975 London. Studium in Ushaw und Rom, 1930 Priester und Tätigkeit in der Pfarrseelsorge, 1947 Superior der Catholic Missionary Society. 1951 Bischof von Leeds, 1957 Erzbischof von Liverpool, 1963 von Westminster, 1965 Kardinal. Mitglied des Einheitssekretariats, dessen Vizepräsident er 1964–70 war, baute H. freundschaftliche Beziehungen mit dem anglikanischen Erzbischof von Canterbury, Michael Ramsey, auf. Gegenüber der Liturgiereform blieb H. skeptisch und war darum bemüht, angesichts theologischer und pastoraler Neuerungen Respekt vor der Rechtmäßigkeit und Sinnhaftigkeit traditioneller Positionen und Gebräuche einzufordern. Mitglied der nachkonziliaren Kommission zur Geburtenkontrolle, deren Vizepräsident er gemeinsam mit Julius Kardinal ↗Döpfner war, suchte er zwischen den Befürwortern und Gegnern der Enzyklika *Humanae vitae* (1968) zu vermitteln.

Werke: Cardinal Hinsley. London 1944; The people's priest. London 1952 (deutsch 1954); How the Heythrop Conference came about: ders. (Hg.): Christian Unity. A Catholic View: being an account of the first official conference organized by the Bishops' Committee for Christian Unity (Heythrop 1962). London 1962; Council and clergy. London 1966; Not the whole Truth. An Autobiography. London 1971; A Crown of Thorns. An Autobiography 1951–1963. London 1974.

Literatur: **V. A. McClelland:** Great Britain and Ireland: A. Hastings (Hg.): Modern Catholicism. Vatican II and after. London 1991, 365–376; **W. Purdy:** The Search for Unity. Relations between the Anglican and Roman Catholic Churches from the 1950s to the 1970s. London 1996 (Register); **C. Longley:** The Worlock Archive. Including his Secret Diaries of Vatican II. London 1999; **Oxford DNB** 26 (2004) 231-233 (M. Gaine); **L. Declerck** (Hg.): Les agendas conciliaires de Mgr. J. Willebrands, secrétaire du secrétariat pour l'Unité des chrétiens, Leuven 2009 (Register); **M. J. Walsh:** The Westminster Cardinals. The Past and the Future. London 2008, 167–193; **M. Velati:** Dialogo e rinnovamento. Verbali e testi del segretariato per l'unità dei cristiani nella preparazione del concilio Vaticano II (1960–1962). Bologna 2011 (Register). MICHAEL QUISINSKY

Heinzelmann, *Gertrud,* schweizerische Juristin und Frauenrechtlerin, Laienaktivistin, * 17.6.1914 Wohlen (Aargau), † 4.9.1999 Benglen/Fällanden (Zürich). H. entstammte einer Kaufmannsfamilie. Abitur am Mädchengymnasium Zürich, Mitglied des Zürcher Frauenstimmrechtsvereins, später dessen Präsidentin. Studium der Rechts- und Staatswissenschaft und 1942 Promotion an der Universität Zürich zum Dr. iur.; dabei erste Auseinandersetzungen mit der Lehre des Thomas von Aquin über die Frauen. H. war zunächst als Anwältin tätig (der Staatsdienst war für sie als Frau nicht zugänglich) und von 1963–76 Leiterin des Büros gegen Amts- und Verbandswillkür des Migros-Genossenschafts-Bundes in Zürich. Ihr Einsatz galt der Gleichberechtigung von Frauen in Politik und Kirche. Mit Datum vom 23.5.1962 richtete sie die Eingabe *Frau und Konzil – Hoffnung und Erwartung* an die vorbereitende Kommission des Konzils, in der sie Thomas von Aquin und den Thomismus als Hintergrund des Ausschlusses von Frauen aus dem Priesteramt anprangerte. Ein breites internationales Echo auf die Eingabe entstand, nachdem sie in der Zeitschrift des Zürcher Frauenstimmrechtsvereins *Die Staatsbürgerin* publiziert und durch den Journalisten und späteren Konzilsperitus Placidus Jordan OSB im englischen Sprachraum bekannt gemacht worden war. Es kam zu Kontakten mit Josefa Theresia Münch, Iris Müller und Ida Raming, die ebenfalls Konzilseingaben zum Priesteramt der Frau verfassten. H. publizierte diese Eingaben 1964 leicht redigiert in *Wir schweigen nicht länger;* in *Die getrennten Schwestern* stellte sie u. a. Konzilsinterventionen und Ansprachen Papst ∕Pauls VI. zur Thematik „Frauen und Kirche" zusammen. H.s letzte große Publikation *Die geheiligte Diskriminierung* enthält Hinweise auf die Rezeption dieser Konzilseingaben.

Werke (Auswahl): Das grundsätzliche Verhältnis von Kirche und Staat in den Konkordaten. Aarau 1943 (Dissertation); Schweizerfrau, dein Recht! Neue Aspekte der Rechtsgleichheit seit der Einführung des integralen Frauenstimm- und wahlrechts auf kantonalem Boden. Zürich 1960; Frau und Konzil. Hoffnung und Erwartung. Eingabe an die hohe vorbereitende Kommission des Vatikanischen Konzils über Wertung und Stellung der Frau in der Römisch-katholischen Kirche. Zürich 1962 (publiziert auch in Die Staatsbürgerin [Juli/August 1962]); Wir schweigen nicht länger! We Won't keep Silence Any Longer! Frauen äußern sich zum 2. Vatikanischen Konzil. Women Speak Out to Vatican Council. Zürich 1964; Die getrennten Schwestern. Frauen nach dem Konzil. Zürich 1967; Die geheiligte Diskriminierung. Beiträge zum kirchlichen Feminismus. Bonstetten 1986 (auch italienisch).

Literatur: **I. Raming:** G. H.: dies. (Hg.): Zur Priesterin berufen. Gott sieht nicht auf das Geschlecht. Zeugnisse römisch-katholischer Frauen. Wien – München 1998, 36–42; **J. Stofer:** Eine Frau stellt sich quer. G. H. fordert das Priestertum für Frauen: D. Brodbeck u. a. (Hg.): Siehe, ich schaffe Neues. Aufbrüche von Frauen in Protestantismus, Katholizismus, Christkatholizismus und Judentum. Bern 1998, 103–120; **B. Kopp:** Die Unbeirrbare. Wie G. H. den Papst und die Schweiz das Fürchten lehrte. Zürich 2003 (Schriftenverzeichnis); **R. Ludi:** s. v.: Historisches Lexikon der Schweiz, Bd. 6. Basel 2007 (online unter www.hls-dhs-dss.ch/textes/d/D9331.php; abgerufen: 15.8.2012). REGINA HEYDER

Helmsing, *Charles Herman,* US-amerikanischer Bischof, * 23.3.1908 Shrewsbury (Missouri), † 20.12.1993 Kansas City. 1933 Priester, 1949 Weihbischof in Saint Louis, 1956 Bischof von Springfield-Cape Girardeau, 1962–77 Bischof von Kansas City-St. Joseph (Missouri). 1963 Mitglied des Einheitssekretariates. Sprach sich für einen analogen Gebrauch des Wortes „Kirche" aus. In seiner Relatio über das II. Kapitel des Ökumenedekrets (vgl. AS III-3, 328f.) betonte H. die Bedeutung des Bekenntnisses der Sünden wider die Einheit. Dabei verwies er auf eine „dialektische Spannung" zwischen der Einheit einerseits und der Gnade andererseits. Diese Spannung zwischen dem gottgewollten Ziel und seinem rein menschlich unverfügbaren Zustandekommen prägt alle ökumenischen Fragestellungen und Lösungsversuche. Nach dem Konzil Durchführung einer Diözesansynode.

Literatur: **J. Johnson:** Bishop C. H. Notre Dame (Indiana) 1965; **W. Becker:** Einführung: LThK. E 2, 11–39; **V. A. Yzermans** (Hg.): American Participation in the Second Vatican Council. New York 1967 (Register); **K. Kelly:** A History of the Diocese of Kansas City-St. Joseph. Straßburg 2003, 92–96; **G. H. Tavard:** W. Madges – M. J. Daley (Hg.): Vatican II. Forty Personal Stories. Mystic (Connecticut) 2003, 159–162. MICHAEL QUISINSKY

Hengsbach, *Franz,* deutscher Bischof, * 10.9. 1910 Velmede (Sauerland), † 24.6. 1991 Essen. Studium der Philosophie und Theologie in Paderborn und Freiburg; 1937 Priester (Paderborn), 1937–46 Vikar in Herne-Baukau; 1944 Dr. theol. in Münster; 1947 Berufung in das Zentralkomitee zur Vorbereitung der Katholikentage; 1948–58 Leiter des Erzbischöflichen Seelsorgeamtes Paderborn (u. a. Verantwortung für das Sozialinstitut der Erzdiözese), 1952 Generalsekretär (ab 1953 Geistlicher Assistent) des Zentralkomitees der deutschen Katholiken, 1953 Weihbischof in Paderborn, 1958 Bischof des neu errichteten „Ruhrbistums" Essen, dessen Aufbau und Gestalt er maßgeblich mitbestimmte; 1960 Berufung in die Konzilsvorbereitungskommission über das Laienapostolat; Teilnahme an allen Sitzungsperioden des Konzils, Wahl in die Konzilskommission über das Laienapostolat und an der Erarbeitung entsprechender Aussagen in *Lumen gentium* und *Apostolicam actuositatem* beteiligt (Paradigmenwechsel: Laien als Mitsubjekte kirchlichen Handelns); außerdem Teil der gemischten Subkommission zur Vorbereitung des Schemas *De praesentia ecclesiae in mundo hodierno* (AS III-5, 143); 1961–78 zugleich katholischer Militärbischof; wirkte seit dem Vaticanum II entscheidend an der Versöhnung zwischen deutschen und polnischen Katholiken mit; 1961 Mitgründer des Hilfswerks „Adveniat" und dessen erster Vorsitzender (in diesem Rahmen zahlreiche Reisen nach Lateinamerika); 1966 Initiator der Essener Gespräche zum Thema Staat und Kirche; seit 1976 Vorsitzender der Kommission für weltkirchliche Aufgaben der Deutschen Bischofskonferenz (DBK); seit 1977 Vertreter der DBK im Rat der Europäi-

schen Bischofskonferenzen; 1980 Präsident der Kommission der Bischofskonferenzen der Europäischen Gemeinschaft; Mitglied verschiedener römischer Gremien, 1988 Kardinal, 1991 Rücktritt als Bischof von Essen.

Schriftenverzeichnis (zahlreiche Ansprachen, Schreiben, Tagesschriften): B. Hermans: Berichte und Beiträge. Bistum Essen. Essen 1990.

Werke: Das Wesen der Verkündigung. Eine homiletische Untersuchung auf paulinischer Grundlage. Münster 1944; Das Konzilsdekret über das Laienapostolat. Lateinischer und deutscher Text mit Kommentar. Paderborn ²1967; (Als Hg. zusammen mit A. López Trujillo:) Kirche und Befreiung, 6 Bde. Aschaffenburg 1975–78.

Konzilsbeiträge: AS I-1, 628f.; I-2, 166f.; I-4, 254f.; II-3, 17–19; II-6, 87–89; II-4, 214–216; III-2, 410; III-3, 169; III-4, 222–224.604; III-7, 52–54.276–279; III-8, 298f.1130; IV-3, 269–277.441.813f.

Literatur: Christuszeugnis der Kirche. FS F. H. Essen 1970; Zeugnis und Dienst. FS F. H. Essen 1980; Ein Mann von uns: Bischof Dr. F. H. FS. Essen 1985; **H. J. Brandt – K. Hengst:** Die Weihbischöfe in Paderborn. Paderborn 1986, 182–185; **B. Hermans** (Hg.): Zeugnis des Glaubens: Dienst an der Welt. FS F. H. Mülheim (Ruhr) 1990; **H. J. Brandt – K. Hellmich:** Zeitzeuge Kardinal F. H. Zum Gedenken an den Gründerbischof des Bistums Essen 1910–1991. Essen 1991; **LThK**³ 4, 1421 (E. Gatz); **A. Rauscher:** ZGLB 8, 283–298; V. de Vry: Veritas liberabit vos – Die Wahrheit wird euch frei machen (Joh 8,32). Die Jugend- und Studienjahre von F. Kardinal H: FDA 120 (2000) 295–315; **Gatz B 1945,** 192–198 (E. Gatz); **GZVK** (Register).

CLEMENS CARL

Henríquez Jiménez, *Luis Eduardo,* venezolanischer Bischof, * 30.7.1913 Valencia (Venezuela), † 8.8.1991 ebd. 1937 Priester. Lic. theol. (Gregoriana), Dr. iur. can. (Katholische Universität, Caracas), 1962 Weihbischof von Caracas, 1972 Bischof, 1974 Erzbischof von Valencia. Beim Vaticanum II Mitglied der Kommission für Glaubens- und Sittenlehre, äußerte sich H. mehrmals – auch im Namen des venezolanischen Episkopats – zum Schema von *Dei Verbum,* zur Bischofsweihe und zur Kollegialität der Bischöfe, zu den Priestern und Diakonen, zum Zölibat, zur Ehe (er verteidigte Zeugung und Erziehung der Kinder als Endzweck, die Liebe zwischen den Ehepartnern als Formalzweck der Ehe), zur katholischen Erziehung, zur Religionsfreiheit, zur Kirche in der Welt von heute (zahlreiche schriftliche Eingaben) sowie zu Amt und Leben der Priester; nachhaltig ist sein Ruf als Poet.

Werke: Obra poética. Caracas 1990.

Literatur: Bodas de oro sacerdotales y de plata episcopales de Monseñor L. E. H. J., primer Arzobispo de Valencia. Caracas 1987 (Festschrift).

MARIANO DELGADO

Hermaniuk, *Maxim,* CSsR (1933), ukrainisch-kanadischer Bischof (griechisch-katholisch), * 30.10.1911 Nove Selo (Ukraine), † 3.5.1996 Winnipeg (Kanada). 1927–33 Besuch des Kleinen Seminars der belgischen orientalischen Vizeprovinz der Redemptoristen in Zboyiska, ab 1933 Noviziat der Redemptoristen in Holosko. 1933–35 Philosophiestudium in Löwen, 1935–39 Studium der Theologie im belgischen Beauplateau und ab 1939 an der Theologischen Fakultät der Katholischen Universität Löwen (Bacc. theol., Lic. theol., Lizenziat in Orientalischen Sprachen). 1941–43 Promotionsstudium unter Lucien ↗Cerfaux, 1947 Mag. theol. (Studie *La Parabole évangélique*). Nachdem die Ukrainische Griechisch-Katholische Kirche seit 1946 unter sowjetischer Herrschaft ihrer Wirkmöglichkeiten beraubt worden war, konnte H. nicht mehr in sein Heimatland zurückkehren und wirkte zunächst in Belgien und Westeuropa als Seelsorger für ukrainische Flüchtlinge. 1948 entsandte ihn sein Orden nach Kanada, dort in Waterford (Ontario) Professor für Theologie. 1951 Weihbischof des Apostolischen Exarchen von Kanada, Erzbischof Ladyka, 1955 dessen Koadjutor, 1956 nach der Errichtung der Metropolitanprovinz Winnipeg durch ↗Pius XII. zu deren erstem Metropolit (bis 1992) bestellt. ↗Johannes XXIII. ernannte ihn zum Mitglied der vorbereitenden Theologischen Kommission. Aufgrund seiner in Löwen erworbenen bibelwissenschaftlichen Ausbildung wirkte er zusammen mit seinem Doktorvater Lucien Cerfaux in der Unterkommission *De fontibus revelationis* mit. Während des Konzils war er der herausragende Vertreter der Ukrainischen Griechisch-Katholischen Kirche und trug einflussreiche Interventionen vor. Er gehörte zu den stärksten Verfechtern der Lehre von der Kollegialität der Bischöfe und warb für die Einrichtung einer ständigen bischöflichen Synode, um die Amtsführung des Papstes zu unterstützen. Zum Mitglied des Einheitssekretariates ernannt, wurde er zu einer wichtigen Stimme in Fragen der Ökumene und der Religionsfreiheit. Aktiv war er in die Redaktion von *Dignitatis humanae, Nostra aetate* und *Unitatis redintegratio* einbezogen. Sein Eintreten für eine Verurteilung des atheistischen Kommunismus, das in seiner ukrainischen Herkunft wurzelte, sorgte dabei auch für Spannungen im Einheitssekretariat. Als Metropolit von Winnipeg engagierte er sich besonders auch im Bereich der Erziehung und Bildung. Er war eine treibende Kraft des Sheptycky Institute in Ottawa und Gründer der Zeitschrift *Logos. A Journal of Eastern Christian Studies*. Nach dem Konzil trat H. weiterhin entschlossen für die Implementierung der Kollegialität ein, insbesondere während der Bischofssynode 1967. Außerdem war er an der Redaktion des *Codex Canonum Ecclesiarum Orientalium* beteiligt. H. spielte eine wichtige Rolle beim Besuch ∕ Johannes Pauls II. in Kanada 1984 sowie bei den Milleniumsfeiern christlicher Präsenz in der Ukraine 1988.

Werke: La Parabole évangélique. Enquête exégétique et critique. Brügge – Paris 1947; La Mission et l'Avenir de l'Église Catholique Ukrainienne: Logos 35 (1994) 257–275; How Can the Catholic Church be Governed in a Truly Collegial Manner? Ottawa 1994; K. Schelkens – J. Skira: The Second Vatican Council Diaries of Met. M. H., C. Ss. R., 1960–1965 (Eastern Christian Studies 15). Löwen 2012.

Literatur: **A. Chirovsky:** Metropolitan M. H. (1911–1996): An Appreciation: Logos 37 (1996) 1–6; **BBKL** 15, 698–701 (J. Madey); **B. Daly:** M. H.: Canadian Father of Collegiality at Vatican II ... and After: G. Routhier (Hg.): Vatican II au Canada: Enracinement et réception (Héritage et projet 64).

Montréal 2001, 427–439; **J. Skira – G. Romaniuk:** A Short Biography of Met. M. H.: K. Schelkens – J. Skira: The Second Vatican Council Diaries (siehe Werke), 17–20.   KARIM SCHELKENS

Heuschen, *Jozef Maria,* belgischer Bischof, * 12.7.1915 Tongeren, † 30.6.2002 Hasselt. Nach dem Besuch des Collège Notre Dame in Tongeren trat H. in das Große Seminar der Diözese Lüttich ein, seit 1933 Studium an der Gregoriana in Rom, wo Julius ∕ Döpfner sein Studienkollege war (1936 Lic. phil. und Bacc. theol., 1940 Lic. theol.), 1939 Priester. Aufgrund des Krieges beendete H. sein römisches Studienvorhaben und widmete sich dem Studium der Orientalischen Sprachen in Löwen, wo er 1942 das Lizenziat erwarb und zum Professor für Exegese am Großen Seminar seiner Diözese Lüttich ernannt wurde. In dieser Eigenschaft forschte und veröffentlichte er sowohl zum Alten als auch zum Neuen Testament und wurde zu einem entschiedenen Vertreter der historisch-kritischen Bibelforschung. Neben seiner wissenschaftlichen Tätigkeit widmete er sich insbesondere auch seelsorgerlichen Anliegen der flämischsprachigen Region Limburg in der Diözese Lüttich, deren Generalvikar er 1959 wurde. 1962 Weihbischof. Als Konzilsvater wurde er am Ende der zweiten Sitzungsperiode zum Mitglied der Theologischen Kommission gewählt. In zentrale Ereignisse des Konzils involviert, gehörte H. u. a. zu den Bischöfen, die Kardinal Frings um dessen berühmte Rede am 13.10.1962 baten. Enger Freund Gerard ∕ Philips' und Bischof André-Marie ∕ Charues, war H. als Mitglied der Theologischen Kommission aktiv an der Entstehung mehrerer Dokumente beteiligt, darunter *Lumen gentium* und *Dei Verbum*. Im Rahmen der Redaktion von *Gaudium et spes* widmete er sich insbesondere den Fragen katholischer Ehelehre. Nachdem Philips 1965 seine Tätigkeit als Sekretär der Theologischen Kommission aufgrund gesundheitlicher Probleme beenden musste, übernahm H. zahlreiche seiner Aufgaben und Aktivitäten. Nach der Errichtung der Diözese Hasselt durch ⁄Paul VI. 1967 wurde H., der bereits als Weihbischof einige Jahre am neuen Bischofssitz residiert hatte, deren erster Bischof. Einem gesundheitsbedingten Rücktrittsgesuch 1970 gab Paul VI. nicht statt und ernannte Paul Schruers zum Weihbischof, der H. 1989 als Diözesanbischof nachfolgte.

Werke: Gaudium et Spes. Les modi pontificaux: Lamberigts u. a. (Hg.): Commissions conciliaires, 353–358; L. Declerck: Inventaire des papiers conciliaires de Monseigneur J. M. H. évêque auxiliaire de Liège, membre de la Commission Doctrinale et du professeur V. Heylen. Löwen 2005.

Literatur: **K. Schelkens:** In memoriam J.-M. H. (1915–2002): EThL 76 (2002) 445–464; **M. Lamberigts – L. Declerck:** Le texte de Hasselt. Une étape méconnue de l'histoire du De Matrimonio: EThL 80 (2004) 485–504; **L. Declerck – M. Lamberigts:** Le rôle de l'épiscopat belge dans l'élection des commissions conciliaires en octobre 1962: J. Leclercq (Hg.): La raison par quatre chemins. FS C. Troisfontaines. Louvain-la-Neuve 2005, 279–306; **Donnelly u. a.** (Hg.): Belgian Contribution (Register); **M. Lamberigts – K. Schelkens:** Das Bistum Hasselt. Kurze Geschichte eines jungen Bistums: K. Borsch – J. Bündgens: Konzil und Bistum. Das II. Vatikanische Konzil und seine Wirkung im Bistum Aachen und bei den Nachbarn. FS Heinrich Mussinghoff. Aachen 2010, 305–358. KARIM SCHELKENS

Hiltl, *Josef,* deutscher Bischof, * 30.8.1889 Schwandorf (Oberpfalz), † 20.4.1979 Mallersdorf (Niederbayern). 1914 Priester, anschließend Kooperator in Windischeschenbach, 1916 in Waldsassen, 1923 in Regensburg, 1929 Pfarrer von Marktredwitz, 1935–51 Regens des Klerikalseminars in Regensburg, 1951 Ernennung zum Weihbischof, im gleichen Jahr Domkapitular, 1953 Dompropst und Offizial. Im bischöflichen Ordinariat war H. u. a. auch als Referent für das Ordenswesen zuständig. Sein pastorales Wirken galt den geistlichen Berufen. So blieb er auch als Weihbischof Leiter des Priesterhilfswerks. H. nahm von 1962 bis 1965 am Vaticanum II teil. In der Debatte über das Schema *Dienst und Leben der Priester* sprach er sich für die angemessene Bezahlung der Hausangestellten von Priestern aus.

Literatur: KNA – Sonderdienst zum Zweiten Vatikanischen Konzil Nr. 33/64, 6f.; **O. Merl:** 700 Jahre Kirche Schwandorf (1285–1985). Abensberg 1985, 82–84; **R. Götz:** Die Rolle der deutschen Bischöfe auf dem Konzil: Wolf –Arnold (Hg.): Die deutschsprachigen Länder und das II. Vatikanum, 17–52; **Gatz B 1945,** 461f. (K. Hausberger).
GUIDO TREFFLER

Himmer, *Charles-Marie,* belgischer Bischof, * 10.4.1902 Dinant (Namur), † 11.1.1994 Fleurus (Hennegau). 1926 Priester. Doktoratsstudium in Philosophie und Theologie an der Gregoriana, 1927 Vikar in Beauraing, 1929 Philosophieprofessor am Kleinen Seminar Floreffe, 1944 Direktor der Katholischen Aktion in der Provinz Namur, März 1948 Rektor des Kleinen Seminars Floreffe, 1948 Bischof von Tournai (bis 1977). Auf dem Vaticanum II war H. eines der führenden Mitglieder und Sprecher der informellen Gruppe „Kirche der Armen". Am 28.11.1962 führte er eine Delegation an, die Kardinal ⁄Cicognani um die Gründung eines Sekretariates für Fragen der Gerechtigkeit, des Friedens und der Armut bat. In seinen Interventionen während der Generalkongregationen lenkte H. die Aufmerksamkeit auf das Problem der Armut und die Situation der arbeitenden Bevölkerung. In der letzten Sitzungsperiode wurde er an der Stelle von Louis Mathias Mitglied der Bischofskommission. In dieser Eigenschaft brachte er während der Redaktion des zweiten Kapitels des Schemas *De episcopis* einen Text mit dem Titel *De evangelizandis pauperibus* in die Diskussion ein.

Werke: Le cri des pauvres: L'Esprit nous a rassemblés. Témoignages d'évêques au Concile. Paris 1966, 165–174.

Literatur: Monseigneur C.-M. H. ancien évêque de Tournai: La foi et le temps 17/5 (1987) 450–461; **Pelletier:** Une marginalité engagée: Lamberigts u. a. (Hg.): Commissions Conciliaires, 63–89; **H. Raguer:** Das früheste Gepräge der Versammlung: GZVK 2, 201–272, bes. 237–241; **Donnelly u. a.** (Hg.): Belgian Contribution (Register); **M. Maillard-Luypaert:** H., C.: Académie Royale de Belgique: Nouvelle biographie nationale 9 (2007) 217–222.
WARD DE PRIL

Hirschmann, *Johannes Baptist,* SJ (1926), deutscher katholischer Theologe, * 16.5.1908 Püttlingen (Saar), † 8.2.1981 Duisburg. Studium in Valkenburg, Rom, Münster (Westfalen); Seelsorger; 1950–76 Professor für Moral- und Pastoraltheologie an der Philosophisch-Theologischen Hochschule St. Georgen in Frankfurt (Main). Vielfältige Beratertätigkeit beim Wiederaufbau von Kirche und Gesellschaft in der Nachkriegszeit sowie auf dem Vaticanum II und bei der Gemeinsamen Synode der Bistümer in der Bundesrepublik Deutschland (1975). MICHAEL SIEVERNICH

Bei der Erstellung der Pastoralkonstitution fungierte H. als Peritus in der zentralen Subkommission und im Redaktionskomitee. Außerdem war er am Entstehen der Kirchenkonstitution beteiligt: er arbeitete in einer Subkommission zum Kapitel über die Laien mit, außerdem am deutschen Schema *De ecclesia,* das als Arbeitshilfe nach der ersten Sessio erstellt wurde. An der Genese des Konzilstextes zum Apostolat der Laien war er als Mitglied einer Subkommission zum fünften Kapitel beteiligt und überarbeitete später den Abschnitt zur Rolle der Frau.

Werke: Die bisherige Arbeit des Konzils – ein thematischer Überblick: K. Forster: Das Zweite Vatikanische Konzil. Würzburg 1963, 93–113; Zur Textgeschichte von „Gaudium et spes", insbesondere des Kapitels über die Wirtschaftsgesellschaft: International Humanum Foundation (Hg.): Oeconomia Humana. Beiträge zum Wirtschaftskapitel der pastoralen Konstitution. Köln 1968, 40–61; Ja zu Gott im Dienst an der Welt, hg. v. J. Beutler. Würzburg 1984.

Literatur: LThK. E (Register); **F. Wulf:** J. B. H. zum Gedächtnis: Stimmen der Zeit 203 (1985) 69f.; „Dazu ist ein Dreifaches zu sagen". J. B. H. Elemente eines Porträts, hg. v. **J. Beutler.** Würzburg 1986; GZVK (Register); **G. Wassilowsky:** Universales Heilssakrament Kirche. Karl Rahners Beitrag zur Ekklesiologie des II. Vatikanums. Innsbruck 2001 (Register); HThK 2. Vat (Register).

FRANCA SPIES

Hoeck, *Johannes Maria,* OSB (1922), Abt des Benediktinerklosters Scheyern und Präses der Bayerischen Benediktinerkongregation, * 18.5.1902 Inzell, † 4.4.1995 Ettal. Nach dem Noviziat in Scheyern Studium der Theologie, der Klassischen Philologie und der Byzantinistik in Rom (Sant'Anselmo) und München, 1932 Dr. theol. 1927 Priester, wirkte er ab 1933 als Lehrer an der Klosterschule Scheyern; 1936 Novizenmeister und Prior ebd., 1951 Wahl zum Abt von Ettal, 1961 zum Abt von Scheyern (bis 1972). 1961–68 außerdem Präses der Bayerischen Benediktinerkongregation. In dieser Eigenschaft Teilnehmer am Vaticanum II, wurde er Mitglied der Kommission für die Orientalischen Kirchen und hatte Einfluss auf die Redaktion von *Orientalium ecclesiarum.* Auf diese Aufgabe war er u. a. durch die Gründung des Byzantinischen Instituts in Scheyern (1939) und Ettal (1951) und seine Mitarbeit an der kritischen Edition der Werke des Johannes von Damaskus vorbereitet. Auf dem Konzil beinhaltete seine enge Zusammenarbeit insbesondere mit den Melkiten seine Ermutigung der orientalischen Bischöfe, sich ihres Eigenwertes gegenüber der lateinischen Tradition bewusst zu sein, so auch die gemeinsame Abfassung von Interventionen etwa mit Elias ↗Zoghby. Berühmt wurde seine Intervention vom 19.10.1964, in der er mit Blick auf die Wiedervereinigung mit der Orthodoxie innerhalb der lateinischen Kirche die Wiedereinführung der Patriarchalstruktur des ersten Jahrtausends vorschlug, mit bedeutenden Rechten für die entsprechend den Gegebenheiten der Gegenwart neu zu errichtenden Patriarchate (AS III-5, 72–75). Auch für die Ökumene mit den aus der Reformation hervorgegangenen Kirchen setzte sich H. ein, der nach dem Konzil wichtige Reformen in seinem Orden förderte.

Werke: (mit R.J. Loenertz:) Nikolaos-Nektarios von Otranto, Abt von Casole. Beiträge zur Geschichte der ost-westlichen Beziehungen unter Innozenz III. und Friedrich II. Ettal 1965; Kommentar zum Dekret über die katholischen Ostkirchen: LThK. E 1, 362–391; Lambert Beauduin: Una Sancta 39 (1984) 56–63.

Literatur: **I. Dick – N. Edelby:** Les Églises orientales catholiques: décret „Orientalium ecclesiarum". Paris 1970; **F. R. Gahbauer** (Hg.): Primum regnum Dei. Die Patriarchalstruktur der Kirche als Angelpunkt der Wiedervereinigung. Die Konzilsrede von Abt J. H. Ettal 1987; **A. Reichhold:** In Memoriam. Abt Dr. J. M. H. OSB: Studien und Mitteilungen zur Geschichte des Benediktinerordens und seiner Zweige 106 (1995) 495–497; **N. Edelby:** Souvenirs du concile Vatican II (11 octobre 1962 – 8 décembre 1965). Beirut 2003 (Register); **G. Treffler – P. Pfister** (Bearb.): Erzbischöfliches Archiv München. Julius Kardinal Döpfner – Archivinventar zum Zweiten Vatikanischen Konzil. Regensburg 2004 (Register); **G. Treffler** (Bearb.): Julius Kardinal Döpfner – Konzilstagebücher, Briefe und Notizen zum Zweiten Vatikanischen Konzil. Regensburg 2006 (Register). MICHAEL QUISINSKY

Höfer, *Josef,* deutscher katholischer Theologe und Ökumeniker, * 15.11.1896 Weidenau (bei Siegen), † 7.4.1976 Grafschaft (Sauerland). Im Anschluss an das Abitur am evangelischen Gymnasium Siegen 1916–18 Fronteinsatz in Frankreich, 1919–24 Studium der Theologie in Paderborn und München (bei Martin Grabmann), 1924 Priester. Nach Tätigkeit in der Seelsorge seit 1930 Weiterstudium am Angelicum (thomistische Philosophie und Theologie), 1932 Dr. theol. (bei Réginald Garrigou-Lagrange), 1935 Dr. theol. in Münster. 1936 übernahm H. die Vertretung des Lehrstuhls für Pastoral und Liturgik in Münster, 1938 Habilitation, 1940 Entzug der Lehrerlaubnis durch das Nazi-Regime. 1942 Dompfarrer in Paderborn, 1945 Professor für Geschichte der Philosophie, Theologie und Dogmen an der Philosophisch-Theologischen Akademie in Paderborn, zugleich Direktor des im Krieg zerstörten Theologenkonvikts Collegium Leoninum. 1954–68 Botschaftsrat an der Botschaft der Bundesrepublik Deutschland beim Heiligen Stuhl, stand sein Haus Bischöfen und Theologen aus aller Welt während des Konzils offen und wurde zu einem wichtigen Ort des Austauschs und der Begegnung. Einflussreich wurde H. durch seine ökumenische Arbeit. Als Nachfolger seines Lehrers Paul Simon war er seit 1946 Leiter des Ökumenischen Arbeitskreises (Jaeger-Stählin-Kreis) auf katholischer Seite. 1960 wurde er von ⁄Johannes XXIII. zum Mitglied des neuerrichteten Sekretariats zur Förderung der Einheit der Christen berufen, mit dessen erstem Leiter Kardinal Augustin ⁄Bea er schon seit längerem im Austausch stand und dem er zahlreiche ökumenische Kontakte vermittelte. Mit Karl ⁄Rahner gab H. die 2. Auflage des *Lexikons für Theologie und Kirche* (11 Bände, Freiburg 1957–67) heraus und betreute dabei das Sachgebiet der Ökumene.

Werke: Der Erkenntniswert des Trinitätsdogmas bei den deutschen Theologen des 19. Jahrhunderts (Dissertation 1932; unveröffentlicht); Das Lebenswerk Diltheys in theologischer Sicht: Theologische Quartalschrift 115 (1934) 1–61.319–360.471–490 und 116 (1935) 189–202; Vom Leben zur Wahrheit. Katholische Besinnung an der Weltanschauung Wilhelm Diltheys. Freiburg 1936; Reise ins Reich Gottes. Freiburg 1937; Einsamer Feldgottesdienst. Freiburg 1940; (Als Hg.:) Matthias Joseph Scheeben: Gesammelte Schriften. Freiburg 1941–67.
Literatur: Volk Gottes. FS J. H., hg. v. **R. Bäumer – H. Dolch.** Freiburg 1967, 743–760 (Werke); **B. Fraling:** In memoriam J. H.: ThGl 66 (1976) 257–263; **R. Bäumer:** J. H.: Anzeiger für die katholische Geistlichkeit 85 (1976) 226f.; **C. Schmidt:** Augustin Bea. Graz 1989, 306ff.; **H. Lehrmann:** Auf dem Weg zum priesterlichen Dienst. Collegium Leoninum Paderborn 1895–1995. Paderborn 1994, 73–123.218–240 u. ö.; **B. Schwahn:** Der ökumenische Arbeitskreis evangelischer und katholischer Theologen von 1946 bis 1975. Göttingen 1996, 17ff.38; **LThK³** 5, 197 (R. Bäumer); **GZVK** (Register); **BBKL** 25, 634–636 (J. Ernesti). CLEMENS CARL

Höffner, *Joseph,* deutscher Bischof und Kardinal, * 24.12.1906 Horhausen (Westerwald), † 16.10.1987 Köln. 1926–34 Studium der Philosophie und Theologie in Trier und Rom (Dr. phil. 1929, Dr. theol. 1934), 1932 Priester, 1934–37 Kaplan in Saarbrücken, 1937–39 Studium der Theologie (Dr. theol. 1938) und Volkswirtschaftslehre in Freiburg, 1939–43 Vikar in Kail (bei Cochem), seit 1943 Pfarrer in Trier, 1940 Dr. rer. pol. (bei Walter Eucken), 1944 Habilitation in Moraltheologie, 1945–51 Professor für Pastoraltheologie und Christliche Soziallehre in Trier, 1951–62 für Christliche Sozialwissenschaften in Münster. 1951 Gründer des dortigen Instituts für Christliche Sozialwissenschaften und dessen erster Direktor. H. leistete einen maßgeblichen Beitrag für die Etablierung der Christlichen Gesellschaftslehre als wissenschaftliche Disziplin. 1949-62 Geistlicher Beirat des Bundes katholischer Unternehmer (BKU), ab 1949 Berater der Bundesministerien für Familien- und Jugendfragen, für Wohnungsbau und für Arbeit und Sozialordnung; entscheidender Einfluss auf die Sozialgesetzgebung der Bundesrepublik Deutschland („dynamische Rente"). 1962–69 Bischof von Münster. Teilnahme an den Sitzungen des Vaticanum II und Mitglied der Kommission für Seminare, Studien und Schulen. Zunächst von der Offenheit der Diskussion beeindruckt, äußerte sich H. bereits Ende 1963 zunehmend skeptisch zur innerkirchlichen Entwicklung (Notwendigkeit der festen Führung; Grenzen der Diskussion). H. leistete u.a. einen wichtigen Beitrag zum erkenntnistheoretischen Ansatz der Pastoralkonstitution sowie zu deren Wirtschaftskapitel (AS III-7, 288–290; IV-3, 288–291). 1969 Koadjutor und 1969–87 Erzbischof von Köln (als Nachfolger von Josef Kardinal ∕Frings), 1969 Kardinal, 1976–87 Vorsitzender der Deutschen Bischofskonferenz. Mitarbeit in verschiedenen römischen Gremien. Zahlreiche Reisen weltweit. 2003 posthume Auszeichnung mit dem Ehrentitel „Gerechter unter den Völkern" durch die israelische Schoa-Gedenkstätte Yad Vashem.

Bibliografie: W. Weyand: Schriftenverzeichnis J. H. 1933–83. Köln 1986; ders.: Schriftenverzeichnis J. H. 1984–88. Köln 1989.

Werke: Christliche Gesellschaftslehre. Kevelaer 1962, ⁸1983, Neuausgabe, hrsg., bearb. und ergänzt von L. Roos. Kevelaer 1997 (zahlreiche Übersetzungen); Soziale Gerechtigkeit und soziale Liebe. Saarbrücken 1935; Bauer und Kirche im deutschen Mittelalter. Paderborn 1938; Wirtschaftsethik und Monopole im 15. und 16. Jahrhundert. Jena 1941, Darmstadt ²1969; Christentum und Menschenwürde. Das Anliegen der spanischen Kolonialethik im Goldenen Zeitalter. Trier 1947; Der Start zu einer neuen Sozialpolitik. Köln 1955; Gesellschaftspolitik aus christlicher Verantwortung. J. H. Reden und Aufsätze, hg. v. W. Schreiber – W. Dreier. Münster 1966; Weltverantwortung aus dem Glauben. J. H. – Reden und Aufsätze, Bd. 2, hg. v. W. Dreier. Münster 1969; In der Kraft des Glaubens, 2 Bde., hg. v. E.J. Heck. Freiburg 1986. (Als Begr.:) Jahrbuch des Instituts für Christliche Sozialwissenschaften. Münster 1960ff.; Schriften des Instituts für Christliche Sozialwissenschaften der Westfälischen Wilhelms-Universität Münster. Münster 1955ff.

Weitere Konzilsbeiträge: AS I-1, 629f.; I-3, 505f.; I-4, 516f.; II-2, 522–524; II-3, 486; II-5, 670f.; III-4, 191–194; III-7, 857–860; III-8, 994–997; IV-4, 932f.

Literatur: **R. Henning:** Jahrbuch des Instituts für Christliche Sozialwissenschaften 29 (1988) 11–15; **LThK³** 5, 198 (N. Trippen); **L. Roos:** ZGLB 8, 173–195; **W. Damberg:** Abschied vom Milieu? Katholizismus im Bistum Münster und in den Niederlanden 1945–1980. Paderborn 1997, 236–291; **GZVK** (Register); **E. Colom** (Hg.): Dottrina sociale e testimonianza cristiana. Vatikanstadt 1999; **Gatz B 1945,** 290–295 (E. Gatz); **A.N. Desczyk:** J. Kardinal H.s Sozialverkündigung im Bischofsamt. Berlin 2004; **M. Hermanns:** Sozialethik im Wandel der Zeit. Persönlichkeiten – Forschungen – Wirkungen des Lehrstuhls für Christliche Gesellschaftslehre und des Instituts für Christliche Sozialwissenschaften der Universität Münster 1893–1997. Paderborn u.a. 2006; **K. Gabriel – H.-J. Große Kracht** (Hg.): J. H. (1906–1987). Soziallehre und Sozialpolitik. Paderborn u.a. 2006, 13–104; **N. Trippen:** J. Kardinal H. (1906–1987), Bd. 1: Lebensweg und Wirken als christlicher Sozialwissenschaftler bis 1962. Paderborn 2009; **N. Goldschmidt – U. Nothelle-Wildfeuer** (Hg.): Freiburger Schule und Christliche Gesellschaftslehre: J. Kardinal H. und die Ordnung von Wirtschaft und Gesellschaft. Tübingen 2010; **W. Ockenfels:** J. H. als christlicher Sozialethiker: TThZ 120 (2011) 164–173.   CLEMENS CARL

Hofmann, *Antonius,* deutscher Bischof, * 4.10.1909 Rinchnach (Niederbayern), † 11.3.2000 Passau. Philosophisch-theologische Studien in Passau und München, 1936 Priester, Seelsorgstätigkeit, Sanitätssoldat in Frankreich und Russland, amerikanische Kriegsgefangenschaft, 1947–51 Studium der Kirchengeschichte in München (Dr. theol.), 1955 Regens des Passauer Priesterseminars, zugleich Dozent für Pastoraltheologie; 1961 Ernennung zum Koadjutor von Bischof Simon Konrad ∕Landersdorfer mit Nachfolgerecht und Konsekration; Teilnahme an den Sessionen des Vaticanum II; 1965 Dompropst, 1968–84 Bischof von Passau. H. galt als „Volksbischof". Während seiner Amtszeit wurde die Philosophisch-Theologische Hochschule in die neu gegründete Universität Passau integriert und der Dom umfassend restauriert.

Literatur: **AS; R. Beer u. a.** (Hg.): „Diener in Eurer Mitte". FS A. H. Passau 1984; Mit euch und für euch. Das Bistum Passau und sein Bischof A., hg. v. Domkapitel zum hl. Stephan. Passau 1984; **A. Leidl:** Das Bistum Passau zwischen Wiener Konkordat (1448) und Gegenwart. Kurzporträts der Passauer Bischöfe, Weihbischöfe und Offiziale (Generalvikare) dieser Epoche. Passau 1993, 197–200; **BBKL** 20, 771 f. (G. Heger); **Gatz B 1945,** 449 f. (Redaktion).

CLEMENS CARL

Horton, *Douglas,* US-amerikanischer kongregationalistischer Theologe und Ökumeniker, * 29.7.1891 Brooklyn, † 22.8.1968 Randolph (New Hampshire). Nach dem Studium in Princeton und Hartford Ordination (Congregational Christian Churches) und Gemeindeseelsorge. 1930–55 (mit Unterbrechungen) lehrte der theologisch von Karl Barth beeinflusste H. v. a. Praktische Theologie am Newton Theological Institute, am Chicago Theological Seminary sowie am Union Theological Seminary (New York). 1938–55 Generalsekretär des General Council of the Congregational Christian Churches, trug er maßgeblich zu deren Vereinigung mit der Evangelical and Reformed Church zur United Church of Christ bei. Mitarbeiter im National Council of Churches, war er seit dessen Gründung an der Entwicklung des Ökumenischen Rates der Kirchen beteiligt, u. a. 1957–63 als Vorsitzender der Kommission für Glaube und Kirchenverfassung. 1955–59 war er Dekan der Harvard Divinity School, wo er Ekklesiologie und ökumenische Theologie lehrte. Als Vertreter der im International Congregational Council zusammengeschlossenen kongregationalistischen Kirchen nahm er am Vaticanum II als Beobachter teil.

Werke: The Art of Living Today. Chicago 1935; The United Church of Christ. Its Origins, Organization and Role in the World Today. New York 1962; Vatican Diary, 4 Bde. Philadelphia 1964–66; The Undivided Church. New York 1967.

Literatur: **Gordon Melton:** Religious Leaders, 213 f.; **C. McEnroy:** Guests in their own House. The Women of Vatican II. New York 1996 (Register); **T. L. Trost:** D. H. and the Ecumenical Impulse in American Religion. Cambridge (Massachusetts) 2002; **L. Vischer:** Das Konzil als Ereignis in der ökumenischen Bewegung: GZVK 5, 559–618.

MICHAEL QUISINSKY

Hünermann, *Friedrich,* deutscher Bischof, * 24.8.1886 Erkrath (bei Düsseldorf); † 14.2.1969 Aachen. Studium der Theologie in Bonn; 1909 Priester, Assistent am Generalvikariat Köln; 1910 Domvikar; 1913 Dr. theol.; 1919 Repetent am Erzbischöflichen Theologenkonvikt Collegium Albertinum Bonn; 1920 Habilitation für Dogmatik (Bonn) und Privatdozent; 1923 Pfarrer in Sechtem; 1927 außerordentlicher Professor in Bonn; 1929–41 Pfarrer in Aachen; 1931–39 und 1943–65 Offizial in Aachen; 1932–37 nebenamtlich Professor der Dogmatik am Priesterseminar Aachen; 1938 Ernennung zum Weihbischof in Aachen; 1939 Konsekration; 1941 Domkapitular; 1943 Kapitularvikar; 1966 Bischofsvikar. H. verfasste ein beachtetes Gutachten für das Dogma der leiblichen Aufnahme Marias in den Himmel. Für das Vaticanum II erstellte er ein das Aggiornamento-Anliegen Johannes' XXIII. jedoch nicht aufgreifendes Votum zu den Bereichen Glaubenslehre (u. a. Vorrang der Tradition vor der Schrift), Moral, Kirchenrecht und Liturgie. H. nahm nur kurz an der zweiten Konzilssession teil.

Werke: Die Bußlehre des heiligen Augustinus. Paderborn 1914; Wesen und Notwendigkeit der aktuellen Gnade nach dem Konzil von Trient. Paderborn 1926; Buße und Bußdisziplin im christlichen Altertum bis zu Papst Gregor I. Düsseldorf 1927.

Literatur: **E. Gatz:** Geschichte des Bistums Aachen in Daten 1930–1985. Der Weg einer Ortskirche. Aachen 1986 (Register); **M. Banniza:** Die Theologenbrüder H. aus Erkrath: Journal Kreis Mettmann 12 (1992/93) 134–138; **A. Brecher:** Dienst an der Einheit des Bistums. Die Weihbischöfe des Bistums Aachen. Aachen 2001, 66–87; **Gatz B 1945,** 48 (E. Gatz).

CLEMENS CARL

Hurley, *Denis,* OMI (1932), südafrikanischer Bischof, * 9.11.1915 Kapstadt, † 13.2.2004 Durban. Studium der Philosophie und Theologie (Angelicum, Gregoriana), 1939 Priester. Nach kurzer Tätigkeit in der Pfarrseelsorge und in ordensinternen Funktionen 1946 als weltweit jüngster Bischof Apostolischer Vikar von Natal mit Sitz in Durban. 1951–92 Erzbischof von Durban, 1952–61 und 1981–87 Vorsitzender der südafrikanischen Bischofskonferenz. Früh sozial interessiert, war H. zeitlebens engagiert im Kampf gegen die Apartheid. Mitglied der zentralen Vorbereitungskommission, wurde H. zu Beginn des Konzils zum Mitglied der Kommission für die Seminare und die christliche Erziehung gewählt. Hinsichtlich des pastoralen Charakters kirchlicher Lehre wurde H. als „einer der Klarsichtigsten" (Ruggieri 313) bezeichnet. In umfassender Weise sah er das „Implementing Vatican II" (Kearney 2009, 160) als seine Aufgabe an und suchte bei zunehmender Kritik an der nachkonziliaren Entwicklung (*Humanae vitae,* Zölibat, liturgische Fragen, Kollegialität) das Aggiornamento des Vaticanum II mit Entschiedenheit lokal- wie weltkirchlich fortzuschreiben. 1968 Durchführung einer Diözesansynode zur Konzilsrezeption. 1965–68 Mitglied des Consilium zur Ausführung von *Sacrosanctum Concilium,* 1969–75 Mitglied der Sakramentenkongregation, 1975–91 Chairperson der internationalen englischsprachigen Kommission für Liturgie (ICEL). Der engagierte Verfechter des innerkirchlichen Dialogs nahm an den Bischofssynoden von 1967, 1974, 1977, 1980 und 1985 teil. Nach seiner Amtszeit als Bischof wirkte er als Pfarrer an der Kathedrale von Durban.

Werke: (Als Hg. mit J. Cunnane:) Vatican II on priests and seminaries. Dublin 1967; Bishops, Presbyterate and the Training of Priests (Christus Dominus; Presbyterorum Ordinis; Optatam Totius): A. Hastings (Hg.): Modern Catholicism. Vatican II and after. London 1991, 141–150; Facing the Crisis: Selected Texts of Archbishop H. Pietermaritzburg 1997 (Bibliografie); Vatican II. Keeping the Dream Alive. Pietermaritzburg 2005.

Literatur: **A. Indelicato:** Difendere la dottrina o annunciare l'Evangelo. Il dibattito nella Commissione centrale preparatoria del Vaticano II. Bologna 1992 (Register); **G. Ruggieri:** Der erste Konflikt in Fragen der Lehre: GZVK 2, 273–314; **A. Gamley** (Hg.): D. H. A Portrait by Friends. Pietermaritzburg 2002; **Greiler:** Das Konzil und die Seminare (Register); **P. Denis:** Archbishop H.'s Contribution to the Second Vatican Council: D. H.: Vatican II. Keeping the Dream Alive (siehe oben), 197–233; **P. Kearney** (Hg.): Memories. The Memoirs of Archbishop D. H. Pietermaritzburg 2006; **ders.:** Guardian of Light: D. H., Renewing the Church. New York 2009; **A. Bwidi Kitambala:** Les Évêques d'Afrique et le Concile Vatican II. Participation, contribution et application du Synode des Évêques de 1994. Paris 2010; www.archbishopdenishurley.org (abgerufen: 7.7.2012). MICHAEL QUISINSKY

Hürth, *Franz,* SJ (1896), deutscher katholischer Moraltheologe, * 5.10.1880 Aachen, † 29.5.1963 Rom. 1911 Priester; Ordensstudium (Valkenburg, Niederlande) und juristisches Studium (Berlin); lehrte 1914–16 und erneut seit 1918 Moraltheologie an der Jesuitenhochschule in Valkenburg; beteiligt an der Abfassung der Enzyklika *Casti connubii* (1930); 1935/36 Konsultor des Sanctum Officium und Professor für Moraltheologie an der Gregoriana in Rom als

Nachfolger Arthur Vermeerschs. Von einem starken kirchlich-juridischen Denken geprägt, erlangte H. Bekanntheit und Einfluss als moraltheologischer Berater Papst ↗Pius' XII. H. nahm unter Pius XII. an den Vorarbeiten für eine Wiederaufnahme des unvollendet gebliebenen Vaticanum I teil. Im Juni 1960 zum Mitglied der vorbereitenden Theologischen Kommission des Vaticanum II berufen, war er maßgeblicher Verfasser des Schemas *De ordine morali* und hatte Einfluss u. a. auf das Schema *De castitate, virginitate, matrimonio, familia*, wobei er u. a. mit Bernhard ↗Häring in Konflikt geriet. Das Konzil konnte er praktisch nur noch vom Krankenbett aus erleben.

Bibliografie: Scripta R. P. Francisci H., S. I.: Periodica de re morali canonica liturgica 49 (1960) 409–416.
Literatur: **L. Koch:** Jesuiten-Lexikon. Die Gesellschaft Jesu einst und jetzt. Paderborn 1934 (Nachdruck 2 Bde. Löwen – Hervelee 1962 [durchgehend paginiert]), 835; **Cath** 5, 1055; **LThK³** 5, 340 (S. Feldhaus); **GZVK** 1 (Register; besonders 278–291); **P. Schmitz:** s.v.: C. E. O'Neill – J. M. Domínguez (Hg.): Diccionario histórico de la Compañía de Jesús, Bd. 2. Rom – Madrid 2001, 1984 (Literatur); **A. von Teuffenbach** (Hg.): Konzilstagebuch Sebastian Tromp mit Erläuterungen und Akten aus der Arbeit der Theologischen Kommission, Bde. 1, 1–2. Rom 2006 (durchgehend paginiert), 57–64. 897.933f. (mit entsprechenden Verweisen); **dies.:** Pius XII. Neue Erkenntnisse über sein Leben und Wirken. Aachen 2010, 257–264.

CLEMENS CARL

I/J

Isaac, *Jules,* französischer Historiker, * 18.11.1877 Rennes, † 5.9.1963 Aix-en-Provence. Einer jüdischen elsässisch-lothringischen Militärfamilie entstammend, war I. nach dem Studium der Geschichte als Lehrer tätig. Geistig wurde I., der in der Dreyfus-Affäre zugunsten des Angeklagten Partei ergriff, von Charles Péguy geprägt. Im 1. Weltkrieg wurde I. eingezogen. 1936 wurde er zum Inspecteur général de l'Instruction publique ernannt. 1940 aufgrund seines jüdischen Glaubens zwangspensioniert, übte er sein Amt nach dem 2. Weltkrieg für kurze Zeit erneut aus. Bekanntheit erlangte I. als Autor von Schulbüchern für den Geschichtsunterricht *(Cours Malet-Isaac)*, die, für die damalige Zeit neu, u. a. auch sozialgeschichtliche Perspektiven integrierten. Während des 2. Weltkriegs wurde ein Teil seiner Familie von den Nazis deportiert und ermordet, I. selbst engagierte sich für die Résistance. Durch die Offenlegung der christlichen Wurzeln des Antisemitismus und dessen Überwindung suchte er nach dem Krieg die Annäherung zwischen Juden und Christen zu fördern. Mit diesem Ziel initiierte er 1947 eine jüdisch-christliche Konferenz in Seelisberg (Uri). Eine Tagung in Bad Schwalbach 1950 zielte die Veränderung der Darstellung des Judentums im christlichen Religionsunterricht an. 1948 gründete I. die Amitié judéo-chrétienne. Am 16.10.1949 bat er ↗Pius XII. um die schließlich von ↗Johannes XXIII. veranlasste Veränderung der Karfreitagsfürbitte für die Juden. Seine Audienz vom 13.6.1960 bei Johannes XXIII., bei dem er auf Wohlwollen stieß, gilt als ein wichtiger Anstoß zur Thematisierung des jüdisch-christlichen Verhältnisses durch das Konzil, die namentlich durch das Engagement des Einheitssekretariats von Kardinal ↗Bea zur Erklärung *Nostra aetate* führte. Sein Archiv befindet sich in Aix-en-Provence.

Werke: Jésus et Israel. Paris 1948 (deutsch 1968); Genèse de l'antisémitisme. Paris 1955 (deutsch 1969); Expériences de ma vie. Péguy. Paris 1959; L'enseignement du mépris. Paris 1962.
Literatur: **A. C. Ramselaar:** Zum Gedenken von J. I.: Freiburger Rundbrief 15 (1963/64) 80; J. I. commémoré à Florence; compte-rendu de la Manifestation d'Amitié Judéo-Chrétienne organisée à Florence; Palazzo Vecchio, 3 Mai 1964. Florenz 1964;

R. Laurentin: L'Église et les Juifs à Vatican II. Paris 1967; Cahiers de l'Association des amis de J. I. Aix-en-Provence 1968 ff.; **P. Pierrard:** Juifs et catholiques français. De Drumont à J. I. (1888–1945). Paris 1970; **G. Luckner:** Zum 100. Geburtstag von J. I.: Freiburger Rundbrief 29 (1977) 91–93; **B. Dupuy:** J. I. et le Cardinal Bea: J. I. Actes du Colloque de Rennes 1977. Paris 1979, 104–112; **A. Kaspi:** J. I. ou la passion de la vérité. Historien, acteur du rapprochement judéo-chrétien. Paris 2002; **M. Michel** (Hg.): J. I., un historien dans la Grande Guerre. Paris 2004; **D. Recker:** Die Wegbereiter der Judenerklärung des Zweiten Vatikanischen Konzils. Johannes XXIII., Kardinal Bea und Prälat Oesterreicher – eine Darstellung ihrer theologischen Entwicklung. Paderborn 2007, 400–420.

MICHAEL QUISINSKY

Jaeger, *Lorenz,* deutscher Bischof und Kardinal, * 23.9.1892 Halle (Saale), † 1.4.1975 Paderborn. Studium der Theologie in Paderborn und München, 1922 Priester, Diaspora-Seelsorger, dann Studienrat in Herne und Dortmund, 1940 Divisionspfarrer, 1941 Bischofsweihe in Paderborn, 1965 Ernennung zum Kardinal, 1973 Entpflichtung vom Oberhirtenamt. Durch seine Initiative errichtete die Fuldaer Bischofskonferenz 1943 ein „Referat für Fragen betreffs der Wiedervereinigung im Glauben", dessen Leitung ihm und dem Wiener Kardinal Theodor Innitzer übertragen wurde. 1946 begründete J. zusammen mit dem evangelischen Landesbischof Wilhelm Stählin den „Ökumenischen Arbeitskreis evangelischer und katholischer Theologen" und 1957 das „Johann-Adam-Möhler-Institut für Ökumenik" in Paderborn als eine bahnbrechende Institution. In enger Zusammenarbeit mit Kardinal Augustin ∕Bea SJ in Rom regte er die Errichtung des römischen Einheitssekretariates an und wurde selbst dessen Mitglied. In der Vorbereitung, im Verlauf und bei der Umsetzung des Vaticanum II zeichnete sich J. als hervorragender Förderer der Einheit der Christen aus. Seine Erzdiözese führte er nach dem 2. Weltkrieg durch Wiederaufbau der Gemeinden und Erneuerung der pastoralen Strukturen mit bewundernswerter Stärke, Verantwortungs- und Entscheidungsfreudigkeit.

ALOYS KLEIN

J. erachtete es als eine wichtige Aufgabe des bevorstehenden Konzils, „das Tridentinum und das Vaticanum durch eine umfassende, auf die Fragen der Protestanten antwortende Ekklesiologie zu ergänzen und zu vollenden" (Einheit und Gemeinschaft, 127). Er war wesentlich an der Entstehung des Konzilsdekrets über den Ökumenismus *Unitatis redintegratio* beteiligt.

Werke: Das ökumenische Konzil, die Kirche und die Christenheit. Paderborn 1960; Das Konzilsdekret über den Ökumenismus. Paderborn 1968; Einheit und Gemeinschaft. Paderborn 1972.

Literatur: **J. Link – J. A. Slominski:** Kardinal J. Paderborn 1966; ÖL² 586f. (A. Klein); **H. J. Brandt – K. Hengst:** Die Bischöfe und Erzbischöfe von Paderborn. Paderborn 1984, 341–349 (Literatur); **W. Thönissen:** Einheit und Erneuerung. L. Kardinal J. als Vorreiter der ökumenischen Idee in Deutschland: ThGl 94 (2004) 300–313; **ders.:** Konsolidierung und Institutionalisierung der Ökumene. Die Aktivitäten des Paderborner Erzbischofs L. J. in den fünfziger Jahren des 20. Jahrhunderts: J. Ernesti – ders. (Hg.): Die Entdeckung der Ökumene. Zur Beteiligung der katholischen Kirche an der ökumenischen Bewegung. Paderborn – Frankfurt 2008, 159–176; **M. Hardt:** s. v.: Personenlexikon Ökumene, 98–100; **P. de Mey:** Précurseur du Secrétariat pour l'Unité. Le travail œcuménique de la ‚Conférence Catholique pour les questions oecuméniques' (1952–1963): G. Routhier – P. J. Roy – K. Schelkens (Hg.): La théologie catholique entre intransigeance et renouveau. La réception des mouvements préconciliaires à Vatican II. Louvain-la-Neuve – Leuven 2011, 271–308; **M. Velati:** Dialogo e rinnovamento. Verbali e testi del segretariato per l'unità dei cristiani nella preparazione del concilio Vaticano II (1960–1962). Bologna 2011.

REDAKTION

Janssen, *Heinrich Maria,* deutscher Bischof, * 28.12.1907 Rindern (bei Kleve), † 7.10.1988 Hildesheim. Studium der Theologie in Münster und Freiburg; 1934 Priester, Seelsorge, 1949 Pfarrer in Kevelaer; 1957 Bischof von Hildesheim und Beauftragter der Fuldaer Bischofskonferenz für die Vertriebenen- und Flüchtlingsseelsorge. Zur Eingliederung der Vertriebenen errichtete J. im Bistum Hildesheim fast 200 Gemeinden und 270 Kirchen. 1962–65 Teilnahme am Vaticanum II, Mitglied der Kommission für die Disziplin des Klerus und

Berater der Kommission zur Reform des *Codex Iuris Canonici*. 1968–69 Durchführung einer Diözesansynode zur Umsetzung der Konzilsbeschlüsse. J. war um eine Verständigung mit dem Land Niedersachsen bemüht (Niedersachsen-Konkordat 1965). 28.12.1982 Rücktritt.

Werke: Unterwegs. H. M. J. 25 Jahre bischöflicher Dienst. Hildesheim 1982.

Literatur: Zehn Jahre Bischof von Hildesheim. 1957–67. Dienst in Liebe. Hildesheim 1967; **A. Sendker:** H. M. J. 25 Jahre Bischof von Hildesheim: Die Diözese Hildesheim in Vergangenheit und Gegenwart 50 (1982) 11–43; **W. Grycz** (Red.): Bischof H. M. J. 25 Jahre Vertriebenenbischof. Limburg o. J.; **LThK³** 5, 746 (H.-G. Aschoff); **GZVK** (Register); **J. Bergsma:** Treue zum Konzil. Die Hildesheimer Diözesansynoden: W. Schreer – G. Steins (Hg.): Auf neue Art Kirche sein. FS Bischof Dr. Josef Homeyer. München 1999, 63–78: 64–67; **BBKL** 20, 816f. (E. Sauser); **Gatz B 1945,** 265–267 (H.-G. Aschoff); **T. Scharf-Wrede** (Hg.): H. M. J. Bischof von Hildesheim 1957–1982. Regensburg 2008.

CLEMENS CARL

Janssens, *Jean Baptiste,* SJ (1907), Generaloberer der Gesellschaft Jesu, * 22.12. 1889 Mecheln, † 5.10.1964 Rom. 1907 Eintritt in das Noviziat der Jesuiten in Drongen, 1914 Dr. iur. (Leuven), 1919 Priester, 1923 Dr. iur. can. (Gregoriana), 1923–29 Professor für Kirchenrecht am Studienhaus seines Ordens in Leuven, 1929–35 dessen Rektor, 1935–38 Instruktor des Tertiats in Drongen, 1938–46 Provinzial der nordbelgischen Provinz der Jesuiten, 1946 Wahl zum 27. Generaloberen der Societas Iesu. In seinem Votum zum bevorstehenden Konzil (25.8. 1959) sprach J. für eine Ausweitung des Gebrauchs der Landessprachen in der Liturgie aus. 1960 Mitglied der zentralen vorbereitenden Kommission, 1962 von ↗Johannes XXIII. zum Mitglied der Kommission für die Ordensleute ernannt. Während der zweiten Sitzungsperiode konnte J. aus gesundheitlichen Gründen nicht an den Generalkongregationen teilnehmen, reichte aber, ebenso wie zu Beginn der dritten Sitzungsperiode, schriftliche Eingaben zu verschiedenen Schemata ein. Insbesondere ist hier seine von 48 Bischöfen und 7 Ordensoberen unterzeichnete Forderung zu nennen, das vierte Kapitel des Schemas *De ecclesia* im Sinn einer angemesseneren Darstellung des Wesens und des Wertes des Ordenslebens zu überarbeiten. J. starb drei Wochen nach der Eröffnung der dritten Sitzungsperiode.

Literatur: **L. Polgar:** Bibliographie sur l'histoire de la compagnie de Jésus, Bd. III/2. Rom 1990, 10666–679; **É. Fouilloux:** Die vor-vorbereitende Phase (1959–1960). Der langsame Gang aus der Unbeweglichkeit: GZVK 1, 61–187, bes. 151; **Schmiedl:** Das Konzil und die Orden (Register).

WARD DE PRIL

Jedin, *Hubert,* deutscher katholischer Kirchenhistoriker, * 17.6.1900 Großbriesen (Oberschlesien) als Sohn eines Dorfschullehrers und einer getauften Jüdin, † 16.7. 1980 Bonn. Studium der katholischen Theologie in Breslau, München und Freiburg, 1924 Priester, 1925 Dr. theol., 1926–29 am Campo Santo Teutonico; 1930 Privatdozent in Breslau, 1933 als Halbjude Entzug der Venia legendi, 1933–36 in Rom, 1936–39

Archivar am Diözesanarchiv in Breslau, 1939 Emigration nach Rom, 1949 zunächst außerordentlicher, dann ordentlicher Professor der Kirchengeschichte in Bonn, 1965 Emeritus; 1960 Mitglied einer vorbereitenden Kommission des Vaticanum II für die Studien und Schulen, 1962–65 Konzilsperitus. J., vielfach geehrt und ausgezeichnet, war einer der international angesehensten Kirchenhistoriker seiner Zeit. Seine *Geschichte des Konzils von Trient* ist eines der bedeutendsten Werke der Geschichtsschreibung des 20. Jahrhunderts und von bleibendem Wert. Seine Hauptwerke sind in viele Sprachen übersetzt. Den Verlauf des Vaticanum II hat J.s Studie über die Bedeutung der Geschäftsordnungen der Konzilien maßgeblich beeinflusst. Kirchenpolitisch trat der konservative Reformer bis 1965 für Veränderung des Bestehenden ein, danach für Bewahrung des Gefährdeten. Die Bibliothek J.s ist im Besitz des Domkapitels von Trient. Der Nachlass liegt bei der Kommission für Zeitgeschichte in Bonn.

KONRAD REPGEN

J.s Schriftsätze für Kardinal ∕Frings befinden sich in dessen (zur Zeit noch gesperrtem) Nachlass im Historischen Archiv des Erzbistums Köln.

Werke (Auswahl): Die Bibliografie J.s (1926–81) ist verzeichnet: Annali dell'Istituto storico italogermanico in Trento 6 (1980) 287–367 (723 Nummern). – Des Johannes Cochlaeus Streitschrift De libero arbitrio hominis (1525). Breslau 1927; Die Erforschung der kirchlichen Reformationsgeschichte seit 1876. Münster 1931; Girolamo Seripando, 2 Bde. Würzburg 1937; Concilium Tridentinum. Diariorum, Actorum, Epistularum, Tractatuum nova Collectio, hg. v. der Görresgesellschaft, Bd 13. Freiburg 1938; Der Quellenapparat der Konzilsgeschichte Pallavicinos. Rom 1940; Krisis und Wendepunkt des Trienter Konzils (1562/63). Würzburg 1941; Katholische Reformation oder Gegenreformation? Luzern 1946; Das Konzil von Trient. Ein Überblick über die Erforschung seiner Geschichte. Rom 1948. Geschichte des Konzils von Trient, 4 Bde. Freiburg 1949–76; Kardinal Contarini als Kontroverstheologe. Münster 1949; Joseph Greving (1868–1919). Münster 1954; Kleine Konziliengeschichte. Freiburg 1959; (Als Mit-Hg.:) Conciliorum oecumenicorum decreta. Freiburg 1962; (Als Hg.:) Handbuch der Kirchengeschichte, 7 Bde. Freiburg 1962–79; Strukturprobleme der ökumenischen Konzilien. Köln – Opladen 1963; Kirche des Glaubens – Kirche der Geschichte. Freiburg 1966 (64 vom Verfasser ausgewählte Aufsätze); Vaticanum II und Tridentinum. Köln – Opladen 1968; Lebensbericht, hg. v. K. Repgen. Mainz 1984.

Literatur: Annali dell'Istituto storico italo-germanico in Trento 6 (1980) 23–255 (Simposio H. J. 7–8 nov. 1980); **K. Repgen:** Der Geschichtsschreiber des Trienter Konzils: H. J.: Zeitschrift der Savigny-Stiftung für Rechtsgeschichte. Kanonistische Abteilung 70 (1984) 356–393; **TRE** 16, 550–553 (M. Ditsche); **K. Repgen:** ZGLB 7, 175–192.301 f.; **H. Smolinsky** (Hg.): Die Erforschung der Kirchengeschichte: Leben, Werk und Bedeutung von H. J. (1900–1980). Münster 2001 (darin: N. Trippen: H. J. und das Zweite Vatikanische Konzil, 87–102); mehrere Aufsätze in CrStor 22 (2001); **N. Trippen:** Josef Kardinal Frings (1887–1978), Bd. 2. Sein Wirken für die Weltkirche und seine letzten Bischofsjahre. Paderborn 2005 (Register). REDAKTION

Jiménez Urresti, *Teodoro Ignacio,* spanischer katholischer Kanonist, * 1.4.1924 Bilbao, † 3.4.1997 Alicante. Lic. theol. und Dr. iur. utr. in Rom (Lateran, Gregoriana), Professor für Dogmatik in Deusto (Bilbao), Professor für Kirchenrecht in Salamanca und Toledo, Gründungsmitglied der Zeitschrift *Concilium* und von 1965–71 Co-Leiter der Sektion Kirchenrecht; Berater des spanischen Episkopats in den vier Sitzungsperioden des Vaticanum II; sein Thema beim Konzil war die Kollegialität der Bischöfe; J. untersuchte als Forscher das Verhältnis von Kirchenrecht und Theologie; er plädierte für die „Entjuridizierung" der Theologie und die „Enttheologisierung" des Kirchenrechtes sowie für eine kanonische Gestalt der Kirche, die dem pastoralen Charakter des Konzils und den Zeichen der Zeit entspricht, aber zugleich dem epistemologischen Paradigma scholastisch-thomistischer Theologie treu bleibt.

Bibliografie: http://canonistica.org/biblioju.htm (abgerufen: 15.1.2012).

Werke: Estado e Iglesia. Laicidad y confesionalidad del estado y del derecho. Roma 1958; El binomio „primado – episcopado": tema central del próximo concilio Vaticano II. Bilbao 1962; (mit N. Edelby – P. Huizing:) Kirchenrecht und Theologie: Conc 1 (1965) 625f.; Gemeinschaft und Kollegialität in der

Kirche: ebd. 627–631; Die Religionsfreiheit in der Sicht eines katholischen Landes: Conc 2 (1966) 613–620; (mit N. Edelby – P. Huizing:) Vorwort: Conc 3 (1967) 601 f.; Kirchenrecht und Theologie – zwei verschiedene Wissenschaften: ebd. 608–612; Die göttliche Sendung in die Geschichte und die kanonischen Sendungen: Conc 4 (1968) 599–602; Presbiterado y Vaticano II. El presbiterio en los Padres conciliares. Madrid 1968; De la Teología a la Canonística. Salamanca 1993.

Literatur: Sesión académica en memoria de don T. I. J. Toledo 1998; **P. Gherri:** Canonistica e questione epistemologica. L'apporto di T. J.: Apollinaris 78 (2005) 527–578; **A. Huerga:** Los teólogos españoles en el Concilio: Anuario de Historia de la Iglesia 14 (2005) 51–68; **P. Gherri:** Relatività e storicità. La natura categoriale del Diritto canonico secondo T. J.: Apollinaris 79 (2006) 163–198.

MARIANO DELGADO

Johannes XXIII. (eigentlich *Angelo Giuseppe Roncalli*), Papst, * 25.11.1881 Sotto il Monte (Bergamo), † 3.6.1963 Vatikanstadt. Früh davon überzeugt, zum Priestertum berufen zu sein, erhielt R. seine Ausbildung am Kleinen Seminar von Bergamo (1892–95), bevor er seine Studien am Großen Seminar der Diözese fortsetzte (1895–1900). 1901 begann er ein Doktoratsstudium an Sant'Apollinare (Päpstliches Römisches Seminar). 1904 Priester. 1905–19 zugleich Sekretär des Bischofs von Bergamo und Professor für Kirchengeschichte, Patrologie und Apologetik am Großen Seminar von Bergamo. Während des 1. Weltkriegs diente er von 1915–18 als Militärseelsorger; anschließend wurde er von 1919–21 Spiritual am Diözesanseminar Bergamo. 1921 erhielt R. den Titel Päpstlicher Hausprälat. 1924 wurde er zum Professor für Patrologie am Päpstlichen Athenaeum Lateranense ernannt. Am 19.3.1925 zum Titularbischof geweiht, wählte er sich als Motto „oboedientia et pax" (Gehorsam und Frieden). Vom Zeitpunkt seiner Bischofsweihe an startete R. eine diplomatische Karriere: Zuerst war er von 1925–34 Apostolischer Visitator – seit 1931 Apostolischer Delegat – in Bulgarien. Im Januar 1935 wurde er Apostolischer Delegat in der Türkei sowie Delegat ad interim von Griechenland, mit Wohnsitz in Istanbul. Dies eröffnete ihm persönliche Erfahrungen mit der orthodoxen Kirche und trug zu seiner offenen Haltung gegenüber nichtkatholischen Christen bei. Im Dezember 1944 zum Apostolischen Nuntius von Frankreich ernannt, residierte er bis 1953 in Paris und verfolgte den Aufstieg der sogenannten Nouvelle théologie aus der Nähe mit, unternahm aber keine persönlichen Interventionen. Am 12.1.1953 von ↗Pius XII. zum Kardinal erhoben, ernannte ihn der Papst drei Tage später zum Patriarchen von Venedig. Im September 1954 besuchte er als Päpstlicher Legat den Eucharistischen Kongress im Libanon. Nach dem Tod Pius' XII. nahm er am Konklave teil.

Am 28.10.1958 wurde er zum Papst gewählt und gab sich den Namen Johannes XXIII. Drei Monate später, am 25.1. 1959, kündigte er in einer Rede an die Kardinäle in der Basilika St. Paul vor den Mauern die Durchführung einer Synode für die Diözese Rom, die Revision des *Codex Iuris*

Canonici von 1917 und die Abhaltung eines allgemeinen Konzils an. Er setzte eine vor-vorbereitende Kommission ein, die die Vorbereitung des Konzils in die Wege leiten sollte und der er den Auftrag erteilte, eine ausführliche Konsultation abzuhalten, um die konziliare Agenda festzulegen. Damit verzichtete er darauf, dem Konzil eine im Voraus fixierte Agenda aufzuerlegen. Nach der vor-vorbereitenden Phase konstituierte J. XXIII. mit der Veröffentlichung des Motu proprio *Superno Dei nutu* vom 5.6.1960 eine zentrale Vorbereitungskommission sowie zehn vorbereitende Kommissionen – von denen die meisten den Dikasterien der römischen Kurie korrespondierten und von denselben Personen geleitet wurden. Eine Ausnahme bildete die neugegründete vorbereitende Kommission für das Laienapostolat. Darüber hinaus richtete er drei Sekretariate ein, um das Vaticanum II vorzubereiten, darunter das Sekretariat zur Förderung der Einheit der Christen. Auf diese Weise unterstrich er sein Engagement für die Ökumene. Das Einheitssekretariat erhielt den Auftrag, die anderen christlichen Konfessionen (Reformierte, Orthodoxe, Anglikaner) und Kirchenvereinigungen (z. B. Ökumenischer Rat der Kirchen, Lutherischer Weltbund) einzuladen, Beobachter zum Konzil zu entsenden. Indem er dem jüdischen Historiker Jules /Isaac am 13.6.1960 eine Privataudienz gewährte, eröffnete J. XXIII. außerdem die Möglichkeit, in eine neue Beziehung zum Judentum zu treten.

Am 11.10.1962 wurde das Vaticanum II feierlich eröffnet. Während der beeindruckenden Eröffnungszeremonie hielt J. XXIII. seine programmatische Rede *Gaudet mater ecclesia,* die für die Konzilsväter zu einem wichtigen Bezugspunkt wurde, weil der Papst darin erklärte, dass das Vaticanum II kein doktrinales Konzil sein solle, das Lehrverurteilungen ausspricht, sondern ein pastorales und ökumenisches Konzil. J. XXIII. hob die Notwendigkeit hervor, zwischen den Wahrheiten des katholischen Glaubens und deren Ausdrucksform zu unterscheiden, rief die Konzilsteilnehmer dazu auf, die alten Lehren der Kirche in einer Sprache und einem Stil darzulegen, die den Bedürfnissen der jeweiligen Zeit angepasst sind, und forderte so ein „Aggiornamento" des Katholischen. Papst J. XXIII. konnte nur der ersten Sitzungsperiode des Vaticanum II (11.10.–8.12.1962) vorsitzen; nach längerer Krankheit starb er am 3.6.1963. Wenngleich er dem Konzil offiziell präsidierte, war er die meiste Zeit über nicht persönlich in der Konzilsaula anwesend, sondern verfolgte die Ereignisse via Radioübertragung mit. J. XXIII. hatte großes Vertrauen in die konziliare Versammlung und glaubte an ihre Fähigkeit, Lösungen zu finden. Aus diesem Grund unterließ er es, persönlich in das Konzilsgeschehen einzugreifen, ausgenommen in Fällen, wo dies dringend nötig war. So intervenierte er am 20.11.1962 in der Debatte um das Offenbarungsschema, indem er sie abbrach und eine gemischte Kommission einsetzte, die aus Mitgliedern der doktrinalen Kommission und des Einheitssekretariates bestand.

Während seines Pontifikates veröffentlichte J. XXIII. acht Enzykliken; am einflussreichsten darunter waren *Mater et Magistra* (1961, zur katholischen Soziallehre) und *Pacem in terris* (1963, zum Frieden in der Welt). Letztere ragt aus einer Reihe von Initiativen heraus, auf dem Hintergrund des Kalten Krieges Frieden zu erreichen. Während der Kuba-Krise im Oktober 1962 zeigte sich sein Bemühen, einen Atomkrieg zu verhindern, in seiner persönlichen Intervention, mit der er sowohl den amerikanischen Präsidenten John F. Kennedy als auch den Sowjetischen Führer Chruschtschow dazu anhielt, nicht in den Kriegszustand einzutreten. Infolgedessen erklärte das Time Magazin J. XXIII. am 4.1.1963 zum „Man of the Year". J. XXIII. erlangte auch das Vertrauen von Chruschtschow, der – als eine persönliche Geste gegenüber dem Papst – Anfang Februar 1963 den ukrainischen Metropoliten Josyf /Slipyj aus der Gefangenschaft entließ. Nachfolger J.' XXIII. wurde Giovanni Battista Montini (↗Paul VI.), den jener zum Kardinal ernannt hatte. Am 3.9.2000 wurde J. XXIII. von Papst ↗Johannes Paul II. seliggesprochen.

Werke: www.vatican.va/holy_father/john_xxiii/index_ge.htm (abgerufen: 30.6.2012); Gli atti della visita apostolica di S. Carlo Borromeo a Bergamo, 5 Bde. Florenz 1936–57; Il giornale dell'Anima, soliloqui, note e diari spirituali, hg. v. A. Melloni. Bologna 2003; Nelle mani di Dio a servizio dell'uomo. I diari di don R., 1905–1925, hg. v. L. Butturini. Bologna 2008; Tener da conto. Le agende di Bulgaria, 1926–1934, hg. v. M. Faggioli. Bologna 2008; La mia vita in Oriente. Agende del delegato apostolico, 1935–1939, hg. v. V. Martano. Bologna 2006; La mia vita in Oriente. Agende del delegato apostolico, 1940–1944, hg. v. V. Martano. Bologna 2006; Anni di Francia. Agende del nunzio, 1945–1948, hg. v. É. Fouilloux. Bologna 2004; Anni di Francia. Agende del nunzio, 1949–1953, hg. v. E. Fouilloux. Bologna 2004; Pace e Vangelo. Agende del Patriarca, 1956–1958, hg. v. E. Galavotti. Bologna 2008; Pace e Vangelo. Agende del Patriarca, 1956–1958, hg. v. E. Galavotti. Bologna 2008; Pater amabilis. Agende del Pontefice, 1958–1963, hg. v. E. Galavotti. Bologna 2007. Lettere 1958–1963, hg. v. L. Capovilla. Rom 1978.

Literatur: **L. Capovilla:** Giovanni XXIII. Vatikanstadt 1963 (deutsch: J. XXIII., Papst der Konzils, der Einheit und des Friedens. Nürnberg – Eichstätt 1963); **P. Hebblethwaite:** J. XXIII, Pope of the Council. London 1984; **G. Alberigo:** J. XXIII devant l'histoire. Paris 1989; **V. Conzemius:** Mythes et contre-mythes autour de J. XXIII: CrStor 10 (1989) 553–577; Ein Blick zurück – nach vorn: J. XXIII.: Spiritualität, Theologie, Wirken, hg. v. **G. Alberigo – K. Wittstadt.** Würzburg 1992; LThK³ 5, 953–955 (G. Alberigo); GZVK 1; 2; **G. Alberigo:** Dalla Laguna al Tevere. A. G. R. da San Marco à San Pietro. Bologna 2000; **ders.:** Papa Giovanni 1881–1963. Bologna 2000; **G. Carzaniga** (Hg.): Giovanni XXIII e il Vaticano II. Atti degli Incontri svoltisi presso il Seminario vescovile di Bergamo 1998–2001. Cinisello Balsamo 2003; **A. v. Teuffenbach:** Papst J. XXIII. begegnen. Augsburg 2005; **M. Bredeck:** Das Zweite Vatikanum als Konzil des Aggiornamento. Paderborn 2007; **A. Melloni:** Papa Giovanni. Un cristiano e il suo concilio. Turin 2009; **K. Unterburger:** Die Überwindung von Ultramontanismus und Antimodernismus aus dem Geist der tridentinischen Seelsorge. Die kritische Edition der Tagebücher Papst J. XXIII. als Schlüsseldokument für die katholische Kirchengeschichte des 20. Jahrhunderts: Theologische Literaturzeitung 136 (2011) Nr. 11, 1253–62.

KARIM SCHELKENS/JÜRGEN METTEPENNINGEN

Johannes Paul I. (eigentlich *Albino Luciani* [L.]), Papst, * 17.10.1912 Forno di Canale (bei Belluno), † 28.9.1978 Vatikanstadt. Studium im Seminar Belluno in Veneto. 1935 Priester, danach Pfarrer in seiner Heimatregion, ab 1937 Dozent im Seminar Belluno, dessen Vizerektor er wurde. Ab 1941 Doktoratsstudium an der Gregoriana, während dessen er sich kritisch mit der Theologie Antonio Rosminis auseinandersetzte. 1947 Generalvikar in Belluno, 1958 von ↗Johannes XXIII. zum Bischof von Vittorio Veneto ernannt und vom Papst selbst konsekriert. 1969 erfolgte die Ernennung zum Patriarchen von Venedig, 1973 die Kardinalserhebung. Er starb nur 33 Tage nach seiner Wahl zum Papst (26.8.1978). 1990 wurde der Seligsprechungsprozess eingeleitet. L. nahm an allen vier Sitzungsperioden des Konzils teil. Beginnend mit seinen am 25.8.1959 verfassten consilia et vota zur Vorbereitung des Konzils nahm er aktiv am Konzilsgeschehen Anteil, wobei seine vota in klassischer Weise strukturiert waren und in einen Teil circa doctrinam sowie einen zweiten Teil circa disciplinam aufgeteilt waren. Von Interesse sind die von ihm in seiner Diözese unternommenen Aktivitäten zur Vorbereitung des Konzils sowie seine regelmäßige Berichterstattung vom Konzil, über das er seine Diözesanen in der Bistumszeitung *Bollettino della diocesi di Vittorio Veneto* informierte. In die Diskussion um die Kollegialität der Bischöfe vom Oktober 1963 brachte er sich mit einer schriftlichen Intervention ein und sprach sich zugunsten der Kollegialität aus. Von Bedeutung waren auch seine Bemühungen um eine Erläuterung der Diskussion um die Liturgiereform in seiner Diözese sowie um den Beginn der Liturgiereform in den Jahren 1964 und 1965. Infolge der Konzilserfahrung gelangte L. in einem langen Prozess zu einer Revision seiner ursprünglichen, traditionell geprägten theologischen Bildung. In der nachkonziliaren Phase verstand er das Vaticanum II als eine notwendige „Position der Mitte" in einer Kirche, in der es seines Erachtens zu einer Spaltung zwischen einem traditionalistischen und einem radikal-innovatorischen Flügel kam.

Werke: Illustrissimi: Lettere del patriarca. Padua 1978 (deutsch: Ihr ergebener A. L. Briefe an Persönlichkeiten. München 1978); Insegnamenti di Giovanni Paolo I. Vatikanstadt 1979; Il magistero di A. L.: Scritti e discorsi, hg. v. A. Cattabiani. Padua 1979; Opera omnia, 9 Bde. Padua 1988–89.
Literatur: **R. Kummer:** A. L. Papa Giovanni Paolo I. Una vita per la Chiesa. Padua 1988; **A. Acerbi:** Giovanni Paolo I: M. Guasco u. a. (Hg.): Storia della Chiesa, Bd. XXV/1. Cinisello Balsamo 1994, 101–117; **LThK³** 5, 978f. (J. Gelmi); **BBKL** 16, 817–822 (M. Eder); **G. Vian:** Giovanni Paolo I: Enciclopedia dei Papi, Bd. III. Rom 2000, 674–681; **ders.:** Giovanni Paolo I: Dizionario Biografico degli Italiani, Bd. 56. Rom 2001, 380–386; **R. Kummer:** Papst J. P. I. begegnen. Augsburg 2008; A. L. dal Veneto al mondo, hg. v. **G. Vian.** Rom 2010 (darin u. a. M. Faggioli: Per un „centrismo conciliare": A. L. e il concilio Vaticano II, 355–383); **M. Roncalli:** Giovanni Paolo I – A. L. Cinisello Balsamo 2012.

MASSIMO FAGGIOLI

Johannes Paul II. (eigentlich *Karol Wojtyła* [W.]), Papst, * 18.5.1920 Wadowice, † 2.4. 2005 Vatikanstadt. Studium der Literatur und Philosophie an der Universität Krakau, 1942 Eintritt ins Priesterseminar, 1946 Priester. Während des 2. Weltkriegs arbeitete er im Soda-Werk Solvay. 1946–48 Studium am Angelicum in Rom, das er mit einer Dissertation über die Glaubenslehre des hl. Johannes vom Kreuz abschloss. Seit 1949 lehrte er Ethik an der Jagiellonen-Universität Krakau sowie an der Katholischen Universität Lublin. 1954 erlangte er den Titel eines Dr. phil. mit einer Arbeit über die Ethik Max Schelers. 1958 Weihbischof in Krakau, dort 1964 Erzbischof, 1967 Kardinal. Im zweiten Konklave des Jahres 1978 wurde er am 16.10.1978 zum Papst gewählt und gab sich den Namen Johannes Paul II.

W. nahm an allen Sitzungsperioden des Konzils teil, während derer er in der Aula kritisch zum Schema *De ecclesia* Stellung bezog und sich dafür aussprach, das Schema mit einem Abschnitt über das „Volk Gottes" beginnen zu lassen. Später intervenierte er auch zu den Schemata über die Religionsfreiheit und die Laien. In besonderer Weise war er in die Redaktion der Konstitution *Gaudium et spes* involviert. Als Mitglied der Unterkommission zu den Zeichen der Zeit brachte er hierbei einen persönlichen Textentwurf ein, der im August 1964 von der Gruppe „Krakauer Kreis" verfasst wurde und der seine Intervention in der Konzilsaula vom 21.10.1964 präludierte. Von Bedeutung war auch sein Beitrag in der Debatte über die Erklärung zur Religionsfreiheit *Dignitatis humanae* vom September 1964. In der unmittelbaren Nachkonzilszeit legte W. Wert auf die Rezeption des Konzils als geistliches Ereignis und nicht nur auf die „politische" Dimension der Dokumente *Dignitatis humanae* und *Gaudium et spes*. Das wichtige Werk *Osoba y czyn* (Person und Tat. Freiburg 1981), dessen Anfänge auf die Sitzungsperioden des Konzils zurückgehen, stellt eine für W. typische Konzilsrezeption zwischen aristotelisch-thomistischer Philosophie und „Bewusstseinsphilosophie" dar.

Durch seine lange Amtszeit prägte J. P. II die Konzilsrezeption kirchenamtlich und theologisch sehr stark. So veröffentlichte er zahlreiche Enzykliken, beginnend mit seiner Antrittsenzyklika *Redemptor hominis* 1979 und ihrer konziliare Impulse aufgreifenden Anthropologie, promulgierte 1983 den neuen *Codex Iuris Canonici* sowie 1990 den neuen *Codex Canonum Ecclesiarum Orientalium* und berief zahlreiche Bischofssynoden ein, darunter die Außerordentliche Bischofssynode 1985, die wichtige Aussagen zur Konzilshermeneutik machte. Während einerseits zahlreiche Initiativen des Papstes der Kirche neue Perspektiven eröffneten (Friedensgebet der Religionen in Assisi 1986, Enzyklika *Ut unum sint* 1995), stieß er andererseits bis in die Reihen der eigenen Kirche hinein mit pastoralen und insbesondere moraltheologischen Positionen auf Kritik. Es kam zu Konflikten mit Theologen und Vertretern verschiedener Ortskirchen bzw. Bischofskonferenzen, nicht zuletzt auch im Zusammenhang mit umstrittenen Bischofsernennungen. Der Tradition verpflichtet, ließ er sich dennoch nicht auf den Traditionalismus Erzbischof Marcel ↗Lefebvres ein. Zahlreiche Selig- und Heiligsprechungen begleiteten das Pontifikat J. P.s II., der neben modernen Elementen in großen liturgischen Feiern insbesondere auch traditionelle Frömmig- keitsformen förderte. Neben der inner- kirchlichen Wirkung gehört zum Pontifikat J. P.s, der 1981 bei einem Attentat lebensge- fährlich verletzt wurde, eine u. a. durch seine intensive Reisetätigkeit und Medien- präsenz hervorgerufene starke Außenwir- kung. Besonders in seiner Heimat Polen konnte er so die Wende von 1989 mit vorbe- reiten. An politischen Ereignissen ist aber u. a. auch die Aufnahme politischer Bezie- hungen mit Israel 1993 zu nennen. Den Kommunismus ablehnend, übte er zugleich auch am Kapitalismus Kritik und brachte sich, zunehmend von schwerer Krankheit gezeichnet, auf diese Weise in die Suche nach einer neuen Welt- und Gesellschafts- ordnung ein.

Werke: Quaestio de fide apud S. Joannem a Cruce. Warschau 1950; Milosc i odpowiedzialnosc (Liebe und Verantwortung). Lublin 1960; Sources of rene- wal: the implementation of the Second Vatican Council. San Francisco 1980 (polnisches Original: U podstaw odnowy. Studium o realizacji Vatica- num II. Krakau 1972); Giovanni Paolo II: Insegna- menti, 28 Bde. Vatikanstadt 1979–2005; Primat des Geistes. Philosophische Schriften. Stuttgart 1980; Person und Tat. Freiburg 1981; Die Schwelle der Hoffnung überschreiten. Hamburg 1994; Erinne- rung und Identität. Gespräche an der Schwelle zwi- schen den Jahrtausenden. Augsburg 2005.

Literatur: **M. Malinski:** J. P. II. Sein Leben, von ei- nem Freund erzählt. Freiburg 1979; **J. Grootaers:** De Vatican II à J.-P. II, le grand tournant de l'Église catholique. Paris 1981; **U. Ruh:** Fünfzehn Jahre J. P. II.: HerKorr 47 (1993) 487–489; **LThK³** 5, 979f. (E. Gatz); **Turbanti:** Un concilio per il mondo mo- derno (Register); **Congar:** Mon journal (Register); **A. Melloni:** Der Beginn der zweiten Konzilspe- riode und die große ekklesiologische Debatte: GZVK 3, 1–137; **U. Ruh:** 25 Jahre J. P. II.: HerKorr 57 (2003) 541–543; **Scatena:** La fatica della libertà (Register); **J. Rabanus:** Europa in der Sicht Papst J. P.s II. Eine Herausforderung für die Kirche und die europäische Gesellschaft. Paderborn 2004; **U. Ruh:** Der erste globale Papst. Eine Bilanz des Pontifikats J. P.s II.: HerKorr 59 (2005) 227–231; **L. Ring-Eifel:** J. P. II. Der Mensch – der Papst – das Vermächtnis. Freiburg 2006; **N. Tanner:** Kirche in der Welt: Ecclesia ad extra: GZVK 4, 314–448; **R. Burigana – G. Turbanti:** Zwischen den Sitzungspe- rioden: Vorbereitungen des Konzilsabschlusses: ebd., 532–726; **A. Riccardi:** Giovanni Paolo II. La biografia. Cinisello Balsamo 2011 (deutsche Aus- gabe im Erscheinen); **J. Navarro-Valls:** Begegnun- gen und Dankbarkeit. Erinnerungen und Gedan- ken des Pressesprechers von Papst J. P. II. Aachen 2011; **M. Mayer:** Zölibat als Weg personaler Selbst- verwirklichung: Die Sicht des Zölibates bei J. P. II./ K. W. und dessen anthropologisch-spirituelle Grund- lagen. St. Ottilien 2011; **E. Olk:** Die Barmherzigkeit Gottes als zentrale Quelle des christlichen Lebens: Eine theologische Würdigung der Lehre von Papst J. P. II. St. Ottilien 2011. MASSIMO FAGGIOLI

Journet, *Charles,* schweizerischer katholi- scher Theologe und Kardinal, * 26.1.1891 Genf, † 15.4.1975 Fribourg. Studium in Fri- bourg, 1917 Priester, 1924–70 Professor am Priesterseminar. 1926 gründete er mit Fran- çois ↗Charrière die Zeitschrift *Nova et ve- tera,* deren politische Leitartikel er 1945 herausgab; in ihr erschienen auch kontro- verstheologische Arbeiten und die Vorstu- fen seines ekklesiologischen Hauptwerks, das auch für *Lumen gentium* bedeutsam ist (HThK 2. Vat 5, 263). Befreundet mit Jac- ques ↗Maritain und Réginald Garrigou- Lagrange war J. Vertreter einer neuthomis- tischen Theologie. Er war Mitglied der vor- bereitenden Theologischen Kommission des Vaticanum II, Konzilstheologe und wurde 1965 zum Kardinal ernannt. Auf dem Konzil verteidigte J. gegen den Hinweis des melkitischen Erzbischofs Elias ↗Zoghby auf die Ehescheidungsmöglichkeit des unschul- digen Teils im Fall von Ehebruch in der Al- ten (Ost-)Kirche (AS IV-3, 45–48) die tra- ditionelle Position u. a. mit der (unrichti- gen) Erklärung der altkirchlichen Regelung durch die damals gegebenen Beziehungen zwischen Staat und Kirche (AS IV-3, 58– 60). Eine „Association des amis du cardinal J." bemüht sich um sein Werk.

Werke: L'esprit du protestantisme en Suisse. Paris 1925; L'union des églises et le Christianisme. Paris

1927; L'église du verbe incarné, 3 Bde. Paris 1941–69; Connaissance et inconnaissance de Dieu. Fribourg 1943; Exigences chrétiennes en politique. Paris 1945, ²1990; Introduction à la théologie. Paris 1947; Saint Nicolas de Flüe. Neuchâtel 1947; Vérité de Pascal. St. Maurice 1951; La messe. Brügge 1957, 1987; Le mal. Brügge 1961; Le message révélé. Brügge 1964; C. J. – J. Maritain: Correspondance, 6 Bde. Fribourg 1996–2008.

Literatur: RThom 71 (1971) 601–608 (Bibliografie); **G. M.-M. Cottier:** C. J., le théologien et l'engagement politique: RThom 76 (1976) 533–550; **L. Méroz:** Le cardinal J. ou la sainte théologie. Bouère ²1993; **G. Bedouelle:** L'histoire comme sagesse dans la pensée du cardinal J.: J.-D. Durand (Hg.): Histoire et théologie. Paris 1994, 123–135; **E. Lemière:** C. J., l'aurore d'une théologie de l'Église. Saint-Maur 2000; Montini, J., Maritain – une famille d'esprit. Brescia 2000; Le cardinal C. J., une vie cachée dans la lumière (Nova et vetera 81,2). St. Maurice 2006; **G. Boissard:** C. J. (1891–1975). Paris 2008.   ALBERT RAFFELT

Jubany Arnau, *Narciso,* spanischer Bischof und Kardinal, * 12.8.1913 Santa Coloma de Farners (Katalonien), † 26.12.1996 Barcelona. 1939 Priester. Dr. theol. (Comillas) und Dr. iur. can. (Gregoriana), Professor für Theologie in Barcelona, 1955 Weihbischof von Barcelona, 1964 Bischof von Gerona, 1971 Erzbischof von Barcelona, 1973 Kardinal. Beim Vaticanum II war er Mitglied der Kommission für die Bischöfe und die Leitung der Bistümer. J. äußerte sich mehrmals und ausführlich, manchmal im Namen anderer spanischer Bischöfe (zur Kommunion unter beiderlei Gestalt, zu den Bischöfen im Schema der Kirchenkonstitution, zum Diakonat, zum Laienapostolat und zur missio canonica, zur Exemtion der Ordensleute, zur bischöflichen Jurisdiktion, zu den getrennten Ostkirchen, zu priesterlichen Vereinigungen, zur Ehe, zur Religionsfreiheit, zum Hirtenamt der Bischöfe sowie zur Mission). Besonders interessant sind seine zahlreichen Korrekturbemerkungen zur Ehe (AS III-7, 294–305) und zur Religionsfreiheit (AS IV-2, 192–198), in denen die Tradition verteidigt und zugleich Neues wahrgenommen wird. J. nahm 1978 an beiden Konklaven teil und wurde 1981 Mitglied des Kardinalrates zur Untersuchung der wirtschaftlichen und organisatorischen Probleme des Heiligen Stuhls. Er förderte als Erzbischof Barcelonas eine behutsame Katalanisierung seiner Ortskirche.

Werke: La ordenación sagrada. Barcelona 1952; El diaconado y el celibato eclesiastico. Barcelona 1964; (mit J. Guillén:) Decreto obre el oficio pastoral de los obispos en la Iglesia. Salamanca 1965; (u. a.:) Iglesia y política en la España de hoy. Salamanca 1980; La imposible restauración. El Vaticano II a la hora del balance. El Sínodo de 1985. Documentos, crónicas y comentarios, hacia el Sínodo sobre los laicos de 1987… Prólogo de N. J. Madrid 1986.

Literatur: XXV anys de magisteri episcopal: catàleg dèscrits de … Mons. N. J. A., Cardenal-arquebisbe de Barcelona en el XXVe aniversari de la seva ordenació episcopal, Barcelona, 1956–1981. Barcelona 1981; **A. Aragonès i Rebollar** (Hg.): Miscellània en honor del Cardenal N. J. A. Barcelona 1992.
     MARIANO DELGADO

Jungmann, *Josef Andreas,* SJ (1917), österreichischer katholischer Katechetiker und Liturgiewissenschaftler, * 16.11.1889 Sand in Taufers (Südtirol), † 26.1.1975 Innsbruck. 1913 Priester, 1923 Dr. theol., 1924/25 Katechetik- und Pädagogikstudium in

München und Wien, 1925 Habilitation für Pastoraltheologie, zugleich Beginn der Lehrtätigkeit an der Theologischen Fakultät Innsbruck über Grundfragen der Pädagogik (bis 1952), Katechetik (bis 1957) und Liturgik (bis 1963); 1926–63 (mit Unterbrechungen) Hauptschriftleiter der Innsbrucker *Zeitschrift für Katholische Theologie;* 1934 Professor für Pastoraltheologie; 1960 Mitglied der Liturgiekommission zur Vorbereitung des Vaticanum II. J.s Anliegen ist es: Leben für (christliches) Glauben zu öffnen, Leben als Glauben in der Liturgie zu feiern, die wechselseitige Beziehung von Leben und Glauben in der Theologie zu bedenken und zur Doxologie zu führen. Herausgefordert vom „äußerlich noch getreuen, innerlich aber verarmten, unfrohen, eher als Pflichtsumme denn als Freudenbotschaft empfundenen Traditionschristentum" seiner Heimat und seiner Zeit, gibt J. der katechetischen und liturgischen Erneuerung der 1930er Jahre die programmatische Stimme mit *Die Frohbotschaft und unsere Glaubensverkündigung* (Regensburg 1936). Zwar wird das Buch auf Drängen des Sanctum Officium rasch zurückgezogen (Neufassung: *Glaubensverkündigung im Lichte der Frohbotschaft.* Innsbruck 1963), aber es bietet der neugewonnenen Einsicht in die Einheit von Leben und Glauben und zugleich in die Unterscheidung von Dogma und Kerygma eine praktisch-theologische Gestalt. Kognitive und affektive Mitte von Dogma und Kerygma ist Jesus Christus. Verkürzungen in der Frömmigkeits- und Verkündigungspraxis, in der Ekklesiologie und Pneumatologie werden aufgebrochen und aus heilsgeschichtlicher Gesamtschau in das Christusgeschehen eingebunden. Schon aus dieser praktisch-theologischen Perspektive ist die Habilitationsschrift *Die Stellung Christi im liturgischen Gebet* (Münster 1925, ²1962) entstanden (ähnlich: *Christus als Mittelpunkt religiöser Erziehung.* Freiburg 1939). Die Christozentrik bestimmt auch J.s breitenwirksames *Lehrbuch Katechetik* (Freiburg 1953) und als Folgewirkung die Gestalt des sogenannten „Grünen Katechismus" (*Katholischer Katechismus der Bistümer Deutschlands.* Freiburg u. a. 1955). Aus demselben Geist der Unterscheidung von Dogma und Kerygma entsteht die Diskussion um den Sinn einer eigenständigen kerygmatischen Form der Theologie (Verkündigungstheologie). „In der äußersten Bedrängnis der Religion" – so erkennt J. – „muß der Rückzug aufs Wesentliche auch offen vollzogen werden ... also: liturgiegeschichtliche Tatsachenforschung" (*Tagebuch* 1936). Darum breitet *Missarum sollemnia. Eine genetische Erklärung der römischen Messe* (Wien 1948) – verfasst in den Jahren erzwungenen Schweigens während der nationalsozialistischen Diktatur – das Entstehen und Wachsen liturgischer Vollzüge aus und öffnet damit die Türen zur Liturgiereform des Vaticanum II (vgl. Kommentar zur Liturgiekonstitution *Sacrosanctum Concilium:* LThK. E 1, 10–109). Als „bedeutendster Liturgiewissenschaftler seiner Zeit" (Pius Parsch) verbindet J. in seinem Alterswerk *Christliches Beten in Wandel und Bestand* (München 1969, Freiburg ²1991) noch einmal gelebten Glauben mit gefeiertem Glauben aus theologiegeschichtlicher Sicht.

GOTTFRIED BITTER

J. war bewusst, dass die liturgiehistorische Forschung die kanonischen Formen relativierte und Reformen legitimierte, wenngleich er diese nicht durch drängende Forderungen gefährden wollte, sondern das Bewusstsein für eine Reformbereitschaft vorzubereiten erstrebte; dies war bereits das pastorale Ansinnen, das er mit seiner kerygmatischen Frühschrift verfolgte. Mithilfe der genetischen Methode als „Untergrundmethode" konnte so vor dem Vaticanum II das Neue „als wiederentdecktes Ursprünglich-Altes legitimiert werden" (Seckler). 1950 Konsultor der Ritenkongregation; in frühen Konsultationen zu einer Messreform (1948) fasste er u. a. folgende Punkte zusammen: Rückbesinnung auf die „Norm der Väter" des vorkarolingischen

10. Jahrhunderts, ohne alles Spätere zu tilgen (vgl. *Sacrosanctum Concilium* 10); Reformen sollten von einer internationalen Kommission mit Sachverständigen, vor allem Seelsorgern und Liturgiehistorikern, vorbereitet werden, wobei Zentren für Experimente zugelassen werden sollten; Gemeindemesse und nicht etwa die Kloster- oder Kathedralmesse sollte die Norm des neuen Ordo vorgeben; Zulassung der Volkssprache wenigstens für Lesungen und Allgemeines Gebet, der Kanon sollte zumindest in Teilen laut vorgetragen werden; durch Zäsuren zwischen den großen Sinneinheiten und räumliche Trennung zum Altargeschehen solle die Struktur der Messfeier verdeutlicht werden; angemessene Rollenverteilung u.a. In der vorbereitenden Liturgiekommission war J. Relator der Subkommission II *De missa* sowie Konsultor der Subkommission I *De principiis generalibus*. Innerhalb der konziliaren Liturgiekommission gehörte er der Subkommission VII *De sacrosanctae eucharistiae mysterio* an, im Rat zur Durchführung der Liturgiekonstitution dem Coetus X *De ordine missae*. J. hat das Liturgieschema nachdrücklich geprägt. Besonderes Interesse zeigte J. im Konzilsverlauf für das Recht der Bischofskonferenzen in liturgischen Angelegenheiten, für eine möglichst großzügige Regelung der Volkssprache, ein dem Alltag der Weltpriester entsprechendes Offizium; konkret intervenierte J. als Peritus mit historischen Daten, liturgietheologischen Argumenten, Entwürfen für Reden und zahlreichen Vorträgen im Umfeld des Konzils für diverse mitteleuropäische, nord- und südamerikanische Bischöfe (Pacik 2003, 250). J. bedachte unter anderem die Zulassung einer „Messordnung für außereuropäische Länder, die auf dem Stand der römischen Liturgie im 4. Jahrhundert aufbaut".

Teilnahme bei den Treffen mitteleuropäischer Bischöfe und Experten im Haus Mater Dei ab 1962; J. suchte Kontakt zu Rednern, die eine tiefergehende Neuerung forderten, als sie das vorbereitete Liturgieschema vorsah (ebd., 248); 1963 Mitglied der Kommission, die das Motu Proprio *Sacram liturgiam* (25.1.1964) vorbereiten sollte. J.s private Tagebücher aus der Konzilszeit, in denen sich der sonst vorsichtige Autor offener äußert, wurden von Johannes ∕ Wagner dem Institut für Liturgiewissenschaft der Universität Innsbruck überlassen.

Werke (Schriftenverzeichnis): F. X. Arnold – B. Fischer (Hg.): Die Messe in der Glaubensverkündigung. Freiburg ²1953, 377–382; B. Fischer – H. B. Meyer (Hg.): J. A. J. Ein Leben für Liturgie und Kerygma. Innsbruck 1975, 156–207.208–233.

Literatur: Sonderhefte ZKTh 91 (1969) 249–516; ZKTh 111 (1989) 257–359. – **A. Gerhards:** Zu wem beten? Die These J. A. J.s über den Adressaten des eucharistischen Hochgebets im Lichte der neueren Forschung: LJ 32 (1982) 219–230; **G. Pissarek-Hudelist:** J. A. J.: Katechetische Blätter 112 (1987) 345–351; **TRE** 17, 465 ff. (H. B. Meyer); **B. Fischer – H. B. Meyer** (Hg.): J. A. J. SJ – ein Leben für Liturgie und Kerygma. Innsbruck 1975; **Bugnini:** Die Liturgiereform (Register); **H. B. Meyer:** Das theologische Profil von J. A. J. SJ: LJ 39 (1989) 195–205; **K. H. Neufeld:** Theologiegeschichtliches zur Innsbrucker „Verkündigungstheologie": ZKTh 115 (1993) 13–26; **R. Pacik:** Liturgische Forschung als Mittel religiöser Reform: LJ 43 (1993) 62–84; **J. Wagner:** Mein Weg zur Liturgiereform 1936–1986. Erinnerungen. Freiburg 1993 (Register); **K. Rahner:** Theologische und philosophische Zeitfragen im katholischen deutschen Raum (1943), hg. v. H. Wolf. Ostfildern 1994, 116–122; **R. Pacik:** „Last des Tages" oder „geistliche Nahrung"? Das Stundengebet im Werk J. A. J.s und in den offiziellen Reformen von Pius XII. bis zum II. Vaticanum. Regensburg 1997; **J. M. Pierce** (Hg.): Source and summit. Commemorating J. A. J. SJ. Collegeville (Minnesota) 1999; **R. Pacik:** Das Konzilstagebuch von J. A. J. SJ: Heiliger Dienst 57 (2003) 244–259; **ders.:** J. A. J. SJ (1889–1975): Kranemann – Raschzok (Hg.): Gottesdienst 1, 538–555.

GORAN SUBOTIC

K

Kampe, *Walther,* deutscher Bischof, * 31.5. 1909 Wiesbaden, † 22.4.1998 Limburg. 1928–33 Studium der Theologie in Frankfurt/St. Georgen; 1934 Priester in Limburg, 1935–44 Seelsorger für die Auslandsdeutschen in Rumänien; 1945–47 Zwangsarbeiter in der Ukraine; 1947 Kaplan in Frankfurt am Main; 1952 Weihbischof von Bischof Wilhelm ∕Kempf, zu dem er auch in der sogenannten Bafile-Affäre 1973 loyal stand, 31.5.1984 Emeritierung. Als Bischofsvikar förderte er die Stellung der Laien, den Aufbau synodaler Strukturen und die kirchliche Öffentlichkeitsarbeit. K. nahm am Vaticanum II teil und baute, angeregt durch Kardinal Augustin ∕Bea, eine deutschsprachige Informationsstelle in Rom auf (mit wöchentlichen Pressekonferenzen, Vorträgen, Diskussionen), die er 1962–65 leitete. Gegenüber Bestrebungen, das Konzil hinter verschlossenen Türen abzuhalten, plädierte K. für Offenheit insbesondere gegenüber den Medien.

Werke: (Als Hg.:) Das Konzil im Spiegel der Presse, 2 Bde. Würzburg 1963; Achtzig Jahre – und noch immer da! Erinnerungen. Limburg 1989.

Literatur: **K. Schatz:** Geschichte des Bistums Limburg. Mainz 1983; **W. Bröckers** (Hg.): Die neuen Medien. Herausforderung an die Kirche. W. K. zum 75. Geburtstag. Frankfurt 1984; **K. Wittstadt:** Die Erwartungen der Bischöfe Wilhelm Kempf und W. K. an das Vaticanum II: ‚Den Armen eine frohe Botschaft'. FS Franz Kamphaus. Frankfurt 1997, 137–152; **GZVK** 1 und 2 (Register); **H. H. Schwedt:** Zum Tod des Limburger Weihbischofs W. K.: AMRhKG 50 (1998) 607f.; Weihbischof W. K. „Ein Rückblick (1909–1998)". Eine Ausstellung des Diözesanmuseums in Zusammenarbeit mit dem Diözesanarchiv im Kreuzgang des Bischöflichen Ordinariates Limburg, 23. April – 9. Mai 1999. Limburg 1999; **BBKL** 17, 755–759 (Schriftenverzeichnis; Literatur) (H. H. Schwedt); **LThK**³ 11, 150 (H. H. Schwedt); **Gatz B 1945,** 322–324 (H. H. Schwedt). CLEMENS CARL

Karrer, *Otto,* SJ (1909), deutsch-schweizerischer katholischer Ökumeniker, * 30.11. 1888 Ballrechten (Baden), † 8.12. 1976 Luzern. Studien in Feldkirch und Valkenburg, 1920 Priester. 1922 Dr. phil. und Dr. theol. Zum Ordenshistoriker bestimmt, geriet K. im Gefolge seiner Aufgabe, anlässlich der Seligsprechung Robert Bellarmins (1923) dessen Biografie zu bearbeiten, in eine „Kirchenkrise" (Conzemius 1990, 577), verließ den Orden und konvertierte für einige Monate zur Evangelisch-Lutherischen Landeskirche in Bayern. Den Kontakt mit Augustin ∕Bea SJ brach er zeitlebens nie ab. Nach der Rückkehr in die römisch-katholische Kirche Priester der Diözese Chur, geistlicher Schriftsteller, Seelsorger und Prediger im Kanton Luzern, wobei sein Interesse großen Gestalten christlichen Lebens und Denkens (u. a. Meister Eckhart, Thérèse de Lisieux und besonders John Henry Newman) ebenso galt wie Fragen religiöser bzw. christlicher Erfahrung in der Gegenwart. 1935 schweizerischer Staatsbürger, unterstützte er Gegner des NS-Regimes. Neben der Übersetzung des Neuen Testaments (München 1950) erzielten v. a. seine ökumenischen Initiativen und theologischen, von der Kraft zur Zusammenschau geprägten Publikationen Aufmerksamkeit. In seiner eigenen Kirche z. T. auf Skepsis stoßend, gehörte der gefragte Vortragsredner mit seinen ökumenischen Kontakten zu den nicht zuletzt lokal wirkenden Wegbereitern des Konzils. Nach dessen Ankündigung sandte er 1959 ein Memorandum (Höfer, 394–399), das neben diversen Reformanliegen ein grundlegendes ökumenisches Arbeitsprogramm des Konzils skizzierte, u. a. den Kardinälen ∕Frings, ∕Döpfner und Montini (∕Paul VI.), Erzbischof ∕Jaeger, den Theologen ∕Willebrands, ∕Congar und ∕Volk sowie Bundeskanzler Adenauer zu. Sich während des Vaticanum II in Rom aufhaltend (u. a. in der ersten Sitzungsperiode als Berichterstatter für die Katholische Internationale Presseagentur [KIPA], in der vierten Session zeitweilig als Begleiter des

Bischofs von Basel), veröffentlichte K. nach jeder Sitzungsperiode in der Zeitschrift *Hochland* eine Bilanz. Während des Konzils Mitinitiator zur Gründung der Schweizerischen Theologischen Gesellschaft, ab 1964 wissenschaftlicher Berater des Instituts für Ökumenische Studien an der Universität Freiburg im Üechtland, 1967 Dr. theol. h.c. in Tübingen.

Werke: Der hl. Franz von Borja. Freiburg 1921; Textgeschichte der Mystik, 3 Bde. München 1926; Um die Einheit der Christen. Die Petrusfrage. Freiburg 1953; Das ökumenische Konzil in der römisch-katholischen Kirche der Gegenwart: H.J. Margull (Hg.): Die ökumenischen Konzile der Christenheit. Stuttgart 1961, 237–284; Das Zweite Vatikanische Konzil. Reflexionen zu seiner geschichtlichen und geistigen Wirklichkeit. München 1966; Das Subsidiaritätsprinzip in der Kirche: Baraúna (Hg.): De Ecclesia 1, 520–546.

Literatur: **M. Roesle – O. Cullmann** (Hg.): Begegnung der Christen. FS für O. K. Frankfurt 1959; **J.L. Leuba – H. Stirnimann** (Hg.): Freiheit in der Begegnung. FS für O. K. Frankfurt 1969; **L. Höfer:** O. K. (1888–1976). Kämpfen und leiden für eine weltoffene Kirche. Freiburg 1985 (Bibliografie); **V. Conzemius:** O. K. Theologe des Aggiornamento: Leimgruber – Schoch (Hg.): Gegen die Gottvergessenheit, 576–590; **S. Schmidt:** Augustin Bea, der Kardinal der Einheit. Graz 1989 (Register); **LThK³** 5, 1265 (V. Conzemius); **É. Fouilloux:** Die vor-vorbereitende Phase (1959–1960). Der langsame Gang aus der Unbeweglichkeit: GZVK 1, 61–187 (passim); **W. Müller** (Hg.): O. K. Fundamente und Praxis der Ökumene gestern und heute. Berlin 2004; **D. Wiederkehr:** Für einen befreienden Glauben. Drei Theologen als Wegbereiter. Luzern 2005, 48–75; Personenlexikon Ökumene, 108–110 (V. Conzemius); **T.K. Kuhn:** Oscar Cullmann und das Zweite Vatikanische Konzil: G. Bedouelle – M. Delgado (Hg.): La réception du Concile Vatican II par les théologiens suisses. Die Rezeption des II. Vaticanums durch Schweizer Theologen. Fribourg 2011, 113–139 (passim). MICHAEL QUISINSKY

Kaufmann, *Ludwig,* SJ (1938), schweizerischer Publizist, * 30.10.1918 Zürich, † 8.7. 1991 ebd. 1951–63 Jugendseelsorger in Basel, seit 1963 Redakteur der *Orientierung* (Zürich), seit 1973 Chefredakteur. Einflussreicher Berichterstatter beim Vaticanum II; kommentierte die Rezeption des Vaticanum II in den Ortskirchen, die Reform der Orden und den ökumenischen Aufbruch der Theologien in der Dritten Welt.

Werke: Evangelium suprema regula: J.C. Hampe (Hg.): Die Autorität der Freiheit, Bd. 2. München 1967, 291–334; Damit wir morgen Christ sein können. Freiburg 1984; Ein ungelöster Kirchenkonflikt: Der Fall Pfürtner. Fribourg 1987; (zusammen mit N. Klein:) Johannes XXIII. Prophetie im Vermächtnis. Fribourg – Brig 1990; (als Hg.:) Christenheit, Israel und Islam. Luzern – Frankfurt 1964.

Literatur: **N. Klein u.a.** (Hg.): Biotope der Hoffnung. FS L. K. Olten 1988. NIKOLAUS KLEIN

Keegan, *Patrick,* * 11.2.1916 bei Liverpool, † 8.3.1990 Bristol. Präsident der 1925 durch Joseph ↗Cardijn gegründeten Jeunesse ouvrière chrétienne/Young Christian Workers (JOC/YCW, deutsch: Christliche Arbeiterjugend CAJ). K. nahm als Laienvertreter am Konzil teil; er war der erste Laie, der auf dem Konzil offiziell sprechen durfte (auf der 100. Generalkongregation am 13.10.1964 zu *Apostolicam actuositatem,* vgl. AS II-4, 220–222 [englisch]; die frühere Rede von Jean Guitton ist nicht in den AS enthalten), und wurde als Laienexperte bei *Gaudium et spes* herangezogen.

Literatur: **LThK. E** 2, 595; 3, 266; **R. Goldie:** La participation des laïcs aux travaux du concile Vatican II: Revue des sciences religieuses 62 (1988) 54–73 = **dies.:** Lay participation in the work of Vatican II: Miscellanea Lateranense (Lateranum 40/41). Rom 1975, 503–525; **S. Collins – M.P. Hornsby-Smith:** The Rise and Fall of the YCW in England: Journal of contemporary religion 17 (2002) 87–100; **GZVK** 4, 305–307. ALBERT RAFFELT

Kempf, *Alfons,* deutscher Bischof, * 30.1. 1912 Albstadt (Unterfranken), † 8.11.1999 Oberzell bei Würzburg. Studium der Theologie in Würzburg, 1937 Priester, Kaplan in Bischofsheim (Rhön) und Aschaffenburg, 1943 Lazarettseelsorger in Würzburg, 1945 Pfarrverweser, 1947 Pfarrer in Würzburg. 1959 Ernennung zum Weihbischof in Würzburg, 1960 Bischofsweihe. 1960 Leiter des Seelsorgeamtes und Domdekan, 1968–88 Dompropst. 1987 Rücktritt. K. nahm an allen Sitzungsperioden des Vaticanum II teil. Sein durch das Konzil inspiriertes pastorales Engagement im Bistum Würzburg galt dem Aufbau der Laienräte und der diözesanen Beratungsdienste, der Förderung der Gemeindekatechese und der liturgischen Erneuerung.

Literatur: In memoriam Weihbischof A. K.: Sonderdruck des Würzburger Katholischen Sonntagsblattes 12/1999; **Gatz B 1945,** 587 (K. Wittstadt); **T. Wehner:** Weihbischof A. K.: W. Altgeld u. a. (Hg.): Josef Stangl 1907–1979. Bischof von Würzburg. Würzburg 2007, 187–189; Diözesan-Archiv Würzburg: Personendokumentation A. K.

FLORIAN KLUGER

Kempf, *Wilhelm,* deutscher Bischof, * 10.8.1906 Wiesbaden, † 9.10.1982 ebd. Nach dem Studium in Rom (Dr. phil.) und Frankfurt 1932 Priester, 1942 Pfarrer und 1949 Bischof von Limburg. K.s Konzilsvotum vom Oktober 1958 wünschte die Themen Kirche und Stellung der Laien als Schwerpunkte des Konzils, sodann das Eingehen auf soziale Belange und liturgische Fragen. Als einziger Bischof Europas sprach er nicht von Reformen der Bücherverbote und des „Index der verbotenen Bücher", sondern von deren Aufhebung, was ⁄Paul VI. am Ende des Konzils tatsächlich verfügte. Auf Vorschlag der deutschen Bischöfe wurde K. Mitglied des Konzilssekretariates, das aus Erzbischof ⁄Felici als Generalsekretär des Konzils und fünf Untersekretären bestand (Erzbischof ⁄Krol aus Philadelphia, Erzbischof ⁄Villot aus Lyon, Erzbischof ⁄Morcillo González aus Zaragoza, dem melkitischen Erzbischof ⁄Nabaa und K.; Villot wurde nach der Kardinalsernennung ersetzt durch Weihbischof Le Cordier aus Paris/Saint-Denis); die wichtigsten Sprachgruppen sollten auf diese Weise im Sekretariat vertreten sein. Die mit Fragen zu Verfahren und zum Konzilsablauf befassten Untersekretäre gaben nie Anlass zu nennenswerten Kritiken. K. intervenierte fünf Mal in der Konzilsaula mit eigenen Beiträgen zu Fragen der Liturgie (dreimal) und der Massenkommunikationsmittel (ein-mal, alle 1962). Er bestärkte während des Konzils seinen Weihbischof Walther ⁄Kampe, der in Rom eine deutschsprachige Informationsstelle mit wöchentlichen Pressekonferenzen und Vorträgen aufgebaut hatte und leitete. Hintergrund waren die Tendenzen, ein Konzil hinter verschlossenen Türen abzuhalten, während die beiden Bischöfe für Offenheit gegenüber den Medien plädierten, auch mit Vermittlung von Hintergrundwissen, das nicht immer zur Veröffentlichung bestimmt war. K.s Eintreten für Transparenz und Offenheit charakterisierte auch seine Haltung anlässlich der Auseinandersetzungen um die katholische Wochenzeitung *Publik* in Frankfurt, für deren Konzept und Fortbestand er sich einsetzte. Die konsequente Umsetzung der Konzilsbeschlüsse im eigenen Bistum, darunter der liturgischen Reformen, der Erneuerung der Seelsorge und der Beteiligung der Laien an kirchlichen Entscheidungen, stieß teilweise auch auf Widerstand. Die Kritik deutscher Bischöfe an K. hinderte den Papst, ihn wie die übrigen Subsekretäre des Konzils zum Kardinal zu ernennen, und veranlasste den Nuntius in Deutschland, Erzbischof Corrado Bafile, 1973 in Rom einen apostolischen Administrator für das Bistum Limburg zu fordern. K. erhielt mehrere nichtkirchliche Ehrungen und gilt als einer der profiliertesten Nachkriegsbischöfe in Deutschland. 1981 wurde er aus Altersgründen emeritiert.

Hauptwerk: Auf Dein Wort hin. Briefe an die Gemeinden. Limburg 1981.
Literatur: **K. Schatz:** Geschichte des Bistums Limburg. Mainz 1983; **O. Renkhoff:** Nassauische Biographie. Wiesbaden ²1992, 387; **BBKL** 3, 1340–43 (M. Persch); **W. Klötzer** (Hg.): Frankfurter Biographie. Frankfurt 1994, 391; **K. Wittstadt:** Die Erwartungen der Bischöfe W. K. und Walther Kampe an das Vatikanum II: J. Hainz (Hg.): Den Armen eine frohe Botschaft. FS für Bischof Franz Kamphaus. Frankfurt 1997, 137–152; **Gatz B 1945,** 319–321 (H. H. Schwedt); **H. H. Schwedt:** Papst Paul VI. und die Aufhebung des römischen Index der verbotenen Bücher in den Jahren 1965–1966: T. Lagatz – S. Schratz (Hg.): Censor censorum. Gesammelte Aufsätze von H. H. Schwedt. Paderborn 2006, 279–328.

HERMAN H. SCHWEDT

Klostermann, *Ferdinand,* österreichischer katholischer Theologe, * 21.3.1907

Steindorf (Land Salzburg), † 22.12.1982 Wien. Studium der Theologie in Linz, 1929 Priester, Kaplan und Weiterstudium (1936 Dr. theol., Graz). K. wirkte u. a. als Akademiker-, Hochschul- und Diözesanjugendseelsorger in Linz, Geistlicher Assistent der Katholischen Aktion der Diözese Linz bzw. seit 1958 Österreichs. Nach Konflikten mit der Gestapo musste K. Linz verlassen und wirkte 1943–45 als Kaplan in Berlin. 1961 Habilitation, 1962–77 Professor für Pastoraltheologie in Wien. Konzilsberater Kardinal ∕Königs und Peritus. Als Mitglied der vorbereitenden Kommission für die Laien und der entsprechenden Konzilskommission hatte K. Anteil an der Redaktion von *Apostolicam actuositatem,* wo er „die Einheit aller Glieder der Kirche ... und erst dann die notwendigen Differenzierungen in Funktionen und Ämter" (Zinnhobler 2003, 126) festzuhalten half. In dieser Eigenschaft war er auch Mitglied der gemischten Unterkommission für die Redaktion des Kapitels IV von *Lumen gentium* sowie der Unterkommission über die Kultur für die Redaktion von *Gaudium et spes.* Außerdem war K. Mitglied der Kommission *De episcopis,* wo er u. a. in den Unterkommissionen wirkte, die sich dem Dienst des Pfarrers sowie den Bischofskonferenzen widmeten. Nach dem Vaticanum II zahlreiche Veröffentlichungen zu Themen des Konzils sowie zu einer von diesem her konzipierten Pastoraltheologie (u. a. Mitherausgeber des *Handbuchs für Pastoraltheologie* [ab Band 3, 1968–72]), trat K. leidenschaftlich und mitunter die Verantwortlichen der Kirche kritisierend für eine Fortführung des Aggiornamento ein und warnte vor Entwicklungen, die diesem entgegenliefen. Aufgrund der Konzilserfahrung von der theologischen und pastoralen Wertigkeit der Gemeinde als grundsätzlicher Existenzform der Kirche überzeugt, waren deren Wohl und Entfaltung entscheidendes Kriterium seiner Amtstheologie.

Werke: Das christliche Apostolat. Innsbruck 1962 (Habilitation); Kommentar zum IV. Kapitel der Dogmatischen Konstitution über die Kirche: LThK. E 1, 260–283; La formation pastorale du clergé selon Vatican II: Seminarium 6 (1966) 626–674; Einleitung und Kommentar zum Dekret über das Apostolat der Laien: LThK. E 2, 587–699; Priester für morgen. Innsbruck 1970; (als Hg.:) Praktische Theologie heute. München 1974; Prinzip Gemeinde. Gemeinde als Prinzip des kirchlichen Lebens und der Pastoraltheologie als der Theologie dieses Lebens. Wien 1975; Kirche – Ereignis und Institution. Überlegungen zur Herrschafts- und Institutionsproblematik in der Kirche. Wien 1976; (mit N. Greinacher:) Freie Kirche in freier Gesellschaft. Südamerika – Eine Herausforderung für die Kirche in Europa. Einsiedeln – Zürich 1977; (als Hg.:) Der Priestermangel und seine Konsequenzen. Einheit und Vielfalt der kirchlichen Ämter und Dienste. Düsseldorf 1977; Wie wird unsere Pfarrei eine Gemeinde? Für alle Mitarbeiter in der Pfarrgemeinde. Wien 1979; Der Papst aus dem Osten. Versuch einer ersten Bilanz. Wien 1980; Gemeinde ohne Priester. Ist der Zölibat eine Ursache? Mainz 1981; R. Zinnhobler (Hg.): F. K. Ich weiß, wem ich geglaubt habe. Erinnerungen und Briefe aus der NS-Zeit. Wien 1987. Zahlreiche Zeitschriftenartikel.

Literatur: **LThK³** 6, 148 (J. Müller); **R. Zinnhobler:** Österreich und das Zweite Vatikanum: Wolf – Arnold (Hg.): Die deutschsprachigen Länder und das II. Vatikanum, 103–132; **H. Sauer:** Die Kirche und der „einfache Mensch". K.s Beitrag zum Konzilsdekret „Über das Apostolat der Laien": H. Kalb – R. Sandgruber (Hg.): Festschrift Rudolf Zinnhobler zum 70. Geburtstag. Linz 2001, 229–251; **R. Zinnhobler:** Professor Dr. F. K. Ein Leben für die Kirche (1907–1982): J. Mikrut (Hg.): Faszinierende Gestalten der Kirche Österreichs, Bd. 7. Wien 2003, 101–144; **M. Faggioli:** Il vescovo e il concilio. Modello episcopale e aggiornamento al Vaticano II. Bologna 2005; **BBKL** 29, 755–776 (A. Kirchmayr).

MICHAEL QUISINSKY

Kominek, *Bolesław,* polnischer Bischof, * 23.12.1903 Radlin (Oberschlesien), † 10.3. 1974 Breslau. Studium in Krakau; 1927 Priester; Weiterstudium 1927–30 in Paris; Sekretär der Katholischen Aktion in Kattowitz. 1945 von Kardinal Augustyn Hlond zum Administrator in Oppeln ernannt, seit 1951 aus Schlesien verbannt. 1954 Bischofsweihe (heimlich) in Przemysl; seit 1956 in Breslau tätig; 1962 Titular-Erzbischof von Euchaitae, 1972 Erzbischof von Breslau (Wrocław), 1973 Kardinal.

JAN KOPIEC

1962–65 Teilnehmer am Vaticanum II. Als Mitglied der Kommission für das Laienapostolat beschäftigte sich K. mit einem Thema, das er neben anderen in seinem Konzilsvotum (AD I-2-2, 774 f.) gewünscht hatte. In einer Subkommission bearbeitete er das sechste Kapitel des Laiendekretes. Auch am Dekret zu den sozialen Kommunikationsmitteln war er als Mitglied der Kommission zum Laienapostolat beteiligt. Weiterhin war er Teil der gemischten Kommission zur Pastoralkonstitution, sowie zweier Subkommissionen, die sich mit der Frage des Friedens und der des Atheismus auseinandersetzten. In Polen leitete er ab 1964 eine Arbeitsgruppe, die sich mit dem entsprechenden Schema XIII befasste. In einer Rede brachte er die Anliegen der polnischen Bischöfe bezüglich des Schemas zur Sprache (AS IV-2, 387–389). Am Rande des Konzils bemühte er sich um eine Annäherung zwischen polnischem und deutschem Episkopat nach dem 2. Weltkrieg.

Weitere Redebeiträge: AS I-4, 189–191.

Literatur: **LThK.E** 3 (Register); **P. Gordan:** Im Dienst der Versöhnung. Erinnerungen an Kardinal K.: Erbe und Auftrag 54 (1978) 400–402; **W. Marschall:** Geschichte des Bistums Breslau. Stuttgart 1980, 175–203; **P. Madajczyk:** Annäherung durch Vergebung. Die Botschaft der polnischen Bischöfe an ihre deutschen Brüder im Hirtenamt vom 18. November 1965: Vierteljahrshefte für Zeitgeschichte 40 (1992) 223–240; **GZVK** (Register); **J. Kopiec:** B. K. Apostolischer Administrator in Oppeln 1945–1951: Katholische Kirche unter nationalsozialistischer und kommunistischer Diktatur. Köln 2001, 241–246; **T. Solski:** B. Kardinal K. (1903–1974). Ein Schlesier im Dienste der deutsch-polnischen Versöhnung: Archiv für schlesische Kirchengeschichte 60 (2002) 139–157; **B. Kerski u. a.:** „Wir vergeben und bitten um Vergebung". Der Briefwechsel der polnischen und deutschen Bischöfe von 1965 und seine Wirkung. Osnabrück 2006.

FRANCA SPIES

König, *Franz,* österreichischer Bischof und Kardinal, * 3.8.1905 Rabenstein (Niederösterreich), † 13.3.2004 Wien. Studium der Theologie und Philosophie an der Gregoriana sowie der altpersischen Religion und Sprachen am Bibelinstitut; 1933 Priester, 1938 Domkurat und Jugendseelsorger in St. Pölten; 1945 Religionslehrer in Krems, 1948 Professor für Moraltheologie in Salzburg; religionsgeschichtliche Forschungen; 1952 Bischofskoadjutor von St. Pölten, 1956–85 Erzbischof von Wien und Vorsitzender der Österreichischen Bischofskonferenz, 1958 Kardinal; Präsident des Päpstlichen Rates für die Nicht-Glaubenden (1965–80). K. war ein führender Konzilsvater des Vaticanum II. Er berief Karl ↗Rahner zum Konzilstheologen und Berater und war Mitglied der zentralen Vorbereitungs- und der Theologischen Kommission. Er setzte sich für eine Erneuerung der Kirche ein (v. a. Kollegialität: AS II-2, 225–227; Religionsfreiheit: III-2, 468–470; Überwindung der Lehre von der „Inerranz der Schrift": III-3, 275 f.), gleichzeitig fungierte er beim Konzil aufgrund seiner Sprachkenntnisse und seines internationalen Rufes als Vermittler (z. B. in Fragen der Mariologie). K. pflegte zahlreiche Kontakte mit Persönlichkeiten der orthodoxen

und altorientalischen Kirchen, Gründung von Pro Oriente; Besuche (der Kirchen) sozialistischer Länder (z. B. Polen 1963), starke Reisetätigkeit; Gespräche mit führenden Vertretern der Weltreligionen (Rede in der Al-Azhar, Kairo, 1965) sowie mit Natur- und Geisteswissenschaftlern; zahlreiche Ehrendoktorate; um Versöhnung zwischen gesellschaftlichen und politischen Gruppen der II. Republik bemüht; in seiner Heimat im Alter „moralische Instanz" und „Symbol" für das Konzil.

Werke: Christus und die Religionen der Erde, 3 Bde. Wien 1956; Glaube ist Freiheit. Wien 1981; Open to God, open to the World, hg. v. C. Pongratz-Lippitt. London 2005.

Literatur: **Gatz B 1945,** 570–576 (E. Weinzierl); **D. Neuhold:** F. Kardinal K. Fribourg 2008 (Literatur).

DAVID NEUHOLD

Köstner, *Joseph,* österreichischer Bischof, * 9.3.1906 Klagenfurt, † 1.1.1982 ebd. Theologiestudium als Alumne des Collegium Germanicum an der Gregoriana (Rom), 1928 Dr. phil., 1931 Priester, 1932 Dr. theol., bischöflicher Hofkaplan und Religionslehrer in Klagenfurt, 1941 Administrator der Dompfarrei; 1945 Bischof von Gurk. In die ersten Jahre seiner Amtszeit fielen die Errichtung zahlreicher neuer Pfarreien, die Errichtung einer liturgischen Kommission (1952), der Ausbau des Marianums zum Priesterseminar (1971 Verlegung der Priesterausbildung nach Salzburg) sowie eine Diözesansynode (1958). K. nahm an den Sessionen des Vaticanum II teil. In seiner kurzen Rede zum Schema *De ecclesiae unitate* wünschte er eine Abwandlung der kämpferischen Aufforderung, „eine gemeinsame Schlachtreihe gegen Atheismus und Materialismus zu bilden", in eine positive Formulierung, um nicht den Anschein zu erwecken, das Konzil treibe Politik, und damit die Lage der Christen unter atheistischen Regimen zu verschlimmern. Ein weiterer Redebeitrag war dem Schema *De vita et ministerio sacerdotali* gewidmet und nannte Gründe, welche die Kürze des Priesterschemas rechtfertigten (AS III-4, 457f.; vgl. GZVK 4, 406). K. hielt zahlreiche Veranstaltungen zur Umsetzung der Konzilsbeschlüsse, insbesondere im Bereich der Liturgie. 1972 Diözesansynode. 1968 Errichtung des Priesterrates, 1973 des Diözesanrats, seit 1980 Weihe Ständiger Diakone. Mit ihrer Erklärung über das „Zusammenleben der Deutschen und Slowenen in der Kirche Kärntens" brachte die Diözesansynode 1972 einen Durchbruch in der Verständigung zwischen den Volksgruppen im kirchlichen Bereich. 1974 Hirtenwort zur Sprachenfrage. 1981 Rücktritt, 1981–82 Apostolischer Administrator.

Weitere Konzilsbeiträge: AS II-3, 493; III-1, 719f.; III-8, 732; IV-2, 198–200.

Literatur: **AS; J. Obersteiner:** Die Bischöfe von Gurk 1824–1979. Klagenfurt 1980, 203–226; **Gatz B 1945,** 255–257 (P. G. Tropper).

CLEMENS CARL

Krol, *John Joseph,* US-amerikanischer Bischof und Kardinal, * 26.10.1910 Cleveland, † 3.3.1996 Philadelphia. Nach einigen Jahren Berufserfahrung nahm der Sohn polnischstämmiger Eltern das Studium der Theologie auf. 1937 Priester, Spezialstudien in Kirchenrecht in Washington und Rom. 1948 Präsident der Canon Law Society of America. 1953 Weihbischof in Cleveland, 1961–88 Erzbischof von Philadelphia, 1967 Kardinal. Ökumenisch und interreligiös engagiert, insbesondere in den Beziehungen zwischen Christentum und Judentum, setzte sich K. für eine Überwindung der Rassentrennung ein. Mitglied der vorbereitenden Kommission *De episcopis,* auf dem Vaticanum II Mitglied der Koordinierungskommission und Untersekretär des Konzils. 1966–71 Vize-Präsident und 1971–74 Präsident der US-Bischofskonferenz. Während ihm seine Mitbrüder anschließend mehrmals die Wahl zum Delegierten auf den Bischofssynoden verweigerten, wurde er 1985 zum Co-Präsidenten der außerordentlichen Bischofssynode ernannt. Nach dem Konzil unternahm der „conservative pragmatist" (Glazier 1997, 781) K., der politisch den Präsidenten Nixon und Reagan nahestand, bei grundsätzlicher Loyalität zum Konzil eher vorsichtige Schritte der Konzilsrezeption in seiner Diözese und blieb insbesondere liturgischen Neuerungen (z. B. Vorabendmessen) gegenüber reserviert.

Werke: Foreword: V. A. Yzermans (Hg.): American Participation in the Second Vatican Council. New York 1967, IX–XI.

Literatur: **T. J. Reese:** A Flock of Shepherds. The National Conference of Catholic Bishops. Kansas City 1992; **E. M. Jones:** J. Cardinal K. and the Cultural Revolution. South Bend (Indiana) 1995; **EACH** 781 (M. Glazier); **T. W. Spalding:** Dissimilitude. The Careers of Cardinals Lawrence J. Shehan and J. J. K.: U. S. Catholic Historian 17 (1999) n° 4, 50–63; **NCE²** 8, 249–251 (T. J. McManus).

MICHAEL QUISINSKY

Küng, *Hans,* schweizerischer katholischer Theologe, * 19.3.1928 Sursee. Studium der Philosophie und Theologie in Rom, 1954 Priester, 1957 Dr. theol. (Gregoriana). Pfarrseelsorge in Luzern, 1960 Professor für Fundamentaltheologie, 1963 für Dogmatik in Tübingen. 1979 nach Entzug der Lehrbefugnis fakultätsunabhängiger Professor für ökumenische Theologie, weitete K. seine Forschungstätigkeit auf die Weltreligionen aus, deren Geschichte und Gegenwart er mittels der Paradigmentheorie von Thomas S. Kuhn darstellt, und wurde 1995 Präsident der Stiftung Weltethos. Sein Werk will die Glaubwürdigkeit des Christlichen für Zeitgenossen aufzeigen und findet auch über fachtheologische Kreise hinaus Beachtung. Auf dem Vaticanum II Peritus und zeitweise Berater von Bischof Carl Joseph ∕Leiprecht; über Kardinal Léon-Joseph ∕Suenens Einfluss auf die Charismenlehre von *Lumen gentium.* Seit den Tagen des Konzils sucht K. die Hierarchie mittels öffentlichen Drucks zu Reformen zu bewegen. Kritik erfuhr K. besonders seit seiner „Anfrage" an das Unfehlbarkeitsdogma. Wie bzw. inwiefern K. nach dem Konzil „zu einem Symbol enttäuschter Hoffnungen" (Vischer 325), aber auch innerkirchlicher Polarisierungen werden konnte, harrt der theologischen und historischen Aufarbeitung.

Werke: Rechtfertigung. Die Lehre Karl Barths und eine katholische Besinnung. Einsiedeln 1957; Konzil und Wiedervereinigung. Erneuerung als Ruf in die Einheit. Freiburg 1960; Strukturen der Kirche. Freiburg 1962; Kirche im Konzil. Freiburg 1963; (Als Hg. mit Y. Congar – D. O'Hanlon:) Konzilsreden. Einsiedeln 1964; Die Kirche. Freiburg 1967; Unfehlbar? Eine Anfrage. Zürich 1970; Christ sein. München 1974; Existiert Gott? Antwort auf die Gottesfrage der Neuzeit. München 1978; Ewiges Leben? München 1982; (Als Hg. mit N. Greinacher:) Katholische Kirche – wohin? Wider den Verrat am Konzil. München 1986; Projekt Weltethos. München 1990; Credo. Das Apostolische Glaubensbekenntnis – Zeitgenossen erklärt. München 1992; Erkämpfte Freiheit. Erinnerungen. München 2002; Umstrittene Wahrheit. Erinnerungen. München 2007; Was ich glaube. München 2009.

Literatur: **L. Vischer:** Theologie im Dienst der Ökumene. Evangelische Perspektiven: H. Häring – K.-J. Kuschel (Hg.): H. K. Neue Horizonte des Glaubens und Denkens. Ein Arbeitsbuch. München 1993, 325–343; **H. Häring:** H. K. „Gehalten von Gott – engagiert für den Menschen": Theologien der Gegenwart. Eine Einführung. Darmstadt 2006, 122–141; **J. Grootaers:** Diversité des tendances à l'intérieur de la majorité conciliaire. Gérard Philips et Giuseppe Dossetti: Donnelly u. a. (Hg.): Belgian Contribution, 529–562 (passim); **L. Karrer:** H. K. und die Impulse des Zweiten Vatikanischen Konzils: G. Bedouelle – M. Delgado (Hg.): La réception du Concile Vatican II par les théologiens suisses. Die Rezeption des II. Vaticanums durch Schweizer Theologen. Fribourg 2011, 141–154.   MICHAEL QUISINSKY

L

Labourdette, *Marie-Michel* (Taufname *Paul*), OP (1925), französischer katholischer Theologe, * 26.6.1908 Rosny-sous-Bois (Seine-St-Denis), † 26.10.1990 Toulouse. Studium der Philosophie und der Theologie in Saint-Maximin, dort ab 1935 Lektor für Philosophie und 1940 Professor für Moraltheologie (Umzug des Studentats nach Toulouse 1957). 1933 Priester, 1935 Dr. theol. (Angelicum) bei Réginald Garrigou-Lagrange und unter dem Einfluss Jacques ∕ Maritains. 1936–54 Direktor der *Revue thomiste*. Im Streit um die sogenannte „Nouvelle théologie" Gegner der Jesuiten von Fourvière (Lyon). Mitglied der vorbereitenden Theologischen Kommission, während des Vaticanum II Peritus. Mitarbeit an *Lumen gentium* und *Gaudium et spes* (Ehelehre). Als Mitglied der nachkonziliaren Kommission zur Geburtenkontrolle unter Verweis auf Tradition und theologische Epistemologie zunächst offen für eine vorsichtige Fortentwicklung der kirchlichen Lehre zur Empfängnisverhütung, verteidigte er dann die Enzyklika *Humanae vitae*.

Werke: La foi théologale et la connaissance mystique d'après saint Jean de la Croix. Saint-Maximin 1937; Dialogue théologique. Pièces du débat entre „La Revue thomiste" d'une part et les RR. PP. de Lubac, Daniélou, Bouillard, Fessard, von Balthasar, s. j., d'autre part. Saint-Maximin 1947; Foi catholique et problèmes modernes. Avertissements et directives du Souverain Pontife. Tournai 1953; Deux inédits du Père M.-M. L.: RThom 100 (2000) 355–383.

Literatur: Un maître en théologie. Le Père M.-M. L.: RThom 92 (1992) (Bibliografie); **H. Donneaud:** Les cinquante premières années de la Revue thomiste: RThom 93 (1993) 5–25; **É. Fouilloux:** Dialogue théologique? (1946–1948): **S.-T. Bonino** (Hg.): Saint Thomas au XXe siècle. Paris 1994, 153–195; **G. Narcisse:** Le Père M.-M. L., o.p. (1908–1990), moraliste: Itinéraire d'un thomiste depuis saint Jean de la Croix jusqu'à sainte Thérèse: J. Baudry (Hg.): Thérèse et ses théologiens. Versailles 1998, 229–244; **J. Vijgen:** s. v.: D. Berger – ders.: Thomistenlexikon. Bonn 2006, 360–364.
   MICHAEL QUISINSKY

Lambert, *Bernard*, OP (1942), kanadischer katholischer Theologe, * 3.3.1921 Sainte-Anne-de-la-Pocatière (Québec), † 10.4.2004 Québec. Studium in Ottawa und Rom (Angelicum), 1948 Priester, anschließend weitere Studien u. a. in New York. Ökumenisch engagiert, arbeitete er zeitweise in Genf beim Ökumenischen Rat der Kirchen. 1963 offizieller katholischer Beobachter bei der Weltkonferenz für Glaube und Kirchenverfassung in Montreal, wurde er in der dritten Sitzungsperiode Konzilsperitus und Berater von Kardinal Maurice ∕ Roy. 1965 wurde er mit der Redaktion des dritten Kapitels des ersten Hauptteils von *Gaudium et spes* beauftragt, in dem das Verständnis der Autonomie der irdischen Wirklichkeiten erläutert wird. Nach dem Konzil arbeitete er für die kanadischen Bischöfe und nahm u. a. an den Bischofssynoden 1969 und 1971 teil.

Werke: Le problème œcuménique, 2 Bde. Paris 1962 (deutsch: Das ökumenische Problem, 2 Bde. Freiburg 1964); De Rome à Jérusalem. Itinéraire de Vatican II. Paris 1964 (deutsch: Von Rom nach Jerusalem. Briefe über das Konzil. Freiburg 1964); Les deux démarches de la théologie: NRTh 89 (1967) 257–281; Die Konstitution von katholisch-ökumenischem Standpunkt: Baraúna (Hg.): De Ecclesia 2, 495–508; (Als Hg.:) La nouvelle image de l'Église. Bilan du Concile Vatican II. Tours 1967; La problématique générale de la Constitution pasto-

rale: Y. Congar – M. Peuchmaurd (Hg.): L'Église dans le monde de ce temps. La Constitution pastorale „Gaudium et spes", Bd. 2: Commentaires. Paris 1967, 131–170.
Literatur: **G. Turbanti**: La contribution canadienne à l'élaboration de Gaudium et spes: G. Routhier (Hg.): Vatican II au Canada: Enracinement et réception. Montréal 2001, 387–426; **M. A. Fahey**: Growing Awareness Regarding Vatican II in Canadian Theological Monographs and Journals (1959–1969): **M. Attridge u. a.** (Hg.): Vatican II. Expériences canadiennes. Canadian Experiences. Ottawa 2011, 148–169; **G. Routhier:** Le réseau dominicain, vecteur de la réception de Vatican II au Canada: Science et Esprit 63 (2011) 385–408 (passim).
MICHAEL QUISINSKY

Landázuri Ricketts, *Juan,* OFM (1933), peruanischer Bischof und Kardinal, * 19.12. 1913 Arequipa, † 16.1.1997 Lima. Studium der Theologie in Ocopa, wo er später auch lehrte. Priester 1939, Promotionsstudium in Kirchenrecht am Antonianum. 1952 Koadjutor, 1955–89 Erzbischof von Lima, wählten ihn seine Amtsbrüder während dieser Zeit zum Vorsitzenden der peruanischen Bischofskonferenz. 1962 Kardinal. Aufmerksam für die fundamentalen sozialen Herausforderungen seiner Ortskirche, führte L. 1957 die Misión de Lima durch. Mitglied der zentralen Vorbereitungskommission des Vaticanum II, wurde er auf dem Konzil Mitglied und Vizepräsident der Kommission für die Ordensleute. L. sprach sich u. a. für die Wiederherstellung des Ständigen Diakonats, eine Stärkung der Rolle der Bischofskonferenzen, ein Worte und Akte umfassendes Offenbarungs- sowie ein lebendiges Traditionsverständnis aus. Er initiierte bzw. unterstützte zahlreiche Initiativen zur Konzilsrezeption. Führende Mitarbeit im Lateinamerikanischen Bischofsrat (CELAM), u. a. Co-Präsident der Bischofsversammlung von Medellín 1968. Teilnehmer an mehreren Bischofssynoden, war L. in Rom Mitglied u. a. der Kommission zur Überarbeitung des kanonischen Rechts. Der dem Konzil verpflichtete L. wurde durch sein stetes Bemühen um Ausgleich zwischen den verschiedenen kirchlichen Akteuren zur zentralen Figur der Kirche in Peru, die zudem in ihren Beziehungen zum Staat einen Wandel erlebte. In der Diskussion mit dem Vatikan um die Befreiungstheologie, deren führender Vertreter Gustavo Gutiérrez aus seiner Diözese stammte, mühte er sich um konstruktive Lösungen. Ein Augenmerk L.s galt der Partnerschaft mit der Erzdiözese Freiburg im Breisgau.
Werke: De alienatione bonorum temporalium religiosorum. Rom 1950; Recuerdos de un pastor al servicio de suo pueblo. Lima 1994 (Autobiografie); Momentos de la vida de la Iglesia. Lima 1997 (Textsammlung).
Literatur: **J. Schmiedl:** Erneuerung im Widerstreit. Das Ringen der Commissio de Religiosis und der Commissio de Concilii laboribus coordinandis um das Dekret zur zeitgemäßen Erneuerung des Ordenslebens: Lamberigts u. a. (Hg.): Commissions Conciliaires, 279–316; **ders.:** Das Konzil und die Orden (Register); **J. L. Klaiber:** The Catholic Church in Peru 1821–1985. A social History. Washington 1992 (Register); **S. Scatena:** In populo pauperum. La chiesa latinoamericana dal Concilio a Medellín (1962–1968). Bologna 2007 (Register).
MICHAEL QUISINSKY

Landersdorfer, *Simon Konrad* (Taufname: *Josef;* Ordensname: *Simon*), OSB

(1899), deutscher Bischof, * 2.10.1880 Neutemkam bei Geisenhausen (Niederbayern), † 21.7. 1971 Passau. 1903 Priester; 1920–22 Professor für Altes Testament an der Hochschule Sant'Anselmo in Rom, 1922–36 Abt von Scheyern, 1936–68 Bischof von Passau. L. förderte 1939/40 das Entstehen des Liturgischen Referates sowie die Gründung der liturgischen Kommission der Fuldaer Bischofskonferenz und war 1940–65 Referent für liturgische Fragen (bis 1961 zusammen mit Bischof Albert ∕Stohr, Mainz); als Mitglied der liturgischen Vorbereitungskommission des Vaticanum II einer der „Väter" der Liturgiekonstitution *Sacrosanctum Concilium.* THEODOR MAAS-EWERD
L. war um eine Erneuerung der Seelsorge und des christlichen Lebens aus dem Geist der Liturgie bemüht, sodass er schon 1942 eine Denkschrift an ∕Pius XII. mit der Bitte um eine Erneuerung des Gottesdienstes richtete. In seinem Konzilsvotum setzte er sich u. a. für eine stärkere Einbindung der Muttersprache in die Liturgie ein (AD I-2-1, 653–655). Zentrales Anliegen seiner Äußerungen auf dem Konzil war die Förderung der participatio actuosa fidelium (AS I-2, 243–245).

Werke: Bibliographie: Passauer Studien. FS S. K. L. Passau 1953, 313–315; Autobiographie (Manuskript Diözesanarchiv Passau).

Literatur: **J. Wagner:** Liturgisches Referat – Liturgische Kommission – Liturgisches Institut: LJ 1 (1951) 8–14; **A. Leidl:** Bischof S. K. L. OSB: Ostbairische Grenzmarken 13 (1971) 294–298 (Nachruf); **T. Maas-Ewerd:** Unter ‚Schutz und Führung' der Bischöfe. Zur Entstehung der Liturgischen Kommission im Jahre 1940 und zu ihrem Wirken bis 1947: LJ 40 (1990) 129–163; **ders.:** S. K. L. OSB (1880–1971): Klerusblatt 76 (1996) 151–157 (Literatur); **ders.:** Bischof DDr. S. K. L. OSB und die Liturgische Bewegung im Bistum Passau. Zu einem bisher unveröffentlichten Dokument vom 30. Januar 1943: Erbe und Auftrag 59 (1983) 192–203; **BBKL** 4, 1064–67 (S. Haering); **T. Maas-Ewerd:** Stellungnahme zu einem weltweit „schwebenden Experiment" in der Römischen Liturgie vor dem Konzil. Der Bericht des Passauer Bischofs Dr. Dr. S. K. L. OSB vom 24. Mai 1954 über die Feier der Liturgie der Osternacht in den Jahren 1951–1954: Klerusblatt 77 (1997) 53–59; **R. Geier:** „Seelsorge vom Altar aus". Das pastoralliturgische Konzept von Bischof S. K. L. OSB. Winzer 1999; **Gatz B 1945,** 447–449 (Redaktion); **HThK 2. Vat** 2 (Register). FRANCA SPIES

Lanne, *Emmanuel,* OSB (1946), französischer katholischer Theologe und Ökumeniker, * 4.8.1923 Auteuil, † 23.6.2010 Chevetogne. Nach dem Eintritt ins belgische Kloster Chevetogne Studium der Theologie und der orientalischen Sprachen in Rom und Paris, 1959 Professor für Liturgiewissenschaft (Sant'Anselmo, Lateran); 1962–67 Rektor des Griechischen Kollegs in Rom. Während des Vaticanum II als lateinisch-französischer Übersetzer (mit Pierre ∕Duprey), Mitglied des Einheitssekretariates und Peritus Anteil an der Redaktion von *Lumen gentium, Dei Verbum, Unitatis redintegratio* und *Nostra aetate.* 1969 Rückkehr nach Chevetogne, 1971–97 Leitung der Zeitschrift *Irénikon.* 1968–98 Mitglied von Faith and Order, gehörte L. zahlreichen Dialogkommissionen an.

Werke: Tradition et communion des Églises. Recueil d'études. Leuven 1997; Avoir participé à Vatican II: MSR 62 (2005) n° 4, 17–32; Le rôle du monastère de Chevetogne au deuxième concile du Vatican: Donnelly u. a. (Hg.): Belgian Contribution, 361–388.

Literatur: **Velati:** Una difficile transizione (Register); **Grootaers:** Rome et Genève (Register); **A. Lambrechts:** s.v.: Personenlexikon Ökumene, 123f.; **A. Melloni:** E. L., osb: Rivista Liturgica 97 (2010) 681–687. MICHAEL QUISINSKY

Larraín Errazuriz, *Manuel,* chilenischer Bischof, * 17.12.1900 Santiago de Chile, † 22.6.1966 Talca. 1927 Priester, 1938 Koadjutor und 1939 Bischof von Talca. Aus einer einflussreichen Familie stammend, interessierte sich L. früh für soziale Fragen und trat für eine lateinamerikanische Ausprägung des Christentums ein, die sich inmitten grundlegender sozialer Veränderungen nicht auf das europäische Kolonialerbe reduziert, und wurde so zu einem Vorläufer der Befreiungstheologie. Mitglied der vorbereitenden Kommission für das Laienapostolat sowie der entsprechenden Konzilskommission; in der Folge Mitarbeit an der Redaktion von *Gaudium et spes* in den Unterkommissionen zu den Zeichen der Zeit und zu wirtschaftlichen Fragen. Mitglied der Gruppe „Kirche der Armen". Als Vizepräsident und (ab 1963) tatkräftiger Präsident des CELAM (Lateinamerikanischer Bischofsrat) hatte L., gemeinsam v. a. mit Dom Hélder ∕ Camâra, entscheidenden Anteil an der Kooperation verschiedener Bischofskonferenzen auf dem Vaticanum II in der Gruppe der Domus Mariae.

Werke: Escritos completos, hg. v. P. de la Noi, 5 Bde. Santiago 1977–86.
Literatur: **M. McGrath:** La creazione della coscienza di un popolo latinoamericano. Il CELAM ed il Concilio Vaticano II: Fattori – Melloni (Hg.): L'evento e le decisioni, 135–142; **Turbanti:** Un concilio per il mondo moderno (Register); **S. Scatena:** Uomini e strumenti dell'aggiornamento latinoamericano: il CELAM du M. L.: A. Melloni – dies. (Hg.): L'America Latina fra Pio XII e Paolo VI. Il cardinale Casaroli e le politiche vaticane in una chiesa che camba. Bologna 2006, 29–148; **H. Camara:** Lettres conciliaires (1962–1965), 2 Bde. Paris 2006 (Register); **S. Scatena:** In populo pauperum. La Chiesa latinoamericana dal Concilio a Medellín 1962–1968. Bologna 2007; **R. Rojas Valdés:** M. L. E.: el legado de un precursor. Escritos completos y testimonios. Talca 2008; **F. Berriós:** M. L. y la conciencia eclesial latinoamericana. Visión y legado de un precursor: Teología y Vida 50 (2009) 13–40 (online unter: http://www.scielo.cl/pdf/tv/v50n1-2/art04.pdf); s. auch: www.centromanuellarrain.cl (Zugriffe vom 4.9.2012). MICHAEL QUISINSKY

Larraona, *Arcadio María,* CMF (1902), spanischer Kurienkardinal, * 13.11.1887 Oteiza de la Solana (Pamplona), † 7.5.1973 Rom. 1902–11 Studium der Philosophie und Theologie an der Universität Cervera. 1911 Priester, danach Studium am Athenaeum Lateranense (Dr. iur. utr.). 1916 Mitarbeit an der Vorbereitung des *Codex Iuris Canonici.* 1919 Beginn seiner 40-jährigen Lehrtätigkeit am Athenaeum Lateranense, später Lehraufträge an der Urbaniana und an der Scuola Pratica der Religiosenkongregation. 1923 Direktor der von ihm mit Felipe Maroto einige Jahre zuvor gegründeten Zeitschrift *Commentarium pro Religiosis.* Neben seiner kurialen Tätigkeit apostolischer Visitator verschiedener Ordensgemeinschaften. 1929 Konsultor der Kongregation für die Ostkirchen und der Religiosenkongregation. 1933 Mitglied der päpstlichen Kommission für die Kodifizierung des orientalischen Kirchenrechts. 1943 Untersekretär und 1949 Sekretär der Religiosenkongregation. 1944 Mitglied des Rates der Propagandakongregation. 1959 Kardinal, 1961 Großpönitentiar, 1962–68 Präfekt der Ritenkongregation und Präsident der päpstlichen Kommission für die heilige Liturgie. 1962 Bischofsweihe. In der Vorbereitungszeit des Konzils war L. Mitglied der zentralen vorbereitenden Kommission und Vorsitzender der vorbereitenden Kommission für die Liturgie, während des Vaticanum II Vorsitzender der Kommission für die Liturgie. Spätestens ab der dritten Sitzungsperiode war er aktives Mitglied des Coetus Internationalis Patrum (zumindest arbeiteten einige von dessen Mitgliedern bei ihm und er stellte Material und Sekretäre zur Verfügung).

Werke: Cursus syntheticus iuris romanorum ad ius canonicum et civile praecipuarum nationum perpetuo comparati, 3 Bde. Rom 1927; Evolutio interna Statuum perfectionis. Rom 1951; (u. a.:) De Institutis Saecularibus. Rom 1951; Contemplative Life. Los Angeles 1952; Diritto comparato dei religiosi, 4 Bde. Rom 1952–55; La nuova disciplina sulle monache. Rom 1952; Semana de oración y estudio. Barcelona 1954; Il funzionamento della S. Congregazione dei Religiosi. Rom 1955; Meditazioni su „La santificazione personale della Superiora": Itinerario di Luce V. Castelletto del Garda 1957, 19–151; Unión jerárquica de los dos cleros. Lissabon 1957; Lo spirito speciale dell'Istituto della contemplazione del mistero della Sacra Famiglia. Castelletto sul Garda 1959; I misteri di Cristo in noi. Rom 1964. Zahlreiche Rezensionen und Zeitschriftenartikel, v. a. in Commentarium pro religiosis et missionariis.

Literatur: Biographia Em.mi ac Rev.mi P. A. M. L. C. M. F.: Commentarium pro religiosis et missionariis 39 (1960) 131–133; **J. B. Fuertes:** Em.mus P. A. M. L. iurisconsultus egregius seu de eius personalitate iuridica: ebd., 134–153; Scripta Em.mi P. A. M. L. C. M. F.: ebd., 154–163; **O. Alberti:** Card. A. L.: La Pontificia Università Lateranense. Profilo della sua storia, dei suoi maestri e dei suoi discepoli. Rom 1963, 240f.; In memoriam Em.mi Cardinalis A. M. L., C. M. F.: Commentarium pro religiosis et missionariis 54 (1973) 97–99; **J. Fuertes:** Em.mus cardinalis A. M. L. C. M. F. ad Patrem rediit: ebd., 100–121; **B. Frisón:** Cardenal L. Pamplona 1979; ders.: s. v.: Q. Aldea Vaquero u. a. (Hg.): Diccionario de historia eclesiástica de España, Suplemento I. Madrid 1987, 425f.; **LThK³** 6, 653 (J. Gelmi); **F. Alvarez Alonso:** Clarettiani al Concilio: A. M. L., Arturo Tabera e Anastasio Guriérrez. Inventario dei Fondi Documentari sul Concilio Vaticano II: Ricerche e Documenti. Vatikanstadt 2002, 85–186; **Roy:** Le Coetus Internationalis Patrum.

PHILIPPE J. ROY

László, *Stefan,* österreichischer Bischof, * 25.2.1913 Pressburg, † 8.3.1995 Eisenstadt. Dreisprachig (deutsch, kroatisch, ungarisch) aufgewachsen in Trausdorf an der Wulka (Burgenland); Studium in Wien und Rom; 1936 Priester; 1954 Apostolischer Administrator des Burgenlandes, 1956 Titularbischof von Metellopolis, 1960–92 Bischof von Eisenstadt, 1956–83 Apostolischer Visitator für die Ungarn in Österreich. Er schuf die Voraussetzungen für die Erhebung der Apostolischen Administratur Burgenland zur Diözese Eisenstadt (1960). 1967–72 Konsultor des Päpstlichen Laienrates, 1968–83 Konsultor der päpstlichen Kommission für die Revision des Kirchenrechts, 1973–83 Mitglied der Kongregation für die Evangelisierung der Völker. L. engagierte sich für die Minderheiten des Burgenlandes (Kroaten und Ungarn) und für die Kirche in Ost- und Südosteuropa.

HANS PETER ZELFEL

Tätigkeit im Umfeld des Vaticanum II: L. wurde 1960 in die vorbereitende Konzilskommission für Presse, Film, Rundfunk und Fernsehen berufen. Auf dem Konzil war er Mitglied der Kommission für das Laienapostolat. Beiträge u. a. zu *De sacra liturgia* (AS I-1, 634f.; I-2, 112–114.370f. 538. 725), *De instrumentis communicationis socialis* (AS I-3, 495–497), *De ecclesia* (AS II-2, 796f.; II-3, 496–502; II-4, 247–249; III-1, 484–486), *De apostolatu laicorum* (AS III-4, 151–154.734–737) und *De ecclesia in mundo huius temporis* (AS III-5, 739f.; IV-2, 780f.; IV-3, 446f.). Die von L. 1966 angekündigte Zweite Synode der Diözese Eisenstadt (1970/71) sollte die pastoralen Aussagen des Konzils auf die Ebene der Diözese übersetzen und eine Antwort auf die Umbrüche der 1960er Jahre geben. In der Folge wurde die Mitarbeit und Mitverantwortung von Laien besonders gefördert.

Werke: Die Synoden der Diözese Eisenstadt. Ein Beitrag zur Rechts- und Kirchengeschichte: H. W. Kaluza (Hg.): Pax et iustitia. Festschrift für Alfred Kostelecky zum 70. Geburtstag. Berlin 1990, 591–599.

Weitere Konzilsbeiträge: AS II-5, 239–241; III-2, 414–417.713.798; III-8, 307–309.519; IV-2, 205f.; IV-5, 369f.

Literatur: Burgenland. Geschichte, Kultur und Wirtschaft in Biographien. XX. Jahrhundert. Eisenstadt 1991, 177f.; **Gatz B 1945,** 168–171 (H. P. Zelfel) (Schriften, Literatur). REDAKTION

Laurentin, *René,* französischer katholischer Theologe, * 19.10.1917 Tours. L. trat 1934 in das Seminaire des Carmes in Paris ein. 1940 geriet er in Kriegsgefangenschaft, wo er im Offizierslager (Oflag) seine Studien fortsetzen und sich für die Mariologie spezialisieren konnte. 1946 Priester, 1952 wurde er an der Sorbonne zum Dr. ès lettres, 1953 am Pariser Institut catholique zum Dr. theol. promoviert (*Marie, l'Église et le sacerdoce* [= *Maria, ecclesia, sacerdotium*]. 2 Bde. Paris 1953). Im selben Jahr wurde er Professor an den Facultés Catholiques de l'Ouest [Université catholique de l'Ouest] in Angers. 1960 Mitglied der Vorbereitungskommission des Vaticanum II, 1962–65 Peritus. L. war Mitglied mehrerer mariologischer Institutionen und nahm zahlreiche Gastprofessuren wahr (USA, Kanada, Italien). Er hat umfassend zur Mariologie publiziert, dabei auch zahlreiche Schriften zu Marienerscheinungen und Visionen, darunter mehrfach zu Medjugorje und auch positiv zu der von der Glaubenskongregation kritisch beurteilten Seherin Vassula Ryden. Weitere Publikationen galten der Hagiographie und der weltkirchlichen Situation, wohinter ein umfangreiches Reiseprogramm steht.

Werke: Zum Vaticanum II: L'enjeu du Concile, bilan des quatre sessions et bilan général, 5 Bde. Paris 1962–66; L'Église et les juifs à Vatican II. Tournai 1967; Mémoires. Chemin vers la lumière. Paris 2005, 377–452 (Autobiografie).

Literatur: **Cath** 7, 60 (G. Jacquemet) und 17, 51; Kecharitōmenē. Mélanges R. L. Paris 1990 (darin Bibliografie 31–33); **J. Vavasseur-Desperriers:** L'image de Vatican II à travers la chronique de l'abbé L.: Le deuxième Concile du Vatican, 379–403; http://blog.renelaurentin.com (abgerufen: 3.9. 2012).

ALBERT RAFFELT

Le Bourgeois, *Armand*, CJM (1929), Generalsuperior der Eudisten, französischer Bischof, * 11.2.1911 Annecy, † 2.2.2005 Paris. Studium in Einrichtungen der Eudisten, an der Sorbonne sowie in Rom (Gregoriana), 1934 Priester. Nach der Rückkehr nach Frankreich Religionslehrer und Pfadfinderseelsorger. 1953 zum Generalsuperior der Eudisten gewählt, versah er dieses Amt bis zur Ernennung zum Bischof von Autun 1966 (bis 1987). Auf dem Vaticanum II spielte er als Sekretär der Unio Romana Superiorum Generalium eine aktive Rolle und war als Mitglied der vorbereitenden Kommission für die Orden sowie später als beigeordneter Sekretär der Kommission für die Orden an der Redaktion von *Perfectae caritatis* beteiligt. Nach dem Konzil als Bischof von Nevers entschiedener Verfechter einer Öffnung der Kirche im Sinn des Vaticanum II, setzte sich L. u. a. in der Frage der geschiedenen Wiederverheirateten für pastoral motivierte Veränderungen ein und erwies sich als Förderer der Ökumene: hier lag ihm das in seiner Diözese gelegene Taizé besonders am Herzen.

Werke: Un évêque français. Entretiens avec J.-P. Chartier. Paris 1986; Chrétiens divorcés remariés. Paris 1990; Propos spirituels. Paris 1990; Questions des divorcés à l'Église. Paris 1994; Divorcés remariés, mes frères. Paris 1998; Ce que j'ai reçu de Vatican II. Paris 2002.

Literatur: **L. Perrin:** Approche du rôle des évêques de France: Fouilloux (Hg.): Vatican II commence, 119–132; **Schmiedl:** Das Konzil und die Orden (Register); **DÉF** 394f. (T. Keck).

MICHAEL QUISINSKY

Le Guillou, *Marie-Joseph* (Taufname *Marcel*), OP (1942), französischer katholischer Theologe, * 25.12.1920 Servel (Côtes d'Armor), † 25.1.1990 Paris. 1940 Studium der Literatur (Sorbonne), 1941–49 der Philosophie und Theologie (Le Saulchoir). 1947 Priester. 1949–52 Dozent für Moraltheologie in Le Saulchoir, 1952–67 für ostkirchliche Theologie; seit 1952 Mitglied des ökumenischen Studienzentrums Istina; 1958 Dr. theol.; 1969–82 Professor am Institut Catholique de Paris, dort erster Direktor des Institut supérieur d'études œcuméniques. Auf dem Vaticanum II Berater von Bischof Pierre Rougé (Nîmes) sowie theologischer Austausch mit Bischof Georges-Louis Mercier (Laghouat); ab der zweiten Sessio Peritus. Nach dem Konzil Mitglied der Internationalen Theologenkommission; als Experte der Bischofssynode 1971 war der Mitbegründer der Zeitschrift *Communio* unter dem Eindruck seiner Deutung der Vorgänge von 1968 sowie der nachkonziliaren geistigen Landschaft zurückhaltend gegenüber Weiterentwicklungen in der Amtstheologie.

Werke: Mission et Unité. Les exigences de la communion. Paris 1960; L'Esprit de l'Orthodoxie grecque et russe. Paris 1961; Œcuménisme et concile: ders. u. a.: Dialogue œcuménique. Paris 1962, 11–19; Le Christ et l'Église. Théologie du Mystère. Paris 1963; (mit G. Mercier:) Mission et pauvreté à l'heure de la mission mondiale. Paris 1964; (mit G. Lafont:) L'Église en marche. Paris 1964; (mit J. Bosc – O. Clément:) Évangile et Révolution. Paris 1968; Le Visage du Ressuscité. Grandeur prophétique, spirituelle et doctrinale, pastorale et missionnaire de Vatican II. Paris 1968; Le Mystère du Père. Foi des apôtres, gnoses actuelles. Paris 1973; Les témoins sont parmi nous. L'expérience de Dieu dans l'Esprit Saint. Paris 1976.

Literatur: In memoriam. Le Père M.-J. L. G.: Istina 35 (1990) 196–199; Flashes sur la vie du père M.-J. L. G. Saint-Maur 2000 (Bibliografie); Qu'ils soient un. L'œcuménisme dans le sillage du Père M.-J. L. G. Paris 2001; Un chercheur de Dieu. Le Père M.-J. L. G. Paris 2005; Le Père L. G., un maître, éveilleur de la liberté. Paris 2010; **M. Mallèvre:** Deux lettres de Bernard Dupuy à ses frères dominicains, pendant le Concile: Istina 55 (2010) 239–255; www.mjleguillou.org (Bibliografie, abgerufen: 3.9. 2012).   MICHAEL QUISINSKY

Lécuyer, *Joseph,* CSSp (1930), französischer katholischer Theologe und Generalsuperior der Spiritaner, * 14.8.1912 Kerfourn (Morbihan), † 27.7. 1983 Chevilly (Val-de-Marne). Studium an der Gregoriana in Rom, Doktorate in Philosophie und Theologie. 1945 wurde er Direktor des französischen Seminars in Rom, 1957 Professor am Institut Regina mundi und an der Lateran-Universität, 1962 Konzilsperitus. 1968 wurde er als Nachfolger von Marcel ↗Lefebvre Generalsuperior der Spiritaner. Seine theologischen Arbeiten galten zum großen Teil dem Priestertum. Auf dem Vaticanum II wurde er hinsichtlich der Reflexionen zur Sakramentalität und Kollegialität des Episkopats bedeutsam. Nach dem Konzil wirkte er bei der Umsetzung der Liturgiereform mit und beriet ↗Paul VI.

Werke: Le sacerdoce dans le mystère du Christ (Lex orandi 24). Paris 1954; Priester in Ewigkeit: das Sakrament der Weihe. Aschaffenburg 1958 (Original 1957); Le sacrifice de la nouvelle alliance. Le Puy 1962; Études sur la collégialité épiscopale. Le Puy 1964; Le sacrement de l'ordination (Théologie historique 65). Paris 1983.

Literatur: **Cath** 7, 179 (G. Jacquemet) und 17, 59; **DMRFC** 3, 250f.   ALBERT RAFFELT

Lefebvre, *(Charles-)Joseph,* französischer Bischof und Kardinal, Vetter von Marcel ↗Lefebvre, * 15.4.1892 Tourcoing (Nord), † 2.4.1973 Bourges (Cher). 1910 Studium an der Katholischen Universität Lille, Teilnahme am 1. Weltkrieg, Gefangenschaft; 1919–21 Theologiestudium an der Gregoriana in Rom; 1921 Priester, 1923 Dr. theol.; 1923–38 Tätigkeiten in der Diözese Poitiers (1933–38 Generalvikar); 1938 Bischof von Troyes, 1943 Erzbischof von Bourges, 1960 Kardinal. 1951–61 Präsident der Bischofskommission für Landpastoral, 1964 Mitglied des Heiligen Offiziums und engagierter Teilnehmer auf dem Vaticanum II ohne Auffälligkeit; 1965–68 Vorsitzender der französischen Bischofskonferenz und in den nachkonziliaren Konflikten um Vermittlung bemüht; 1967 Mitglied der Kommission zur Bewertung des Holländischen Katechismus (Nieuwe Katechismus) sowie mehrerer römischer Kongregationen; 1969 Niederlegung sämtlicher Ämter. Als theologischer Autor nicht hervorgetreten.

Literatur: **Cath** 7, 192; Dictionnaire d'histoire et de géographie ecclésiastiques, Bd 31. Paris 2010, 99–101; **DÉF** 405–407 (Etienne Fouilloux).
BRUNO STEIMER

Lefebvre, *Marcel,* CSSp (1931–68), Generalsuperior der Spiritaner, Gründer der Priesterbruderschaft St. Pius X., Vetter von Joseph ↗Lefebvre,* 29.11.1905 Tourcoing (Nord), † 25.3.1991 Martigny (Wallis). Als L. 1923 in das Séminaire français in Rom eintrat, stand dieses unter der Leitung von Henri Le Floch, der als einer der führenden Vertreter des intransigenten Katholizismus des beginnenden 20. Jahrhunderts angesehen werden kann. An der Gregoriana erlangte L. den Grad eines Dr. phil. und eines Dr. theol. 1929 Priester. Nach einem Jahr Seelsorgetätigkeit als Vikar in einem Arbeiterviertel von Lille trat er 1931 in den Spiritanerorden ein und wirkte nach seiner Profess 1932 als Missionar in Gabun, bis er 1945 Vorsteher des Scholastikats der Spiritaner in Montain (Jura) wurde. 1947 ernannte ihn ↗Pius XII. zum Apostolischen Vikar von

Dakar, 1948 zum Titularerzbischof und Apostolischen Delegaten im Senegal. Am 14.9.1955 stand Kardinal ∕Tisserant seiner Amtseinführung als Erzbischof von Dakar vor. L. wirkte tatkräftig am Aufbau einer afrikanischen Kirche mit. Der Entkolonialisierung, die er als verfrüht betrachtete, ablehnend gegenüberstehend, wurde er 1962 zum Bischof von Tulle (Corrèze) ernannt, einige Monate später erfolgte die Ernennung zum Generalsuperior der Spiritaner, verbunden mit dem Rücktritt als Diözesanbischof und der Ernennung zum Titularerzbischof von Synnada in Phrygia. Als Mitglied der zentralen vorbereitenden Kommission dem konservativen Flügel zugerechnet, war er während des Konzils, auf dem er sechs Interventionen hielt und neun animadversiones scriptae einreichte, einer der Gründer und Organisatoren des Coetus Internationalis Patrum. Die Schemata, gegen die er sich am heftigsten wandte, waren diejenigen über die Religionsfreiheit und die Kirche in der Welt von heute. Allerdings unterzeichnete er gleichwohl alle Konzilsdokumente. Nach dem Konzil lehnte er die Veränderung der Ordensregel der Spiritaner ab und verzichtete 1968 auf sein Amt als Generalsuperior. Auf Bitten einiger französischer Seminaristen gründete er 1970 die Priesterbruderschaft St. Pius X. (Fraternitas Sacerdotalis Sancti Pii X. = FSSPX) und ein Priesterseminar in Écône (Schweiz). Zunächst hielt sich L. dem Konzil gegenüber diskret zurück, radikalisierte sich dann aber zunehmend und bezog öffentlich gegen das Vaticanum II Stellung. 1975 entzog der Bischof von Lausanne-Genf-Fribourg, Pierre Mamie, deshalb der Priesterbruderschaft die ursprünglich in seiner Diözese gegebene Zulassung, eine Maßnahme, die Erzbischof L. nicht beachtete. Nach einer ungenehmigten Priesterweihe 1976 belegte ihn ∕Paul VI. mit einer Suspension a divinis (22.7.1976), nach der Weihe von vier Priestern zu Bischöfen am 30.6.1988, zu der der Vatikan seine Zustimmung versagt hatte, erfolgte die Exkommunikation latae sententiae. Die theologischen Differenzen zwischen Rom und Écône konnten bislang nicht beseitigt werden und bleiben auch nach der Liberalisierung der Feier der tridentinischen Messe und der Aufhebung der Exkommunikation der vier 1988 geweihten Bischöfe durch Papst ∕Benedikt XVI. bestehen.

Werke: Après le Concile, l'Église devant la crise morale contemporaine. Paris 1969; Des prêtres pour demain. Martigny 1973; Un évêque parle, Mgr L. Écrits et allocutions, Bd. 1: 1963–1974. Paris 1974, Bd. 2: Paris 1975–76; La messe de Luther. Martigny 1975; Pour l'honneur de l'Église. Paris 1975; J'accuse le Concile. Martigny 1976; Homélies „Été chaud 1976". Martigny 1976; Le coup de maître de Satan. Écône face à la destruction. Martigny 1977; Lettre ouverte aux catholiques perplexes. Paris 1985; Ils l'ont découronné. Du libéralisme à l'apostasie. La tragédie conciliaire. Escurolles 1987; Mes doutes sur la liberté religieuse. Paris 1987; Lettres pastorales et écrits. Escurolles 1989; Itinéraire spirituel à la suite de saint Thomas d'Aquin. Écône 1990; L'Église 25 ans après Vatican II et 10 ans avant l'an 2000. Caussade 1991; Damit die Kirche fortbestehe. S. E. Erzbischof M. L., der Verteidiger des Glaubens, der Kirche und des Papsttums. Stuttgart 1992; L'Église infiltrée par le Modernisme (le ver est dans le fruit). Escurolles 1993; C'est moi l'accusé qui devrais vous juger. Escurolles 1994; Le Mystère de Jésus. Paris 1995; Notre Croisade. Lyon 1997; La petite histoire de ma longue histoire. Saint-Michel-en-Brenne 1999.

Literatur: **J. Anzevui:** Le drame d'Écône. Analyse et dossier. Sion 1976; **J.-A. Chalet:** Monseigneur L. Dossier complet. Paris 1976; **Y. Congar:** La Crise de l'Église et Mgr L. Paris 1976; **R. Gaucher:** Mgr L. combat pour l'Église. Paris 1976; **J. Hanu:** Non, mais oui à L'Église catholique romaine. Entretiens avec Mgr M. L. Paris 1977; **J.-J. Marziac:** Monseigneur M. L. Bd. 1: Soleil levant ou couchant? Mystères joyeux. Paris 1979, Bd. 2: Des évêques français contre Mgr L. Mystères douloureux. Eguelshardt 1989; **L. Perrin:** L'Affaire L. Paris 1989; **A. Schifferle:** Was will L. eigentlich? Der Bruch zwischen Écône und Rom. Fribourg 1989; **ders.:** „Bewahrt die Freiheit des Geistes." Zur kirchlichen Kontroverse um Tradition und Erneuerung. Fribourg 1990; **M.-C. Lefebvre:** Mon frère, Monseigneur M., souvenirs de Mère Marie-Christiane L.: La Cloche d'Écône, n° spécial 131 (25.3.1996); **F. Laisney:** Archbishop L. and the Vatican. Kansas City 1999; **B. Tissier de Mallerais:** M. L., une vie. Étampes 2002 (deutsch 2009); **N. Buonasorte:** Tra Roma e L. Il tradizionalismo cattolico italiano e il Concilio

Vaticano II. Rom 2003; **L. Perrin:** Mgr L., d'une élection à une démission (1962–1968): P. Coulon (Hg.): Action française, Décolonisation, Mgr L. Les Spiritains et quelques crises du XXᵉ siècle. Paris 2009; **J.H. Tück:** Die Kollegialität der Bischöfe – ein „trojanisches Pferd"? Ekklesiologische Anmerkungen zur Kritik M. L.s: Theologie und Philosophie 84 (2009) 547–575; **F.X. Bischof:** Widerstand und Verweigerung – die Priesterbruderschaft St. Pius X. Chronologie eines Schismas: MThZ 60 (2009) 234–246; **P. Hünermann** (Hg.): Exkommunikation oder Kommunikation? Der Weg der Kirche nach dem II. Vatikanum und die Pius-Brüder. Freiburg 2009; **C. Siccardi:** Mons. M. L. Nel nome della verità. Mailand 2010; **ders.:** Maestro in sacerdozio. La spiritualità di Monsignor M. L. Mailand 2011; **Roy:** Le Coetus Internationalis Patrum.

PHILIPPE J. ROY

Léger, *Paul-Émile,* PSS (1929), kanadischer Bischof und Kardinal, * 25.4.1904 Valleyfield (Québec), † 13.11.1991 Montreal. Aufgewachsen in Saint-Anicet bei Montreal, 1916–25 im Kleinen Seminar Sainte Thérèse de Blainville, während einer krankheitsbedingten Unterbrechung diverse handwerkliche Tätigkeiten. Nach kurzzeitigem Noviziat bei den Jesuiten Studium der Theologie im Großen Seminar Montreal (1925–29), 1929 Priester für die Diözese Valleyfield. Nach kurzer Pfarrseelsorge Eintritt in die Gemeinschaft der Sulpiziner, weitere Studien in Issy-les-Moulineaux bei Paris sowie am Institut catholique de Paris (1931 Lic. iur. can.). Dozent für Kirchenrecht im Seminar St-Sulpice, wurde er 1933 mit der Gründung eines sulpizianischen Seminars in Fukuoka (Japan) beauftragt, um einen einheimischen Klerus auszubilden. Daneben lehrte er Philosophie und leistete Pfarrseelsorge in Omuta. 1939 Rückkehr nach Montreal und Lehrtätigkeit in Philosophie sowie Spiritualität und Apologetik am Institut Pie XI. 1940 verließ er die Sulpiziner sowie die Erzdiözese Montreal, um in Valleyfield Generalvikar und Dompfarrer zu werden. 1947 erneut Sulpiziner und Rektor des Kanadischen Kollegs in Rom, prägten ihn Lehre und Stil ∕Pius' XII. 1950 Erzbischof von Montreal und 1952 erster Kardinal dieses Bischofssitzes, zog er als „Kirchenfürst" in seine Bischofsstadt ein und wirkte im Sinn des Pontifikats Pius' XII., wobei sein besonderes Augenmerk caritativen Einrichtungen galt. 1960 Mitglied der zentralen vorbereitenden Kommission für das Vaticanum II. Die sozialen Entwicklungen in der Gesellschaft Québecs, der Einfluss seiner Mitarbeiter sowie die durch ∕Johannes XXIII. ermöglichten Öffnungen führten zu einem Wandel seines Handelns und Denkens und ließen ihn zu einem pastoralen und theologischen Vorreiter werden (z. B. Gebietsmission in Anlehnung an das Mailänder Vorbild, diverse Vorträge u. a. zur Entstehung des Menschen, Hirtenbrief zur Ökumene und Einrichtung einer diözesanen Ökumene-Kommission, Erneuerung der Liturgie). Auf der Ebene der Bischofskonferenz trat er für eine Erneuerung des konfessionell gebundenen Schulwesens in Québec sowie im Zusammenhang mit dem heftig umstrittenen Buch *Insolences du*

Frère Untel für Meinungsfreiheit in der Kirche ein. Die Leitgedanken Johannes' XXIII. übernehmend, brachte er sich in die Konzilsvorbereitungen ein, knüpfte enge Kontakte zu den Kardinälen ⁄König, ⁄Döpfner, ⁄Frings, ⁄Liénart, ⁄Alfrink, ⁄Suenens, Montini (⁄Paul VI.) und ⁄Bea und wuchs in die Rolle eines Wortführers hinein. Im August 1962 brachte er in einem von sechs weiteren Kardinälen unterzeichneten Brief an Johannes XXIII. seine Besorgnis über die vorbereiteten Schemata zum Ausdruck. Während des Konzils Mitglied der Theologischen Kommission und zahlreicher Unterkommissionen (u. a. der gemischten Kommission zu *De fontibus revelationis,* innerhalb derer er Leiter der mit dem Kapitel über die Heilige Schrift im Leben der Kirche beauftragten Unterkommission war; außerdem war er Leiter der ad hoc eingerichteten Kommission zur Überprüfung der in *Dignitatis humanae* enthaltenen Lehre), machte L. durch Zahl (26), Qualität und Gehalt seiner Interventionen auf sich aufmerksam, was zugleich zur Entfremdung von alten Freunden wie etwa Kardinal ⁄Ottaviani und, innerhalb seiner Erzdiözese, zu Denunziationen an das Sanctum Officium führte. Zentrale Anliegen seiner Konzilsaktivitäten waren die Ökumene, die Bereiche Familie, Fortpflanzung und Ehe, weiterhin die Heilige Schrift im Leben der Kirche, Meinungsfreiheit in der Kirche und Religionsfreiheit sowie die Liturgie. In seinem z. T. leidenschaftlichen Einsatz einem untrüglichen Gespür für Stimmungen und Situationen folgend und theologisch beraten von Pierre Lafortune und André Naud sowie zahlreichen internationalen Theologen, gelang ihm die Zusammenarbeit mit den kanadischen Bischöfen weniger. 1963 nahm er als erster Kardinal in der Geschichte an der vierten Weltkonferenz für Glaube und Kirchenverfassung in Montreal teil, was in Rom argwöhnisch beäugt wurde. Am Ende der zweiten Konzilsperiode reiste er nach Afrika und gründete das Kardinal-L.-Institut gegen Lepra (Fame Pereo). Paul VI. lehnte allerdings seinen Rücktritt ab, den er mit der Absicht, Missionar zu werden, eingereicht hatte. Als Symbolfigur des konziliaren Aufbruchs betrachtet, war er gesundheitlich mehr und mehr durch eine phasenweise Depression beeinträchtigt. In seiner Erzdiözese machten sich zudem die raschen und umwälzenden Veränderungen der sogenannten „Stillen Revolution" bemerkbar und stellten die Konzilsrezeption vor große Herausforderungen, wobei es L. gelang, konstruktiv zu einem neuen Verhältnis zwischen Kirche und Staat beizutragen. In Rom war L. Mitglied mehrerer Kongregationen sowie der Bischofssynode 1967, während er, der doch Verfechter der Kollegialität war, in der kanadischen Bischofskonferenz aus persönlichen wie strukturellen Gründen Außenseiter blieb. 1967 trat L. als Erzbischof zurück und widmete sich fortan in Kamerun Einrichtungen für Leprakran-ke. Seine diversen Tätigkeiten in Afrika versah er mit Unterbrechungen (1974 kurze Tätigkeit als Gemeindepfarrer in Montreal) und sekundiert von römischen Aufgaben in der Kongregation für die Evangelisierung der Völker und der Kommission für den Tourismus bis 1979 und engagierte sich anschließend weiterhin punktuell in Flüchtlingslagern und Leprastationen in Laos, Kambodscha, Vietnam, Thailand, Indien und Haiti. Von vielen bewundert, aber auch kritisiert, blieb L. – „zerbrechlich und spektakulär" – ein Mann der Paradoxe.

Werke: Mandements, lettres pastorales, circulaires et autres documents publiés dans le diocèse de Montréal depuis son érection, Bde. 21-30. Montreal 1952-62; Détresse des enfants sans familles. Le problème de l'enfance négligé à Montréal. Montreal 1962; L'Église et les laïcs mariés. Montreal 1962; „Remplissez la terre et soumettez-la". Familles et nations face aux problèmes de la natalité. Montreal 1962; Dieu est amour: le Foyer de Charité. Montreal 1963; Le prêtre et l'opinion publique dans l'Église. Montreal 1966; Paroles de vie pour le peuple de Dieu. Montreal 1967; Trente textes du cardinal L. qui ont marqué l'Église au concile et au Québec. Montreal 1968; Lettre inédite du Cardinal P.-É. L. au pape Jean XXIII en août 1962: B. Caulier –

G. Routhier: Mémoires de Vatican II. Montreal 1997, 93–114.
Literatur: **A. Lamoureux:** Le dernier courrier du Cardinal L. (du 9 novembre au 11 décembre 1967). Montreal 1968; **K. Bell – H. Major:** Un homme et sa mission: le Cardinal L. en Afrique. Montreal 1976; J. Duggan: P.-É. L. Montreal 1983; **A. D. Johnson:** The value of Charity. The story of P.-É. L. San Diego 1983; **A. Naud:** Le Cardinal L. au Concile: L'Église de Montréal 109 (1991) 1086–97; **D. Robillard:** P.-É. L., évolution de sa pensée (1950–1967). Montreal 1992; **G. Routhier:** Les réactions du cardinal L. à la préparation de Vatican II: Revue d'Histoire de l'Église de France 80 (1994) 281–302; **P. Lafontaine:** Inventaire des archives conciliaires du Fonds P.-É. L. Outremont 1995; **G. Routhier:** L'Évolution d'un Père conciliaire. Le cardinal L.: CrStor 19 (1998) 89–147; **ders. – R. Burigana:** La conversion œcuménique d'un évêque et d'une Église: le parcours œcuménique du cardinal L. et de l'Église de Montréal au moment de Vatican II. Teil 1: Les premiers ébranlements bzw. Teil 2: L'engagement résolut: Science et Esprit 52 (2000) 171–191 bzw. 293–319; **P. Noël:** Le cardinal L. et le De Ecclesia: G. Routhier (Hg.): Évêques du Québec (1962–1965): Entre Révolution tranquille et aggiornamento conciliaire. Québec 2002, 29–65; **G. Routhier:** Famille, mariage et procréation: le combat de deux cardinaux canadiens: CrStor 23 (2002) 367–428; **ders.:** L. et Suenens: les relations difficiles de deux princes de l'Église: Donnelly u. a. (Hg.): Belgian Contribution, 325–357. Etwas romanhaft ist die dreiteilige Biographie von **M. Lachance:** Bd. 1: Le prince de l'Église: le cardinal L. Montreal 1962; Bd. 2: Dans la tempête: le cardinal L. et la Révolution tranquille. Montreal 1986; Bd. 3: P.-É. L.: le dernier voyage. Montreal 2000.

GILLES ROUTHIER

Leiprecht, Carl Joseph, deutscher Bischof, * 11.9.1903 Hauerz bei Leutkirch; † 29.10.1981 Ravensburg. 1928 Priester, 1932–36 Repetent, 1936–42 Direktor am Konvikt in Ehingen; 1942–47 Stadtpfarrer in Rottweil; 1947 Domkapitular, 1948 Titularbischof von Scyrus und Weihbischof in Rottenburg; 1949 Bischof von Rottenburg; 1974 aus Gesundheitsgründen vom Bischofsamt zurückgetreten. Widmete sich v. a. dem geistigen und organisatorischen Wiederaufbau der Diözese nach dem Krieg. Infolge des Zustroms der Heimatvertriebenen war der Neubau von ca. 450 Kirchen notwendig. Nach dem Vaticanum II suchte er, das Bistum stärker in die Weltkirche einzubinden.

KLAUS GANZER

Waren die Diözesansynoden von 1950 und 1960 noch vom vorkonziliaren Geist geprägt, so bedeutete die Konzilserfahrung für L. einen wichtigen Einschnitt. Gegen Widerstände aus dem Heiligen Offizium setzte er Hans ∕ Küng als seinen Konzilsberater durch. Gewähltes Mitglied der Kommission für die Ordensleute, unterstützte ihn Pater Friedrich ∕ Wulf als Peritus für diesen Bereich. Von der Pastoralkonstitution und der Kirchenkonstitution mit ihrer Communio-Ekklesiologie tief beeindruckt, wollte L. in seinem Bistum mehr Kollegialität, Mitverantwortung und ökumenische Offenheit wagen und schritt daher bei der Errichtung der nachkonziliaren Räte voran. Als eine der ersten Diözesen führte Rottenburg den Ständigen Diakonat wieder ein.

Konzilsbeiträge: AS II-4, 41–43.

Literatur: **E. Schmitter:** Die Rottenburger Diözesansynode von 1950: Rottenburger Jahrbuch für Kirchengeschichte 5 (1986) 141–154; **M. Kessler:** Die Rottenburger Diözesansynode von 1960: ebd., 155–176; Das katholische Württemberg. Die Diözese Rottenburg-Stuttgart. Ulm ²1993, 96 f.; **L. Schulte:** P. Friedrich Wulf SJ – sein Einfluß in Entwicklung und Rezeption des Ordensdekretes „Perfectae Caritatis": Wolf – Arnold (Hg.): Die deutschsprachigen Länder und das II. Vatikanum, 89–102; **Gatz B 1945,** 470–473 (H. Wolf) (Literatur); **BBKL** 20, 917 f. (E. Sauser); **K. Unterburger:** Die Rezeption des II. Vatikanischen Konzils in der Diözese Rottenburg: Bischof C. J. L., Pfarrer Joseph Weiger und Pfarrer Hermann Breucha: Rottenburger Jahrbuch für Kirchengeschichte 26 (2007) 137–163.

REDAKTION

Lengeling, Emil Joseph, deutscher katholischer Liturgiewissenschaftler, * 26.5.1916 Dortmund, † 18.6.1986 Münster. 1941 Priester; 1959 Professor für Liturgiewissenschaft an der Universität Münster; 1962–65 Konzilsperitus der Bischöfe von Münster; 1964 Konsultor des Consilium ad exsequendam Sacrosanctum Concilium und der Gottesdienstkongregation; Relator mehrerer römischer Studiengruppen zur Liturgiereform (4: Biblische Lesungen, 9: Struktur der Stundenliturgie, 18: Commune-Texte für

Messe und Stundenliturgie, 20: Pontifikale, 22: Rituale, Spezialkommission Niedere Weihen), wobei für ihn Liturgie als Dialog zwischen Gott und Mensch als ein Grundvollzug christlichen Lebens galt. L. gilt als maßgeblicher Mitgestalter der Liturgiereform auf Weltebene wie im deutschen Sprachgebiet. Nach Balthasar /Fischer hat er sich „um die endgültige Gestalt der Liturgiekonstitution verdient gemacht" und war einer der „besten Kenner und kompetentesten Interpreten dieses Konzilsdokuments". Er war „der einzige unter seinen Kollegen", der nach der Verabschiedung der Konstitution „die Aufgabe (sah), dafür mitzusorgen, dass der gewonnene Besitzstand in den nachfolgenden Konzilsdokumenten nicht nur festgehalten, sondern ... fortgeschrieben würde. Niemand kennt die Zahl der von dieser Intention getragenen Modi, die L. erstellt und über verschiedene Bischöfe eingebracht hat". Zudem leitete er 1971/72 eine römische Studiengruppe zur Erstellung neuer Hochgebete durch die Bischofskonferenzen, deren Ergebnisse im Zuge retardierender Tendenzen nicht mehr veröffentlicht werden durften. Im deutschen Sprachgebiet hatte er Einfluss auf die Reform durch Mitarbeit in der Liturgiekommission der Deutschen Bischofskonferenz (seit 1960), in der Internationalen Arbeitsgemeinschaft der Liturgischen Kommissionen im deutschen Sprachgebiet (seit 1967), in der Kommission für das *Gotteslob* (1963–69) und in der katholisch-protestantischen Kommission für die gemeinsame Übersetzung der Psalmen und liturgischen Perikopen (1967–71). In den letzten Lebensjahren beargwöhnte er, dass die Weiterentwicklung der liturgischen Erneuerung von Rom aus behindert würde.

Hauptwerke: Die Konstitution des Zweiten Vatikanischen Konzils über die Heilige Liturgie (Sacrosanctum Concilium). Münster 1964; Die neue Ordnung der Eucharistiefeier. Allgemeine Einführung in das römische Messbuch. Münster 1970; Liturgie – Dialog zwischen Gott und Mensch, hg. von K. Richter. Freiburg 1981; Missale Monasteriense 1300–1900, hg. v. B. Kranemann – K. Richter. Münster 1995.

Bibliografie: B. Kranemann: Bibliographie E. J. L.: Archiv für Liturgiewissenschaft 34 (1992) 168–198. Literatur: **T. Maas-Ewerd – K. Richter** (Hg.): Gemeinde im Herrenmahl. FS E. J. L. Einsiedeln u. a. ²1976; **B. Fischer:** Die Fortschreibung der Liturgiekonstitution in den nachfolgenden Konzilsdokumenten. E. J. L. zum Gedenken: LJ 36 (1986) 211–221; **K. Richter** (Hg.): Liturgie – ein vergessenes Thema der Theologie? FS E. J. L. Freiburg u. a. ²1987; **R. Kaczynski:** In Memoriam E. J. L. (1916–1986). Un maestro di scienza liturgica e di prassi pastorale: Rivista Liturgica 74 (1987) 158–162; **Bugnini:** Die Liturgiereform (Register); **K. Richter:** E. J. L.: Archiv für Liturgiewissenschaft 34 (1992) 154–167; ders.: E. J. L. (1916–1986): **Kranemann – Raschzok** (Hg.): Gottesdienst 2, 638–649.

KLEMENS RICHTER

Lenhardt, *Johannes,* deutscher Bischof, * 28.1.1899 Cham, † 21.4.1966 Bamberg. 1924 Priester, anschließend Kaplan in Lichtenfels und Ansbach, 1926 in Nürnberg, 1929 in Bamberg, 1929–31 Studium in München (Kirchenrecht), 1931 Subregens am Klerikalseminar Bamberg, 1936 Direktor des Knabenseminars Ottonianum, 1946–55 Regens des Klerikalseminars Bamberg, 1955–66 Generalvikar, 1955 Domkapitular, 1958 Domdekan, 1959 Ernennung zum Weihbischof, Direktor des Allgemeinen Geistlichen Rats. Als Regens trug L. dazu bei, den Rückgang der Weihezahlen aufzuhalten. Mit Erzbischof Josef /Schneider trug er der veränderten Situation aufgrund der Zuwanderung von Flüchtlingen und Vertriebenen Rechnung und baute die Kirchenorganisation im Erzbistum Bamberg aus. Am Vaticanum II nahm er in allen vier Perioden teil. Die Ergebnisse des Konzils vermittelte er den Gläubigen durch zahlreiche Vorträge. Insbesondere die Liturgiereform und die Stellung des Laien in der Kirche standen dabei im Mittelpunkt.

Literatur: KNA – Sonderdienst zum Zweiten Vatikanischen Konzil Nr. 31/65, 12; **Gatz B 1945,** 71 f. (J. Urban).

GUIDO TREFFLER

Lercaro, *Giacomo,* italienischer Bischof und Kardinal, * 28.10.1891 Quinto al Mare (Genua), † 18.10.1976 Bologna. 1914 Priester, 1923–37 Professor für Exegese und Patrologie im Seminar von Genua. Als Pfarrer im Stadtzentrum sprach er sich gegen die antijüdischen Gesetze der Faschisten (1938) aus und half während des Krieges verfolgten Politikern und Juden. 1947 Erzbischof von Ravenna-Cervia. 1949 nahm er einige Jugendliche in sein Haus auf, die sich in Schwierigkeiten befanden; so entstand die „Familie", die ständig mit ihm lebte. 1952 Erzbischof von Bologna, 1963 Kardinal. L. setzte sich für die Trennung der Pastoral von der Politik ein; er gilt als „Protektor der liturgischen Bewegung" und „Bischof der Arbeiter" (Oberkofler 108). 1962 in die liturgische Vorbereitungskommission des Konzils berufen; Vorsitzender der Unterkommission zur Koordinierung der Konzilsarbeit. Während der Intersessio 1962/63 schlug er die Einrichtung einer durch das vatikanische Staatssekretariat geleiteten „Generalkommission" oder „Ratsversammlung" vor. Diese Anregung griff ∕Paul VI. mit der Bestellung von vier Konzilsmoderatoren (L., ∕Döpfner, ∕Suenens, ∕Agagianian) am 12.9.1963 auf, die den Papst faktisch vertraten und damit die kuriale Autorität des Präsidiums des Konzils entmachteten. „Vordenker und Schlüsselfigur" (Oberkofler 87), der vor allem aus seiner reichen pastoralen Erfahrung heraus zu einer richtungsweisenden Kraft für die liturgische Erneuerung wurde, kann L. als einer der Mitverfasser von *Sacrosanctum Concilium* gelten. Er wurde jedoch nicht von den italienischen Bischöfen in die konziliare Liturgiekommission gewählt, da man ihn dort als „Neuerer" fürchtete, sondern von den Bischöfen Mittel- und Nordeuropas. Gegen die Behinderungen der erneuerten Liturgiekommission durch traditionalistische kuriale Gegner setzte er mit einer Pro Memoria vom 11.11.1962 eine Vorverlegung der Abstimmung über das erneuerte Liturgieschema beim Papst durch. Der Text, den L. mit anderen Mitgliedern der Kommission selbst erstellt hatte, wurde am 14.11.1962 mit überwältigender Mehrheit angenommen. Die Liturgiereform ist für L. der entscheidende Ort einer Kirchenreform, die vor allem die ökumenische Versöhnung zum Ziel hat. Dabei kommt sein Pastoralkonzept einer „Erneuerung vom Altar her" (Oberkofler 88) zum Tragen. Aus seiner eucharistischen Ekklesiologie (Identität von mystischem Leib und eucharistischer Versammlung) ergibt sich für L. nicht nur die Überwindung einer einseitig juridischen Sichtweise der Kirche, sondern auch die Dringlichkeit der ökumenischen Frage der Einheit der Kirche, zumal eine eucharistische Ekklesiologie eine Brücke zum ostkirchlichen Kirchenverständnis schlägt. Aus ihr folge aber v. a. auch die diakonische Dringlichkeit des Teilens. Insofern die Kirche Teil hat am Geheimnis der Inkarnation sei sie auch wesentlich „welt-offen" (Oberkofler 97). L.s vielbeachtete, aber schließlich über die Verhältnisbestimmung der Kirche zur modernen Welt in den Hintergrund geratene und durch die Turbulenzen von 1965 schließlich untergegangene Rede

von der „Kirche der Armen" sucht programmatisch eine authentische Zukunftsgestalt der Kirche zu formulieren, in deren Licht alle Konzilsanstrengungen zu verstehen wären (AS I-4, 327–330). Sie inspiriert auch jene Gruppe von Bischöfen um das Belgische Kolleg, die sich selbst im sogenannten „Katakombenpakt" am 16.11.1965 auf „eine arme und dienende Kirche" verpflichten. L. popularisiert als einer der ersten die nachkonziliaren Aufbrüche des lateinamerikanischen Episkopats (Medellín und Puebla) in Europa. Er intervenierte auf dem Konzil ferner maßgeblich zu Fragen der strukturellen Erneuerung der Kirche, vor allem zur Kollegialität der Bischöfe, zur Notwendigkeit einer ständigen Bischofssynode, eines Primats der Ortskirche in der kirchlichen Erneuerung und zu einer dringenden Reform der Kurie. In der Diskussion um das Kirchenschema unterschied er am 23.10.1963 ökumenisch bedeutsam in der Frage der Kirchenzugehörigkeit zwischen einer „einfachen", in der Taufe begründeten, und einer „vollen" Zugehörigkeit (vgl. *Lumen gentium* 14f.). In seiner Intervention zum Kapitel III des Kirchenschemas zur „hierarchischen Verfassung der Kirche" am 30.10.1963 hob er unter Wahrung der vollen und universalen Jurisdiktion des Papstes auf die regional beschränkte volle Jurisdiktionsgewalt der Bischöfe über ihre Ortskirche ab, die ihnen nicht vom Papst zukomme, sondern unmittelbar von den Aposteln übertragen worden sei. Die Endabstimmung über das Kapitel über die Bischöfe hielt L. nach der Verabschiedung des Kap. II über die Kirche als Volk Gottes für die zweite „entscheidende Wende des Konzils" hin zu einer „Neuorientierung und Öffnung" (Brief vom Konzil vom 22.9.1964). In diesem Zusammenhang regte L. mit seiner Forderung nach einer Kurienreform die Entstehung eines „Kirchensenats" an, der einen unmittelbaren Zugang der Bischöfe zum Papst und eine bessere Beteiligung an der Leitung der Gesamtkirche ermöglichen sollte. L. hoffte, dieses Anliegen in der Einrichtung der ständigen Bischofssynode am 15.9.1965 verwirklicht zu sehen. Die Kurienreform Pauls VI. (1967) setzte die in einer Pro Memoria von 1963 zusammengefaßten Reformvorschläge einer Kommission um, der L. angehörte und die vor allem die Relativierung der Vormachtstellung des Heiligen Offiziums durch die Konzentration seiner Kompetenzen auf Glaubensfragen sowie die Einführung ordentlicher Gerichtsverfahren unter Angabe der Verfahrensgründe vorsah. 1964 wurde L. zum Präsidenten des Consilium ad exsequendam constitutionem de Sacra Liturgia ernannt. Widerstände gegen L. und den Sekretär des Consilium Annibale ∕Bugnini kamen v. a. von Seiten des späteren Kardinals Antonelli, dem damaligen Sekretär der Ritenkongregation. L.s Engagement für das Consilium war dadurch belastet, dass er zeitgleich die heftigen Auseinandersetzungen um das Schema XIII zu moderieren hatte, was ihn an den Rand der physischen Erschöpfung führte. In einer Rede vom 4.11.1964 zum Verhältnis der Kirche zu den Kulturen der Welt kritisierte L. die europäisch enggeführte Perspektive des Schema XIII. In der Frage der Religionsfreiheit hatte L. selbst im Lauf der Zeit, v.a. durch die Auseinandersetzung mit dem Kommunismus, eine Entwicklung von einer wahrheitsexklusiven „dogmatischen Intoleranz" [Oberkofler 104] zu einer überzeugten Zustimmung durchgemacht. Der Vortrag *Tolleranza e intolleranza religiosa* von 1958, der die Wende in L.s Einstellung zur Religionsfreiheit markiert und den legitimen Konflikt zwischen den Ansprüchen der Wahrheit und der Freiheit anerkennt, wurde vom Papst als Diskussionsgrundlage zu dieser Frage angefordert. Gegen kuriale Widerstände erreichte L. in einem gemeinsamen Brief mit den Kardinälen ∕Alfrink, ∕König und ∕Frings beim Papst eine Bestätigung des affirmativen Textentwurfs des Dekrets, dessen endgültige Version erst am 7.12.1965, dem Vortrag des Konzilsabschlusses, bestätigt wurde. In der kontroversen Diskussion um die Israeltheologie des vierten Artikels der Erklärung über die Haltung der Kirche zu den nichtchristlichen Religionen setzte sich L. in einer leidenschaftlichen Rede für die Versöhnung der Kirche mit Israel ein. L. gehörte zu den engsten Beratern Pauls VI.: auf seinen Vorschlag wurde das Konzil auf eine vierte Sitzungsperiode ausgedehnt; auch der Termin für die Abschlussfeier 1965 geht auf ihn zurück. Ausführliche Berichterstattung an die „Familie" in den *Briefen vom Konzil* (1962–65). L. prägte durch Konzilsberichte der durch ihn gegründeten katholischen Tageszeitung *L'Avvenire d'Italia* die Meinungsbildung auf dem Konzil. Sein theologischer Berater Giuseppe ∕ Alberigo nahm mit der Geschichte des Zweiten Vatikanischen Konzils maßgeblichen Einfluss auf die Rezeption des Konzils. 1966 lehnte Paul VI. L.s Verzicht auf die Diözese Bologna ab. Am 1.1.1968 verurteilte L. die amerikanischen Bombardements in Vietnam. Am 27.1. erhielt er die Mitteilung, seine bischöfliche Amtsausübung sei auf Wunsch des Papstes mit dem 12.2. beendet. Von da an bis zu seinem Tod zog er sich in seine „Familie" zurück.

Werke: La lettera cattolica di S. Giacomo. Brescia 1931; Metodo di orazione mentale. Genua 1948; Monsignore Giacomo Moglia. Genua 1953; A messa, figlioli! Direttorio liturgico per la partecipazione attiva dei fedeli alla S. Messa. Bologna ³1960; L'eucarestia nelle nostre mani. Bologna 1962; Discorsi, Bd. 1: Cristianesimo e mondo contemporaneo, Bd. 2: Liturgia viva per uomini vivi. Rom 1964; Lettere dal Concilio 1962–65, hg. v. G. Battelli. Bologna 1980; Per la forza dello Spirito. Bologna 1984.

Literatur: **A. Bugnini u. a.** (Hg.): Miscellanea liturgica in onore di Sua Eminenza il Cardinale G. L. Bilbao 1966; **I. Marzola:** La catechesi liturgica nel pensiero e nell'opera del cardinale G. L. Rom 1980; Vescovo della Chiesa di Dio (1891–1976), hg. v. **A. u. G. Alberigo.** Genua 1991; L'eredità pastorale di G. L. Studi e testimonianze. Bologna 1992; **E. Lodi – A. Fraccaroli:** G. L. un'esperienza educativa. Bologna 1993; **J. Grootaers:** I protagonisti del Vaticano II. Cinisello Balsamo 1994; **L. Lozzaretti:** Inventario dei Fondi G. L. e G. Dossetti: la documentazione bolognese per la storia del Concilio Vaticano II. Bologna 1995; **G. Alberigo:** Concilio acefalo? L'evoluzione degli organi direttivi del Vaticano II: ders.: Il Vaticano II fra attese e celebrazione. Mailand 1995, 193–238; **LThK³** 6, 845 (G. Alberigo); **BBKL** 14, 1188–1191 (E. Sauser); **P. Pfister** (Hg.): Julius Kardinal Döpfner und das Zweite Vatikanische Konzil: Vorträge des wissenschaftlichen Kolloquiums anläßlich der Öffnung des Kardinal-Döpfner-Konzilsarchivs am 16. November 2001. Regensburg 2002; **F. Oberkofler:** An den Wurzeln des Glaubens – Gott, sich und die Welt finden: Kardinal G. L. (1891–1976). Leben, Werk, Bedeutung. Würzburg 2003; **G. Alberigo:** L'Officina bolognese: 1953–2003. Bologna 2004; Fondazione Cardinale G. L.: Hanno detto di lui: testimonianze sul ministero e la vita del cardinale G. L. arcivescovo di Bologna. Siena 2007; **G. Turbanti:** La liturgia nella celebrazione dei „piccoli sinodi" di L.: CrStor 28 (2007) 103–132; **D. Claes:** Cardinals L.-J. Suenens and G. L. and the Second Vatican Council: Belgian contribution to the Second Vatican Council 2008, 233–253; **G. Turbanti:** L.-J. Suenens, G. L. e G. Dossetti: Donnelly u. a. (Hg.): Belgian contribution, 255–283; **M. Donati:** Il sogno di una chiesa: gli interventi al Concilio Vaticano II del cardinale G. L. Assisi 2010; **C. Lorefice:** Dossetti e L.: la chiesa povera e dei poveri nella prospettiva del Concilio vaticano II. Mailand 2011; **G. Forcesi u. a.:** Il Vaticano II a Bologna: la riforma conciliare nella città di L. e Dossetti. Bologna 2011.   GORAN SUBOTIC

Leven, *Stephen Aloysius,* US-amerikanischer Bischof, * 30.4.1905 Blackwell (Oklahoma), † 28.6.1983 ebd. Studium in Houston und Löwen, 1928 Priester, nach pastoraler Tätigkeit 1935–38 wurde L. Vizerektor des American College in Löwen, 1956 Weihbischof in San Antonio. L. nahm an allen Konzilssessionen teil. Er sprach auf dem Konzil zum Ökumenismus (AS II-6, 64–68) und zum christlich-jüdischen Verhältnis. 1969–79 Bischof von San Angelo, setzte er sich für den Ständigen Diakonat ein.

Werke: Go tell it in the streets. An autobiography of bishop S. A. L. Oklahoma City 1984.

Literatur: **V. A. Yzermans:** American participation in the Second Vatican Council. New York 1967; **GZVK** (Register); **M. J. Woodruff:** s. v.: Handbook of Texas Online, published by the Texas State Historical Association: www.tshaonline.org/handbook/online/articles/fle94 (abgerufen: 4.9.2012).

ALBERT RAFFELT

Liégé, *Pierre-André,* OP (1938), französischer katholischer Theologe, * 22.6.1921 Coiffy-les-Bas (Haute-Marne), † 9.2.1979

Paris. 1938 Noviziat in Amiens, 1944 Priester, Studium in Le Saulchoir, Paris und Tübingen, Dr. theol. 1951, Professor für Fundamental- und Pastoraltheologie am Institut catholique in Paris, Gastprofessur in Kanada. Konzilsperitus. Berater mehrerer französischer Bischöfe, insbesondere von Léon-Arthur ∕Elchinger (Straßburg) und Paul-Joseph ∕Schmitt (Metz). L.s Hauptarbeitsgebiet war die Pastoraltheologie.

Werke: Das Abenteuer der Heiligkeit. Mainz 1960; Der glaubhafte Christ. Freiburg 1961, ³1965; Mündig in Christus. Freiburg 1961; Vœux pour le Concile: Esprit 29 (1961) Nr. 301, 701–705; Au seuil de la nouvelle mission: Lumière et vie 15 (1966) Nr. 80, 59–73.

Literatur: **Cath** 7, 736 (C. I.); **F. Refoulé** (Hg.): P.-A. L. Témoin de Jésus-Christ. Paris 1980 (darin: **P.-A. L.:** Un concile pour le monde und Deux débats de fond, 231–243; Bibliographie, 317–328); **BBKL** 20, 926–933 (F. Heyer); **G. Reynal:** Le père L. (1921–1979). Un itinéraire théologique au milieu du XXᵉ siècle. Paris 2010 (Bibliographie, 451–465).

ALBERT RAFFELT

Liénart, *Achille,* französischer Bischof und Kardinal, * 7.2.1884 Lille, † 15.2.1973 ebd. Lizenziat in Philosophie an der Sorbonne, Studium der Theologie, insbesondere der Bibelwissenschaften, in Paris, wo er Kontakt zum Sozialkatholizismus bekam (Sillon), und in Rom; 1907 Priester, 1910 Exeget am Seminar von Cambrai, 1914 Militärseelsorger, hier Kontakte mit protestantischen und jüdischen Kollegen, was ihn für ökumenische Fragen sensibel machte. 1919–26 Direktor des Seminars in Lille. 1928 Bischof von Lille. Als solcher verteidigte er die christlichen Gewerkschaften, was ihm den Ruf des roten Bischofs eintrug. 1930 Kardinal. 1940 blieb er in Lille und widersetzte sich der deutschen Besatzung, protestierte aber auch gegen die alliierte Bombardierung. Nach dem Krieg war er für die Mission de France verantwortlich, deren Praelatus nullius er 1945–65 war. Seine exegetische Profession kommt in der Herausgabe der *Bible Liénart* zum Ausdruck (1951). L. unterstützte das Experiment der Arbeiterpriester und vertrat diese (mit den Kardinälen ∕Feltin und Gerlier) auch in Rom, allerdings erfolglos. Er sprach sich in seinem Fastenhirtenbrief 1960 gegen Antisemitismus und Rassenhass aus. 1961/62 war er in der zentralen Vorbereitungskommission des Konzils. Seine Intervention in der ersten Session für eine freie Wahl der Kommissionsmitglieder, unterstützt von Kardinal ∕Frings, war entscheidend für das Konzil (vgl. GZVK 2, 33–41). 1962–65 war er Mitglied des Konzilspräsidiums, dann der Koordinierungskommission. 1968 legte er sein bischöfliches Amt nieder. L. engagierte sich in der Ökumene und im interreligiösen Dialog, besonders hinsichtlich des Judentums und des Islams.

Werke: La Sainte Bible. Nouvelle édition publiée sous … la direction de S.É. le cardinal L. Paris 1951 u.ö.; Das christliche Gewissen und die jüdische Frage. Fastenhirtenbrief 1960 des Bischofs von Lille: Freiburger Rundbrief 13. Folge (1960/61) 6f. (online unter www.freidok.uni-freiburg.de/volltexte/7037; abgerufen: 4.9.2012); Vatican II, par le cardinal L., ancien évêque de Lille: MSR 33 (1976) No

supplémentaire (Dokumente zur Konzilsarbeit in der französischen Originalsprache, Liste der Konzilsbeiträge u. a.). – Bibliografie: MSR 54 (1997) No 3, 94f.

Literatur: **Cath** 7, 737f. (P. Glorieux); 17, 104; **J. Vinatier:** Les prêtres ouvriers, le cardinal L. et Rome. Histoire d'une crise, 1944–1967. Paris 1985; **DMRFC** 4, 332–335; Le cardinal L. et la mission universelle = MSR 54 (1997) No 3; **GZVK** 2, 33–38; **C. Masson:** Le cardinal L., evêque de Lille. Paris 2001 (darin: Réponse du cardinal L. à l'enquête de la Commission antépréparatoire pour Vatican II [27. Juillet 1959], 688–695); **DÉF** 419–421 (C. Masson). ALBERT RAFFELT

Lindbeck, *George,* amerikanischer lutherischer Theologe, * 10.3.1923 Luoyang (China). Sohn lutherischer Missionare, studierte L. Theologie an der Yale Divinity School (1955 Dissertation über Duns Scotus), wo er ab 1951 zunächst Dozent, dann bis zu seiner Emeritierung 1993 Pitkin Professor of Historical Theology war. Beobachter des Lutherischen Weltbunds beim Vaticanum II, engagierte er sich seither im ökumenischen Dialog, u. a. 1968–87 als Mitglied der gemischten Kommission zwischen dem Vatikan und dem Lutherischen Weltbund. Sein Standardwerk *The Nature of Doctrine. Religion and Theology in a Postliberal Age* (1984) ging u. a. aus der sich ihm als Unvermögen darstellenden Schwierigkeit von interkonfessionellen Dialogen, in Lehrfragen Übereinstimmung zu erzielen, hervor.

Werke: (Als Hg.:) Dialog unterwegs. Eine evangelische Bestandsaufnahme des Konzils. Göttingen 1965; The Future of Roman Catholic Theology. Philadelphia 1970; The Nature of Doctrine. Religion and Theology in a Postliberal Age. Louisville 1984 (deutsch: Christliche Lehre als Grammatik des Glaubens. Religion und Theologie im postliberalen Zeitalter. Gütersloh 1994).

Literatur: **A. Birmélé:** Le Concile Vatican II vu par les observateurs des autres traditions chrétiennes: Doré – Melloni (Hg.): Volti di fine concilio, 225–264 (passim); **A. Eckerstorfer:** Kirche in der postmodernen Welt. Der Beitrag G. L.s zu einer neuen Verhältnisbestimmung. Innsbruck 2001; **H.-J. Tambour:** Theologischer Pragmatismus. Semiotische Überlegungen zu G. A. L.s kulturell-sprachlichem Ansatz. Münster 2003; **M. Boss u.a.** (Hg.): Postlibéralisme? La théologie de G. L. et sa réception.

Genf 2004; **L. Vischer:** Das Konzil als Ereignis in der ökumenischen Bewegung: GZVK 5, 559–618 (passim); **B. A. Eckerstorfer:** Genuine Entwicklung oder reaktionärer Wandel? G. L. im Vergleich mit Joseph Ratzinger: Theologie der Gegenwart 52 (2009) 298–313. MICHAEL QUISINSKY

Loë, *Walter von,* katholischer Laienaktivist, * 6.1.1903 Bonn, † 8.1.1983 Köln. L. entstammte dem westfälischen Uradel und wuchs gemeinsam mit acht Geschwistern in einem katholisch und sozial geprägten Elternhaus auf. Nach Abitur, Banklehre und Tätigkeit beim Verband Rheinischer Genossenschaften übernahm er 1930 den landwirtschaftlichen Betrieb seines Onkels Klemens von Loe in Bergerhausen; ab 1939 Kriegsdienst. L. hatte zahlreiche Ehrenämter in land- und forstwirtschaftlichen sowie genossenschaftlichen Verbänden und war Mitglied verschiedener Beiräte des Ministeriums für Ernährung, Landwirtschaft und Forsten in Nordrhein-Westfalen. In seiner Gemeinde Blatzheim war er kommunalpolitisch aktiv und in der Pfarrei engagiert. 1951 wurde L. Vorsitzender der neu gegründeten Katholischen Landvolkbewegung Deutschlands (KLB) und 1964 Mitbegründer und erster Präsident des Internationalen Verbandes der Katholischen Landvolkbewegungen (Fédération Internationale des Mouvements des Adultes Ruraux Catholiques – FIMARC). In dieser Eigenschaft wurde er 1965 zum Laienauditor beim Vaticanum II berufen.

Literatur: **H. Weber:** Kirche und Volk verpflichtet. Zum 80. Geburtstag des Ehrenvorsitzenden der KLB, W. Freiherr v. L., am 6. Januar 1983: Land aktuell, Januar 1983, 9–11. REGINA HEYDER

Lokuang (Guang Luo), *Stanislaus,* chinesischer Theologe und Bischof, * 1.1.1911 Hengyang (Hunan), † 28.2. 2004 Taipeh (Taiwan). L. studierte seit 1930 Philosophie und Theologie am Pontificium Athenaeum Urbanianum in Rom; 1936 Priester. Ab 1939 wirkte er dort als Professor und wurde 1942 am Pontificium Athenaeum Lateranense promoviert. 1961 wurde er zum ersten Bischof der neu errichteten Diözese

Tainan auf Taiwan ernannt und von Papst ↗Johannes XXIII. geweiht. 1966–78 war er Erzbischof von Taipeh; danach bis 1993 Präsident der Katholischen Universität Fujen ebd. L. hinterließ ein umfangreiches philosophisch-theologisches Werk in chinesischer Sprache, u. a. eine mehrbändige Geschichte der chinesischen Philosophie. L., der bereits Mitglied der Vorbereitungskommission X für die Missionsthematik war, nahm an allen Sitzungsperioden des Vaticanum II teil. Er beteiligte sich aktiv an den Debatten und koordinierte das Zusammenwirken der chinesischen Ordinarien. Als Sekretär der Kommission *De missionibus* hatte er wesentlichen Anteil am Zustandekommen von *Ad gentes*.

Literatur: **A. B. Chang Ch'un-shen:** Dann sind Himmel und Mensch in Einheit. Bausteine chinesischer Theologie. Freiburg 1984; **E. Louchez:** La commission De Missionibus: Lamberigts u. a. (Hg.): Commissions Conciliaires, 251–277; **A. S. Lazzarotto:** I vescovi cinesi al concilio: Fattori – Melloni (Hg.): Experience, organisations and bodies, 67–86.   PETER WALTER

Lombardi, *Riccardo,* SJ (1926), italienischer katholischer Volksprediger und Begründer der „Bewegung für eine bessere Welt", * 28.3.1908 Neapel, † 14.12.1979 Rocca di Papa (bei Rom). Zunächst 1925 Aufnahme des Studiums der Rechtswissenschaft, dann 1926 nach persönlicher Krise Eintritt in den Jesuitenorden; es folgten Studien der Theologie, Philosophie und Literatur in Rom, 1936 Priester. Bereits früh arbeitete L. aufgrund seiner schriftstellerischen Fähigkeiten bei der *Civiltà Cattolica* und beim *Osservatore Romano* mit. Vor allem fiel er jedoch durch seine Predigttätigkeit auf, die ihn, unter anderem durch seine Radioansprachen, in ganz Italien populär machte und ihm den Namen „Mikrofon Gottes" (microfono di Dio) einbrachte. Zwischen 1949 und 1951 trug er seinen sogenannten „Kreuzzug der Liebe" (Crociata della bontà) über die Grenzen Italiens hinaus, indem er viele Staaten Europas und die USA sowie Lateinamerika bereiste und dort predigte, wobei er insbesondere in Südamerika eine große Wirkung erzielte. Als enger Vertrauter Papst ↗Pius' XII. gründete er mit dessen Unterstützung 1952 seine Reformbewegung „Für eine bessere Welt" (Per un mondo migliore) mit dem eigens 1956 dafür eingerichteten Hauptsitz in Rocca di Papa bei Rom, wo er Einkehrtage für Priester und Laien abhielt. Als Befürworter der Einberufung eines Konzils und durch die Nähe zum vorherigen Papst hatte er Einfluss insbesondere in der Vorbereitungszeit des Vaticanum II. So waren einige Voten von italienischen Bischöfen, die Anhänger Pius' XII. waren, von den Vorstellungen und Ideen L.s geprägt. Namentlich war es der Bischof von Foggia, der das Erbe Pius' XII. gefährdet sah und sich für die Mitwirkung L.s auf dem Konzil aussprach (GZVK 1, 118). Für einen Eklat, der von den Medien mit großem Interesse verfolgt wurde, sorgte L.s Ende 1961 veröffentlichtes Buch *Concilio: Per una riforma nella carità*. Es enthielt Vorschläge zur Erneuerung kirchlicher Strukturen, vor allem der Kurie.

In der Folge entwickelte sich im Zusammenhang der Deutung des Buches jedoch eine gewisse Eigendynamik: In den Medien wurden L.s Reformanliegen als mit den Vorstellungen des Papstes identisch dargestellt, was an der Kurie und nicht zuletzt bei ∕Johannes XXIII., der ohnehin L. gegenüber reserviert eingestellt war, zu Irritationen führte. Nach L.s Weigerung, zu diesem Missverständnis und zu seinen Forderungen öffentlich Stellung zu beziehen, wurde sein Buch am 11.1.1962 im Osservatore Romano vernichtend rezensiert. Seine Thesen seien abzulehnen und stimmten keineswegs mit der öffentlichen Kirchenmeinung überein. Das Werk wurde zurückgerufen und weitere Übersetzungen untersagt, was dazu führte, dass man zwischenzeitlich die freie Rede auf dem Konzil als gefährdet ansah (GZVK 1, 399f.). Das Klima gegenüber L. blieb zunächst schlecht. Die Finanzmittel für seine Bewegung sowie die Zahl der Teilnehmer verringerten sich. Ende 1964 ermahnte man ihn wegen seiner Einflussnahme auf politische Angelegenheiten. L.s Zeit nach dem Konzil war aber dennoch von besonderem Engagement geprägt: Er blieb schriftstellerisch aktiv, begleitete weiterhin seine Kurse in Rocca di Papa und widmete sich nach wie vor insbesondere seiner Predigttätigkeit, die ihn auch diesmal oft nach Lateinamerika führte. 1971 setzte er sich vergeblich für die Errichtung einer weltweit agierenden Gruppe von Missionaren ein, die die Botschaft vom Evangelium gegen die Verweltlichung der Gesellschaft verbreiten sollte. Seine schon längere Zeit angeschlagene Gesundheit veranlasste ihn 1975 dazu, die Leitung seiner Bewegung abzugeben, er unternahm aber dennoch 1976 eine letzte große Reise nach Afrika und in viele Länder Asiens (Indien, Vietnam, Thai-land, Hong Kong, Japan), um mit Vertretern nichtchristlicher Religionen in Dialog zu treten, und empfing prominente Besuche, wie noch zuletzt Papst ∕Johannes Paul II.

Werke: La salvezza di chi non ha fede, 2 Bde. Rom 1943, Vicenza ^{5}1959; La storia e il suo protagonista. Rom ^{3}1947 (Der Mensch im Drama der Geschichte. Frankfurt 1951); Una mano tesa minacciosa. Rom 1945; La dottrina marxista. Rom 1947, ^{3}1956 (Die marxistische Doktrin. Regensburg 1961); Radio-Orientamenti. Rom 1947; Squilli di mobilitazioni. Rom 1948; Per una mobilitazione generale dei cattolici. Rom 1948; Crociata della bontà. Rom 1949 (Die erste Botschaft vom Kreuzzug der Liebe. Frankfurt 1950); Orientamenti fondamentali. Rom 1949 (Dreifach ist der Weg gewiesen. Regensburg 1960); L. spricht (Reden), 2 Hefte. Wien 1949; Es kommt das Zeitalter Jesu. L. spricht zu uns. Graz – Wien 1950; Die Versöhnung der Herzen. Frankfurt 1950; Per un mondo nuovo. Rom 1951 (Für eine neue Welt. Heidelberg 1955); La voce di colui che grida. Rom 1952; Pio XII. per un mondo migliore. Rom 1954; La società dell'amore. Rom 1954; Movimento mondo migliore, 4 Bde. Rom 1954–58 (Für eine bessere Welt. Meitingen 1964); Esercitazioni per un mondo migliore. Rom 1958; Appunti per un mondo migliore. Rom 1959 (Grundriß einer besseren Welt. Feldkirch 1956); Rifare il mondo. Rom 1959 (Die Welt erneuern. Nürnberg – Eichstätt 1961); Concilio: Per una riforma nella carità. Rom 1961; Per un postconcilio efficace. Rom 1965 (Konzilsväter, was nun? Meitingen – Freising 1966); Per vivere il concilio. Mailand 1968 (Kirche hat Zukunft. Das Konzil leben. Rottweil 1973); Terremoto nella chiesa? Turin 1969 (Verheißung im Widerspruch der Kirche. Aschaffenburg 1971); Esercizi spirituali communitari. Bari 1972 (Große Hoffnung, neue Exerzitien. Rottweil 1975); Chiesa e regno di Dio. Brescia 1976 (Kirche und Reich Gottes. Rottweil 1978); Movimento mondo migliore e Gruppo promotore. Manuale fondamentale. Rom 1977.

Literatur: **V. Rotondi:** R. L. Una vita conquistata da Cristo: La Civiltà Cattolica 131 (1980) 220–236; **G. Zizola:** Roncalli e padre R. L.: CrStor 8 (1987) 73–92; ders.: Il microfono di Dio, Pio XII, padre L. e i cattolici italiani. Mailand 1990; **G. Martina:** Una Biografia del P. R. L.: La Civiltà Cattolica 142 (1991) 33–44; **BBKL** 5, 196f. (H. Lohmann); **LThK³** 6, 1044 (G. Martina); **GZVK** 1 (Register); Dizionario biografico degli Italiani, Bd. 65. Rom 2005, 487–493; **R. Iaria:** Per un Mondo Nuovo. Vita di padre R. L. Mailand 2009. CHRISTIAN WIESNER

Lommel, *Léon,* Bischof von Luxemburg, * 3.2.1893 Cruchten (Luxemburg), † 11.6.1978 Luxemburg. 1919 Priester, 1923 Professor am Priesterseminar, 1926 geistlicher Begleiter der Studenten und Akademiker, 1941–44 Exil in Frankreich, 1949 Bischofskoadjutor, 1956–71 Bischof von Luxemburg. Geprägt durch bäuerliche Herkunft,

Ausbildung in Rom und künstlerische Begabung, war L. am Ausbau der Luxemburger Kathedrale und an der Restauration vieler Kirchen nach dem Krieg maßgeblich beteiligt. Er setzte sich für die Versöhnung mit Deutschland ein. L. nahm an allen Sessionen des Vaticanum II teil und war ein engagierter Konzilsvater. Regelmäßige Kontakte unterhielt er dabei mit Kardinal ∕Döpfner (München), Erzbischof ∕Schneider (Bamberg) und Weihbischof ∕Zimmermann (Augsburg), mit denen er im Collegium Germanicum wohnte. Er war Mitglied der Kommission *De Disciplina Cleri et Populi christiani,* aus deren Arbeit das Dekret *Presbyterorum ordinis* hervorging. Auf Einladung L.s tagte 1963 eine Unterkommission besagter Konzilskommission in Luxemburg. Im November 1962 hatte L. in einer Generalkongregation einen Antrag auf Entklerikalisierung des Schemas über die publizistischen Medien eingebracht. Das *Luxemburger Wort* publizierte insgesamt 645 dem Konzil sowie Konzilsfragen gewidmete Artikel, besonders aus der Feder des in Rom tätigen Luxemburger Konzilsberichterstatters Jean-Pierre Fischbach, der die deutsche Presse über Verlauf und Hintergründe informierte. Vom Konzil zurück, setzte L. das Aggiornamento in Luxemburg tatkräftig durch: Er setzte Priesterrat und Pfarrräte ein, organisierte Fortbildungen über das neue Kirchenbild und leitete die Liturgiereform in der Diözese ein. Programmatische Hirtenschreiben zu Schwerpunktthemen des Konzils verfasste er vor und nach dem Konzil (Erneuerung der Kirche 1962, Laien 1967, Glaube heute 1968, Zukunft der Kirche 1969, Ortskirche 1970). Die von ihm gewählte bischöfliche Devise „Nos autem populus tuus" erwies sich dabei als Vorwegnahme der konziliaren Volk-Gottes-Ekklesiologie, die er propagierte. So berief L. 1969 die vierte Diözesansynode ein, die unter seinem Nachfolger Jean Hengen 1972–81 durchgeführt wurde. L. konnte hierfür von Rom eine starke basiskirchliche Ausrichtung erwirken: die Synode setzte sich fast zur Hälfte aus Laien, und von diesen zu einem Drittel aus Frauen, zusammen. L., der vom Naturell her eher an altüberkommenen Formen festhielt, zeigte sich offen für neue Entwicklungen.

Literatur: Geschichte des kirchlichen Lebens in den deutschsprachigen Ländern seit dem Ende des 18. Jahrhunderts, hg. v. **E. Gatz;** Bd. 1. Freiburg 1991, 441–447; **BBKL** 5, 204–207 (J. Malget); **Gatz B 1945,** 339–341 (G. Hellinghausen); **M. Schiltz:** Mein Konzil. Luxemburg 2006.

GEORGES HELLINGHAUSEN

Lorscheider, *Aloísio,* OFM (1942), (deutschstämmiger) brasilianischer Bischof und Kardinal, * 8.10.1924 Linha Geraldo (Rio Grande do Sul), † 23.12.2007 Porto Alegre. Geboren im ökonomisch entwickelten Süden Brasiliens, studierte L. Philosophie und Theologie in Divinópolis; 1948 Priester; 1950–52 vertiefende dogmatische Studien in Rom, Dr. theol.; 1952–58 Professor für Systematische Theologie und Pastoral am Franziskanerseminar Divinópolis, 1958–62 Professor für Dogmatik am Antonianum; 1962 erster Bischof von Santo Ângelo (Rio Grande do Sul); 1962–65 Teilnahme am Vaticanum II, 1963 Wahl ins Sekretariat für die Einheit der Christen (AS II-1, 93) und Mitglied einer Subkommission zur Überarbeitung von *De libertate religiosa* (AS IV-5, 105); Beiträge u. a. zum Ökumenismus (AS II-5, 801 f.; II-6, 123), zur zeitgemäßen Erneuerung des Ordenslebens (AS III-7, 631 f.) und zur Religionsfreiheit (AS IV-2, 211–213); 1971–79 Vorsitzender der Brasilianischen Bischofskonferenz (CNBB). Seit 1973 Erzbischof von Fortaleza (Ceará) im armen Nordosten Brasiliens, wurde L. sensibilisiert für die sozialen Probleme seines Landes und „bekehrte" sich „von einem eher traditionellen Bischof, der lehrt und Sakramente spendet, zu einem Bischof des Volkes ..., der mit dem Volk lebt und leidet" (Porträt 16). Seit 1971 Vizepräsident, 1976–79 Präsident des Lateinamerikanischen Bischofsrates (CELAM), 1976 Kardinal. L. galt bei beiden Konklaven des Jahres 1978 als papabile. 1979 einer der Vorsitzenden der dritten Generalversammlung des Lateinamerikanischen Episkopats in Puebla, half er dort den von Medellín eingeschlagenen Kurs (befreiende Evangelisierung, vorrangige Option für die Armen) zu verteidigen, dessen Aufweichung er 1992 als Teilnehmer der vierten Generalversammlung in Santo Domingo miterleben musste. 1995 Erzbischof von Aparecida (São Paulo), 28.1.2004 Resignation. Zur Generalversammlung in Aparecida (2007) wurde L. trotz seiner langjährigen Erfahrung und seiner persönlichen Verbundenheit mit der Erzdiözese nicht eingeladen. L. nahm an zahlreichen Bischofssynoden teil und war zwischenzeitlich Präsident von Caritas internationalis. Aufgrund seiner pastoralen Erfahrung war L. ein entschiedener Befürworter des Befreiungschristentums und der Befreiungstheologie gegenüber der staatlichen Öffentlichkeit – was ihm Diffamierungen bis hin zu Todesdrohungen einbrachte –, aber auch gegenüber Rom (z. B. in der causa Leonardo Boff).

Werke: Die soziale Dimension der Katechese. Essen 1980; Soziales Engagement aus der Mitte des Glaubens. München 1980; Impulse aus Lateinamerika. Graz u. a. 1981; Parteinahme für die Armen. Rundfunkansprachen aus Brasilien. München 1984; Die Neudefinition des Bischofs inmitten des armen und gläubigen Volkes: Conc 20 (1984) 477 ff.; Die pastorale und theologische Bedeutung der Befreiung in Lateinamerika: Weltkirche 5 (1987) 149–155.

Weitere Konzilsbeiträge: AS III-4, 964; III-8, 929 f.

Literatur: **A. L.**: Die Armen haben mich bekehrt. Ein Porträt des Erzbischofs von Fortaleza A. Kardinal L., hg. v. Missionszentrale der Franziskaner. Bonn 1987; Pastor Profeta: da arquidiocese de Fortaleăo seu pastor Dom A. L. Petropolis 1987; **F. Alzir de Lima:** Instantes proféticos. Os caminhos de Dom A. L. Fortaleza 1995; LThK³ 11, 174 f. (H. Goldstein); **E. Studart Gurgel de Oliveira – M. Gurgel Carlos da Silva:** Dom A. L. Fortaleza 2006; **E. Allegri:** Em memória de Dom A.: Revista eclesiástica brasileira 68 (2008) 407–412; **M. F. Miranda:** Dom A. L.: ebd. 413–417; **T. M. Couto Maia:** Dom A. L. – der Bischof als Hirte: Conc 45 (2009) 571–580 (vgl. dies. in S. Scatena – I. Sobrino – L. C. Susin: Fathers of the church in Latin America. London 2009); www2.fiu.edu/~mirandas/bios-l.htm; Eintrag A. L. in der Datenbank Munzinger (abgerufen: 4.9.2012). CLEMENS CARL

Lubac, *Henri de,* SJ (1913), französischer Theologe, Kardinal, * 20.2.1896 Cambrai,

† 4.9.1991 Paris. 1927 Priester. 1929–50 und erneut 1959–60 lehrte L. Religionsgeschichte und Fundamentaltheologie am Institut catholique de Lyon. In der Zwischenkriegszeit wurde er zu einem Akteur der theologischen Erneuerung, indem er seinen Zeitgenossen die Aktualität des Christentums erschließen wollte, die durch eine mitunter zu enggeführte, rationalistische Neuscholastik nicht mehr ersichtlich wurde. In seinem ersten großen Buch *Catholicisme* (1938) zeigt er die Heilssolidarität des gesamten Menschengeschlechts sowie die geschichtliche Dimension des Katholizismus auf. Der 2. Weltkrieg war für L. eine fruchtbare Zeit: er hatte gemeinsam mit Pierre Chaillet bedeutenden Anteil an den *Cahiers du Témoignage chrétien,* wobei er den Antisemitismus sowohl in sich selbst als auch in seiner antitheistischen und antichristlichen Zielsetzung kritisierte. Zugleich arbeitete er weiterhin an einem theologischen Ressourcement, insbesondere durch die gemeinsam mit Jean /Daniélou begründete Reihe *Sources chrétiennes,* die zum Ziel hat, die Kirchenväter besser bekannt zu machen, und deren erste Bände 1942 erschienen. Die Kontroversen um seine Theologie verstärkten sich nach dem Erscheinen von *Surnaturel* (1946). Hierin versuchte L. aufzuzeigen, dass das, was den Menschen letztlich ausmacht, sein Streben ist, Gott zu sehen, wobei er diese traditionelle Lehre durch die Kommentatoren des Thomas von Aquin verfälscht sieht: diese hätten aus Sorge um die Bewahrung der Gratuität der Gnade eine Barriere zwischen Natur und Übernatur errichtet und auf diese Weise die tiefsten Dimensionen der menschlichen Seele sowie die Berufung der Geistnatur missachtet. L. sah sich daraufhin angeklagt, einer der Wortführer der Nouvelle théologie zu sein, der die Gratuität der Gnade in Frage stelle und zudem antiintellektualistisch ausgerichtet sei, indem er die Patristik zum Vorwand nehme, die thomistische Neuscholastik zu umgehen. Im Jahr des Erscheinens der Enzyklika *Humani generis* (1950), die nicht selten als Verurteilung seiner Positionen interpretiert wird, musste er deshalb seine Lehrtätigkeit aufgeben und die Jesuiten-Kommunität in Lyon-Fourvière verlassen. Er nutzte die folgenden Jahre, um sich dem Buddhismus zu widmen und sein großes Werk über den vierfachen Schriftsinn und das Mysterium Christi *Exégèse médiévale* zu beginnen. Das Vaticanum II erwies sich für L. als ein Wendepunkt, insofern er 1960 zum Konsultor der vorbereitenden Theologischen Kommission und 1962 zum Peritus ernannt wurde. Zwar blieb sein direkter Einfluss auf das Konzil sehr gering, da er die Teamarbeit nicht gewohnt war und, vom Trauma des Jahres 1950 geprägt, sich nicht in den Vordergrund drängen wollte. Dennoch blieb er ein Symbol der in Gang befindlichen Erneuerung. Während er sich sehr befriedigt über *Lumen gentium* (sein Buch *Méditation sur l'Église* von 1953 wurde von vielen Konzilsvätern zustimmend gelesen), aber auch über *Dei Verbum* (wo man seine Konzeption der Ankunft der Offenbarung als einer Heilsgeschichte wiederfinden kann), *Dignitatis humanae* oder *Unitatis redintegratio* zeigte, äußerte er sich gegenüber *Gaudium et spes* sehr reserviert (wenngleich man eine Verbindung zwischen den in *Catholicisme* dargestellten sozialen Aspekten und denen der *Gaudium et spes* zugrundeliegenden Anthropologie herstellen kann). Er fürchtete in der Tat für die Kirche einen „Horizontalismus", der sich mehr um die menschliche Geschwisterlichkeit als um die Reflexion auf die ewige Bestimmung des Menschen sorgt. Die Nachkonzilszeit wurde deshalb zu einer Phase starker Unruhe für den sensiblen L., der sich trotz der Erhebung zum Kardinal 1983 bis hinein in seine Ordensgemeinschaft marginalisiert sah. Gegenüber dem Vordringen der Humanwissenschaften blieb er skeptisch und zeigte sich beunruhigt angesichts einer starken Politisierung der Katholiken. In der Folge kritisierte er die Berufung auf den „Geist des Konzils", den er als Verrat an den Grundlagen des Konzils betrachtete.

Werke: Opera omnia. Mailand 1979ff.; Œuvres complètes. Paris 1998ff. – Catholicisme. Les aspects sociaux du dogme. Paris 1938 (deutsch: Glauben aus der Liebe. Catholicisme. Einsiedeln ³1992); Corpus mysticum, l'Eucharistie et l'Église au Moyen Age. Paris 1944 (deutsch: Corpus Mysticum. Kirche und Eucharistie im Mittelalter. Einsiedeln ²1995); Le drame de l'humanisme athée. Paris 1944 (deutsch: Über Gott hinaus. Tragödie des atheistischen Humanismus. Einsiedeln 1984); De la connaissance de Dieu. Paris 1945 (erweiterte Version: Sur les chemins de Dieu. Paris 1956, deutsch: Auf den Wegen Gottes. Einsiedeln ²1992); Surnaturel. Paris 1946; Paradoxes. Paris 1946; Histoire et Esprit. L'intelligence de l'Écriture d'après Origène. Paris 1950 (deutsch: Geist aus der Geschichte. Das Schriftverständnis des Origenes. Einsiedeln 1968); Aspects du bouddhisme. Paris 1951; Méditation sur l'Église. Paris 1953 (deutsch: Die Kirche. Eine Betrachtung. Einsiedeln ²2011); Exégèse médiévale, les quatre sens de l'Écriture. Paris 1959–64; La pensée religieuse du P. Pierre Teilhard de Chardin. Paris 1962; Augustinisme et Théologie moderne. Paris 1965; Le Mystère du Surnaturel. Paris 1965 (deutsch: Die Freiheit der Gnade, Bd. 1: Das Erbe Augustins; Bd. 2: Das Paradox des Menschen. Einsiedeln 1971); La foi chrétienne. Paris 1969 (deutsch: Credo. Einsiedeln 1975); L'Église dans la crise actuelle. Paris 1969 (deutsch: Krise zum Heil? Eine Stellungnahme zur nachkonziliaren Traditionsvergessenheit. Berlin ²2002); La postérité spirituelle de Joachim de Flore. Paris 1979–81; Entretien autour de Vatican II. Paris 1985 (deutsch: Zwanzig Jahre danach. Ein Gespräch über Buchstabe und Geist des Zweiten Vatikanischen Konzils. Einsiedeln 1985); Résistance chrétienne à l'antisémitisme. Souvenirs (1940–1944). Paris 1988; Mémoire sur l'occasion de mes écrits. Namur 1989 (deutsch: Meine Schriften im Rückblick. Einsiedeln ²1992); Die Göttliche Offenbarung. Kommentar zum Vorwort und zum Ersten Kapitel der Offenbarungskonstitution Dei Verbum des Zweiten Vatikanischen Konzils. Einsiedeln 2001; Carnets du concile, hg. v. L. Figoureux. Paris 2007. – K. H. Neufeld – M. Sales: Bibliographie H. L. S. J. (1925–1974). Einsiedeln 1974 (ergänzt in: Théologie dans l'Histoire, Bd. 2. Paris 1990, 408–420).

Literatur: **H. U. von Balthasar:** H. L. Sein organisches Lebenswerk. Einsiedeln 1975; **M. Figura:** Der Anruf der Gnade. Einsiedeln 1979; **H. U. von Balthasar – G. Chantraine:** Le Cardinal H. L. L'homme et son oeuvre. Paris 1983; **E. Maier:** Einigung der Welt in Gott. Das Katholische bei H. L. Einsiedeln 1983; **M. Sales:** s. v.: P. Poupard (Hg.): Dictionnaire des religions, Bd. 2. Paris ³1993, 963–970; LThK³ 6, 1074f. (M. Figura); **A. Russo:** H. L. Paris 1997; **J. P. Wagner:** La théologie fondamentale selon H. L. Paris 1997; **R. Voderholzer:** Die Einheit der Schrift und ihr geistiger Sinn. Der Beitrag H. L.s zur Erforschung von Geschichte und Systematik christlicher Bibelhermeneutik. Einsiedeln 1998; **ders.:** H. L. begegnen. Augsburg 1999; **G. Ruggieri:** Delusioni alla fine del concilio. Qualche attegiamento nell'ambiente cattolico francese: Doré – Melloni (Hg.): Volti di fine concilio, 193–224; **J. P. Wagner:** H. L. Paris 2001; **E. de Moulins-Beaufort:** Anthropologie et mystique selon H. L. Paris 2003; **J.-P. Durand** (Hg.): H. L. La rencontre au cœur de l'Église. Paris 2006; **E. Guibert:** Le Mystère du Christ d'après H. L. Paris 2006; **D. Grumett:** L. A guide for the perplexed. New York – London 2007; **G. Chantraine:** H. L., Bd. 1: De la naissance à la démobilisation (1896–1919); Bd. 2: Les années de formation (1919–1929). Paris 2007–09.   LOÏC FIGOUREUX

Luciani, Albino ↗ Johannes Paul I.

Lücker, Maria Alberta, katholische Laienaktivistin, * 28.9.1907 Bonn, † 27.11.1983 ebd. Aus großbürgerlicher Familie, studierte sie 1926–32 romanische Philologie, Englisch und Deutsch in Bonn und Paris. 1932 Promotion zum Dr. phil. L. trat 1932 in Berlin der von Jacques van Ginneken SJ gegründeten pia unio „Frauen von Nazareth" bei (nach 1945 „Internationale Gralbewegung"). 1942–44 war sie Assistentin bei van Ginneken am „Instituut vor nieuwe letteren, Afd. Nederl. Mystik" der Universität Nijmegen; 1945–70 Leiterin der Gralbewegung in Deutschland und 1965–71 auch Mitglied der internationalen Leitung der Gralbewegung. Beim Zentralkomitee der deutschen Katholiken (ZdK) war L. 1955–65 kurzzeitig Leiterin des Kulturreferates, dann im „Außenamt" für internationale Beziehungen zuständig. Sie war federführend an der Gründung des Katholischen Akademischen Ausländerdienstes (KAAD) beteiligt und wurde 1958 die erste Vorsitzende des KAAD-Vereins. Zudem war L. in die Gründung von Misereor involviert, war Gründungsmitglied der Arbeitsgemeinschaft für Entwicklungshilfe (AGEH) und Vizepräsidentin der internationalen Pax Christi-Bewegung. Ab November 1963 leitete sie das Sekretariat der Laienauditoren in Rom und organisierte dort Besprechungen und mehrsprachige Informationen über die zu behandelnden Schemata. Während der folgenden Sessionen arbeitete sie für die nichtkatholischen Konzilsbeobachter. 1965 war sie Mitglied einer Unterkommission zum Schema XIII und nahm im Oktober zusammen mit Hildegard Leuze, der ersten Vorsitzenden der Evangelischen Frauenarbeit in Deutschland, an der gemeinsamen Konferenz von Laienauditorinnen und Frauen vom Ökumenischen Rat der Kirchen (ÖRK) in Vicarello und Rom teil. Zum Konzilsnetzwerk L.s gehörten einerseits Frauen aus dem Gral und seinem Umfeld (Rosemary ⁄ Goldie; die amerikanische Journalistin Eva Fleischner, Corinna de Martini als Mitarbeiterin von Johannes ⁄ Willebrands; die das „Foyer Unitas" führenden Damen von Bethanien) sowie deutsche Konzilsväter und -periti (Bischof Franz ⁄ Hengsbach als Relator des Schemas über das Laienapostolat, Johannes ⁄ Hirschmann SJ), andererseits Mitglieder des weltweiten Episkopats. 1963 kam es in Deutschland auch zu einer Begegnung mit Gertrud ⁄ Heinzelmann. 1969 wurde L. zur Mitgründerin, später Vizepräsidentin der Weltkonferenz der Religionen für den Frieden (WCRP), deren erste Weltkonferenz 1970 in Kyoto stattfand. L., die zeitlebens finanziell unabhängig war, war zudem Leiterin des europäischen Sekretariats der WCRP; gleichzeitig blieb sie weiterhin in ihrer Pfarrei und im Diözesanrat des Erzbistums Köln ehrenamtlich tätig.

Werke: Meister Eckhart und die devotio moderna. Leiden 1950; (Als Hg.:) Religionen, Frieden, Menschenrechte. Dokumentation der 1. Weltkonferenz der Religionen für den Frieden – Kyoto 1970. Wuppertal 1971; (Als Hg.:) Neue Perspektiven des Friedens – Zweite Weltkonferenz der Religionen für den Frieden – Löwen/Belgien 1974. Wuppertal 1975; (Als Hg.:) Den Frieden tun. Die 3. Weltversammlung der Weltkonferenz der Religionen für den Frieden – Princeton NJ 1979. Freiburg 1980.

Literatur: **R. Lehmann:** Bei der Hand nehmen. Zum Tod von M. A. L.: CiG 35 (1983) 412; **M. Aswerus:** M. A. L.: Una Sancta 39 (1984) 79–81; **W. Wunden:** An einem Wendepunkt. Die Arbeit der Weltkonferenz der Religionen für den Frieden: HerKorr 38 (1984) 572–575; **C. E. McEnroy:** Guests in Their Own House. The Women of Vatican II. New York 1996, bes. 211–222; **S. Toscer:** Les Catholiques allemands à la conquête du développement. Paris 1997, 48.54.112.120.176; http://kaad.de/fileadmin/kaad/pdf/Ueberblick_Geschichte.pdf (abgerufen: 15.8.2012)   REGINA HEYDER

Luke Tobin, *Mary,* SL (1927), US-amerikanische Ordensfrau, * 16.5.1908 Denver, † 24.8.2006 Nerinx (Kentucky). L. schloss das Studium der Theologie 1942 mit der Promotion in Kirchengeschichte (Notre Dame) ab. Zunächst als Lehrerin tätig, war sie 1958–70 Generalsuperiorin der Sisters of Loretto, 1964–67 auch Vorsitzende der Conference of Major Superiors of Women. In dieser Eigenschaft 1964 zur Auditorin ernannt, war sie während der Redaktion von Gaudium et spes Mitglied der zentralen Unterkommission; außerdem war sie in die Redaktion des Ökumenismusdekrets involviert. Nach dem Konzil wurde sie zu einer emblematischen Figur des Wandels, den die Frauenorden in den USA vollzogen, wobei L. in bzw. mit ihrer Ordensgemeinschaft bereits während des Vaticanum II zahlreiche Reformen durchführte bzw. begleitete. Nach dem Ende ihrer Amtszeit als Generalsuperiorin war sie in vielfältiger Weise gesellschaftlich und politisch aktiv für Frieden, Gerechtigkeit und die Bewahrung der Schöpfung. Als Leiterin der ökumenisch ausgerichteten Citizen Action for Church Women United reiste sie in verschiedene Krisengebiete der Erde (Vietnam, Nordirland, El Salvador u. a.). Theologisch-spirituell war L., die sich auch ökumenisch und interreligiös engagierte, von Karl ⁄ Rahner beeinflusst und stand dem Trappistenmönch und Schriftsteller Thomas Merton nahe. Nach dessen Tod 1968 sorgte sie sich um die Bewahrung seines geistig-geistlichen Erbes, u. a. durch die Errichtung des Thomas Merton Institute for Creative Exchange in Denver.

Werke: Hope is an Open Door. Nashville 1981; Women in the Church. Vatican II and After: The Ecumenical Review 37 (1985) 295–305.

Literatur: **M. Murphy:** Creativity and Hope: Sister M. L. at Vatican II: America vom 28.10.1995, 9–12;

C. McEnroy: Guests in Their Own House. The Women of Vatican II. New York 1996; **M. M. Reher:** Sister M. L. (1908–). Architect of Renewal: American Catholic Studies 115 (2004) 87–91; **P. Lefevere:** Sr. M. L., visionary leader: dies.: Loretto sister helped shape today's Catholic church: National Catholic Reporter vom 25.8.2006 (online unter: www.nationalcatholicreporter.org/update/nt082506.htm, abgerufen: 20.7.2012).

MICHAEL QUISINSKY

Lusseau, *Henri,* französischer katholischer Theologe, * 25.5.1896 La Chaize-le-Vicomte (Vendée), † 7.1.1973 Martinet. Besuch des Kleinen Seminars von Mirville in La Roche-sur-Yon (1908–14) und in der Institution Richelieu in Luçon (1915), wo er den Bakkalaureat in Philosophie erwarb und 1915/16 unterrichtete. 1916 Kriegsdienst, aus dem er 1917 wegen einer Lungentuberkulose entlassen wurde. 1918 Eintritt ins Priesterseminar Luçon, von wo aus er bald nach Rom ins Séminaire français entsandt wurde (1921–24). 1922 Priester, 1923 Dr. phil. (Thomas-Akademie) und Dr. theol. (Gregoriana). 1924–26 Privatsekretär Bischof Garniers von Luçon, wurde L. 1926 Professor für die Biblischen Schriften im Priesterseminar ebd. 1928 promovierte er in dieser Disziplin am Bibelinstitut in Rom. Ab 1936 Professor an der Université Catholique de l'Ouest (Angers), lehrte er an der dortigen Theologischen Fakultät, deren Dekan er 1952–66 war, Bibelwissenschaft und 1945–66 (bzw. nach seiner eigentlichen Emeritierung bis 1966) Geschichte der orientalischen Völker an der Faculté des lettres et sciences humaines. Zugleich war er 1956–66 Direktor des Institut supérieur de philosophie. Kirchlicherseits wurden seine Verdienste 1942 mit der Verleihung des Titels eines Ehrendomherrn, 1951 mit dem eines päpstlichen Hausprälaten gewürdigt. 1970 erfolgte außerdem die Ernennung zum Chevalier de l'ordre national du mérite. Während des Konzils arbeitete er zumindest in der zweiten Sitzungsperiode im Rahmen der ekklesiologischen Debatte mit dem Coetus Internationalis Patrum zusammen.

Werke: Essai sur la nature de l'inspiration scripturaire. Paris 1930 (Dissertation 1928); (mit M. Colomb:) Manuel d'études bibliques, 7 Bde. Paris 1930–36; Précis d'histoire biblique. Paris 1948; Les autres hagiographies: A. Robert – A. Feuillet (Hg.): Introduction à la Bible, Bd. 1. Paris 1957, 623–730. Zahlreiche Artikel u. a. in Biblica, Revue des Facultés catholiques de l'Ouest, Revue des Cercles d'études d'Angers, Impacts und La Pensée catholique, zu deren Gründern er gehörte.

Literatur: Archives de l'Université Catholique de l'Ouest, Série G „personnel enseignant de la faculté de théologie", cote 2G7 „Mgr L."; **Roy:** Le Coetus Internationalis Patrum.

PHILIPPE J. ROY

M

Maccarrone, *Michele,* italienischer katholischer Kirchenhistoriker, * 16.3.1910 Barcellona Pozzo di Gotto (Messina), † 4.5.1993 Rom. M. wuchs in Forlì auf und studierte 1928–33 in Pisa und Freiburg im Breisgau Geschichte. Im Rahmen der katholischen Studentenorganisation FUCI (Federazione Universitaria Cattolica Italiana) begegnete er Giovanni Battista Montini (später ↗Paul VI.). Ab 1933 studierte M. am Römischen Seminar Theologie, wo er 1938 zum Priester geweiht wurde. Ab 1939 lehrte er an den Priesterseminaren in Forlì und Viterbo. 1942 kehrte er nach Rom zurück, wo er am Pontificium Athenaeum Lateranense zunächst Assistent seines Lehrers Pio Paschini wurde, dem er, nach einer Dozentur für Fundamentaltheologie ebd. (seit 1943), 1949 als Ordinarius für Kirchengeschichte nachfolgte. 1947 gründete er zusammen mit Hubert ↗Jedin u. a. die *Rivista di storia della chiesa in Italia,* die er bis zu seinem Tod herausgab. 1954–63 war er Sekretär des neu eingerichteten Päpstlichen

Komitees für die historischen Wissenschaften, danach bis 1988 dessen Präsident. Seit 1960 war er Konsultor des damaligen Einheitssekretariates und wirkte als solcher sowie als Peritus der Theologischen Kommission am Vaticanum II mit. 1979 wurde er Mitglied der Kommission für den Dialog mit den orthodoxen Kirchen. Schwerpunkt seiner Studien war das mittelalterliche Papsttum.

Werke: Chiesa e Stato nella dottrina di papa Innocenzo III. Rom 1940; Vicarius Christi. Storia del titolo papale. Rom 1952; (Als Hg.:) Lotharii Cardinalis (Innocentii III) De miseria humanae condicionis. Lugano 1955; Studi su Innocenzo III. Padua 1972; Paolo VI e il concilio. Testimonianze: Rivista di storia della chiesa in Italia 43 (1989) 101–122; Risposta (autobiografische Skizze): ebd. 47 (1993) 22–38; Romana Ecclesia – Cathedra Petri, hg. v. P. Zerbi u.a., 2 Bde. Rom 1991; Novi studi su Innocenzo III, hg. v. R. Lambertini. Rom 1995.

Literatur: **P. Zerbi**: M. M. Il cammino di uno storico: Romana Ecclesia – Cathedra Petri 1 (siehe oben), XXIII–LIX; **D. Gionta**: Bibliografia di M. M.: ebd., LXI–LXXVI; **T. F. X. Noble**: M. M. on the Medieval Papacy: Catholic Historical Review 80 (1994) 518–533; **P. Zerbi**: M. M. come direttore della „Rivista di storia della chiesa in Italia": Rivista di storia della chiesa in Italia 50 (1996) 1–8; **G. Wassilowsky**: Universales Heilssakrament Kirche. Innsbruck – Wien 2001, 235.243 f.; **M. Sensi**: Monsignor M. M. e la scuola storica Lateranense: Lateranum 69 (2003) 343–400; **Declerck** (Hg.): Willebrands (Register); **M. Velati**: Dialogo e rinnovamento. Verbali e testi del segretariato per l'unità dei cristiani nella preparazione del concilio Vaticano II (1960–1962). Bologna 2011 (Register).

PETER WALTER

Macheiner, *Eduard,* österreichischer Bischof, * 18.8.1907 Fresen (1920 Seethal [Lungau] angegliedert), † 16.7.1972 Salzburg. Theologiestudium in Graz und Salzburg; 1932 Priester; 1935 Sekretär des Erzbischofs, 1940 Dr. theol., 1945 Dozent für Moraltheologie, 1947 Pfarrer in Bischofshofen, 1949 in Tamsweg; 1951 Domkapitular, 1954–69 Leiter des Katechetischen Amtes; 1963 Titularbischof von Selja und Weihbischof von Salzburg; Teilnahme am Vaticanum II; Vorbereitung und Durchführung der Diözesansynode 1968. 1969 vom Domkapitel zum Kapitelsvikar und Erzbischof von Salzburg gewählt, bemühte sich M. um die Erneuerung der Erzdiözese durch lebendige Christengemeinden.

FRANZ ORTNER

M.s Hauptaugenmerk galt zunächst der Durchführung der Liturgiereform sowie der Synodalbeschlüsse. Sich als Brückenbauer verstehend, suchte er zwischen „konservativen" und „progressiven" Kräften zu vermitteln.

Literatur: **H. Widrich** (Hg.): Erneuerung der Erzdiözese Salzburg durch lebendige Christengemeinden. Berichte und Dokumentationen über die Salzburger Diözesansynode 1968. Salzburg 1969; **W. Huber** (Hg.): Parare Viam Domini. Gedächtnisschrift für Erzbischof E. M. Salzburg 1972; **H. Spatzenegger – H. Widrich** (Hg.): Hirten im Wiederaufbau. Salzburg 1977; **Gatz B 1945,** 487–489 (F. Ortner) (Literatur); **F. Ortner:** Salzburgs Bischöfe in der Geschichte des Landes (696–2005). Frankfurt 2005, 336–339.

REDAKTION

Malula, *Joseph Albert,* kongolesischer Bischof und Kardinal, * 17.12.1917 Léopoldville (heute Kinshasa), † 14.6.1989 Löwen.

Nach dem Studium der Philosophie und Theologie in Kabwe 1946 Priester, 1959 Weihbischof in Léopoldville, 1964 Erzbischof ebd., 1969 Kardinal. 1960 Mitglied der vorbereitenden Kommission für die Liturgie und während des Vaticanum II Mitglied der entsprechenden Konzilskommission. Bereits als junger Priester sensibel für die Frage nach einem spezifisch afrikanischen Christentum, wurde M. inmitten der sozialen und politischen Umwälzungen und Krisen im Gefolge der Unabhängigkeit und des Mobutu-Regimes im einst belgischen Kongo zu einem engagierten Verfechter der Inkulturation bzw. der „Afrikanisierung". M. setzte sich für eine engagierte Konzilsrezeption in diesem Sinn ein. Neben der Beauftragung von Laien als Gemeindeleitern (Mokambi, Plural: Bakambi) zählt dabei insbesondere der Römische Messritus für die Diözesen des Zaire zu den sichtbaren Ergebnissen. Co-Präsident der außerordentlichen Bischofssynode 1985.

Werke: Œuvres complètes du cardinal M., hg. v. L. de Saint Moulin, 7 Bde. Kinshasa 1997.

Literatur: **L. Bertsch** (Hg.): Laien als Gemeindeleiter. Ein afrikanisches Modell. Texte der Erzdiözese Kinshasa. Freiburg 1990; **ders.** (Hg.): Der neue Messritus im Zaire. Ein Beispiel kontextueller Liturgie. Freiburg 1993; **F. Luyeye Luboloko:** Le cardinal J. A. M., un pasteur prophétique. Kinshasa 1999; **B. Olivier:** Chroniques congolaises. De Léopoldville à Vatican II (1958–1965). Paris 2000; **J.-P. Sième Lasoul:** Il Cardinale J.-A. M. Un maestro di spiritualità per la Chiesa africana: Teresianum 55 (2004) 509–524; **J. Mpisi:** Le cardinal M. et Jean-Paul II. Dialogue difficile entre l'Église „africaine" et le Saint-Siège. Paris 2005; **A. Bwidi Kitambala:** Les Évêques d'Afrique et le Concile Vatican II. Participation, contribution et application du Synode des Évêques de 1994. Paris 2010 (Register).

MICHAEL QUISINSKY

Marella, *Paolo,* italienischer Kurienkardinal, * 25.1.1895 Rom, † 15.10.1984 ebd. Priester 1918, diplomatische Laufbahn, die ihn u. a. in die Vereinigten Staaten, nach Japan (Gespräche mit Nichtchristen), Australien, Neuseeland, Ozeanien und Frankreich (wegen Arbeiterpriester betreffender Probleme) brachte; 1959 Ernennung zum Kardinal. Er wurde Präfekt der Kongregation der Basilika St. Peter. Während der Vorbereitungen des Vaticanum II wurde er 1961, nach dem Tod von Kardinal Mimmi, zum Vorsitzenden der Vorbereitungskommission über die Bischöfe und die Leitung der Bistümer ernannt. Seine Kommission legte der zentralen Vorbereitungskommission sieben Texte vor, die vor allem praktischer Art waren, da M. der Meinung war, dass theologische Fragen zu den Befugnissen der Theologischen Kommission gehörten. Er nahm an den vier Sitzungen des Konzils teil. Auch während des Konzils blieb M. Vorsitzender der Kommission über die Bischöfe und die Leitung der Bistümer – einer Kommission, die zwischen November 1962 und November 1963 nicht ein einziges Mal einberufen wurde: die gesamte inhaltliche Arbeit wurde einer Subkommission unter Leitung von Bischof ↗Carli anvertraut. Aufgrund seiner reichen Auslandserfahrungen und vor allem seiner Kontakte mit Nichtchristen in Japan wurde M. am 19.5.1964 zum ersten Präsidenten des von ↗Paul VI. gegründeten Sekretariats für die Nichtchristen ernannt, eine Funktion, die er bis 1973 ausübte. Er sah es als vorrangige Aufgabe des Sekretariats an, sich um eine bessere Kenntnis nichtchristlicher Gläubigen zu bemühen, und zwar aus einem großen Respekt für ihre Kultur, Gesellschaft und Traditionen heraus. Mit der apostolischen Konstitution *Regimini ecclesiae universae* (1967) erhielt das Sekretariat eine feste Struktur. Unter M.s Leitung wurden 1971 zwei neue Abteilungen gegründet, eine für die asiatischen Religionen und eine für traditionelle Religionen.

Werke: Gestalt und Hirtenamt des Bischofs im Lichte des Zweiten Vatikanischen Konzils: H. Gehrig (Hg.): Über das bischöfliche Amt (Veröffentlichungen der Katholischen Akademie der Erzdiözese Freiburg 4). Karlsruhe 1966, 15–35; L'Église et les non-chrétiens. Dialogue et mission: Bulletin for the Secretariat for non-Christians 10 (1969) 3–19.

Literatur: **GZVK** (Register); **R. Jukko:** Trinity in Unity in Christian-Muslim Relations. The Work of the Pontifical Council for Interreligious Dialogue

(History of Christian-Muslim Relations 7). Leiden – Boston 2007 (passim). MATHIJS LAMBERIGTS

Maritain, *Jacques,* Kleiner Bruder Jesu (1970), französischer neuthomistischer Philosoph, * 18.11.1882 Paris, † 28.4.1973 Toulouse. M. stammte aus einer liberal-protestantischen Familie. Er heiratete 1904 Raïssa Oumançoff, die jüdischer Herkunft war. Durch Henri Bergson überwand er das materialistische Denken, durch Léon Bloy wurden beide zur Konversion geführt (1906). Nach seiner Wende zum Thomismus (1910) kritisierte Bergsons Philosophie heftig. Die intellektuelle Wende M.s bedeutete für ihn im französischen Laizismus zugleich den Verzicht auf eine Universitätskarriere. In ihrem Haus in Meudon schufen die M.s ein intellektuell-spirituelles Zentrum. Der Einfluss von M.s eigenständigem „neothomistischen" Philosophieren erstreckte sich nicht nur auf die Philosophie, sondern auch auf Kunst und Kultur unter dem Stichwort eines „christlichen Humanismus". Politisch stand er bis zur Verurteilung durch Pius XI. (1926) in Verbindung mit der Action française. Theologisch standen ihm Réginald Garrigou-Lagrange und Charles ∕Journet nahe. An Maurice Blondel übte er Kritik. In den damaligen Diskussionen bedeutete das eine Frontstellung. Aus späterer Sicht wird deutlich, dass sein thomistischer Intellektualismus mit anderen Positionen erkenntnistheoretisch wie gnadentheologisch besser vermittelbar war, als es damals schien, etwa wenn er schreibt, dass ein konzeptueller Atheismus sich mit einem praktischen Anhangen an das göttliche Absolute vereinen kann (Œuvres complètes 9, 348). M. lehrte 1914–39 am Institut catholique in Paris, 1919 gründete er die *Cercles thomistes.* Während des 2. Weltkriegs ging er in die Vereinigten Staaten. 1945–48 war er französischer Botschafter beim Vatikan, ab 1948 Professor in Princeton. 1960 kehrte er nach Frankreich zurück und zog sich nach dem Tod seiner Frau 1960 nach Toulouse zurück, wo er 1970 bei den Kleinen Brüdern eintrat. Er gilt als einer der Inspiratoren der Erklärung der Menschenrechte durch die UNO (10.12.1948). Auf dem Vaticanum II wird sein Einfluss in den Aussagen über die Religionsfreiheit gesehen. Für ∕Paul VI. schrieb er mehrere Memoranden. Die (vom Konzil weder erarbeitete noch approbierte) Konzilsbotschaft Pauls VI. an die Wissenschaften soll auf ihn zurückgehen. Sein polemisches letztes Buch richtet sich nicht (direkt) gegen das Konzil sondern gegen Zeittendenzen, die er als Neo-Modernismus, Teilhardismus, Ideosophie (womit die ganze nachcartesianische neuzeitliche Philosophie gemeint ist) usw. kennzeichnet, denen er die christliche Philosophie gegenüberstellt, gleichbedeutend mit dem von ihm vertretenen Thomismus.

Werke: Œuvres, 2 Bde. Paris 1975–1979; Œuvres completes, 17 Bde. Fribourg 1982–2008 (16, 1085–1130: Quatre Memorandums [für Paul VI.], zu ergänzen durch 13, 514f.; 17, 11–393: Bibliografie). – Der Bauer von der Garonne. Ein alter Laie macht sich Gedanken. München 1969.

Literatur: **Cath** 8, 684–693 (M.-J. Nicolas) und 17, 198; Cahiers J. M. 1 (1980) ff.; Études maritainiennes = Maritain studies (Ottawa) 1 (1985) ff.; **A. Rigobello:** J. M. (1882–1973): Christliche Philosophie im katholischen Denken des 19. und 20. Jahrhunderts, Bd. 2. Graz 1988, 493–518; **P. Chenaux:** Paul VI et Maritain. Rom 1994; **P. Nickl:** J. M. Eine Einführung in Leben und Werk. Paderborn 1992; **G. Galeazzi:** M., i papi e il Concilio Vaticano II. Milano 2000; Montini, Journet, M. – une famille d'esprit. Brescia 2000; **B. Ritzler:** Freiheit in der Umarmung des ewig Liebenden. Bern 2000; **J.-H. Soret:** Philosophies de l'action catholique: Blondel – M. Paris 2007; **GZVK** 5, 627–629. ALBERT RAFFELT

Maron, *Gottfried,* deutscher lutherischer Theologe und Ökumeniker, * 5.3.1928 Osterwieck, † 27.1.2010 Nürnberg. 1956 Dr. theol. (Göttingen), 1968 Habilitation (Erlangen-Nürnberg). 1956–64 Mitarbeiter des Konfessionskundlichen Instituts Bensheim; 1973–76 Professor für Neuere Kirchengeschichte in Berlin, 1976–93 in Kiel. 1979–97 Präsident des Evangelischen Bundes. Auf dem Vaticanum II Presseberichterstatter der Evangelischen Kirche in Deutschland (EKD).
Werke: Evangelischer Bericht vom Konzil, 3 Bde. Göttingen 1964–66.
Literatur: **G. Müller – M. Seebass** (Hg.): Die ganze Christenheit auf Erden. M. Luther und seine ökumenische Bedeutung (FS G. M.). Göttingen 1993 (Bibliografie bis 1992); **J. Haustein** (Hg.): Reformation und Katholizismus. Beiträge zu Geschichte, Leben und Verhältnis der Konfessionen (FS G. M.). Hannover 2003 (Bibliografie 1992–2002); In memoriam: Luther 81 (2010) 172; http://www.ki-bensheim.de/evangelischer-bund/startseite/vorstand/alt-praesidenten/alt-praesident-maron.html (abgerufen: 4.9.2012). MICHAEL QUISINSKY

Martelet, *Gustave,* SJ (1935), französischer katholischer Theologe, * 24.9.1916 Lyon. M. lehrte seit 1952 Fundamentaltheologie am Scholastikat seines Ordens in Lyon-Fourvière und übersiedelte mit diesem 1973 nach Paris (Centre Sèvres), daneben unterrichtete er auch an der Päpstlichen Universität Gregoriana in Rom. Am Vaticanum II nahm er als Theologe der frankophonen Bischöfe West-Afrikas teil. M. war an der Vorbereitung der Enzyklika ∕Pauls VI. *Humanae vitae* (1968) beteiligt.
Werke: Victoire sur la mort. Éléments d'anthropologie chrétienne. Lyon 1962; Les idées maîtresses de Vatican II. Initiation à l'esprit du Concile. Brügge 1962 u. ö.; L'existence humaine et l'amour. Pour mieux comprendre l'encyclique „Humanae vitae'. Paris 1969; Résurrection, eucharistie et genèse de l'homme. Chemins théologiques d'un renouveau chrétien. Paris 1972; L'au-delà retrouvé. Christologie des fins dernières. Paris 1974 u. ö.; Vivre aujourd'hui la foi de toujours. Relecture du Credo. Paris 1977 u. ö. (Mit Jesus an Gott glauben. Das Glaubensbekenntnis neu entdecken. Salzburg 1982); Oser croire en l'Église. Paris 1979 u. ö.; Essai sur la signification de l'encyclique „Humanae vitae': Paul VI (1984) 399–413; Théologie du sacerdoce. Deux mille ans d'Église en question, 3 Bde. Paris 1984–90; Libre réponse à un scandale. La faute originelle, la souffrance et la mort. Paris 1986 u. ö.; N'oublions pas Vatican II. Paris 1995; Évolution et création, 2 Bde. Montreal – Paris 1998–99; La collaboration entre théologiens et évêques à Vatican II: H. Legrand – C. Theobald (Hg.): Le ministère des évêques au concile Vatican II et depuis. Hommage à Mgr Guy Herbulot. Paris 2001, 95–100; Teilhard de Chardin, prophète d'un Christ toujours plus grand. Primauté du Christ et transcendance de l'homme. Paris 2005.
Literatur: **L. B. Porter:** The Theologian of „Humanae Vitae": The Thomist 42 (1978) 464–509; **J. Grootaers:** Quelques données concernant la rédaction de l'encyclique „Humanae vitae': Paul VI (1984) 385–398; **C. Prudhomme:** Les évêques d'Afrique noire anciennement française et le Concile: Fouilloux (Hg.): Vatican II commence, 163–188; **H. de Lubac:** Carnets du concile, hg. v. L. Figoureux. Paris 2007 (Register); **M. Quisinsky:** „L'Église tout entière est en état de Concile" (Paul VI.). Französische Konzilstheologen auf dem II. Vatikanischen Konzil: Bischof (Hg.): Das Zweite Vatikanische Konzil, 131–157.
PETER WALTER

Martimort, *Aimé-Georges,* französischer katholischer Liturgiewissenschaftler, * 31.8.1911 Toulouse, † 20.1.2000 ebd. 1934 Priester, Dr. theol. 1937, Habilitation 1953, 1938–81 Professor für Geschichte der Liturgie am Institut Catholique in Toulouse (ICT), 1946–64 Co-Direktor des Centre de pastorale liturgique (CPL), 1967–70 Dekan der theologischen Fakultät am ICT, 1967 Hausprälat des Papstes; ab Oktober 1960 als Konsultor der vorbereitenden Kommission für die Liturgie und als offizieller Peritus eng einbezogen in die Erarbeitung des Schemas über die Liturgie. Als Konsultor war M. während der Vorbereitungsperiode Sekretär der Subkommission, die die Konzelebration und die Beziehung zwischen dem Mysterium der Liturgie und dem kirchlichen Leben (das erste Kapitel des Schemas *De sacra liturgia*) behandelte. Zusammen mit anderen Konsultoren wehrte er sich gegen Versuche, den gewählten biblisch und patristisch orientierten Ansatz durch einen scholastischen zu ersetzen. Er gehörte zu jenen, die zu Beginn des Konzils die Konzilsväter auf die zentralisierenden Eingriffe in das zu besprechende Schema *De sacra liturgia* aufmerksam machten. Nach Annahme des Schemas 1963 wies er die Konzilsväter auf die erneuten kurialen Versuche hin, die Autonomie der lokalen Bischofskonferenzen zu beschränken. 1964 wurde M. Mitglied des Consilium. ∕Paul VI. gründete diese Kommission, die für die Ausführung der Konstitution über die heilige Liturgie verantwortlich war, weil er ein Organ wünschte, das unabhängig von der Ritenkongregation zur Implementierung von *Sacrosanctum Concilium* übergehen konnte. Auch in dieser Kommission – M. gab dafür seine Funktion als Co-Direktor des CPL auf – spielte er eine wichtige Rolle.

Werke: L'Église en prière. Introduction à la Liturgie. Doornik 1961 (Nachdrucke 1962 und 1965); Bilancio della riforma liturgica, a dieci anni della Costituzione conciliare sulla sacra liturgia (Problemi d'oggi 4). Mailand 1974; Mens concordet voci. Pour Mgr A.G. M. à l'occasion de ses quarante années d'enseignement et des vingt ans de la Constitution „Sacrosanctum Concilium". Doornik 1983; L'Église en prière. Nouvelle édition, 4 Bde. Doornik 1983–84; La Constitution sur la liturgie de Vatican II: esquisse historique: Bulletin de littérature ecclésiastique 85 (1984) 60–74; La réforme liturgique de Vatican II: sa préparation, son élaboration, sa mise en oeuvre: Les Quatre Fleuves 21–22 (1985) 81–94; Les débats liturgiques lors de la première période du concile Vatican II. Fouilloux (Hg.): Vatican II commence, 291–314.

Literatur (Auswahl): **R. Cabié:** L'œuvre liturgique de Mgr A.-G. M. (1911–2000): La Maison-Dieu 223 (2000) 93–112; **ders.:** À l'école de Mgr A.-G. M. (1911–2000): Bulletin de littérature ecclésiastique 101 (2000) 299–308; **ders.:** Bibliographie de Mgr A.-G. M.: ebd. 323–338; **A. Olivar:** A.-G. M.: Une influence internationale: ebd. 309–317; LThK³ 11, 182f. (A. Heinz).

MATHIJS LAMBERIGTS

Martin, *Joseph,* französischer Bischof und Kardinal, * 9.8.1891 Orléans, † 21.1.1976 Rouen. Studium der Literaturwissenschaft und der Rechte in Bordeaux, anschließend der Theologie, unterbrochen durch Kriegsdienst. 1920 Priester und Promotionsstudium in Rom. Jugendseelsorger und 1938 Generalvikar in Bordeaux, wurde M. 1940 Bischof von Le Puy-en-Velay und 1948 Erzbischof von Rouen (bis 1968). 1965 Kar–dinal. Während des Vaticanum II Mitglied des Einheitssekretariats, wirkte er insbesondere an der Redaktion des Ökumene-Dekrets mit und leitete mit Pastor Marc ∕Boegner eine Kommission zur Erstellung einer ökumenischen Bibelübersetzung. Nach dem Konzil organisierte er im Auftrag der französischen Bischofskonferenz ökumenische Dialogkommissionen. In seinem Bistum, in dem sich starke soziale Veränderungen vollzogen, führte er 1968 eine Diözesansynode durch.

Werke: Préface: Points de vue de théologiens protestants: Études sur les décrets du Concile. Paris 1967, 9–12.

Literatur: **P. Gouyon:** Le cardinal M. et l'unité des chrétiens: L'unité des chrétiens 22 (1976) 49; **Velati:** Una difficile transizione (Register); **C. Soetens:** Das ökumenische Engagement der katholischen Kirche: GZVK 3, 299–400; **C. Theobald:** Die Kirche unter dem Wort Gottes: GZVK 5, 323–422; **Declerck** (Hg.): Willebrands (Register); **DÉF** 449f. (N.-J. Chaline); **M. Velati:** Dialogo e rinnovamento. Verbali e testi del segretariato per l'unità dei cristiani nella preparazione del concilio Vaticano II (1960–1962). Bologna 2011 (Register).

MICHAEL QUISINSKY

Marty, *François,* französischer Bischof und Kardinal, * 18.5.1904 Vaureilles (Aveyron), † 16.2.1994 Villefranche-de-Rouergue (ebd.). Studium im Seminar von Rodez, 1930 Priester und Pfarrseelsorge. Dr. theol. in Toulouse mit einer Arbeit über die Haltung der *Revue du clergé* zum sogenannten Modernismus. 1951 Generalvikar in Rodez, 1952 Bischof von Saint-Flour, 1959 Koadjutor, 1960 Erzbischof von Reims, 1964–68 Prälat der Mission de France, 1968–81 Erzbischof von Paris, 1969 Kardinal, 1969–75 Präsident der Französischen Bischofskonferenz. M. war Mitglied der römischen Kongregationen für die Orientalischen Kirchen, den Klerus und die Liturgie, des Sekretariats für die Nichtglaubenden und der Kommission für die Revision des *Codex Iuris Canonici*. Konsultor der vorbereitenden Kommission für die Studien und Seminare, wurde er auf dem Vaticanum II Mitglied der Kommission über den Klerus und Berichterstatter des Priesterdekrets (vgl. HThK 2. Vat 4, Register). In dieser Eigenschaft arbeitete er mit Theologen wie Joseph /Lécuyer und Yves /Congar, aber auch mit Mitgliedern der Mission de France zusammen. Nach dem Konzil war M., der auf dem Höhepunkt der Ereignisse vom Mai 1968 Erzbischof von Paris wurde und den Pariser Priestern in diesem Zusammenhang schrieb „Dieu n'est pas conservateur" (Fouilloux 455), mit den sozialen und religiösen Umwälzungen der Zeit konfrontiert. Mit seinem auf Ausgleich setzenden Zugang zu den dabei virulenten Fragen machte er sich nicht nur Freunde. Verfechter der Kollegialität und Synodalität der Kirche auf allen Ebenen, setzte er im Rahmen der Konzilsrezeption auf umsichtige Reformen und unterstützte missionarische Initiativen. Auf universalkirchlicher Ebene ist sein Wirken auf mehreren römischen Bischofssynoden der Nachkonzilsjahre zu nennen.

Werke: Préface: J. Frisque – Y. Congar (Hg.): Les prêtres. Decrets „Presbyterorum ordinis" et „Optatam totius". Paris 1968, 11–14; Chronique vécue de l'Église de France. Paris 1980.

Literatur: **Cath** 8, 769 f. (C. I.); **D. Escoulen:** F. M., évêque en France. Rouergue 1991; **ders.:** Petite vie du cardinal M. Paris 1996; **LThK³** 6, 1436 (M. Albert); **Greiler:** Das Konzil und die Seminare (Register); **DÉF** 454–456 (É. Fouilloux).

ALBERT RAFFELT/MICHAEL QUISINSKY

Maximos IV. Sayegh (Saegh; as-Saʼīq), melkitischer Patriarch, * 10.4.1878 Aleppo, † 5.11.1967 Beirut. Nach Studium in Jerusalem Eintritt in den Orden der Paulisten, 1919 Metropolit von Tyrus, 1933 von Beirut, 1947 Wahl zum Patriarchen. 1964 erste Begegnung mit dem Ökumenischen Patriarchen /Athenagoras in Jerusalem und Istanbul. M., bekannt als Mann des Konzils, übte bei Entscheidungen über Fragen nach der Dringlichkeit einer größeren Unabhängigkeit der orientalischen Patriarchalkirchen, dem Gebrauch der Landessprache bei Liturgiefeiern und der Zulassung der Konzelebration bemerkenswerten Einfluss aus. M. gab eine klarstellende Erklärung über den Sinn des Primats ab und äußerte den Wunsch nach einer Dezentralisierung der römischen Kurie. Seine Erhebung zum Kardinal (1965; nach mehrfacher Ablehnung durch M.) löste Kontroversen aus und führte zu einer Neubestimmung der Stellung der östlichen Patriarchen im Kardinalskollegium.

LUTFI LAHAM

Mitglied der zentralen vorbereitenden Kommission, gehörte M. (zusammen mit den Bischöfen /Alfrink, /Döpfner, /Frings, /Hurley, /König, /Léger, /Liénart, Montini [/Paul VI.] und /Suenens) zu den Kritikern der ausgearbeiteten Schemata. Er wandte sich u. a. gegen die ekklesiologische, auf den Primat Roms abhebende Argumen-

tation für das Latein als Konzilssprache (er selbst brachte während des Konzils seine Wortmeldungen in französischer Sprache vor) und gegen die Definition der patriarchalen Autorität als supra-episkopale Gewalt und Teilhabe an der Primatialgewalt des Papstes. Die eigentliche Jurisdiktion der Bischöfe sah er in der Ordination und nicht im Jurisdiktionsauftrag des Papstes begründet. Als den orientalischen Patriarchen anfangs der Platz nach den Kardinälen zugeteilt wurde, weigerte sich M., für den dies Zeichen eines grundsätzlichen ekklesiologischen Problems war, an der Eröffnungsfeier des Konzils teilzunehmen. Mit 1.112 Stimmen in die Ostkirchenkommission gewählt, zählte M. zu den aktivsten Mitgliedern dieser Konzilskommission, wobei er sich als Brückenbauer zwischen Ost und West verstand. Sein Konzilsberater war Neophytos /Edelby. M. gehörte außerdem der informellen Gruppe „Die Kirche der Armen" an. Zum vorbereiteten Liturgieschema nahm er positiv Stellung und sprach sich für die Einführung der Muttersprache in der Liturgie aus (AS I-1, 377–380). Am Schema *De unitate* übte er – in Abstimmung mit den anderen melkitischen Bischöfen – Fundamentalkritik: die Kirche des Ostens verdanke ihren Ursprung nicht dem römischen Stuhl. Außerdem müsse zuerst von der Kollegialität der Bischöfe die Rede sein, bevor man vom Papst als „zentrale Basis der Kollegialität" reden könne (GZVK 2, 373 ff.). In der Diskussion über *De ecclesia* bemängelte er den militärischen Triumphalismus und Juridismus des Vorbereitungsschemas sowie die von den Bischöfen getrennte Behandlung des Papstes (AS I-4, 294 ff.). Im weiteren Verlauf der Debatte über das Kirchenschema sprach er sich am 7.10.1964 für die Kollegialität aus; in seiner Stellungnahme zu *De episcopis* plädierte er für ein „wahres Sacré Collège der universalen Kirche" mit dezisiven Befugnissen (GZVK 3, 148), wohingegen die von Paul VI. durch das Motu Proprio *Apostolica sollicitudo* (15.9.1965) errichtete Bischofssynode als reines Konsultativorgan des Papstes konzipiert wurde. In der Ökumenedebatte würdigte er das Schema im Ganzen positiv, kritisierte aber das Kapitel über die Juden. Ökumenismus sei das Streben nach der Wiedervereinigung der gesamten christlichen Familie. Hervorzuheben ist M.s anhaltender Widerstand gegen eine Erklärung zum Judentum: neben mehr oder weniger sachdienlichen Argumenten (Gefährdung der orientalischen katholischen Christen, Belastung des Dialogs mit der Orthodoxie) verstieg er sich teils in wüste Polemik (vgl. LThK. E 2, 448). In einem Brief an Paul VI. vom 3.9.1964 legte er diesem nahe, die Erklärung durch eine autoritative Intervention von der Tagesordnung des Konzils abzusetzen. Bischof /Willebrands und Pater /Duprey, die sich angesichts dramatischer Berichte einen persönlichen Eindruck von der Lage der Christen im Nahen Osten verschaffen wollten, konnten M. schließlich von seiner prinzipiell ablehnenden Haltung abbringen und ihn dazu bewegen, konkrete Änderungsvorschläge zu unterbreiten. Das endgültige Schema, in dem u. a. auf eine explizite Verurteilung des Antisemitismus sowie des Vorwurfs des Gottesmordes verzichtet wurde, konnte M. akzeptieren. Daneben sprach sich M. wiederholt zu verschiedenen Aspekten des Schemas *ecclesia ad extra* aus: U.a. fragte er, ob die offizielle Lehre der Kirche zur Geburtenregelung angesichts neuer Erkenntnisse nicht revidiert werden müsse (AS III-6, 59–62). Als Paul VI. später einige Modi zur Frage der Ehe einbrachte, antwortete M. am 29.11.1965 mit einem freimütigen Brief (vgl. GZVK 5, 483). Zur Friedensthematik vertrat er die Meinung, der Begriff des gerechten Krieges sei heute angesichts atomer Waffen nicht länger anwendbar, und forderte eine klare Verurteilung biologischer, chemischer und atomer Kriegsführung (AS III-7, 50 f.). In seiner Rede zur Atheismusproblematik (AS IV-2, 451–454) zeigte er die Komplexität dieses Phänomens auf und verlangte eine Auseinandersetzung mit den Gründen, wobei er auch eine Mitschuld einer „mittelmäßigen und egoistischen Christenheit" gegeben sah. In der Debatte über das Priesterdekret ließ er Paul VI., der eine öffentliche Diskussion über den priesterlichen Zölibat unterbunden hatte, aus eigener Initiative seine geplante Intervention, in der er die Beschränktheit einer bloß westkirchlichen Sicht bemängelte und das ostkirchliche Modell als Leitidee für eine mögliche zukünftige Entwicklung des lateinischen Rechts empfahl, zukommen (GZVK 5, 270–277). Nachdem die animadversiones M.s wahrscheinlich vom Papst selbst empfohlen worden waren, schenkte die neue Textfassung der ostkirchlichen Tradition größere Aufmerksamkeit, wenn auch die Regelung in der lateinischen Kirche unverändert bestehen blieb.

Werke: Die Stimme der Ostkirche. Freiburg 1962; L'Église Grecque Melkite au Concil. Beirut 1967.

Literatur: **T. E. Bird:** Patriarch M. IV. Notre Dame (Indiana) 1964; **I. Totzke:** M. IV. Kardinal S.: Una Sancta 20 (1965) 176–180; **LThK.** E 2, 430f.448.462; **O. Rousseau:** Une des grandes figures du concile. Le Patriarche M. IV (1878–1967): Revue Nouvelle 47 (1968) 64–70; **E. Inglessis:** M. IV. L'Orient conteste l'Occident. Paris 1969; **J. Grootaers:** I protagonisti del Vaticano II. Cinisello Balsamo 1994, 460–468; **N. Edelby:** Il Vaticano II nel diario di un vescovo arabo, hg. v. R. Canelli. Cinisello Balsamo 1996 (Register); GZVK (Register); **G. Hachem:** Primauté et oecuménisme chez les Melkites catholiques à Vatican II: Revue d'histoire ecclésiastique 93 (1998) 398–441; **G. Hachen – G. D. Gallaro:** Between Antioch and Rome: Melkite hierarchs on papal primacy and ecumenism: Studi sull'Oriente Cristiano 5 (2001) 119–153; **S. Shofany:** The Melkites at the Vatican Council. Contribution of the Melkite Prelates to Vatican Council II on the Renewal of Moral Theology. Bloomington (Indiana) 2005; Personenlexikon Ökumene, 142f. (M. Schneider); **G. T. Murphy:** M. IV at Vatican II: A Quest for Autonomy. West Roxbury (Massachusetts) 2011.

CLEMENS CARL

McGrath, *Marcos Gregorio,* CSC (1942), panamaischer Bischof, * 10.2.1924 Panamá City, † 4.8.2000 ebd. Dr. theol. (Angelicum, Rom), 1949 Priester, 1954 Professor für Fundamentaltheologie an der Theologischen Fakultät der Katholischen Universität in Santiago de Chile, 1959–61 ebd. Dekan und 1960 Gründungsdirektor der Zeitschrift *Teología y vida;* 1961 Weihbischof von Panamá, 1964 Bischof von Santiago de Veraguas (Panamá), 1969 Erzbischof von Panamá. Beim Vaticanum II Mitglied der Kommission für die Glaubens- und Sittenlehre und des Komitees für die Redaktion von *Gaudium et spes.* M. äußerte sich mehrmals, auch im Namen von zahlreichen Bischöfen aus verschiedenen Ländern Lateinamerikas (zur Liturgie, zur Kirche als mystischer Leib Christi, zur Kollegialität der Bischöfe, zum Laienapostolat, zur christlichen Erziehung, zur Mission, vor allem aber zur Kirche in der Welt von heute). Besonders erwähnenswert ist seine Rede in der dritten Sitzungsperiode im Namen von mehr als 70 Konzilsvätern über die Methode, die bei der Redaktion des 4. Kapitels der Pastoralkonstitution einzuhalten sei (AS III-7, 71–75): der wahre Dialog mit der Welt setze voraus, dass man zunächst auf ihre Fragen höre. M. betonte in der vierten Sitzungsperiode (AS IV-2, 391–394), dass ↗Paul VI. in seiner Antrittsenzyklika *Ecclesiam Suam* zu einem solchen Dialog ermutige. Er bedauerte, dass man im Schema besagter Konstitution nur von der klassischen Form des Krieges, nicht aber von der Guerilla oder vom Terrorismus spreche, die „die allgemeine Form des Krieges in der Welt" geworden seien (AS IV-3, 835). In Nr. 4 wünschte er sich eine stärkere Betonung der Notwendigkeit, dass die Kirche die Zeichen der Zeit wahrnehme und im Licht des Evangeliums interpretiere (AS IV-6, 564), und hielt (ebd. 565) dem Konzil mangelndes Weltkirchebewusstsein vor, da die Zahl der Theologen und anderer Experten aus den neuen Nationen der Welt zu klein gewesen sei. Er trat in Lateinamerika für eine Rezeption des Konzils im Geist der Pastoralkonstitution *Gaudium et spes* ein und sah in ihrer Hermeneutik der Zeichen der Zeit eine Frucht der Methode von Joseph ↗Cardijn für die Katholische Aktion (Sehen, Urteilen, Handeln). Darüber sprach er u. a. bei der zweiten Generalversammlung des Lateinamerikanischen Bischofsrates (CELAM) 1968 in Medellín. In seinen Memoiren bezeichnete M. die erste Sitzungsperiode des Konzils als „die wahrscheinlich zwei wichtigsten Monate für die Katholische Kirche in der Moderne".

Werke: La renovación de la Iglesia al servicio de Panamá: carta pastoral. Panamá City 1971; Cómo vi y viví el Concilio y el post-Concilio. El testimonio de los padres conciliares de América Latina. Santa Fe de Bogotá 2000 (Erinnerungen).

Literatur: **M. I. González** (Hg.): M. G. M. y la renovación de la Iglesia al servicio de Panamá. Panamá City 1994 (Festschrift); **R. S. Pelton – A. M. Wolf:** Archbishop M. G. M.: the renewal of the Panamanian church. Notre Dame (Indiana) 1995.

MARIANO DELGADO

McGuigan, *James-Charles,* kanadischer Bischof und Kardinal, * 26.11.1894 Hunter River (Prince Edward Island), † 6.4.1974 Toronto. Studium der Theologie in Québec, 1918 Priester, 1927 Dr. iur. can. (Washington D. C.). 1923 Generalvikar in Edmonton (Alberta), 1930 als damals jüngster Erzbischof der Welt Erzbischof von Regina (Saskatchewan). 1934 Erzbischof von Toronto (bis 1971), einer Stadt, die zu dieser Zeit aufgrund der Zuwanderung ein ungeheures Wachstum erlebte. 1946 Kardinal. Bei der Ankündigung des Konzils verspürte M. bereits altersbedingte Beschwerden, sodass er 1961 in Philip Francis ⁄ Pocock einen Koadjutor erhielt. Seine Beteiligung am Vaticanum II war wenig bedeutend. So gehört er zu den wenigen kanadischen Bischöfen, die der vor-vorbereitenden Kommission keine consilia et vota zukommen ließen. Wenn er 1960 dennoch zum Mitglied der zentralen vorbereitenden Kommission ernannt wurde, so nahm er an deren Aktivitäten kaum Anteil. An deren erster (12.–20.6.1961), vierter (19.–27.2.1962) und sechster (3.–12.5.1962) Sitzung nahm er nicht teil, während der vier anderen Sitzungen beschränkte er sich meist auf die Kundgabe seines placet bzw. placet iuxta modum. Seine kurzen Wortmeldungen und ihr Inhalt zeigen, dass M. nicht auf eine grundsätzliche Diskussion der Schemata vorbereitet war, die er zudem im Wesentlichen guthieß, und wenig kritischen Geist oder Einfallsreichtum an den Tag legte. Während des Konzils war er an keiner Kommission oder einem anderen Konzilsorgan beteiligt, ebensowenig an den verschiedenen sich bildenden Gruppen extra aulam. Seine einzige Intervention handelte in der ersten Sitzungsperiode vom 2. Kapitel des Liturgieschemas, in der dritten Sitzungsperiode reichte er eine schriftliche Eingabe zu *De ecclesia* ein. Sein Koadjutor Pocock spielte auf dem Konzil die bedeutendere Rolle.

Werke: Pastoral letters and circular letters of J. C. M., Archbishop of Regina, 1930–1935. Regina 1935.

Literatur: **C. Laing Fischer:** J. Card. M., archbishop of Toronto. Toronto 1948.

GILLES ROUTHIER

McIntyre, *James Francis,* US-amerikanischer Bischof und Kardinal, * 25.6.1886 New York City, † 16.7.1979 Los Angeles. Nach Tätigkeit als Kaufmann Studium der

Theologie, 1921 Priester und Tätigkeit in der Verwaltung der Erzdiözese New York; dort 1940 Weihbischof, 1945 Generalvikar, 1946 Koadjutor ohne Sukzessionsrecht. 1948 Erzbischof von Los Angeles. Dort Errichtung vieler Pfarreien und rege Bautätigkeit sowie soziales Engagement mit Blick auf die starken Migrationsbewegungen an der Westküste. 1953 Kardinal. Auf dem Vaticanum II sprach er sich als Vizepräsident der Kommission für die Bischöfe gegen eine lehramtliche Dimension der Bischofskonferenzen aus. Gegner von Reformen wie der Einführung der Muttersprache in der Liturgie, die er nach dem Konzil dennoch behutsam in seiner Erzdiözese umsetzte. Nach der Emeritierung 1970 Pfarrseelsorge.

Literatur: **Gordon Melton:** Religious Leaders, 308f.; **EACH** 887–889 (F.J. Weber); **M. Lamberigts:** Die Liturgiedebatte: GZVK 2, 129–199; **F.J. Weber:** His Eminence of Los Angeles. J. F. cardinal M., 2 Bde. Mission Hills (California) 1997; **NCE²** 9, 400f. (F.J. Weber); **M. Faggioli:** Il vescovo e il concilio. Modello episcopale e aggiornamento al Vaticano II. Bologna 2005 (Register).

MICHAEL QUISINSKY

McShea, *Joseph Mark,* US-amerikanischer Bischof, * 22.2.1907 Lattimer (Pennsylvania), † 28.11.1991 Allentown (ebd.). Studium in Overbrook (Pittsburgh) und Rom, 1931 Priester, 1932 Dr. theol., danach Unterrichtstätigkeit und 1935–38 bei der Kongregation für die orientalischen Kirchen in Rom tätig, danach an der Nuntiatur in den Vereinigten Staaten; 1952 Weihbischof in Philadelphia, 1961–83 Bischof der neuerrichteten Diözese von Allentown. Teilnehmer an allen vier Sessionen des Konzils, Relator der Religiosenkommission. 1964 Gründer des Allentown College of St. Francis de Sales, der heutigen DeSales University in Lehigh County (Pennsylvania). M. war Mitglied der Religiosenkommission und Relator derselben. Er führte 1968 eine Diözesansynode durch.

Literatur: **V. A. Yzermans:** American participation in the Second Vatican Council. New York 1967.

ALBERT RAFFELT

Meinhold, *Peter,* deutscher evangelischer Kirchenhistoriker, * 20.9.1907 Berlin-Wilmersdorf, † 2.10.1981 Salzkotten. Studium in Bethel, Tübingen und Berlin; hier 1934 Privatdozent; Lehrtätigkeit in Heidelberg; 1936–75 Professor für Kirchengeschichte und Dogmengeschichte sowie für Konfessionskunde an der Universität Kiel. 1976–81 Direktor des Instituts für Europäische Geschichte in Mainz, Abteilung Abendländische Religionsgeschichte. M. war ein engagierter Ökumeniker, mühte sich um Versöhnung zwischen evangelischer und orthodoxer wie katholischer Kirche. Ökumenischer Beobachter beim Vaticanum II. Über 300 Publikationen, Herausgeber der Werke des evangelischen Sozialreformers Johann Hinrich Wichern. HEINZ SCHÜTTE

M. beurteilte das Vaticanum II als ähnlich einschneidendes Ereignis wie schon das Tridentinum. Die Kirchenkonstitution würdigte er als Möglichkeit neuer ökumenischer Begegnung und konnte darin seine Erwartungen an die ekklesiologische Arbeit des Konzils erfüllt sehen.

Werke (Auswahl): (mit E. Iserloh:) Abendmahl und Opfer. Stuttgart 1960; Der evangelische Christ und das Konzil. Freiburg 1961; Ökumenische Kirchenkunde. Stuttgart 1962; Johannes XXIII.: Lutherisches Monatsheft 2 (1963) 334–340; Reformation in Rom. Ein evangelischer Kommentar zur dritten Konzilssession: Wort und Wahrheit 20 (1965) 105–122; Geschichte der kirchlichen Historiographie, 2 Bde. Freiburg – München 1967; Kardinal Bea – der Meister des Gesprächs: M. Buchmüller: Augustin Kardinal Bea. Wegbereiter der Einheit. Augsburg 1971, 348–351. – Die Einheit der Kirche. FS P. M., hg. v. L. Hein. Wiesbaden 1977.

Literatur: **ÖL²** 798; **L. Hein:** P. M.: Una Sancta 39 (1984) 39–41; **GZVK** (Register). FRANCA SPIES

Mejía, *Jorge María,* argentinischer Theologe und Kardinal, * 31.1.1923 Buenos Aires. Dr. theol. (Angelicum, Rom; dort Studienkollege von Karol Wojtyła, dem späteren Papst ↗Johannes Paul II.), Lic. sc. bibl. (Biblicum, Rom), Professor für alttestamentliche Exegese, Hebräisch und Einführung in die Heilige Schrift an der Katholischen Universität Argentiniens; Berater des argentinischen Episkopats beim Vaticanum II, Gründungsmitglied der Zeitschrift *Concilium* und dort Berater und Autor bis 1970; 1967 Sekretär des ökumenischen Departements des Lateinamerikanischen Bischofsrates (CELAM), 1969–72 Präsident des Exekutivkomitees des Katholischen Weltverbandes für das biblische Apostolat, 1977 Sekretär der Päpstlichen Kommission für den Dialog mit dem Judentum, 1986 Titularbischof von Apollonia und Vizepräsident der Päpstlichen Kommission Iustitia et Pax, 1994 Erzbischof und Sekretär der Kongregation für die Bischöfe, 1998 Leiter des Vatikanischen Geheimarchivs und der Vatikanischen Bibliothek, 2001 Kardinal; von seiner akademischen Seite ist seine Tätigkeit als Direktor der argentinischen Zeitschrift *Criterio* (1957–78) hervorzuheben.

Werke: La hipótesis de la naturaleza pura y sus adversarios en los siglos XVI al XVIII. Buenos Aires 1956; Die nichtkatholischen Missionen in Gegenden mit überwiegend katholischer Bevölkerung: Conc 2 (1966) 283–286; Gaudium et spes. Aspectos fundamentales de la Constitucion Pastoral sobre la Iglesia en el mundo de nuestro tiempo. Buenos Aires 1967; Amor, pecado, alianza. Una lectura del profeta Oseas. Buenos Aires 1975; Historia de una identidad. Buenos Aires 2006 (Erinnerungen).

MARIANO DELGADO

Ménager, *Jacques,* französischer Bischof, * 24.7.1912 Anor (Nord), † 13.3.1998 Massy (Essonne). Studium der Philosophie und Theologie in Versailles, 1936 Priester. Nach Zusatzstudien am Institut Catholique de Paris Seminardozent für Philosophie in Versailles, später Pfarrer, Generalvikar und 1955 Weihbischof in Versailles, 1961 Bischof von Meaux, 1973–88 Erzbischof von Reims. Generalsekretär der Action Catholique, war M. auf dem Vaticanum II Mitglied der Kommission für das Laienapostolat, um dessen theologische Grundlegung er sich mühte. In der Folge auch als Mitglied der zentralen Unterkommission in die Redaktion von *Gaudium et spes* involviert, setzte er sich für einen am Schöpferlogos und der Inkarnation ausgerichteten Zugang ein. Nach dem Konzil leitende Funktionen im Comité catholique contre la faim et pour le développement und in der Kommission Iustitia et Pax.

Werke: (mit J. Laloux – F. Bourdeau:) Prêtres pour ce temps. Niort 1964; Entretien inédit avec Mgr J. M.: P. Bordeyne: L'homme et son angoisse. La théologie morale de Gaudium et spes. Paris 2004, 364–367.

Literatur: Inventaire du fonds J. M. Paris 1999; **M.T. Fattori:** La commissione „De fidelium apostolatu" e lo schema sull'apostolato dei laici (maggio 1963 – maggio 1964): Fattori – Melloni (Hg.): Experience, Organisations and Bodies, 301–328; **G. Turbanti:** La commissione mista per lo schema XVII-XIII: **Lamberigts u.a.** (Hg.): Commissions Conciliaires, 217–250; **ders.:** Un concilio per il mondo moderno (Register); **DÉF** 469f. (J.-F. Boulanger).

MICHAEL QUISINSKY

Meyer, *Albert Gregory,* US-amerikanischer Bischof und Kardinal, * 9.3.1903 Milwaukee, † 9.4.1965 Chicago. Studium der Theologie in Milwaukee und Rom (Urbaniana), dort 1926 Priester und weitere Studien (Istituto Biblico). 1931 Seminarprofessor in Milwaukee. 1946 Bischof von Superior, 1953 Erzbischof von Milwaukee, 1958 von

Chicago, 1960 Kardinal. Unter dem Einfluss des Civil Rights Movement wurde M. zum Gegner der Rassentrennung und war um Ausgleich zwischen den Bevölkerungsgruppen bemüht. 1962 Mitglied der Päpstlichen Bibelkommission. 1961 Mitglied der zentralen Vorbereitungskommission, war M. auf dem Vaticanum II Mitglied des Konzilspräsidiums, 1963 Mitglied der Kommission zur Revision des Kirchenrechts, 1964 Mitglied des Sanctum Officium. In seinen Interventionen sprach er sich u. a. für ein dynamisches Traditionsverständnis, für einen realistischen Umgang mit den Schwächen der Kirche und eine theologisch verantwortete Rede von der Welt als Ort christlichen Lebens aus. Seine aktive Rolle innerhalb der Konzilsmehrheit, u. a. bei der Neufassung des Offenbarungsschemas, wo er das Kapitel über das Alte Testament betreute, sowie im Zusammenhang mit der Entstehung von *Dignitatis humanae,* bedeutete für den bisher zurückhaltenden M. einen geistlichen und theologischen Wandlungsprozess.

Literatur: **G. N. Shuster:** A. G. Cardinal M. Notre Dame 1964; **V. A. Yzermans** (Hg.): American Participation in the Second Vatican Council. New York 1967 (Register); **Gordon Melton:** Religious Leaders, 315; **EACH** 918–920 (S. M. Avella); **Scatena:** La fatica della libertà (Register); **NCE²** 9, 587–589 (R. F. Trisco). MICHAEL QUISINSKY

Moeller, *Charles,* belgischer katholischer Theologe, * 18.1.1912 Brüssel, † 3.4.1986 ebd. Priester 1937, Lehrer am Collège Saint-Pierre de Jette (1941–54), Maître de conférences (1949) und Professor (1954) am Institut des sciences religieuses und an der Theologischen Fakultät (1974–82) der Universität Leuven, Impulsgeber und Leiter der Semaines œcuméniques de Chevetogne (1942–65). Zu seinem Wirken gehörten auch in Leuven selbst sowie weltweit gehaltene Vorträge über die großen Schriftsteller des 20. Jahrhunderts. 1962 durch Vermittlung Kardinal ↗Légers (Montreal) zum Peritus ernannt, gehörte er zur „squadra belga" und stand im Februar 1963 Gerard ↗Philips bei der Ausarbeitung des neuen Schemas *De ecclesia* zur Seite. Innerhalb des Sekretariats für die Förderung der Einheit der Christen arbeitete er an der Redaktion von *Unitatis redintegratio, Nostra aetate* und *Dignitatis humanae* mit. Am 17.11.1964 erfolgte die Ernennung zum Mitglied der Zentralkommission für die Redaktion des neuen Textes von *Gaudium et spes,* wo er insbesondere in der Unterkommission über die Kultur aktiv war. In zahlreiche Konzilstexte konnte er seine beiden Hauptanliegen einbringen: die Annäherung an die Kirchen des christlichen Ostens und die Öffnung gegenüber dem zeitgenössischen Denken. Als Signal der Öffnung gegenüber der modernen Welt ernannte ihn ↗Paul VI. zum Untersekretär der Glaubenskongregation (1966–73). Außerdem wurde M. erster Rektor des Ökumenischen Instituts Tantur, das er 1972 eröffnen konnte. Schließlich wirkte er von 1973–80 als Sekretär des Einheitssekretariats.

Werke: Littérature du XXe siècle et christianisme, vol. 1–5. Tournai 1953–75; vol. 6 [posthum]. Louvain-la-Neuve 1993; L'élaboration du schéma XIII, L'Église dans le monde de ce temps. Tournai 1968.

Literatur: **C. Soetens:** La contribution de C. M. au concile Vatican II d'après ses papiers conciliaires: Donnelly u. a. (Hg.): Belgian Contribution, 495–528; **F. Colleye:** C. M. et l'Arbre de la Croix. Paris 2007. LEO DECLERCK

Monnet, *Marie-Louise,* katholische Laienaktivistin, * 25.9.1902 Cognac, † 2.11.1988 Tours. Aus einer Kaufmannsfamilie stammend – ihr Bruder Jean M. wurde später erster Präsident der Europäischen Gemeinschaft für Kohle und Stahl –, gründete sie nach einer prägenden Begegnung mit Joseph ↗Cardijn 1935 die Jeunesse Indépendante Chrétienne Féminine (JICF), 1941 die Action Catholique des milieux indépendants (ACMI) und, unter dem Eindruck des Vaticanum II, 1963 den MIAMSI (Mouvement international d'apostolat des milieux sociaux indépendants). 1964 wurde M. zur Laienauditorin ernannt, 1965 nahm sie die Botschaft des Konzils an die Frauen mit entgegen. 1985 Gastbeitrag auf der außerordentlichen Bischofssynode.

Werke: Avec amour et passion. 50 ans de la vie de l'Église à travers une vocation de femme. Chambray-lès-Tours 1989.

Literatur: **F. Lacambre:** L'Église a changé ... depuis 1945. Paris 1991, 28; **C. McEnroy:** Guests in their own House. The Women of Vatican II. New York 1996 (Register); **C. Soetens:** Les messages finaux du Concile: Doré – Melloni (Hg.): Volti di fine concilio, 99–112; http://nimes.catholique.fr/partenaire/mouvement/pdf/3/acindepe-080411.pdf (abgerufen: 5.9.2012).
MICHAEL QUISINSKY

Montini, *Giovanni Battista* ∕Paul VI.

Morcillo González, *Casimiro,* spanischer Bischof, * 26.1.1904 Soto del Real (Madrid), † 30.5.1971 Madrid. Studium im Madrider Priesterseminar, 1926 Priester. Während des Spanischen Bürgerkriegs versuchte er im Baskenland Blutvergießen zu vermeiden. 1943 Weihbischof von Madrid, 1950 erster Bischof von Bilbao, 1955 Erzbischof von Zaragoza, 1964 erster Erzbischof von Madrid. Als Konzilsvater war M. Mitglied des Coetus Internationalis Patrum und der Kommission für die Bischöfe und die Leitung der Bistümer sowie Subsekretär für die Sektion in spanischer Sprache. Er äußerte sich mehrmals, auch im Namen der spanischen Bischöfe (zur Heiligen Schrift und zur Tradition, zur Religionsfreiheit, zur Kirche als mystischer Leib Christi, zu Primat, Unfehlbarkeit und Kollegialität der Bischöfe, zu den Laien, zum ökumenischen Dialog, zum Dialog mit den Juden sowie zur Kirche in der Welt von heute), und verteidigte zumeist die Tradition, wünschte sich aber eine theologische Definition des Laien, „keine kanonische und negative" (AS II-3, 184). Besonders relevant ist seine ausführliche Darlegung (auf Spanisch) der Lehrprinzipien, die man bei der Religionsfreiheit beachten sollte (AS III-3, 704–718) sowie seine Kritik des betreffenden Schemas (AS IV-1, 245–249). Er wünschte sich eine „Erklärung" über den Dialog der Kirche mit der Welt von heute, keine „Pastoralkonstitution" (AS IV-2, 378–380). M. leitete die spanische Ausgabe der Konzilstexte und schrieb 1965 als dezidierter Verfechter der Konzilsbeschlüsse: „Niemals vorher in der Geschichte der Konzilien hat man ein so helles Licht angezündet, das sich mit diesem vergleichen ließe". Von Anfang an förderte er den Neokatechumenalen Weg, der während seiner Zeit als Erzbischof von Madrid dort entstand. 1969 wurde M. zum Vorsitzenden der spanischen Bischofskonferenz gewählt. Viele sahen ihn als Kardinal, aber ∕Paul VI. verlieh ihm den Kardinalshut nicht.

Werke: Teología del trabajo. Bilbao 1954; Teología de la empresa. Bilbao 1954; Cristo en la fábrica. Madrid 1957; El hombre cristiano ante la técnica. Madrid 1962; Concilio Vaticano II: Constituciones, Decretos, Declaraciones. Documentos pontificios complementarios. Prólogo de C. M. G. Madrid 1965.

Literatur: **A. Pelayo:** In memoriam: Don C.: Razón y fe 183 (1971) Nr. 881, 569–573.
MARIANO DELGADO

Mörsdorf, *Klaus,* deutscher katholischer Theologe und Kirchenrechtler, * 3.4.1909 Muhl (Hunsrück), † 17.8.1989 Planegg (bei München). Das Studium der Theologie, Philosophie und der Rechte u. a. in München, Berlin und Köln schloss M. mit dem Dr. iur. (Köln 1931) und Dr. theol. (München 1938) ab. 1936 Priester, 1938 Universitätsassistent in Münster, 1946 Professor für Kirchenrecht ebd., im selben Jahr Wechsel in gleicher Eigenschaft an die Universität München (bis 1977), wo er das Kanonistische Institut ins Leben rief. In der auf M. zurückgehenden sogenannten „Münchener Schule" der Kanonistik wird diese als theologische Disziplin betrachtet, die mit juristischer Methode arbeitet. Zu den zentralen Interessengebieten M.s gehörte die Frage der Kirchengliedschaft. 1960 Mitglied der vorbereitenden Konzilskommission für die Sakramente, war er Berater Kardinal ∕Döpfners und ab der zweiten Sitzungsperiode Konzilsperitus. Zentrale Bedeutung maß M. dem Verhältnis von Weihe- und Leitungsgewalt bei und bereitete so die konziliare Lehre von der sacra potestas und ihrer Einheit mit vor. In seinen zahlreichen, z. T. sehr ausführlichen Gutachten sprach er sich außerdem für ein ausgewogenes Verhältnis zwischen Primat und Episkopat aus. Für die Eigenständigkeit des Bischofsamtes eintretend, warnte er vor dessen „Verbeamtung" sowie vor dem Herabsinken des Bistums zur „Verwaltungsdomäne des Papstes", während er die Einrichtung von Bischofskonferenzen als synodales Element begrüßte. Nach dem Konzil gehörte M. der Kommission zur Revision des *Codex Iuris Canonici* an.

Werke: Die Rechtssprache des Codex Juris Canonici. Paderborn 1937 (Nachdruck 1967); Lehrbuch des Kirchenrechts, 3 Bde. Paderborn [11.12]1964–79; W. Aymans u. a. (Hg.): Schriften zum Kanonischen Recht. Paderborn u. a. 1989 (Bibliografie).

Literatur: **W. Aymans:** Vorwort: Schriften zum Kanonischen Recht (siehe oben), XII–XVI; **ders.:** Archiv für katholisches Kirchenrecht 158 (1989) 7–13; **ders.:** s. v.: Neue Deutsche Biographie, Bd. 17. Berlin 1994, 683f.; **A. Cattaneo:** Grundfragen des Kirchenrechts bei K. M. Synthese und Ansätze einer Wertung. Amsterdam 1991; **M. Wijlens:** Theology and Canon Law. The Theories of K. M. and Eugenio Corecco. Lanham 1992; LThK³ 7, 480 (W. Aymans); **S. Haering:** Die Kanonistik in Deutschland zwischen dem I. und dem II. Vatikanischen Konzil. Skizze eines Jahrhunderts Wissenschaftsgeschichte: H. Wolf (Hg.): Die katholisch-theologischen Disziplinen in Deutschland 1870–1962. Ihre Geschichte, ihr Zeitbezug. Paderborn 1999, 321–349; **G. Bier:** Die Rechtsstellung des Diözesanbischofs nach dem Codex Iuris Canonici von 1983. Würzburg 2001 (Register); **A. Rudiger:** Die Leitungs- und Machtfrage in der katholischen Kirche: dogmatische Erwägungen zur amtlichen Gemeindeleitung (munus regendi) und zur heiligen Vollmacht (sacra potestas) im Spiegel der Gewaltenkonzeption K. M.s. Buttenwiesen 2002 (online zugänglich unter www. freidok. uni-freiburg. de/volltexte/319; abgerufen: 9.7.2012); **K. Nussbaum:** K. M. und Michael Schmaus als Konzilsberater des Münchener Erzbischofs Kardinal Julius Döpfner auf dem Zweiten Vatikanischen Konzil. Eine Untersuchung aufgrund des Konzilsnachlasses Kardinal Döpfners: MThZ 55 (2004) 132–150; **G. Treffler – P. Pfister** (Bearb.): Erzbischöfliches Archiv München. J. Kardinal Döpfner – Archivinventar zum Zweiten Vatikanischen Konzil. Regensburg 2004 (Register); **G. Treffler** (Bearb.): J. Kardinal Döpfner. Konzilstagebücher, Briefe und Notizen zum Zweiten Vatikanischen Konzil. Regensburg 2006 (Register); **A. Cattaneo:** K. M.s Beitrag zur Revision des CIC: Archiv für katholisches Kirchenrecht 178 (2009) 17–51.

MICHAEL QUISINSKY

Murphy, *Francis Xavier,* CSsR (1935), US-amerikanischer Konzilsjournalist, * 26.6. 1914 New York, † 11.4.2002 Annapolis (Maryland). 1940 Priester, Ph. D. an der Catholic University of America (Washington, D. C.), 1945 Militärgeistlicher in der US-Armee, 1959 Dozent für Moraltheologie an der Lateran-Universität (Rom), ab den 1970er Jahren Gastprofessor an verschiedenen nordamerikanischen Universitäten. Bekannt wurde M. vor allem durch eine viel beachtete Serie von brillanten Artikeln, die er als *Letters from Vatican City* in The New Yorker und anderen nordamerikanischen Zeitungen veröffentlichte und die später in überarbeiteter und ergänzter Form als Buchpublikationen (je eine zu jeder Konzilssession) erschienen. Um sich und seine Informanten zu schützen, veröffentlichte M. seine Konzilsberichte unter dem Pseudonym *Xavier Rynne* (Rynne war der Geburtsname seiner Mutter). An die darin gebotenen Hintergrundinformationen und Interna konnte nur ein bestens verflochtener Insider geraten. M.s Kommentare und Analysen gehören zu den treffendsten des konziliaren Medienereignisses und hatten durchaus Einfluss auf die Geschehnisse und Wahrnehmungen des Konzils selbst; seine Charakterisierungen haben ihrerseits Konzilsgeschichte geschrieben (beispielsweise geht die Bezeichnung des 19.11.1964 als „schwarzer Donnerstag", aus der in der Konzilsgeschichte dann die „schwarze Woche des Konzils" wurde [GZVK 4, 449.454], auf M. zurück). Aus liberaler Warte kritisierte M. insbesondere die Traditionalisten der römischen Kurie, die seiner Meinung nach das ganze Konzil sabotierten. M.s Veröffentlichungen trugen schließlich dazu bei, dass die Geheimhaltungspflicht ab der dritten Sitzungsperiode wieder eingeschärft und (wenngleich vergeblich) durchzusetzen versucht wurde.

Werke: X. R.: Die zweite Reformation. Die erste Sitzungsperiode des Zweiten Vatikanischen Konzils. Entstehung und Verlauf. Köln 1964; X. R.: Briefe aus dem Vatikan. Die zweite Sitzungsperiode des Zweiten Vatikanischen Konzils. Köln 1964; X. R.: Die dritte Sitzungsperiode. Debatten und Beschlüsse des Zweiten Vatikanischen Konzils. Köln 1965; X. R.: Die Erneuerung der Kirche. Die vierte Sitzungsperiode des Zweiten Vatikanischen Konzils. Köln 1967; (zusammen mit G. MacEoin:) Synode '67: Aufbruch nach dem Konzil. Eine Chronik. Paderborn 1969.

Literatur: **GZVK** 4 (Register).

GÜNTHER WASSILOWSKY

Murray, *John Courtney,* SJ (1920), US-amerikanischer katholischer Theologe, * 12.9.1904 New York, † 16.8.1967 ebd. M.s Studienzeit wurde unterbrochen von einer dreijährigen Tätigkeit als Latein- und Englischlehrer auf den Philippinen. 1933 Priester, 1937 Dr. theol. (Gregoriana), anschließend bis 1967 Professor für Dogmatik am Woodstock College (Maryland), 1941–67 zudem Chefredakteur der Zeitschrift *Theological Studies.* Neben seiner Lehrtätigkeit in Gnaden- und Gotteslehre interessierte er sich insbesondere für die Frage nach einer den Besonderheiten der Vereinigten Staaten angemessenen Form des Katholizismus. Zur dabei erfolgenden grundsätzlichen Auseinandersetzung mit dem Verhältnis zwischen Staat und Religion gehörte die Überzeugung, dass die Angehörigen aller Religionsgemeinschaften zum Wohl der Gesellschaft zusammenarbeiten müssen. M. galt in der Folge als führender katholischer Intellektueller, der den Glauben in der pluralistischen Gesellschaft zu verorten wusste. Sein in den 1950er Jahren entwickelter Ansatz zur Religionsfreiheit, der u. a. auf einer Interpretation der Lehre Leos XIII. sowie auf Überlegungen zur Trennung von Kirche und Staat bzw. zum Verhältnis von Religion und Gesellschaft gründeten, wurde u. a. von Joseph ∕Fenton heftig abgelehnt und missfiel auch der römischen Ordensleitung sowie dem Sanctum Officium unter Kardinal ∕Ottaviani. Als Peritus auf dem Vaticanum II (seit 1963) wurde M. Berater der US-amerikanischen Bischöfe in Fragen des Kirche-Staat-Verhältnisses. Besonderen Einfluss erlangte er während der Redaktion von *Dignitatis humanae,* wo er für eine verfassungsrechtlich hergeleitete Begründung der Religionsfreiheit eintrat, die in der Konzilserklärung schließlich eine biblische Herleitung ergänzen sollte. Nach dem Konzil rief er angesichts einer zunehmenden Polarisierung die Katholiken zur Einheit auf.

Werke: We Hold These Truths. New York 1960; The Problem of Religious Freedom. London 1965; Die Erklärung über die Religionsfreiheit: Conc 2 (1966) 319–326; Zum Verständnis der Entwicklung der Lehre der Kirche über die Religionsfreiheit: J. Hamer – Y. Congar (Hg.): Die Konzilserklärung über die Religionsfreiheit. Paderborn 1967, 125–165; J. L. Hooper (Hg.): Religious Liberty: Catholic Struggles with Pluralism. Louisville (Kentucky) 1993; ders. (Hg.): Bridging the Sacred and the Secular. Selected Writings of J. C. M. Washington 1994.

Literatur: **R. Sebott:** Religionsfreiheit und Verhältnis von Kirche und Staat. Der Beitrag J. C. M.s zu einer modernen Frage. Rom 1977; **J. L. Hooper:** The Ethics of Discourse. The Social Philosophy of J. C. M. Georgetown 1986; **R. McElroy:** The Search for an American Public Theology: The Contribution of J. C. M. New York 1989; **D. Gonnet:** La liberté religieuse à Vatican II. La contribution de J. C. M. Paris 1994; **J. L. Hooper – T. D. Whitmore** (Hg.): J. C. M. and the Growth of Tradition. Kansas City 1996; **J. A. Komonchak:** The Silencing of J. C. M.: A. Melloni (Hg.): Cristianesimo nella storia. Saggi in onore di Giuseppe Alberigo. Bologna 1996, 657–702; **EACH** 993–996 (J. A. Komonchak); **ders.:** Das II. Vatikanum und die nordamerikanische Kultur am Beispiel von J. C. M.: P. Hünermann (Hg.): Das II. Vatikanum – christlicher Glaube im Horizont globaler Modernisierung. Einleitungsfragen. Paderborn 1998, 211–226; LThK³ 7, 541 (R. Sebott); **Scatena:** La Fatica della libertà (Register).

MICHAEL QUISINSKY

N

Nabaa, *Philippe,* libanesischer Bischof (Melkiten), * 18.4.1907 Joun (Libanon), † 11.9.1967 Beirut. 1931 Priester, Dr. theol. mit einer Arbeit über das melkitische Kirchenrecht des 6. bis 8. Jahrhunderts. 1948 Erzbischof von Beirut. Mitglied der vorbereitenden Konzilskommission *De episcopis,* Untersekretär des Vaticanum II. N. setzte sich für eine Theorie und Praxis umfassende ekklesiologische Verhältnisbestimmung zwischen orientalischen und lateinischen Katholiken auch im Hinblick auf eine Verständigung mit den orthodoxen Kirchen ein und warb für einen gemeinsamen Ostertermin. In seiner umfassenden Vortragstätigkeit widmete er sich zahlreichen pastoralen Fragen, theologisch interessiert war er dabei insbesondere an Fragen des ostkirchlichen Rechts.

Werke: Tra l'Oriente e l'Occidente il peso del temporalismo medioevale: M. Gozzini (Hg.): Concilio aperto con una scelta del Magisterio Ecclesiastico. Florenz 1963, 204f.; Fra cattolici e ortodossi il solco è piu psicologico che teologico: ebd., 205–207; Œcuménisme et intercommunion après Vatican II: Antiochena 9 (1966) 17–20.

Literatur: Die Stimme der Ostkirche. Sendung und Anliegen der melkitischen Kirche. Schriften und Reden des Patriarchen Maximos IV und des griechisch-melkitisch-katholischen Episkopats. Freiburg 1962 (Register); L'Église grecque melkite au Concile. Discours et notes du Patriarche Maximos IV et des Prélats de son Église au Concile oecuménique Vatican II. Beirut 1967 (passim); **A. Panfili:** La Chiesa melkita cattolica al Concilio Ecumenico Vaticano II: Studi e richerche sull'Oriente christiano 11 (1988) 163–177 und 12 (1989) 23–52; **N. Edelby:** Souvenirs du concile Vatican II (11 octobre 1962 – 8 décembre 1965). Beirut 2003 (Register); **M. Faggioli:** Il vescovo e il concilio. Modello episcopale e aggiornamento al Vaticano II. Bologna 2005 (Register); **S. Shofany:** The Melkites at the Vatican Council. Bloomington (Indiana) 2005 (passim). – Diverse Beiträge in arabischer Sprache in der Zeitschrift Al-Maçarrat sowie in der Revue pastorale der Erzdiözese Beyrouth et Jbeil.

MICHAEL QUISINSKY

Nau, *Paul,* OSB (1941), französischer katholischer Theologe, * 12.4.1901 Nantes, † 28.3.1984 Solesmes. Studium der Theologie im Großen Seminar Nantes und 1924–28 im Séminaire français in Rom, wo er zum Dr. phil. promovierte. 1926 Priester, lehrte dann zunächst in einem Jesuitenkolleg in Nantes, nach seinem Eintritt in die Kongregation der Missionnaires diocésains de l'Immaculée Conception 1930 in einer von deren Einrichtungen. 1941 folgte er seinem Bruder Pierre und trat bei den Benediktinern von Solesmes ein, wo er 1945–70 Sakramententheologie lehrte. Er verfasste die im Blick auf das Vaticanum II von Dom ↗Prou, dem Abt von Solesmes, eingereichten vota und consilia und arbeitete von seinem Kloster aus für den Coetus Internationalis Patrum. 1963–80 Superior der Benediktinerinnen von Argentan (Normandie) und ab 1971 geistlicher Begleiter der Fédération Notre-Dame de la Paix. Mitarbeiter der Zeitschrift *La Pensée catholique;* auf seine Initiative geht die Reihe *Les enseignements pontificaux* zurück (17 Bände, 1953–68).

Werke: Le magistère pontifical ordinaire, lieu théologique: RThom 3 (1956) 389–412; Le mystère du corps et du sang du Seigneur: la messe d'après Saint Thomas d'Aquin, son rite d'après l'histoire. Sablé-sur-Sarthe 1976.

Literatur: Archives Abbaye Bénédictine de Solesmes, Carton dom P. N.; **F. Gautier:** Dom P. N. (1901–1984): Lettre aux amis de Solesmes, 1985-2, 4–23; **Roy:** Le Coetus Internationalis Patrum.

PHILIPPE J. ROY

Neuhäusler, *Johannes,* deutscher Bischof, * 27.1.1888 Eisenhofen (bei Dachau), † 14.12.1973 München. Studium der Philosophie und Theologie in Freising und München; 1913 Priester, Seelsorgstätigkeit, 1918 Sekretär und 1923 Präsident des Ludwig-Missions-Vereins, 1925 Gründer des Bayerischen Landeskomitees für Pilgerfahrten (später: Bayerisches Pilgerbüro), 1932 Domkapitular. Als Leiter des kirchenpolitischen Referats und Organisator des Widerstands im Erzbischöflichen Ordinariat zunehmend vom nationalsozialistischen Regime bedrückt und 1941–45 im Konzentrationslager Dachau interniert; 1947 Weihbischof von München und Freising; seit 1955 Dompropst; mit der Vorbereitung des Eucharistischen Weltkongresses in München (1960) befasst; verdient um die Errichtung des Karmels Heilig Blut in Dachau (1963/64). N. nahm ab der zweiten Sitzungsperiode am Vaticanum II teil.

Werke: Kreuz und Hakenkreuz. München [1–2]1946; Wie war das in Dachau? München 1960, [6]1964; Saat des Bösen. Kirchenkampf im Dritten Reich. München 1964; Karmel Heilig Blut Dachau. München 1965; Amboß und Hammer. München 1967. Weitere wichtige Veröffentlichungen sind dokumentiert in: H.-J. Nesner: Das Metropolitankapitel zu München (seit 1821): G. Schwaiger (Hg.): Monachium Sacrum, Bd. 1. München 1994, 475–608: 501 f.

Literatur: **S. Benker:** Das Metropolitankapitel von 1933–45: Das Erzbistum München und Freising in der Zeit der nationalsozialistischen Herrschaft, hg. v. G. Schwaiger, Bd. 1. München – Zürich 1984, 272–274; **P. Pfister:** Weihbischof J. N. (1888–1973): Christenleben im Wandel der Zeit, hg. v. G. Schwaiger, Bd. 2. München 1987, 362–387; **ders.:** Zeuge der Wahrheit. J. N. Ein Leben im Zeichen des Kreuzes. Dachau 1988; **M. Höck;** H. Niedermayer (Hg.): Von Nichts kommt Nichts. Porträts ehemaliger Schüler des Freisinger Dom-Gymnasiums. Freising 1991, 155–159; **H.-J. Nesner:** Das Metropolitankapitel zu München (siehe oben), 501 f. 604; LThK³ 7, 760 (M. Heim); **Gatz B 1945,** 398 f. (A. Landersdorfer). CLEMENS CARL

Neuner, *Josef,* SJ (1926), österreichischer katholischer Theologe, * 19.8.1908 Feldkirch, † 3.12.2009 Pune. 1928–37 Studium der Philosophie und Theologie in Pullach, Valkenburg und Frankfurt (Main), 1936 Priester. Ab 1938 in Indien, mit Unterbrechung durch ein Doktoratsstudium in Rom 1948–50, 1955 Übersiedlung des Päpstlichen Seminars von Kandi (Sri Lanka) nach Pune, dort Lehrtätigkeit bis 1983. Auf dem Vaticanum II Konzilstheologe des Bischofs von Pune und ab der zweiten Sessio Peritus, prägte N. auch das Umfeld des Eucharistischen Kongresses in Bombay 1964 mit. Mitglied der Kommission für die Seminare. Auf Einladung Kardinal ⁄Königs Mitarbeit an *Nostra aetate.* N. erkundete nicht zuletzt davon ausgehend im Bereich des interreligiösen Dialogs Neuland. Mitarbeit auch an *Ad gentes.* Führend am Gesamtindischen Seminar in Bangalore beteiligt (1968) sowie umfassende Lehrtätigkeit, an die sich 1983–88 die Tätigkeit als Exerzitienmeister in Patna anschloss. 1999–2001 Censor theologicus im Seligsprechungsprozess von Mutter Teresa.

Werke: Hinduismus und Christentum. Freiburg 1962; Das christliche Zeugnis (Nr. 10–12): J. Schütte (Hg.): Mission nach dem Konzil. Mainz 1967, 173–190; Priesterbildung in den Missionen: ebd., 235–244; (Als Hg.:) Christian Revelation and World Religions. London 1967; Dekret über die Ausbildung der Priester. Einleitung und Kommentar: LThK. E 2, 309–355; The Missionary Priest: J. Pathrapankal (Hg.): Service and Salvation. Bangalore 1973, 547–564; (mit H. Roos:) Der Glaube der Kirche in den Urkunden der Lehrverkündigung. Regensburg [13]1992; Der indische J. Erinnerungen aus meinem Leben. Feldkirch 2005; Geleitwort: J. Sinkovits – U. Winkler (Hg.): Weltkirche und Weltreligionen. Die Brisanz des Zweiten Vatikanischen Konzils 40 Jahre nach Nostra Aetate. Innsbruck 2007, 13–15.

Literatur: **G. Gispert-Sauch:** Fr J. N. the Writer: An Attempt at a Bibliography: Vidyajyoti Journal of Theological Reflection 62 (1998) 548–561; **F. X. D'Sa u. a.** (Hg.): The world as sacrament. Interdisciplinary Bridge-building of the Sacred and the Secular. Pune 1998; **P. Pulikkan:** Indian Church at Vatican II. A historico-theological Study of the Indian Participation in the Second Vatican Council. Trichur 2001 (Register); **Greiler:** Das Konzil und die Seminare (Register). MICHAEL QUISINSKY

Nissiotis, *Nikos,* griechischer Theologe (griechisch-orthodox), * 21.5.1924 Athen, † 18.8.1986 ebd. Studium der Philosophie, Psychologie und Soziologie in Athen, Zürich (bei Emil Brunner und Carl Gustav Jung), Basel (bei Karl Barth und Karl Jaspers) und Leuven. 1956 Dr. theol. (Athen). Dozent (ab 1956) bzw. Direktor am ökumenischen Institut Bossey (1966–74) und führende Funktionen im Ökumenischen Rat der Kirchen (ÖRK). Professor für Theologie an der Universität Genf (1962–74) sowie für Religionsphilosophie an der Universität Athen (1965–86). Sportlich aktiv, u. a. als

Trainer der griechischen Basketballnationalmannschaft, Mitglied im griechischen bzw. Internationalen Olympischen Komitee. Auf dem Vaticanum II ab der zweiten Sessio Konzilsbeobachter des ÖRK, wo er besonders Anliegen der Pneumatologie und der Ekklesiologie Gehör verschaffte, verwies der „Grenzgänger zwischen Ost und West" (Vischer) auch nachkonziliar auf bleibende theologische Fragen im ökumenischen Dialog.

Werke: Existenzialismus und christlicher Glaube. Athen 1956 (griechisch); Prolegomena theologischer Epistemologie. Athen 1965 (griechisch); Philosophie der Religion und theologische Philosophie. Athen 1965 (griechisch); Die Theologie der Ostkirche im ökumenischen Dialog. Stuttgart 1968. Zahlreiche Publikationen zum Vaticanum II, darunter: Ökumenische Bewegung und Zweites Vatikanisches Konzil. Eine orthodoxe Betrachtung: Kerygma und Dogma 11 (1965) 208–219; Bericht über das II. Vatikanische Konzil: Ökumenische Rundschau 15 (1966) 120–136.

Literatur: N. N. Religion, Philosophy and Sport in Dialogue. Athen 1994 (Bibliografie); **M. Begzos:** s. v.: I. Bria – D. Heller (Hg.): Ecumenical Pilgrims. Profiles of Pioneers in Christian Reconciliation. Genf 1995, 172–174; **M. Velati:** Gli osservatori del Consiglio ecumemico delle chiese al Vaticano II: Fattori – Melloni (Hg.): L'Evento e le decisioni, 189–257; **A. Birmélé:** Le Concile Vatican II vu par les observateurs des autres traditions chrétiennes: Doré – Melloni (Hg.): Volti di fine concilio, 225–264; **M. Begzos:** N. N. Zukunft aus Herkunft – Zur ökumenischen Tragweite der Ostkirche: P. Neuner – G. Wenz (Hg.): Theologen des 20. Jahrhunderts. Eine Einführung. Darmstadt 2002, 204–216 (Literatur); **ders.:** s. v.: Personenlexikon Ökumene, 162f.

MICHAEL QUISINSKY

Nordhues, *Paul,* deutscher Bischof, * 8.2.1915 Dortmund, † 30.6.2004 Paderborn. Studium der Theologie in Paderborn und Würzburg; 1940–45 Sanitätssoldat, Kontakt zu Hans Scholl und Alexander Schmorell; 1941 Priester, Seelsorger; 1952 Subregens des Priesterseminars Paderborn, 1957 Regens des Priesterseminars für das Erzbischöfliche Kommissariat Magdeburg auf der Huysburg (bei Halberstadt, damals DDR), 1956 Dr. theol., 1961 Weihbischof in Paderborn, 1990 Emeritierung. 1962–65 Teilnahme am Vaticanum II (Sessio I, II und IV). Sein besonderes Engagement galt der ostdeutschen Kirche. Ein weiterer Schwerpunkt seiner Arbeit war die Erneuerung der Liturgie im Geist des Vaticanum II. N. gilt als einer der Väter des Gesangbuchs *Gotteslob.* Als Bischofsvikar für Caritas förderte N. die theologische Reflexion caritativen Wirkens und den Ausbau der Caritas.

Bibliografie: I. Böhm – P. Häger: Bibliographie P. N.: K. Hengst u. a. (Hg.): Geliebte Kirche – gelebte Caritas. FS P. N. Paderborn u. a. 1995, 260–267.

Werke (Auswahl): Christliches Leben und sozialistische Gesellschaft. Die katholische Kirche in der sogenannten „DDR": N. Greinacher – H. T. Risse (Hg.): Bilanz des deutschen Katholizismus. Mainz 1966, 137–150; Konzil und Caritas. Paderborn 1966; Überlegungen zur Theologie und Praxis der Caritas: Caritas 72 (1971) 296–310; „Gotteslob" in Bewährung und Kritik: ThGl 68 (1978) 203–207. Als Hg.: Stichwortregister zum Stammteil des Einheitsgesangbuches Gotteslob. Paderborn 1980, ³1987; Handbuch der Caritasarbeit. Paderborn 1986; Redaktionsbericht zum Einheitsgesangbuch „Gotteslob". Paderborn 1988.

Literatur: **H.J. Brandt – K. Hengst:** Die Weihbischöfe in Paderborn. Paderborn 1986, 189–193; **H.J. Brandt u. a.** (Hg.): Der Caritasverband für das Erzbistum Paderborn in Geschichte und Gegenwart. Paderborn u. a. ²1994, 107–158; **LThK³** 11, 200f. (R. Marx); **Gatz B 1945,** 442f. (H.-J. Brandt); **GZVK** 3; 4 (Register).

CLEMENS CARL

Norris, *James Joseph,* katholischer Laienaktivist, * 10.8.1907 Roselle Park (New Jersey), † 17.11.1976 Jersey City. N. trat zunächst bei der Klerikerkongregation Missionary servants of the Most Holy Trinity (MSST) ein, entschied sich jedoch gegen den Weg zum Priestertum und verließ die Gemeinschaft 1934, arbeitete aber weiter in Sozialorganisationen der katholischen Kirche, 1936 als Assistent von Patrick O'Boyle, Direktor der Mission of the Immaculate Virgin, einer Waisen- und Kinderwohlfahrtseinrichtung in Mount Loretto (Staten Island), 1941 beim National Catholic Community Service (NCCS) in Washington D.C. 1944 Kriegsteilnahme. Ab 1945 arbeitete er für die War Relief Services (WRS, später Catholic Relief Services, CRS) in der

Flüchtlingshilfe. 1951–74 war N. Präsident der Internationalen Kommission für Migrantenfragen (International Catholic Migration Commission, ICMC) und wurde von ∕Paul VI. zum Laienauditor des Konzils berufen. Er sprach auf dem Konzil zu Armut und Hunger in der Welt (AS III-6, 298–300; GZVK 4, 370f; vgl. *Gaudium et spes* 90). Paul VI. ernannte ihn zum Mitglied des 1967 errichteten Pontificium Consilium de Iustitia et Pace (Iustitia et Pax) sowie des Pontificium Consilium Cor Unum (1971). N.s weltweite Aktivitäten in der Flüchtlingshilfe wurden mit dem Nansen Refugee Award 1975 des Hohen Flüchtlingskommissars der Vereinten Nationen (UNHCR) geehrt.

Literatur: R. Goldie: La participation des laïcs aux travaux du concile Vatican II: Revue des sciences religieuses 62 (1988) 54–73 = dies.: Lay participation in the work of Vatican II: Miscellanea Lateranense (Lateranum. 40/41). Rom 1975, 503–525.

ALBERT RAFFELT

O

O'Connor, *Martin John,* US-amerikanischer Bischof, * 18.5.1900 Scranton (Pennsylvania), † 1.12.1986 Wilkes-Barre (ebd.). Studien in Baltimore, Maryland und an der Catholic University of America in Washington D.C. und nach dem 1. Weltkrieg am Pontifical North American College in Rom, 1924 Priester (Diözese Scranton), 1925 Dr. theol. an der Urbaniana in Rom, 1929 Doktorat in kanonischem Recht am Pontifical Roman Athenaeum Sant'Apollinare. 1938 Generalvikar, 1943 Weihbischof in Scranton, 1946–65 Rektor des Pontifical North American College, 1948–71 Präsident des Pontifical Council for Social Communications, 1959 Titularerzbischof. In der Vorbereitungsphase des Konzils leitete er ab 1960 das Pressesekretariat. 1963 wurde er Leiter des neuen Pressekomitees bei der zweiten Session. 1965–69 war er der erste Nuntius in Malta. 1980 Rückkehr in die USA.

Literatur: **J. P. Gallagher:** A century of history; the Diocese of Scranton, 1868–1968. Scranton 1968; **GZVK** 1 und 2 (Register). ALBERT RAFFELT

Oberman, *Heiko Augustinus,* niederländischer reformierter Theologe, * 15.10.1930 Utrecht, † 22.4.2001 Tucson (Arizona). 1949–55 Studium der Theologie in Utrecht und Oxford; 1957 Dr. theol.; 1958 Ordination als niederländisch-reformierter Pfarrer; 1958–66 Dozent und Professor an der Harvard Divinity School in Cambridge (Massachusetts); 1966–84 Professor und Direktor des Instituts für Spätmittelalter und Reformation in Tübingen; 1984–2001 Professor an der University of Arizona in Tucson. Der Kirchenhistoriker, der v. a. die geistesgeschichtlichen Wurzeln der Reformation im Spätmittelalter erforschte und durch Editionen erschließen ließ, glaubte im spätscholastischen Augustinismus eine Via Gregorii (eine Schule Gregors von Rimini) erkennen zu können, die Martin Luther beeinflusst habe. Später lenkte O. den Blick besonders auf Zusammenhänge der Reformation und der allgemeinen Geschichte. – O.s Vater war ein Verteidiger eines ökumenischen Katholizismus und ein Freund des Utrechter Erzbischofs Jan de Jong. Kurz vor dem Vaticanum II hatte O. zusammen mit Daniel J. Callahan und Daniel J. O'Hanlon SJ das Buch *Christianity Divided* (London 1962) herausgegeben, in dem wichtige Unterschiede zwischen Katholizismus und protestantischen Kirchen angesprochen werden. In den Jahren 1962–65 war O. als Vertreter der Kongregationalisten, ohne ihr Mitglied zu sein, Beobachter beim Vaticanum II. Er konversierte nicht nur mit den Periti, sondern auch mit Medienvertretern, die seine Kenntnisse der historischen Hintergründe der konziliaren Diskussionen schätzten. Er schrieb eine Reihe von Artikeln in Magazinen und Zeitungen über seine Erfahrungen in Rom, so in *Orientierung* (29 [1965] Nr. 1, 7–9): *Der ‚einsame Papst' – oder der Erste unter den Brüdern*. Darin machte er sich Gedanken über die hohe Zahl an Stimmen gegen das Dekret über den Ökumenismus. O. sah das Hauptproblem in der Frage der Beziehung des Papstes zum Bischofskollegium, da der Papst einseitig Änderungen am Dekret vorgenommen hatte. Jetzt sei eine Diskussion über die Kollegialität der Bischöfe notwendig. Während die Konservativen den Primat des Papstes nach dem Vaticanum I verteidigten, betonten progressive Theologen wie ∕Küng, ∕Congar und v. a. ∕Rahner, der Papst könne immer nur als Haupt des Bischofskollegiums handeln. Wenn der Geist der Mehrheit der Konzilsväter bestimmend bleibe, so werde ein Drittes Vatikanisches Konzil die Kollegialität des Papstes verkünden können. Die bleibende Errungenschaft des Vaticanum II aber sei es, dass der Bischof nicht durch päpstliche Jurisdiktion, sondern durch bischöfliche Weihe Mitglied des Bischofskollegiums werde.

Hauptwerke: Archbishop Thomas Bradwardine. A Fourteenth Century Augustinian. A Study of his Theology and its Historical Context. Utrecht 1957; Der Herbst der mittelalterlichen Theologie. Zürich 1965; Wurzeln des Antisemitismus. Christenangst und Judenplage im Zeitalter von Humanismus und Reformation. Berlin 1981; Luther. Mensch zwischen Gott und Teufel. Berlin 1982; The Dawn of the Reformation. Essays in Later Medieval and Early Reformation Thought. Edinburgh 1986; Die Reformation von Wittenberg nach Genf. Göttingen 1986; Die Wirkung der Reformation. Probleme und Perspektiven. Stuttgart 1987; Werden und Wertung der Reformation. Vom Wegestreit zum Glaubenskampf. Tübingen ³1989; Initia Calvini. The Matrix of Calvin's Reformation. Amsterdam 1991; The Impact of the Reformation. Essays. Grand Rapids 1994; Zwei Reformationen – Luther und Calvin. Berlin 2003.

Literatur: **L. Grane:** Lutherforschung und Geistesgeschichte: Archiv für Reformationsgeschichte 68 (1977) 302–315; **B. Lohse:** Zur Lage der Lutherforschung heute: P. Manns (Hg.): Zur Lage der Lutherforschung heute. Wiesbaden 1982, 9–30; **M. L. Mattex:** H. O.: M. Baumann – M. J. Klauber (Hg.): Historians of the Christian Tradition. Their Methodology, and Influence on Western Thought. Nashville (Tennessee) 1995, 603–622; Continuity and Change. The Harvest of Late Medieval and Reformation History. FS H. O., hg. v. **R. J. Bast – A. C. Gow.** Leiden u. a. 2000; The Work of H. A. O., hg. v. **T. A. Brady u. a.** Leiden – Boston 2003.

REINHOLD RIEGER

Oesterreicher, *Johannes,* österreichisch-amerikanischer katholischer Theologe, * 2.2.1904 Liebau (heute Slowakei), † 18.4.1993 Livingston (New Jersey). Der Sohn jüdischer Eltern konvertierte während des Studiums der Medizin in Wien nach Begegnungen mit Max Josef Metzger zum Katholizismus und wurde 1924 getauft. Studium der Theologie, 1927 Priester (Wien) und Seelsorge. 1934 Gründung des Paulus-Werks. 1935 Dr. theol. 1938 Exil in Paris, später in den USA. 1953–93 Gründungsdirektor des Instituts für jüdisch-christliche Studien (Seton Hall University, South Orange [New Jersey]), 1954–70 Herausgeber der Zeitschrift *The Bridge*. Als Konsultor des Einheitssekretariats und Berater Kardinal Franz ∕Königs hatte O. maßgeblichen Einfluss auf die Redaktion von *Nostra aetate,* dabei Abkehr vom Konzept der Judenmission. Sein nachkonziliares Schrifttum entfaltete die theologische Wende im christlichen Verständnis des Judentums.

Werke: Auschwitz, der Christ und das Konzil. Freising 1964; Das Konzil und die Juden: W. P. Eckert (Hg.): Judenhaß – Schuld der Christen. Essen 1964, 380–398; Erklärung über das Verhältnis der Kirche zu den nichtchristlichen Religionen. Kommentierende Einleitung: LThK. E 2, 406–487; Der Baum und die Wurzel. Freiburg 1968; Die Wiederentdeckung des Judentums durch die Kirche. Freising 1971; The New Encounter between Christians and Jews. New York 1986.

Literatur: **D. Recker:** Die Wegbereiter der Judenerklärung des Zweiten Vatikanischen Konzils. Johannes XXIII., Kardinal Bea und Prälat O. – eine Darstellung ihrer theologischen Entwicklung. Paderborn 2007; **V. Schneider:** Wendemarke Nostra Aetate. Prälat J. O. und die Wiederentdeckung des Judentums: A. Strotmann u. a. (Hg.): Vergegenwärtigung der Vergangenheit. Zur Notwendigkeit einer am Judentum orientierten christlichen Erinnerungskultur. Frankfurt 2010, 125–144.

MICHAEL QUISINSKY

Olivier, *Bernard,* OP (1937), belgischer katholischer Theologe, * 25.6.1920 Bernissart (Hennegau), † 7.4.2010 Brüssel. Studium in La Sarte und Le Saulchoir (1947 Dr. theol.). 1944 Priester. 1947–58 Professor für Moraltheologie in La Sarte, 1958–65 an der Universität Lovanium (Kinshasa) und Seelsorger in Livulu. Während des Vaticanum II Berater des kongolesischen Episkopats und ab der zweiten Sessio Peritus. Sein Konzilstagebuch dokumentiert eine umfassende theologische Vermittlungstätigkeit zwischen afrikanischen und europäischen Konzilsakteuren, u. a. zu ekklesiologischen und missionstheologischen Fragestellungen. Nach dem Konzil Arbeit zu Fragen der wirtschaftlichen Entwicklung sowie der Ehe und Sexualität (Berater der belgischen Kommission Iustitia et Pax, 1986–94 auf internationaler Ebene Geistlicher Begleiter der Équipes Notre-Dame). Innerhalb seines Ordens 1974–85 Assistent des Ordensgenerals. Sein Konzilsarchiv befindet sich im Centre *Lumen gentium* (Louvain-la-Neuve).

Werke: L'espérance: Initiation théologique, Bd. 3. Paris 1952, 525–592; La charité: ebd., 593–672; Un homme appelé Jésus. Lüttich 1955; L'espérance chrétienne. Brüssel 1958; La crainte de Dieu comme valeur religieuse de l'Ancien Testament. Brüssel 1960; Développement ou libération? Pour une théologie qui prend parti. Brüssel 1973; Chroniques congolaises. De Léopoldville à Vatican II. Paris 2000.

Literatur: **M. Lamberigts:** The „vota antepraeparatoria" of the Faculties of Theology of Louvain and Lovanium (Zaïre): ders. u. a. (Hg.): À la veille du Concile Vatican II. Vota et réactions en Europe et dans le catholicisme oriental. Leuven 1992, 169–184; **C. Soetens:** L'apport du Congo-Léopoldville (Zaïre), du Rwanda et du Burundi au Concile Vatican II: Fouilloux (Hg.): Vatican II commence, 188–208; **E. Louchez:** Concile Vatican II et Église contemporaine (Archives de Louvain-la-Neuve). IV. Inventaire des Fonds J. Dupont et B. O. Louvain-la-Neuve 1995; **C. Soetens** (Hg.): Vatican II et la Belgique. Ottignies 1996 (Register); **E. Louchez:** Évêques missionnaires belges au concile Vatican II: Donnelly u. a. (Hg.): Belgian Contribution, 647–684; http://www.precheurs.be/index.php?option=com_zoo&task=item&item_id=19489&Itemid=961 (abgerufen: 24.6.2012).

MICHAEL QUISINSKY

Onclin, *Willy,* belgischer katholischer Kanonist, * 22.2.1905 Hamont (Flandern), † 15.7.1989 Heverlee (Leuven). Studium der Theologie und Philosophie in Lüttich, 1929 Priester. 1932 Dr. iur. can., 1934 Dr. iur., 1932 Seminarprofessor in Lüttich, Studien in Rom und Deutschland (Akademie für deutsches Recht). 1938–75 Professor für Kirchenrecht in Leuven. 1959 Mitglied der vorbereitenden Kommission *De disciplina cleri et populi christiani*, als Peritus Mitglied der Kommissionen *De episcopis et dioecesium regimine* und *De Seminariis, de studiis et de educatione catholica.* Klassisch geprägt und von den Aufbruchsbewegungen vor dem Konzil kaum beeinflusst, erfuhr O. durch das Konzil eine Erweiterung seines kanonistischen Selbstverständnisses. Mit Erzbischof Pierre ∕Veuillot führend an der Erarbeitung von *Christus Dominus* beteiligt, ebenso Mitarbeit an *Optatam totius* und *Gravissimum educationis.* 1969 Sekretär der Bischofssynode. Als stellvertretender Sekretär der Kommission zur Revision des Kirchenrechts (1965–82) schwand sein Einfluss mit Beginn des Pontifikats ∕Johannes Pauls II. (Grootaers 420).

Werke: Christus Dominus. The decree on the pastoral office of bishops in the Church. Glen Rock 1967; La genèse, le titre et la structure du décret: La charge pastorale des évêques. Décret „Christus Dominus". Paris 1969, 73–83; Les évêques et l'Église universelle: ebd., 87–101.

Literatur: **J. Lindemans – H. Demeester** (Hg.): Liber amicorum Mgr W. O. Actuele thema's van kerkelijk en burgerlijk Recht. Thèmes actuels de droit canonique et civil. Gembloux 1976 (Bibliografie); **C. van de Wiel:** Repertorium van de documenten in het archief van Monseigneur W. O.: Tweede Vaticaans Concilie en Pauselijke Commissie voor de herziening van het Wetboek van Canoniek Recht. Leuven 1998; **J. Grootaers:** Actes et acteurs à Vatican II. Leuven 1998, 420–455; **Greiler:** Das Konzil und die Seminare (Register); **M. Faggioli:** Il vescovo e il concilio. Modello episcopale e aggiornamento al Vaticano II. Bologna 2005 (Register).

MICHAEL QUISINSKY

Ottaviani, *Alfredo,* italienischer Theologe und Kurienkardinal, * 29.10.1890 Rom, † 3.8.1979 ebd. Studium am Pontificio Seminario Romano dell'Apollinare, an dem er in der Folge Staatskirchenrecht lehrte. 1916 Priester, 1926 Rektor des Pontificio Collegio Boemo, 1928 Untersekretär der Kongregation für die außerordentlichen kirchlichen Angelegenheiten, 1929 Substitut im Staatssekretariat. 1935 Assessor am Sanctum Officium, 1953 Kardinal und 1959 Sekretär des Sanctum Officium, dessen Präfekt offiziell der Papst selbst war. Präsident der vorbereitenden Kommission, war O. während des Vaticanum II Präsident der Theologischen Kommission *De doctrina fidei et morum.* Als solcher verteidigte er während des Konzils die in der Vorbereitungsphase erstellten Schemata gegenüber der Konzilsmehrheit. Der römischen Tradition der ersten Hälfte des 20. Jahrhunderts verpflichtet, stellte sich O. den Entwicklungen in der katholischen Theologie in den Bereichen der Ekklesiologie, der Liturgie, der Offenbarungstheologie, der Moraltheologie und des Ökumenismus entgegen, wie sie auf dem Konzil zur Reife gelangten. Ein bedeutender Moment seiner Konzilsaktivitäten in aula war die Debatte über das Schema *De fontibus revelationis* im November 1962, in der er die neuen Tendenzen in der katholischen Exegese kritisierte. Berühmtheit erlangte seine Antwort auf die Rede von Kardinal ∕Frings vom 8.11.1963, der seinerseits die Notwendigkeit dargelegt hatte, die Vorgehensweise des Sanctum Officium zu reformieren. Zu den wichtigen Interventionen O.s gehören auch jene vom September 1964 und vom September 1965 gegen das Schema über die Religionsfreiheit, die Rede vom 30.10.1964, in der er für kinderreiche Familien plädierte, sowie vom 7.10.1965 über die Notwendigkeit des kirchlichen Eintretens für den Frieden. O. war nicht nur Teil der Minderheit in der Konzilsaula, sondern gehörte auch zu jenen, die extra aulam auf ∕Paul VI. Druck ausübten. Im Vergleich zu seinen ausgedehnten Aktivitäten in den ersten beiden Sitzungsperioden äußerte sich O. in den letzten beiden Sitzungsperioden nur selten. 1969 sprach er sich gemeinsam mit Kardinal Antonio ∕Bacci in einem Brief an Paul VI. gegen die nachkonziliare Liturgiereform aus, deren „Bruch" gegenüber der „katholischen Messe", wie sie in der Sessio XXII des Tridentinums definiert worden war, er kritisierte.

Werke: Compendium iuris publici ecclesiastici. Rom 1942; Ius publicum externum (Ecclesia et status). Vatikanstadt 1948; Il baluardo. Rom 1961.

Literatur: **E. Cavaterra:** Il prefetto del Sant'Offizio: le opere e i giorni del cardinale O. Mailand 1990; **J. Grootaers:** I protagonisti del Vaticano II. Cinisello Balsamo 1994, 195–205; **GZVK** (Register); **Burigana:** La Bibbia nel concilio (Register); **Congar:** Mon journal (Register); **Scatena:** La fatica della libertà (Register); **BBKL** 25, 1014–1018 (A. v. Teuffenbach); **D. Burkard:** Augustin Bea und A. O. Thesen zu einer entscheidenden personellen Konstellation im Vorfeld des Zweiten Vatikanischen Konzils: Bischof (Hg.): Das Zweite Vatikanische Konzil, 45–66.   MASSIMO FAGGIOLI

P/Q

Pachowiak, *Heinrich,* deutscher Bischof, * 25.3.1916 Hamburg-Harburg, † 22.11.2000 Hildesheim. 1940 Priester, 1940–45 Sanitätssoldat und Kriegsgefangenschaft, 1945 Kaplan in Celle, 1946–52 Sekretär von Bischof Joseph Godehard Machens, 1947 Domvikar, 1952 Subregens am Priesterseminar, 1953–58 Diözesanjugendseelsorger, 1958 Ernennung zum Weihbischof in Hildesheim, 1960–67 Leiter des Seelsorgeamtes, 1961 Domkapitular, 1965–87 Beauftragter der Deutschen Bischofskonferenz für die Bundesgrenzschutzseelsorge, 1967–86 Bischofsvikar in Hannover. Im Rahmen der Deutschen Bischofskonferenz war P. Mitglied der Kommissionen für das Laienapostolat, für die Liturgie sowie für Erziehung und Schule. Er wirkte entscheidend an den Hildesheimer Diözesansynoden von 1968/69 und 1989/90 mit und förderte die Ökumene. Am Vaticanum II nahm er von der ersten bis vierten Sitzungsperiode teil. 1992 Rücktritt.

Literatur: **Gatz B 1945,** 268 f. (H.-G. Aschoff).

GUIDO TREFFLER

Pangrazio, *Andrea,* italienischer Bischof, * 1.9.1909 Tàhtàszada (Budapest), † 2.6. 2005 Rom. 1932 Priester in Padua; ebd. bischöflicher Sekretär, dann Diözesanbeauftragter der Katholischen Aktion. 1953 zum Titularbischof von Caesarea in Thessalien und Koadjutor „sedi datus" in Verona ernannt; 1955 in dieser Eigenschaft in die Diözese Livorno versetzt, 1959 dort Koadjutor mit dem Recht der Nachfolge; 1962 zum Bischof von Görz ernannt; 1967 Weihbischof von Porto-Santa Rufina, Delegat für die italienischen Seminare und Konsultor verschiedener römischer Kongregationen; 1984 Amtsverzicht. P. beteiligte sich engagiert am Vaticanum II, wo er den Begriff „hierarchia veritatum" in die Debatte einbrachte.

GIUSEPPE ALBERIGO

In seinem Konzilsvotum wünschte P. u. a. eine Auseinandersetzung mit der Rolle der Laien in der Kirche (AD I-2-3, 341–343). Auf dem Konzil war er als Mitglied des Pressekomitees tätig. In der Debatte über das Ökumenismusschema verwies er auf die Dynamik der Kirchengeschichte, durch die im ökumenischen Prozess unvorhersehbare Wege eröffnet werden könnten. Dem Diktum von der „hierarchia veritatum" gemäß bestehe in den primären Wahrheiten bereits Einheit unter den Christen (AS II-6, 32–35).

Konzilsbeiträge: AS II-6, 32–35; III-3, 730; III-4, 355–357.945; III-5, 844 f.; III-8, 1125.1139.

Literatur: **A. P.:** Das Geheimnis der Kirchengeschichte: Konzilsreden. Einsiedeln 1964, 140–143; **U. Valeske:** Hierarchia veritatum. München 1968, 26–29; **W. Küppers:** Das Schema „De Oecumenismo". Die Aussprache auf der 2. Session des II. Vatikanischen Konzils: Ökumenische Rundschau 13 (1964) 166–181; **LThK. E** (Register); **D. Carroll:** Hierarchia Veritatum: A Theological and Pastoral Insight of the Second Vatican Council: Irish Theological Quarterly 44 (1977) 125–133; **GZVK** (Register); **HThK 2. Vat** 3 (Register); **H. Witte:** Vatikanum II revisited. Kontext und Entstehung der Aussage über die „Hierarchie" der Wahrheiten: Bijdragen 68 (2007) 445–477.

FRANCA SPIES

Parente, *Pietro,* italienischer Kurienkardinal, * 16.2.1891 Casalnuovo Monterotaro (Apulien), † 29.12.1986 Rom. 1906 Eintritt in das Seminar von Benevent, ab 1909 Studium in Rom (Sant'Apollinare); 1916 Priester, 1916–26 Seminardirektor in Benevent, 1925 Promotion in Literaturwissenschaft an der Universität von Neapel. Lehrte von 1926–38 Dogmatik an der Lateranuniversität und von 1930–55 an der Urbaniana; 1934–38 Rektor des Collegio Urbano di Propaganda Fide (Propaganda-Kolleg), ab 1939 Konsultor des Heiligen Offiziums und anderer römischer Kongregationen, 1948 Mitglied der biblischen Unterkommission zur Vorbereitung eines Konzils. 1955 zum Erzbischof von Perugia ernannt, 1959 als Assessor des Heiligen Offiziums nach Rom versetzt und 1967 zum Kardinal ernannt. P. war ein qualifizierter Exponent der „römischen Theologie" und engagierter Teilnehmer am Vaticanum II. GIUSEPPE ALBERIGO

Mitglied der vor-vorbereitenden Kommission (GZVK 1, 52), wünschte P. eine Konzentration der Vorbereitungskommissionen auf eine Zentralkommission, unterteilt in die Sektionen Lehre und Diziplin, wobei die erste eng mit dem Heiligen Offizium verknüpft sein sollte. Entgegen der Ansichten ∕Tromps und Paul Philippes sprach er sich für das Rederecht der Bischöfe auf dem Konzil aus (ebd., 371). Während des Konzils war P. Mitglied der Theologischen Kommission und gehörte zur Fraktion der „kurialen Eiferer" (GZVK 2, 250). Am Liturgieschema kritisierte er u. a. den Mangel an sprachlicher Präzision und forderte eine Ergänzung, die besagt, dass die Ritenkongregation die Überarbeitung der liturgischen Bücher unter ihrer Kontrolle behalten müsse. Er trat für das Lateinische als Liturgiesprache ein (u. a. zur Wahrung des Sinns für das Mysterium) und bezeichnete diejenigen, die Reformen forderten, als „novatores" (vgl. AS I-1, 423–427). In der Diskussion um *De fontibus revelationis* bemüht um eine genaue Auslegung der Aussagen des Tridentinums zum Verhältnis von Schrift und Tradition (AS I-3, 132–135), war er auch Mitglied der entsprechenden Unterkommission und verfocht dort die Auffassung der quantitativen Ergänzung der Schrift durch die Tradition. P. gehörte außerdem der siebenköpfigen Unterkommission zu *De ecclesia* an, die den belgischen Text von Gerard ∕Philips als Grundlage für die weitere Arbeit wählte, sich Beiträgen aus P.s Text jedoch nicht verschloss. Überraschend verteidigte P. am 14.10.1963 die Sakramentalität der Bischofskonsekration sowie die These, dass die bischöfliche Kollegialität göttlichen Rechts sei (AS II-2, 496–500). In seinem Bericht über die Artikel 22–27 zum kollegialen Charakter des Bischofsamtes vom 21.9.1964 setzte er sich mit Einwänden gegen diese Lehre auseinander: Er hob hervor, dass der Terminus „collegium" nicht die Gleichheit aller Mitglieder beinhalte, dass er unabtrennbar den Papst als Haupt einschließe und die Macht des Papstes in keiner Weise beeinträchtige. Die Lehre finde sich außerdem schon bei nachtridentinischen Autoren. Die Erklärung über die Religionsfreiheit lehnte P., überzeugt vom Recht der Wahrheit, ab. An der Entstehung der Pastoralkonstitution war er u. a. als Mitglied der Subkommission über den Menschen beteiligt.

Literatur: Bibliografia del cardinal P. P., hg. v . M. Di Ruberto. Vatikanstadt 1991; **J. Grootaers:** Primauté et collégialité. Le dossier de Gérard Philips sur la Nota Explicativa Praevia (Lumen gentium, Chapitre III). Leuven 1986 (Register); **R. Burigana:** Progetto dogmatico del Vaticano II. La commissione teologica preparatoria (1960–1962): Verso il concilio Vaticano II (1960–1962), hg. v. G. Alberigo – A. Melloni. Genua 1993, 141–206; **J. Grootaers:** I protagonisti del Vaticano II. Cinisello Balsamo 1994, 207–216; **GZVK** (Register); **Burigana:** La Bibbia nel concilio (Register); **A. von Teuffenbach** (Hg.): Konzilstagebuch Sebastian Tromp SJ mit Erläuterungen und Akten aus der Arbeit der Theologischen Kommission. II. Vatikanisches Konzil, Bd. 2. Nordhausen 2011 (Register). CLEMENS CARL

Pascher, Joseph Maria, deutscher katholischer Liturgiewissenschaftler, * 26.9.1893 Härtlingen (Westerwald), † 5.7.1979 Wiesbaden. 1916 Priester; 1921 Dr. phil., 1927 Dr. theol.; 1929 Habilitation; ab 1929 Privatdozent in Würzburg, München und Regensburg, 1936 außerordentlicher Professor für Religionspädagogik in München, 1940–46 Professor für Pastoraltheologie und Religionspädagogik in Münster, 1946–60 Professor für Pastoraltheologie, Homiletik und Liturgik in München und Direktor des Herzoglichen Georgianums; 1958/59 Rektor der Universität, nach 1960 Lehrtätigkeit an der Lateran-Universität in Rom sowie an der Philosophisch-Theologischen Hochschule in Passau; 1960 Mitglied in der vorbereitenden Konzilskommission für die Liturgie, 1962/63 Berater von Kardinal Julius ∕Döpfner auf dem Vaticanum II. 1964–69 Konsultor des Römischen Liturgierates, Leiter des Coetus 3 und Mitglied in den Coetus 6, 9 und 17 (später hier Relator).

1955–70 Mitglied der Liturgiekommission in Deutschland; „Initiator" des *Liturgischen Jahrbuchs* (u. a. 1951 f. Herausgeber); P. erwarb sich besondere Verdienste um das Stundengebet und eine angemessene Liturgiesprache. Er war maßgeblich an der Erarbeitung des Stundenbuches (Band 1, 1970; Band 2, 1971; 16 Lektionarfaszikel 1972–73) und des Lateinisch-deutschen Altarmessbuches (3 Bände 1965) beteiligt. Mitarbeit an weiteren nachkonziliaren authentisch-liturgischen Büchern.

Bibliografie: M. Roth: J. M. P. (1893–1979). Liturgiewissenschaftler in Zeiten des Umbruchs. St. Ottilien 2011, XI–XXII.

Literatur: Gottesdienst 7 (1973) 157 f.; MThZ 30 (1979) 293–297; LJ 30 (1980) 1–4; Jahrbuch der Bayerischen Akademie der Wissenschaften 1980, 219–227; **G. Schwaiger** (Hg.): Christenleben im Wandel der Zeit, Bd. 2. München 1987, 488–498; **M. Roth:** J. P. als liturgischer Reformer: J. Bärsch – W. Haunerland (Hg.): Liturgiereform vor Ort. Regensburg 2010, 43–61; **ders.:** J. M. P. St. Ottilien 2011; **R. Berger:** J. P.: Kranemann – Raschzok (Hg.): Gottesdienst 2, 901–908.   MARKUS ROTH

Paul VI. (eigentlich *Giovanni Battista Montini* [M.]), Papst, * 26.9.1897 Concesio (bei Brescia), † 6.8.1978 Castelgandolfo. 1916 trat M. in das Seminar von Brescia ein, 1920 Priester. Schon als Seminarist (1919) wurde M. Mitglied der Federazione Universitaria Cattolica Italiana (FUCI), deren Geistlicher Assistent auf nationaler Ebene er 1925–33 wurde. Die Herausgabe der Zeitschrift *Studium* (Rom [1905] ff.) bedeutete für M. eine intensive Auseinandersetzung mit den kulturellen Entwicklungen. M. wurde vertraut mit späteren Protagonisten der italienischen Partei Democrazia Cristiana, wie z. B. Aldo Moro, Giulio Andreotti und Amintore Fanfani. Studium an der Gregoriana in Rom (1920–23), gleichzeitig auch Philosophie und Kunst an der staatlichen Universität La Sapienza in Rom und Besuch der Vatikanischen Diplomatenschule. 1923 von Pius XI. zum Sekretär der polnischen Nuntiatur in Warschau ernannt. 1924 Minutent im Staatssekretariat, 1925 Privatkämmerer Seiner Heiligkeit. M. schlug eine diplomatische Karriere im Vatikanischen Staatssekretariat ein. Im Juli 1931 wurde er Hausprälat, und seit 1930 unterrichtete er Geschichte der Vatikanischen Diplomatie an der Fakultät San Apollinare, die später Teil der Lateran-Universität wurde. Geistig geprägt wurde M. nicht zuletzt auch von Vertretern des französischen Katholizismus, darunter insbesondere Jacques /Maritain.

1937 zum Substitut des Vatikanischen Staatssekretariat ernannt, wurde M. in dieser Funktion zur rechten Hand von Kardinal Pacelli. Während des Pontifikats /Pius' XII. unterstützte M. den Papst und wurde häufig von der Italienischen Faschistischen Partei attackiert. Am 29.11.1952 ernannte ihn Pius XII. zum Pro-Staatssekretär für ordentliche kirchliche Angelegenheiten, am 1.11.1954 erfolgte überraschend die Ernennung zum Erzbischof von Mailand. Die mit diesem bedeutenden Bischofsstuhl traditionell verbundene Kardinalswürde verlieh ihm allerdings erst 1958

Papst ↗Johannes XXIII. Bereits in den frühen 1950er Jahren setzte sich M. für die Förderung der Ökumene ein, indem er die Errichtung von Charles ↗Boyers *Unitas* unterstützte und bei einem Treffen von Johannes ↗Willebrands' Katholischer Konferenz für ökumenische Fragen in der Erzdiözese Mailand vom 19.–21.9.1960 aktive Präsenz zeigte. Bei diesem Treffen wurde vieles von der zukünftigen Agenda des Vaticanum II vorbereitet, nicht nur im Hinblick auf ökumenische Angelegenheiten, sondern auch hinsichtlich der Frage der Religionsfreiheit. M. nahm an den Vorbereitungen sowie der ersten Sitzungsperiode des Vaticanum II als Erzbischof von Mailand teil. Am 6.11.1961 zum Mitglied der zentralen vorbereitenden Kommission ernannt, informierte er die Gläubigen seiner Diözese eingehend über die Bedeutung eines ökumenischen Konzils. M. gestaltete die Vorbereitungsphase aktiv mit und wurde als aufgeschlossenes Mitglied der Mitte sowie als eines der progressiveren Mitglieder des italienischen Episkopats bekannt. Diese durchaus delikate Position aufrechterhaltend, positionierte er sich während der ersten Sitzungsperiode als moderates Mitglied der Konzilsmajorität, wobei er die Bedeutung des Begriffes Aggiornamento als Leitmotiv für das Konzil betonte. In diesem Sinn intervenierte er am 22.10.1962 in der Liturgiedebatte; am 5.12.1962 sprach er sich während der Debatte über die Kirche zugunsten einer christozentrischen Ekklesiologie und der Notwendigkeit eines ausgewogenen Nachdenkens über das Problem der bischöflichen Kollegialität aus.

In seinem ersten und einzigen Konklave wurde M. am 21.6.1963 zum Papst gewählt und wählte für sich den Namen Paul VI. Während seines Pontifikats kreierte er 143 Kardinäle in sechs Konsistorien, zur damaligen Zeit eine unglaublich hohe Zahl. Als Nachfolger von Papst Johannes XXIII. entschied sich P. VI. für eine Fortsetzung des Vaticanum II und eröffnete es am 29.9.1963 wieder. Als Erbe des Konzils promulgierte P. VI. alle 16 Dokumente des Vaticanum II. Er entschied sich außerdem dafür, die Approbierungsformel für die konziliaren Dokumente abzuändern. Konzilsdokumente sollten nicht länger vom Papst allein promulgiert werden, sondern der Aspekt der Communio sollte dadurch zum Tragen kommen, dass jedes Dokument mit der Formel „una cum Venerabilibus Patribus" ausgestellt wurde. Nichtsdestotrotz unterschied sich P. VI. als dem Konzil vorsitzender Papst von seinem Vorgänger in manchen Punkten. Seine Ansichten traten in der programmatischen Enzyklika *Ecclesiam Suam* vom 6.8.1964 hervor: Darin wurden die Notwendigkeit der Offenheit gegenüber der Welt sowie die Bedeutung der ekklesialen Strukturen der römisch-katholische Kirche hervorgehoben. Diese Enzyklika P.s VI. stellte einen wichtigen Impuls für den Dialog innerhalb der katholischen Kirche sowie für den ökumenischen Dialog und den Dialog zwischen Kirche und Welt dar. Eine gewisse Spannung ist sichtbar zwischen den kircheninternen Positionen P.s VI. etwa in der Frage der Kirchenleitung und seiner Haltung gegenüber der modernen Welt. Was beispielsweise den Begriff der hierarchischen Gemeinschaft und die Beziehung zwischen Papst und Weltepiskopat angeht, insistierte er durch seine Interventionen in einer Reihe von Konzilsdebatten stärker als Johannes XXIII. auf dem universalen Auftrag und der einheitsstiftenden Rolle des Bischofs von Rom. Seine bekannteste Intervention ist jene vom 14.11.1964, wo er anlässlich der Debatte über die bischöfliche Kollegialität eine *Nota explicativa praevia* als Interpretationsschlüssel für das dritte Kapitel von *Lumen gentium* einfügen ließ. Die Nota war von seinem persönlichen Theologen Carlo ↗Colombo und von Gerard ↗Philips entworfen worden und zielte darauf ab, die Vereinbarkeit des Prinzips der kollegialen, in der Weihe begründeten Teilhabe der Bischöfe am universalen dreigliedrigen Amt der Kirche mit den Vorrechten des päpstlichen Primats, wie sie sich in der dogmatischen Konstitution *Pastor aeternus* des Vaticanum I ausgedrückt finden, aufzuzeigen. Abgesehen davon gibt es andere Interventionen, mit denen P. VI. spezielle Problemkreise, etwa die Diskussion über die Geburtenregelung und über den priesterlichen Zölibat, von der Tagesordnung des Konzils absetzte und diese Angelegenheiten dem päpstlichen Urteil überließ. Dass diese Haltung kein rein zentralistisches Verständnis des päpstlichen Primats implizierte, wurde durch den Entschluss P.s VI. vom 15.9.1965 deutlich, eine dauerhafte Bischofssynode einzurichten und so die Bedeutung der Synodalität zu unterstreichen. Kritiker merkten freilich an, dass der Bischofssynode lediglich beratende Funktion zukommt.

P. VI. war ein beständiger Verteidiger der Offenheit gegenüber Nicht-Katholiken: Er bestand auf der Veröffentlichung der Dokumente *Unitatis redintegratio* zur Ökumene, *Dignitatis humanae* zur Religionsfreiheit und *Nostra aetate* zur Haltung der Kirche gegenüber den nichtchristlichen Religionen, wobei er beachtlichen Spannungen, ausgehend von theologischer wie diplomatischer Seite, standhielt. Dies führte zu bedeutenden, mit dem Konzil in Zusammenhang stehenden Ereignissen, wie z. B. dem historischen Treffen mit dem orthodoxen Patriarchen ∕Athenagoras im Januar 1964 in Jerusalem und der Aufhebung der wechselseitigen Anathemata des Großen Schismas von 1054 am 7.12.1965. P. VI. setzte sich persönlich dafür ein, die volle Gemeinschaft mit Konstantinopel wiederherzustellen, und hielt auch bis 1971 an diesem Bemühen fest. Seine Haltung gegenüber der modernen Gesellschaft und einer sich globalisierenden Welt kam in seiner Rede vor den Vereinten Nationen in New York am 4.10.1965 klar zum Vorschein. P. VI. war der erste Papst, der weltweite Reisen unternahm, u. a. nach Indien, Istanbul, Uganda, Australien und Ostasien.

P. VI. war auch in dem Sinn der Erbe des Vaticanum II, als er der erste Papst war, der die konziliaren Entscheidungen implementieren musste. Die Konzilsrezeption erwies sich auf verschiedenen Ebenen als komplex. Die ökumenischen Initiativen wuchsen rasant und erlebten zu dieser Zeit eine Blüte. P. VI. begann die Erneuerung des kirchlichen Lebens mit der Abschaffung des *Index der verbotenen Bücher* 1966. Das Motu proprio *Sacrum diaconatus ordinem* vom 18.6.1967 führte die Praxis wieder ein, den Ständigen Diakonat für verheiratete Männer zu öffnen. Weiterhin führte P. VI. 1968 eine Reform und dauerhaft eine Internationalisierung der Kurie durch; auch das Kardinalskollegium wurde, wie schon durch Johannes XXIII., weiter internationalisiert. In den Beziehungen zum kommunistischen Osten setzte P. VI. statt auf ideologische Konfrontation auf vorsichtige Maßnahmen zur Verbesserung der Situation der Katholiken. Große Zustimmung fand seine Sozialenzyklika *Populorum progressio* vom 26.3.1967. In gewisser Weise wurde diese allerdings von der aufkommenden Befreiungstheologie überholt, was mittelfristig zu einer konflikthaften Konstellation zwischen Teilen des lateinamerikanischen Katholizismus einerseits und dem Vatikan andererseits führte. Auch in anderen Teilen der Weltkirche war P. VI. mit Umwälzungen konfrontiert, wenn etwa die pastoralen und theologischen Entwicklungen im niederländischen Katholizismus weit über die Landesgrenzen hinaus Beachtung fanden. So fanden insgesamt gesehen neben eher als erfolgreich zu bewertenden Initiativen P.s VI. andere, vor dem Hintergrund der Entwicklungen während der zweiten Hälfte der 1960er Jahre und den damit gegebenen grundsätzlichen theologischen Herausforderungen, geringere Akzeptanz. Dies zeigt etwa die Resonanz auf die Enzyklika *Sacerdotalis caelibatus* (1967), die die Notwendigkeit, an den Zölibatsgesetzen festzuhalten, hervorhob und deren Prinzipien während der Bischofssynode von 1971, wenn auch nicht einhellig, bestätigt wurden. Am 25.7.1968 veröffentlichte P. VI. die Enzyklika *Humanae vitae,* die die Ablehnung moderner Methoden der Geburtenregelung zum Inhalt hatte. Die heftigen Reaktionen von Seiten vieler Episkopate und eines Großteils der katholischen Gläubigen, die z. T. auch als Wendepunkt in der Konzilsrezeption interpretiert werden, schockierten P. VI. derart, dass er nie wieder eine Enzyklika verfasste. P. VI. selbst litt stark unter den nachkonziliaren Krisenerscheinungen. Auch die Rezeption der konziliaren Liturgiereform, der sich das am 25.1.1964 errichtete Consilium ad exsequendam Constitutionem de Sacra Liturgia widmete und die von vielen Katholiken begrüßt wurde, bereitete z. T. langanhaltende Schwierigkeiten. U. a. verursachte das neue *Missale Romanum* von 1969/70 heftige Diskussionen; im Juli 1976 musste P. VI. schließlich den Bruch mit der Priesterbruderschaft Pius X. unter der Leitung von Marcel ∕Lefebvre hinnehmen (dessen Ursache auch unterschiedliche Auffassungen in den Punkten Religionsfreiheit und Ökumenismus waren). Dieser Bruch stellte eine schmerzliche Landmarke in den Spannungen dar, die die Rezeption der konziliaren Lehren umgaben. Einen wichtigen Zug der letzten Jahre des Pontifikats P.s VI. stellte sein Interesse für Kunst als einer Vermittlungsform des Göttlichen dar, aufgrund dessen 1973 eine Sammlung von Gegenwartskunst im Vatikan ihren Platz fand. Als ein Vermächtnis kann die Apostolische Exhortation *Evangelii nuntiandi* (1975) gelten, die die Evangelisierung inmitten einer pluralen Welt zum Gegenstand hat.

Werke: www.vatican.va/holy_father/paul_vi/index_ge.htm (abgerufen: 7.7.2012); Paulus PP. VI 1963–1978: Elenchus bibliographicus, hg. v. P. Aratò – P. Vian. Brescia – Rom 1981.

Literatur: **J. Guitton:** Dialog mit P. VI. Frankfurt 1969; ders.: P. VI secret. Paris 1978; **A. Dupuy:** La diplomatie du St Siège après le II Concile du Vatican. Paris 1980; P. VI et la modernité dans l'Église: Actes du colloque organisé par l'École française de Rome (Rome 2–4 juin 1983). Rom 1984; G. B. M. arcivescovo di Milano e il Concilio Ecumenico Vaticano II. Preparazione e primo periodo, Colloquio Internazionale di Studio (Milano, 23–25 settembre 1983). Brescia – Rom 1985; P. VI e i problemi ecclesiologici al Concilio, Colloquio Internazionale di Studio (Brescia, 19–21 settembre 1986). Brescia – Rom 1989; **C. Cremona:** P. VI. Mailand 1991; P. Hebblethwaite: The First Modern Pope. London 1993; **Y. Chiron:** P. VI, le pape écartelé. Paris 1993; P. VI e la collegialità episcopale, Colloquio Internazionale di Studio (Brescia, 25–27 settembre 1992). Brescia – Rom 1995; Religious Liberty: P. VI and „Dignitatis Humanae" (Washington 3–5 giugno 1993). Brescia – Rom 1997; **LThK³** 7, 1524–1526 (V. Conzemius); **O. Hann:** La réception du Deuxième concile du Vatican dans l'Église catholique allemande sous le pontificat de P. VI (1963–1978), et plus particulièrement dans le diocèse de Limbourg. Paris 1998 (Dissertation); **G. Galeazzi** (Hg.): M. e Maritain tra religione e cultura. Vatikanstadt 2000; **G. M. Vian:** s. v.: Enciclopedia dei papi, Bd 3. Rom 2000, 657–674; P. VI e l'ecumenismo. Colloquio internazionale di stutio (Brescia, 25–27 settembre 1998). Brescia – Rom 2001; **G. Adornato:** Cronologia dell'episcopato di G. B. M. a Milano. 4 gennaio 1955 – 21 giugno 1963. Brescia – Rom 2002; **S. Donatella:** Il papa di fronte alla responsabilità di promuovere l'unità dei cristiani. Rom 2003; **E. Versace:** M. l'apertura a sinistra. Il falso mito del vescovo progressista. Mailand 2007; **G. Adornato:** P. VI. Il coraggio della modernità. Cinisello Balsamo 2008; **A. Tornielli:** P. VI. L'audacia di un papa. Mailand 2009; **J. Ernesti:** P. VI. Der vergessene Papst. Freiburg 2012.

KARIM SCHELKENS/JÜRGEN METTEPENNINGEN

Pavan, *Pietro,* italienischer katholischer Theologe und Kardinal, * 30.8.1903 Treviso, † 26.12.1994 Rom. 1928 Priester, nach ausführlichen Studien ab 1933 Dozent für Moraltheologie mit einem besonderen Schwerpunkt auf ökonomischen und politischen Wissenschaften im Priesterseminar seiner Heimatdiözese Treviso, ab 1948 an der Lateranuniversität, deren Rektor er 1969–74 war. In verschiedenen Funktionen übte er eine pastoral und theologisch inspirierende Rolle für das Laienapostolat auf nationaler und internationaler Ebene aus. Theologisch suchte er die Würde der menschlichen Person zu begründen und zu entfalten und widmete sich auf der Grundlage der kirchlichen Soziallehre Fragen der Wirtschaftsethik und der demokratischen Gesellschaft. Auf dem Vaticanum II Mitglied der vorbereitenden Kommission *De* *ordine sociali* sowie der Kommission für das Laienapostolat; großer Einfluss auf die Enzykliken *Mater et magistra* und *Pacem in terris;* entscheidende Mitarbeit an *Dignitatis humanae,* wo seine Positionen denen John Courtney ↗Murrays verwandt waren. 1985 Kardinal.

Werke: Il valore transcendente della persona umana. Treviso 1939; L'ordine sociale. Ragione e Rivelazione. Rom 1943; La vita sociale nei documenti pontifici. Mailand 1946; La democrazia e le sue ragioni. Rom 1958; Il laicato cattolico nell'ordine temporal. Rom 1960; Laicismo d'oggi. Rom 1962; Dalla Rerum novarum alla Mater et Magistra. Rom 1962; Erklärung über die Religionsfreiheit. Einleitung und Kommentar: LThK.E 2, 703–748; Introduzione alla sociologica. Rom 1973; L'uomo nell' universo. Rom 1978; L'uomo nel Concilio Vaticano II: Seminarium 20 (1980) 101–129; F. Biffi (Hg.): Scritti, 4 Bde. Rom 1989–92 (Bibliografie).

Literatur: **F. Biffi:** Il cantico dell'uomo. Introduzione al pensiero sociale del card. P. P. Rom 1990; **G. Turbanti:** I laici nella chiesa e nel mondo: G. Alberigo – A. Melloni (Hg.): Verso il Concilio Vaticano II (1960–1962). Passaggi e problemi della preparazione conciliare. Genua 1993, 207–271; **D. Gonnet:** L'apport de John Courtney Murray au schéma sur la liberté religieuse: Lamberigts u.a. (Hg.): Commissions Conciliaires, 205–215; **B. Minvielle:** L'apostolat des laïcs à la veille de Vatican II (1949–1959). Histoire des Congrès mondiaux de 1951 et 1957. Fribourg 2001 (passim); **R. Goldie:** L'unità della famiglia umana. Il pensiero del cardinale P. P. Rom 2001; **Scatena:** La fatica della libertà (passim); **C. Ciriello:** Il cardinal P. P.: al servizio del magistero sociale della Chiesa durante il pontificato pacelliano. Rom 2008; **L. F. Kambalu:** La democrazia personalista nel pensiero del cardinale P. P. (1903–1994). Rom 2011; **C. Ciriello:** P. P. Le metamorfosi della dottrina sociale nel pontificato di Pio XII. Bologna 2011. MICHAEL QUISINSKY

Pellegrino, *Michele,* italienischer Patrologe, Bischof und Kardinal, * 25.4.1903 Cuneo, † 10.10.1986 Turin. 1925 Priester, lehrte seit 1941 Antike christliche Literatur an der Turiner Universität; u.a. Forschungen über Augustinus, Apologetik, Hagiographie und das Verhältnis zwischen klassischer und christlicher Kultur. 1965 Erzbischof von Turin. In dieser Funktion entwickelte er ein starkes pastorales Engagement in den Bereichen Arbeitswelt und Kultur. Er unternahm zwei Interventionen auf dem Vaticanum II: am 2.10.1965 (zur Freiheit der Forschung) und am 26.10.1965 (zur intellektuellen Betätigung des Klerus).

PAOLO SINISCALCO

Werke: Minucius Felix. Turin 1947; Studi sull'antica apologetica. Rom 1947; Ponzio, Vita Cypriani. Alba 1955; Possidio, Vita Augustini. ebd. 1955; Le ‚Confessioni' di S. Agostino. Rom 1956; Paolino di Milano, Vita Ambrosii. Rom 1961; Ricerche patristiche, 2 Bde. Turin 1982 (Literatur); Essere Chiesa oggi. Scritti pastorali. Leumann (Turin) 1983.

Literatur: **F. Bolgiani u.a.:** M. P. e gli studi sull'antichità cristiana: Rivista di storia e letteratura religiosa 23 (1987) 5–77 (Literatur); **D. u. R. Agasso:** M. P. uomo di cultura, cardinale audace, voce dei senza voce. Rom 1988; **M. E. Brusa Caccia:** Un padre e la sua città. Leumann (Turin) 1996; **P. Siniscalco u.a.:** M. P. a dieci anni dalla sua morte: Archivio Teologico Torinese 3 (1997) n°1; **F. Bolgiani** (Hg.): Una città e il suo vescovo. Torino negli anni dell'episcopato di M. P. Bologna 2003; **A. Parola:** M. P.: gli anni giovanili. Cuneo 2003; **G. Tuninetti:** Oscar Cullmann e M. P.: trace di un'amicizia in alcune lettere inedite (1965–1981): Archivio teologico torinese 11 (2005) 391–401; **ders.:** Il Cardinale M. P., l'America Latina, i preti „fidei donum" e Mons. Helder Camara: Archivio teologico torinese 12 (2006) 225–237; **C. Mazzuco:** Studi su M. P. nel ventennale della morte. Bologna 2010.

REDAKTION

Pelletier, *Georges-Léon,* kanadischer Bischof, * 19.8.1904 St-Épiphane (Québec), † 24.9.1984 Trois-Rivières. Besuch des Kleinen Seminars in Québec, 1927–31 Studium der Theologie im dortigen Priesterseminar (1929 Lic. phil., 1931 Dr. theol.), 1931 Priester für die Diözese Rimouski, in deren Kleinem Seminar er 1931/32 lehrte, bevor er in Rom und an der École biblique de Jérusalem seine Studien fortsetzte. Nach dem Lizenziat in Bibelwissenschaft (1934, Päpstliches Bibelinstitut) Professor an der Theologischen Fakultät der Université Laval. Neben seiner Lehrtätigkeit stark an sozialen Fragen und insbesondere solchen der Erziehung interessiert, nahm P. aktiv an verschiedenen Gruppierungen der Katholischen Aktion sowie der katholischen Gewerkschafts- und Arbeitgeberbewegung teil. Organisator von Pfarreiforen, Studentenseelsorger an der Université Laval (1938–43), Seelsorger der Jeunesse universitaire catholique, der Association des infirmières catholiques und der Fédération canadienne des universitaires catholiques. 1942 Weihbischof von Québec, 1947 Bischof von Trois-Rivières. Innerhalb der Bischofskonferenz der Provinz Québec 1959–61 Vorsitzender der Commission épiscopale de l'Action sociale. Als Mitglied der kanadischen Bischofskonferenz gemäß seinen Interessen 1959 Vorsitzender und 1964–66 Mitglied der französischsprachigen Sektion der Commission épiscopale d'Action sociale, 1961–63 Vorsitzender der frankophonen Sektion der Commission épiscopale de l'Éducation. Auf dem Vaticanum II Mitglied der vorbereitenden Kommission für die Bischöfe, arbeitete P. insbesondere in der Unterkommission *De Animarum Cura* mit. Von ∕Johannes XXIII. zum Mitglied der Theologischen Kommission für den Glauben und Sittenfragen ernannt, wurde er in dieser Eigenschaft Mitglied der gemischten Kommission zur Neufassung von *De fontibus revelationis* sowie Mitglied der Unterkommission *De scripturae inspiratione, inerrantia et compositione litteraria*. Seit 1964 Mitglied der Unterkommission *De divina revelatione* (erste Unterkommission zur Einleitung und zum ersten Kapitel) sowie in der Folge der kleinen, mit der Redaktion der Endfassung von *Dei Verbum* beauftragten Kommission. Als Exeget nahm er im März 1964 auch an der biblischen Unterkommission teil, die mit der dritten Unterkommission von *De ecclesia* damit beauftragt war, die Frage der apostolischen Sukzession zu untersuchen. Seine Erfahrung im Bereich der sozialen Arbeit und der Laienförderung brachte er ebenfalls in seine Arbeit für das Konzil ein, etwa während der Redaktion von *De ecclesia* 1963 im Rahmen der aus Mitgliedern der Theologischen Kommission und der Kommission für das Laienapostolat gebildeten gemischten Commissio pro rebus socialibus et internationalibus. Ab 1963 gehörte er auch der gemischten Kommission für das Schema XVII/XIII an. Hingegen hielt er keine Konzilsreden und beschränkte sich darauf, während der zweiten Sitzungsperiode schriftliche Anmerkungen zum dritten Kapitel von *De episcopis* einzureichen (AS II-V, 328f.). Um das Aggiornamento und die Rezeption des Vaticanum II zu fördern, organisierte er nach dessen Ende ein „Konzil" auf Diözesanebene. 1975 Rücktritt als Diözesanbischof.

Werke: Mandements des évêques de Trois-Rivières, Bde. 15–18. Trois-Rivières 1950–75.

Literatur: **G. Routhier – G. Baillargeon** (Hg.): Les diocèses de Nicolet et de Trois-Rivières et Vatican II. Québec 2005. GILLES ROUTHIER

Philippus a Sanctissima Trinitate (eigentlich *Jean Rambaud*), OCD (1930), französischer katholischer Theologe, * 22.1.1908 Grenoble, † 10.4.1977 Venasque (Vaucluse). 1925–30 im Séminaire Français in Rom, studierte P. 1925–28 Philosophie (Dr. Phil.) und 1928–30 Theologie (Bacc. theol.; Bacc. iur. can.) an der Gregoriana. 1934 Priester. 1934–39 und 1948–52 stellvertretender Direktor des Collège libre secondaire in Avon (bei Fontainebleau), 1940–45 Vize-Provinzial der Semi-Provinz Paris der Unbeschuhten Karmeliter, Widerstand gegen die deutsche Besatzung (Hilfe für Verfolgte, Beherbung jüdischer Kinder), entsprechende Auszeichnungen (Légion d'honneur, Croix de la guerre, Médaille de la Résistance), 1944/45 Mitglied der Assemblée Consultative Provisoire, 1945–48 Professor für Philosophie und Theologie im Kloster Avon, Zensor der *Études Carmélitaines*, ab 1952 als Qualifikator (Gutachter) des Sanctum Officium in Rom, 1953–56 Rektor des Internationalen Kollegs der Unbeschuhten Karmeliter, 1953–64 Präsident der theologischen Fakultät des Theresianums und Professor für Dogmatik ebd., 1958–73 Konsultor des Heiligen Offiziums (bzw. der Glaubenskongregation). ∕Johannes XXIII. ernannte den seit Sommer 1960 gesundheitlich stark eingeschränkten P. 1961 zum Berater der Theologischen Vorbereitungskommission des Vaticanum II. Dieser forderte ein strenges Vorgehen des Konzils gegenüber den sogenannten „Irrtümern der Zeit", wie er sie insbesondere in Teilen der französischen Gegenwartstheologie (z. B. Teilhard de Chardin, Henri de ∕Lubac) gegeben sah.

Werke: Certitude de l'Assomption: Magie des extrêmes (Études Carmélitaines). Paris 1952, 173–212; Préface: J.-M. Simon: L'impossible Alliance. Communisme et progressisme en face de la foi chrétienne. Paris 1954, 7–12; Teilhard de Chardin: synthèse ou confusion?: Divinitas 3 (1959) 285–359; La dichiarazione sulla libertà religiosa: Relazioni 3 (1966) n. 4, 13–38; Dialogue avec le marxisme? Paris 1966; Teilhard de Chardin. Étude critique, 2 Bde. Paris 1968; „Philosophia perennis" et saint Thomas d'Aquin en Vatican II: Vatican II, signe de contradiction. Paris 1969, 67–79; Pour et contre Teilhard de Chardin penseur religieux. Saint Cénéré 1970; L'offertoire du nouvel ordo missae. Note critique: La Pensée Catholique (1970) n. 129, 26–40; Peut-on brader le dogme de l'Eucharistie. Saint-Cénéré 1970; Présence réelle eucharistique: mystère ou magie? Examen critique d'un livre du P. Schillebeeckx: La Pensée Catholique (1971) n. 130, 28–53.

Bibliografie: J. de Sainte Marie: L'œuvre et la pensée théologiques du P. Philippe de la Trinité O. C. D: Ephemerides Carmeliticae 29 (1978) 313–393: 384–393.

Literatur: **J. de Sainte Marie:** s. v.: Dictionnaire de Spiritualité ascétique et mystique. Doctrine et Histoire, gegründet v. M. Viller, Bd. 12,1. Paris 1984, 1328 f.; **GZVK** 1 (Register); **L.-M. Yver:** Le père P. de la Trinité, interprète de Thérèse de Lisieux: Thérèse et ses théologiens. Versailles – Venasque 1998, 181–209; www.carmel.asso.fr/Quelques-figures-marquantes-de-la-Province.html (abgerufen: 5.7. 2012).
CLEMENS CARL

Philips, *Gerard Gustaaf Alfons,* belgischer katholischer Theologe, * 29.4.1899 St. Truiden (Limburg), † 14.7.1972 Löwen. 1917–19 Studium im Kleinen Seminar St. Truiden, anschließend am Großen Seminar der Diözese Lüttich, 1922 Priester. Bis 1925 führte er seine Studien an der Gregoriana fort, bevor er bis 1944 als Dogmatikprofessor am Großen Seminar Lüttich lehrte. 1944–69 wirkte er in gleicher Eigenschaft an der Theologischen Fakultät der Katholischen Universität Löwen. Seit 1950 engagierte sich P. in der Laienbewegung, u. a. als Mitglied des COPECIAL (Comité Permanent des Congrès Internationaux pour l'Apostolat des Laïcs). In dieser Zeit arbeitete er mit den späteren Konzilstheologen Yves ∕Congar und Sebastian ∕Tromp zusammen. Auch auf dem Gebiet der Mariologie war P. eine anerkannte Größe, und so wirkte er u. a. bei den Internationalen Marianischen Kongressen der 1950er Jahre mit. 1953–68 war er neben seiner universitären Aufgabe belgischer Senator. Nach der Ankündigung des Vaticanum II wurde er Mitglied der vorbereitenden Theologischen Kommission und ab 1962 Mitglied der Theologischen Kommission, zu deren zweitem Sekretär er am 2.12.1963 ernannt wurde. P. gilt als wichtigster Mitverfasser von *Lumen gentium,* v. a. weil er im Frühjahr 1963 das neue Schema *De ecclesia* zu verfassen hatte, das das ursprüngliche, von Tromp redigierte, ersetzte. Als Hauptredaktor von *Lumen gentium* war P. gemeinsam mit Carlo ∕Colombo und Wilhelm Bertrams auch an der Redaktion der *Nota explicativa praevia* beteiligt, die ∕Paul VI. der Kirchenkonstitution hinzufügte, um die Natur der Lehre

über die Kollegialität zu klären. P. blieb stets der Meinung, dass die *Nota explicativa praevia* gegenüber *Lumen gentium* keine substanzielle Änderung mit sich brachte und dass ihr auch nicht der Rang einer durch das Konzil approbierten Konstitution zukam. Auch auf andere Konzilsdokumente wie *Gaudium et spes* und *Dei Verbum* hatte P. Einfluss. Nach dem Konzil blieb P. als Professor und Senator aktiv und bereitete auf Bitten von Kardinal ⁄ Suenens hin 1968 eine Stellungnahme des belgischen Episkopats gegen *Humanae vitae* vor. Auf weltkirchlicher Ebene engagierte sich P., als die neuerrichtete Internationale Theologische Kommission ihre Arbeit aufnahm und auf seine Erfahrung zurückgreifen konnte.

Werke: L. Declerck – W. Verschooten: Inventaire des papiers conciliaires de Monseigneur G. P., secrétaire adjoint de la Commission Doctrinale. Löwen 2001; K. Schelkens: Carnets conciliaires de Mgr. G. P., secrétaire adjoint de la Commission Doctrinale. Löwen 2006. Eine vollständige Bibliografie findet sich in BBKL 31, 1070–76 (M. Quisinsky – K. Schelkens).

Literatur: **J. Coppens:** Monseigneur G. P. Sa carrière et son oeuvre: EThL 45 (1969) 309–314; **ders.:** Ecclesia a Spiritu Sancto edocta. Lumen Gentium, 53. Melanges théologiques. Gembloux 1970, XI-XXXVII.343–380; **ders.:** Monseigneur G. P. In Memoriam: EThL 48 (1972) 321–332; **J. M. Heuschen:** Homilie uitgesproken op de begrafenisplechtigheid van Mgr. P.: EThL 48 (1972) 333–337; **J. Coppens:** G. P. 1899–1972: Annua Nuntia Lovaniensia 24 (1980) 254–259; **J. Grootaers:** Primauté et collégialité. Le dossier de G. P. sur la Nota Explicativa Praevia (Lumen Gentium, Chap. III). Löwen 1986; **LThK³** 8, 241 (E. Henau); **J. Grootaers:** Diversité des tendances à l'intérieur de la majorité conciliaire. G. P. et Giuseppe Dossetti: Donnelly u. a. (Hg.): Belgian Contribution, 529–561.

KARIM SCHELKENS

Pietsch, *Leo,* österreichischer Bischof, * 3.7.1905 Hermagor (Kärnten), † 30.9.1981 Graz. 1922–23 Studium der Theologie in Graz, dann Alumne des Collegium Germanicum in Rom; Promotion über René Descartes; 1929 Priester, 1930–33 Kaplan in Groß St. Florian, 1934–37 in Graz-Graben, 1937–38 in Graz-Hollenegg, 1939–45 in Graz-Kalvarienberg, seit 1942 gleichzeitig Pfarrvikar in Stoperzen (Slowenien); ab 1945 Universitätsdozent für Moraltheologie und Ethik in Graz; 27.8.1948 Ernennung zum Weihbischof der Diözese (Graz-)Seckau; 1950–68 Obmann des Katholischen Pressvereins, 1952/53 Generalvikar; 1954 Generalassistent der Katholischen Aktion der Diözese Seckau; Teilnahme am Vaticanum II in allen vier Sessionen; eine eigene schriftliche Eingabe am Konzil in Sachen Ökumenismusschema (AS II-5, 811); Einsatz für Laien; 1967 Entpflichtung als Weihbischof.

Werke: Der Philosoph Descartes im Spiegel seiner Briefe an Mersenne. Graz 1936.

Literatur: **K. Amon – M. Liebmann:** Kirchengeschichte der Steiermark. Graz 1993 (Register); **Gatz B 1945,** 252 f. (M. Liebmann).

DAVID NEUHOLD

Piolanti, *Antonio,* italienischer katholischer thomistischer Theologe, * 7.8.1911 Predappio (Forlì-Cesena), † 28.9.2001 Rom. 1934 Priester, Professor für Dogmatik, Dekan und 1957–69 Rektor der Lateranuniversität, Mitglied römischer Kongregationen, Peritus auf dem Vaticanum II, Autor zahlreicher Veröffentlichungen, 1948–63 Schriftleiter der *Enciclopedia Cattolica* (Apologetik, Dogmatik, Sakramentenlehre, Protestantismus). P. begründete theologische Sammelwerke und Zeitschriften und war Präsident der Pontificia Accademia San Tommaso. Unbedingte Treue gegenüber dem Lehramt und dem heiligen Thomas von Aquin kennzeichnen sein Werk.

ILARIA MORALI

Während der vor-vorbereitenden Phase, als genauere Hinweise auf das Programm des zukünftigen Konzils fehlten, regte P. eine dogmatische Konstitution über das Lehramt an (GZVK 1, 107). 1960 wurde P. in die vorbereitende Theologische Kommission des Konzils berufen; er gehörte zunächst der Unterkommission *De ecclesia* an, wechselte aber Ende November 1960 in die Unterkommission *De deposito* (ebd., 263). Es gibt Hinweise dafür, dass Kardinal ⁄ Ottaviani P. als Sekretär der vorbereitenden

Theologischen Kommission gegenüber Sebastian ∕ Tromp bevorzugt hätte (ebd., 256). Während des Konzils Peritus (AS Index 946) und Mitglied der Kommission für die Glaubenslehre (Berger 1180), gehörte P. zur Fraktion der „kurialen Eiferer" (GZVK 2, 250).

Bibliografie: E. Bini: Bibliografia degli scritti di Mons. A. P.: Divinitas 44/3 (2001) I–XXXVI.

Werke (Auswahl): Il corpo mistico e le sue relazioni con l'eucaristia in S. Alberto. Rom 1939; Nuovo Corso di Teologia Cattolica, 3 Bde. Florenz 1956–57; Dizionario di teologia dogmatica. Rom 1957.

Literatur: **M. L. Ciappi** (Hg.): Cinquant'anni di Magistero Teologico. Vatikanstadt 1985, 15–33; **R. Burigana:** Progetto dogmatico del Vaticano II. La commissione teologica preparatoria (1960–1962): Verso il concilio Vaticano II (1960–1962), hg. v. G. Alberigo – A. Melloni. Genua 1993, 141–206; **GZVK** 1; 2 (Register); **V. Noe:** In morte di Mons. A. P.: Divinitas 45 (2002) III–X; **BBKL** 20, 1179–84 (D. Berger); **A. von Teuffenbach** (Hg.): Konzilstagebuch Sebastian Tromp SJ mit Erläuterungen und Akten aus der Arbeit der Theologischen Kommission. II. Vatikanisches Konzil, Bd 1. Rom 2006 (Register); **Schelkens:** Catholic Theology of Revelation (Register).

CLEMENS CARL

Pironio, *Eduardo Francisco,* argentinischer Theologe, Bischof und Kardinal, * 3.12.1920 Nueve de Julio (Buenos Aires), † 5.2.1998 Rom. 1943 Priester, 1944–53 Dozent und Regens in Mercedes, 1954 Lic. theol. (Angelicum), später Professor für Dogmatik und Pastoraltheologie sowie Rektor bzw. Dekan der theologischen Fakultät der Universidad Católica Argentina. Am Vaticanum II nahm P. zuerst als Peritus, dann als Konzilsvater teil, nachdem er 1964 zum Weihbischof in La Plata ernannt worden war. 1968 erfolgte die Wahl zum Generalsekretär, 1972 zum Präsidenten des Lateinamerikanischen Bischofsrates (CELAM) (bis 1975). Auf der Generalversammlung des CELAM in Medellín 1968 spielte P. eine wichtige Rolle. Die Beschlüsse, die z. T. stark von ihm inspiriert sind und sich um ein Verständnis der Zeichen der Zeit im Licht des Evangeliums bemühen sowie eine Option für die Armen ins Werk setzen, sah P. nicht nur als Dokument, sondern vielmehr als weiterzuführenden Impuls für das kirchliche Leben. Beachtung fanden auch P.s Beiträge auf verschiedenen Bischofssynoden. 1972 wurde P. Bischof von Mar del Plata, bevor er 1975 Pro-Präfekt der Kongregation für die Orden und Säkularinstitute, 1976 deren Präfekt und Kardinal wurde und schließlich 1984–96 als Präsident des Päpstlichen Laienrates wirkte. In dieser Eigenschaft war P. maßgeblich an der Entstehung und Entwicklung der Weltjugendtage beteiligt.

Werke: Verso una Chiesa pasquale. Rom 1974; Der neue Mensch. Theologische Besinnung auf das Wesen der Befreiung: P. Hünermann – G.-D. Fischer (Hg.): Gott im Aufbruch. Die Provokation der lateinamerikanischen Theologie. Freiburg 1974, 41–69; En el espíritu de Medellín. Buenos Aires 1976; Queremos ver a Jesus. Madrid 1980; Guiados por el Espíritu. Madrid 1991.

Literatur: **P. M. Etchepareborda:** Cardenal E. F. P. Contemplativo, profeta y pastor: Proyecto 36 (2000) 280–289; **C. Galli:** E. P., teólogo. Ensayo a modo di introdución: Teologia 79 (2002) 9–42; **A. Zecca:** La Iglesia como misterio de comunión misionera en el pensamiento del cardenal E. F. P.: ebd., 117–136; **J.-M. Arnaiz:** P. Contagiar la fe en el mundo de hoy viviendo la esperanza. Buenos Aires 2002; E. F. P. Profeta de esperanza. Buenos Aires 2002; Cardenal E. F. P. Un testigo de la esperanza. Actas del Seminario Internacional realizado en Buenos Aires del 5 al 7 de abril de 2002. Buenos Aires 2002; **S. Scatena:** In populo pauperum. La chiesa latinoamericana dal concilio a Medellín (1962–1968). Bologna 2007 (Register); **B. de Vedia:** La esperanza come camino. Vida del Cardenal E. P. Buenos Aires 2008.

MICHAEL QUISINSKY

Pius XII. (eigentlich *Eugenio Pacelli*), Papst (1939–58), * 2.3.1876 Rom, † 9.10.1958 ebd. Aus einer angesehenen Juristenfamilie stammend, trat P. nach glänzenden Studien an staatlichen Schulen, an der Gregoriana und an Sant'Apollinare 1901 in den Dienst des Staatssekretariats; 1904 enger Mitarbeiter Pietro Gasparris, 1909–14 Professor für kirchliche Diplomatie, 1911 Untersekretär, 1912 Prosekretär, 1914 Sekretär der Sacra Congregatio pro Negotiis Ecclesiasticis extraordinariis, 1917 Titularerzbischof von Sardeis und Apostolischer Nuntius in München mit dem Auftrag, die deutsche Regierung zu bewegen, den päpstlichen Friedensvorschlag anzunehmen. Die kurze Räteregierung 1919 in München hinterließ in ihm zeitlebens panische Ängste vor kommunistischer Machtergreifung. 1920 Nuntius beim Deutschen Reich; nach dem Abschluss des bayerischen Konkordats 1924 Übersiedlung nach Berlin, 1929 Kardinal und 1930 Nachfolger Gasparris als Staatssekretär; maßgeblich beteiligt am Abschluss des österreichischen und des deutschen Konkordats 1933; Auslandsreisen nach Frankreich, Ungarn, Nord- und Südamerika; in einem eintägigen Konklave am 2.3.1939 zum Papst gewählt; als Papst versuchte P., die Konkordatspolitik seines Vorgängers weiterzuführen, und schloss Verträge mit Portugal (1940), Spanien (1953), der Dominikanischen Republik (1954) und Bolivien (1957). Eifrig bemühte sich P., durch diplomatische Aktivitäten den Ausbruch des 2. Weltkriegs zu verhindern; danach ging es ihm v. a. um die Wahrung strikter Neutralität, wobei er keine Mühe scheute, Kriegsgefangenen und Flüchtlingen humanitäre Hilfe zukommen zu lassen. Besondere Unterstützung wurde auch den Juden zuteil; zu einem offenen Protest in der Judenfrage war P. aber nicht bereit, da er glaubte, durch sein Schweigen „Schlimmeres" verhüten und die Hilfsmaßnahmen wirksamer organisieren zu können. Als Rom am 10.9.1943 besetzt wurde, machte P. den Vatikan zur Asylstätte für ungezählte Flüchtlinge. Seine Weihnachtsbotschaft 1944 widmete er der Demokratie. Den Kommunismus hielt er für gefährlicher als den Nationalsozialismus; durch das Dekret des Sanctum Officium vom 1.7.1949, das besonders für Italien große Bedeutung hatte, wurde jegliche Förderung des Kommunismus mit Exkommunikation belegt. P. hat mit 40 Enzykliken, zahlreichen Botschaften und Reden zu den meisten religiösen Grundsatzfragen der Zeit Stellung bezogen. Er trat besonders für die katholische Erziehung, für die Klärung von Fragen der katholischen Sittenlehre und für die Wahrung der Würde der Person ein. In der Theologie förderte er besonders die Mariologie durch die Dogmatisierung der Aufnahme Marias in den Himmel 1950 und durch die Enzyklika *Ad coeli Reginam* von 1954 über das Königtum Marias; die Fragen der Mittlerschaft und Miterlöserschaft ließ er offen; mit der Enzyklika *Mystici corporis* von 1943 vertiefte er die Lehre über die Kirche; die Bibelenzyklika *Divino afflante spiritu* von 1943 trug der modernen Exegese Rechnung; die Enzyklika *Mediator Dei* von 1947 sagte ein mäßiges Ja zur Liturgischen Bewegung; seine liturgischen Reformen gipfelten in der Milderung des eucharistischen Nüchternheitsgebots und in der Neuordnung der Karwoche; die Enzyklika *Humani generis* von 1950 richtete sich gegen die Nouvelle théologie; die Enzyklika *Provida mater* von 1947 anerkannte die Säkularinstitute; die Enzyklika *Haurietis aquas* von 1956 setzte sich mit dem Herz-Jesu-Kult auseinander; obwohl P. keine Sozialenzyklika verfasste, füllen seine Stellungnahmen zu sozialen Fragen an die 4.000 Seiten; der Ökumenischen Bewegung stand er wohlwollender gegenüber als sein Vorgänger. P. nahm 33 Heiligsprechungen vor, darunter 1954 auch jene Pius' X.; er erhöhte beträchtlich die Zahl der kirchlichen Sprengel; 1946 errichtete er die kirchliche Hierarchie in China, 1950 in Britisch-Westafrika, 1951 in Südafrika, 1953 in Britisch-Ostafrika, 1955 in Französisch-Afrika und Birma; P. nominierte 1946 und 1953 56 neue Kardinäle. Eine Sensation stellte die Ernennung der drei deutschen Bischöfe Josef ↗Frings, Konrad von Preysing und Clemens August von Galen dar. Mit Blick auf Deutschland verwarf er die Idee von der Kollektivschuld. P., der große Bewunderung für teutonische Tugenden zeigte, umgab sich mit deutschen Mitarbeitern wie Ludwig Kaas, Augustin ↗Bea, Robert Leiber und Gustav Gundlach. Dem autoritären Temperament P.' ist es zuzuschreiben, dass nach dem Tod des Staatssekretärs Luigi Maglione 1944 das Amt vakant blieb. P. starb in Castel Gandolfo und wurde in St. Peter begraben. P. zeichneten scharfer Verstand, ausgezeichnetes Gedächtnis, Sprachgewandtheit und starker Arbeitswille aus. Durch seine Ausstrahlungskraft erlangte das Papsttum hohes internationales Prestige. Nach seinem Tod kam aber Kritik an seinem autoritären Regierungsstil, seinem theatralischen Gebaren und Ärgernis erregenden Nepotismus auf. Besonders wurde und wird sein Schweigen gegenüber den Verbrechen des Nationalsozialismus in Frage gestellt. JOSEF GELMI

P. XII. trug sich 1948–51 mit der Absicht, ein Konzil einzuberufen, nicht um die Arbeiten des offiziell niemals beendeten Vaticanum I abzuschließen, sondern um auf die von ihm als drängend empfundenen Zeitfragen zu antworten. Dafür setzte er eine Zentralkommission und mehrere Unterkommissionen ein, deren Texte in während dieser Zeit entstandene päpstliche Lehrschreiben wie etwa die Enzyklika *Humani generis* eingingen. Aus Altersgründen hat er schließlich von der Einberufung eines Konzils abgesehen. Auch wenn es durchaus Verbindungslinien zwischen einzelnen Lehren und Entscheidungen P'. XII. und des Vaticanum II gibt, ist es anachronistisch, ihn zum Vorläufer des letzteren zu stilisieren (von Teuffenbach).

Werke: AAS 33–50 (1939–58); DH 3780–3928; Discorsi e Radiomessaggi di Sua Santità Pio XII, 20 Bde. Vatikanstadt 1941–59; HerKorr 1–13 (1946–59); Aufbau und Entfaltung des gesellschaftlichen Lebens. Soziale Summe P'., hg. v. A. F. Utz – J. F. Groner, 3. Bde. Fribourg 1954–61; P. Blet u.a. (Hg.): Actes et Documents du Saint-Siège relatifs à la Seconde Guerre Mondiale, 11 Bde. Vatikanstadt 1965–81.

Literatur: **Staatslexikon**, Bd. 4. Freiburg ⁷1988, 401 ff.; Cath 11, 300–311; **BBKL** 7, 682–699 (H. Altmann); Dictionnaire historique de la papauté, hg. v. P. Levillain. Paris 1994, 1362–1372.1571–1577 (Literatur); **TRE** 26, 674–677. – **G. Caprile:** P. und das Zweite Vatikanische Konzil: H. Schambeck (Hg.): P. zum Gedächtnis. Berlin 1977, 649–691; **L. Papeleux:** Les silences de Pie XII. Brüssel 1980; **J. Chelini:** L'Église sous Pie XII. La tourmente (1939–45). Paris 1983; **M. P. Lehnert:** ‚Ich durfte ihm dienen'. Würzburg 1982; A. Riccardi (Hg.): Le Chiese di Pio XII. Bari 1986; **J. Chelini:** L'après-guerre (1945–58). Paris 1989; **J. Gelmi:** Die Päpste in Lebensbildern. Graz 1988, 302–312; **M. Greschat – E. Guerriero** (Hg.): Storia dei papi. Mailand 1994, 795–857; **P. Chenaux:** Pie XII. Diplomate et pasteur. Paris 2003; **A. von Teuffenbach:** P. Neue Erkenntnisse über sein Leben und Wirken. Aachen 2010, 245–304; **K. Schelkens:** Pie XII, précurseur du Concile Vatican II?: Laval théologique et philosophique 66 (2010) 177–182. PETER WALTER

Pizzardo, *Giuseppe,* italienischer Kurienkardinal, * 13.7.1877 Savona (Ligurien), † 1.8.1970 Rom. Nach Studium der Rechtswissenschaften an der Universität Genua Eintritt ins Priesterseminar Savona, Studien der Philosophie und Theologie am Collegio Lombardo (Mailand) und an der Gregoriana in Rom, 1903 Priester; nach Ausbildung an der päpstlichen Diplomatenakademie Berufung ins Vatikanische Staatssekretariat, 1909 Nuntiatursekretär in München, 1912 Rückkehr ins Vatikanische Staatssekretariat als Minutant, 1919 Untersekretär, 1921 Substitut, 1929 Ernennung zum Sekretär der Congregatio pro negotiis ecclesiasticis extraordinariis, 1930 zunächst Ernennung zum Titularbischof von Cyrrhus, dann von Nicaea, anschließend Bischofsweihe durch Kardinal Eugenio Pacelli (/Pius XII.), 1937 Kardinal, 1939–68 Präfekt der Congregatio de Seminariis et Studiorum Universitatibus, 1948–66 Kardinalbischof von Albano, 1951–59 Sekretär des Heiligen Offiziums. Während seines Dienstes im Staatssekretariat war P. in wichtige außenpolitische Angelegenheiten involviert. So vertrat er beispielsweise 1922 den Vatikan auf der internationalen Weltwirtschaftskonferenz in Genua. 1929 begleitete er Kardinalstaatssekretär Pietro Gasparri zur Unterzeichnung der Lateranverträge. 1933 war P. bei der Unterzeichnung des Konkordats zwischen dem Heiligen Stuhl und dem Deutschen Reich zugegen. In einer handschriftlichen Notiz betreffs einer Anfrage nach einer öffentlichen Intervention des Papstes gegen die Judenverfolgungen der Nationalsozialisten schien ihm eine Antwort zu heikel („molto delicato") und er fragte, ob es nicht besser sei, „wenn zuerst die deutschen Bischöfe einen solchen Schritt unternähmen" (Wolf 218–224). In seiner Eigenschaft als Sekretär des Sanctum Officium war P. des Weiteren maßgeblich für das Vorgehen des Vatikan gegen die französischen Arbeiterpriester während der 1950er Jahre verantwortlich. Auf dem Vaticanum II wurde er als Präfekt der Seminar- und Universitätskongregation auch zum Präsidenten der entsprechenden Konzilskommission ernannt. Zusammen mit seinem Freund Kardinal Alfredo /Ottaviani gehörte er zur konservativen Konzilsminderheit. So trat er als unnachgiebiger Verteidiger des Lateinischen in der Kirche auf. Bereits vor dem Konzil hatte er sich – wie schon Kardinal Antonio /Bacci – gegen den Gebrauch der Landessprache in den Sitzungen ausgesprochen. Seine Argumente (vgl. AD II-2.1, 219f.) wurden teilweise wortwörtlich in die am 22.2.1962 erlassene Apostolische Konstitution *Veterum sapientia*, die den Gebrauch des Lateinischen für die Kirche einschärfte, aufgenommen (GZVK 1, 239f.). Darüber hinaus gehörte P. zur Gruppe konservativer Kurienkardinäle, die bezüglich des dritten Kapitels des Kirchenschemas Papst /Paul VI. unter Druck setzten, damit der päpstliche Primat gegenüber der Idee der Bischofskollegialität stärker profiliert werde, was schlussendlich zur Publikation der *Nota explicativa praevia* führte (GZVK 4, 77–84).

Werke: Il missionario istruttore: ossia Conferenze popolari sopra i precetti di Dio e della Chiesa ad uso delle s. Missioni ed esercizi. Neapel 1903; Theologica scripta Em.mo Card. Iosepho P. Pont. Academiae Theologicae Romanae protectori XXV expleto anno quo sacra purpura insignitus est reverenter oblata. Rom 1963.

Literatur: **BBKL** 28, 1268–1272 (Literatur); **GZVK** 1; 4 (Register); **H. Wolf:** Papst & Teufel. Die Archive des Vatikan und das Dritte Reich. München ²2009 (Register).
CHRISTIAN WIESNER

Pla y Deniel, *Enrique,* spanischer Bischof und Kardinal, * 19.12.1876 Barcelona, † 5.7.1968 Toledo. Studium der Philosophie, der Theologie und des Kirchenrechts in Barcelona und Rom, 1900 Priester, 1912

Domherr in Barcelona, Professor im Priesterseminar, Präsident der diözesanen Kommission für die Katholische Aktion; 1918–35 Bischof von Ávila, 1935–41 von Salamanca, 1941–68 Erzbischof von Toledo, 1946 Kardinal. In seinem Hirtenbrief vom 30.9.1936 *Las dos Españas* bezeichnete er den Bürgerkrieg als legitimen Kampf des katholischen Spanien gegen das laizistische, antiklerikale: „Ein laizistisches Spanien ist kein Spanien mehr". 1938 feierte er den Vormarsch Francos als Auferstehung Spaniens. 1940 regte er die Gründung der Päpstlichen Universität von Salamanca an. 1945 segnete er – in der Hoffnung auf eine Öffnung des Regimes – den Eintritt von Alberto Martín Artajo, der leitendes Mitglied der Pax Romana und der Katholischen Aktion war, als Außenminister in die Regierung ab; Präsident der Konferenz der spanischen Metropoliten und von dessen ständigem Ausschuss, Nationalpräsident der Katholischen Aktion und der Missionsunion des Klerus, Mitglied des spanischen Consejo de Estado sowie drei Jahre lang Abgeordneter im Parlament Francos (unterstützte 1960 das Streikrecht der Katholischen Aktion und trat von seinen politischen Ämtern zurück). 1946 saß P. als Päpstlicher Legat dem Nationalkongress der Jugend der Katholischen Aktion vor, 1954 dem Marianischen Nationalkongress in Zaragoza und 1957 dem Eucharistischen Nationalkongress in Granada. Er nahm an den Konklaven von 1958 und 1963 teil. P. war Mitglied der Kommission der Kardinäle zur Vorbereitung des Vaticanum II, gehörte zum Präsidium des Konzils und leitete einige Sitzungen. Seine einzige Stellungnahme gab er in der dritten Sitzungsperiode bei der Diskussion über das Schema zum Laienapostolat ab: ähnlich der Katholischen Aktion solle in jedem Land die Einrichtung von nationalen Verbänden aller Vereinigungen des Laienapostolats „unter der Leitung der Hierarchie" gefördert werden. Die Forschung hebt heute seine Klugheit in schweren Zeiten hervor.

Werke: Escritos Pastorales del Cardenal Primado, 3 Bde. Madrid 1944.

Literatur: **B. Morán:** El Cardenal Primado y el ejercicio del poder. Madrid 1963; **L. Moreno Nieto:** El Primado de España. Toledo 1967; **A. Sáinz-Pardo Moreno:** s. v.: Q. Aldea Vaquero u. a. (Hg.): Diccionario de historia eclesiástica de España, Bd. 3. Madrid 1972, 1985f.; **G. Sánchez Recio:** De las dos ciudades a la resurrección de España. Magisterio pastoral y pensamiento político de E. P. D. Valladolid 1994; **M. Delgado:** Spanien: E. Gatz (Hg.): Kirche und Katholizismus seit 1945, Bd. 3. Paderborn 2005, 107–184; **A. Sáinz-Pardo Moreno:** E. P. D. Un cardenal fiel y prudente. Madrid 2008.

MARIANO DELGADO

Plate, *Manfred,* deutscher Journalist, * 18.7.1929 Berlin, † 1.3.2007 Freiburg (Breisgau). Aufgewachsen in einer atheistisch-säkularisierten Umgebung, hielt er sich während des 2. Weltkriegs in Polen, der Tschechoslowakei und Bayern auf, wo er in Kontakt mit der katholischen Frömmigkeit kam; 1946 Taufe; Studium der Philosophie, Germanistik, Kunstgeschichte und Theologie in Frankfurt am Main; journalistische Ausbildung bei der Limburger Kirchenzeitung; seit 1959 als Redakteur bei der 1948 von Karl Färber gegründeten Wochenzeitschrift *Der christliche Sonntag* (seit 1967: *Christ in der Gegenwart*) in Freiburg tätig, 1974–95 Chefredakteur, 1987–2005 Herausgeber. P. erlebte das Vaticanum II als Aufbruch der Kirche „vom rechtlichen zum lebendigen Sein; von der Verteidigung zum Dialog; vom starren Begriff zum geschichtlichen Fluss" (Aggiornamento, 238). Das neue lebendige und dynamische Identitätsverständnis hielt er für den springenden Punkt des Konzils. P. ist der Verfasser der vielbeachteten Bücher *Weltereignis Konzil* (Freiburg $^{1-3}$1966) und *Das deutsche Konzil: die Würzburger Synode* (Freiburg $^{1-3}$1975). P. war zeitlebens bemüht, die von ihm erfahrene Spaltung zwischen säkularisierter Welt und kirchlichem Bereich zu überbrücken. Die Förderung einer kritisch-zeitgemäßen Spiritualität, einer Mystik im Horizont moderner Welterfahrung, war ihm ein zentrales Anliegen. Darüber hinaus engagierte er sich in der Ökumene und im Dialog mit den Religionen und den Nichtglaubenden sowie mit den Human- und Naturwissenschaften. Er setzte sich außerdem ein für die Aussöhnung mit Polen, für die Christen in China und für einen Brückenschlag zwischen Kirche und zeitgenössischer Kunst (seine Frau ist die Malerin Franziska Plate-Gies).

Werke (neben den genannten): (Als Hg. mit M. v. Galli:) Kraft und Ohnmacht. Frankfurt 1963; (mit Karl Färber u. a.:) In Deiner Gegenwart. Freiburg 1973; Engagierte Gelassenheit. Freiburg 1978, ^{2}1979; Begründetes Vertrauen (FS Mario von Galli). Freiburg 1984; (mit R. Malek:) Chinas Katholiken suchen neue Wege. Freiburg 1987; Ungläubige Jugend? Freiburg 1987, ^{3}1988; Was ist ein Christ in der Gegenwart? Freiburg 1989.

Literatur: **J. Röser:** Das Religiöse ist das Spannende: ders. (Hg.): Mehr Himmel wagen. Spurensuche in Gesellschaft, Kultur, Kirche (FS M. P.). Freiburg 1999, 457–460 (vgl. CiG Nr. 29/1999, 235f.); CiG Nr. 11/2007, 83f.; Konradsblatt Nr. 11/2007, 29; M. P.: [Zeitzeugenbericht]: **K. Gallegos-Sánchez – B. Henze – M. Quisinsky** (Hg.): Aggiornamento im Erzbistum Freiburg. Das Zweite Vatikanische Konzil in Erinnerung und Dialog. Freiburg 2011, 236–239. CLEMENS CARL

Pocock, *Philip Francis,* kanadischer Bischof, * 2.7.1906 St. Thomas (Ontario), † 6.9.1984 Toronto. In einer gläubigen Familie aufgewachsen, hatte die kritische Haltung seines Vaters gegenüber der defensiven Ghettomentalität im Katholizismus des ausgehenden 19. Jahrhunderts entscheidenden Anteil an seiner Berufungsgeschichte. 1930 Priester, anschließend Seelsorgstätigkeit in verschiedenen Pfarreien der Diözese London, anschließend Professor für Kirchenrecht am St. Peter's Seminary und einer der herausragenden Wegbegleiter der entstehenden Laienbewegung. 1944 zweiter Bischof der Diözese Saskatoon, festigte sich während der Nachkriegszeit sein Ruf als eine der führenden Persönlichkeiten der Kirche im englischsprachigen Kanada mit der Ernennung zum Koadjutor (1951) und Erzbischof (1952) von Winnipeg bzw. zum Koadjutor (1961) und Erzbischof (1971) von Toronto, wo er James Kardinal ∕McGuigan nachfolgte. Geprägt durch die Erwartung eines Aggiornamento repräsentierte P. Toronto während aller vier Sitzungsperioden des Vaticanum II. Seine Intervention zu *De Judaeis* (28.9.1964), während der er bestimmte historische Charakterisierungen der Juden als Missbrauch von „Wahrheit und Nächstenliebe" ablehnte, trug in bedeutender Weise zur Redaktion von *Nostra aetate* bei. Da er die Mitarbeit in der Kommission über die Disziplin des Klerus und des christlichen Volkes, wo er insbesondere in der Unterkommission für Laienverbände mitwirkte, als wenig zielführend empfand, suchte P. nach Möglichkeiten, den Geist der Erneuerung weiterzutragen, den er in der Konzilsaula erfahren hatte. In diesem Zusammenhang verfasste er eine wöchentliche Kolumne in der Zeitung *Toronto Star* unter dem Titel *Archbishop Pocock in Rome.* In ungenauer Weise wurde er 1964 auf dem Höhepunkt der kirchlichen Diskussionen um die künstliche Geburtenkontrolle als deren Unterstützer bezeichnet. In Toronto leitete er weitreichende Reformen im Sinn des Konzils ein und war als kanadischer Repräsentant der St. Paul's Conference of Council Fathers an dessen Rezeption in der englischsprachigen Welt beteiligt. Der einzige Erzbischof von Toronto der Ära nach McGuigan, der nicht Kardinal wurde, trat 1978 vom Amt des Diözesanbischofs zurück und widmete sich wieder der Pfarrseelsorge.

Werke: The Defender of the Matrimonial Bond. London (Ontario) 1934.

Literatur: **P. M. Meehan:** „Purified Socialism" and the Church in Saskatchewan: Tommy Douglas, P. P. and Hospitalization, 1944–1948: Historical Studies 77 (2011) 23–39; **ders.:** ‚The lesser of two evils'? Archbishop P. P., Vatican II and the Birth Control Controversy: M. Attridge – C. E. Clifford – G. Routhier (Hg.): Vatican II. Expériences canadiennes. Canadian Experiences. Ottawa 2011, 209–225.

PETER MEEHAN

Podipara, *Joseph Placid,* CMI (1919), indischer syro-malabarischer Theologe, Kirchenhistoriker und Kanonist, * 3.10.1899 Arpukara (Kerala), † 27.4.1985 Chettipuzha (ebd.). Studium am St. Joseph's Seminary, Mangalore; 1927 Priester; Weiterstudium in Rom, Dr. theol., phil. und iur. utr.; 1930 Professor in Chettipuzha, theologischer Berater von Mar Ivanios, 1934 Mitglied der Päpstlichen Kommission für das Kirchenrecht der Ostkirchen, 1939 „Examiner" für Syrisch an der Universität von Travancore, 1952 Konsultor der Sacra Congregatio pro Ecclesia Orientali, 1954 Professor am Päpstlichen Orientalischen Institut und der Universität Urbaniana in Rom, 1960 Mitglied der Vorbereitungskommission des Vaticanum II, 1963 Peritus und Konsultor der Konzilskommission für die Ostkirchen. Ab 1980 in Chettipuzha. P. setzte sich zeitlebens für die Entlatinisierung und die Erneuerung der Identität seiner Kirche, v. a. ihrer ostsyrischen Liturgie, ein.

JOHANNES MADEY

Bibliografie: V. Pathikulangara (Bearb.): Bibliography of Professor P. J. P.: Ostkirchliche Studien 27 (1978) 54–57.

Literatur: **J. Madey:** „Er liebte die Kirche als seine Mutter". P. P. J. P. CMI † zum Gedächtnis: Ostkirchliche Studien 34 (1985) 192–195; **E. R. Hambye:** In memoriam. The Reverend Father P. J. P. C. M. I. 1899–1985: Orientalia christiana periodica 52 (1986) 249–256; **BBKL** 7, 766–769 (Literatur); **V. Pathikulangara** (Hg.): Placidachan. Kottayam 1995 (Gedenkschrift zum 10. Todestag [englisch]).

REDAKTION

Pohlschneider, *Johannes,* deutscher Bischof, * 18.4.1899 Osterfeine (Oldenburg), † 7.3.1981 Aachen. 1924 Priester, 1940 Offizial für Oldenburg, 1948 Generalvikar in Münster, 1954–74 Bischof von Aachen. Trat als „Schulbischof" in der Bischofskonferenz und beim Vaticanum II für Freiheit der Erziehung, bekenntnismäßig geprägte Schulen und Lehrerbildung ein und redigierte die Konzilserklärung über die christliche Erziehung *(Gravissimum educationis).* Führte die nachkonziliaren Reformen im Bistum durch. Zahlreiche Veröffentlichungen in Büchern, Zeitschriften und Zeitungen.

AUGUST BRECHER

Mitglied des konziliaren Verwaltungsgerichtshofs (AS I-1, 121). Entsprechend seinen konservativen Optionen und beraten durch den Kanonisten Heribert ∕ Schauf reichte P. keine vorwärtsweisenden Wünsche für das Konzil ein. Von der ersten Konzilsperiode kam er jedoch begeistert zurück, wobei insbesondere die Aufwertung des bischöflichen Amtes sowie die geplante Liturgiereform seinen Vorstellungen entsprachen.

Bibliografie: A. Brecher: Bischof einer Wendezeit der Kirche. Dr. J. P. (1899–1981). Aachen 1997, 262–264.

Konzilsbeiträge: AS I-2, 673 f.; II-3, 523 f.; II-4, 733 f.; III-2, 488–490.837 f.; III-3, 489 f.; III-8, 398–401; IV-2, 243; IV-6, 797–799.

Literatur: **A. Brecher:** Bischof in einer Wendezeit (siehe oben); **Gatz B 1945,** 41–43 (E. Gatz) (Literatur); **A. Brecher:** s. v.: Neue Deutsche Biographie, Bd. 20. Berlin 2001, 592 f.; **BBKL** 21, 1189 f. (E. Sauser); **H. Arens:** Wie das Konzil in das Bistum Aachen kam (1959–1975): K. Borsch – J. Bündgens (Hg.): Konzil und Bistum: das II. Vatikanische Konzil und seine Wirkung im Bistum Aachen und bei den Nachbarn. Festgabe für Bischof Heinrich Mussinghoff zur Vollendung des 70. Lebensjahres. Aachen 2010, 175–210; **ders.:** Der unvollendete Aufbruch: die Wirkungen des Zweiten Vatikanischen Konzils (1962–1965) auf das Leben des Bistums Aachen (1962–2008). Aachen 2010.

REDAKTION

Prignon, *Albert,* belgischer katholischer Theologe, * 28.6.1919 Lüttich, † 5.12.2000 ebd. P. studierte in Rom und Leuven und eignete sich durch Lektüre eine breite theologische und biblische Bildung an. 1942 Priester. 1948–62 Seminarprofessor, 1962–72 Rektor des Pontificio Collegio Belga in Rom. Ein Aufenthalt im Seminar von Harissa (Libanon) in den Jahren 1951–53 sensibilisierte ihn für ökumenische Probleme. März 1963 Konzilsperitus, 1964–72 kirchlicher Berater der belgischen Botschaft beim Heiligen Stuhl, 1972–96 Sekretär der Kommission für Lehrfragen der belgischen Bischofskonferenz. Während des gesamten Konzils diente er Kardinal ∕ Suenens als Vertrauter und theologischer Berater. Auf seinen Vorschlag vom Juli 1963 geht die „kopernikanische Wende" zurück, in *Lumen gentium* das Kapitel über das Volk

Gottes demjenigen über die Hierarchie voranzustellen. Anregungen P.s fanden auch in *Dei Verbum* und *Gaudium et spes* Eingang. Durch seine Gastfreundlichkeit, seine Dienstbereitschaft, seine theologische Kompetenz und seinen Sinn fürs Praktische machte P. das Collegio Belga zum Zentrum, von dem aus die „squadra belga" ihre Wirksamkeit entfaltete. Mit den Periti Roger ∕Etchegaray, Aimé-Georges ∕Martimort, Manuel Bonet i Muixi und Jorge Medina Estévez war er v. a. ab der dritten Sessio maßgeblich daran beteiligt, die Vorgehensweise der „Konzilsmehrheit" auszuarbeiten.

Werke: Les évêques belges et le concile Vatican II: Le Deuxième Concile du Vatican. Rom 1989, 297–305; Évêques et théologiens de Belgique au concile Vatican II: C. Soetens (Hg.): Vatican II et la Belgique. Louvain-la-Neuve 1991, 141–184; Journal conciliaire de la 4ᵉ session, hg. v. L. Declerck – A. Haquin. Louvain-la-Neuve 2003.

Literatur: **J. Grootaers:** De plain-pied au Concile. A. P., acteur et témoin à Vatican II: Revue théologique de Louvain 33 (2002) 371–397; **C. Troisfontaines:** Introduction. Le rôle d'A. P. durant le concile Vatican II: Journal conciliaire (siehe oben), 7–22.
LEO DECLERCK

Primeau, *Ernest John,* US-amerikanischer Bischof, * 17.9.1909 Chicago, † 6.6.1989 Manchester (New Hampshire). Studium der Theologie, 1934 Priester, 1936 Dr. theol. (Lake Seminary, Mundelein). Nach Tätigkeit als Collegelehrer und Basketballtrainer 1946 Leiter des römischen Studienseminars seiner Diözese. 1948 Lic. iur. can. (Lateran), 1956–58 Mitarbeiter im Sanctum Officium, 1958 Pfarrer in Chicago. 1960–74 Bischof von Manchester (New Hampshire). 1960 Mitglied der Kommission *De disciplina cleri,* 1963 Mitglied des Einheitssekretariats. Bei seiner Mitarbeit an *Dignitatis humanae* war er u. a. von den Positionen John Courtney ∕Murrays geprägt. P. kam auf dem Vaticanum II eine Vermittlerrolle zu, da er über gute Kontakte zur Kurie einerseits, zu Reformtheologen wie Hans ∕Küng andererseits verfügte sowie ab 1962 Vertreter des US-amerikanischen Episkopats bei den Treffen in der Domus Mariae war. In der Nachkonzilszeit, die er als „andere Phase des Konzils" (ders. 1966, 81) betrachtete, zahlreiche Initiativen zugunsten einer entschiedenen Konzilsrezeption (u. a. Diözesansynode). Nach Rücktritt als Diözesanbischof 1974 Leiter der Villa Stritch, in der in Rom tätige amerikanische Priester lebten. Leben und Wirken P.s spiegeln das mitunter schwierige Herauswachsen aus den Formen des nachtridentinischen Katholizismus wider.

Werke: Doctrina Summae theologiae Alexandri Halensis. De Spiritus Sancti apud justos Inhabitatione. Mundelein (Illinois) 1936; Tous nous avons changé: L'Esprit nous a rassemblés. Témoignages d'évêques au Concile. Paris 1966, 71–82.

Literatur: **Noël:** Gli incontri: Fattori – Melloni (Hg.): L'evento e le decisioni, 95–133; **W. H. Paradis:** Upon this Granite. Catholicism in New Hampshire 1647–1997. Portsmouth (New Hampshire) 1998; **H. Küng:** Erkämpfte Freiheit. Erinnerungen. München 2002 (Register); **F. L. Broderic – W. H. Paradis – C. S. Staub:** New Hampshire, Catholic Church: NCE² 10, 278–280; **M. J. Wilde:** Vatican II. A Sociological Analysis of Religious Change. Princeton (New Jersey) 2007.
MICHAEL QUISINSKY

Prou, *Jean,* OSB (1931), Abt der Benediktinerabtei Solesmes, * 17.11.1911 Nantes, † 14.11.1999 Solesmes. Zunächst Seminarist für die Diözese Nantes, trat P. 1931 in die Benediktinerabtei Solesmes ein, wo er 1938 zum Priester geweiht wurde. 1939 ersetzte er einen zum Kriegsdienst eingezogenen Mitbruder als Zelator und wurde 1941 offiziell mit diesem Amt beauftragt. 1948–53 Brüdermagister und Zeremoniar, 1953–59 Generalprokurator seines Ordens in Rom. Am 5.7.1959 erfolgte die Wahl zum Abt von Solesmes. Ab 1961 betrieb er die Gründung der Abtei Keur Moussa (Senegal). Während des Vaticanum II Mitglied der Kommission *De sacra liturgia,* in der er sich u. a. für die Konzelebration einsetzte. Mitglied des Coetus Internationalis Patrum, folgte er nach dem Konzil Erzbischof Marcel ∕Lefebvre nicht in dessen Ablehnung des Konzils und der Liturgiereform. Letztere setzte er in seinem Wirkungsbereich um und setzte sich dabei auf Bitten ↗Pauls VI. für die Erhaltung des gregorianischen Chorals ein. Nach 33 Jahren an der Spitze seiner Abtei trat er 1992 von seinem Amt zurück.

Werke: (mit den Benediktinerinnen der französischen Benediktinerkongregation:) La clôture des moniales. Paris 1996.

Literatur: **G.-M. Oury:** Dom J. P., cinquième abbé de Solesmes: Lettre aux amis de Solesmes, 26ᵉ année, n° 101 (Januar – März 2000) 1–26; **Roy:** Le Coetus Internationalis Patrum. PHILIPPE J. ROY

Provenchères, *Charles de,* französischer Bischof, * 3.9.1904 Moulins (Allier), † 2.6.1984 Les Milles (Bouches-du-Rhône). Studium in Paris, 1928 Priester, Tätigkeit in der Seelsorge und verschiedenen Seminaren, 1945 Ernennung und 1946 Weihe zum Erzbischof von Aix-en-Provence und Arles (bis 1978). Aufgeschlossen für die Fragen des Glaubens in der modernen Welt, engagierte er sich für eine katechetische Erneuerung und missionarische Ausrichtung der Kirche. Während des Vaticanum II Mitglied der Kommissionen *De disciplina cleri et populi christiani* sowie *De ecclesiis orientalibus,* widmete er sich besonders Fragen der Katechese, der Amtstheologie, der Religionsfreiheit und dem Schema XIII. P. suchte nicht nur engen Kontakt mit seinen Diözesanen, sondern auch die Zusammenarbeit mit den Bischöfen seiner Apostolischen Region sowie mit Bischöfen aus aller Welt, die wie er im Geist Charles de Foucaulds den Gemeinschaften der Petits frères de Jésus bzw. Petites sœurs de Jésus verbunden waren. Sein Konzilsberater war Georges ↗Cottier OP, daneben intensiver Austausch mit Jacques Loew.

Literatur: **J.-F. Six:** Guy-Marie Riobé. Évêque et prophète. Paris 1982 (Register); **L. Perrin:** Approche du rôle des évêques de France: Fouilloux (Hg.): Vatican II commence, 119–132; **C. Pézeron:** Documents pour une histoire de Vatican II. Inventaire du Fonds C. de P. Préface de Mgr Louis-Marie Billé. Paris 1998; **DÉF** 546f. (B. Delpal).
MICHAEL QUISINSKY

Quiroga y Palacios, *Fernando,* spanischer Bischof und Kardinal, * 21.1.1900 San Pedro de Maceda (Galicien), † 7.12.1971 Madrid. Studium im Priesterseminar Orense, an der Päpstlichen Universität in Santiago de Compostella sowie am Bibelinstitut (Rom). 1922 Priester. Nach Abschluss seiner Studien 1925 wirkte er bis 1942 als Professor und Spiritual im Seminar Orense sowie als Seelsorger im dortigen Bistum. 1942 wechselte er in gleicher Funktion nach Valladolid, bevor er 1945 zum Bischof von Mondoñedo ernannt und 1946 konsekriert wurde. 1949 Erzbischof von Santiago de Compostella, 1953 Kardinal. Mitglied der zentralen vorbereitenden Kommission, wurde er während des Vaticanum II Vizepräsident der Kommission *De ecclesiis orientalibus* und Mitglied der mit Technik und Organisation befassten Kommission. Der konservative Gefolgsmann der Kardinäle ↗Ottaviani, ↗Siri und ↗Ruffini wandte sich v. a. gegen die Ausrichtung des Schemas über die Religionsfreiheit. 1966–69 war er der erste Vorsitzende der spanischen Bischofskonferenz.

Literatur: **L. de Echeverría:** Episcopologio español contemporáneo, 1868–1985: datos biográficos y genealogía espiritual de los 585 obispos nacidos o consagrados en España entre el 1 de enero de 1868 y el 31 de diciembre de 1985. Salamanca 1986, 106; **C. Gil:** Don F. Q.: el Cardenal de Galicia: primer presidente de la C. E. E. Madrid 1993. PHILIPPE J. ROY

R

Rahner, *Karl,* SJ (1922), deutscher katholischer Theologe, * 5.3.1904 Freiburg (Breisgau), † 30.3.1984 Innsbruck; Noviziat in Feldkirch, Studium der Philosophie in Feldkirch und Pullach, der Theologie in Valkenburg. 1932 Priester. 1934–36 philosophisches Promotionsstudium in Freiburg bei Martin Honecker, Einfluss von Martin Heidegger. 1936 Dr. theol. in Innsbruck (*E latere Christi,* SW 3), 1937 theologische Habilitation. Bedenken Honeckers führten 1937 zur Zurückziehung der philosophischen Dissertation (*Geist in Welt.* Innsbruck ¹1939, neu bearbeitet von Johann Baptist Metz. München 1957, SW 2) und zur Aufnahme der theologischen Lehrtätigkeit in Innsbruck. Nach Aufhebung der dortigen Fakultät durch die Nationalsozialisten 1938 arbeitete R. im Wiener Seelsorgeamt (vgl. SW 4), später u. a. als Dozent in Pullach, 1948–64 als Professor in Innsbruck. 1961 wurde er als Konsultor in die Vorbereitungskommission des Vaticanum II für die Disziplin der Sakramente berufen und von Kardinal ↗König um persönliche Beratung bei der Sichtung der vorbereitenden Dokumente gebeten. Auf dem Österreichischen Katholikentag in Wien hielt er am 1.6.1962 eine vielbeachtete Rede (*Löscht den Geist nicht aus,* SW 21). Kurz darauf wurde ihm mitgeteilt, dass seine Publikationen einer römischen Vorzensur unterzogen würden. Durch Intervention hoher kirchlicher Amtsträger, Politiker und Wissenschaftler (Paulus-Gesellschaft) kam diese nicht zum Tragen. Am 24.9.1962 wurde R. von ↗Johannes XXIII. zum Konzilsperitus ernannt. Er war Berater der Kardinäle Franz König (der ihn auch in die Zentralkommission mitnahm) und Julius ↗Döpfner. Auf dem Konzil arbeitete R. eng mit Joseph Ratzinger (gemeinsamer Entwurf eines Offenbarungs-Schemas [↗Benedikt XVI.]), Bischof Hermann ↗Volk und den Jesuitentheologen Otto ↗Semmelroth und Alois ↗Grillmeier zusammen (vgl. die Analysen von Günther Wassilowsky). Besonders für die Erarbeitung der Konstitutionen *Dei Verbum* und *Lumen gentium* ist dies dokumentiert, aber auch seine Vorarbeiten zum Diakonat, seine Kritik am Entwurf des Schema XIII (später *Gaudium et spes*) und weitere Stellungnahmen sind wichtig gewesen (vgl. die Register in GZVK). Seine Bedeutung für das Konzil hat R. heruntergespielt und die gemeinsame Arbeit betont (vgl. SW 31, 348). In der Konzilsgeschichtsschreibung wird dies anders beurteilt: Klaus Wittstadt nennt R. einen „der bedeutendsten Konzilstheologen" (GZVK 1, 510) und Giuseppe ↗Alberigo konstatiert, dass er „einen bedeutenden theologischen Beitrag zur Arbeit des Zweiten Vatikanums geleistet" hat (GZVK 5, 718). Auf der offiziellen deutschen Feier zum Abschluss des Konzils am 12.12.1965 in München hielt R. die Fest-

rede: *Das Konzil – ein neuer Beginn* (SW 21). Noch während des Konzils wurde R. 1964 Nachfolger Romano Guardinis in München, wechselte aber bereits 1967 auf ein Ordinariat für Dogmatik und Dogmengeschichte in Münster. 1971 emeritiert; Grab in der Innsbrucker Jesuitenkirche.

R.s Werk ist aufgrund seines anlassbezogenen Charakters durch eine Fülle von Einzeltiteln (über 4.000 Nummern) gekennzeichnet. Am Beginn steht jedoch – neben Aufsätzen zur patristischen und mittelalterlichen Theologie (SW 1 und 3) – mit Geist in Welt ein systematisches Werk, das, beeinflusst durch die französisch-belgische Jesuitenphilosophie (Pierre Rousselot, Joseph Maréchal) und Erich Przywara, eine Erkenntnismetaphysik nachkantianisch auf dem Boden der sinnlichen Wahrnehmung grundzulegen sucht und eine Begegnung scholastischen Denkens mit der neuzeitlichen Philosophie bis einschließlich Heidegger initiieren will. Die Salzburger Vorlesungen von 1937 (*Hörer des Wortes.* München 1941, neubearbeitet von Johann Baptist Metz München 1963, SW 4) entwerfen – nicht ohne Anstöße von Maurice Blondel – eine philosophisch-fundamentaltheologische Anthropologie der „potentia oboedientialis" für eine Offenbarung. Mit Hans Urs von Balthasar skizzierte R. den Plan einer wissenschaftlichen katholischen Dogmatik (SW 4), der zeigt, dass seinen Einzelarbeiten eine systematische Gesamtkonzeption zugrundeliegt. Daneben publizierte R. besonders Texte zur Spiritualität (*Worte ins Schweigen.* Innsbruck 1938 [SW 7]; die Bearbeitung eines Werkes von Marcel Viller [*Aszese und Mystik in der Väterzeit.* Freiburg 1939, SW 3]; *Heilige Stunde und Passionsandacht.* Innsbruck 1949 [SW 7], und *Von der Not und dem Segen des Gebetes.* Innsbruck 1949 [SW 7]) sowie theologiegeschichtliche Untersuchungen (vor allem zur Bußgeschichte, SW 11). Insbesondere die Kriegszeit hatte die Wahrnehmung gesellschaftlicher Probleme verschärft. Das führte zu Stellungnahmen R.s zu Fragen der Pastoraltheologie, der Diasporasituation der Christenheit, der Aufgaben des Christen in der Welt (*Sendung und Gnade.* Innsbruck 1959, vgl. SW 10 und 16), aber auch zu größerer ökumenischer Aufmerksamkeit (Ökumenischer Arbeitskreis evangelischer und katholischer Theologen; SW 27). Die großen theologischen Arbeiten und Aufsätze R.s erwuchsen oft aus konkreten Anlässen – z. B. der Definition der Assumpta (u. a. eine zensurbedingt erst posthum in SW 9 publizierte Monografie) und des Chalkedon-Jubiläums – oder aus wissenschaftlichen Dialogen (Paulus-Gesellschaft: Dialog mit Naturwissenschaftlern, später auch mit Marxisten, vgl. SW 15). Daneben mühte sich R. wissenschaftsorganisatorisch um eine Reform des Theologiestudiums und der Theologie selbst (Herausgeber: *LThK²*, *Sacramentum Mundi* [SW 17], *Quaestiones Disputatae*, *Handbuch der Pastoraltheologie* [R.s Anteil: SW 19]) und engagierte sich in der Kommissionsarbeit beim Vaticanum II (siehe oben; SW 21), in der Glaubenskommission der Deutschen Bischofskonferenz, in der Würzburger Synode 1972 usw. (zu letzterer SW 24/2). Die internationale Reputation vor und besonders nach dem Konzil führte dazu, dass R. sich häufig in Vorträgen äußerte, wenngleich der Versuch einer Konzentration doch noch zu einem systematischen Grundriss seiner Theologie in den Vorlesungen zur Einführung in den Begriff des Christentums (*Grundkurs des Glaubens.* Freiburg 1976, SW 26) führte. Schriften wie *Strukturwandel der Kirche.* Freiburg 1972 (im Zusammenhang der Gemeinsamen Synode, SW 24/2), und (mit Heinrich Fries) *Einigung der Kirchen – reale Möglichkeit.* Freiburg 1984 (SW 27), zeigen sein reformerisches Engagement, das auch kritisch-experimentelle Positionen nicht scheute. Der „K.-R.-Preis für theologische Forschung", die von der K.-R.-Stiftung publizierten *Sämtlichen Werke*, das K.-R.-Archiv in München (Nachlass) und eine K.-R.-Society in den USA dienen dem Werk R.s

Stärker als andere katholische Theologen des 20. Jahrhunderts ist R. in der nachtridentinischen Schultheologie verwurzelt, die er im Rückgang zu den Quellen (Schriftkenntnis, Studium der katholischen und mit Einschränkung der protestantischen Exegese [*Theologisches Wörterbuch zum Neuen Testament*], der Kirchenväter, der mittelalterlichen und der Barockscholastik) neu durchdenkt. Seine Lehrtätigkeit stützt sich auf diesen Rahmen (vgl. SW 5; 6; 8; 9). Die eigentliche inhaltliche Mitte seiner Theologie lässt sich am besten mit dem Problemkreis der Erfahrung der Gnade benennen als der eigentlichen fundamentalen Wirklichkeit des Christentums schlechthin. Hier liegt auch R.s tragender spiritueller (ignatianischer) Impetus. Gnade ist primär nicht „geschaffene Gnade", sondern Gott selbst in seiner Selbstmitteilung. Anthropologisch betrachtet ist „Gnade" keine dinghafte Realität im Menschen, sondern eine Bestimmung des geistigen Subjekts, das durch die Gnade in die Unmittelbarkeit zu Gott selbst gelangt. Nur so, indem Gnade vom Subjekt her begriffen wird, wird sie nicht mythologisch oder verdinglicht verstanden. Das „Objektivste" der Heilswirklichkeit, Gott und seine Gnade, erscheint zugleich als das Subjektivste des Menschen. Schon in seinen ersten Arbeiten reflektiert R. die trinitätstheologische Komponente und liest den Gnadentraktat als De Gratia Christi (SW 5). Von diesem Punkt her wird verständlich, dass aus theologischen Gründen in der Dogmatik genauer nach dem Adressaten dieser Selbstmitteilung Gottes zu fragen ist. Das „transzendentale" Denken, eine anthropologisch gewendete Dogmatik werden so der Theologie nicht übergestülpt. R.s philosophische Arbeit setzte zwar bei der Metaphysik der endlichen Erkenntnis ein. Aber bereits in *Hörer des Wortes* wird die Faktizität der christlichen Offenbarung vorausgesetzt und von da aus nach den subjektiven, anthropologischen und religionsphilosophischen Bedingungen gefragt, warum der Mensch auf Offenbarung hören muss. Dieses Grundverhältnis ist in den ausgearbeiteten Stücken einer „Transzendentaltheologie" zu beachten. Sie fragt aus dem Inneren der Theologie nach den Möglichkeitsbedingungen im Subjekt für die bereits gegebenen und schon erkannten Gehalte. Der Ansatz bei der Gnadenerfahrung integriert gleichzeitig die Grundvollzüge authentischer Existenz und die Erfahrung gelebter Spiritualität ins Zentrum der Dogmatik. Der extreme Extrinsezismus nachmodernistischer Theologie und deren Erfahrungsferne werden überwunden, ohne in die damit ferngehaltenen Gefahren („Immanentismus") abzugleiten. Die Strukturierung der Theologie von der Gnadenlehre als ihrer Sachlogik her führt zu einer Neubestimmung des Verhältnisses von Welt- und Heilsgeschichte, zu einer Theologie der Religionen und des Heils der Nichtchristen (anonyme Christen), wobei die Möglichkeit der Unterscheidung einer echten Offenbarungsgeschichte in der Menschheitsgeschichte nur von Jesus Christus her möglich ist. Er selbst ist die einmalige und einzigartige Höhe der Offenbarungsgeschichte, die sich – von der Gnade Gottes getragen – in ständiger Selbsttranszendenz der Welt auf diesen Punkt Omega hinbewegt. Das transzendental zu verstehende Verhältnis zwischen Geist(-Gnade) und Geschichte(-Offenbarung) impliziert als Höhepunkt der Geschichte der Gnade in der Welt den absoluten Heilbringer, den „Gott-Menschen". Er ist die geschichtlich unüberbietbare, irreversible und darum eschatologische Erscheinung der siegreichen Selbstmitteilung Gottes an die Welt. Die Konkretion des Ansatzes an Einzelthemen zeigt den immer wieder überraschenden Reichtum von R.s Denken.

Die Kritik an R. setzte vor allem bei den Kategorien (Eberhard Simons), der Subjektlastigkeit (Johann Baptist Metz) oder auch bei Problemen der transzendentalphilosophischen Grundlegung bzw. des Verhältnisses von Philosophie und Theologie

(Hansjürgen Verweyen) an. Die Ausdifferenzierung seines späten Denkens in vielen Einzelveröffentlichungen bei geringerem Interesse an der Diskussion methodologischer Fragen macht es zu einer schwierigen Aufgabe der Rezeption, die Fülle an Einzeleinsichten mit dem Grundansatz zu vermitteln bzw. diese in ein theologisches Weiterdenken einzubringen. Kirchenpolitisch bedingte Polemik gegen materiale Einzelpositionen übersieht umgekehrt häufig die Fundierung der Theologie R.s in klassischen schultheologischen Positionen.

Werke: Sämtliche Werke [=SW]. Freiburg 1995 ff. (32 Bände geplant, 27 Bde. in 30 Teilbänden 2012 vorliegend; zum Vaticanum II: SW 21 [erscheint 2013], zur ortskirchlichen Rezeption SW 24/1-2); Œuvres. Paris 2011 ff. (nach dem Plan der SW); H. Vorgrimler: K. R. Zeugnisse eines Lebens und Denkens. Kevelaer 22011, 199–257 (Kleine Brieffolge aus der Konzilszeit); Das Konzil – ein neuer Beginn. Mit einer Hinführung von K. Lehmann. Freiburg 2012. – Bibliographien der Primär- und Sekundärliteratur finden sich mit systematischer Übersicht im Internet über die Universitätsbibliothek Freiburg im Breisgau (www.ub.uni-freiburg.de).

Literatur: **E. Simons**: Philosophie der Offenbarung. Stuttgart 1966; **K. Lehmann**: K. R.: H. Vorgrimler u. a. (Hg.): Bilanz der Theologie im 20. Jahrhundert, Bd. 4. Freiburg 1970, 143–181; **P. Eicher**: Die anthropologische Wende. Fribourg 1970; **K. P. Fischer**: Der Mensch als Geheimnis. Freiburg 1974; **N. Schwerdtfeger**: Gnade und Welt. Freiburg 1982; **E. Klinger – K. Wittstadt** (Hg.): Glaube im Prozeß. Christsein nach dem II. Vatikanum [Festschrift K. R.]. Freiburg 1984; **A. Raffelt** (Hg.): K. R. in Erinnerung. Düsseldorf 1994 (Literatur); **B.J. Hilberath**: K. R. Mainz 1995; **A. Raffelt – H. Verweyen**: K. R. München 1997 (Literatur); **G. Wassilowsky**: Universales Heilssakrament Kirche: K. R.s Beitrag zur Ekklesiologie des II. Vatikanums. Innsbruck 2001; **K.-H. Neufeld**: Die Brüder R. Freiburg ²2004; **A. R. Batlogg u. a.**: Der Denkweg K. R.s: Quellen, Entwicklungen, Perspektiven. Mainz ²2004; **H. Vorgrimler**: K. R.: Gotteserfahrung in Leben und Denken. Darmstadt 2004; **ders.**: K. R. Zeugnisse (siehe oben); R. lecture (2009 ff.) www.freidok.uni-freiburg.de/schriftenreihen_ebene2.php?sr_id=25&la=de (abgerufen: 5.9.2012). KARL LEHMANN

Reetz, *Benedikt,* OSB (1918), Erzabt der Benediktinerabtei Beuron und Abtpräses der Beuroner Kongregation, *14.3.1897 Ripsdorf (Eifel), † 28.12.1964 Beuron (Verkehrsunfall). Nach dem Schulbesuch in Saint André (Belgien) Noviziat in Seckau (Österreich) und Studium der Theologie in Rom (Sant'Anselmo) mit Promotion. 1924 Priester, 1926–57 Abt in Seckau, daneben Tätigkeit als Französisch- und Religionslehrer am klostereigenen Gymnasium. 1957 Wahl zum Erzabt von Beuron. Als Abtpräses der Beuroner Kongregation (seit 1960) Konzilsvater des Vaticanum II, wo er sich geprägt von deutlicher Sympathie für die liturgische Bewegung einbrachte. Mitglied der Ordenskommission, trat er für eine Erneuerung des Ordenslebens inmitten des Volkes Gottes (vgl. u. a. AS II-3, 666–669) ein, wofür er auf die notwendige Zusammenarbeit zwischen Ordensleitungen und Bischofskonferenzen (AS II-5, 207 f.), auf den ursprünglich laikalen Charakter der Mönchsorden (AS III-2, 436 f.) sowie auf die Unterscheidung zwischen aktivem und kontemplativem Leben (AS III-7, 642–644) hinwies. Während er auf dem Konzil u. a. durch seine die Rolle der Theologen verteidigende, humorvolle Replik auf Kardinal ↗Heenan vom 23.10.1964 (AS III-5, 374–377) bekannt wurde, machte er durch Vorträge das Konzil und seine Themen bekannt, wobei er für einen Weg der für Tradition und Gegenwart aufgeschlossenen Mitte warb. Über die Klostermauern hinaus wurde er als Prediger u. a. auch im Rundfunk bekannt.

Werke: Die Lebensform des Getauften. Seckau o. J.; Christus, die große Frage. Graz 1946; Liturgie und Streben nach Vollkommenheit. Salzburg 1951; Geleitwort: T. Maertens: Liturgische Bewegung am toten Punkt? Freiburg 1963, 7 f.; Guten Morgen – Ein Wort in den Tag. Freiburg 1965; 365 mal Guten Morgen und andere Worte in den Tag. Freiburg 1965.

Literatur: Erlebtes Konzil. Erzabt Dr. B. R. aus Beuron sprach in der Aula des Staatstechnikums Konstanz: Suso-Blatt vom 5.5.1963; „Auf dass alle eins seien!" Konzilsvater Erzabt Dr. B. R. (Beuron) sprach im Konzil: Suso-Blatt vom 12.4.1964; **P. Gordan**: Gedenkblatt für Erzabt Dr. B. R.: Erbe und Auftrag 41 (1965) 63–68; **Schmiedl**: Das Konzil und die Orden (Register); **BBKL** 15, 1198 f. (E.

Sauser); www.orden-online.de/wissen/r/reetz-benedikt (abgerufen: 25.4.2012).
MICHAEL QUISINSKY

Reuß, *Josef Maria,* deutscher Bischof, * 13.12.1906 Limburg (Lahn), † 5.6.1985 Mainz. Studium in Freiburg (Breisgau) und Innsbruck; 1930 Priester; 1934 Dr. theol.; 1930–38 Krankenhausgeistlicher in Kreckelmoos (Tirol), Kaplan in Steinheim (Main) und Worms; 1938 Rektor im Exerzitienhaus Braunshardt; 1940 Militärpfarrer in Russland, Gefängnisgeistlicher in Frèsnes; 1945–68 Regens in Mainz; Professor für Pastoraltheologie; zugleich bis 1954 Offizialatsrat; 1954 Bischofsweihe; 1955 Wirklicher Geistlicher Rat, 1956 Domkapitular, Konzilsteilnehmer; 1975 Dr. theol. h.c. in Mainz. Bahnbrechend waren R.' Arbeiten über Ehe- bzw. Familienseelsorge und Priesterausbildung. FRIEDHELM JÜRGENSMEIER

Mit sieben Wortmeldungen in der Aula steht R. unter den deutschen Konzilsvätern nach den Kardinälen ∕Frings und ∕Döpfner, Erzbischof ∕Jaeger und Bischof ∕Volk an fünfter Stelle. Meist hat er im Namen von größeren Gruppen zu Fragen gesprochen, die auch sonst im Mittelpunkt seines Interesses standen: Lebensform der Priester und Ordensleute, Ehe und Sexualität. Bei der Debatte um die Stellung der Weihbischöfe bezogen R. und sein Ordinarius Hermann Volk unterschiedliche Standpunkte. Zum Eklat kam es, als die Weihbischöfe R. und ∕Nordhues am 25.11.1963 vor der Abstimmung über das Dekret über die sozialen Kommunikationsmittel *Inter mirifica* auf dem Petersplatz bei der Verteilung eines Flugblatts mitwirkten und dabei vom Generalsekretär Pericle ∕Felici behindert sowie anschließend in der Aula von Kardinal ∕Tisserant öffentlich gerügt wurden. Die Weihbischöfe klagten vor dem Päpstlichen Verwaltungsgerichtshof, zogen aber am 30.10.1964 ihre Klage zurück, woraufhin sie von ∕Paul VI. in Privataudienz empfangen wurden.

Literatur: **BBKL** 8, 95f. (P. Walter). – Daß sie das Leben haben. R.: 25 Jahre Bischof (Aktuelle Information 14). Mainz 1979; Augustinerstraße 34. 175 Jahre Priesterseminar Mainz. Mainz 1980, 270; J.M. Reuß (Aktuelle Information 42). Mainz 1986 (mit Bibliografie u.a.); **P. Walter:** „Responsabilitas urgenda est" – „Verantwortung tut not": Weihbischof J.M.R. und das Zweite Vatikanische Konzil: P. Reifenberg – A. Wiesheu (Hg.): Weihbischof J.M.R. (1906–1985) zum 100. Geburtstag. Mainz 2007, 83–120. PETER WALTER

Rigaux, *Béda (Désiré),* OFM (1917), belgischer katholischer Bibelwissenschaftler, * 31.1.1899 Biesmerée (Namur), † 22.4. 1982 Brüssel. 1923 Priester, 1928 Dr. theol. in Löwen, 1932 Maîtrise *(L'Antéchrist et l'opposition au royaume messianique dans l'Ancien et le Nouveau Testament).* In der Folge arbeitete er vor allem über Paulus und seine Theologie sowie über Jesus und die Evangelien. R. war Professor in Brüssel, Löwen und Rom, Mitglied der Studiorum Novi Testamenti Societas, der Päpstlichen Bibelkommission und der Kommission für die Neo-Vulgata und Fellow der British Academy. Als Konzilsexperte war er Mitglied der Subkommission zur Überarbeitung des Offenbarungsschemas (HThK 2. Vat 3, 731; GZVK 3, 434f.; 4, 233) und anderer Subkommissionen (vgl. *De ecclesia* GZVK 3, 130f.138, Schema XIII [Kultur] GZVK 5, 458).

Werke: Les Épîtres aux Thessaloniciens (Études bibliques 48). Paris – Gembloux 1956; Paulus und seine Briefe. München 1964 (Original 1962); Pour une histoire de Jésus, 5 Bde. Paris – Gembloux 1965–74; Kommentar zur Dogmatischen Konstitution „Dei Verbum" ... (Kap. 4 und 5): LThK. E 2, 525–570; Dieu l'a ressuscité. Paris – Gembloux 1973. Vollständige Bibliografie in Mélanges bibliques en hommage au P. B. R. Gembloux 1970, XXIII–XXVIII.
Literatur: **Cath** 12, 1229f. (J.-P. Rézette); **J. Ponthot:** In memoriam B. R.: Revue théologique de Louvain 13 (1982) 256–260. ALBERT RAFFELT

Rintelen, *Friedrich,* deutscher Bischof, * 12.12.1899 Ahlen (Westfalen), † 9.11.1988 Paderborn. 1924 Priester, anschließend Vikar in Mühlhausen (Thüringen), dann in Egeln (Bezirk Magdeburg), 1927 Vikar in Halle (Saale), seit 1934 dort zugleich Studentenseelsorger, 1935 Generalsekretär der

Akademischen Bonifatiusvereinigung in Paderborn, 1939 Pfarrer in Paderborn, 1941–51 Generalvikar in Paderborn, 1951–70 Weihbischof von Paderborn mit Sitz in Magdeburg, 1952–67 Erzbischöflicher Kommissar in Magdeburg, 1952–58 Stellvertretender Generalvikar des Erzbischofs von Paderborn, 1958–70 Generalvikar des Erzbischofs von Paderborn für das Erzbischöfliche Kommissariat Magdeburg, 1967–70 vom Heiligen Stuhl bestätigter Erzbischöflicher Kommissar in Magdeburg. R. sah sich in seiner Amtszeit auf verschiedenen Gebieten mit der antikirchlichen Politik des DDR-Regimes konfrontiert. So musste er aufgrund der zunehmenden Abtrennung des Kommissariatsgebiets von der Erzdiözese Paderborn eigenständige kirchliche Strukturen etablieren. Dabei kam dem Magdeburger Seelsorgeamt unter der Leitung von Hugo ∕Aufderbeck eine wichtige Rolle zu. Dem Rückgang der Priesterzahlen suchte R. durch die Gründung des Spätberufenenseminars „Norbertinum" und mit der Eröffnung eines Priesterseminars 1952 zu begegnen. Wichtig für die kirchliche Arbeit waren auch die Seelsorgehelferinnen, die R. stark förderte. R. verstand sich als Seelsorger, nicht als Kirchenpolitiker. Trotzdem scheute er nicht davor zurück, auch öffentlich Stellung gegen Maßnahmen des DDR-Staates zu beziehen. Da sich R. nicht in die vom Berliner Kardinal ∕Bengsch verfolgte zentralistische Haltung der Kirche in der DDR einfügen wollte, betrieb dieser R.s Absetzung. R. verzichtete 1970 auf seine Ämter und zog sich nach Paderborn zurück. Am Vaticanum II nahm R. in allen vier Sitzungsperioden teil. Er trat dort nicht weiter hervor, wurde aber bei der Erstellung der deutsch-polnischen Versöhnungserklärung konsultiert.

Literatur: **H.J. Brandt – K. Hengst:** Die Weihbischöfe in Paderborn. Paderborn 1986, 177–181; **R. Joppen:** Das Erzbischöfliche Kommissariat Magdeburg, Teil 12: Geschichte und Rechtsstellung von der Gründung der Deutschen Demokratischen Republik bis zur Ernennung des Apostolischen Administrators 1949–1973. Leipzig 1990, 10–15; **K. Hartelt:** Die Entwicklung der Jurisdiktionsverhältnisse der katholischen Kirche in der DDR von 1945 bis zur Gegenwart: W. Ernst – K. Feiereis (Hg.): Denkender Glaube in Geschichte und Gegenwart. Leipzig 1992, 420–426; **Gatz B 1945,** 347–349 (C. Brodkorb); **C. Brodkorb:** Bruder und Gefährte in der Bedrängnis – Hugo Aufderbeck als Seelsorgeamtsleiter in Magdeburg. Zur pastoralen Grundlegung einer „Kirche in der SBZ/DDR". Paderborn 2002 (Register); **D. Lorek** (Hg.): In nomine Domini! Die Huysburg – zur Geschichte des Priesterseminars. Leipzig 2004, 33–101; **BBKL** 25, 1174–76 (J. Ernesti).

GUIDO TREFFLER

Riobé, *Guy-Marie,* französischer Bischof, * 24.4.1911 Rennes, † 18.7.1978 bei Port-Camargue. 1935 Priester, danach Schuldienst, Seelsorge, Militärdienst, 1940 verantwortlich für die Jugendpastoral des Bistums Angers, 1951 Generalvikar ebd. 1961 Koadjutor, 1963 Bischof von Orléans. Von einer klassischen Spiritualität geprägt, fand er 1945 zu einer radikal von der Liebe geprägten christlichen Lebenshaltung und wurde 1955 Verantwortlicher der an Charles de Foucauld orientierten Union des frères de Jésus. In dieser Funktion zahlreiche Reisen nach Afrika und Lateinamerika. Seit dem Vaticanum II Kontakt mit von Foucauld geprägten Amtskollegen in einer Bruderschaft der „Kleinen Bischöfe". Als Mitglied der Missionskommission mit Yves ∕Congar beteiligt an der Darlegung der grundsätzlich missionarischen Dimension der Kirche in *Ad gentes.* R. erlebte die Umwälzungen des 20. Jahrhunderts in einer spirituell intensiven Weise und suchte eine radikal am Evangelium orientierte Kirche zu verwirklichen. R. wollte auch Bischof für diejenigen sein, „von denen die Kirche manchmal so weit entfernt ist" (Six 1982, 268). In einer Phase zunehmender Polarisierung wurden durch seine dialogische Haltung sowie sein Eintreten u.a. für die Möglichkeit, verheiratete Männer zu Priestern zu weihen, ebenso Hoffnungen auf ihn projiziert wie ihm Unverständnis und Kritik entgegenschlugen. In derlei Spannungen, die R. ebenso auslöste wie symbolisierte und die ihm alle Kräfte abverlangten, spiegelt sein Lebensweg wichtige Aspekte der Geschichte des französischen Katholizismus im 20. Jahrhundert wider.

Werke: La liberté du Christ. Entretiens avec Olivier Clément. Paris 1974; La Passion de l'Évangile, 2 Bde. Paris 1978/79; Projet d'Église. Une Église qui ose. Paris 1979.

Literatur: **J.-F. Six:** G.-M. R. Évêque et prophète. Paris 1982; **ders.:** Le Père R. Un homme libre. Préface du Père Yves Congar. Paris 1988; **DÉF** 570f. (É. Fouilloux); **F. Lefeuvre** (Hg.): G.-M. R., Helder Camara. Ruptures et fidélité d'hier et d'aujourd'hui. Paris 2011; www.guymarie-riobe.org (abgerufen: 5.9.2012). 1973 (passim); **Gordon Melton:** Religious Leaders, 392f.; **EACH** 1211–1213 (M.G. Towey); **NCE²** 12, 257f. (J.W. Baker); **N.A. Schneider:** J.E. Cardinal R. His Life and Times. Liguori 2008.

MICHAEL QUISINSKY

Ritter, *Joseph Elmer,* US-amerikanischer Bischof und Kardinal, * 20.7.1892 New Albany (Indiana), † 10.6.1967 Saint Louis. Studium in St. Meinrad Seminary, 1917 Priester. Mit rassistischen Tendenzen im Bundesstaat Indiana konfrontiert, bezog R. als Rektor der Kathedralkirche von Indianapolis (seit 1925) dagegen Stellung. 1933 Weihbischof, 1934 Bischof und 1944 Erzbischof von Indianapolis. Als Erzbischof von Saint Louis (seit 1946) setzte sich R. für die Überwindung der Rassensegregation in Gesellschaft und Kirche ein. Der begabte Organisator förderte nicht nur die kirchliche Infrastruktur seiner Diözesen, sondern baute auch Kontakte nach Bolivien auf. Theologisch und pastoral warb er für die Aufwertung der Laien und liturgische Erneuerung. 1961 Kardinal. Mitglied der zentralen Vorbereitungskommission des Vaticanum II sowie auf dem Konzil selbst Mitglied und Vizepräsident der Kommission für den Klerus, trat er in seinen zahlreichen Interventionen u.a. für ein vertieftes Offenbarungsverständnis, die Religionsfreiheit und die Wiedereinführung des Ständigen Diakonats ein. Nach dem Konzil als Mitglied des Consilium zur Ausführung von *Sacrosanctum Concilium* um Liturgiereform und Aufwertung der Bischofskonferenzen bemüht.

Literatur: **V.A. Yzermans** (Hg.): American Participation in the Second Vatican Council. New York 1967 (Register); **W. Faherty:** Dream by the River: Two Centuries of St. Louis Catholicism. Saint Louis

Rohracher, *Andreas,* österreichischer Bischof, * 31.5.1892 Lienz (Osttirol), † 6.8. 1976 Altötting. Priesterseminar in Klagenfurt, 1915 Priester; Kaplan in Spittal an der Drau, Sekretär des Gurker Bischofs Adam Hefter; 1926 Dr. iur. (Wien); 1927 Dr. iur. can. (Rom); 1932 Dr. theol. (Innsbruck); 1931 Ordinariatskanzler, Domkapitular und Regens des Priesterseminars; 1933 Weihbischof; 1938 Generalvikar. R. stand in Konfrontation mit den nationalsozialistischen Machthabern, v.a. wegen der Aussiedlung slowenischer Familien und Euthanasie. Vehementer noch war sein Protest gegen die Einziehung von Kirchenvermögen. 1943 Erzbischof von Salzburg. Nach Kriegsende 1945 (kampflose Übergabe Salzburgs) setzte sich R. für den Wiederaufbau des zerstörten Salzburger Doms ein sowie allgemein für „Versöhnung". Vom Vaticanum II, bei dem von R. zwei schriftliche Eingaben dokumentiert sind (zur Ökumene, AS III-3, 737; zum Eherecht, AS III-8, 747–750), kam R. mit großen Hoffnungen zurück und berief 1968 eine Diözesansynode (schon Synoden 1948, 1958) zur Rezeption der Konzils ein; zahlreiche Hirtenschreiben, hauptsächlich zu Fragen der christlichen Familie und des Vaticanum II. Ökumenische Bemühungen in Salzburg erhielten durch ihn, angestoßen durch das Vaticanum II, neue Impulse (1966: Schuldbekenntnis wegen Protestantenvertreibungen, v. a. in den Jahren 1731/32). 1961 inaugurierte R. die Spendenaktion „Bruder in Not", ferner den Versuch einer „Biennale christlicher Kunst" (1958–68); 1961 Gründung eines „Internationalen Forschungs-Zentrums für Grundfragen der Wissenschaft". 1969 Resignation, Alterssitz Altötting.

Werke: Wiederaufbau im Glauben. Ein Ruf in die Zeit. Salzburg o. J.; H. Widrich (Hg.): Kirche in der Welt. Predigten, Ansprachen und Kommentare des Erzbischofs von Salzburg. Wien 1969.
Literatur: LThK³ 8, 1240 (F. Ortner); **Gatz B 1945**, 484–487 (H. Spatzenegger – F. Ortner); **F. Ortner:** Salzburgs Bischöfe in der Geschichte des Landes (696–2005). Frankfurt 2005, 329–335; **E. Hintermaier** (Hg.): Erzbischof A. R. Krieg, Wiederaufbau, Konzil. Salzburg 2010. DAVID NEUHOLD

Roncalli, *Angelo Giuseppe* ↗Johannes XXIII.

Rondet, *Henri,* SJ (1921), französischer katholischer Theologe, * 3.1.1898 Montcenis (Saône-et-Loire), † 16.5.1979 Francheville (Rhône). 1921 Noviziat in Lyon; 1928 Priester; 1930–32 Studium in Rom (Dr. theol.), 1932–51 Dogmatikprofessor in Lyon-Fourvière. Seine Arbeiten zur Gnadenlehre (Hauptwerk: *Gratia Christi*. Paris 1946, Artikel in Recherches de science religieuse 1946–48) sind der Nouvelle théologie zuzurechnen. Nach Erscheinen der Enzyklika *Humani generis* wurde er zwar Mitherausgeber der *Recherches de science religieuse,* gleichzeitig aber nach Grenoble und 1955 Toulouse (Apostolat de la prière) versetzt. 1960–70 war er wieder Professor in Lyon. Auf dem Vaticanum II war R. 1962 Theologe der Bischöfe des Tschad.

Werke: O Vous, Mère du Seigneur. Toulouse 1959; Les dogmes changent-ils? Paris 1960; Introduction à l'étude de la théologie du mariage. Paris 1960; Vatican I. Paris 1962; Essais sur la théologie de la grâce. Paris 1965; Un seul corps, un seul Esprit. Lyon 1963; Mission de l'apôtre. Paris 1963; Fins de l'homme et fin du monde. Paris 1966; Retraite de dix jours. Paris 1966; Le péché originel dans la tradition. Paris 1967; Une seule foi, un seul Seigneur. Lyon 1967; De Vatican I à Vatican II, 2 Bde. Paris 1969; Histoire du dogme. Paris 1970.
Literatur: Dictionnaire de Spiritualité ascétique et mystique, Bd. 13. Paris 1988, 909 f. (P. Mech); **Cath** 13, 96 f. (J. Lecler). ALBERT RAFFELT

Rousseau, *Joseph,* OMI (1913), kanadischer katholischer Theologe, * 28.5.1893 Saint-Sauveur de Québec, † 28.4.1978 Ottawa. Studium in Ottawa und Rom, 1920 Priester; 1917 Dr. phil., 1921 Dr. theol., 1923 Dr. iur. can. (Gregoriana). Nach der Rückkehr nach Kanada 1927 Dozent für Bibelwissenschaft und Kirchenrecht am Scholastikat seines Ordens in Lebret, seit 1930 Dekan der kanonistischen Fakultät Ottawa. 1935–60 Generalprokurator der Oblaten beim Heiligen Stuhl. In dieser Zeit verschiedentlich als Apostolischer Visitator tätig. 1946 Konsultor der Kongregation für die Seminare und Universitäten, 1947 der Kongregation für die Orden; dort Mitglied einer Kommission für die Lehre in den Bildungseinrichtungen der Orden. 1960 Sekretär der vorbereitenden Konzilskommission für die Orden, während des Vaticanum II in gleicher Eigenschaft in der entsprechenden Kommission tätig, wobei ihm ab der zweiten Sitzungsperiode Armand ↗Le Bourgeois als beigeordneter Sekretär zur Seite gestellt wurde. R.s wenig innovative Textentwürfe waren von einem neuscholastisch-juridischen Denken geprägt. Sekretär der nachkonziliaren Kommission für die Ordensleute sowie der Kommission zur Revision des Kirchenrechts. 1967 Rückkehr nach Kanada und Wiederaufnahme der Lehrtätigkeit (bis 1973). Seine zahlreichen, meist unveröffentlichten Vorlesungen, Gutachten und anderen Schriftstücke befinden sich u. a. in den Ordensarchiven in Ottawa und Rom.

Quellen und Literatur: Archives Deschâtelets, Ottawa; J.-C. Laframboise: Province Saint-Joseph Montréal. Notices biographiques. Père J. R., O. M. I., 1893–1978. Ottawa 1979 (maschinenschriftlich); **J. Schmiedl:** Erneuerung im Widerstreit. Das Ringen der Commissio de Religiosis und der Commissio de Concilii laboribus coordinandis um das Dekret zur zeitgemäßen Erneuerung des Ordenslebens: M. Lamberigts u. a. (Hg.): Commissions conciliaires, 279–316; **ders.:** Das Konzil und die Orden (Register). MICHAEL QUISINSKY

Roy, *Maurice,* kanadischer Bischof und Kardinal, * 25.1.1905 Québec, † 24.10.1985 ebd. Aus aristokratischen Familie, 1923 Priesterseminar Québec; aufgrund seiner Begabung einjähriger Studienaufenthalt in Europa; 1927 Priester, Dr. theol., anschließend in Rom Dr. phil. (Angelicum). Weitere philosophische Studien in Paris, während er in der „banlieue rouge" seelsorgerisch tätig war und Europa bereiste. Nach der Rückkehr nach Kanada bis 1936 Professor für Theologie an der Universität Laval (Québec) sowie Studentenseelsorger. 1939–45 prägende Zeit als Militärpfarrer in Europa, 1945 erneut Lehrtätigkeit an der Universität Laval und Regens des Priesterseminars. 1946 Bischof von Trois-Rivières und Militärbischof, 1947–81 Erzbischof von Québec, seit 1956 mit dem Titel Primas von Kanada, erlangte R. erste landesweite Bekanntheit u. a. durch seine Vermittlungstätigkeit zwischen Minenarbeitern und US-Firmen. 1961 Mitglied der vorbereitenden Theologischen Kommission, wurde er auf Vorschlag Kardinal ↗Ottavianis Mitglied der Unterkommission *De ordine sociali;* während des Konzils umfangreiche Tätigkeit in diversen Kommissionen (als Mitglied der Theologischen Kommission an der Neufassung des Offenbarungsschemas beteiligt, als Mitglied der gemischten Kommission zum Schema XVII/XIII Mitarbeit in der zentralen Unterkommission sowie in den Unterkommissionen zu *De vita societatis* und *De persona humana in societate*).

Aufgrund seines zurückhaltenden Charakters beteiligte er sich aber eher durch animadversiones scriptae (in der ersten Sitzungsperiode zu *De sacra liturgia* und *De fontibus revelationis,* in der zweiten Sessio zu *De oecumenismo,* in der dritten Sessio zu *De apostolatu laicorum*) als durch Konzilsreden (in der dritten Sessio zu *De ecclesia in mundo huius temporis* sowie in der vierten zu *De ministerio et vita presbyterorum*). Besonders bedeutend sind seine relationes im Namen der Theologischen Kommission zum heiklen Kapitel *De beata* (*Lumen gentium* Kapitel 8) sowie seine Unterredung mit ↗Paul VI. und einer Gruppe von Laien während der Krise um die Redaktion des Kapitel 1 von *Gaudium et spes* über die Familie. Seine engen Kontakte zu Paul VI. rührten aus dessen Zeit als Substitut beim Staatssekretariat und schlugen sich in zahlreichen Begegnungen nieder, aber auch im an R. gerichteten Apostolischen Schreiben *Octogesima adveniens.* 1965 Kardinal. Nach dem Konzil Präsident der Kommission Iustitia et Pax, des Päpstlichen Laienrates sowie des Komitees für die Familie (1967–77), zudem Mitglied der Kongregation für die Seminare und Universitäten sowie der Kommission zur Revision des Kirchenrechts. Aus seinen Teilnahmen an Bischofssynoden ragt jene von 1971 zum Thema Familie heraus. Stets um umfassende Kenntnis der Sachverhalte bemüht, ließ er Entwicklungen sowie deren Eigendynamik zu und wägte sein Urteil gründlich ab. Initiativen anderer gewährend und seinen Mitarbeitern vertrauend, war seine Rolle mehr die eines Schiedsrichters und Mediators als die eines vorangehenden Innovators. R. stellte eine ruhige Kraft dar und stand für nachhaltiges und langfristiges Wirken. Auf diese Weise ermöglichte er einen sanften Umgang der Kirche mit den gesellschaftlichen Umwälzungen in Québec, wobei seine Sorge v. a. dem neuen Rollenverständnis der Kirche in der Gesellschaft, der Erziehung und der konziliaren Erneuerung galt. Die Art und Weise seiner Förderung der konziliaren Reformen entsprach seiner Mentalität und war ebenso entschieden wie diskret und wenig spektakulär. Seinen Mitarbeitern gestand er Freiräume zu und vermied offizielle Stellungnahmen, wo dies nicht nötig erschien. Nachdem es während der für die weitere Entwicklung Québecs entscheidenden „Stillen Revolution" („Révolution tranquille") der 1960er Jahre zu einer neuen Rollenverteilung zwischen Kirche und Gesellschaft gekommen war, in der die Kirche sich nicht mehr als über dem Staat stehende „societas perfecta" verstand, exemplifizierte R. als „citoyen du Québec" die neuen Beziehungen zwischen Kirche und Gesellschaft durch seine positive und konstruktive Haltung. Aufgrund der langen Dauer seines Episkopats prägte R. die katholische Kirche in Québec.

Werke: Paroisse et démocratie au Canada français/The Parish and Democracy in French Canada. Toronto 1950; Two Addresses on Canada: delivered before the Empire Club of Canada. Toronto 1965; La confessionnalité de l'école. Causeries prononcées le 30 juin et le 28 juillet 1966 au poste C. B. V. T. de Québec. Montreal 1966; (mit P.-É. Léger:) L'enseignement confessionnel: textes de l'épiscopat du Québec. Montreal 1966; Message du Cardinal M. R., président [de la Commission pontificale Justice et Paix], à l'occasion du lancement de la deuxième décennie du développement, 19 novembre 1970, Pontificia Commissio Iustitia et Pax. Rom 1970 (= DC Nr. 1575 [6.12.1970] 1068–70); Réflexions de Son Éminence le Cardinal M. R. à l'occasion du 10e anniversaire de l'Encyclique Pacem in Terris du pape Jean XXIII, 11 avril 1963 – 11 avril 1973. Vatikanstadt 1973; Mandements, lettres pastorales et circulaires des évêques de Québec, n° 17–19. Québec 1955–74.

Literatur: **P. M. G. Levy** (Hg.): Une paix pour notre temps. Réflexion sur un texte du Cardinal R. Paris 1975; **G. Routhier** (Hg.): Paul VI et M. R.: un itinéraire pour la Justice et la Paix. Brescia 2005.

GILLES ROUTHIER

Rudloff, Johannes von, deutscher Bischof, Bruder von Leo von ↗Rudloff, * 24.1.1897 Wetzlar, † 29.6.1978 Hamburg. 1924 Priester, anschließend Kaplan in Lübeck, 1926 Rektor am Marienkrankenhaus in Hamburg, 1934 Pfarrer in Hamburg-Winterhude, Dekanatsbeauftragter für die Frauenseelsorge, 1950 Ernennung zum Weihbischof in Osnabrück, Domkapitular. 1958 verlegte er seinen Sitz nach Reinbek bei Hamburg, von wo aus er bischöfliche Aufgaben für Hamburg und Schleswig-Holstein wahrnahm. 1967 Bischofsvikar, Verlegung des Sitzes nach Hamburg. Mit der Zuwanderung von Flüchtlingen und Vertriebenen nahm auch in Hamburg die Zahl der Katholiken zu. Ihre seelsorgliche Betreuung und Eingliederung in die kirchliche Organisation waren R. ein besonderes Anliegen. R. nahm am Vaticanum II während der ersten, zweiten und vierten Sitzungsperiode teil. Sein Anliegen war es, die Ergebnisse des Konzils in Hamburg und Schleswig-Holstein umzusetzen, wobei er sich für eine Öffnung der Kirche zur Welt aussprach. Dem Dialog sollte die 1973 eröffnete Katholische Akademie in Hamburg dienen. Bereits 1965 initiierte R. einen Nordischen Katholikentag, an dem auch Gäste aus Skandinavien teilnahmen. 1975 Rücktritt.

Literatur: **B. Holtmann:** Die Mitglieder des 1858 wiedererrichteten Osnabrücker Domkapitels. Osnabrück 1987, 146–149; **H. Fischer** (Hg.): „Ich will mich aufreiben lassen für euch". 100 Jahre Weihbischof J. v. R., 24. Januar 1897. Hamburg 1997; **H. Wilken:** Die Katholische Gemeinde in Hamburg vom Ende des 18. Jahrhunderts bis 1963. Hamburg 1997, 148–150; **Gatz B 1945,** 431f. (W. Seegrün); **BBKL** 22, 1169f. (M. Lätzel). GUIDO TREFFLER

Rudloff, Leo von (Taufname Alfred Felix), OSB (1920), Abt der Dormitio-Abtei in Jerusalem, Bruder von Johannes von ↗Rudloff, * 31.1.1902 Düren, † 17.8.1982 Weston (Vermont). 1920 Eintritt in das Benediktinerkloster Gerleve, das seit 1918 ein wichtiges Zentrum der liturgischen Bewegung im Nordwesten Deutschlands bildete, 1923–28 Theologiestudium in Rom (Sant' Anselmo), Freundschaft mit Damasus Winzen, beeinflusst durch Lambert Beauduin (monastische und liturgische Erneuerung, ökumenische Öffnung), 1928 Dr. theol. und Priester; Lehrtätigkeit in Philosophie und Theologie in Gerleve; Subprior; 1938 Entsendung in die USA (zusammen mit Damasus Winzen, Maria Laach), um für den Fall der Aufhebung des Klosters durch das NS-Regime einen Zufluchtsort zu suchen; 1938 Professor für Theologie am Darlington Seminary bei Newark (New Jersey), 1944 amerikanischer Staatsbürger, 1946 Scheitern des Experiments, in Keyport (New Jersey) eine Gemeinschaft zu etablieren; 1947 Rückkehr nach Gerleve; 1950 Prior der 1948 im israelisch-arabischen Krieg schwer beschädigten Abtei Dormitio in Jerusalem, 1953 Abtweihe in Rom durch Kardinal ∕Tisserant; verantwortlich für den Wiederaufbau der Dormitio. R. beabsichtigte eine Internationalisierung der Brüdergemeinschaft, deren ökumenische Öffnung und Engagement für die christlich-jüdischen Beziehungen. 1953 gründete er in Weston (Vermont/USA) ein Priorat, das die Dormitio personell und materiell unterstützen sollte. Zahllose Reisen zwischen Jerusalem und Vermont. Seine Vision einer benediktinischen Präsenz im Heiligen Land scheiterte letztlich am Widerstand der deutschen Jerusalemer Mönche sowie an der unterschiedlichen Prägung beider Mönchsgemeinschaften. 1968 Unabhängigkeit der Weston Priory, 1969 Resignation R.s als Abt der Dormitio sowie Übersiedlung nach Weston Priory. Auch im Ruhestand pflegte R. seine Kontakte zu jüdischen Gelehrten und Freunden (u. a. Abraham Joshua Heschel), seit 1973 beteiligte er sich an der Israel Study Group. Am 21.1.1961 von ∕Johannes XXIII., der seine Bemühungen um eine jüdisch-christliche Versöhnung sowie eine benediktinische Präsenz im Heiligen Land unterstützte, zum Mitglied des Einheitssekretariats berufen, bildete R. zusammen mit Gregory ∕Baum OSA und Johannes ∕Oesterreicher den Kern der „Unterkommission für den jüdischen Problemkreis", die einen Text über die katholisch-jüdischen Beziehungen zur Diskussion in der Konzilsaula vorbereitete *(De judaeis),* der eine radikale Wende in der Haltung der Kirche zum Judentum in die Wege leitete. Wenige Wochen vor der Promulgation von *Nostra aetate* durch ∕Paul VI. am 28.10.1965 erhielt R. eine geheime Kopie der neuesten Fassung des Dokuments und verlieh daraufhin in einem Brief an Kardinal ∕Bea (in der Kopie findet sich der Vermerk „not sent") seiner Enttäuschung Ausdruck: Der Text (*Nostra aetate* 4) lasse die Wärme, die der ursprüngliche Entwurf ausstrahlte, vermissen. Für seine Verdienste um die jüdisch-christliche Verständigung erhielt R. u. a. den Ehrendoktor der Seton Hall University.

Quellen (unveröffentlicht): Reminiscences. Weston 1976; A Bird's-Eye View of the Reminiscences. Weston 1977.

Werke: Kleine Laiendogmatik. Regensburg 1934, [13]1964 (übersetzt in 14 Sprachen); Das Zeugnis der Väter. Ein Quellenbuch zur Dogmatik. Regensburg 1937; Taufe und Firmung im byzantinischen Ritus. Paderborn 1938; Israel's right to exist. New York 1974 (2. Aufl. unter dem Titel Understanding Israel. A Christian view. New York 1977).

Literatur: **LThK. E** 2, 406–478: 415; Abtei Gerleve. Ein Überblick über Werden, Wachsen und Wirken 1904–1974, hg. v. der Abtei Gerleve. Lünen 1974 (vgl. Die Benediktinerabtei Gerleve: ihr Werden, Wachsen und Wirken. Münster 1998 [gekürzte Fassung]); Festschrift des theologischen Studienjahres der Dormition Abbey Jerusalem für Abt Dr. Laurentius Klein OSB. St. Ottilien 1986, 25–34; **LThK³** 8, 1342 (B. Pahl); **J. Hammond:** A Benedictine legacy of Peace. The life of Abbot L. A. R. Weston 2005; **GZVK** 4 (Register); www.dormitio.net/ gemeinschaft/geschichte/vorgeschichte/index.html (abgerufen: 5.9.2012). CLEMENS CARL

Ruffini, *Ernesto,* italienischer Bischof und Kardinal, * 19.1.1888 San Benedetto Po (Lombardei), † 11.6.1967 Palermo. Nach dem Studium im Seminar Mantua 1910 Priester und Lic. theol. an der Theologischen Fakultät der Universität Mailand; 1911 Lic. phil. an der Pontificia Academia Sancti Thomae Aquinatis, 1913 zusätzlich akademischer Abschluss am Päpstlichen Bibelinstitut; 1913–39 Dozent für Bibelwissenschaften am Ateneo Pontificio del Seminario Romano Maggiore (später: Pontificia Università Lateranense) und am Pontificio Ateneo di Propaganda Fide (1917–29); 1928 Sekretär der Kongregation für die Semi-

nare und Universitäten, 1930 Studienpräfekt am Athenaeum Lateranense, dort im darauffolgenden Jahr Rektor. 1945 Erzbischof von Palermo und 1946 Kardinal, war R. während der vorbereitenden Phase des Konzils Mitglied der zentralen vorbereitenden Kommission. Während des Konzils selbst war er Mitglied in dessen Präsidium. Seit der ersten Sitzung war er an der Gruppierung beteiligt, aus der der Coetus Internationalis Patrum hervorging.

Werke: Il tempio di Gerusalemme. Rom 1917; La gerarchia della Chiesa negli atti degli Apostoli e nelle lettere di s. Paolo. Rom 1921; Chronologia Veteris et Novi Testamenti in aeram nostram collata. Rom 1924; Introductio in s. Scripturam: praelectiones habitae in Athenaeis Pont. Sem. Rom. et Prop. Fidei. Turin 1925; Commemorazione di s. Tommaso d'Aquino, tenuta il 14 marzo 1930 nella Università cattolica del S. Cuore. Mailand 1930; Nel primo anniversario della morte del cardinale Raffaele Merry del Val. Discorso memorativo tenuto nella basilica di S. Prassede. Rom 1931; L'importanza dello studio per il clero. Rom 1935; Relazione tra l'Eucaristia e la Madonna. Vatikanstadt 1939; Messaggio pastorale. Vatikanstadt 1946; La creazione del corpo umano. Rom 1948; L'origine del mondo secondo la Bibbia. Esamerone. Rom 1948; La teoria dell'evoluzione secondo la scienza e la fede. Rom 1948 (englisch 1959); Ricordando il grande Pontefice Pio XI. Palermo 1961; Lettere pastorali. Rom 1964; Conferenze sociali e religiose. Rom 1965; Conferenze bibliche. Rom 1966; Conferenze varie. Rom 1967; Pensieri. Palermo 1972.

Literatur: **P. I. Cecchetti – F. Spadafora:** Card. E. R.: La Pontificia Università Lateranense. Profilo della sua storia, dei suoi maestri e dei suoi discepoli. Rom 1963, 145–147; **E. Gambino:** Il pastore sulla breccia, E. card. R. Rom 1967; **G. Petralia:** Il cardinale E. R., arcivescovo di Palermo. Vatikanstadt 1989; **F. M. Stabile:** Il Cardinal R. e il Vaticano II. Le lettere di un „intransigente": CrStor 11 (1990) 83–176; **LThK³** 8, 1348f. (G. Alberigo); **A. Romano:** E. R. Cardinale arcivescovo di Palermo (1946–1967). Caltanissetta – Rom 2002; **P. J. Roy:** Le Coetus Internationalis Patrum. PHILIPPE J. ROY

Rugambwa, *Laurean,* tansanischer Kirchenrechtler, Bischof und Kardinal, * 12.7. 1912 Bukongo (Tansania), † 8.12.1997 Dar-es-Salaam. Tansanischer Aristokrat; 1943 Priester, seit 1948 an der Päpstlichen Universität in Rom, 1951 Promotion *(De Validitate Matrimonii Infidelium in Buhaya);* 1951 Apostolischer Vikar von Kagera Inferiore und 1953 Bischof von Rutabo, 1960 erster afrikanischer Kardinal und Bischof von Bukoba, 1968 Erzbischof von Dar-es-Salaam. R. bemühte sich um die Förderung des religiösen Lebens und den Ausbau humanitärer Einrichtungen in Bukoba und Dar-es-Salaam. Auf dem Vaticanum II beeinflusste er die Ausarbeitung einiger Dokumente *(Lumen gentium, Ad gentes, Sacrosanctum Concilium)* und sorgte für ihre Umsetzung in Tansania. Seine unveröffentlichte Dissertation, Pastoralbriefe und Predigten gaben den Bemühungen, eine afrikanische interkulturelle Theologie zu begründen, entscheidende Impulse. In R. vereinte sich die kulturelle Tradition Afrikas mit dem Christentum. JOSEPH MELI KAMUGISHA

R. war Mitglied der zentralen Vorbereitungskommission und wurde 1962 in die Konzilskommission *De missionibus* gewählt. Als Sprecher der afrikanischen Bischöfe auf dem Konzil machte er u. a. auf die besonderen Bedingungen in Afrika aufmerksam, die den Respekt vor der afrikanischen Kultur verlangten.

Konzilsbeiträge: AS I-1, 333f.; I-2, 343f.592f.; I-3, 172–174; II-1, 368–370; II-2, 130–136.235–238; II-3, 61–63; II-4, 85f.621–623; II-5, 555–557; III-1, 382f.; III-4, 111–113.774–777; III-6, 361–364.448–450; III-7, 812–814; III-8, 489–491; IV-2, 72f.; 366–368; IV-4, 176–178; IV-5, 14–16.

Literatur: **R. M. Senier:** L. Cardinal R. (The men who make the council 21). Notre Dame (Indiana) 1965; **J. Kamugisha – M. Ngambeki:** Mwadhama L. Kardinali R. na Maendeleo ya Ukristu katika Buhaya. Tabora 1985; **C.-E. Sahlberg:** From Krapf to R. A church history of Tanzania. Nairobi 1987; **M. Kilaini:** Catholic Evangelisation of Kagera in Northwest Tanzania: The pioneer period 1892–1912. Rom 1990; **GZVK** 2 (Register).   REDAKTION

Rupp, *Jean,* französischer Bischof, * 13.10. 1905 Saint Germain-en-Laye, † 28.1.1983 Rom. Priester 1931, aktiv in der Pfadfinderbewegung, 1947 Gründer des Centre catholique international de coopération avec l'Unesco (CCIC). 1954 Ernennung und 1955 Konsekrierung zum Weihbischof des Ordinarius für orientalische Riten, 1962 Bischof von Monaco. Ab 1971 als Titularerzbischof im diplomatischen Dienst des Vatikans, ab 1975 als Pronuntius im Irak und in Kuwait, ab 1978 als Ständiger Beobachter bei den Vereinten Nationen in Genf. R. war Mitglied der vorbereitenden Kommission *De episcopis et dioecesium regimine* und Sympathisant des Coetus Internationalis Patrum. R. hielt zehn Interventionen und reichte vier animadversiones scriptae ein. Dabei widmete er sich besonders dem Kirche-Welt-Verhältnis, der Offenbarung und der Kirche.

Werke: Découverte de la chrétienté. Paris 1931; L'idée de chrétienté dans la pensée pontificale des Origines à Innocent III. Paris 1939; Histoire de l'Église de Paris. Paris 1948; Accession à l'œcuménisme. Paris 1961; Brésil, espoir chrétien? Paris 1965; Explorations œcuméniques. Monte Carlo 1967; La foi selon l'évangile: entretiens pendant l'année de la foi précédés du texte intégral de la profession de foi de S.S. Paul VI. Monte Carlo 1968; Lumière à l'Est. Monte Carlo 1969; Les Théologiens de Kiew, trait d'union paradoxale entre l'Est et l'Ouest à l'âge de Sobieski, XVIIe siècle. München 1970; Catherine et Thérèse: docteurs pour nos temps. Paris 1971; Héros chrétiens de l'Est: hommage au déporté Maximilien Kolbe. Paris 1972; Message ecclésial de Soloview: présage et illustration de Vatican II. Paris 1974; Un levier pour l'œcuménisme: Wladimir Soloview. Brüssel 1975; Entretien sur la vie éternelle (suivi de) Théologie au fil des jours. Monte Carlo 1978.

Literatur: **J.-D. Eude:** Les Fondateurs du scoutisme catholique en France. Chambray 1992; **L. Fontaine:** La mémoire du scoutisme: dictionnaire des hommes, des thèmes et des idées. Paris 1999; **Roy:** Le Coetus Internationalis Patrum.   PHILIPPE J. ROY

Rusch, *Paulus,* österreichischer Bischof, * 4.10.1903 München, † 31.3.1986 Zams (Nordtirol). Bankangestellter, dann Studium in Innsbruck (Canisianum); 1933 Priester, Kaplan in Vorarlberg, 1936 Regens im Innsbrucker Priesterseminar; 1938 Apostolischer Administrator von Innsbruck-Feldkirch, jüngster Bischof Europas. Vom nationalsozialistischen Regime nicht anerkannt, war R. manchen Schikanen ausgesetzt. Bei Errichtung des Bistums

Bozen-Brixen zur Zeit des Vaticanum II wurde er Bischof von Innsbruck (1964). Engagierte Teilnahme am Konzil, zahlreiche, größtenteils schriftliche Interventionen mit Fokus auf der Mariologie (z. B. AS I-2, 35f.: participatio actuosa; AS I-4, 551–553: Dienstcharakter des Bischofsamtes, Bischofswahl; AS II-2, 447–478: Kollegialität iure divino; AS II-3, 781–784 sowie AS III-2, 158–160: für „echte Tradition" und eine „via media" in der Mariologie; AS III-4, 68–70: Jugend und Freizeit, nochmals in AS IV-2, 1061–65; AS III-7, 351f.: Frieden, Ächtung des Krieges; AS IV-2, 45–47: historisch-theologische Perspektive: „mundus in fieri"; AS IV-3, 631–633: nochmals Frieden; AS IV-4, 955f.: Mission). R. wurde zu einem profilierten (auch zunehmende mediale Kritik an ihm, z. B. im „Fall Kripp") und sozial engagierten Bischof Österreichs (soziale Wohnungsbauprojekte, Arbeiterjugend). Nach langer Dienstzeit 1981 Emeritierung.

Werke: Wachstum im Geiste. Innsbruck 1949; Der Sozialhirtenbrief der österreichischen Bischöfe. Innsbruck 1957; Mariologische Wertungen: ZKTh 85 (1963) 129–161; Waage der Zeit – Wege der Zeit. Innsbruck 1983.
Literatur: **Gatz B 1945,** 272–276 (J. Gelmi); **H. Alexander:** Der „rote" Bischof P. R. und Tirol. Innsbruck 2005. DAVID NEUHOLD

Rynne, Xavier ∕ Murphy, Francis Xavier

S

Salaverri, Joaquín, SJ (1910), spanischer katholischer Theologe, * 16.2.1892 Mondoñedo (Galicien), † 20.6.1979 Salamanca. 1918 Dr. phil. in Oña (Baskenland), 1926 Dr. theol. in Valkenburg, 1927–29 Spezialisierung in Ekklesiologie (Gregoriana); lehrte 1929–32 systematische Theologie in Comillas (Spanien), 1932–40 Patristik und Dogmengeschichte an der Gregoriana; entwarf die Botschaft ∕ Pius' XII. vom 16.4. 1939 zum Ende des Spanischen Bürgerkriegs, 1940–43 Rektor in Comillas, dort auch bis 1972 Professor für Ekklesiologie; 1943 gründete S. die Zeitschrift Miscelánea Comillas; ab 1960 Mitglied der Päpstlichen Theologischen Akademie; 1960–62 Konsultor der Vorbereitungskommission für das Vaticanum II, in den vier Sitzungsperioden des Konzils Berater des spanischen Episkopats. Er verteidigte beim Konzil das Lehramt und die Tradition in ekklesiologischen Fragen (pyramidale Hierarchiestruktur, societas perfecta). Mitarbeit an den Werken Lexikon für Theologie und Kirche und Sacramentum mundi. Sein wichtigstes Werk De Ecclesia Christi (Madrid ⁵1962) galt als die minuziöseste und seriöseste katholische Ekklesiologie vor dem Konzil. Die Zeitschriften Miscelánea Comillas (1962) und Estudios Eclesiásticos (1972) haben ihm Sonderhefte gewidmet; besondere Aufmerksamkeit in der Forschung erfreut sich jetzt der Entwurf für die erwähnte Botschaft Pius' XII.

Bibliografie: Curriculum vitae academicae et scripta: Miscelánea Comillas 24-25 (1960) 11–16; 37 (1979) 97–99.
Literatur: **A. Álvarez Bolado:** Año de la Victoria. El P. J. S., redactor del mensaje papal al fin de la guerra: Miscelánea Comillas 47 (1989) 111–130; **M. A. Araujo – X. A. Gil:** Un gran teólogo mindoniense: Estudios Mindonienses 8 (1992) 473–494; **J. Escalera:** s.v.: C. E. O'Neill – J. M. Domínguez (Hg.): Diccionario Histórico de la Compañía de Jesús, Bd. 4. Rom – Madrid 2001, 3468; **A. Huerga:** Los teólogos españoles en el Concilio: Anuario de Historia de la Iglesia 14 (2005) 51–68.
MARIANO DELGADO

Sanschagrin, Albert, OMI (1930), kanadischer Bischof, * 5.8.1911 Saint-Tite (Québec), † 2.4.2009 Richelieu (ebd.). Schulbesuch in Ottawa bei den Oblaten, in deren Orden er 1931 trotz einer Tuberkuloseerkrankung Profess feiern konnte. Studium der Philosophie und Theologie in Richelieu bis zur Ewigen Profess 1934, anschließend 1937 in Sainte-Agathe-des-Monts, 1936 Priester, nach dem Studium Lehrer im Scholastikat. Seit 1939 Seelsorge im Arbeitermilieu im Rahmen der kanadischen Action catholique, dann als Almosenier in der Centrale nationale de la Jeunesse ouvrière catholique (J.O.C.) in Montreal, wobei er besonders für die weiblichen Mitglieder verantwortlich war. Dem Wunsch der chilenischen Bischöfe, einen erfahrenen Priester zum Aufbau der Katholischen Aktion zu entsenden, folgte sein Orden mit der Entsendung S.s, der während seines Chile-Aufenthaltes (1947–49) auch als Lateinamerika-Korrespondent der Zeitung *Le Devoir* (Montreal) wirkte. S. bereitete weitere Gründungen seines Ordens in Chile vor und wurde 1949 zum Provinzialvikar ernannt, wobei er auch zur Expansion seines Ordens nach Bolivien beitrug. Nach dem Generalkapitel der Oblaten 1953 zum Provinzoberen für Ost-Kanada mit ca. 1.000 Mitgliedern in La Baie James, Côte Nord, Labrador, Chile und Bolivien ernannt, legte er Wert auf Teamarbeit und eine vertrauensvolle ordensinterne Kommunikation. 1957 Koadjutorbischof mit Nachfolgerecht in der Diözese Amos, 1959 Apostolischer Administrator ebd. Nach der Ankündigung des Vaticanum II widmete sich S. intensiv dessen Vorbereitung und versuchte mit verschiedenen Initiativen, seine Diözese in den Zustand des Konzils zu versetzen. S. engagierte sich stark für die Information und Mobilisierung seiner Diözesanen und hielt 1961 die erste Diözesansynode in Amos ab. Nach seiner Teilnahme an der interamerikanischen Bischofsbegegnung in Washington 1959 entsandte er Laien und Priester als Missionare nach Honduras. Als enthusiastischer Konzilsteilnehmer ein Mann der Begegnungen, blieb er in engem Kontakt mit seinen Diözesanen und Freunden, für die er unter dem Titel *Mon journal du Concile* beinahe täglich Briefe schrieb und die er über wöchentliche Radioaufzeichnungen, Fernsehinterviews sowie Beiträge für lokale Medien über das Konzilsgeschehen informierte. Auf dem Konzil widmete er sich insbesondere zwei Fragen: den sozialen Kommunikationsmitteln – in einer Konzilsrede forderte er auch die gezielte Nutzung neuer Medien zwischen der Kurie und den Ortsbischöfen, damit diese aufgrund schlechter innerkirchlicher Kommunikation nicht mehr aus der Zeitung von römischen Entscheidungen erfahren – sowie dem Ständigen Diakonat, dessen Bedeutung ihm während der Konsultation seiner Diözesanen aufgegangen war. Nach dem Konzil gehörte S. entsprechenden Arbeitsgruppen der kanadischen Bischofskonferenz sowie auf weltkirchlicher Ebene an. 1967 zum Bischof von Saint-Hyacinthe ernannt, bestand sein Hauptanliegen darin, das Konzil ins Werk zu setzen. Ein besonderer Akzent lag dabei auf der Einführung des Ständigen Diakonats, um „eine neue Einwurzelung der Kirche in die profanen Zusammenhänge" sowie eine „missionarischere, den Bedürfnissen der heutigen Männer und Frauen angemessene" Kirche zu verwirklichen, die dadurch „der Welt dient". Nach dem Konzil Mitglied der römischen Kommission für Lateinamerika. 1979 krankheitsbedingter Rücktritt als Diözesanbischof.

Werke: Problèmes d'apostolat, hg. v. Conférence religieuse canadienne. Ottawa 1956; Le problème de la colonisation, hg. v. Département d'action sociale. Québec 1959; Le Canada catholique travaille en Amérique Latine, hg. v. Ecclesia. Paris 1962.

Literatur: **R. Martel:** Un évêque à Vatican II: Mgr A. S., o.m.i., Mémoire de maîtrise. Québec 2000 (maschinenschriftlich); **ders.:** D'événement romain à réalité abitibienne: Vatican II au cours de la phase préparatoire: G. Routhier (Hg.): Vatican II au Canada: enracinement et réception. Montreal 2001, 177–200; **ders.:** Les nombreuses rencontres d'évêques par Mgr A. S., o.m.i., à Vatican II: G. Routhier (Hg.): Évêques du Québec (1962–1965): entre Révolution tranquille et aggiornamento conciliaire. Québec 2002, 12–28. GILLES ROUTHIER

Santos, *Rufino Jiao,* philippinischer Bischof und Kardinal, * 26.8.1908 Guagua

(Luzon), † 3.9.1973 Manila. 1921–27 Studium im Seminar Manila, bevor er zum Weiterstudium nach Rom entsandt wurde und an der Gregoriana zum Dr. theol. und Dr. iur. can. promovierte. 1931 Priester, 1932 Rückkehr auf die Philippinen und Seelsorger im Erzbistum Manila, wo er 1934–38 als stellvertretender Kanzler wirkte. Während des 2. Weltkriegs wegen des Vorwurfs antijapanischer Propaganda in japanischer Kriegsgefangenschaft, anschließend Generalvikar (1945–47), Weihbischof (1947–53) bzw. Erzbischof von Manila (seit 1953). 1960 Kardinal. Mitglied der zentralen vorbereitenden Kommission des Vaticanum II, bei Konzilsbeginn Mitglied der Kommission *De doctrina fidei et morum*. Er unterstützte offen den Coetus Internationalis Patrum, als dessen aktives Mitglied man ihn aber auf der Basis der gegenwärtigen Archivlage nicht bezeichnen kann.

Literatur: **C. H. Acosta:** The life of R. Cardinal S. Manila 1973; **Roy:** Le Coetus Internationalis Patrum. PHILIPPE J. ROY

Schauf, *Heribert,* deutscher katholischer Theologe, * 8.8.1910 Düren, † 29.8.1988 Aachen. Studium in Rom (dort 1935 Priester) Schüler von Sebastian ∕Tromp; 1945 Professor für Kirchenrecht in Aachen. Erforschte die „Römische Schule" und edierte Werke von Carlo Passaglia, Matthias Joseph Scheeben, Clemens Schrader. Als Konsultor (1960) für das Vaticanum II und als Konzilsperitus arbeitete S. eng mit Tromp zusammen. Er beeinflusste *Lumen gentium* 3 und *Dei Verbum* 9.

Quellen: Konzilstagebuch (ein Exemplar: Kommission für Zeitgeschichte, Bonn).

Werke: Die Einwohnung des Hl. Geistes. Freiburg 1941; Einführung in das kirchliche Strafrecht. Aachen 1952; Die Lehre der Kirche über Schrift und Tradition in den Katechismen. Essen 1963; Das Leitungsamt der Bischöfe. München u. a. 1975.

Literatur: **J. Ratzinger:** Zur Katechismuslehre von Schrift und Tradition: Theologische Revue 60 (1964) 217–227; **K. Rahner:** Kleine Brieffolge aus der Konzilszeit, zusammengestellt u. kommentiert v. H. Vorgrimler: Orientierung 48 (1984) bes. 157.175.191; **U. Betti:** La dottrina del Concilio Vaticano II sulla trasmissione della rivelazione. Rom 1985; Geist und Kirche. Gedenkschrift, **hg. v. H. Hammans u. a.** Paderborn u. a. 1991 (Werkeverzeichnis); **H. Sauer:** Erfahrung und Glaube. Frankfurt u. a. 1993, 763; **J. Schierl:** In Christus. Regensburg 1994; **A. J. Wäckers:** Erlebte und gelebte Kirche von Aachen. Aachen 1995, bes. 154 f.; **BBKL** 9, 11–13 (E. Naab); **J. Kremer:** Die Bibel beim Wort genommen. Freiburg u. a. 1995, 453; **S. Alberto:** ‚Corpus suum mystice constituit' (LG 7). Regensburg 1996; **M. Kleinwächter:** Das System des göttlichen Kirchenrechts. Würzburg 1996; **A. Napiórkowski:** Schrift – Tradition – Kirche. Frankfurt 1996; **Burigana:** La Bibbia nel concilio; **G. Wassilowsky:** Universales Heilssakrament Kirche. Innsbruck – Wien 2001; **A. v. Teuffenbach:** Die Bedeutung des subsistit in (LG 8). München 2002; **dies.:** Aus Liebe und Treue zur Kirche. Berlin 2004; **dies.** (Hg.): Konzilstagebuch Sebastian Tromp mit Erläuterungen und Akten aus der Arbeit der Theologischen Kommission, 2 Bde. Rom 2006 bzw. Nordhausen 2011. HERMANN-JOSEF REUDENBACH

Schäufele, *Hermann,* deutscher Bischof, * 14.11.1906 Stebbach (Nordbaden), † 26.6. 1977 Langenegg (Vorarlberg). Das Studium der Philosophie und Theologie in Freiburg und Rom schloss S. mit der Promotion in

beiden Fächern ab, 1931 Priester. Nach der Rückkehr in seine Heimatdiözese 1934 Vikar in Elzach, 1935 Religionslehrer in Mannheim, 1937 Studentenseelsorger und Repetitor am Collegium Borromaeum in Freiburg, 1946 dessen Direktor. 1950 wurde S. Vizeoffizial, 1954 Offizial. 1955 erfolgte die Ernennung zum Weihbischof in Freiburg, 1958 die Wahl zum Erzbischof. Ekklesiologisch geprägt von ∕Pius XII. und der Enzyklika *Mystici corporis,* war der kirchenrechtlich denkende S. auf dem Vaticanum II Mitglied der Kommission *De episcopis.* Sein Vorschlag einer Konstitution *De Deo,* die seine Auseinandersetzung mit der geistig-religiösen Situation der Zeit reflektiert, wurde nicht aufgegriffen. Theologisch und pastoral zunächst skeptisch gegenüber Neuerungen, ermöglichte und begleitete er aus dem Anliegen der Glaubensüberlieferung inmitten der gesellschaftlichen Veränderungen heraus in Treue zu Papst und Konzil die Rezeption des Vaticanum II auf den verschiedenen Ebenen seiner Erzdiözese. 1974 vereinbarte das Erzbistum Freiburg mit der Evangelischen Landeskirche Baden einen gemeinsamen Trauritus. Traditionalistischen Verengungen stand er strikt ablehnend gegenüber, warnte aber auch vor einseitigen Neuerungsbestrebungen und Experimenten.

Werke: Vorwort: Unsere Kirche. Rundschreiben „Mystici corporis" Papst Pius XII. vom 29. Juni 1943. Heidelberg 1946, 5f.; Auf dem Weg der Gerechtigkeit ist Leben. Wort und Weisung. Freiburg 1979.

Literatur: Das Erzbistum Freiburg 1827–1977. Freiburg 1977; **W. Zwingmann:** Erzbischof Dr. H. S.: FDA 99 (1979) 5–19; **ders.:** s. v.: Badische Biographien, Neue Fassung, hg. im Auftrag der Kommission für Geschichtliche Landeskunde Baden-Württemberg, Bd. 2. Stuttgart 1987, 234–237; **J. Brüstle:** Studentenseelsorge im Spannungsfeld des Weltanschauungskampfes zwischen Katholischer Kirche und Nationalsozialismus: FDA 117 (1997) 111–215; **Gatz B 1945,** 217–221 (Karl-Heinz Braun); **C. Schmider:** Die Freiburger Bischöfe. 175 Jahre Erzbistum Freiburg. Eine Geschichte in Lebensbildern. Freiburg 2002, 168–174; **M. Quisinsky:** Freiburger Konzilsväter auf dem II. Vaticanum. Konzilsbeteiligung und Konzilshermeneutik von Erzbischof H. S. und Weihbischof Karl Gnädinger: FDA 129 (2009) 181–289; **K. Gallegos Sánchez u. a.** (Hg.): Aggiornamento im Erzbistum Freiburg. Freiburg 2011 (passim). MICHAEL QUISINSKY

Schick, *Eduard,* deutscher Bischof, * 23.2. 1906 Mardorf (Kreis Marburg), † 20.11.2000 Lauterbach (Hessen). 1928 Priester, anschließend Kaplan in Hattenhof und Kassel, Zweitstudium der Mathematik in Göttingen und Bonn, bis 1936 im staatlichen Schuldienst, dann kurzzeitig Kaplan in Kassel, 1936–38 Leiter der Bischöflichen Rektoratsschule Großauheim. Nach der Schließung der Schule durch das NS-Regime setzte S. seine theologischen Studien in Würzburg fort, 1939 Dr. theol. 1939–50 Regens des Fuldaer Priesterseminars, 1947–70 Professor für Neutestamentliche Exegese an der Philosophisch-Theologischen Hochschule Fulda, 1955–59 stellvertretender Generalvikar, 1957 Domkapitular, 1962 Ernennung zum Weihbischof, seit 1962 zusammen mit dem Rottenburger Bischof Carl Joseph ∕Leiprecht Beauftragter der deutschen Bischöfe für die neue Einheitsübersetzung der Heiligen Schrift ins Deutsche, 1971 Präsident der Päpstlichen Kommission für die Neo-Vulgata, 1974 Bischof von Fulda, 1982 Annahme des Rücktrittsgesuchs durch ∕Johannes Paul II. (Bistumsadministrator bis 1983). Ein besonderes Anliegen war S. der Priesternachwuchs. In seiner Amtszeit konnte die Zahl der Priesterweihen auf einem konstanten Niveau gehalten werden. 1978 wurde die Fuldaer Hochschule zur Theologischen Fakultät in bischöflicher Trägerschaft mit dem Recht der Verleihung akademischer Grade in Theologie erhoben. S. nahm am Vaticanum II in allen vier Konzilsperioden teil. Am Ende der zweiten Sitzungsperiode wurde er zum Mitglied der Kommission für die Bischöfe und die Leitung der Diözesen gewählt. Mehrfach ergriff er in der Konzilsaula bei den Diskussionen um das Kirchenschema, das Offenbarungsschema und das Schema über die Kirche in der Welt von heute das Wort. Insbesondere sein Plädoyer für die Stellung der Ortsgemeinde in der Gesamtkirche – Ergebnis einer Beratung der deutschen Bischöfe im deutschen Kolleg Santa Maria dell'Anima – fand Beachtung und Eingang in die Konstitution *Lumen gentium.*

Werke: Formgeschichte und Synoptikerexegese. Eine kritische Untersuchung über die Möglichkeit und die Grenzen der formgeschichtlichen Methode. Münster 1940; Ein Jahrhundertereignis. Rückschau auf das Zweite Vatikanische Konzil nach dreißig Jahren: Stimmen der Zeit 213 (1995) 795–807. Weitere wichtige Veröffentlichungen in: BBKL 22, 1218–20.

Konzilsbeiträge: AS II-2, 396–399; II-4, 70 f.; III-3, 309–311; III-5, 733–735; IV-2, 636–638; IV-2, 821–824.

Literatur: KNA – Sonderdienst zum Zweiten Vatikanischen Konzil Nr. 14-15/64, 5 f.; **A. Winter** (Hg.): Kirche und Bibel (FS E. S.). Paderborn u. a. 1979; **J. Leinweiber:** Die Fuldaer Äbte und Bischöfe. Frankfurt 1989, 185–187; **W. Weiß:** Die deutsche Bischofskonferenz und das II. Vatikanum: K. Wittstadt – W. Verschooten (Hg.): Der Beitrag der deutschsprachigen und osteuropäischen Länder zum Zweiten Vatikanischen Konzil (Instrumenta Theologica 16). Löwen 1996, 27–44; LThK³ 9, 137 (W. Kathrein); **R. Götz:** Die Rolle der deutschen Bischöfe auf dem Konzil: Wolf–Arnold (Hg.): Die deutschsprachigen Länder und das II. Vatikanum, 17–52; **M. Schwab – B. Nolte-Schunck** (Hg.): Mit Bonifatius verbunden – den Menschen zugetan. Petersberg 2001; **G. Schrimpf** (Hg.): E. S. (1906–2000). Gedenkfeier der Theologischen Fakultät Fulda. Mit Bibliographie und Vita. Frankfurt 2001; **Gatz B 1945,** 229–231 (Redaktion); **BBKL** 22, 1215–20 (M. Müller); **GZVK** 3–5 (Register).

GUIDO TREFFLER

Schillebeeckx, *Edward,* OP (1934), belgischer katholischer Theologe, * 12.11.1914 Antwerpen, † 23.12.2009 Nijmegen. 1925–34 Schulbesuch am Jesuitenkolleg in Turnhout, 1934 Eintritt in das Noviziat der Dominikaner in Gent, absolvierte S. dort seine philosophischen Studien unter dem Einfluss des dominikanischen Gelehrten Dominique De Petter. S., der ab 1938 seinen Wehrdienst ableisten musste, wurde als Soldat zum 2. Weltkrieg eingezogen und 1940 in Montpellier stationiert. Nachdem die belgische Armee kapituliert hatte, begann S. sein Theologiestudium und wurde 1943 Dozent am Studienhaus der Dominikaner in Löwen, bevor ihn sein Orden schließlich 1945 nach Paris zum Studium an der Sorbonne und in Le Saulchoir entsandte. Dort kam er mit der Nouvelle théologie in Berührung und wurde insbesondere von den Arbeiten Yves ⁄ Congars geprägt. 1956 zum Dozenten am Hoger Instituut voor Godsdienstwetenschappen der Katholischen Universität Leuven ernannt, wirkte S. von 1958–83 als Professor für Systematische Theologie in Nijmegen. 1960 verfasste er die Botschaft, in der die niederländischen Bischöfe ihre Erwartungen mit Blick auf das Vaticanum II zum Ausdruck brachten und die bei Kardinal Alfredo ⁄ Ottaviani Misstrauen auslöste. Folglich wurde S. zwar nie zum Peritus ernannt, war jedoch über Vorträge und die Abfassung bischöflicher Texte in das Konzilsgeschehen involviert. Nach dem Konzil erlangte S. Bekanntheit durch seine Rolle auf dem Niederländischen Pastoralkonzil in Noordwijkerhout, aber auch durch seine entschlossene Verbindung theologischer Lehre mit zeitgenössischer Kultur, die auch zur Untersuchung einiger seiner Werke durch die Kongregation für die Glaubenslehre führte. Auch wenn er klare

Sympathien für Bewegungen wie etwa die lateinamerikanische Theologie der Befreiung zeigte, führten diese Untersuchungen nicht zur Verurteilung S.s.

Werke: T. Schoof – J. van de Westelaken: Bibliography 1936–1996 of E. S. O. P. Baarn 1997.
Literatur: **T. Schoof:** De zaak S.: officiële stukken. Bloemendaal 1980; **R. Schreiter** (Hg.): The S. Reader. New York 1984; **LThK³** 9, 142 f. (H. Häring); **E. Borgman:** A Theologian in his History. A Catholic Theology of Culture (1914–1965). New York 2001; **L. Boeve u. a.** (Hg.): E. S. and contemporary theology. London 2010; **K. Schelkens:** The Council Notes of E. S. 1962–1963. Annotated critical edition. Löwen 2010.
KARIM SCHELKENS

Schlink, *Edmund,* deutscher evangelischer Theologe, * 6.3.1903 Darmstadt, † 20.5.1984 Heidelberg. S. wurde 1946 nach Mitarbeit in der Bekennenden Kirche zum Ordinarius für Systematische Theologie an der Universität Heidelberg berufen, wo er bis zu seiner Emeritierung 1971 lehrte. Seine Theologie der lutherischen Bekenntnisschriften (München 1940, Göttingen ⁴2008) wurde nach dem Krieg weit über den deutschen Raum hinaus zu einem Standardwerk. 1946–79 war S. der evangelisch-theologische Leiter des Ökumenischen Arbeitskreises evangelischer und katholischer Theologen (sogenannter „Jaeger-Stählin-Kreis"). 1948 gründete er an seiner Fakultät das erste deutsche ökumenische Institut. 1940–74 war er führendes Mitglied der Kommission für Glauben und Kirchenverfassung im Ökumenischen Rat der Kirchen und Hauptredner auf mehreren großen ökumenischen Konferenzen (u. a. Lund 1952, Evanston 1954), 1950–61 Vorsitzender des Deutschen Ökumenischen Studienausschusses. Als offizieller Beobachter beim Vaticanum II konnte S. dankbar die ökumenische Öffnung der römisch-katholischen Kirche erleben und interpretieren. Von seinen Vorträgen und Publikationen sind gestaltende Impulse für die Behandlung neu aufbrechender ökumenischer Themen ausgegangen (z. B. Einheit der Kirche und Eschatologie, unterschiedliche Strukturen dogmatischer Aussagen, Abendmahlsgemeinschaft, Konziliarität, Notwendigkeit des Dialogs mit der orthodoxen und römisch-katholischen Tradition). S. hat die ökumenische Verpflichtung der lutherischen Kirche theologisch begründet und entfaltet sowie den Weg der ökumenischen Bewegung maßgeblich mitgestaltet. Als Lehrer seiner Kirche und führender Ökumeniker nimmt er einen herausragenden Platz unter den deutschen evangelischen Theologen des 20. Jahrhunderts ein.

Werke: Der kommende Christus und die kirchlichen Traditionen. Göttingen 1961, ²2004; Nach dem Konzil. Göttingen 1966; Die Lehre von der Taufe. Kassel 1969; Die Vision des Papstes. Mit einem Vorwort von Franz König und Klaus Engelhardt. Karlsruhe 1997 [¹1975 pseudonym]; Ökumenische Dogmatik. Göttingen 1983, ³2005; Schriften zu Ökumene und Bekenntnis, 5 Bde. Göttingen 2004–10.
Bibliografie: Theologische Literaturzeitung 93 (1968) 315–318 und 111 (1986) 635–639.
Literatur: **E. Stakemeier:** Wiederherstellung der Einheit. Zur Interpretation des Dekretes „Über den Ökumenismus": Catholica 20 (1966) 136–151; **G. Schwenzer:** Die großen Taten Gottes und die Kirche. Zur Ekklesiologie E. S.s Paderborn 1969; **W. Dietzfelbinger:** Evangelische Berichterstattung

vom Zweiten Vatikanischen Konzil: G. Maron (Hg.): Evangelisch und ökumenisch. Göttingen 1986, 429–439; **J. Eber:** The vision of the pope: An ecumenical effort of E. S. (1903–1984): Scottish Journal of Theology 45 (1992) 237–243; ders.: Einheit der Kirche als dogmatisches Problem bei E. S. Göttingen 1993; **BBKL** 9, 283–298 (J. Eber); **N. Slenczka:** Grund und Norm der Vielfalt: Kerygma und Dogma 49 (2003) 2224–51; **C. Schwöbel:** E. S. Ökumenische Dogmatik: C. Möller u. a. (Hg.): Wegbereiter der Ökumene im 20. Jahrhundert. Göttingen 2005, 232–254; **J. Brosseder:** Indefectibilitas ecclesiae – infallibilitas papae. Ökumenische Folgerungen aus theologischen Ansätzen Karl Rahners und E. S.s: C. Böttigheimer (Hg.): Kircheneinheit und Weltverantwortung. Regensburg 2006, 539–553; **RGG**[4] 7, 925 (N. Slenczka); **P. Naudé:** On E. S.: Scriptura 97 (2008) 122–136; **E. M. Skibbe:** E. S. Bekenner im Kirchenkampf, Lehrer der Kirche, Vordenker der Ökumene. Göttingen 2009; **W. Thönissen:** s. v.: Personenlexikon Ökumene, 201–203.

GÜNTHER GASSMANN/ALBERT RAFFELT

Schmaus, Michael, deutscher katholischer Dogmenhistoriker, * 17.7.1897 Oberbaar (bei Donauwörth), † 8.12.1993 Gauting (bei München). 1922 Priester, Lehrtätigkeit 1928/29 in München-Freising, 1929–33 in Prag, 1933–46 in Münster, 1946–65 in München; Konsultor und Peritus des Vaticanum II. In Lehre und Forschung, auch durch wissenschaftsorganisatorische Leistungen, wahrte S. die Balance zwischen Beharrung und Fortschritt. Als Nachfolger Martin Grabmanns intensivierte er die Erforschung der mittelalterlichen Theologie (Grabmann-Institut). Offen für die Probleme der Zeit, gewinnt seine Theologie eine anthropologische Note, ökumenische Perspektive und gesellschaftliche Relevanz. Von solcher Nähe zum Menschen und seiner Heilsfrage ist bis in die Sprachgestalt sein systematischer Ausgriff (*Katholische Dogmatik*, 5 Bände. München 1937–55 u. ö. und *Der Glaube der Kirche*, 7 Bände. St. Ottilien 1979–82) bestimmt. Die klare Christozentrik bleibt trinitarisch verankert und wird von dorther ekklesial und anthropologisch umgesetzt. S. war ein Wegbereiter des Vaticanum II. MICHAEL SEYBOLD

Werke: Bibliographie: FS Wahrheit und Verkündigung, hg. v. L. Scheffczyk u. a., Bd. 1. Paderborn 1967, XXI–XXXIII (Ergänzung: MThZ 38 [1987] 131 ff.).

Literatur: **R. Heinzmann:** Die Identität des Christentums im Umbruch des 20. Jahrhunderts: MThZ 38 (1987) 115–133; **P. Kollmannsberger:** Die schöpfungstheologische Frage nach dem Personsein des Menschen in den Dogmatiken von M. S. und J. Auer. Weiden 1992; **J. Schierl:** In Christus. Regensburg 1994, 134–151; **BBKL** 9, 322–327 (Literatur); Handbuch der Dogmengeschichte, hg. v. M. S., Bd. 2/1c. Freiburg 1996, 144–154 (F. Courth); **K. Nußbaum:** Klaus Mörsdorf und M. S. als Konzilsberater des Münchener Erzbischofs Julius Kardinal Döpfner auf dem Zweiten Vatikanischen Konzil: MThZ 55 (2004) 132–150; **P. Neuner:** M. S. und der Neubeginn der Theologie an der Universität München nach 1945: MThZ 57 (2006) 386–398.

REDAKTION

Schmidt, Carl, deutscher Bischof, * 14.5.1912 Obervölklingen (Saarland), † 11.3.1989 Trier. 1936 Priester, 1937 Kaplan in Bad Kreuznach, 1940 Caritasrektor in Saarbrücken, 1953 Pfarrer in Wemmetsweiler, 1956 Pfarrer in Saarbrücken, 1960 Domkapitular, 1962 Ernennung zum Weihbischof, 1963 Vorsitzender des Diözesancaritasverbandes, 1966 Bischofsvikar, 1967–76 Domdekan. S. leitete von 1964 bis 1966 das Seelsorgeamt im Generalvikariat. Besonders lag ihm die Bolivien-Partnerschaft des Bistums Trier am Herzen. S. fungierte lange Jahre als Geistlicher Beirat des Päpstlichen Missionswerks Katholischer Frauen in Deutschland, als Diözesandirektor der Unio Cleri pro Missionibus sowie als Diözesandirektor des Päpstlichen Missionswerks der Kinder. Am Vaticanum II nahm er von 1962 bis 1965 teil.

Literatur: **BBKL** 9, 446 f. (E. Lutsch); **W. Seibrich:** Die Weihbischöfe des Bistums Trier. Trier 1998, 252–254; **H. Monz** (Hg.): Trierer Biographisches Lexikon. Trier 2000, 407; **Gatz B 1945,** 552 (M. Persch); **B. Schneider – M. Persch** (Hg.): Geschichte des Bistums Trier, Bd. 5. Beharrung und Erneuerung 1881–1981. Trier 2004 (Register).

GUIDO TREFFLER

Schmidt, Wilhelm, deutscher evangelischer Theologe, * 19.1.1914 Allendorf (Hessen), † 24.7.2011 Münstertal (Schwarzwald). Im Anschluss an das Studium der evangelischen Theologie in Göttingen und Münster Vikariat am Kaiserdom in Königslutter. Nach Militärdienst und Kriegsgefangenschaft Pastor in Schöningen und seit 1948 an der Kirche zum Heiligen Kreuz in Bremen-Horn. Seit 1946 Mitglied der Evangelischen Michaelsbruderschaft, 1947–71 Leiter der Jungbruderschaft. Konzilsbeobachter während der dritten und vierten Session des Vaticanum II.

Werke: Römische Briefe: Quatember 29 (1964/65) 33–35; Die 3. Session des 2. Vatikanischen Konzils. „Verantwortung der Hoffnung": ebd., 78–82; Caritas in caritatem mutatur. Konzilsbericht: Quatember 30 (1965/66) 29–30; Auszug vor die Mauern. Konzilsbericht: ebd., 69–72; [Über die ökumenische Bedeutung des „subsistit in"]: L. Waltermann (Hg.): Konzil als Prozeß. Berichte im Westdeutschen Rundfunk über das zweite Vatikanum. Eine Dokumentation. Köln 1966, 188–190; Der brennende Dornbusch. Eine Darlegung des Evangeliums nach Johannes. Frankfurt 2000, Berlin ²2006.

Literatur: **W. Stählin**: Via vitae. Lebenserinnerungen. Kassel 1968 (Register); **N. Trippen**: Josef Kardinal Frings, Bd. 2. Paderborn u. a. 2005, 451 f. 482; **D. Piontkowski**: Pflüget ein Neues! Chronik des Konventes Bremen-Oldenburg der Evangelischen Michaelsbruderschaft 1946–2006. Sulz am Neckar 2011, 47–52. MICHAELA DENGLER

Schmitt, *Paul-Joseph,* französischer Bischof, * 31.3.1911 Basse-Yutz (Moselle), † 9.9.1987 Metz. Studium im Großen Seminar Metz, 1935 Priester, Weiterstudium in Lille, Clermont-Ferrand (wo sich während des Krieges die Theologische Fakultät Straßburg befand) sowie Toulouse (Dr. theol. 1944). Nach einer Tätigkeit als Jugendseelsorger war er 1938/39 Seminarprofessor, bevor er zum Kriegsdienst eingezogen wurde. Nach dem Krieg in diversen Einrichtungen der Jugendpastoral auf diözesaner und nationaler Ebene tätig, wurde er 1958 Koadjutor und im selben Jahr bis zu seinem Tod Bischof von Metz. Keiner Konzilskommission angehörend, war er gleichwohl ein sehr engagierter Konzilsvater, u. a. durch seine intensive Zusammenarbeit mit den ostfranzösischen Bischöfen Léon-Arthur ∕Elchinger (Straßburg), Pierre Boillon (Verdun) und Claude Flusin (Saint-Claude) sowie dem Dominikanertheologen Pierre-André ∕Liégé. In den Konzilsdiskussionen plädierte er für ein christologisch fundiertes Offenbarungsverständnis und setzte sich für den Dialog mit der zeitgenössischen Welt ein. Davon ausgehend suchte er nach zeitgemäßen Wegen, den damit in Verbindung stehenden theologischen und pastoralen Erfordernissen Rechnung zu tragen. Als Bischof setzte er sich entschieden für die Konzilsrezeption ein und machte sich in der Bergbauregion Lothringen einen Namen als Stimme in gesellschaftlichen und sozialen Fragen.

Werke: Le Concile du XXᵉ siècle: L'Esprit nous a rassemblés. Témoignage d'évêques au Concile. Paris 1966, 93–116; N'éteignez pas l'Esprit: ebd., 149–164; La passion de l'Évangile: F. Refoulé (Hg.): Pierre-André Liégé. Témoin de Jésus-Christ. Paris 1980, 17–21.

Literatur: **C. Aparicio**: Bishop P.-J. S. and Vatican II. Jesus Christ, the Fullness of Revelation: D. Kendall – S. T. Davis (Hg.): The Convergence of Theology. A Festschrift Honoring Gerald O'Collins, S. J. Mahwah (New Jersey) 2001, 87–108; **Quisinsky**: Geschichtlicher Glaube (Register); **DÉF** 610f. (P. Martin). MICHAEL QUISINSKY

Schmitz van Vorst, *Josef,* deutscher Journalist, * 22.6.1910 Köln, † 24.10.1981 Aachen. Nach dem Studium der Geschichte und der deutschen Philologie in Köln (Dr. phil. 1937) war er seit 1937 Journalist bei der *Rheinisch-Westfälischen Zeitung* in Essen und 1940–42 Rom-Korrespondent der *Berliner Börsen-Zeitung.* 1946 gehörte er zu den Begründern der Wochenzeitung *Weltbild.* Als Rom- und Italienkorrespondent der *Frankfurter Allgemeinen Zeitung* von 1949–79 berichtete er nahezu täglich vom Vaticanum II und prägte dadurch maßgeblich dessen Wahrnehmung in der deutschen Öffentlichkeit. Sein Nachlass befindet sich im Deutschen Historischen Institut in Rom.

Werke: Kleine Geschichte Italiens. Frankfurt 1954, ⁴1967; Das Konzil (Berichte und Kommentare der Frankfurter Allgemeinen Zeitung), 4 Bde. [Frankfurt 1963–66]; Kirche gestern – Kirche morgen. Stuttgart 1966; Informieren über das Konzil: J. C. Hampe: Die Autorität der Freiheit, Bd. 1. München 1967, 71–77; Berichte und Bilder aus Italien 1948–1958, hg. v. R. Lill – P. M. Schmitz. Konstanz 1997.

Literatur: Wer ist wer?, hg. v. **W. Habel**. Lübeck ²¹1981, 1028; **A. Hindrichs:** „Teutonen" in Arkadien. Deutsche auswärtige Kulturpolitik und Kulturvermittlung in Italien von 1949–1970 zwischen Steuerungsversuch und dem Wunsch nach Anerkennung. München 2010, 199.   PETER WALTER

Schneider, *Josef,* deutscher Bischof, * 5.2. 1906 Nürnberg, † 18.1.1998 Bamberg. 1925–34 Studium in Rom; 1931 Priester, 1933 Dr. theol., 1934 Dr. phil., 1934–36 Kaplan in Wallenfels und Bamberg, 1936–45 Assistent, seit 1939 Subregens am Erzbischöflichen Klerikalseminar. 1945 Professor für Moraltheologie an der Philosophisch-Theologischen Hochschule Bamberg. 1955 Erzbischof von Bamberg. S. widmete sich insbesondere dem Priesternachwuchs und dem Laienapostolat (Katholische Aktion, Pfarrausschüsse/Pfarrgemeinderäte). Auf dem Vaticanum II war S. seit 1962 Mitglied der Sakramentenkommission. Er äußerte sich zum Bischofskollegium (AS II-2, 508 f.) und zum Ehesakrament (relatio: AS III-8, 479–482; animadversiones: 1106.1108.1115 f. 1118) und begründete die Weitergabe der Voten zu diesem Sakrament an den Papst vor den deutschsprachigen Konzilsjournalisten. 1964 wurde S. zusammen mit Bischof Heinrich Maria ∕Janssen (Hildesheim) als Konsultor der Kommission zur Revision des *Codex Iuris Canonici* berufen. Die Umsetzung der Konzilsbeschlüsse machte er in zahlreichen Predigten, Vorträgen und Hirtenbriefen zum Gegenstand. 1976 bat er Papst ∕Paul VI. aus gesundheitlichen Gründen und im Blick auf die nachkonziliare Entwicklung um Entpflichtung vom Amt des Erzbischofs.

Schriftenverzeichnis: J. Urban (Hg.): Die Bamberger Erzbischöfe. Lebensbilder. Bamberg 1997, 364. Weitere Konzilsbeiträge: AS I-2, 571–573; II-2, 508 f.; II-5, 870; III-3, 498; IV-1, 844 f.; IV-3, 894 f.; IV-5, 487.

Literatur: **W. Seibel – L. A. Dorn:** Tagebuch des Konzils. Die Arbeit der zweiten Session. Nürnberg-Eichstätt 1964; **H. Hansmann:** J. S. (* 1906): J. Urban (Hg.): Die Bamberger Erzbischöfe (siehe oben), 343–368; **LThK³** 9, 192 (J. Urban); **GZVK** 2 (Register); **Gatz B 1945,** 66–68 (J. Urban).
   CLEMENS CARL

Schnitzler, *Theodor,* deutscher katholischer Liturgiewissenschaftler, * 1.4.1910 Düsseldorf, † 29.8.1982 Meerbusch. Studium der Philosophie und Theologie in Freiburg, Rom (Gregoriana), München und Bonn, Dr. phil. 1931, Dr. theol. 1936 *(Im Kampf um Chalcedon. Geschichte und Inhalt des Codex Encyclius von 458);* 1934 Priester und anschließend Kaplan in Düsseldorf und Köln; 1941 Rektor am Alexianerkrankenhaus in Porz-Ensen und Krankenhauspfarrer; 1943–60 (erster deutscher) Professor für Liturgik am Priesterseminar Köln; 1960–77 Pfarrer an St. Aposteln in Köln, Gründer des Apostelstifts, eines theologischen Fortbildungsinstituts für Brüderorden (1961), und der Erzbischöflichen Liturgieschule Köln (1977); Lehraufträge in Essen, Lantershofen und Aachen. Maßgebliche Mitarbeit an der Liturgiereform des Vaticanum II: Ab 1960 war er Konsultor der vorbereitenden Kommission für die Liturgie sowie Sekretär der Unterkommission für die Reform der Heiligen Messe. Nach der Verabschiedung von *Sacrosanctum Concilium* am 4.12.1963 fungierte S. als Konsultor des Consilium ad exsequendam Constitutionem de sacra Liturgia (ernannt am 11.5.1964; Mitarbeit u. a. bei der Revision des Ordo Missae, der Riten der Cappella Papalis und des Zeremoniale der Bischöfe) und der römischen Gottesdienstkongregation (bis 1975). Konsultor der Deutschen Bischofskonferenz und Mitglied der Liturgiekommission des Erzbistums Köln, außerdem der historischen Kommission für die Seligsprechung von Adolf Kolping. Verfasser zahlreicher wissenschaftlicher und pädagogischer Werke zur Liturgie. „S. stand weder einseitig auf der einen oder der anderen Seite – sein … Anliegen war die angemessene Weiterentwicklung von liturgischer Gestalt und liturgischem Gehalt" (Neuheuser 365).

Bibliografie: Gott feiern. FS T. S. Freiburg 1980, 457–463.

Literatur: **E. v. Severus:** T. S. († 29.8.1982) in piam memoriam: LJ 32 (1982) 197–200; **Bugnini:** Die Liturgiereform (Register); **LThK³** 9, 194 (T. Vollmer); **BBKL** 19, 1257–60 (R. Haas) (Literatur); **H. P. Neuheuser:** T. S. und die Liturgiereform des Zweiten Vatikanum: Pastoralblatt 62 (2010) 358–365; **A. Odenthal:** T. S.: Kranemann – Raschzok (Hg.): Gottesdienst 2, 1026–37.   CLEMENS CARL

Schoiswohl, *Joseph,* österreichischer Bischof, * 3.1.1901 Guntramsdorf (bei Wien), † 26.2.1991 ebd. 1919–24 Studium der Theologie, 1924 Priester, 1932 Domkurat in St. Stephan, 1939 wesentlich am Aufbau der Finanzkammer der Erzdiözese Wien beteiligt (später in der Bischofskonferenz Kompetenzen in Fragen der Kirchenfinanzierung/des Kirchenbeitrags), 1949 Apostolischer Administrator für das Burgenland, 1951 Bischofsweihe, 1954 Inthronisation in Graz, dort rege Bautätigkeit (so z. B. Schloss Seggau und Ordinariat); 1960 viel beachtete Diözesansynode zur „Laienfrage". Bereits während des Vaticanum II Errichtung eines gewählten Priesterrates; am Konzil neben schriftlichen Eingaben (auch schon zur Vorbereitung) drei mündliche Statements (AS I-1, 538–540: Liturgie/Messe; AS II-4, 639–641: Subsidiarität in der Kirche; AS III-5, 416f.: Dialog mit der Welt/Bedeutung der „Unsterblichkeit der Seele" für die Menschen); reges, zuweilen spannungsreiches Interesse am Konzil in seiner Diözese. Unterstützung der Arbeiterjugend; 1967 Teilnahme am Reformationsjubiläum der evangelischen Kirche in der Steiermark; 1968 Feier des 750 Jahr-Jubiläums der Diözese Graz-Seckau, in diesem Rahmen „Mariatroster Erklärung" mit Betonung der freien Gewissensentscheidung in Fragen der „Familienplanung". Überraschender Rücktritt Ende 1968; wirkte nach seiner Resignation als Pfarrer in Guntramsdorf.

Werke: Der Laie. Rechte und Pflichten, hg. v. K. Rudolf. Wien 1959; Fortschritt in der Kirche. Graz 1969.

Literatur: **K. Amon – M. Liebmann:** Kirchengeschichte der Steiermark. Graz 1993, v. a. 423–425; **BBKL** 9, 669f. (E. Sauser); **LThK³** 9, 197 (M. Liebmann); **Gatz B 1945,** 249–251 (M. Liebmann).
                                                   DAVID NEUHOLD

Schräder, *Bernhard,* deutscher Bischof, * 26.9.1900 Hörstel (Kreis Tecklenburg), † 10.12.1971 Osnabrück. 1926 Priester, 1927 Kaplan in Neumünster, 1931 in Nordhorn, 1936 Pfarrer in Schwerin, 1946–70 Bischöflicher Kommissar für den mecklenburgischen Anteil des Bistums Osnabrück, 1958–70 Generalvikar des Bischofs von Osnabrück für den mecklenburgischen Anteil des Bistums, 1959 Ernennung zum Weihbischof. S. galt als entschiedener Gegner der totalitären Regime des Nationalsozialismus und des Kommunismus. Nach dem 2. Weltkrieg gelang es ihm, die katholischen Flüchtlinge in die kirchliche Organisation zu integrieren. In seiner Amtszeit wurden zahlreiche Seelsorgebezirke neu gegründet und Kirchen gebaut. 1945 war er an der Gründung der CDU in Schwerin beteiligt. Der Konfrontation mit dem DDR-Regime, vor der er nicht zurückscheute, ging er seit einer Verurteilung wegen angeblicher Beihilfe zur „Republikflucht" und Devisenvergehens 1961 aus dem Weg. Zu Spannungen mit dem Berliner Kardinal ∕Bengsch kam es, da S. weiterhin selbst mit staatlichen Stellen in seinem Zuständigkeitsbereich verhandelte. Bengsch betrieb daraufhin seine Abberufung. Wie andere Ostordinarien nahm S. an allen vier Sitzungsperioden des Vaticanum II teil.

Literatur: **R. Krüger u. a.** (Hg.): Kirche zwischen Seen und Wäldern. Aus dem Leben der katholischen Kirche in Mecklenburg. Leipzig [1973]; **B. Holtmann:** Die Mitglieder des 1858 wiedererrichteten Osnabrücker Domkapitels. Osnabrück 1987, 203; **B. Schäfer:** Staat und katholische Kirche in der DDR. Köln u. a. ²1999, 68f. 148f. 158f. 185. 258–261; **Gatz B 1945,** 504–506 (W. Seegrün – G. M. Diederich); Heinrich-Theissing-Institut (Hg.): Kirche unter Diktaturen. Katholische Kirche in Mecklenburg 1933 bis 1989. Eine Dokumentation, Bd. 1. Chronik des Bischöflichen Kommissariates Schwerin 1946 bis 1973. Schwerin 2003.   GUIDO TREFFLER

Schröffer, *Joseph,* deutscher Bischof und Kardinal, * 20.2.1903 Ingolstadt, † 7.9.1983 Nürnberg. Studium der Philosophie und katholischen Theologie in Eichstätt und Rom (1922–31, Gregoriana); 1928 Priester; 1933–

42 Professor für Moral-, ab 1938 auch für Pastoraltheologie in Eichstätt; 1941 Generalvikar ebd.; 1948 Bischof von Eichstätt (bis 1967); 1954–67 Präsident der deutschen Sektion von Pax Christi; engagiert in der deutsch-französischen Aussöhnung, in der Gründung der Partnerschaft mit der indischen Diözese Poona (heute Pune) und in der Erneuerung der Religionspädagogik. S. wirkte an der Konzilsvorbereitung mit durch ein gehaltvolles Votum (AD I-2-1, 593–597) sowie als Mitglied der Theologischen Kommission und von deren Subkommission *De fontibus revelationis*. S. nahm an allen Sessionen des Vaticanum II teil; aktenkundig sind u. a. seine Wahl (als einziges deutsches Mitglied) mit der höchsten Stimmenzahl in die *Commissio de fide et moribus* (AS I-1, 225) und eine bedeutende Konzilsrede zur Position des Kapitels über das Volk Gottes in der Kirchenkonstitution (AS II-3, 70–74). Bei der Entstehung von *Dei Verbum, Lumen gentium* und *Gaudium et spes* war er jeweils aktives Mitglied der zentralen Kommissionen sowie der besonders heiklen Subkommissionen *De collegialitate episcoporum* und *De communitate gentium et pace* (hier erreichte er 1965 als Vorsitzender einen Ausgleich mit US-amerikanischen Bischöfen bezüglich der Frage der Massenvernichtungswaffen). S. koordinierte die Mitarbeit der deutschen Bischöfe an den dogmatischen Texten des Vaticanum II und war mitverantwortlich für deren deutsche Übersetzung. Zwar hatte er keinen formellen theologischen Berater, er griff aber vielfach auf die Mitarbeit anderer, besonders von Karl /Rahner und Gustave /Thils, zurück. S. leitete in seiner Diözese die nachkonziliare liturgisch-pastorale Erneuerung ein; 1967–76 war er Sekretär der Kongregation für das Katholische Bildungswesen unter deren Präfekten Gabriel-Marie /Garrone, mit dem er vielfach auf dem Konzil zusammengearbeitet hatte. 1968 Titular-Erzbischof, 1976 Kardinal.

Literatur: **BBKL** 9, 995–997 (M. Hörner) (Literatur, Werkeverzeichnis); **LThK³** 9, 270f. (E. Reiter); **Gatz B 1945**, 156–159 (L. Brandl); **W. J. Hentschel:** s. v.: Neue Deutsche Biographie, Bd. 23. Berlin 2007, 582f. – **A. Schickel:** J. Kardinal S. Ein Leben für die Kirche. Eichstätt 1991 (Werke, Literatur); **W. Hentschel:** J. Kardinal S. und das II. Vatikanische Konzil: Sammelblatt des Historischen Vereins Ingolstadt 112 (2003) 203–212; Kardinal J. S., hg. v. Diözesanarchiv Eichstätt. Eichstätt 2003; **A. von Teuffenbach** (Hg.): Konzilstagebuch Sebastian Tromp mit Erläuterungen und Akten aus der Arbeit der Theologischen Kommission, 2 Bde. Rom 2006 bzw. Nordhausen 2011 (Register); **L. Brandl:** Die Bischöfliche Philosophisch-Theologische Hochschule Eichstätt: D. Burkard – W. Weiß (Hg.): Katholische Theologie im Nationalsozialismus, Bd. 1/1. Würzburg 2007, 575–603. LEONHARD HELL

Schürmann, *Heinz,* deutscher katholischer Bibelwissenschaftler, * 13.1.1913 Bochum, † 11.12.1999 Erfurt. 1938 Priester, 1938–53 seelsorgliche Tätigkeit, v. a. in der Ausbildung der Theologiestudenten in Paderborn. 1948 Promotion, 1952 Habilitation in Münster, 1953–78 Professor für neutestamentliche Exegese am Philosophisch-Theologischen Studium in Erfurt. Trotz zahlreicher Berufungen hielt S. der einzigen katholisch-theologischen Lehranstalt in der DDR die Treue. Er erhielt zahlreiche Ehrenpromotionen im In- und Ausland und war in mehreren kirchlichen Gremien (Päpstliche Bibelkommission, Peritus beim Vaticanum II, Internationale Theologenkommission, Päpstliches Einheitssekretariat) tätig. Die wissenschaftlichen Untersuchungen zu den Anfängen der Evangelien, zur Quellenkritik des lukanischen Herrenmahlberichts, zur neutestamentlichen Ethik und zur Bedeutung des Todes Jesu haben bei aller methodischen Akribie eine spirituelle Zielsetzung. Seine Schriften *Worte des Herrn* (Mainz 1956) und *Das Gebet des Herrn* (Leipzig 1957) fanden weltweite Verbreitung.

Hauptwerke: Quellenkritische Untersuchung des lukanischen Abendmahlsberichts, 3 Teile. Münster 1955–57 u. ö.; Traditionsgeschichtliche Untersuchung zu den synoptischen Evangelien. Düsseldorf 1968; Das Lukasevangelium, 2 Bde. (Herders theologischer Kommentar zum Neuen Testament 3,1; 3,2/1). Freiburg 1969–94; Ursprung und Gestalt. Erörterungen und Besinnungen zum Neuen Testa-

ment. Düsseldorf 1970; Wort Gottes und Schriftauslegung, hg. v. K. Backhaus. Paderborn 1998; Im Knechtsdienst Christi, hg. v. K. Scholtissek. Paderborn 1998. JOSEF ERNST
A. Ruberti: Per una cristologia dell'agire di Gesù. In ascolto di H. S., C. Duquoc ed E. Schillebeeckx. Rom 2002; **C. Langner:** Pro-Existenz Jesu. Das Jesus-Bild H. S.s. Glaubenszeugnis der exegetischen Reflexion und Ausdruck seiner Jesus-Beziehung. Münster u. a. 2003. REDAKTION

Schütte, *Johannes,* SVD (1932), Generalsuperior der Steyler Missionare, * 23.4.1913 Essen, † 18.11.1971 Rom. 1939 Priester, 1940 Missionar in China (bis zur Ausweisung 1952). 1955 Dr. theol. (Münster), Lektor für Missionswissenschaft in St. Augustin und Inspirator der Zeitschrift *Verbum SVD.* 1958–67 war der begabte Organisator Generalsuperior der Steyler Missionare. 1967 Teilnahme an der Bischofssynode, 1968 als katholischer Beobachter bei der Vollversammlung des Ökumenischen Rates der Kirchen in Uppsala; seit 1968 Vizesekretär der Päpstlichen Kommission Iustitia et Pax. Seine in seiner Dissertation verarbeiteten Erfahrungen in China machten ihn sensibel für Fragen der Inkulturation und ließen ihn für die Erneuerung des Diakonats plädieren. Auf dem Vaticanum II Mitglied der Kommission für die Missionen, hatte er bedeutenden Anteil an der Redaktion von *Ad gentes* und trug so dazu bei, dem darin ausgedrückten Verständnis vom missionarischen Wesen der Kirche eine theologische und geistliche Tiefe und Weite zu verleihen.

Werke: Die katholische Chinamission im Spiegel der rotchinesischen Presse. Versuch einer missionarischen Deutung. Münster 1957; Fragen der Mission an das Konzil: ders. (Hg.): Mission nach dem Konzil. Mainz 1967, 9–20; Evangelization and Development in the light of Conciliar and Post-Conciliar Theology: J. Pathrapankal (Hg.): Service and Salvation. Bangalore1973, 363–389.

Literatur: **F. Bornemann:** In Memoriam: P. J. S. Sechster Generalsuperior SVD. Rom 1972 (Bibliografie); **E. Louchez:** La commission De Missionibus: Lamberigts u. a. (Hg.): Commissions Conciliaires, 251–277; **Congar:** Mon journal (Register); **H. Bettscheider:** Das Vermächtnis von P. Dr. J. S. SVD (1913–1971): Verbum SVD 43 (2002) 205–221.
MICHAEL QUISINSKY

Schutz, *Roger,* **Frère Roger** (bürgerlicher Name *Roger Louis Schutz-Marsauche*), Gründer und lebenslanger Prior der Communauté de Taizé, * 12.5.1915 Provence (Waadt) als Sohn eines reformierten Pastors, † 16.8.2005 Taizé (gewaltsamer Tod). 1936–40 Theologiestudium in Lausanne und Straßburg. 1940 Kauf eines Hauses in Taizé nahe Cluny zur Beherbergung von Juden und Kriegsflüchtlingen sowie zur Gründung einer ökumenischen Brüdergemeinschaft mit den Anliegen der Versöhnung unter den Christen und der Solidarität mit den Ärmsten. 1949 Lebensengagement der ersten sieben Brüder. 1952/53 Abfassung der ersten Regel. Zahlreiche Reisen, längere Aufenthalte und Gründungen von Fraternitäten in Armenvierteln auf anderen Kontinenten. Seit den 1950er Jahren kommen Jugendliche aus der ganzen Welt nach Taizé, nach dem „Konzil der Jugend" (1970–74) entstand der „Pilgerweg des Vertrauens auf der Erde" mit wöchentlichen

Treffen in Taizé sowie europäischen und interkontinentalen Jugendtreffen, die in Zusammenarbeit mit den Ortskirchen zu Gebet und Begegnung einladen. S. gilt weltweit als Symbol der ökumenischen Bewegung und hat zahlreiche Ehrungen erhalten. S. nahm gemeinsam mit Frère Max ∕ Thurian als offizieller Beobachter an allen Sitzungsperioden des Vaticanum II teil. In ihrer Mietswohnung in Rom empfingen sie zahlreiche Kardinäle, Bischöfe und Theologen, so dass dort in brüderlicher Atmosphäre eine „Art Konzil im Konzil" (Yves ∕ Congar) stattfand. Die Begegnung mit südamerikanischen Bischöfen (besonders mit Manuel ∕ Larraín und Dom Hélder ∕ Câmara) bewegte S. zur Ausrufung einer ökumenischen Kollekte, die unter dem Namen „Operation Hoffnung" bis heute weltweit Projekte unterstützt. 1967 veröffentlichte er mit Thurian einen Kommentar zum Konzilsdokument *Dei Verbum*. Die Freundschaft zwischen ∕ Johannes XXIII. und S. setzte sich in einem vertrauensvollen Verhältnis zwischen der Communauté und den nachfolgenden Päpsten fort. 1969 wurden die ersten katholischen Brüder in die Gemeinschaft aufgenommen.

Werke: Les écrits fondateurs. Taizé 2011 (enthält: La Règle de Taizé; heutige Regel nach mehrfacher Überarbeitung: Die Quellen von Taizé. Freiburg 2009); (mit M. Thurian:) Das Wort Gottes auf dem Konzil. Die Dogmatische Konstitution über die göttliche Offenbarung. Wortlaut und Kommentar. Mit einem Vorwort von Henri de Lubac. Freiburg 1967; Dynamik des Vorläufigen. Freiburg 1967; Kampf und Kontemplation. Auf der Suche nach Gemeinschaft mit allen. Freiburg 1974; Eine Ahnung von Glück. Erfahrungen und Begegnungen. Freiburg 2006.

Literatur: **K. Spink:** Frère Roger. Gründer von Taizé. Leben für die Versöhnung. Aktualisierte Neuausgabe. Freiburg 2007; **Y. Chiron:** Frère Roger. Gründer von Taizé. Eine Biographie. Regensburg 2009. AGNES KLAIS

Scrima, *André,* rumänisch-französischer orthodoxer Theologe, * 1.12.1925 Gheorgheni (Siebenbürgen), † 17.8.2000 Bukarest. Nach Studien in Philosophie, Mathematik und Physik sowie prägenden monastischen Erfahrungen seit 1948 Studium der Theologie (Dissertation: *Esquisse d'une anthropologie apophatique dans l'esprit de la tradition orthodoxe*), anschließend Lehrtätigkeit im Seminar Neamt, Bibliothekar und Übersetzer des rumänisch-orthodoxen Patriarchen. Sein Interesse an der kontemplativen Dimension der Religion vertiefte er in Frankreich und Indien, wo er an der Hindu University Banaras studierte (Dissertation: *The Ultimate in Methodological and Epistemological Connotations According to Advaïta Vedanta*). 1959 Priester, geistlicher Begleiter und Universitätsdozent im Libanon, 1961 französischer Staatsbürger. Philosophisch interessiert, stand er u. a. in Kontakt mit Martin Heidegger und Mircea Eliade. Ab 1968 wissenschaftliches und geistliches Engagement in Beirut, Paris und den USA, 1989 Rückkehr nach Rumänien. Auf dem Vaticanum II persönlicher Abgesandter des Ökumenischen Patriarchen ∕ Athenagoras von Konstantinopel, betrachtete er die Unterschiede zwischen Orthodoxen und Katholiken in erster Linie als historisch kontingent und betonte demgegenüber grundsätzliche Übereinstimmungen.

Werke: Dialogue œcuménique. Paris 1962; Das zweite Vatikanum in orthodoxer Sicht: Una Sancta 20 (1965) 53–57; Gedanken eines Orthodoxen zur Konstitution: Baraúna (Hg.): De Ecclesia 2, 509–525; Révélation et tradition dans la constitution „Dei Verbum" selon un point de vue orthodoxe: B. Dupuy (Hg.): Vatican II. La Révélation Divine, Bd. 2. Paris 1968, 523–539; A. Dupré la Tour – H. Nashabé (Hg.): Intersignes. À la mémoire d'A. S. Beirut 2005 (Bibliografie).

Literatur: **V. Martano:** Athenagoras, il patriarca (1886–1972). Un cristiano fra crisi della coabitazione e utopia ecumenical. Bologna 1996, bes. 455f.; **A. Manolescu:** L'Europe et la rencontre des religions selon Nicolai Berdiaev, Simone Weil et A. S.: New Europe College Yearbook 2000-2001. Bukarest 2003, 319–354 (www.nec.ro/fundatia/nec/publications/a_nec2000-2001.pdf; abgerufen: 6.9.2012); **O. Clément:** Note biographique: Contacts 55 (2003) n° 203, 243–245 (ebenso in A. Dupré la Tour – H. Nashabé [Hg.]: Intersignes, 7–9); **A. Vasiliu:** A. S., l'étranger: Contacts 56 (2004) n° 207, 211–222; **L. Vischer:** Das Konzil als Ereignis in der ökumenischen Bewegung: GZVK 5, 559–618; **M. Toti:** Religious Morphology, Hermeneutics and Initiation in A. S.'s Il padre spirituale (The Spiritual Father): Aries 11 (2011) 77–97.   MICHAEL QUISINSKY

Sedlmeier, *Wilhelm,* deutscher Bischof, * 28.4.1898 Friedrichshafen, † 24.2.1987 Ravensburg. 1924 Priester, anschließend Vikar in Saulgau und Cannstatt, 1925 Repetent im Wilhelmsstift Tübingen, 1930 Kaplan in Ravensburg, 1934 Direktor des Wilhelmsstifts und Klinikpfarrer in Tübingen, 1939 Domkapitular, 1953 Ernennung zum Weihbischof, 1967 Bischofsvikar. In der bischöflichen Verwaltung oblagen S. die Theologenfortbildung, die kirchliche Kunst sowie der Bereich der Orden und Kongregationen. Als politischer Referent war er zuständig für die Kontakte zwischen Staat und Kirche. Zugleich gehörten auch die Verbindungen zu Presse, Rundfunk und Fernsehen zu seinen Aufgabenbereichen. S. nahm von 1962–65 am Vaticanum II teil. 1976 Rücktritt.

Literatur: KNA – Sonderdienst zum Zweiten Vatikanischen Konzil Nr. 19/64, 9; W. S. 1898 – 1953 – 1987. Rottenburg 1987; **Gatz B 1945,** 478 (H. Wolf).
GUIDO TREFFLER

Seeber, *David,* deutsch-italienischer Publizist, * 12.7.1934 Mühlwald (Südtirol). Nach Studium der Philosophie, Theologie, Soziologie und Geschichte und Promotion zum Dr. phil. seit 1961 Redakteur der 1946 gegründeten Monatszeitschrift *Herder Korrespondenz* (Freiburg), 1966–91 deren Chefredakteur. 1991–96 Grundsatzreferent im Staatsministerium Baden-Württemberg. S. besorgte für die *Herder Korrespondenz* (sie erschien bis 1972 ohne Autorennamen) die Berichterstattung über das Vaticanum II, die seinerzeit durch ihre Ausführlichkeit und Gründlichkeit ein Markenzeichen der Zeitschrift war und nicht nur im deutschen Sprachraum viel Beachtung fand. Sie wurde auch schnell zu einer wichtigen Brücke für die Konzilsrezeption. Während des Konzils, dessen Sitzungsperioden er jeweils zum Teil vor Ort in Rom mitverfolgte, knüpfte S. zahlreiche Kontakte zu Konzilsvätern, theologischen Beratern und nicht zuletzt zu journalistischen Kollegen aus dem In- und Ausland. Als Chefredakteur der *Herder Korrespondenz* analysierte und kommentierte er dann nach dem Abschluss des Konzils in zahlreichen Artikeln die Umsetzung des Konzils in den verschiedenen Bereichen und die damit verbundenen Konflikte, auf gesamtkirchlicher Ebene wie auch speziell in der katholischen Kirche der Bundesrepublik. Dabei galt sein Interesse durchaus auch kirchlichen Strukturfragen, besonders aber den vom Konzil selber nur anfanghaft angegangenen Herausforderungen für Glaube und Kirche in der modernen Gesellschaft. Seine Bücher über das Konzil und über ↗Paul VI. (s. u.) setzten Maßstäbe.

Werke: Das Zweite Vaticanum. Konzil des Übergangs. Freiburg 1966; Paul, Papst im Widerstreit. Freiburg 1971; (Als Hg. zusammen mit U. Ruh – R. Walter:) Handwörterbuch religiöser Gegenwartsfragen. Freiburg 1986; (Als Hg. mit H.-R. Laurien:) Was Laien bewegt. Zur Lage der Kirche. Freiburg 1989; (Als Hg.:) Im Aufbruch gelähmt? Die deutschen Katholiken an der Jahrtausendwende. Frankfurt 2000.
ULRICH RUH

Semmelroth, *Otto,* SJ (1932), deutscher katholischer Dogmatiker, * 1.12.1912 Bitburg, † 24.9.1979 Offenbach (Main). Studium der Philosophie und Theologie in Pullach und Valkenburg (Holland), 1939 Priester, 1947 Dr. theol. an der Universität Bonn mit einer Arbeit über Dionysius Areopagita, ab 1950 Professor für Dogmatik an der Philosophisch-Theologischen Hochschule St. Georgen in Frankfurt (Main). Zahlreiche Arbeiten zur Mariologie, Sakramentenlehre und Ekklesiologie, in denen der dialogische Personalismus für die Theologie fruchtbar gemacht wird. S.s Monographie von 1953 hat der Idee der „Kirche als (Ur-) Sakrament" in der unmittelbar vorkonziliaren Zeit wie kein anderes Werk zum Durchbruch verholfen. An allen vier Sitzungsperioden des Vaticanum II nahm S. als theologischer Berater (seit 1963 als offizieller

Konzilsperitus) des Mainzer Bischofs Hermann ✓Volk teil. Zusammen mit seinen jesuitischen Mitbrüdern Karl ✓Rahner und Alois ✓Grillmeier arbeitete er einflussreiche Stellungnahmen und ganze Alternativtexte insbesondere zu ekklesiologischen Themen aus; so z.B. die *Animadversiones de Schemate ‚De ecclesia'* vom November 1962 (vgl. Wassilowsky 192–276), in denen das vorbereitete Kirchen-Schema einer eingehenden kritischen Begutachtung unterzogen wurde, und das vom deutschen Episkopat im Februar 1963 vorgelegte Schema *De ecclesia*, das für den Eingang des sakramentalen Kirchenverständnisses in die Endtexte des Konzils (vgl. z.B. *Lumen gentium* 1) maßgeblich verantwortlich ist (Wassilowsky 277ff.). Von seinem unermüdlichen Einsatz für das Konzil und seinem irenisch-ausgleichenden Charakter zeugt ein über alle vier Sessionen geführtes Konzilstagebuch, mit dem S. eines der aussagekräftigsten Dokumente zur Erforschung nicht nur des deutschen Konzilsbeitrages erstellt hat.

Werke: Die Kirche als Ursakrament. Frankfurt 1953; Gott und Mensch in Begegnung. Ein Durchblick durch die katholische Glaubenslehre. Würzburg 1956; Das geistliche Amt. Theologische Sinndeutung. Frankfurt 1958; Vom Sinn der Sakramente. Frankfurt 1960; Wirkendes Wort. Zur Theologie der Verkündigung. Frankfurt 1962; Die Welt als Schöpfung. Zwischen Glauben und Naturwissenschaft. Frankfurt 1962; Kommentar zum VII. und VIII. Kapitel der Dogmatischen Konstitution über die Kirche „Lumen gentium": LThK. E 1, 314–347; Das II. Vatikanische Konzil: Hermann Kardinal Volk. 20 Jahre Bischof von Mainz, hg. von dem Bischöflichen Domkapitel und von den Bischöflichen Ordinariat in Mainz. Mainz 1982, 36–47; Tagebuch zum II. Vatikanischen Konzil 1962–65 (Typoskript im Archiv der Deutschen Provinz der Jesuiten [München], Edition in Vorbereitung).

Literatur: **H. Bacht:** Nachruf auf P. O. S.: Aus der Norddeutschen Provinz 1979 (5. Oktober), 95f.; **G. Wassilowsky:** Karl Rahners Beitrag zur Ekklesiologie des II. Vatikanums. Innsbruck 2001 (Register); **J. Chikodi Ike:** The Church as locus of man's encounter with god. A study of the theology of O. S. and its implication for the church in Africa. Frankfurt 2011; **S. Madrigal:** El Vaticano II en el diario conciliar de O. S.: Estudios eclesiásticos 87 (2012) 105–164.   GÜNTHER WASSILOWSKY

Šeper, *Franjo,* krotischer Bischof und Kardinal, * 2.10.1905 Osijek, † 30.12.1981 Rom. 1924–31 Studium in Zagreb und Rom; 1930 Priester; 1931 Religionslehrer. 1934–41 erzbischöflicher Sekretär und Diözesanoffizial, 1941 Regens, 1951 Pfarrer, 1954 Koadjutor von Erzbischof Alois Stepinac, 1960 Erzbischof von Zagreb; 1965 Aufnahme ins Kardinalskollegium. Mitglied der zentralen Vorbereitungskommission des Vaticanum II sowie der Konzilskommission für die Glaubenslehre, außerdem einer gemischten Subkommission zur Redaktion des Kapitels über die universale Berufung zur Heiligkeit, sowie der Zentralen Subkommission für das Schema XIII und der Subkommission des gleichen Schemas zum Frieden. Š. lobte das solide theologische Fundament und den pastoralen Charakter des Liturgieschemas; er befürwortete den Laienkelch (unter bestimmten Bedingungen) und die Konzelebration und plädierte aus pastoralen Gründen für eine großzügigere Zulassung der Muttersprache (AS I-1, 435f.; I-2, 270–272). In der Diskussion um das Kirchenschema begrüßte er die gelungene Vertiefung des Mysteriencharakters der Kirche in Kapitel I (AS I-4, 568–576; II-2, 32–34). Ferner setzte er sich für die Wiedereinführung des Ständigen Diakonats ein (AS II-2, 358–360), lobte die Sicht der Laien als kirchliche Subjekte und forderte weitere Reflexionen hinsichtlich der Beziehung von gemeinsamem und Amtspriestertum (AS II-6, 230–232). Er begrüßte die Rede von der universellen Mutterschaft Marias, die er auch als „typus ecclesiae" bezeichnete (AS II-3, 796f.). Beim Ökumenismusschema wünschte Š. eine Erwähnung der nichtreligiösen menschlichen Gründe für die Trennung der Christen und forderte, die Bedingungen klarer zu benennen, unter denen die getrennten Brüder in die sichtbare Einheit der Kirche zurückkehren könnten (Anerkennung des päpstlichen Primats, ansonsten Wahrung ihrer Eigenart; AS II-3, 201–203). Am 29.9.1964 hielt Š. eine Rede zugunsten des Schemas *De Iudaeis et non christianis* (AS III-3, 13–15), in der er gewichtige Gründe aufführte, die eine solche Erklärung aufgrund der inneren Verbundenheit der Kirche mit dem jüdischen Volk erforderlich machten: Angesichts der historischen Verfolgung der Juden, vor allem herausgefordert durch die Schoah, stehe das Konzil in der Pflicht, sich zu dieser Frage zu äußern, da die eigene Tradition in der Vergangenheit diese Entwicklungen begünstigt habe, die es künftig unbedingt abzuwehren gelte. Nicht die tagespolitische Opportunität, sondern der Geist des Evangeliums und die prophetische Berufung der Kirche müssten in dieser Sache ausschlaggebend sein, zumal die ganze Welt eine solche Erklärung erwarte. Š. war ein entschiedener Befürworter der Erklärung über die Religionsfreiheit, welche er auch als Existenzbedingung der Kirche im kommunistischen Staat verstand (AS IV-1, 292–294). Am 24.9.1965 eröffnete Š. die Debatte zur Atheismusproblematik (AS IV-2, 435–437; vgl. GZVK 5, 172f.). Dabei betonte er vor allem, dass das Konzil zu dieser Entwicklung nicht schweigen könne, da allzu viele Menschen die geistige Erbschaft des Atheismus übernommen hätten und in ihm den wahren Humanismus und eine Vorbedingung für den menschlichen Fortschritt sähen. Š. trat dafür ein, dass das Konzil aufzeige, wie die Christen den Atheismus verstehen und seine Existenz akzeptieren könnten, und wies auf die Mitverantwortung der Christen für seine Entstehung und Ausbreitung hin, die unfähig seien, die Werte des Evangeliums zu befördern, die man gelegentlich bei Atheisten antreffen könne, selbst wenn ihr göttliches Fundament nicht unmittelbar erkennbar sei. Seine Position fand ein breites Echo und eine Mehrzahl der Redner folgte ihm nicht nur in der notwendigen Thematisierung des Problems, sondern auch in der Forderung, Verurteilungen zu vermeiden und stattdessen positiv die katholische Lehre darzustellen und die Kirche auf die Förderung der Gerechtigkeit zu verpflichten. Nach der Diskussion in der Konzilsaula wurde eine Unterkommission unter Leitung von Kardinal ∕König und Š. zur Ausarbeitung einer entsprechenden Textrevision gebildet (GZVK 5, 463–465). 1968–81 wurde Š. erster Präfekt der Glaubenskongregation. Seine Amtszeit ist geprägt durch die ersten Krisen der nachkonziliaren Interpretation des Konzils. Bereits 1968/69 kommt es zu einer öffentlichen Kritik der Glaubenskongregation an Inhalten des Holländischen Katechismus. 1971 wird wegen *Unfehlbar? – Eine Anfrage* ein Lehrverfahren gegen Hans ∕Küng angestrengt (1979 Entzug der Lehrerlaubnis). 1973 folgt die allgemein gehaltene Erklärung *Mysterium ecclesiae* über „die Kirche und ihre Verteidigung gegen einige Irrtümer von heute" (AAS 1965 [1973] 396–408), die vor allem auf die Bedeutung der Unfehlbarkeitslehre abhebt. Auch die Auseinandersetzungen mit Erzbischof Marcel ∕Lefebvre und der von ihm 1969 gegründeten Priesterbruderschaft Pius X. wird von Š. geführt. Wegen Priesterweihen ohne Weiheentlassschreiben kommt es 1976 zur Suspendierung Lefebvres durch Papst ⟋Paul VI. Vor dem Hintergrund der kritischen Diskussion, die sich um die Enzyklika *Humanae vitae* entzündete, veröffentlichte die Glaubenskongregation 1975 die Erklärung *Persona humana* zu „einigen Fragen der Sexualethik". Die theologische Auseinandersetzung um die mögliche Zulassung von Frauen zum Priesteramt findet in der Erklärung *Inter insigniores* 1976 eine deutliche negative Antwort. In der Frage der Liturgiereform folgte Š. seinem Vorgänger in der Einschätzung, dass die neuen Hochgebete (II–IV) keine theologischen Irrtümer enthielten. Am 25.11.1981 nahm ⟋Johannes Paul II. Š.s Rücktrittsgesuch an.

Werke: Un commento alla dichiarazione „Inter insigniores" sulla questione dell'ammissione delle donne al sacerdozio ministeriale: Monitor ecclesiasticus 101 (1976) 379–398.
Literatur: **AS; K. Lehmann:** Entgegnung auf eine marginale „Kritik": ZKTh 99 (1977) 306–313; Š. Građa za životopis, hg. v. Erzbischöflichen Ordinariat. Zagreb 1982–83; **Z. Kurečić:** Nachruf auf Kardinal F. Š.: Korrespondenzblatt Collegium Germanicum et Hungaricum 89–91 (Juni 1982) 53ff.; **GZVK** (Register); **V. Stanković:** Zapisi o kardinalu Š. Zagreb 2001; **Ž. Tanjić:** Veritatem facientes in caritate: zbornik radova Međunarodnoga simpozija o kardinalu Franju Š. povodom 20. obljetnice smrti. Zagreb, 7–8 studenoga 2001, Rim 29–30 studenoga 2001. Zagreb 2003; **A. Di Chio u.a.:** Kardinal Š. među velikanima Crkve Istočne Europe. Zagreb 2005; **M. Zovkić:** Recepcija Drugoga vatikanskog sabora u Crkvi u Hrvata. Zagreb 2006; **H. Küng:** Umstrittene Wahrheit. Erinnerungen. München 2007 (Register); **M. Akmadža:** F. Š. Mudrošću protiv jednoumlja. Zagreb 2009.

GORAN SUBOTIC/CLEMENS CARL

Seumois, *André*, OMI (1934), belgischer katholischer Missionswissenschaftler, * 29.4.1917 Flémalle-Grande (Lüttich), † 11.9.2000 Rom. Nach dem Schulbesuch im Collège St-Martin de Seraing trat S. in den Orden der Oblaten der Unbefleckten Jungfrau Maria ein, wo er 1935 die zeitliche und 1938 die Ewige Profess ablegte; 1940 Priester. Während des 2. Weltkriegs Seelsorger in Belgien, anschließend Studium in Rom, wo er 1948 mit einer Arbeit zur Missiologie promovierte (Urbaniana). Daraufhin lehrte er bis 1952 am Institut de missiologie in Ottawa. 1952 berief ihn Leo ⟋Deschâtelets, der Generalsuperior der Kongregation, nach Rom, wo S. Professor für Missiologie am Institut für Missionswissenschaften der Kongregation de Propaganda Fide wurde und seit 1953 auch für dessen Programmatik zuständig war. 1959 ernannte ⟋Johannes XXIII. S. zum Konsultor der Propaganda, was er bis 1989 blieb. Mitglied der vorbereitenden Kommission für die Mission, war er während des Vaticanum II Peritus. 1969–87 war S. Professor für Missiologie an der Urbaniana und 1974–77 ebd. Dekan der missionswissenschaftlichen Fakultät.

Werke: Vers une définition de l'activité missionnaire. Schöneck-Beckenried 1948; La papauté et les missions au cours des six premiers siècles: méthodologie antique et orientations modernes. Paris 1951; Introduction à la missiologie. Schöneck-Beckenried 1952; L'anima dell'apostolato missionario. Bologna 1958; Apostolat: structure théologique. Rom 1961; The Evolution of Mission Theology among Roman Catholics: G. H. Anderson (Hg.): The Theology of the Christian Mission. New York 1961, 122–134; Œcuménisme missionnaire. Rom 1970; Théologie missionnaire, 5 Bde. Rom 1973–81.
Literatur: **J. J. Ferguson:** Salvation and the mission of the Church. A comparative study of the writings of A. S. and Walbert Bühlmann. Catholic University of America 1983 (Dissertation); **F. Mwanama Galumbulula:** Le dynamisme missionnaire de l'Église locale dans la missiologie postconciliaire de J. Masson et A. S. Une contribution à l'éveil missionnaire. Rom 1996; OMI Information 394 (Oktober 2000).

PHILIPPE J. ROY

Sheen, *Fulton John* (Peter John), US-amerikanischer Bischof, * 8.5.1895 El Paso (Illinois), † 9.12.1979 New York. 1919 Priester, 1951 Weihbischof in New York, 1966–69 Bischof von Rochester (New York), 1969 Titularerzbischof; früh in der Medienarbeit tätig (als Autor, Radioredner und Fernsehprediger); als Konzilsvater Eingaben zur Ökumene, Religionsfreiheit, Erziehung, Priesterausbildung und Mission.

Werke: Treasure in Clay. The Autobiography of F. J. S. Garden City (New York) 1980, bes. 281–296.

Literatur: **T. C. Reeves:** America's Bishop. The Life and Times of F. J. S. San Francisco 2001; **NCE²** 13, 74f.; **K. L. Riley:** F. J. S.: An American Catholic Response to the Twentieth Century. Staten Island 2004. Offizielle Website: www.bishopsheen.com (abgerufen: 6.9.2012). ALBERT RAFFELT

Shehan, *Lawrence Joseph,* US-amerikanischer Bischof und Kardinal, * 18.3.1898 Baltimore, † 26.8.1984 ebd. Nach dem Studium der Theologie in Baltimore und Rom Priester 1922, anschließend Promotion (Urbaniana). Nach der Rückkehr in die USA verschiedene pastorale Aufgaben, 1945 Weihbischof in Baltimore, 1953 Bischof der neu errichteten Diözese Bridgeport, 1961 Koadjutor und im selben Jahr Erzbischof (bis 1974) von Baltimore, 1965 Kardinal. Während des Vaticanum II Mitglied der Kommission für den Klerus, 1965 nach dem Tod Kardinal ↗Meyers Mitglied des Konzilspräsidiums und der Glaubenskongregation. Der ökumenisch stark engagierte S., der aus Anlass der Aufhebung der gegenseitigen Exkommunikation im Auftrag ↗Pauls VI. in Konstantinopel mit Patriarch ↗Athenagoras zusammentraf, war seit 1962 Mitglied des Einheitssekretariats und wirkte an der Redaktion von *Dignitatis humanae* mit. Der Gegner der Rassentrennung nahm 1963 am „March on Washington" mit Martin Luther King teil.

Werke: A Blessing of Years. The Memoirs of L. Cardinal S. Notre Dame (Indiana) 1982.

Literatur: **V. A. Yzermans** (Hg.): American Participation in the Second Vatican Council. New York 1967 (Register); **Gordon Melton:** Religious Leaders, 420f.; **T. W. Spalding:** The Premier See. A History of the Archdiocese of Baltimore (1789–1994). Baltimore 1995 (Register); **EACH** 1289f. (S. M. DiGiovanni); **T. W. Spalding:** Dissimilitude. The Careers of Cardinals L. J. S. and John J. Krol: U.S. Catholic Historian 17 (1999) n° 4, 50–63; **NCE²** 13, 76f. (T. A. Murphy); Tomos Agapis; **Scatena:** La fatica della libertà (Register); **Declerck** (Hg.): Willebrands (Register).

MICHAEL QUISINSKY

Silva Henríquez, *Raúl,* SDB (1930), chilenischer Bischof und Kardinal, * 27.9.1907 Talca (Chile), † 9.4.1999 Santiago de Chile. 1938 Priester; Dr. iur. (Santiago de Chile), Dr. theol. und Dr. iur. can. (Turin), Professor für Moraltheologie und Kirchenrecht an der Hochschule der Salesianer Don Boscos in Santiago de Chile; 1959 Bischof von Valparaíso, 1961 Erzbischof von Santiago de Chile, 1962 Kardinal und Präsident von Caritas Internationalis, langjähriger Präsident der chilenischen Bischofskonferenz. S. nahm an allen Sitzungsperioden des Vaticanum II teil. Dabei äußerte er sich mehrmals, auch im Namen von zahlreichen Bischöfen aus verschiedenen Ländern Lateinamerikas, zu den Schemata über die Kirche (AS II-1, 366–368.786–788; II-3, 369–372.399–417; II-4, 86–90.658–660; III-7, 570–579), die Ausbildung des Klerus (AS III-7, 814–816), das Leben der Priester (AS IV-7, 217–220), die Mission (AS IV-4, 406–410), die Kirche in der Welt von heute (AS III-5, 235–237.565–567; IV-1, 564–575; IV-3, 159f. 767–769) und die Religionsfreiheit (AS IV-1, 226–233.643–646). Er verteidigte den Dialog mit dem heutigen (atheistischen)

Humanismus (AS III-5, 235–237) und unterschied zwischen der evangelischen Armut als nachahmenswerter Tugend der Nachfolge Jesu und der Armut, die ein menschenwürdiges Leben verhindert und daher aus der Welt beseitigt werden sollte (ebd., 565–567). In der Religionsfreiheit sah er nicht so sehr eine Einfallstür des Relativismus, sondern eher die Ermöglichung einer apostolischen Wiedergeburt im Geist von Wahrheit und Freiheit (AS IV-1, 226–233). S. setzte sich in Chile für den „neuen Stil" des Konzils ein, den er in der Förderung der persönlichen Reife der Christen und im Menschendienst der Kirche unter Absehung von Eigeninteressen und ohne Diskriminierung sah. Er entwickelte zahlreiche kirchliche und soziale Initiativen (Volksmission, Synode, neues Seminar, Familienkatechese, Alphabetisierungskampagne, Unterstützung der Agrarreform, Armen-, Jugend- und Arbeiterpastoral, Gründung der Akademie des christlichen Humanismus), trat dezidiert für die Menschenrechte ein, besonders unter der Militärdiktatur ab 1973, und gründete entsprechende Institutionen (Vicaría de la Solidaridad), die weit über Chile hinaus Aufsehen erregten. Dafür erhielt er u. a. 1978 den Menschenrechtspreis der Vereinten Nationen. Besonders bekannt sind seine Homilien, in denen er zur Situation von Kirche und Gesellschaft in seiner Heimat prophetisch Stellung nahm.

Werke: La misión social del cristianismo. Santiago de Chile 1973; M. Ortega (Hg.): El Cardenal nos ha dicho: 1961–1982. Santiago de Chile 1982; El diálogo por la paz. Santiago de Chile 1983; El alma de Chile. Santiago de Chile 1986; Testamento espiritual. Santiago de Chile 1999; G. Sandoval u.a. (Hg.): El Cardenal y los trabajadores. Homilías del 1 de Mayo 1970–1983. Santiago de Chile 2000.

Literatur: **L. A. Díaz:** El pensamiento social del Cardenal R. S. H. Santiago de Chile 1976; **E. Benínez Soto:** Monseñor R. S. H. Santiago de Chile 1982; **J. Fernandez B.:** Cardenal R. S. H. Santiago de Chile 1987; **M. I. Aguilar:** Cardenal R. S. H. Santiago de Chile 2004; **ders.:** A social history of the catholic church in Chile, 2 Bde. Lewiston (New York) u. a. 2006; **O. Pinochet de la Barra:** El Cardenal R. S. H. Santiago de Chile 2006.

MARIANO DELGADO

Siri, *Giuseppe,* italienischer Bischof und Kardinal,* 20.5.1906 Genua, † 2.5.1989 Albaro (bei Genua). Studien am Seminar Genua (1917–26), sodann an der Gregoriana (1926–29), wo er ein Doktorat in Theologie erwarb. 1928 Priester, anschließend bis zur Rückkehr nach Genua seelsorgerliche Tätigkeit in Rom. 1930–46 Professor für Dogmatik am Großen Seminar und seelsorgerliche Tätigkeit in Genua. 1944 Weihbischof in Genua, 1946 Erzbischof ebd. (bis 1987), 1953 Kardinal. 1955 Präsident des Apostolato del Mare Italiano und der bischöflichen Commissione Episcopale per l'Alta Direzione dell'Azione Cattolica Italiana. 1959 erster Präsident der italienischen Bischofskonferenz (bis 1965). Mitglied der zentralen vorbereitenden Kommission des Vaticanum II, war er während des Konzils Mitglied des Sekretariats für die Außerordentlichen Angelegenheiten sowie des Konzilspräsidiums. Die Mitglieder des Coetus Internationalis Patrum wünschten sich S. an der Spitze ihrer Vereinigung. Obwohl er diese unterstützte, kam er diesem Wunsch nicht nach. Im Anschluss an das Konzil hielt er an seinem Widerstand fest, führte aber die konziliaren und nachkonziliaren Reformen in seiner Diözese durch. 1966 gründete er die Zeitschrift *Renovatio. Rivista di teologia e cultura*, die „die Kontinuität der Theologie mit sich selbst unter dem Vorzeichen der Tradition" zum Ausdruck bringen will (Renovatio vom Oktober 1966). Autoren der Zeitschrift waren u. a. Guglielmo Luigi Rossi, Antonio ∕Piolanti, Ugo Lattanzi, Francesco ∕Spadafora, Vladimir Boublik, Raimondo Spiazzi, Marcel ∕Lefebvre, Luigi Maria ∕Carli, Michel Louis Guérard des Lauriers, Charles ∕Boyer. 1976 empfing S. die Communauté Saint-Martin in seiner Diözese, die er 1979 kirchenrechtlich anerkannte.

Werke: Chiesa e sviluppo: commento all'enciclica „Populorum progressio". Rom o. J.; Corso di teologia per laici, Bd. 1 La Rivelazione. Rom 1940, Bd. 2 La Chiesa: la rivelazione trasmessa. Rom 1944; Ortodossia errori e pericoli: istruzioni al clero. Genua 1959; L'Università cattolica a quarant'anni della sua fondazione. Mailand 1963; Ideali santi e celeste presenza nel mondo: un messaggio pastorale e dottrinale. Rom 1965; Non per noi Signore. Lettere pastorali, 2 Bde. Genua 1971; Pio XII, Pastor Angelicus. Vatikanstadt 1979; Getsemani: riflessioni sul movimento teologico contemporaneo. Rom 1980; Salvare la gioventù: lettere pastorali, studi e discorsi sull'apostolato giovanile. Pisa 1994; Omelie per l'anno liturgico. Verona 2008.

Literatur: **R. Spiazzi** (Hg.): Il Cardinale G. S., arcivescovo di Genova dal 1946–1987. Bologna 1990; **B. Lai:** Il papa non eletto. G. S., cardinale di Santa Romana Chiesa. Rom 1993; **M. Grone:** Accanto al „Mio" cardinale G. S. Genua 1999; **LThK³** 9, 630f. (J. Gelmi); **N. Buonasorte:** S. Tradizione e Novocento. Bologna 2006; **M. Doldi:** G. S. il pastore, 1946–1987. Vatikanstadt 2006; **P. Gheda:** Siri, la Chiesa, l'Italia. Genua – Mailand 2009; **Roy:** Le Coetus Internationalis Patrum.   PHILIPPE J. ROY

Skydsgaard, *Kristen Ejner Buhl,* dänischer lutherischer Theologe, * 15.11.1902 Sønder Næraa (bei Odense), † 9.2.1990 Kopenhagen. 1942–72 Professor für Dogmatik an der Universität Kopenhagen. Von Karl Barth ausgehend reifte nach Beschäftigung mit Neuthomismus und französischem Modernismus seine Überzeugung vom Dialog als Instrument der Suche nach gemeinchristlicher Einheit und Wahrheit. S. war Beobachter des Lutherischen Weltbundes beim Vaticanum II. Er war an der Entwicklung eines lutherischen Ökumenismus maßgeblich beteiligt (katholisch-lutherischer Dialog).

Werke: Metafysik og Tro. En dogmatisk Studie i nyere Thomisme. Kopenhagen 1937; Ja og nej. Til forstaaelse af forholdet mellem katolicisme og protestantisme. Kopenhagen 1953 [= One in Christ. Philadelphia 1957]; (Als Hg.:) Konzil und Evangelium. Lutherische Stimmen zum kommenden römisch-katholischen Konzil. Göttingen 1962; The Church as the Body of Christ. Notre Dame (Indiana) 1963; Traditio et traditiones. Kopenhagen 1972.

Literatur: **M. H. Soe:** Tribute to K. E. S. on his seventieth birthday: Dialog 14 (1975) 63f.; **ÖL²** 1110f. (V. Vajta); **P. Lodberg:** Orden uden ordninger?: Kritisk forum for praktisk teologi 19 (1999) 48–60.
PEDER NØRGAARD-HØJEN/ALBERT RAFFELT

Slipyj, *Josyf,* ukrainischer griechisch-katholischer Metropolit, * 17.2.1892 Zazdrist

(Ukraine); † 7.9.1984 Rom. S. studierte 1911–16 am Theologischen Seminar Lemberg, 1917 Priester. 1918 promovierte er an der Universität Innsbruck zum Dr. theol. *(Der Begriff des Ewigen Lebens in der Interpretation des Heiligen Evangelisten Johannes)* und setzte seine Studien an der Gregoriana und am Päpstlichen Orientalischen Institut fort. 1922 gründete er die Ukrainische Akademische Theologische Gesellschaft und deren Zeitschrift. Im selben Jahr wurde er Professor für dogmatische Theologie am Lemberger Theologischen Seminar, dessen Rektor er 1926 wurde. 1928 erfolgte seine Ernennung zum Rektor der neugegründeten Lemberger Theologischen Akademie. 1939 wurde S. in einer geheimen Weihe Koadjutorerzbischof mit dem Recht der Nachfolge. Nach dem Tod Sheptytskys am 1.11.1944 wurde S. griechisch-katholischer Metropolit von Lemberg. Mit den übrigen Angehörigen der ukrainischen griechisch-katholischen Hierarchie wurde S. am 10.4.1945 von den sowjetischen Besatzern verhaftet und blieb bis 1963 in Haft. Aufgrund eines persönlichen Gefallenserweises Chruschtschows gegenüber ∕Johannes XXIII. freigelassen, reiste S. mit Johannes ∕Willebrands in sein Exil nach Rom bzw. Grottaferrata. Seit dem 28.3.1963 konnte er daraufhin wieder die Führung der ukrainischen griechisch-katholischen Bischofskonferenz wahrnehmen, was allerdings nicht ohne beträchtliche Spannungen mit Diasporametropoliten wie Ambrose Senysyn von Philadelphia ablief. S.s Versuch, ein ukrainisches Patriarchat in Kiew zu errichten, führte zu einer gewissen Polarisierung, in der seine Position bei Vertretern der Diaspora, des vatikanischen Staatssekretariates und des Einheitssekretariats auf Kritik stieß. S.s Konzilsinterventionen bezeugen dies ebenso wie die Hirtenbriefe der ukrainischen Hierarchie während des Vaticanum II. S. selbst war während der letzten drei Sitzungsperioden auf dem Konzil anwesend und hielt v.a. Interventionen im Umfeld der Debatten zur Religionsfreiheit *(Dignitatis humanae)* und zu den orientalischen Kirchen *(Orientalium ecclesiarum)*. Sein besonderes Interesse galt der Aufrechterhaltung des orientalischen Charakters der ukrainischen griechisch-katholischen Kirchen in der Frage des Patriarchats und der vom Konzil angestoßenen Liturgiereform innerhalb der byzantinischen Liturgie. 1963 verlieh ihm Johannes XXIII. den Titel eines Großerzbischofs, ∕Paul VI. kreierte ihn 1965 zum Kardinal. Während der letzten Sitzungsperiode des Konzils errichtete er die Ukrainische Katholische Universität Papst Clemens I. in Rom. Nach dem Konzil blieb S. im Exil und besuchte weltweit zahlreiche Diasporagemeinden. 1969 reichte er zusammen mit den ukrainischen griechisch-katholischen Bischöfen eine Petition zur Errichtung des Patriarchates ein, eine Bitte, der Paul VI. ebensowenig nachkam wie später ∕Johannes Paul II. Während der Synode von 1971 verwies S. auf das Martyrium seiner Kirche in der Ukraine unter der kommunistischen Herrschaft. Während der Außerordentlichen Synode der ukrainischen griechisch-katholischen Bischöfe ernannte Johannes Paul II. Ivan Myroslav Lubachivsky zum Koadjutor S.s. Nach seinem Tod zunächst in Rom beigesetzt, wurde S.s Leichnam am 27.8.1992 in die Ukraine überführt, wo er in der Krypta der Georgskathedrale in Lemberg seine letzte Ruhe fand.

Literatur: **A. Sapeljak:** Ukraïns'ka Cerkva na II Vatukans'komu Sobori. Rom – Buenos Aires 1967; **W. Dushnyck:** The Ukrainian-Rite Catholic Church at the Ecumenical Council 1962–1965. New York 1967; **N. Cousins:** The Improbable Triumvirate: An Asterisk to the Hopeful Year 1962–1963. New York 1972; **G. Zizola:** L'Utopia di Papa Giovanni. Assisi 1973, 205 f.; **H. Stehle:** Die Ostpolitik des Vatikans, 1917–1975. München 1975, 342–348; **I. Choma:** Storia della liberazione del metropolita J. S. dalla prigiona sovietica: Intrepido Pastori. Rom 1984, 323–347; **ders.:** La vita e le opere del card. S.: Euntes docete 2 (1985) 217–236; **F. Loidl:** J. Kardinal S. und seine ukrainische Kirche. Wien 1987; **J. Pelikan:** Confessor between East and West: A Portrait of Ukrainian Cardinal J. S. Grand Rapids (Michigan) 1990; **B.R. Bociurkiw:** The Ukrainian Greek Catholic Church and the Soviet State, 1939–1950. To-

ronto 1996; **I. Choma:** J. S.: Vinctus Christi et defensor unitatis. Rom 1997; **A. Melloni:** L'Altra Roma: Politica e S. Sede durante il Concilio Vaticano II, 1959–1965. Bologna 2000; **K. Schelkens:** Vatican Diplomacy after the Cuban Missile Crisis. New Light on the Release of J. S.: The Catholic Historical Review 98/4 (2011) 679–712; **ders.:** From one exile to another. Metropolitan J. S. at Vatican II: Ukrainian Quarterly (2012) (im Erscheinen); **ders. – J. Z. Skira** (Hg.): The Second Vatican Council Diaries of Metropolitan Maxim Hermaniuk C. SS. R. (1960–1965). Leuven 2012 (Register).
KARIM SCHELKENS

Smulders, *Pieter Frans,* SJ (1930), niederländischer katholischer Theologe, * 24.11.1911 Utrecht, † 30.1.2000 Nijmegen. 1941 Dr. theol. (Gregoriana) mit einer Arbeit über die Trinitätstheologie des Hilarius von Poitiers; 1943 Professor für Dogmatik am Canisianum in Maastricht, 1967–82 an der Katholischen Fakultät der Universität Amsterdam. Während des Konzils Beratungstätigkeit für den Nuntius in den Niederlanden, Giuseppe Beltrami, den indonesischen Episkopat um Erzbischof Adrian Djajasepoetra (Djakarta) sowie Erzbischof Alfredo Vicente Scherer (Porto Alegre); ab der zweiten Sessio Peritus, hatte S. Anteil an der Ausarbeitung von *Dei Verbum* sowie des vierten Kapitels von *Gaudium et spes.*
Werke: Het visioen van Teilhard de Chardin. Brügge 1962; Dogmatische Constitutie over de Goddelijke Openbaring: Katholiek Archief 20 (1965) 1335–1410; Die Kirche als Sakrament des Heils: Baraúna (Hg.): De Ecclesia 1, 289–312; Das menschliche Schaffen in der Welt: G. Baraúna: Die Kirche in der Welt von heute. Untersuchungen und Kommentare zur Pastoralkonstitution über die Kirche in der Welt von heute „Gaudium et spes". Salzburg 1967, 201–224; Zum Werdegang des Konzilskapitels „Die Offenbarung selbst": E. Klinger u. a. (Hg.): Glaube im Prozess (FS Karl Rahner). Freiburg 1984, 99–120.
Literatur: **H. Auf der Maur** (Hg.): Fides sacramenti – Sacramentum fidei. Assen 1981 (Bibliografie 1944–81); **J. Wicks:** „Dei Verbum" developing. Vatican II's revelation doctrine 1964–1965: D. Kendall u. a. (Hg.): The convergence of theology (FS Gerard O'Collins). New York 2001, 109–125; **ders.:** P. S. and Dei Verbum: Gregorianum 82 (2001) 241–297.559–583; 83 (2002) 225–267; 85 (2004) 242–277; 86 (2005) 93–134.
MICHAEL QUISINSKY

Spadafora, *Francesco,* italienischer katholischer Bibelwissenschaftler, * 1.1.1913 Cosenza (Kalabrien), † 10.3.1997 Rom. 1935 Priester, 1936 Lic. theol. (Posillipo), 1939 Abschluss der Studien am Päpstlichen Bibelinstitut und Beginn der Lehrtätigkeit am Regionalseminar in Assisi; 1940–50 am Regionalseminar in Benevento, 1950–60 am Marianum. Seit 1957 Dozent für Griechisch und Hebräisch am Athenaeum Lateranense, wurde er dort 1960 Professor für Exegese. 1952–68 Sekretär der Associazione biblica italiana. 1953 Gründung der *Rivista Biblica,* deren Schriftleiter er bis 1957 war. Mitglied der vorbereitenden Konzilskommission für die Seminare. Die Archivlage lässt vermuten, dass S. in Verbindung mit dem Coetus Internationalis Patrum stand, wenngleich sich dies derzeit nicht zweifelsfrei nachweisen lässt.
Werke: Ezechiele. Turin – Rom 1948; Gesù e la fine di Gerusalemme. Rovigo 1950; Collettivismo e individualismo nel Vecchio Testamento. Rovigo 1953; Temi di esegesi. Rovigo 1953; (Als Hg.:) Dizionario biblico. Rom 1955; L'escatologia in San Paolo. Rom 1957; (mit A. Romeo – D. Frangipane:) Il Libro Sacro, 2 Bde. Padua 1958–65; Saggi di critica ed esegesi biblica. Rom 1962; Razionalismo, esegesi cattolica e magistero. Rom 1962; Attualità bibliche. Rom 1964; Maria santissima nella Sacra Scrittura. Rom 1963; Chiesa dei poveri o Chiesa di tutti? Turin 1970; L'Eucarestia nella Sacra scrittura. Rovigo 1971; Pilato. Rovigo 1973; Fatima e la peste del socialismo. Beaupréau 1974; Leone XIII e gli studi biblici. Rovigo 1976; La Risurrezione di Gesù. Rovigo 1978. Zahlreiche Artikel u. a. in Rivista Biblica, Palestra del clero, L'Osservatore Romano, Divinitas und Renovatio.
Literatur: **A. Molinaro:** Mons. F. S.: La Pontificia Università Lateranense. Profilo della sua storia, dei suoi maestri e dei suoi discepoli. Rom 1963, 192; **Schelkens:** Catholic Theology of Revelation (Register); **A. Dupont – ders.:** Katholische Exegese vor dem Zweiten Vatikanischen Konzil (1960–1961): ZKTh 132 (2010) 1–24; **Roy:** Le Coetus Internationalis Patrum.
PHILIPPE J. ROY

Spellman, *Francis Joseph,* US-amerikanischer Bischof und Kardinal, * 4.5.1889 Whitman (Massachusetts), † 2.12.1967 New York. 1907 Studium an der Fordham University, New York, und am North American College in Rom; 1916 Dr. theol. und Priester; 1925 erster amerikanischer Attaché des Vatikanischen Staatssekretariats, Bekanntschaft mit Eugenio Pacelli, dem späteren ↗Pius XII.; 1932 Weihbischof in Boston, 1939 Erzbischof von New York und Militärbischof der USA, Vertrauter von Präsident Roosevelt, 1946 Kardinal. S. war nach 1945 in der Öffentlichkeit mit konservativen, antikommunistisch bedingten politischen Positionen präsent, unterstützte Joseph McCarthy sowie Richard Nixon im Wahlkampf gegen (den Katholiken) John F. Kennedy und befürwortete den Vietnamkrieg; in Fragen der Bürgerrechte und der Rassenproblematik war er allerdings seit den 30er Jahren „progressiv". S. war Mitglied der Vorbereitungskommission des Vaticanum II. Auf dem Konzil gehörte er zum konservativen Coetus Internationalis Patrum, setzte sich stark für die weitere Verwendung des Lateinischen in der Liturgie ein, unterstützte aber John Courtney ↗Murray bei seinem Beitrag zur Frage der Religionsfreiheit. Seine weit über 100 Interventionen machen etwa ein Drittel derjenigen des US-Episkopats aus.

Werke: The road to victory. New York 1942.
Literatur: **R.I. Gannon:** Kardinal S. Neuenbürg 1963; **G.Q. Flynn:** Roosevelt and Romanism. Catholics and American diplomacy, 1937–1945. Westport (Connecticut) 1976; **J. Coone:** The American pope. The life and times of F. Cardinal S. New York 1984; **Cath** 14, 359–362 (R. Ladous); **NCE**² 13, 411f. (G.E. Tiffany).
ALBERT RAFFELT

Splett, Carl Maria, deutscher Bischof, * 17.1.1898 Zoppot (bei Danzig), † 5.3.1964 Düsseldorf. Aus einem politisch interessierten Elternhaus stammend, Studium in Pelplin und Rom (1923 Dr. iur. can.); 1921 Priester. Wurde 1938 als Ersatzkandidat zum Bischof von Danzig und 1940 zum Apostolischen Administrator des von Deutschland besetzten polnischen Bistums Kulm ernannt. Trotz seines engen Handlungsspielraums verbesserte er die dortige pastorale Situation spürbar und milderte in der Praxis das ihm aufgezwungene Verbot der polnischen Sprache (Beichte). 1946 in einem Schauprozess zu acht Jahren Haft verurteilt, blieb S. bis Ende 1956 in polnischem Gewahrsam und wurde dann nach Deutschland abgeschoben, wo er die vertriebenen Danziger betreute. Als Bischof von Danzig nahm S. am Vaticanum II teil und setzte sich für die Völkerverständigung ein.
STEFAN SAMERSKI

S.s Erfahrungen aus der Kriegszeit und der Gefangenschaft prägten sein Konzilsvotum vom August 1959. Darin wünschte er eine Diskussion über den Schutz der individuellen Menschenwürde, über die Gefahren sowohl des Kommunismus als auch der Vermassung und Übertechnisierung des Westens, über die Jurisdiktion der Heimatvertriebenen und liturgische Fragen.
Literatur: **P. Raina:** K.M. S. biskup gdański na ławie oskarżonych [C.M. S., der Danziger Bischof auf der Anklagebank]. Warschau 1994; **BBKL** 10, 1043–46 (Literatur); **S. Bogdanowicz:** C.M. S. Danziger Bischof der Kriegszeit, Sondergefangener der VRP. Danzig 1996; **S. Samerski:** Schuld und Sühne? Bischof C.M. S. in Krieg und Gefangenschaft. Bonn ²2000; **Gatz B 1945,** 133–135 (S. Samerski); **U. Bräuel – S. Samerski** (Hg.): Ein Bischof vor Gericht: der Prozeß gegen den Danziger Bischof C.M. S. 1946. Osnabrück 2005; **G. Erb:** C.M.

S.: Bischof von Danzig in schweren Zeiten. Düsseldorf 2006. Für weitere Literatur: Bibliographieportal zur Geschichte Ostmitteleuropas des Herder Instituts (Marburg): www.litdok.de/cgi-bin/litdok (abgerufen: 6.9.2012). REDAKTION

Spülbeck, *Otto,* deutscher Bischof, * 8.1.1904 Aachen, † 21.6.1970 Mittweida (Sachsen). Durch die Jugendbewegung geprägt; 1923–24 Studium der Naturwissenschaften in Bonn, 1924–29 Studium der Philosophie und Theologie in Innsbruck, wo er dem Gründerkreis des späteren Leipziger Oratoriums angehörte, und Tübingen, 1927 Dr. phil.; 1930 Priester, keine Freistellung für das Oratorium, 1930–37 Kaplan in Chemnitz und Leipzig, 1937–45 Pfarrer in Leipzig-Reudnitz, 1945–55 Propst von Leipzig, Schwerpunkte seiner Tätigkeit waren: erneuerte Liturgie, Diakonie, Vortragstätigkeit zur Thematik „Glaube und Naturwissenschaft"; 1951–55 zugleich Geschäftsführer des St. Benno-Verlags; 1955 Koadjutor, Weihbischof und Apostolischer Administrator des Bistums Meißen. Teilnahme an den Sitzungen des Vaticanum II; Konsultor der vorbereitenden sowie Mitglied der konziliaren Liturgiekommission und seit 1964 des Consilium ad exsequendam constitutionem de Sacra Liturgia; Interventionen zugunsten eines intensiven Dialogs von Theologie und Naturwissenschaft während der dritten und vierten Sitzungsperiode (vgl. AS III-5, 547–550; IV-3, 252–254); entschiedener Befürworter von *Gaudium et spes;* engagiert für die Umsetzung der Konzilsbeschlüsse im Bistum Meißen (u. a. Aufwertung der Laien); 1969/ 70 Präsident der umstrittenen Diözesansynode während der ersten drei Vollversammlungen. S. war ein kompromissloser Kritiker des SED-Regimes; gleichzeitig betonte er die Notwendigkeit der Präsenz der Kirche in der DDR-Gesellschaft (theologische und kirchenpolitische Konflikte mit Kardinal Bengsch von Berlin).

Werke: Der Christ und das Weltbild der modernen Naturwissenschaft. Berlin 1948 (⁷1967); Vom Werden des Weltalls. Berlin 1950; Liturgie und Kirchenmusik. Leipzig 1951; Eine katechetisch wirksame Gestaltung der Meßfeier. Berlin 1962; Grenzfragen zwischen Naturwissenschaft und Glaube. München 1970.

Weitere Konzilsbeiträge: AS I-1, 576f.; III-2, 745–747; III-4, 648; IV-2, 840f.

Literatur: Unum in veritate et laetitia. Bischof Dr. O. S. zum Gedächtnis, hg. v. **H. Bulang u. a.** Leipzig 1970; **F. Steiner:** „Man kann hier als Katholik leben!". Das Verhältnis von Staat und Kirche im Bistum Meißen in der Amtszeit von Bischof O. S. (1955–1970). Freiburg 1991 (Magisterarbeit); **G. Lange u. a.:** Katholische Kirche – sozialistischer Staat DDR. Leipzig ²1993; **J. Pilvousek** (Hg.): Kirchliches Leben im totalitären Staat. Seelsorge in der SBZ/DDR 1945–76. Quellentexte aus den Ordinariaten. Leipzig 1994, 119–209; **M. Höllen:** Loyale Distanz? Katholizismus und Kirchenpolitik in SBZ und DDR, Bd. 2. Berlin 1997, 22–36.250–253; Bd. 3/1. Berlin 1998, 182f.230f.; **R. Schumacher:** Kirche und sozialistische Welt. Eine Untersuchung zur Frage der Rezeption von „Gaudium et spes" durch die Pastoralsynode der katholischen Kirche in der DDR. Leipzig 1998, 42f.93–98; **J. Pilvousek:** ZGLB 9, 151–167; **LThK³** 9, 887f. (J. Pilvousek); **J. Pilvousek:** Kirche und Diaspora. Die katholische Kirche in der DDR und das Zweite Vatikanische Konzil: Wolf – Arnold (Hg.): Die deutschsprachigen Länder und das II. Vatikanum, 149–167; **Gatz B 1945,** 145–147 (Literatur) (J. Pilvousek); **D. Grande – P.-P. Straube:** Die Synode des Bistums Meißen 1969–71. Leipzig 2005; **GZVK** 3–5 (Register); **C. März:** O. S. Ein Leben für die Diaspora. Leipzig 2010. CLEMENS CARL

Staffa, *Dino,* italienischer Kurienkardinal, * 14.8.1906 Santa Maria in Fabriago (Emilia Romagna), † 7.8.1977 Rom. Studium im Seminar Imola 1917–22, im Regionalseminar Benedetto XV (Bologna), an der Theologischen Fakultät Bologna (Dr. theol.) sowie am Apollinarium (Dr. iur. utr.); 1929 Priester und bis 1931 Seelsorge im Bistum Imola, 1933–50 im Bistum Rom. 1941–44 lehrte S. Geschichte des Kanonischen Rechts am Athenaeum Lateranense, bevor er zum Auditor der Päpstlichen Rota und 1958 zum Sekretär der Kongregation für die Seminare und Universitäten wurde. 1960 Titularerzbischof. 1967 Propräfekt und 1969 Präfekt der Apostolischen Signatur, 1967 Kardinal. Mitglied der zentralen vorbereitenden Kommission, während des Vaticanum II stellvertretender Vorsitzender der Kommission *De seminariis, de studiis et de educatione catholica*. S. hielt drei Interventionen und reichte zwei animadversiones scriptae ein; er stand dem Coetus Internationalis Patrum nahe.

Werke: De Iohannis ab Imola vita et operibus. Rom 1937; Territorialità e personalità della legge nel nuovo codice di diritto canonico orientale. Vatikanstadt 1942; De conditione contra matrimonii substantiam. Rom 1952; La delegazioni apostoliche. Rom 1959; Imperfezioni e lacune del primo libro del Codice di diritto canonico. Rom 1960; L'unità della fede e l'unificazione dei popoli nel magistero del Sommo Pontefice Giovanni XXIII. Rom 1961; (mit A. Marongiu – A. Agazzi:) I cattolici italiani e la libertà della scuola. Mailand 1962; Il tomismo è vivo. Vatikanstadt 1989.

Literatur: **L. de Magistris:** Mons. D. S., arcivescovo tit. di Cesarea di Palestina, segretario della S. Congregazione dei Seminari e della Università degli Studi: La Pontificia Università Lateranense. Profilo della sua storia, dei suoi maestri e dei suoi discepoli. Rom 1963, 226f.; **Z. Grocholewski:** Vita e attività del Card. D. S.: Apollinaris 51 (1978) 203–242; **D. Gualandi u. a.:** Il Cardinale D. S.: Memorie e scritti. Ravenna 1979; **Roy:** Le Coetus Internationalis Patrum.
PHILIPPE J. ROY

Stakemeier, *Eduard,* deutscher katholischer Fundamentaltheologe und Ökumeniker, * 9.6.1904 Müschede (heute Arnsberg), † 30.12.1970 Würzburg. 1929 Priester; Studium in Rom und Tübingen; 1939 Professor für Fundamentaltheologie, vergleichende Religionswissenschaft und Konfessionskunde an der Theologischen Fakultät Paderborn, ab 1957 auch erster Direktor des Johann-Adam-Möhler-Instituts, Peritus beim Vaticanum II, Konsultor im Sekretariat für die Einheit der Christen. Seine wissenschaftlichen Arbeiten galten dem Geisteserbe von Augustinus und Thomas von Aquin, dem Tridentinum, der Kontroverstheologie und besonders den ökumenischen Themen des Vaticanum II. Ausgestattet mit vorbildlichen menschlichen und priesterlichen Gaben, wirkte S. mit eminenter Sachkunde für die Verständigung und Versöhnung der getrennten Kirchen. ALOYS KLEIN

Vor dem Konzil, an dem er als Berater von Lorenz Kardinal ∕Jaeger teilnahm, erarbeitete S. ab 1961 in der 13. Unterkommission des Einheitssekretariates ein Schema zum Verhältnis von Schrift und Tradition, das während des Konzils breite Rezeption fand. Die Frage der hierarchischen Struktur der Kirche spielte bei seinem Wirken im Einheitssekretariat, das über das Konzil hinaus andauerte, eine zentrale Rolle. Zudem hatte er in mehreren Unterkommissionen zum Schema über die Offenbarung eine beratende Funktion inne. Die Offenbarungskonstitution bewertete er im Nachhinein aufgrund ihres ökumenischen Charakters, der auch das Konzil als Ganzes kennzeichnete, als das wichtigste Konzilsdokument.

Werke: Glaube und Rechtfertigung. Freiburg 1937; Über Schicksal und Vorsehung. Luzern 1949; Konfessionskunde heute, im Anschluß an die Symbolik J. A. Möhlers. Paderborn 1957; Die Konzilskonstitution „Über die göttliche Offenbarung". Paderborn 1966, ²1967.

Literatur: **LThK. E** (Register); **A. Brandenburg:** Der ökumenische Theologe E. S.: Catholica 23 (1969) 331–343; **ders.:** Ordo – Urbanitas – Oecumene. Zum Tode von E. S.: Catholica 25 (1971) 72f.; Johann-Adam-Möhler-Institut (Hg.): E. S. zum Gedenken. Paderborn 1971 (Bibliografie); **GZVK** (Register); **HThK 2. Vat** (Register); **W. Thönissen:** s. v.: Personenlexikon Ökumene, 217f.
FRANCA SPIES

Stangl, *Josef,* deutscher Bischof, * 12.8.1907 Kronach (Oberfranken), † 8.4.1979 Schweinfurt. Studium der Theologie in Würzburg und München, prägende Begegnung mit dem Bund Neudeutschland, 1930 Priester, nach Tätigkeit als Religionslehrer, Jugend- und Pfarrseelsorger 1953 Seelsorgsreferent und 1956 Regens in Würzburg; 1957 Bischof von Würzburg; 1960 deutscher Nationalpräsident der Catholica Unio, am 8.1.1979 von seinem Amt entbunden. Während des Vaticanum II setzte sich S. mit Nachdruck für die Verabschiedung der Judenerklärung (*Nostra aetate*) 4) ein. S. wirkte als menschennaher Seelsorgsbischof für eine religiöse Erneuerung im Geist des Konzils.
KLAUS WITTSTADT

Konzilsbeiträge: AS III-5, 42f.

Literatur: **LThK. E** 2, 463f.; [T. Kramer (Hg.):] In memoriam Dr. J. S., Bischof von Würzburg. Würzburg 1979; **K. Wittstadt:** Würzburger Bischöfe 742–1979. Würzburg 1979, 92–102; **D.M. Feineis:** Die Diözese Würzburg und das Zweite Vatikanische Konzil in den Jahren 1962–72: Zeugnis und Dialog. FS K. Wittstadt. Würzburg 1993, 214–259; **U. Wolff:** Das bricht dem Bischof das Kreuz. Die letzte Teufelsaustreibung in Deutschland 1975/76. Hamburg 1999; **Gatz B 1945,** 585f. (K. Wittstadt); **W. Altgeld u.a.** (Hg.): J. S. (1907–1979), Bischof von Würzburg. Lebensstationen in Dokumenten. Würzburg 2007; **K. Hillenbrand** (Hg.): Dem Herrn ein befreites Volk. Das geistliche Profil von Bischof J. S. (1907–1979). Würzburg 2007; **ders.** (Hg.): Hirtenamt und Gesellschaft. Das Gedenken an Bischof J. S. 2007. Würzburg 2007.

Stein, *Bernhard,* deutscher Bischof, * 5.9. 1904 Weiler (Kreis Cochem-Zell), † 20.2. 1993 Trier. Studium in Trier und Rom, 1926 Dr. phil., 1930 Dr. theol.; 1929 Priester in Rom (für Trier), Kaplan in Trier-St. Martin; 1932–36 Studium als Kaplan des Priesterkollegs S. Maria dell'Anima am Päpstlichen Bibelinstitut in Rom (Lic. sc. bibl.), anschließend in Berlin und Münster, 1938 Dr. theol. *(Der Begriff Kebod Jahwe und seine Bedeutung für die alttestamentliche Gotteserkenntnis);* ab 1938 Lehrtätigkeit in Trier (Biblische Wissenschaften); ab Herbst 1941 zugleich Pfarrer von Kanzem; 1944 Weihbischof in Trier, 1953 Domdekan. 1962–65 Teilnahme am Vaticanum II, Mitglied der Kommission für die Ordensleute (AS II-1, 92) und einer gemischten Subkommission zur Überarbeitung des IV. Kapitels des Schemas *De ecclesia* (*De universali vocatione ad sanctitatem in Ecclesia;* vgl. AS III-1, 322); erlebte den Pluralismus der katholischen Theologie als befreiend; sah den „Geist des Konzils" insbesondere in den Lehren von der Kirche als pilgerndem Gottesvolk und ecclesia semper reformanda sowie vom gemeinsamen Priestertum der Gläubigen ausgedrückt; Akzentsetzungen zur Thematik „Bibel und Liturgie". 1967–80 Bischof von Trier, Mitglied der Liturgiekommission der Deutschen Bischofskonferenz, 1971–75 Vizepräsident der Gemeinsamen Synode der Bistümer in der Bundesrepublik Deutschland. Während seiner Zeit als Bischof von Trier verfügte S. neue Strukturen im Sinn des Vaticanum II. Er leitete die Arbeiten an den deutschen Neufassungen des Messbuchs, des Stundenbuchs sowie der Collectio Rituum. Weitere Schwerpunkte seines Wirkens bildeten die Priesterausbildung, die Mitarbeit der Laien und Kontakte zur Weltkirche. 1980 Emeritierung, 1980–81 Apostolischer Administrator von Trier.

Konzilsbeiträge: AS I-2, 49–51; II-4, 324f.; II-5, 246–248; III-3, 33–35.

Literatur: **BBKL** 10, 1281–86 (Bibliografie; Literatur) (W. Lentzen-Deis); **W. Lentzen-Deis:** B. S.: M. Persch – M. Embach (Hg.): Die Bischöfe von Trier seit 1802. Trier 1996, 203–222; **LThK³** 9, 945f. (W. Seibrich); **Gatz B 1945,** 548f. (M. Persch); **W. Lentzen-Deis:** B. S.: B. Schneider – M. Persch (Hg.): Geschichte des Bistums Trier, Bd. 5. Beharrung und Erneuerung 1881–1981. Trier 2004, 66–72; **A. Heinz:** Das Bistum Trier und das Zweite Vatikanische Konzil: ebd., 731–747; **GZVK** 3; 4 (Register); **F.J. Gebert – W. Lentzen-Deis:** Das II. Vatikanische Konzil und seine Folgen im Bistum Trier: K. Borsch – J. Bündgens (Hg.): Konzil und Bistum. Das II. Vatikanische Konzil und seine Wirkung im Bistum Aachen und bei den Nachbarn (FS Heinrich Mussinghoff). Aachen 2010, 137–173.

CLEMENS CARL

Stimpfle, *Josef,* deutscher Bischof, * 25.3. 1916 Maihingen (Ries), † 12.9.1996 Augsburg. 1946 Priester, anschließend Kaplan in Augsburg, 1948–51 Promotionsstudium in Rom, 1952–63 Subregens am Priesterseminar der Diözese Augsburg in Dillingen. 1963–92 Bischof von Augsburg. S. prägte sein Bistum nachhaltig durch zahlreiche Initiativen. So gründete er 1965 die Katholische Akademie in Augsburg und verlegte 1970/71 das Priesterseminar von Dillingen nach Augsburg. Dadurch förderte er die Einrichtung der Katholisch-Theologischen Fakultät an der neugegründeten Universität Augsburg. 1974 wurde das Seelsorgezentrum St. Ulrich in Augsburg eingerichtet und eine Neugliederung des Bistums eingeleitet. 1980 entstand eine Fachakademie für Gemeindepastoral in Neuburg. Um die Zahl der geistlichen Berufungen wieder zu steigern, schuf S. das „Offene Seminar" für Jungen und den „Neuen Weg" für Mädchen. 1990 berief er eine Diözesansynode ein, die über die Zukunft einer zeitgemäßen Seelsorge beriet. S. förderte neue geistliche Gemeinschaften und bot auch konservativen Gruppierungen im Bistum Augsburg eine Heimat. Einen Höhepunkt seiner Amtszeit stellte der Besuch von Papst ∕Johannes Paul II. 1987 in Augsburg dar. Im weltkirchlichen Bereich engagierte sich S. von 1968–88 als Mitglied des Päpstlichen Rates für die Nichtglaubenden (seit 1963 Leiter des Deutschen Lokalsekretariats), 1981–91 war er Vorsitzender des bischöflichen Hilfswerks „Misereor" und 1991–96 Sonderdelegat des Heiligen Stuhls für das Hilfswerk „Kirche in Not/Ostpriesterhilfe". S. förderte den Europagedanken und die Versöhnung der Völker (Europatage in Ottobeuren 1977 und 1983) und bemühte sich um eine Verbesserung der Beziehungen zwischen Christen und Juden. Am Vaticanum II nahm S. von 1963–65 teil. Zweimal meldete er sich in der Aula in der Debatte über die Kirche in der Welt von heute zu Wort: S. forderte eine klare Verurteilung des militanten Atheismus sowie Freiheit in Erziehung, Wissenschaft, kirchlicher Verwaltung und Gesetzgebung. Die Konzilserfahrung prägte S. Wirken in seinem Bistum und für die Weltkirche.

Werke (Auswahl): Das Konzil und was jetzt danach? Meitingen 1966; Diözesansynode Augsburg 1990. Augsburg 1991, ²1992; Herausgefordert und beschenkt. Christlich gelebte Ehe und Familie, 2 Bde., hg. v. G. Schmuttermayr. Augsburg 1994; Das christliche Leben als Verherrlichung Gottes. Eine bibeltheologische Untersuchung zum ersten Petrusbrief (Dissertation 1951), hg. v. G. Schmuttermayr. Augsburg 1996.

Festschriften: Christen bauen Europa. Pastorale Initiativen zur Einigung Europas, hg. v. E. Kleindienst. Donauwörth 1983; Bischof J. S. Im Dienst am Evangelium. 25 Jahre bischöfliche Verkündigung und Weisung, bearb. u. hg. v. G. Schmuttermayr. Donauwörth 1988; A. Ziegenaus (Hg.): Sendung und Dienst im bischöflichen Amt. St. Ottilien 1991; E. Kleindienst – G. Schmuttermayr (Hg.): Kirche im Kommen. Frankfurt u. a. 1991.

Literatur: **L. A. Dorn – G. Denzler:** Tagebuch des Konzils. Die Arbeit der dritten Session. Nürnberg u. a. 1976; **K. Lachenmayr** (Hg.): Gespräche mit dem Bischof. Donauwörth 1981; **E. Kleindienst:** 25 Jahre bischöflicher Dienst: Jahrbuch des Vereins für Augsburger Bistumsgeschichte 22 (1988) 9–30; LThK³ 9, 1009 (G. Schmuttermayr); **R. Götz:** Die Rolle der deutschen Bischöfe auf dem Konzil: Wolf – Arnold (Hg.): Die deutschsprachigen Länder und das II. Vatikanum, 17–52; **O. Schütz:** Institutionalisierte Begegnung von Kirche und Welt. Der Beitrag der Katholischen Akademien in Deutschland zu Vorbereitung, Begleitung und Rezeption des II. Vatikanischen Konzils: ebd., 185–208; **BBKL** 20, 1436–39 (E. Sauser); **Gatz B 1945,** 56–58 (P. Rummel); **P. Rummel:** ZGLB 10, 280–294.327f.; **O. Schütz:** Begegnung von Kirche und Welt. Die Gründung Katholischer Akademien in der Bundesrepublik Deutschland 1945–1975. Paderborn u. a. 2004.

GUIDO TREFFLER

Stohr, *Albert,* deutscher Bischof, * 13.11. 1890 Friedberg (Hessen), † 4.6.1961 Seligenstadt (Main). Studium in Mainz und Freiburg, 1913 Priester, 1921 Dr. theol., 1924 Habilitation, Dozent für Kirchengeschichte und (1925) Homiletik, 1926–35 Professor für Dogmatik am Mainzer Seminar. 1931–33 Abgeordneter des Zentrums im Hessischen Landtag; 1935 Bischof von Mainz; in der Fuldaer Bischofskonferenz seit 1937 Referent für Jugend. Seit 1941 mit Bischof Simon Konrad ∕Landersdorfer Leiter der Liturgischen Kommission, nahm S. erheblichen Einfluss auf die liturgische Erneuerung: Gottesdienste, deutsches Psalterium, Heilige Woche, Brevier, Durchsetzung der Anerkennung des deutschen Rituale (1950), neues Gesangbuch (1952). S. stellte sich der nationalsozialistischen Diktatur zwar nicht mit offiziellen Protesten entgegen, vertrat aber couragierte Gegenpositionen: 1936 vielbesuchte Jugend- und Männerwallfahrten, 1937 Diözesansynode, Verlesung der Enzyklika *Mit brennender Sorge* im Mainzer Dom, Hirtenbriefe, Infragestellung der Eingabepolitik. Nach 1945 vollbrachte S. große Leistungen bei Wiederaufbau, moralischer Aufrüstung und Neustrukturierung des Bistums: Eingliederung von über 300.000 katholischen Flüchtlingen, Einrichtung von über 100 Seelsorgsstellen, Konsekration von über 100 Kirchen und Schaffung vieler neuer Institutionen. S., der auch ein starkes seelsorgerisches Engagement zeigte, zählt zu den Wegbereitern des Vaticanum II.

S., der sich in der Nachkriegszeit auch international stark in ökumenischen Fragen engagiert hatte, stellte dieses Anliegen im Rahmen der Konzilsvorbereitung sowohl in seinem eigenen wie in dem von ihm im Auftrag der Deutschen Bischofskonferenz erarbeiteten Votum in den Mittelpunkt. Er gehörte der Theologischen Kommission zur Vorbereitung des Konzils an.

Literatur: Literatur: **Gatz B 1803,** 741 ff. (A. Brück) (Werke, Literatur); **BBKL** 10, 1523–26 (S. Duchhardt-Bösken); **F. Jürgensmeier:** Das Bistum Mainz. Von der Römerzeit bis zum II. Vatikanischen Konzil. Frankfurt ²1989, 314–321; **L. Hell:** Unio Ecclesiae – Materia primaria. Bischof A. S.s Einbindung in den entstehenden internationalen katholischen Ökumenismus und die Vorbereitung des Zweiten Vatikanischen Konzils: K. Lehmann u. a. (Hg.): Dominus fortitudo. Bischof A. S. (1890–1961). Mainz 2012, 99–119. PETER WALTER

Stourm, *René,* französischer Bischof, * 13.3.1904 Paris, † 3.11.1990 Sens. Aus einer bürgerlichen, politisch aktiven Familie stammend, prägten S. u. a. die Pfadfinderbewegung, die Katholische Aktion sowie die Spiritualität Charles de Foucaulds; 1928 Priester. Nach seelsorglicher Betätigung u. a. in der Jeunesse Ouvrière Chrétienne (JOC – Christliche Arbeiterjugend) sowie deutscher Kriegsgefangenschaft Pfarrer in Levallois, 1951 Bischof von Amiens, 1962–77 Erzbischof von Sens und Auxerre. Auf dem Vaticanum II von ↗Johannes XXIII. zum Mitglied der Kommission für das Laienapostolat ernannt, war er u. a. an der Redaktion von *Inter mirifica* beteiligt. Nach dem Konzil aktive Förderung der Konzilsrezeption in seiner Diözese.

Literatur: **K. Schmidthüs:** Einleitung: LThK. E 1, 112–114; **DÉF** 625 f. (X. Boniface).
MICHAEL QUISINSKY

Straaten, *Werenfried van,* OPraem (1934), belgischer katholischer charismatischer Prediger, Gründer und langjähriger Leiter des internationalen katholischen Hilfswerks „Kirche in Not/Ostpriesterhilfe", * 17.1.1913 Mijdrecht (Utrecht, Niederlande), † 31.1.2003 Bad Soden. 1940 Priester, 1947 Beginn der Hilfsaktion für heimatvertriebene Katholiken in Deutschland, Gründung des Hilfswerks. Seit 1952 organisierte S. die Unterstützung von Katholiken in Osteuropa, die später vier Kontinente umfasste. 1953 gründete er den internationalen Bauorden und die Zeitschrift *Echo der Liebe.* 1962 Teilnahme am Vaticanum II. 1966 Mitbegründer der „Töchter der Auferstehung" im Kongo. 1992 initiierte er Hilfe für die orthodoxe Kirche. MAREK ZUROWSKI

Die Teilnahme als Berater an der ersten Session eröffnete S. die Möglichkeit, Bischöfe aus den durch sein Hilfswerk unterstützten Ländern kennenzulernen, und wurde ihm zum Anlass, sein Engagement auf andere Kontinente auszuweiten. Obwohl er das Anliegen einer zeitgemäßen Verkündigung teilte, fürchtete er nach dem Konzil eine Relativierung der kirchlichen Lehre. Zugleich warnte er davor, als Folge der Dialogbereitschaft des Konzils den Kommunismus zu verharmlosen.

Werke: Sie nennen mich Speckpater. Düsseldorf 1960; Wo Gott weint. Düsseldorf 1969; Ein Bettler für Gott. Düsseldorf 1991.

Literatur: **BBKL** 22, 1324–30 (R. Baier); **M. Trautmann:** Mit Glaubensglut und Feuereifer. W. v. S. und Johannes Leppich – zwei charismatische Gestalten im deutschen Nachkriegskatholizismus. Vallendar-Schönstatt 2009; Eintrag in der Datenbank Munzinger (abgerufen: 10.8.2012). FRANCA SPIES

Stransky, *Thomas,* CSP, US-amerikanischer katholischer Ökumeniker, * 30.9.1930 Milwaukee. 1957 Priester. Von der Leitung seines an ökumenischen Fragen interessierten Ordens zum Studium nach Europa entsandt, belegte er in Münster während seines Promotionsstudiums beim Missionswissenschaftler Thomas Ohm auch Veranstaltungen an der evangelisch-theologischen Fakultät. Mit Johannes ↗Willebrands und dessen ökumenischen Aktivitäten bekannt, wurde er 1960 zum Archivar des neugegründeten Einheitssekretariates ernannt. Bis 1970 wirkte er dort als Konsultor. Auf dem Vaticanum II war der Mann des Dialogs insbesondere an der Entstehung von *Nostra aetate* und *Dignitatis humanae* beteiligt, daneben auch an den Aktivitäten des Einheitssekretariates im Zusammenhang mit der Redaktion von *Dei Verbum*. Nach dem Konzil gehörte er diversen Dialogkommissionen an und hatte als Mitglied der Joint Working Group wesentlichen Anteil an der Gestaltung der Beziehungen zwischen dem Vatikan und dem Ökumenischen Rat der Kirchen. Seit den 1970er Jahren hatte er mehrere Lehraufträge für ökumenische und Missionstheologie u. a. am Princeton Theological Seminary inne. 1970–78 Präsident der Paulisten, 1987–99 Rektor des Ecumenical Institut for Theological Studies in Tantur. Sein theologisches Interesse gilt insbesondere den mit *Nostra aetate* verbundenen Fragen.

Werke: Declaration on Religious Freedom of Vatican Council II: promulgated by Pope Paul VI, December 7, 1965. Commentary by T. F. S. New York u. a. 1966; (Als Hg. mit J. B. Sheerin:) Doing the Truth in Charity. New York 1982; The Foundation of the Secretariat for Promoting Christian Unity: A. Stacpoole (Hg.): Vatican II by those who were there. London 1986, 62–87; Ecumenism (Unitatis redintegratio): A. Hastings (Hg.): Modern Catholicism. Vatican II and after. London 1991, 113–117; John XXIII: I. Bria – D. Heller (Hg.): Ecumenical Pilgrims. Profiles of Pioneers in Christian Reconciliation. Genf 1995, 112–119; Paul VI and the Delegated Observers/Guests to Vatican Council II: Paolo VI e l'ecumenismo. Colloquio internazionale di studio Brescia 25-26-27 settembre 1998. Brescia 2001, 118–158; Vatican Councils I & II: Dictionary of the Ecumenical Movement. Genf 2002, 1187–89; The Observers at Vatican Two. An Unique Experience of Dialogue: Centro Pro Unione Bulletin Nr. 63 (2003) 8–14 (online unter: www.prounione.urbe.it/pdf/f_prounione_bulletin_n63_spring2003.pdf, abgerufen: 6.9.2012); Preface. Memories of J. Willebrands at Vatican II: An Insider's Story: Declerck (Hg.): Willebrands, VII–XVIII.

Literatur: **V. A. Yzermans:** American Participation in the Second Vatican Council. New York 1967 (Register); **Grootaers:** Rome et Genève (Register); **T. Salemink** (Hg.): „You will be called repairer of the breach". The Diary of J. G. M. Willebrands 1958–1961. Leuven 2009 (Register); **P. J. Hayes:** The Virtues of Dialogue. T. S., CSP, and Rabbi Marc Tanenbaum on the Making of Nostra Aetate (online unter: www.monasticdialog.com/a.php?id=809, abgerufen: 6.9.2012).

MICHAEL QUISINSKY

Streiff, *Jean,* französischer Bischof, * 11.12.1911 Nancy, † 9.7.1999 Nevers. Studium in Rom, 1937 Priester. Nach der Rückkehr nach Frankreich und kurzem Kriegsdienst Vikar, Studentenseelsorger und Seminarprofessor. 1962 Sekretär des Episkopats für die Katholische Aktion. Als Konzilsperitus Mitarbeit an der Redaktion von *Apostolicam actuositatem*. 1966–87 Bischof von Nevers, war S. ein entschiedener und engagierter Protagonist der Konzilsrezeption in seiner Diözese. Sein besonderes Interesse galt der Sakramentenpastoral sowie der Förderung der Laien.

Werke: Présentation: A.-M. Abel: Documents pour une histoire du concile Vatican II. Inventaire du fonds J. S. Paris 1996, VI.

Literatur: **DÉF** 626 f. (L. Ducerf).

MICHAEL QUISINSKY

Streng, *Franziskus von,* schweizerischer Bischof, * 27.2.1884 Fischingen (Thurgau), † 7.8.1970 Solothurn. 1904–07 Studium in Innsbruck; 1908 Priester, 1908–19 Vikar in Bern, 1919–36 Pfarrer in Basel-St. Clara, 1936 Bischof von Basel und Lugano, 1937 konsekriert, Dezember 1966 Rücktritt, 1967–68 Apostolischer Administrator von Basel. S. kam aus der Seelsorge und blieb ihr auch als Bischof eng verbunden. Er entfaltete eine rege schriftstellerische Tätigkeit zu Fragen von Ehe und Familie (u. a. *Das Geheimnis der Ehe,* Einsiedeln u. a. 1936, ¹⁴1958). Er nahm öffentlich Stellung zu sozialpolitischen Themen und engagierte sich für eine verständliche und lebendige Liturgie sowie für das kirchliche Bildungswesen. Zahlreiche Hirtenschreiben S.s fanden auch außerhalb der Schweiz Beachtung. S. nahm an allen Sitzungsperioden des Vaticanum II teil und war Mitglied der Konzilskommission für die Sakramente (AS I-1, 84). Er beteiligte sich mit mehreren Voten an den

Verhandlungen (u.a. Ehe und Familie, Schutz des ungeborenen Lebens), sprach aber nur einmal im Namen der Schweizer Bischofskonferenz in der Konzilsaula (zum Schema XIII: AS III-5, 370–374).

Weitere Konzilsbeiträge: AS II-3, 558–560; II-6, 397; III-8, 767–771.1107.1119; IV-3, 90–93; IV-5, 509f.

Literatur: **HelvSac** I/1, 409–413; **Gatz B 1803,** 745–747 (C. Bosshart-Pfluger); **M. Ries:** F. v. S.: A. Salathé (Hg.): Thurgauer Köpfe, Bd. 1. Frauenfeld 1996, 275–284; **U. Altermatt – W. Göldi** (Mitarb.): F. v. S.: U. Fink – S. Leimgruber – M. Ries (Hg.): Die Bischöfe von Basel 1794–1995. Fribourg 1996, 277–302; **LThK³** 9, 1045 (M. Ries); **GZVK** 2–5 (Register); **BBKL** 20, 1441–43 (E. Sauser); **Gatz B 1945,** 75–77 (Redaktion).   CLEMENS CARL

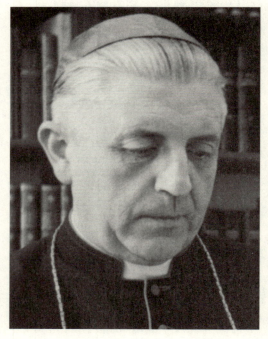

Suenens, *Léon-Joseph,* belgischer Bischof und Kardinal, * 16.7.1904 Brüssel, † 6.5.1996 ebd. 1927 Priester, 1930–40 Seminarprofessor in Mecheln, 1940–45 Vizerektor der Katholischen Universität Leuven, 1945–61 Weihbischof in Mecheln, 1961–79 Erzbischof von Mecheln-Brüssel, 1962 Kardinal.

Mitglied der vorbereitenden Kommission *De episcopis* und der zentralen vorbereitenden Kommission (März 1962), des Secretarius de concilii negotiis extra ordinem (4.9.1962) und der Koordinierungskommission (14.12.1962). Am 6.9.1963 wurde S. zu einem der vier Konzilsmoderatoren ernannt. Eher ein Mann der Tat als der Theorie, übte S. einen großen Einfluss auf den Ablauf des Konzils aus. Sein im Mai 1962 an ∕Johannes XXIII. übermitteltes zweiteiliges Konzilsprogramm *Ecclesia ad intra et ad extra* trug wesentlich zur Ablehnung der vor dem Konzil vorbereiteten Schemata bei. Der auf seine Initiative hin von Gerard ∕Philips entworfene Text *De ecclesia* wurde am 5.3.1963 als neue Grundlage angenommen. Am 4.7.1963 erreichte er die Voranstellung des Kapitels *De populo Dei* vor dasjenige über die Hierarchie. Als Moderator forcierte er die Abstimmung über die fünf Propositiones zur Sakramentalität und Kollegialität des Bischofsamtes (30.10.1963). Als Inspirator und entschiedener Verteidiger von *Gaudium et spes,* wo die Themen bezüglich der *Ecclesia ad extra* gebündelt werden, setzte er sich auch dafür ein, dass das Thema der Geburtenkontrolle behandelt wird. Durch Konzilsinterventionen und zahlreiche Papstaudienzen wirkte er hierbei auf eine Öffnung der traditionellen Morallehre hin. Namentlich gelang es ihm, die Frage in *Gaudium et spes* für die weitere Diskussion offenzuhalten (Ende November 1965).

Werke: Aux origines du concile Vatican II: NRTh 107 (1985) 3–21; Souvenirs et espérances. Paris 1991, 55–131.

Literatur: **L. Declerck – E. Louchez:** Inventaire des Papiers conciliaires du cardinal L.-J. S. Louvain-la-Neuve 1998; **M. Lamberigts – L. Declerck:** The Role of Cardinal L.-J. S. at Vatican II: Donnelly u.a. (Hg.): Belgian Contribution, 61–217; **L. Declerck:** Le cardinal S. et la question du contrôle des naissances au Concile Vatican II: Revue théologique de Louvain 41 (2010) 499–518.

LEO DECLERCK

T/U

Tappouni, *Ignace Gabriel,* libanesischer (syrisch-katholischer) Bischof, Kardinal, * 3.11.1879 Mosul (heute Irak), † 29.1.1968 Beirut. Studium bei den Dominikanern in Mosul, 1902 Priester, 1912 Ernennung zum Bischof und Patriarchalvikar in Mardin (Bischofsweihe 1913), 1921 Erzbischof von Aleppo, 1929 syrisch-katholischer Patriarch von Antiochia; 1936 Kardinal. Auf dem Vaticanum II Mitglied des Konzilspräsidiums. Seine z. T. im Namen verschiedener Patriarchen gehaltenen Interventionen in der Debatte um einen Konzilstext zum Judentum sind von der komplexen politischen und religiösen Situation im Nahen Osten geprägt.

Literatur: Proche-Orient Chrétien 18 (1968) 84f.; **N. Edelby:** Souvenirs du Concile Vatican II (11 octobre 1962 – 8 décembre 1965). Beirut 2003 (Register). MICHAEL QUISINSKY

Tardini, *Domenico,* italienischer Kurienkardinal, * 29.2.1888 Rom, † 30.7.1961 ebd. Studium in Rom, 1912 Priester, Dr. phil., Dr. theol., Professor für Liturgie am römischen Priesterseminar; 1923 Generalassistent des männlichen Zweigs der Katholischen Aktion; 1929 Untersekretär und 1937 Sekretär für die Außerordentlichen Angelegenheiten der Kirche; 1946 Gründung der „Villa Nazareth", eines Heims für arme, begabte Kinder; 1952 Pro-Staatssekretär und Bischofsweihe; 1958 Staatssekretär und Kardinal; Leitung der Vorbereitungskommission für das Vaticanum II; an der Abfassung der Enzyklika *Mater et Magistra* beteiligt. T., der eine Schlüsselfigur der vatikanischen Diplomatie war, verkörperte im Gegensatz zu Giovanni Battista Montini (↗Paul VI.) die Tradition. JOSEF GELMI

Von ↗Johannes XXIII. am 20.1.1959 über das Programm seines Pontifikats (römische Synode, ökumenisches Konzil, Reform des *Codex Iuris Canonici*) informiert, wurde T.s Anregung, die Idee des Konzils „zu pflegen, auszuarbeiten und zu verbreiten", vom Papst als Zustimmung zu seinem Konzilsplan interpretiert (GZVK 1, 14). Nachdem die Zuständigkeit für die Vorbereitung des Konzils dem Staatssekretariat zugewiesen worden war, ernannte Johannes XXIII. T., der bekannt war für seine administrative Strenge und seine geringe Neigung zu Abenteuern, zum Vorsitzenden der vor-vorbereitenden Kommission, wohl um dadurch die Loyalität der Kurie gegenüber dem Konzil zu gewinnen. T. übermittelte einerseits über die Mitglieder der vor-vorbereitenden Kommission, allesamt Kurialisten, den römischen Kongregationen den Willen des Papstes (allgemeine Konsultation ohne lenkenden Fragebogen; Beteiligung von Nichtrömern an den vorbereitenden Kommissionen), andererseits machte er gegenüber Johannes XXIII. deutlich, dass man das Konzil nicht ohne die Kurie durchführen könne (Vorsitz der Vorbereitungskommissionen für die Präfekten der Dikasterien). T. erfüllte die Rolle eines treuen Arbeiters für das Konzil, jedoch für ein Konzil ohne eigenes Profil: Das Sekretariat der Antepraeparatoria unter Leitung von Monsignore ⁄Felici beherrschte die Auswertung consilia et vota. Dabei arbeitete es eng mit den römischen Dikasterien zusammen, die auf diese Weise – ohne größeren Widerstand Johannes' XXIII. – an Boden zurückgewinnen konnten. Die den Vorbereitungskommissionen als Ergebnis des Konsultationsprozesses vorgelegten Quaestiones legten ein defensives, doktrinales Konzil nahe. Im Oktober 1959 hielt T. die erste Pressekonferenz in der Geschichte des Heiligen Stuhls, wobei er die baldige Errichtung eines Pressebüros ankündigte. Jedoch verliefen die Konzilsvorbereitungen 1960/61 in totaler Abgeschlossenheit, die nur bei wenigen Anlässen durchbrochen wurde. Die Übernahme des Amtes des Vorsitzenden der zentralen Vorbereitungskommission lehnte T. ab.

Literatur: **G. Nicolini:** Il cardinale D. T. Padua 1980; **F. Casula:** D. T. (1888–1961). L'azione fra le due guerre. Rom 1988; **ders.:** T. e la preparazione del concilio: G. Galeazzi (Hg.): Come si é giunti al concilio Vaticano II. Mailand 1988, 172–175; **G. Martina:** T. nella Segreteria di Stato: Archivum Historiae Pontificiae 27 (1989) 433–440; V. **Carbone:** Il cardinale D. T. e la preparazione del Concilio Vaticano II: Rivista di storia della chiesa in Italia 45 (1991) 42–88; **GZVK** 1 (Register).

CLEMENS CARL

Tenhumberg, *Heinrich,* deutscher Bischof, * 4.6.1915 Lünten (Münsterland), † 16.9.1979 Münster. Studium in Münster und Freiburg, unterbrochen durch Arbeitsdienst, religiöse Prägung durch das Schönstattwerk Pater Josef Kentenichs; 1939 Priester, Kaplan in Marl-Brassert (Ruhrgebiet) und Freckenhorst, unterbrochen durch Sanitätsdienst bei der Marine und kurze Gefangenschaft; seit 1947 Beauftragter von Bischof Michael Keller für das Laienapostolat und die katholische Landjugend, 1958 Weihbischof in Münster. T. nahm an allen vier Sitzungsperioden des Vaticanum II teil und führte ein Tagebuch zum Konzil. Beiträge u. a. zum Dekret über das Laienapostolat (AS III-4, 91–94) und zur Pastoralkonstitution (AS III-5, 528f. 671f.); von der Notwendigkeit einer Reform der Kurie, insbesondere des Heiligen Offiziums, überzeugt; in Rom auch erfolgreicher Einsatz für das Schönstattwerk und seinen Gründer. 1966–69 Leiter des Kommissariats der deutschen Bischöfe (Katholisches Büro) in Bonn, 1969 Bischof von Münster. In der Deutschen Bischofskonferenz Beauftragter für Jugendfragen und Vorsitzender der Pastoralkommission. Nach dem Konzil Förderer des Dialogs mit allen gesellschaftlichen Kräften. Im Bemühen um einen moderaten Reformkurs geriet er zunehmend zwischen die sich polarisierenden kirchen- und gesellschaftspolitischen Fronten. Zuspitzung der Konflikte besonders im Bereich der Jugendarbeit.

Weitere Konzilsbeiträge: AS I-4, 586–588; III-1, 781f.; III-2, 449f.913f.; III-3, 504; III-4, 650–652; III-6, 944; III-8, 339–341.537–539.935.1171.

Literatur: **H. Mussinghoff:** H. T.: A. Schröer: Die Bischöfe von Münster. Biogramme der Weihbischöfe und Generalvikare. Münster 1993, 328–338; **W. Damberg:** Abschied vom Milieu? Katholizismus im Bistum Münster und in den Niederlanden 1945–80. Paderborn u. a. 1997 (Register); **ders.:** ZGLB 9, 134–148; **LThK³** 9, 1335 (W. Damberg); **BBKL** 20, 1449–51 (E. Sauser); **Gatz B 1945,** 411–414 (W. Damberg); **GZVK** 4 (Register). CLEMENS CARL

Testa, *Gustavo,* italienischer Kurienkardinal, * 18.7.1886 Boltiere (Diözese Bergamo), † 28.2.1968 Rom. Studium in Bergamo und Rom; 1910 Priester; Professor für Bibelwissenschaft am Priesterseminar in Bergamo; 1920 Aufnahme ins Staatssekretariat; 1923 päpstlicher Gesandter an der Ruhr und 1933 im Saargebiet; 1934 Apostolischer Delegat in Ägypten und Palästina; 1948 Apostolischer Delegat in Jerusalem; 1953 an der Nuntiatur in der Schweiz; 1959 Kardinal, 1961 Propräfekt und 1968 Propräsident der Verwaltung der Güter des Apostolischen Stuhls; 1962 Sekretär und 1968 Präfekt der Congregatio pro Ecclesiis Orientalibus; während des Vaticanum II Mitglied der Kommission für die Orientalischen Kirchen und Präsident der technisch-organisatorischen Kommission. T., der mit /Johannes XXIII. befreundet war, galt als besonders deutschfreundlich. JOSEF GELMI

Als Präsident der technisch-organisatorischen Kommission erwartete T. einen reibungslosen und zügigen Ablauf des Konzils, der sich inhaltlich im Wesentlichen auf die vorbereiteten Schemata konzentrieren würde. In der Intersessio 1962/63 war er an den Bemühungen um neue Kontakte zu den kommunistischen Regimen Osteuropas und um die Befreiung des ukrainischen Metropoliten /Slipyj beteiligt.

Literatur: **G. Lewy:** Die katholische Kirche und das Dritte Reich. München 1965, 204–207.407; OR vom 2.3.1968; **P. Felici:** Il cardinal G. T.: OR vom 3./4.3.1968; **GZVK** (Register); **BBKL** 21, 1482 (E. Sauser); **HThK 2. Vat** (Register); Eintrag in der Datenbank Munzinger (abgerufen: 10.8. 2012).

FRANCA SPIES

Teusch, *Joseph,* deutscher Generalvikar, * 15.2.1902 Köln, † 20.9.1976 ebd. 1927 Priester, 1934 Leiter der Abwehrstelle des Erzbistums Köln gegen die nationalsozialistische Weltanschauung. Die von dieser herausgegebenen Broschüren (*Katechismuswahrheiten*) erreichten eine Auflage von 17 Millionen Exemplaren. Gegen Alfred Rosenbergs *Mythus des 20. Jahrhunderts* organisierte T. die *Studien zum Mythus des 20. Jahrhunderts* („Antimythus"). Als Generalvikar des Erzbischofs Josef /Frings (1952–69) steuerte T. den Wiederaufbau im Erzbistum Köln und inspirierte Frings als Vorsitzenden der Fuldaer Bischofskonferenz bei der kirchlichen Organisation im Nachkriegsdeutschland. Der Anstoß zur weltweit ersten Bistumspartnerschaft Köln – Tokyo (1954) und zu den Hilfswerken der deutschen Katholiken, „Misereor" (1958) und „Adveniat" (1961), geht auf T. zurück, der jeweils entscheidend an der Aufbauarbeit beteiligt war. Auf dem Vaticanum II war T. Berater von Frings in Fragen des Kirchenrechts und der kirchlichen Disziplin.

NORBERT TRIPPEN

Literatur: **E. Hegel:** J. T.s Kampf gegen den Nationalsozialismus: Pastoralblatt Köln 35 (1983) 34–40; **ders.:** Das Erzbistum Köln zwischen der Restauration des 19. Jahrhunderts und der Restauration des 20. Jahrhunderts. Köln 1987 (Register); **N. Trippen:** J. T. (1902–76): Rheinische Lebensbilder, Bd. 15. Köln 1995, 223–246; **Gatz B 1945,** 304–306 (Redaktion); **N. Trippen:** Josef Kardinal Frings (1887–1978), 2 Bde. Paderborn 2003–05 (Register).

REDAKTION

Theissing, *Heinrich,* deutscher Bischof, * 11.12.1917 Neisse, † 11.11.1988 Schwerin. 1940 Priester, 1941 Kaplan in Glogau, 1945 in Görlitz, 1946 Diözesanjugendseelsorger für das Erzbischöfliche Amt Görlitz, 1951–55 Leiter der Konferenz der Jugendseelsorger in der DDR, 1953 Ordinariatsrat, 1955 Diözesanmännerseelsorger und Diözesankolpingpräses im Erzbischöflichen Amt Görlitz, 1957 Vizeoffizial, 1959 Leiter des Seelsorgereferats, 1960 Kapitular des Metropolitankapitels Breslau in Görlitz, 1963 Ernennung zum Weihbischof in Berlin, 1963 Ordinariatsrat, 1965 Domkapitular, 1967–70 Generalvikar des Bischofs von Berlin (Ostteil), 1970 Adjutorbischof des Bischöflichen Kommissars für Mecklenburg, 1970–73 Bischöflicher Kommissar (Generalvikar) für Mecklenburg und Titularbischof, 1973–87 Apostolischer Administrator in Schwerin. T. leitete die Arbeitsgemeinschaft Seelsorge in der Berliner Ordinarienkonferenz, seit 1966 gehörten die Medien zu seinem Zuständigkeitsbereich, 1974–83 Delegierter für den Europäischen Bischofsrat, 1982–85 Stellvertretender Vorsitzender der Konferenz. T. sprach sich für eine stärkere Einbindung der Kirche in die Gesellschaft der DDR aus, galt aber dennoch neben Kardinal /Bengsch und Bischof /Aufderbeck als einer der schärfsten Regimekritiker. An der Entstehung des Friedenshirtenbriefes von 1983 war er maßgeblich beteiligt. Wallfahrten festigten das Zusammengehörigkeitsgefühl der Katholiken in der Diaspora. Zu einem Höhepunkt im Leben T.s wurde die von ihm vorangetriebene Seligsprechung von Niels Stensen im Jahr 1988. T. wohnte dem Vaticanum II seit der zweiten Sitzungsperiode bei. Aus kirchenpolitischen Rücksichten warnte er zusammen mit den Weihbischöfen Gerhard Schaffran und Hugo Aufderbeck vor einer Verurteilung des Kommunismus.

Literatur: **J. Allendorf:** Schlesier im Berliner Domkapitel: Archiv für schlesische Kirchengeschichte 27 (1969) 285; **R. Krüger u. a.** (Hg.): Kirche zwischen Seen und Wäldern. Aus dem Leben der katholischen Kirche in Mecklenburg. Leipzig [1973], 48–50.59.96f.; **J. Gröger u. a.** (Hg.): Schlesische Kirche in Lebensbildern. Sigmaringen 1992, 342–347; **R. Krüger:** Bischof H. T. Ein Lebensbild. Leipzig 1993; **B. Schäfer:** Staat und katholische Kirche in der DDR. Köln u. a. ²1999 (Register); **J. Pilvousek:** Kirche und Diaspora. Die katholische Kirche in der DDR und das Zweite Vatikanische Konzil: Wolf–Arnold (Hg.): Die deutschsprachigen Länder und das II. Vatikanum, 149–167: 158f.; **Gatz B 1945,** 506f. (J. Pilvousek); **BBKL** 22, 1341f. (E. Sauser).

GUIDO TREFFLER

Thils, *Gustave,* belgischer katholischer Theologe, * 3.2.1909 Etterbeek (bei Brüssel), † 12.4.2000 Löwen. Studium 1928 in Mecheln, 1929 in Löwen, 1931 Priester, 1935 Dr. theol., 1937 Habilitation, Professor am Seminar in Mecheln, 1945 in Löwen, ab 1947 für Fundamentaltheologie, Lehrauftrag für Spiritualität. T. arbeitete besonders über spirituelle, ekklesiologische und ökumenische Fragen und war seit 1960 Mitglied des Einheitssekretariats. Beim Vaticanum II war er Peritus, in der „squadra belgica" einflussreich bei der Erarbeitung von *Lumen gentium* und *Gaudium et spes.*

Werke: Les notes de l'Église dans l'apologétique catholique depuis la Réforme. Gembloux 1937; Tendances actuelles en théologie morale. Gembloux 1940; Pour mieux comprendre saint Paul. Paris – Brügge 1941, Brügge ²1942; Le clergé diocésain. I. Doctrine. Paris – Brügge 1942, Brügge ²1943; Nature et spiritualité du clergé diocésain. Paris – Brügge 1946; Théologie des réalités terrestres, 2 Bde. Paris – Brügge 1947–49 (deutsch: Theologie der irdischen Wirklichkeiten. Salzburg 1955); Théologie et réalité sociale. Tournai 1952; Histoire doctrinale du mouvement oecuménique. Louvain 1955, Neuausgabe Paris – Louvain 1963; Sainteté chrétienne. Tielt 1958 (deutsch: Christliche Heiligkeit. München 1961); Le décret sur l'oecumenisme. Paris 1966; Propos et problèmes de la théologie des religions non chrétiennes. Tournai 1966; Christianisme sans religion? Tournai 1968 (deutsch: Christentum ohne Religion? Salzburg 1969); Les laïcs des temps „post-modernes". Sécularité, modernité, post-modernité, une intra-ecclésialité „multiforme". Louvain-la-Neuve 1988; Primauté et infaillibilité du pontife Romain à Vatican I et autres études d'ecclésiologie. Louvain 1989; (mit T. Schneider:) Glaubensbekenntnis und Treueid. Klarstellungen zu den „neuen" römischen Formeln für kirchliche Amtsträger. Mainz 1990; „… en conformité avec l'enseignement du Magistère …". Louvain-la-Neuve 1995; Les doctrines théologiques et leur „évolution". Louvain-la-Neuve 1995.

Literatur: Voies vers l'unité. Louvain-la-Neuve 1981 (Bibliografie); **C. Soetens:** Concile Vatican II et Église contemporaine. I. Inventaire des fonds Ch. Moeller, G. T., Fr. Houtard. Louvain-la-Neuve 1989; **G. Pasquale:** G. T., „promotor" of a catholic historia salutis: EThL 73 (2002) 161–178; **Donnelly u. a.** (Hg.): Belgian contribution; **Cath** 17, 728f.

ALBERT RAFFELT

Thomas, *Elisabeth* (im Orden *Maria Juliana*), ADJC, * 7.3.1898 Hennef (Sieg), † 7.11.1977 Düsseldorf. T. entstammte einer bürgerlichen Familie mit sieben Kindern. Als älteste Tochter unterstützte T. den elterlichen Haushalt und konnte erst nach Rückkehr ihres Bruders aus dem 1. Weltkrieg im März 1919 ihre Klosterziele verfolgen. 1920 in der Dernbacher Kongregation eingekleidet, 1922 Profess. Sie arbeitete in verschiedenen Filialen der ADJC, bevor sie von 1941–77 in Düsseldorf lebte. Dort war sie zeitweise Leiterin des Kinderheims beim St. Martinuskrankenhaus und unterrichtete Waisenkinder und Fürsorgezöglinge. Seit 1957 war T. Generalsekretärin der „Vereinigung der höheren Ordensoberinnen Deutschlands" (VOD). Auf dem 37. Eucharistischen Weltkongress 1960 in München begegnete sie Bischof Mar Sebastian Vayalil von Palai (Kerala/Indien). In der Folge bildeten die ADJC ab Oktober 1962 – noch vor einer eigenen Gründung in Indien (1970) – indische Frauen und Schwestern in ihren deutschen Einrichtungen aus. Auf die VOD-Aktivitäten für weibliche Ordensgemeinschaften in der sogenannten „Dritten Welt", insbesondere Indien, führte T. ihre Einladung zum Konzil zurück. Als erste deutsche Katholikin und einzige Ordensschwester aus Deutschland wurde sie im September 1964 zur Auditorin beim Vaticanum II berufen. Sie berichtete über die Konzilsatmosphäre des offenen, freimütigen, persönlichen Austauschs und den reichen Gewinn der Kontaktfindung. Auf dem Konzil intensivierte sie die Beziehungen zum indischen Episkopat ebenso wie zur Gründerin und in Rom ansässigen Generalsuperiorin der Missionsärztlichen Schwestern, Anna Dengel, deren Gemeinschaft im indischen Palai ein Hospital unterhielt. Zu Johannes /Hirschmann SJ und Gertrud /Ehrle bestanden ebenfalls sehr gute Kontakte.

Werke: Die Frau beim Konzil: Krankendienst 39 (1966) Heft 4, 103–105.
Literatur: **C. E. McEnroy:** Guests in Their Own House. The Women of Vatican II. New York 1996 (Register).

MARIA LUCINDA GRAMS/ULRICH KELLER

Thurian, *Max,* **Frère Max,** Bruder der Communauté de Taizé, schweizerischer reformierter Theologe, * 16.8.1921 Genf, † 15.8.1996 ebd. Studium der reformierten Theologie, 1946 Ordination zum Pastor in Genf. 1942 Begegnung mit Frère Roger /Schutz, dem Gründer der ökumenischen Brüdergemeinschaft von Taizé. 1949 gehörte T. zu den ersten sieben Brüdern, die in Taizé das Lebensengagement ablegten. T. verfasste zahlreiche theologische Schriften und gilt als ausgewiesener Kenner und Vordenker der Ökumene. Er war über viele Jahre Mitarbeiter der Kommission für Glauben und Kirchenverfassung des Ökumenischen Rates der Kirchen (ÖRK) und arbeitete an der Lima-Liturgie mit. 1987 konvertierte er zum römisch-katholischen Bekenntnis und empfing in Neapel die Priesterweihe. 1992 berief ihn /Johannes Paul II. in die Internationale Theologenkommission.

Auf persönliche Einladung von /Johannes XXIII. nahm T. gemeinsam mit Frère Roger als offizieller Beobachter an allen Sitzungsperioden des Vaticanum II teil. In ihrer Mietswohnung empfingen sie zahlreiche Kardinäle, Bischöfe und Theologen, so dass dort in brüderlicher Atmosphäre eine „Art Konzil im Konzil" (Yves /Congar) stattfand. T.s besonderes Interesse galt der Liturgie. /Paul VI. berief ihn in die nachkonziliare Kommission zur Umsetzung der Liturgiekonstitution. 1967 veröffentlichte er gemeinsam mit Frère Roger einen Kommentar zum Konzilsdokument *Dei Verbum.* In das Schema über die Missionstätigkeit der Kirche brachte Yves Congar eine Anmerkung von T. zum ökumenischen Aspekt der Mission ein.

Werke: Eucharistie. Einheit am Tisch des Herrn? Mainz 1963; Maria. Mainz 1965; (mit Frère Roger:) Das Wort Gottes auf dem Konzil. Die Dogmatische Konstitution über die göttliche Offenbarung. Wortlaut und Kommentar. Mit einem Vorwort von Henri de Lubac. Freiburg 1967; Maria, Mutter des Herrn, Urbild der Kirche. Mainz 1978; Ökumenische Perspektiven von Taufe, Eucharistie und Amt. Frankfurt 1983; Passione per l'unità e contemplazione del mistero. Mit einem Vorwort von Joseph Ratzinger. Vatikanstadt 1997.
Literatur: **H. Fox:** Die Theologie M. T.s. Ein Beitrag zum ökumenischen Dialog. Trier 1971; **A. Ugenti:** M. T. Una vita per l'unità. Casale Monferrato 1991; **Y. Chiron:** Frère Roger. Gründer von Taizé. Eine Biographie. Regensburg 2009 (passim).

AGNES KLAIS

Tian Gengxin (T'ien Keng-hsin), *Thomas,* SVD (1929), chinesischer Bischof und

Kardinal, * 24.10.1890 Shandong, † 24.7. 1967 Jiayi (Taiwan). 1918 Priester, danach Seelsorger in der Provinz Shandong, 1932 Bischofsdelegat in Yanzhou, 1934 Apostolischer Präfekt in Yangku. 1939 Bischofsweihe in Rom, 1942 Apostolischer Vikar von Qingdao und 1946 (erster nichteuropäischer und erster chinesischer) Kardinal und Bischof von Peking. Infolge der Gründung der Volksrepublik China 1949 konnte der sich in Hongkong aufhaltende Kardinal nicht mehr nach China zurückkehren. Asyl in den USA und in Europa. Nach der Wahl von /Johannes XXIII. wurde T., der am Konklave teilgenommen hatte, vom Papst empfangen und 1959 zum Apostolischen Administrator von Taipei (Taiwan) ernannt; emeritiert 1966. In seiner Person spiegelte sich das tragische Schicksal der Kirche in China wider. ROMAN MALEK

T. war Mitglied der Vorbereitungskommission und Teilnehmer am Vaticanum II. In seinem Konzilsvotum wünschte T. u. a. eine Auseinandersetzung mit dem atheistischen Kommunismus (AD I-2-4, 531–534). In der Zentralen Vorbereitungskommission vertrat er mit Valerian /Gracias, Peter Tatsuo Doi, Rufino /Santos, Laurean /Rugambwa u. a. die Anliegen der jungen Missionskirchen. Mit 1042 Stimmen in die Konzilskommission *De missionibus* gewählt (AS I-1, 86), arbeitete T. an der ersten und zweiten Vorlage des Missionsschemas mit. Er wünschte ein kurzes Schema, das den lokalen Bischöfen größeren Entscheidungsspielraum lässt. Auf das endgültige Dekret hatte er keinen Einfluss, da er seit der dritten Sitzungsperiode aus gesundheitlichen Gründen nicht mehr am Konzil teilnehmen konnte.

Konzilsbeiträge: AS III-6, 685 f.

Werke: T. Cardinal T. u. a.: How to Make Our Apostolate Count: Études Missionnaires, Bd. 1. Shanghai 1950. – AAS 26 (1934) 187, 31 (1939) 595–598, 35 (1943) 26, 38 (1946) 301–313 360, 52 (1960) 579–582, 54 (1962) 687 f.

Literatur: **F. Bornemann:** Wie Kardinal T. G. Bischof wurde: Verbum SVD 9 (1967) 344–353; **J. Fleckner:** T. Kardinal T. G. St. Augustin – Nettetal 1975; **R. Malek:** Kardynal T. G.: Chrzescijanin w swiecie 9/51 (1977) 90–95; **A. S. Lazzarotto:** I vescovi cinesi al concilio: Fattori – Melloni (Hg.): Experience, Organisations and Bodies, 67–86; **E. Brandewie:** The Last Shall Be First: The Life of T. T. G., China's First Cardinal. Nettetal 2007.

REDAKTION

Tillard, *Jean-Marie Roger,* OP (1949), französisch-kanadischer katholischer Theologe, * 2.9.1927 Saint-Pierre et Miquelon, † 13.11.2000 Ottawa. Studium der Philosophie und Theologie in Ottawa, Rom und Le Saulchoir, 1957– 2000 Professor am Dominican College of Philosophy and Theology in Ottawa, daneben zahlreiche Lehraufträge an verschiedenen Universitäten, darunter in Fribourg. 1968 katholischer Delegierter bei der Versammlung des Ökumenischen Rates der Kirchen in Uppsala, 1969 Konsultor des Einheitsrates, 1974 Mitglied der Internationalen Theologenkommission, 1975 Mitglied und 1977 Vizepräsident von Glaube und Kirchenverfassung, Mitglied in diversen ökumenischen Dialogkommissionen. Theologisch zeichnete ihn eine „vision organique" (Service d'information 151) der Offenbarungswahrheit aus, innerhalb derer er einzelnen Fragen nachgehen und dabei für eine gegenseitige Bereicherung im innerkirchlichen und ökumenischen Gespräch werben konnte. Auf dem Vaticanum II war T. Peritus und Experte des kanadischen Episkopats, darüber hinaus stand er in Kontakt mit der Gruppe „Kirche der Armen". Gegenwärtig zählt er zu den „vergessene(n) Konzilstheologe(n)" (Eggensperger – Engel 17).

Werke: Die Kirche und die irdischen Werte: G. Baraúna (Hg.): Die Kirche in der Welt von heute. Untersuchungen und Kommentare zur Pastoralkonstitution „Gaudium et spes" des II. Vatikanischen Konzils. Salzburg 1967, 94–137; Das II. Vatikanum und die nachkonziliare Zeit: Hoffnungen und Befürchtungen: G. Alberigo (Hg.): Kirche im Wandel. Eine kritische Zwischenbilanz nach dem Zweiten Vatikanum. Düsseldorf 1982, 319–332; Église d'Églises. L'ecclésiologie de communion. Paris 1987; L'Église locale. Ecclésiologie de communion et catholicité. Paris 1995; L'épiscopat canadien francophone au concile: G. Routhier (Hg.): L'Église canadienne et Vatican II. Montreal 1997, 291–301; Je crois en dépit de tout. Paris 2001; L'Église catholique relit sa catholicité devant Dieu et l'ensemble des baptisés: M. Lamberigts – L. Kenis (Hg.): Vatican II and its legacy. Leuven 2002, 107–127.

Literatur: **G. R. Evans – M. Gourgues** (Hg.): Communion et réunion. Mélanges J.-M. R. T. Leuven 1995; Conseil Pontifical Pour la Promotion de l'Unité des Chrétiens (Hg.): Service d'information, n° 104, 2000, 151; www.wcc-coe.org/wcc/news/press/00/35prf.html (abgerufen: 6.9.2012); **N. Klein:** J.-M. R. T. OP (1927–2000): Orientierung 64 (2000) 237f.; J.-M. R. T. o.p. – un théologien au service de l'oecuménisme. Fribourg 2001; **T. Eggensperger – U. Engel:** Zwischen Innen und Außen. Dominikanische Konzilsbeiträge zum Kirche-Welt-Verhältnis – und ein Vermissen: dies. (Hg.): Mutig in die Zukunft. Dominikanische Beiträge zum Vaticanum II. Leipzig 2007, 7–36: 17–20; **P. Watine Christory:** J.-M. R. T. Bibliographie (1961–2007): Science et Esprit 61 (2009) 257–282; **W. Thönissen:** s.v.: Personenlexikon Ökumene, 226f.; **M. A. Fahey:** Growing Awareness Regarding Vatican II in Canadian Theological Monographs and Journals (1959–1969): M. Attridge u.a. (Hg.): Vatican II. Expériences canadiennes. Canadian Experiences. Ottawa 2011, 148–169; **G. Routhier:** Le réseau dominicain, vecteur de la réception de Vatican II au Canada: Science et Esprit 63 (2011) 385–408; www.ipastorale.ca/ressources/partnr/chaire-tillard.htm; abgerufen: 6.9.2012.   MICHAEL QUISINSKY

Tisserant, *Eugène,* französischer Kurienkardinal, * 24.3.1884 Nancy, † 21.2.1972 Albano. Studium in Nancy und Paris sowie an der École biblique de Jérusalem, 1907 Priester. Aufgrund seiner umfangreichen Sprachkenntnisse v.a. orientalischer Sprachen lehrte er ab 1908 Assyrisch an der Päpstlichen Universität Apollinaris und wurde Mitarbeiter der Bibliotheca Apostolica Vaticana. In diesen Eigenschaften Veröffentlichung von Inventaren orientalischer Manuskripte. 1914 Einberufung und Teilnahme am 1. Weltkrieg. 1914 Konsultor der Päpstlichen Bibelkommission, wirkte T. als deren Präsident (ab 1938) auf einen konstruktiven Umgang mit der Exegese hin. 1926 Konsultor der Kongregation für die orientalischen Kirchen, der er 1936–59 vorstand; 1936 Kardinal, 1951 Dekan des Kardinalskollegiums, 1957–71 Bibliothekar und Archivar des Vatikans. Pastoral aktiv als Kardinalbischof von Porto e Santa Rufina bzw. Ostia. T. unterhielt nicht nur vielfältige Kontakte zu orientalischen Kirchen und französischen (Außen-)Politikern, sondern war auch in der intellektuellen Landschaft Frankreichs präsent (1961 Mitglied der Académie Française). Mitglied der zentralen Vorbereitungskommission des Konzils und während des Vaticanum II Mitglied des Konzilspräsidiums, befürwortete T. eine moderate Reform.

Werke: Bibliografie 1907–1964 in Mélanges, 7 Bde. Vatikanstadt 1964.

Literatur: Recueil Cardinal E. T. Ab Oriente et Occidente, 2 Bde. Leuven 1955; **BBKL** 20, 1463–66 (J. Kreuzenbeck); Le cardinal E. T. (1884–1972). Une grande figure de l'Église, une grande figure française. Toulouse 2003; **B. Montagnes:** E. T. (1884–1972) et les études bibliques: Revue biblique 117 (2010) 92–119; **J.-L. Tauran:** Un grand personnage des relations entre Rome et l'Orient chrétien: le cardinal E. T.: H. Legrand u.a. (Hg.): L'Œuvre d'Orient. Solidarités anciennes et nouveaux défis. Paris 2010, 33–47; **É. Fouilloux:** E. cardinal T. (1884–1972). Une biographie. Paris 2011.
                MICHAEL QUISINSKY

Tomášek, *František,* tschechischer Bischof und Kardinal, * 30.6.1899 Studénka bei Ostrava, † 4.8.1992 Prag. 1922 Priester; bis 1934 Katechet; 1934–39 und 1945–50 Lektor für Pädagogik und Katechetik an der Theologischen Fakultät in Olomouc; 1938 Dr. theol., 1945 Dozent, 1946 außerordentlicher Professor; 1949 Titularbischof von Buta (heimlich konsekriert), 1951–54 interniert; 1954–65 Pfarradministrator in Moravská Huzová bei Olomouc, 1962–65 Teilnahme am Vaticanum II, 1965 Apostolischer Administrator der Erzdiözese Prag; während des Prager Frühlings 1968 an der Spitze der Erneuerung der katholischen Kirche in der Tschechoslowakei; nach 1969 Repräsentant des katholischen Widerstands gegen das kommunistische Regime. 1976 Kardinal „in pectore" (bekanntgegeben 1977), seit 1978 Erzbischof von Prag. 1989 eine der Symbolfiguren der wiedergewonnenen Freiheit von Nation und Kirche, 1990 Vorsitzender der Bischofskonferenz der Tschechischen und Slowakischen Föderativen Republik (ČSFR), 1991 Resignation.

JAN STŘÍBRNÝ

Als einziger tschechischer Bischof war T. an allen vier Sessionen beteiligt. Er betonte das Gewicht christlicher Erziehung und die besondere Aufgabe der Familie dabei (AS II-3, 357f.). Zum Wohl künftiger Generationen rief er das Konzil dazu auf, all jene Initiativen zu unterstützen, die sich für die Pflege des Familienlebens einsetzen (AS IV-3, 70–73). In ökumenischen Belangen sprach er über die Schuld der katholischen Kirche an der Trennung der Christen und die daher nötige Buße (AS II-6, 155–158). Zur Annäherung zwischen katholischer und orthodoxer Christenheit regte er des Weiteren ein Konzil mit Vertretern beider Konfessionen sowie gemischte Kommissionen auf nationaler Ebene an (AS II-6, 354f.). Vor der vierten Session ernannte ↗Paul VI. ihn zum Mitglied der Kommissionen für den Klerus (GZVK 4, 597), sowie für die Seminare und die christliche Erziehung (ebd., 702).

Werke: Činná škola v náboženském vyučování s ohledem na metodu Marie Montessoriové (Aktive Schule im Religionsunterricht unter Bezugnahme auf die Methode Maria Montessoris). Olomouc 1940, Nachdruck Aachen 1991; Učitel náboženství a zájem dětí (Der Religionslehrer und das Interesse der Kinder). Olomouc 1941; Pedagogika. Úvod do pedagogické praxe (Pädagogik. Einführung in die pädagogische Praxis). Olomouc 1947, Brno ³1992; Katolický katechismus (Katholischer Katechismus). Prag ⁷1968. – Unter dem Pseudonym Tomáš Malý: Výchova v rodině (Erziehung in der Familie). Rom 1973, ²1990; Ty a on – ty a ona (Du und er – du und sie). Rom 1979, ²1990; Ze školy do života: Pro dívky (Von der Schule ins Leben: Für Mädchen). Rom 1981, ²1990; Ze školy do života: Pro hochy (Von der Schule ins Leben: Für Jungen). Rom 1981, ²1990.

Konzilsbeiträge: AS II-3, 357f.; II-6, 155–158.354f.; III-7, 367–369; IV-3, 70–73.

Literatur: LThK. E (Register); Richtet euch auf und erhebt eure Häupter (Lk 21,28). Zum 90. Geburtstag von Erzbischof F. Kardinal T., hg. v. Sozialwerk der Ackermann-Gemeinde. München – Rom 1989; **S. P. Ramet:** The Catholic Church in Czechoslovakia 1948–1991: Studies in Comparative Communism 24 (1991) 377–393; **H. Rokyta:** F. Kardinal T. (1899–1992): Communio 21 (1992) 568–574; Kardinál T. Svědectví o dobrém katechetovi, bojácném biskupovi a statečném kardinálovi (Kardinal T. Zeugnisse über einen guten Katecheten, behutsamen Bischof und tapferen Kardinal), hg. v. **J. Hartmann** u. a. Prag 1994, Nachdruck Leipzig 1994; **GZVK** (Register); **J. V. Musil u. a.:** Zdroje a prostředky pedagogiky prof. ThDr. Františka kardinála Tomáška. Sborník příspěvků ze semináře k 100. výr. nar. Františka kardinála Tomáška (Quellen und Mittel der Pädagogik von Professor Dr. theol. F. Kardinal T., Sammelband der Beiträge vom Seminar zum 100. Geburtstag von F. Kardinal T.). Olomouc 1999; Význam kardinála Tomáška v období normalizace a přechodu k demokracii. Sborník textů ze sympozia ke 100. výročí narození kardinála Tomáška (Die Bedeutung Kardinal T.s in der Zeit der Normalisierung und des Übergangs zur Demokratie, Sammelband der Symposionstexte zum 100. Geburtstag von Kardinal T.), zusammengestellt v. **A. Opatrný.** Prag 2000.

FRANCA SPIES

Tromp, *Sebastian,* SJ (1907), niederländischer katholischer Theologe, * 16.3.1889 Beek (Limburg), † 8.2.1975 Rom. Nach Studium der Philosophie 1910–13 in Oudenbosh und der klassischen Philologie 1913–20 in Amsterdam, absolvierte T. sein Theologiestudium 1920–25 in Maastricht und 1925–26 an der Gregoriana, wo er Doktorgrade in Philosophie, Philologie und Theologie erlangte. 1929–60 lehrte er Fundamentaltheologie und Religionsgeschichte an der Gregoriana. Von fundamentaler Bedeutung in dieser Zeit ist besonders sein Beitrag zur Enzyklika *Mystici corporis* Papst ∕Pius' XII. (1943). 1961 beendete er aufgrund des Erreichens der Altersgrenze sowie seiner Mitwirkung an den Konzilsvorbereitungen seine Lehrtätigkeit. Als Sekretär der vorbereitenden Theologischen Kommission leistete er auf Seiten der Kurie einen entscheidenden Beitrag zur Vorbereitung des Vaticanum II. Von Bischöfen und Theologen der Konzilsmehrheit wurde T. als autoritär und diktatorisch und oft nicht versöhnungsbereit beschrieben. Sein nicht einfaches Verhältnis zum Sekretär des Sanctum Officium, Kardinal Alfredo ∕Ottaviani, schränkte von Anfang an die Handlungsfreiheit T.s als Sekretär der vorbereitenden Theologischen Kommission ein. Seinerseits versuchte T., den Handlungsradius des Sekretariats für die Einheit der Christen unter der Leitung von Kardinal Augustin ∕Bea und Johannes ∕Willebrands einzuschränken, was eine Zusammenarbeit mit diesem von ∕Johannes XXIII. neu gegründeten Organ der Kurie faktisch sehr schwierig machte. Während des Konzils wurde T. Sekretär der Theologischen Kommission. Nachdem in der zweiten Sitzungsperiode der Beschluss gefasst wurde, ein neues Kirchenschema zu erstellen, wurde T. in seiner Rolle vom belgischen Theologen Gerard ∕Philips abgelöst. Ab Ende Oktober 1963 war dieser der eigentliche Sekretär der Theologischen Kommission, während T. im Verhältnis zu seiner Rolle in der Vorbereitungsphase und während der ersten Sitzungsperiode in den weiteren Konzilsarbeiten immer stärker marginalisiert wurde.

Werke: De Romanorum piaculis. Leiden 1921; De Revelatione Christiana. Rom 1931; De Sacrae Scripturae Inspiratione. Rom 1932; De Corpore Christi Mystico et Actione catholica ad mentem S. Ioannis Chrysostomi. Rom 1933; Actio Catholica in Corpore Christi. Rom 1936; Corpus Christi quod est Ecclesia. Rom 1937; S. Rob. Card. Bellarmini opera oratoria postuma, 11 Bde. Rom 1942–69; Konzilstagebuch, mit Erläuterungen und Akten aus den Arbeiten der Theologischen Kommission, hg. v. A. von Teuffenbach, 2. Bde. Rom 2006 bzw. Nordhausen 2011.

Literatur: **J. N. Bakhuizen:** Discorso in memoria del R. P. S. T.: Gregorianum 57 (1976) 365–372; **R. Burigana:** Progetto dogmatico del Vaticano II. La commissione teologica preparatoria (1960–1962): Verso il concilio Vaticano II (1960–1962), hg. v. G. Alberigo – A. Melloni. Genua 1993, 141–206; **S. Alberto:** ‚Corpus Suum mystice constituit' (LG 7). La Chiesa Corpo Mistico di Cristo nel Primo Capitolo della ‚Lumen Gentium'. Storia del Testo dalla ‚Mystici Corporis' al Vaticano II con riferimento alla attività conciliare del P. S. T. S. J. Regensburg 1996; **J. Komonchak:** Der Kampf für das Konzil während der Vorbereitungen (1960–1962): GZVK 1, 189–401; **A. Melloni:** Der Beginn der zweiten Konzilsperiode und die große ekklesiologische Debatte: GZVK 3, 1–137; **Congar:** Mon journal (Register). MASSIMO FAGGIOLI

Tucci, *Roberto,* SJ (1936), italienischer katholischer Theologe, Journalist, Kardinal, * 19.4.1921 Neapel. 1950 Priester. Nach

Lehrtätigkeit an der Theologischen Fakultät in Neapel seit 1956 Redakteur und 1959-73 Direktor der Zeitschrift La Civiltà Cattolica, in der Folge umfangreiche Tätigkeiten im katholischen bzw. päpstlichen Pressewesen, 1973-86 Generaldirektor von Radio Vaticana. 1968 katholischer Beobachter bei der Generalversammlung des Ökumenischen Rates der Kirchen in Uppsala, 1973-89 Konsultor des Einheitssekretariates, Organisator der Reisen ↗Johannes Pauls II., 2001 Kardinal. Mitglied der vorbereitenden Kommission für das Laienapostolat und der entsprechenden Konzilskommission, als Peritus Mitwirkung an der Redaktion von *Apostolicam actuositatem* und *Gaudium et spes*. Prägte die Pressearbeit des Konzils.

Werke: Introduction historique et doctrinale à la Constitution pastorale: Y. Congar – M. Peuchmaurd (Hg.): L'Église dans le monde de ce temps. Constitution pastorale „Gaudium et spes", Bd. 2: commentaires. Paris 1967, 33-127; Les aspects civils et politiques du renouveau de l'Église: L. K. Shook – G.-M. Bertrand (Hg.): La théologie du renouveau, Bd. 2. Paris 1968, 155-164; Una storia del Concilio: La Civiltà Cattolica 153 (2002) 360-365 (www.vivailconcilio.it/images/website/documenti/doc0000003.pdf; abgerufen: 6.9.2012).

Literatur: **J. Grootaers:** L'information religieuse à Vatican II: instances officielles et réseaux informels: ders.: Actes et acteurs à Vatican II. Leuven 1998, 168-182; **Turbanti:** Un concilio per il mondo moderno (Register); **Grootaers:** Rome et Genève (Register); www.vatican.va/news_services/press/documentazione/documents/cardinali_biografie/cardinali_bio_tucci_r_it.html (abgerufen am 6.9.2012).

MICHAEL QUISINSKY

Urbani, *Giovanni,* italienischer Bischof und Kardinal, * 26.3.1900 Venedig, † 17.9.1969 ebd. U. wirkte (1922 Priester) als Seelsorger, Dozent am Priesterseminar sowie als Kanzler der bischöflichen Kurie in Venedig. 1946 wurde er Titularbischof und Geistlicher Beirat (assistente generale) der Azione Cattolica Italiana in Rom, 1955 Bischof von Verona (mit dem Titel Erzbischof), 1958 als Nachfolger von Angelo Roncalli (↗Johannes XXIII.) Patriarch von Venedig und Kardinal. Der von seinem Naturell und seiner geistigen Formung her eher konservative U. spielte während des Vaticanum II im italienischen Episkopat eine vermittelnde Rolle. Seit Dezember 1962 gehörte er der von Johannes XXIII. eingesetzten Kardinalskommission an, die die Arbeit des Konzils koordinierte und die nach Abschluss des Konzils von ↗Paul VI. am 3.1.1966 mit der Koordination der nachkonziliaren Arbeiten und der Interpretation der Konzilstexte beauftragt wurde. Seit März 1963 war U. Mitglied der Kommission zur Revision des *Codex Iuris Canonici*. 1966 wurde er von Paul VI. zum Präsidenten der italienischen Bischofskonferenz ernannt und 1969 bestätigt.

Literatur: **S. Tramontin:** Il patriarca U. e la stagione del concilio: B. Bertoli (Hg.): La Chiesa di Venezia dalla Seconda guerra mondiale al concilio. Venedig 1997, 127-170; **G. Battelli:** La partecipazione/ruolo al concilio e la presidenza CEI: B. Bertoli (Hg.): G. U. patriarca di Venezia. Venedig 2003, 191-253.

PETER WALTER

V

Valeri, *Valerio,* italienischer Kurienkardinal, * 7.11.1883 Santa Fiora (Grosseto), † 22.7.1963 Rom. 1907 Priester, 1910 Seminarprofessor für Dogmatik in Fano, seit 1920 im Dienst des Staatssekretariats. 1927 Bischofsweihe und Amtsantritt als Apostolischer Delegat in Ägypten, 1933 Nuntius in Rumänien, 1936 in Frankreich, bis er 1944 aufgrund der Kritik der Regierung unter Charles de Gaulle an seinem Umgang mit dem Vichy-Regime ins Staatssekretariat zurückberufen wurde. Als Nuntius folgte ihm Angelo Roncalli, der spätere Papst ↗Johannes XXIII. Nach einigen Jahren im Staatssekretariat war V. von 1953 (Erhebung zum Kardinal) bis zu seinem Tod Präfekt der Religiosenkongregation und in dieser Eigenschaft Vorsitzender der vorbereitenden Kommission für die Ordensleute sowie der gleichnamigen Konzilskommission. Seine für das Konzil bestimmten Texte, insbesondere das Ordensschema (vgl. seine relatio AD I-2-4, 354–359), waren kirchenrechtlich geprägt.

Werke: Le Relazioni internazionali della Santa Sede dopo il secondo conflitto mondiale. Rom 1957, 19–37; Lettre-Préface: Les plus beaux textes sur le Saint-Esprit. Paris 1957, 7–11.

Literatur: **A. Indelicato:** Difendere la dottrina o annunciare l'Evangelo. Il dibattito nella Commissione centrale preparatoria del Vaticano II. Genua 1992 (Register); **J. Schmiedl:** Erneuerung im Widerstreit. Das Ringen der Commissio de Religiosis und der Commissio de Concilii laboribus coordinandis um das Dekret zur zeitgemäßen Erneuerung des Ordenslebens: M. Lamberigts u. a. (Hg.): Commissions conciliaires, 279–316; **ders.:** Das Konzil und die Orden (Register); **F. Le Moigne:** Les Évêques français de Verdun à Vatican II. Une génération en mal d'héroïsme. Rennes 2005 (Register).

MICHAEL QUISINSKY

Vallainc, *Fausto,* italienischer Journalist, Bischof, * 14.10.1916 Champorcher (Piemont), † 8.12.1986 Alba (Piemont). 1940 Priester. 1958 Direktor der Zeitschrift *La settimana del clero.* 1961 Leiter des Pressebüros (Ufficio Stampa) des Vaticanum II, das dem Generalsekretär des Konzils, Pericle ↗Felici, zugeordnet war. Als solcher stand V. vor der schwierigen Aufgabe, zwischen der traditionellen kirchlichen Abschottungstendenz und den Interessen der Öffentlichkeit zu vermitteln. Ab 1966 leitete er das Presseamt (Sala stampa) des Heiligen Stuhls. 1970 Weihbischof in Siena, 1975 Bischof von Alba.

Werke: Un giornalista martire. Padre Tito Brandsma. Mailand 1961 u. ö.; Immagini del Concilio. Vatikanstadt 1966 (deutsch: Bilder vom Konzil. ebd. 1966); (Als Hg.:) Maria Magdalena de'Pazzi: Renovatione della chiesa. Florenz 1966; Presenza. Siena 1973; Egidio Giovanni Laurent. L'uomo del servizio. Cinisello Balsamo 1987; Problema di libertà. Riflessioni sulla stampa, hg. v. E. Berard. Aosta 1999.

Literatur: Mons. F. V. Un vescovo dal cuore grande. Alba 1987; **P. Levillain:** Il Vaticano II e i mezzi di comunicazione sociale: M. Guasco u. a. (Hg.): La Chiesa del Vaticano II (1958–1978), Bd. 1. Cinisello Balsamo 1994, 518–549; **J. Nobécourt:** „Sala stampa" du Saint-Siège: P. Levillain (Hg.): Dictionnaire historique de la papauté: Paris 2006, 1541–46: 1543.

PETER WALTER

Valon, *Sabine de,* RSCJ (1920), Generalsuperiorin der Religieuses du Sacré Cœur de Jésus, Vorsitzende der Union Internationale des Supérieures Générales, * 16.10.1899 Cahors, † 15.7.1990 Lyon. Nach dem Ordenseintritt bei den Religieuses du Sacré Cœur de Jésus Tätigkeit als Lehrerin u. a. in Rangueil (Haute-Garonne) und Marseille, ab 1939 Superiorin in den Niederlassungen ihres Ordens in Grenoble, Toulouse und Rom (S. Trinità dei Monti). 1957 Ernennung zur Generalvikarin, 1958 Wahl zur Generalsuperiorin des Ordens. 1962 Vorsitzende der Union Internationale des Supérieures Générales, in dieser Eigenschaft ab der dritten Sitzungsperiode des Vaticanum II Auditorin. 1967 Rücktritt vom Amt der Generalsuperiorin aufgrund gesundheitlicher Probleme, aber auch aufgrund von Spannungen im Orden hinsichtlich seines Selbstverständnisses in einer sich wandelnden Welt. Insofern diese Spannungen vom Konzil nicht ausgelöst, aber offengelegt wurden (Luirard 1997, 222), steht V.s Leben und Denken exemplarisch für die zahlreichen Herausforderungen, die mit dem bereits vor dem Konzil latent sich auswirkenden Wandel in Kirchenverständnis, Frömmigkeits- und Lebensformen einhergingen und die sich nicht zuletzt im Verhältnis zwischen den Generationen niederschlugen. Nach ihrem Rücktritt lebte sie zunächst in Châtenay-Malabry und dann in Rom, wo sie sich in Einrichtungen ihres Ordens engagierte.

Werke: Lettres circulaires de notre TR Mère S. V. Rom 1967.

Literatur: **M. Luirard:** S. V. (1899–1990). Dixième Supérieure Générale de la Société du Sacré Cœur. Rom 1997; **dies.:** La Société du Sacré-Cœur dans le monde de ce temps (1865–2000). Villeneuve d'Ascq 2009. MICHAEL QUISINSKY

Van den Eynde, *Damien* (Taufname *Marcel Désiré*), OFM (1920), belgischer katholischer Theologe, * 9.10.1902 Brüssel; † 30.12.1969 Lier (Antwerpen). Studium der Theologie an der Katholischen Universität Löwen, u. a. bei René Draguet und Joseph Lebon, 1926 Priester. Spezialstudium in Patrologie, 1931 Dr. theol., 1933 Magister, ab 1933 Professor für Sakramententheologie am Antonianum (Rom), 1959–66 dessen Rektor. 1960–62 Konsultor der vorbereitenden Theologischen Kommission, während des Vaticanum II Peritus, hatte er insbesondere Anteil an der Diskussion um die Offenbarung, die zur Redaktion von *Dei Verbum* führte. Als führender Spezialist in Fragen des Verhältnisses von Schrift und Tradition vertrat V. eine gemäßigte Linie. 1968 kehrte er nach Belgien zurück und lebte bis zu seinem Tod in franziskanischen Häusern.

Werke: Les Normes de l'enseignement chrétien dans la littérature patristique des trois premiers siècles. Paris 1933, XXVIII und 1–360; Calendar of Spanish Documents in the John Carter Brown Library: Hispanic American Historical Review 16 (1936) 564–607; Baptême et Confirmation d'après les „Constitutions Apostoliques" VII, 44a: Recherches de Science Religieuse 27 (1937) 196–212; (Als Hg. zusammen mit O. Van den Eynde – A. Rijmersdael:) Gerhohi praepositi Reichersbergi Opera inedita, Bd. 1. Rom 1955, Bd. 2. Rom 1956; Tradizione e Magistero: Problemi e Orientamenti di Teologia dogmatica. Mailand 1957.

Literatur: **J. Coppens:** In Memoriam D. v. d. E.: EThL 46 (1970) 208 f.; **E. M. Buytaert:** The Antonianum and the II. Vatican Council: R. Zavalloni: Pontificium athenaeum antonianum ab origine ad praesens. Rom 1970, 474–486; **L. Ceyssens:** M. v. d. E.: Nationaal Biografisch Woordenboek, Bd. 14. Brüssel 1992, 187–190; **BBKL** 31 (2010) 1397–1410 (K. Schelkens). KARIM SCHELKENS

Veronese, *Vittorino,* katholischer Laienaktivist, * 1.3.1910 Vicenza, † 3.9.1986 Rom. Jurastudium in Padua, in dieser Zeit Kontakte mit dem geistlichen Assistenten der katholischen Studentenvereinigung FUCI, Giovanni Battista Montini (/Paul VI.). 1939–46 Sekretär des Movimento Laureati, 1946–52 Präsident der Katholischen Aktion Italiens, 1952–58 Generalsekretär des COPECIAL (Comité permanent des congrès internationaux pour l'apostolat des laïcs), 1958–61 Generaldirektor der UNESCO. 1961–76 Präsident des Banco di Roma. Gründungsmitglied und Vizepräsident der internationalen Vereinigung Pax Romana, 1967 Mitglied der Päpstlichen Kommission Iustitia et Pax. Auf dem Vaticanum II Laienauditor, war V. während der Redaktion von *Gaudium et spes* Mitglied der Unterkommission über das politische Leben.

Werke: (Als Hg.:) Le monde attend l'Église. Paris 1957.

Literatur: **R. Goldie:** Servire la Chiesa. Ricordo di V. V.: Studium 83 (1987) 825–836; **M. T. Fattori:** La commissione „De fidelium apostolatu" e lo schema sull'apostolato dei laici (maggio 1963 – maggio 1964): Fattori – Melloni (Hg.): Experience, Organisations and Bodies, 301–328; V. V. dal dopoguerra al Concilio: Un laico nella chiesa e nel mondo. Rom 1994; **B. Minvielle:** L'apostolat des laïcs à la veille de Vatican II (1949–1959). Histoire des Congrès mondiaux de 1951 et 1957. Fribourg 2001 (passim); **C. Maurel:** Histoire de l'UNESCO. Les trente premières années 1945–1974. Paris 2010, 64–71.

MICHAEL QUISINSKY

Veuillot, *Pierre(-Marie-Joseph),* französischer Bischof und Kardinal, * 5.1.1913 Paris, † 14.2.1968 ebd. V. stammte aus einer Journalistenfamilie; Louis V. war sein Großonkel, Eugène sein Großvater, beide waren Autoren des konservativen *L'Univers.* Studium an der Sorbonne und am Institut catholique in Paris, 1939 Priester, 1939–40 mobilisiert. Ab 1942 lehrte er Philosophie am Kleinen Seminar in Paris und wurde 1948 am Institut catholique promoviert *(La spiritualité salesienne de tressainte indifférence)* und erlangte das Diplom an der École pratique des Hautes Études *(Essais de critique historique sur la doctrine de saint François de Sales).* 1949 wurde er auf Hinweis von Nuntius Giuseppe Roncalli (/Johannes XXIII.) in die französische Abteilung des vatikanischen Staatssekretariats versetzt und war dort Mitarbeiter Monsignore Montinis (/Paul VI.). An der Missionsenzyklika /Pius' XII. *Fidei donum* war V. beteiligt. 1959 wurde er Bischof von Angers. Auch an der Priesterenzyklika *Sacerdotii nostri primordia* Johannes' XXIII. arbeitete er mit. 1961 wurde er Koadjutor in Paris, wo er 1966 Kardinal /Feltin als Erzbischof nachfolgte. Er engagierte sich in Angers wie Paris für die Seelsorge im Arbeitermilieu und erlangte 1965 erneut eine päpstliche Genehmigung zum Einsatz von Arbeiterpriestern. 1967 Erhebung zum Kardinal. Er war an der Konzilsvorbereitung beteiligt und auf dem Vaticanum II Berichterstatter der Bischofskommission. Das Dokument *Christus Dominus* über die Bischöfe schuldet ihm viel.

Werke: Notre sacerdoce, documents pontificaux de Pie X à nos jours, 2 Bde. Paris 1954.
Literatur: **G. Gilson – J. Robin:** Cardinal P. V., chrétien, évêque. Paris 1968; **L. Perrin:** Les paroisses parisiennes et le concile Vatican II (1959–1968). Paris 1994; **J. Benoist:** Vatican II selon Mgr V.: Catholica. Revue de réflexion politique et religieuse soutenue par le Centre National du Livre (Ministère de la Culture) Nr. 56 (Sommer 1997), 69–75; **GZVK** (Register); **Cath** 15, 968–970 (J. Benoist); **DÉF** 657f. (T. Cavalin – N. Viet-Depaule).

ALBERT RAFFELT

Villot, *Jean,* französischer Bischof und Kardinal, * 11.10.1905 St-Amant-Tallande (Puy-de-Dome), † 9.3.1979 Rom. V. studierte Theologie in Clermont, Lyon und Paris sowie, nach der Priesterweihe 1930, am Angelicum in Rom. Den Dr. theol. erwarb er 1934 am Institut Catholique de Paris und wurde in der Folge Seminarprofessor für Moraltheologie in Clermont. Gefördert von Kardinal Gerlier, wurde V. zunächst Professor für Moraltheologie (1939) bzw. Vize-Rektor der Theologischen Fakultät Lyon sowie 1950 Sekretär der französischen Bischofskonferenz. Im Rahmen dieser Aufgabe 1954 zum Weihbischof in Paris ernannt, sammelte V. administrative und diplomatische Erfahrungen. 1959 Koadjutor und 1965 Erzbischof von Lyon (Erhebung zum Kardinal), unterstützte er mit Kardinal Gerlier u.a. ökumenische und soziale Projekte. Der Vertraute /Pauls VI. wurde als einer der Untersekretäre des Vaticanum II zu einem einflussreichen französischen Konzilsvater, wenngleich er v.a. im Hintergrund bzw. im Sinn einer Vermittlung der Anliegen Pauls VI. wirkte. 1967 ernannte ihn dieser zum Präfekten der Konzilskongregation, 1969 zum Kardinalstaatssekretär, ein Amt, das er bis zu seinem Tod unter drei Päpsten ausübte. Daneben hatte er weitere vatikanische Ämter inne, u.a. das eines Präsidenten des Päpstlichen Rates Cor Unum.

Literatur: **A. Wenger:** Le cardinal V. (1905–79), secrétaire d'Etat de trois papes. Paris 1989; **L. Perrin:** Approche du rôle des évêques de France: Fouilloux (Hg.): Vatican II commence, 119–132; **H. Denis:** Avec le cardinal Gerlier et monseigneur V.: Échos d'un compagnonnage: ebd., 133–145; **A. Riccardi:** Il Vaticano e Mosca 1940–90. Bari 1993 (Register); **DÉF** 662–664 (É. Fouilloux).

MICHAEL QUISINSKY

Vischer, *Lukas,* schweizerischer reformierter Ökumeniker, * 23.11.1926 Basel, † 11.3.2008 Genf. Studium in Basel, Göttingen, Straßburg und Oxford, 1953 Promotion und 1955 Habilitation. 1950 Ordination in Basel, 1953–61 Pfarrer in Herblingen. 1961 Studiensekretär und 1966–79 Direktor der Kommission für Glaube und Kirchenverfassung des Ökumenischen Rates der Kirchen (ÖRK). Seit 1980 Leiter der Evangelischen Arbeitsstelle Ökumene in Bern und Professor für systematische und ökumenische Theologie ebd., 1982–89 auch Direktor der theologischen Abteilung des Reformierten Weltbundes. Beobachter des ÖRK auf dem Vaticanum II, leistete er nicht nur eine umfangreiche Vermittlungstätigkeit zwischen den christlichen Konfessionen (auch im Zusammenhang mit der Weltkonferenz für Glaube und Kirchenverfassung in Montreal 1963), sondern trug auch zur theologischen Vertiefung der Konzilstexte (besonders *Gaudium et spes*) und zu deren Rezeption inner- wie außerhalb der römisch-katholischen Kirche bei. Aufgrund der Konzilserfahrung reifte in V. das Bewusstsein für die grundsätzliche konziliare Dimension christlichen Lebens. Das Interesse des scharfsinnigen Beobachters, der Nüchternheit und Visionskraft verband, galt zunehmend auch der Bewahrung der Schöpfung.

Werke: Bericht über das 2. Vatikanische Konzil: Kirche in der Zeit. Evangelische Kirchenzeitung 18 (1963) 427–434; Von der zweiten zur dritten Session. Vorschau auf die dritte Session des Zweiten Vatikanischen Konzils: Kirche in der Zeit 19 (1964) 399–408; Ökumenismus am Ende der dritten Session des Zweiten Vatikanischen Konzils: Protestantische Texte 1964. Berlin 1965, 210–220; Vor der vierten Session des II. Vatikanischen Konzils: Kirche in der Zeit 20 (1965) 338–345; Überlegungen nach dem Vatikanischen Konzil. Zürich 1966; Ökumenische Skizzen. Zwölf Beiträge. Frankfurt 1972; (Als Hg. mit J. Feiner:) Neues Glaubensbuch. Der gemeinsame christliche Glaube. Freiburg 1973; (Als Hg. mit H. Meyer u. a.:) Dokumente wachsender Übereinstimmung, 3 Bde. Paderborn 1983–2003; Mein Weg in der ökumenischen Bewegung: H. Schaffner (Hg.): Mein Weg durch diese Zeit. Frauen und Männer erzählen aus ihrem Leben. Bern 1991, 207–213; Gottes Bund gemeinsam bezeugen. Aufsätze zu Themen der Ökumenischen Bewegung. Göttingen 1992; Das Konzil als Ereignis in der ökumenischen Bewegung: GZVK 5, 559–618.

Literatur: **A. Karrer:** L. V. (* 1926). Von der Aufgabe, der universalen Gemeinschaft der Kirche heute die angemessene Gestalt zu verleihen: Leimgruber – Schoch (Hg.): Gegen die Gottvergessenheit, 521–538; **K. Bredull Gerschwiler** (Hg.): Ökumenische Theologie in den Herausforderungen der Gegenwart. Göttingen 1991 (Bibliografie bis 1991); **M. Velati:** Gli osservatori del Consiglio ecumenico delle chiese al Vaticano II: Fattori – Melloni (Hg.): L'Evento e le decisioni, 189–257; **C. Aparicio Valls:** Contributo di L. V. alla Gaudium et spes: dies. – C. Dotolo – G. Pasquale (Hg.): Sapere teologico e unità della fede. Studi in onore del Prof. Jared Wicks. Rom 2004, 3–19; **G. Flynn:** Vatican II and the World Council of Churches: a vision for a receptive ecumenism or a clash of paradigms?: Louvain Studies 33 (2008) 6–29; **Declerck** (Hg.): Willebrands (Register); **M. Hardt:** s. v.: Personenlexikon Ökumene, 230f.; **M. Quisinsky:** L. V. als „nichtkatholischer Beobachter" von Konzilsereignis, Konzilsrezeption und Konzilshistoriographie: MThZ 63 (2012) (im Druck).

MICHAEL QUISINSKY

Visser 't Hooft, *Willem Adolf,* erster Generalsekretär des Ökumenischen Rates der Kirchen, * 20.9.1900 Haarlem, † 4.7.1985 Genf. Seit dem Eintritt ins Gymnasium seiner Heimatstadt 1912 stark an Sprachen interessiert, engagierte sich V. später in der Christen-Studenten Vereniging. Ab 1918 Theologiestudium in Leyden, bis 1920 zusätzlich Jurastudium. 1928 Dr. theol. (Leiden) mit einer Arbeit über den Hintergrund des Social Gospel, einer Kirchenbewegung in den USA in der ersten Hälfte des 20. Jahrhunderts. Seit 1924 Sekretär der Young Men's Christian Association (YMCA) an deren europäischem Sitz in Genf, wurde er rasch zu einem führenden ökumenischen Akteur: 1929 Sekretär und 1932 Generalsekretär der World Student Christian Federation, 1929 zugleich Chefredakteur der Zeitschrift *The Student World,* die er unter dem Einfluss des Sekretärs des International Mission Council, Joseph H. Oldham, gestaltete. 1936 Ordination in der Protestantischen Kirche Genfs. 1938 auf dem Treffen des provisorischen Komitees mit dem Ziel der Errichtung eines Weltkirchenrates in Utrecht zu dessen Generalsekretär ernannt. Nachdem 1947 zunächst das Ökumenische Institut in Bossey und 1948 der Ökumenische Rat der Kirchen (ÖRK) gegründet worden war, wurde V. dessen erster Generalsekretär (bis 1966). Unter seiner Führung traten zahlreiche – auch orthodoxe – Kirchen dem zunächst protestantisch geprägten Weltkirchenrat bei, den er aus den Konflikten des Kalten Krieges heraushalten konnte. V. war auch in eine Reihe inoffizieller Treffen mit katholischen Theologen involviert, z. B. 1949 im dominikanischen Studienzentrum Istina in Paris, das die 1950 in Toronto verabschiedete Erklärung über die kirchliche Natur des ÖRK mit vorbereitete. 1951 nahm er in Présinge an einem Treffen teil, das zur Gründung der Katholischen Konferenz für Ökumenische Fragen unter der Leitung seines Landsmannes Johannes ∕Willebrands führte. Diese Kontakte blieben trotz des 1959 erfolgten „Zwischenfalls von Rhodos" bestehen. Auf Veranlassung Kardinal ∕Beas wurde V. als erster Nichtkatholik von der Gründung des Sekretariats zur Förderung der Einheit der Christen informiert. 1960 kam es in Gazzada zu einem Treffen zwischen Bea und V. In der Folge entsandte die römisch-katholische Kirche Beobachter zur Vollversammlung des Weltkirchenrates in Neu Delhi 1961, während umgekehrt auf dem Vaticanum II nichtkatholische Beobachter anwesend waren. V. gehörte zwar dieser Gruppe nicht an, jedoch unterstützte er die mit dem Konzil und seiner „tiefgreifenden und weitreichenden Bedeutung für die ganze ökumenische Bewegung" eröffneten Möglichkeiten nach Kräften. Er entsandte nicht nur die ÖRK-Beobachter zum Konzil, sondern trug auch zur Entsendung orthodoxer Beobachter bei. Nach diversen Treffen gründete er 1965 mit Bea und Willebrands die Joint Working Group, die im Mai 1965 in Bossey ihre Arbeit aufnahm und die er gemeinsam mit Willebrands leitete. Gemeinsam erhielten Bea und V. 1966 den Friedenspreis des Deutschen Buchhandels in Anerkennung für ihren Beitrag zur Versöhnung zwischen den Kirchen. 1985 erhielt V. den Kardinal-Bea-Preis. Wenige Tage vor seinem Tod beendete er die zweite Fassung einer umfassenden Darstellung der Beziehungen zwischen dem ÖRK und der römisch-katholischen Kirche, die den Zeitraum ab 1929 umfasst.

Archive: Sammlung W. A. V. im Archiv des ÖRK (Genf); Sammlung W. A. V. im Rijksinstituut voor Oorlogsdocumentatie, Amsterdam.

Bibliografie: A. Guittart: Bibliographie der Veröffentlichungen von W. A. V., 1918–1972(/1975): J. R. Nelson – W. Pannenberg (Hg.): Um Einheit und Heil der Menschheit. Frankfurt ²1976, 269–338.

Werke: The Renewal of the Church. Philadelphia 1956; The Integrity of the Church: Princeton Seminary Bulletin 52/2 (1958) 3–7; The Super Church and the Ecumenical Movement: The Ecumenical Review 10 (1958) 365–385; The Pressure of Our Common Calling. New York 1959; (zusammen mit A. Bea:) Peace Among Christians. New York 1967; Die Welt war meine Gemeinde. Autobiographie. München 1972; Ursprung und Entstehung des Ökumenischen Rates der Kirchen. Frankfurt 1983 (englisch 1982).

Literatur: The Sufficiency of God: Essays on the Ecumenical Hope in Honor of W. A. V., hg. v. **R. C. Mackie – C. C. West.** Philadelphia 1963; **F. C. Gérard:** The Future of the Church: The Theology of Renewal of W. A. V. Pittsburgh 1974; Für W. A. V. zum 80. Geburtstag: Reformatio 29/9 (September 1980); **P. N. Holtrop:** De Kerk, de kerken en de Wereldraad van Kerken. Grondlijnen in de ecclesiologie van W. A. V. (1900–1985): C. Augustijn (Hg.): Kerkhistorische opstellen aangeboden aan prof. dr. J. van den Berg. Kampen 1987, 207–221; **K. Raiser:** Ökumene im Übergang. Paradigmenwechsel in der ökumenischen Bewegung. München 1989 (Register); **BBKL** 12, 1512–14 (W. von Kloeden); **A. J. van der Bent:** W. A. V., 1900–1985. Fisherman of the Ecumenical Movement. Genf 2000; **LThK³** 10, 820f. (A. W. J. Houtepen); **B. Dupuy:** Deux pionniers de l'unité: Yves Congar et W. V. (Istina 48/1). Paris 2003; **D. Ritschl:** W. V.: Zeuge und Architekt der ökumenischen Bewegung: C. Möller (Hg.): Wegbereiter der Ökumene im 20. Jahrhundert. Göttingen 2005, 214–231; **R.-U. Kunze:** Die ganze Kirche für die ganze Welt: W. A. V. und der Widerstand gegen den Nationalsozialismus 1933–1945: J. Garstecki (Hg.): Die Ökumene und der Widerstand gegen Diktaturen. Nationalsozialismus und Kommunismus als Herausforderung an die Kirchen. Stuttgart 2007, 32–46; **K. Schelkens:** L'affaire de Rhodes au jour le jour. La correspondence inédite entre J. G. M. Willebrands et C. J. Dumont: Istina 54 (2009) 253–277; **M. Hardt:** s. v.: Personenlexikon Ökumene, 232f.

KARIM SCHELKENS/SANDRA ARENAS

Vodopivec, *Janez,* slowenischer katholischer Theologe, * 6.4.1917 Ljubljana, † 29.10.1993 Rom. Nach philosophisch-theologischen Studien in seiner Heimatstadt, 1941 ebd. Priester und 1942 Dr. theol. Anschließend setzte er seine Studien an der Päpstlichen Universität Gregoriana und am Orientalischen Institut in Rom fort. 1945–47 dozierte er Dogmatik an der slowenischen Theologischen Fakultät, die sich in Praglia (Italien) im Exil befand. 1949–90 lehrte er, seit 1961 als Ordinarius, Fundamentaltheologie am Pontificium Athenaeum Urbanianum, das 1961 zur Universität erhoben wurde. 1968–72 war er Dekan der Theologischen Fakultät. 1960–1979 war er Konsultor des Päpstlichen Sekretariates für die Förderung der Einheit der Christen und nahm als solcher am Vaticanum II teil.

Werke: The Holy Brothers Cyril and Methodius, co-patrons of Europe. Rom 1985.

Literatur: **M. Smolik:** s. v.: Slovenski Biografski Leksikon, Bd. 4. Ljubljana 1991, 531; **Declerck** (Hg.): Willebrands (Register); **M. Velati:** Dialogo e rinnovamento. Verbali e testi del segretariato per l'unità dei cristiani nella preparazione del concilio Vaticano II (1960–1962). Bologna 2011 (Register).

PETER WALTER

Volk, *Hermann,* deutscher katholischer Theologe, Bischof und Kardinal, * 27.12.1903 Steinheim (Main), † 1.7.1988 Mainz. 1927 Priester; 1938 Dr. phil. in Freiburg (Schweiz); 1939 Dr. theol. und 1943 Habilitation in Münster als Schüler von Michael ⁄Schmaus, dem V. 1946 als Professor für Dogmatik nachfolgte; 1962–82 Bischof von Mainz; 1964–69 Vorsitzender der Liturgie-, 1969–78 der Glaubenskommission der Deutschen Bischofskonferenz; 1973 Kardinal; ab 1946 Mitglied des Ökumenischen Arbeitskreises evangelischer und katholischer Theologen, ab 1958 dessen wissenschaftlicher Leiter und 1975–88 Vorsitzender von katholischer Seite. V. hat einerseits die Heilige Schrift als Basis der Theologie betont und eine *Theologie des Wortes Gottes* (Münster 1962) entwickelt, andererseits die Schöpfungswirklichkeit in ihren verschiedenen Facetten und v. a. den Zusammenhang der Glaubenswahrheiten untereinander bedacht. Mit der Vorbereitung des Vaticanum II hatte V. einerseits als einer der Theologen zu tun, die Bischof ⁄Stohr für das gemeinsame Votum der Deutschen Bischofskonferenz um Stellungnahme gebeten hatte, anderseits als Konsultor des 1960 gegründeten Päpstlichen Sekretariats zur Förderung der Einheit der Christen, das 1962 in den Rang einer Konzilskommission erhoben wurde. V., der auf dem Konzil in die Theologische Kommission gewählt wurde, gehörte damit zwei Konzilskommissionen an, was nach dem Reglement nicht erlaubt war. Da er im Einheitssekretariat weiterhin als Konsultor geführt wurde, war dies jedoch möglich. Nach den Kardinälen ⁄Frings und ⁄Döpfner sowie Erzbischof ⁄Jaeger hat sich V. von den deutschen Bischöfen am häufigsten, insgesamt zehn Mal, zu Wort gemeldet, gefolgt von dem Mainzer Weihbischof Josef Maria ⁄Reuß. V. hat in der Aula u. a. zu Fragen der Liturgie, der Ökumene, des Offenbarungsverständnisses und der Ekklesiologie gesprochen. Bei der Debatte über das Schema über die Bischöfe kam es am 12.11.1963 zu einem Schlagabtausch zwischen V. und Reuß, die in der Frage der theologischen Grundlegung des Bischofsamtes unterschiedliche Positionen vertraten. V. hat auch dadurch Einfluss ausgeübt, dass er sowohl in Rom als auch zwischen den Sitzungsperioden Bischöfe und theologische Berater zu Gesprächen versammelte.

Werke: Die Kreaturauffassung bei Karl Barth. Würzburg 1938; Emil Brunners Lehre von der ursprünglichen Gottebenbildlichkeit des Menschen. Emsdetten 1939; Emil Brunners Lehre von dem Sünder. Münster 1950; Das neue Marien-Dogma. Münster 1951 u. ö.; Gott lebt und gibt Leben. Münster 1953 u. ö.; Schöpfungsglaube und Entwicklung. Münster 1955 u. ö.; Christus und Maria. Münster 1955 u. ö.; Sonntäglicher Gottesdienst. Münster 1956 u. ö.; Das Sakrament der Ehe. Münster 1956 u. ö.; Das christliche Verständnis des Todes. Münster 1957 u. ö.; Glaube als Gläubigkeit. Mainz 1963; Leiden und Freude im Leben des Christen. Mainz 1963; Theologische Grundlagen der Liturgie. Mainz 1964; Der Priester und sein Dienst im Lichte des Konzils. Mainz 1966; Gott hat uns zuerst geliebt. Mainz 1972; Priestertum heute. Rodenkirchen 1972; Der Christ als geistlicher Mensch. Mainz 1974; Christus alles in allen. Mainz 1975; Zum Lob seiner Herrlichkeit. Mainz 1976; Ihr sollt meine Zeugen sein. Mainz 1977; Stärke deine Brüder. Freiburg 1979; Formen christlicher Existenz. Mainz 1980; Ihr seid eine neue Schöpfung. Freiburg 1987; Freut euch im Herrn. Mainz 1988; Erneuert euren Geist und Sinn. Freiburg 1988; Gesammelte Schriften, 4 Bde. Mainz 1961–82. Edition seines Konzilstagebuchs in Vorbereitung.

Literatur: **R. Haubst u. a.** (Hg.): Martyria – Leiturgia – Diakonia. FS H. V. Mainz 1968; H. Kardinal V. 20 Jahre Bischof von Mainz. Mainz 1982; H. V. im Gespräch mit Michael Albus. Stuttgart – Hamburg 1988; **P. Hilger:** ‚Kreatürlichkeit'. Ein Schlüssel zum theologischen Denken H. V.s: Catholica. Vierteljahresschrift für Ökumenische Theologie 44 (1990) 147–168; **H. Löbbert:** Zusammenhang. Die Theologie H. Kardinal V.s. Frankfurt u. a. 1995 (Bibliografie); **G. Wassilowsky:** Universales Heilssakrament Kirche. Karl Rahners Beitrag zur Ekklesiologie des II. Vatikanums. Innsbruck 2001 (Register); **K. Lehmann – P. Reifenberg** (Hg.): Zeuge des Wortes Gottes – H. Kardinal V. Mainz 2004; **P. Walter:** ZGLB 11, 101–113; **P. de Mey:** Précurseur du Secrétariat pour l'Unité: Le travail oecuménique de la ‚Conférence Catholique pour les questions oecuméniques' (1952–1963): G. Routhier u. a. (Hg.): La théologie catholique entre intransigeance et renouveau. La réception des mouvements préconciliaires à Vatican II. Louvain-la-Neuve – Leuven 2011, 271–308, bes. 295–298; **M. Velati:** Dialogo e rinnovamento. Verbali e testi del segretariato per l'unità dei cristiani nella preparazione del concilio Vaticano II (1960–1962). Bologna 2011; **L. Hell:** Unio Ecclesiae – Materia primaria. Bischof A. S.s Einbindung in den entstehenden internationalen katholischen Ökumenismus und die Vorbereitung des Zweiten Vatikanischen Konzils: K. Lehmann u. a. (Hg.): Dominus fortitudo. Bischof A. S. (1890–1961). Mainz 2012, 99–119.   PETER WALTER

Vonderach, *Johannes,* schweizerischer Bischof, * 6.5.1916 Unterschächen (Uri), † 10.2.1994 Altdorf (ebd.). 1936–46 Studium der Theologie, Geschichte und Rechte in Venegono bei Mailand, Chur, Fribourg und Bern, 1940 Priester, 1944 Dr. theol., 1946 Kanzler des Bistums Chur, 1952 Generalvikar, 1955 Domdekan, 1957 Ernennung (mit Zustimmung des Domkapitels) zum Koadjutor mit Nachfolgerecht des Churer

Bischofs Christian Caminada und Bischofsweihe in Chur, 1962–90 Bischof von Chur, 1967–70 Präsident der Schweizer Bischofskonferenz; 1968 Errichtung der Theologischen Hochschule Chur; Initiator der „Synode '72". Die Ernennung des Bistumskanzlers Wolfgang Haas zu V.s Weihbischof und Koadjutor mit Nachfolgerecht 1988 löste den Churer Bistumskonflikt aus, der die letzten Lebensjahre V.s überschattete. V. nahm an allen Sitzungsperioden des Vaticanum II teil, reichte schriftliche Voten zum Schema über die Kirche in der Welt von heute (AS III-5, 679 f.) und zum Ökumenismus-Schema (AS III-3, 755–757) ein und gehörte dem Verwaltungsgerichtshof des Konzils an (AS I-1, 121). Die Umsetzung der Konzilsbeschlüsse im Bistum Chur war ihm ein wichtiges Anliegen, wenngleich er sich zunehmend zurückhaltend gegenüber Neuerungen zeigte.

Werke: Bischof Johann Michael Sailer und die Aufklärung: Freiburger Zeitschrift für Philosophie und Theologie 5 (1958) 257–273.384–403 (Teildruck der Dissertation von 1944).

Literatur: **K. Schuler u.a.:** Ein Bischof und sein Dienst. Bischof J. V. von Chur zum 60. Geburtstag. Chur 1976; **F. Stampfli:** ‚Iter para tutum': Schweizerische Kirchenzeitung 162 (1994) Nr. 7, 96 f.; **LThK³** 10, 886 (M. Durst); **Gatz B 1945,** 124 f. (F.X. Bischof); **F.X. Bischof:** s.v.: Historisches Lexikon des Fürstentums Liechtenstein (im Druck).

CLEMENS CARL

W/Y

Waeyenbergh, *Honoré Marie Louis Van,* belgischer Bischof, * 25.11.1891 Brüssel, † 19.7.1971 Korbeek-Lo (Löwen). 1919 Priester, 1924 Doktor der Klassischen Philologie, 1936–40 Vizerektor und 1940–62 Rektor der Katholischen Universität Leuven, Mitgründer der Universität Lovanium (Kongo), 1954–71 Weihbischof von Mecheln, Teilnahme an den vier Sitzungen des Vaticanum II. Anlässlich der Besprechungen über die christliche Erziehung hielt er am 19.11.1964 eine Rede, in der er dafür plädierte, den Fortschritt der Wissenschaft anzuerkennen und mit Nichtkatholiken und Nichtchristen zusammenzuarbeiten (AS III-8, 415 ff.). Aufgrund seiner Kriegserfahrungen im 1. und 2. Weltkrieg sprach er sich für eine überlegte Verurteilung von Kriegen und für die Kontrolle von Atomwaffen aus (AS III-8, 854 f.). Mitunterzeichner der Vorschläge der belgischen (Missions-)Bischöfe.

Bibliografie: Katholieke Universiteit te Leuven: Bibliographia Academica, Leuven: Universiteitsbibliotheek, VII (1934–1954), T. 1, 269–282; VIII (1954–55) 11 f.; IX (1956) 9; X (1957–63) 23–26; XII (1963–68) 20 f.; XIII (1963–68) 10 f.

Literatur: **J.A. Aerts:** s.v.: Nationaal Biografisch Woordenboek 7. Brüssel 1977, 1043–61; **K. Corens:** Inventaris van het archief van rector H. v. W. (1891–1971). Löwen – Den Haag 2009.

MATHIJS LAMBERIGTS

Wagner, *Johannes,* deutscher katholischer Theologe, Leiter des Liturgischen Instituts Trier, * 5.2.1908 Brohl (Rhein), † 25.11.1999 Trier. 1932 Priester und Kaplan in Saarbrücken, 1935 ebd. Caritasdirektor, ab 1936 als Diözesansekretär der Katholischen Aktion engster Mitarbeiter von Generalvikar Heinrich von Meurers in Fragen der liturgischen Erneuerung, zunächst im Bistum Trier, dann im Rahmen der Liturgiekommission der Fuldaer bzw. Deutschen Bischofskonferenz. Nach Gründung des Deutschen Liturgischen Instituts mit Sitz in Trier (1947) faktisch, ab 1954–75 auch offiziell dessen Leiter, bis 1975 Sekretär der Liturgiekommission der Deutschen Bischofskonferenz; Mitglied der Vorbereitungskommission des Vaticanum II für Liturgie, 1962 Konzilstheologe, als Relator des Coetus X. Ordo Missae des römischen Rats zur Durchführung von *Sacrosanctum*

Concilium maßgeblich beteiligt am Missale Romanum (1970), im deutschen Sprachgebiet Koordinator der Erarbeitung der deutschen Liturgiebücher, besonders des Messbuchs (1975), bis 1986 Geschäftsführer der Ständigen Kommission für die Herausgabe der gemeinsamen liturgischen Bücher im deutschen Sprachgebiet. 1971 Domkapitular, 1976–83 Domdechant in Trier, 1983 Dr. theol. h.c. in Innsbruck, 1986 Honorarprofessor in La Paz aufgrund seiner Verdienste um die Bolivienpartnerschaft des Bistums Trier. Aus der von Romano Guardini inspirierten Jugendbewegung kommend, gehört W. zu den maßgeblichen Mitgestaltern der nach dem Vaticanum II erneuerten römischen Liturgie.

Werke: J. Wagner, Altchristliche Eucharistiefeier im kleinen Kreis (Dissertation Bonn 1949). hg. vom Deutschen Liturgischen Institut, Trier 1993 (als Manuskript gedruckt); Liturgisches Referat – Liturgische Kommission – Liturgisches Institut: LJ 1 (1951) 8–14; Mein Weg zur Liturgiereform 1936–86. Erinnerungen. Freiburg 1993.

Literatur: **Bugnini:** Die Liturgiereform (Register); **A. Heinz:** J. W. zum Gedenken mit der Bibliographie seiner Schriften: LJ 50 (2000) 1–19; **ders.:** J. W. (1908–1999): Kranemann – Raschzok (Hg.): Gottesdienst 2, 1160–67.   ANDREAS HEINZ

Weber, *Jean-Julien,* PSS (1913), französischer Bischof, * 13.2.1888 Lutterbach (Elsass), † 13.2.1981 Ribeauvillé (ebd.). Schulbesuch in Einrichtungen der Eudisten und Marianisten in Besançon. Studium im Seminar St. Sulpice in Paris sowie am Bibelinstitut in Rom. 1912 Priester, wirkte W. 1926–42 zunächst als Professor, später als Regens im Priesterseminar Issy-les-Moulineaux, bevor er bis 1945 in gleicher Eigenschaft im Seminar St. Sulpice tätig war. W. wurde 1945 zunächst Koadjutor, dann Bischof von Straßburg (bis 1966). 1962 erhielt er den persönlichen Titel eines Erzbischofs. In Straßburg wirkte W., der an beiden Weltkriegen teilnahm, im Sinn des Wiederaufbaus und der europäischen Verständigung. An der von ihm angestrebten Erneuerung der Katechese – 1947 erschien ein neuer Diözesankatechismus – war sein späterer Koadjutor ∕Elchinger maßgeblich beteiligt. Theologisch bewahrte sich W. sein eigenes Urteil, etwa wenn er für die während der Modernismuskrise unbeantwortet gebliebenen Fragen Sensibilität zeigte. Während des Vaticanum II, dem er positiv gegenüberstand, interessierte er, der Bischof einer zweisprachigen, bikonfessionellen Region war, sich insbesondere für Fragen der Liturgie und der Ökumene, aber auch für die ihm aus seiner Lehrtätigkeit vertraute Exegese.

Werke: Die Jungfrau Maria im Neuen Testament. Colmar 1951; Où en sont les études bibliques? Les grands problèmes actuels de l'exégèse. Paris 1968; Croyez à l'Évangile. Paris 1972; Je me souviens. Paris 1976; Sur les pentes du Golgotha, hg. v. J.-N. Grandhomme. Straßburg 2001.

Literatur: **L. Perrin:** Approche du rôle des évêques de France: Fouilloux (Hg.): Vatican II commence, 119–132; **R. Epp** (Hg.): Histoire de l'Église catholique en Alsace des origines à nos jours. Straßburg 2003, 519–544; **ders.:** J.-J. W. Le souci de l'unité et de la reconciliation: ders.: Figures du catholicisme en Alsace. Straßburg 2007, 372–377; **DÉF** 669f. (C. Maurer).   MICHAEL QUISINSKY

Wechner, *Bruno,* österreichischer Bischof, * 1.7.1908 Götzis (Vorarlberg), † 28.12.1999 Bregenz. Theologiestudium in Innsbruck, 1933 Priester, 1934 Dr. phil., Studium des Kirchenrechts in Rom (Gregoriana), Dr. iur. can., 1938 Notar und 1940 Vizeoffizial in Innsbruck, 1945 Provikar der Apostolischen Administratur Innsbruck-Feldkirch, 31.12.1954 Ernennung zum Weihbischof ebd., 12.3.1955 Konsekration, 1955 Generalvikar für das Gebiet des Bundeslandes Vorarlberg. Teilnahme an den Sessionen des Vaticanum II; animadversiones scriptae zum Schema über das Laienapostolat (für eine Erwähnung der Säkularinstitute; AS III-4, 390) und über die Kirche in der Welt von heute, wobei er die Grundperspektive einer dienenden Kirche, die sich den Problemen unserer Zeit zuwendet und den Dialog mit allen Menschen sucht, positiv hervorhob (AS IV-2, 870f.). Die Errichtung eines Bistums Feldkirch scheiterte lange an der ausstehenden Diözesanregelung in Nord- und Südtirol. Nachdem 1964 die Diözesen Bozen-Brixen und Innsbruck-Feldkirch errichtet worden waren, wurde W. 1968 Bischof der neu gegründeten Diözese Feldkirch. In den ersten Jahren bildete die Umsetzung der Beschlüsse des Konzils den Schwerpunkt seiner Tätigkeit, wobei er in seinem Bistum viel Mitbestimmung und Eigenverantwortung zuließ. In der Österreichischen Bischofskonferenz war W. zuständig für Ehe- und Familienfragen. Mit Erreichen der Altersgrenze ersuchte W. um seinen Rücktritt, der jedoch erst am 19.1.1989 angenommen wurde. Zuvor hatte die von Radio Vatikan am 22.12.1986 verbreitete Nachricht über die Ernennung Klaus Küngs, Regionalvikar des Opus Dei in Österreich, zum Nachfolger W.s für Unruhe gesorgt.

Literatur: **AS; W. Ingenhaeff:** Lehrer, Richter, Hirten. Die Bischöfe Tirols. Innsbruck 1981, 72–77; **J. Gelmi:** Kirchengeschichte Tirols. Innsbruck – Wien – Bozen 1986, 317–319; **C. Vallaster:** Die Bischöfe Vorarlbergs. Dornbirn 1988, 105–110; **J. Gelmi:** Geschichte der Diözesen Bozen-Brixen und Innsbruck. Zeitgeschichte von 1919 bis heute. Kehl 1998, 40; **E. Schallert:** Geschichte der Diözese Feldkirch: Jahrbuch der Katholischen Kirche in Österreich 1998, hg. v. Sekretariat der Österreichischen Bischofskonferenz. Wien 1998, 84–86; **ders.:** Geschichte des Bistums Feldkirch. Straßburg 1999, 46–50; **BBKL** 18, 1492f. (E. Sauser); **Gatz B 1945,** 205–207 (J. Gelmi).   CLEMENS CARL

Wehr, *Matthias,* deutscher Bischof, * 6.3.1892 Faha (Saargau), † 6.11.1967 Trier. Ab 1912 Studium in Trier und Rom, 1914 Dr. phil., nach Unterbrechung durch Militärdienst Fortsetzung des Studiums 1919 in Innsbruck und Rom, 1921 Priester, 1922 Dr. theol., 1924 Dr. iur. can.; 1924–28 Subdirektor am Bischöflichen Konvikt in Trier, ab 1925 Dozent für Kirchenrecht in Trier; 1928–30 Studium der Rechte in Berlin, Habilitation über das ius vigens der Diözese Trier; ab 1934 Professor für Moraltheologie, Pastoraltheologie und Kirchenrecht in Trier, 1935–49 Offizial, 1945–51 Regens des vom Krieg zerstörten Trierer Priesterseminars, 1950 erster Rektor der neu errichteten Theologischen Fakultät; 1951 Weihbischof und Koadjutor in Trier, 1951–66 Bischof ebd.; bemüht um den äußeren Aufbau des Bistums nach den Zerstörungen des 2. Weltkrieges sowie um die Förderung des religiösen Lebens (u. a. Diözesansynode 1956, Wallfahrt zum Heiligen Rock 1959; Errichtung des Deutschen Liturgischen Instituts); formte die Synodalstatuten, band das Saarland an seine Diözese (1957 politische Rückgliederung). W. gehörte der vorbereitenden Konzilskommission *De episcopis et dioecesium regimine* an (vgl. AS I-1, 32). Trotz Schwächung durch einen Schlaganfall nahm er an den Sitzungen des Vaticanum II teil; zahlreiche schriftliche Eingaben; 1966 emeritiert.

Werke: Das kirchliche Partikularrecht im geltenden Recht mit besonderer Anwendung auf das Bistum Trier. Anhang: Das geltende Recht im Bistum Trier, 5 Bde. Trier 1934 (unveröffentlicht).

Konzilsbeiträge: AS II-5, 167–169.457.463.465; III-1, 785–787; III-2, 176f.777f.; III-3, 506f.618f.887; III-7, 931–933; III-8, 1019–22; IV-2, 286f.872–874.

Literatur: **B. Fischer:** M. W.: M. Persch – M. Embach (Hg.): Die Bischöfe von Trier seit 1802. Trier

1996, 189–202; **BBKL** 13, 588–591 (M. Persch); **W. Seibrich:** Die Weihbischöfe des Bistums Trier. Trier 1998, 247f.; **LThK³** 10, 1000 (W. Seibrich); **Gatz B 1945,** 547–549 (M. Persch); **M. Persch:** M. W.: B. Schneider – ders. (Hg.): Geschichte des Bistums Trier, Bd. 5. Beharrung und Erneuerung 1881–1981. Trier 2004, 57–65; **A. Heinz:** Das Bistum Trier und das Zweite Vatikanische Konzil: ebd., 731–747; B. Schneider: M. W.: TThZ 120 (2011) 111–128.

CLEMENS CARL

Weinbacher, *Jakob,* österreichischer Bischof, * 20.12.1901 Wien; † 15.6.1985 ebd. 1921–24 Studium der Theologie in Wien; 1924 Priester; 1924–26 Kooperator in Laa an der Thaya; 1926–30 Zeremoniar des Wiener Erzbischofs Kardinal Friedrich Gustav Piffl; 1930–32 Studienaufenthalt in Rom als Kaplan der Anima (1930 Dr. theol., 1932 Dr. iur. can.); 1932 Direktor des Allgemeinen Kirchenbauvereins; 1933 Sekretär des Wiener Erzbischofs Kardinal Theodor Innitzer, Päpstlicher Ehrenkämmerer; 1934–39 Domprediger in St. Stephan; 1939 Konsistorialrat. In der NS-Zeit verbannt nach Mecklenburg, zwei Jahre im Gefängnis in Stettin; 1946–50 Leiter der Caritas der Erzdiözese Wien; 1945 Domkapitular; 1945–52 Vorsitzender der Caritaszentrale Österreichs; 1950–53 Generalvikar in Wien; 1952 Apostolischer Protonotar; 1952–61 Rektor der Anima in Rom; 1954 Konsultor der Konzilskongregation; 1958–61 Leiter der Deutschenseelsorge in Italien; 1961–69 neben Karl Moser Generalvikar in Wien; 1961–77 Sekretär der Österreichischen Bischofskonferenz; 1962 Ernennung zum Weihbischof von Wien und Bischofsweihe; 1962–65 Teilnahme am Vaticanum II; 1961–69 Leiter des Amtes für Unterricht und Erziehung; 1969–77 Bischofsvikar für die Orden.

Werke: Kirche und Staat in Österreich 1938–1945. Wien 1974; (Als Hg. mit R. Weiler:) Pacem in Terris. Die Friedensenzyklika Johannes' XXIII. Wien 1975.

Literatur: **F. Loidl:** Zum Tode von Weihbischof Dr. Dr. J. W. Wien 1985; **J. Lenzenweger:** J. W.: Österreichisches Archiv für Kirchenrecht 37 (1987/88) 290; **Gatz B 1945,** 580 (A. Fenzl).

DAVID NEUHOLD

Welykyj, *Athanasius Gregorius,* OSBM (1933), Proto-Archimandrit der Basilianer vom hl. Josaphat, * 5.11.1918 Turynka (Galizien), † 24.12.1982 Rom. Studium in Krystynopil, Olmütz, Prag, Würzburg und Rom, 1946 Priester. 1948 Dr. theol. (Gregoriana) mit einer Arbeit über die Lehre der Kirchenväter von der Gottesliebe und Gottesfurcht. 1948–60 Prorektor des ukrainischen Kollegs St. Josaphat in Rom, als Historiker neben seiner Lehrtätigkeit auch diverse Tätigkeiten in wissenschaftlichen Gesellschaften sowie seit 1949 Herausgabe der Analecta Ordinis S. Basilii Magni. 1963–76 Proto-Archimandrit seines Ordens. Seine umfangreiche historische Editionstätigkeit spiegelt seine enge Verbindung mit seiner ukrainischen Heimat und deren Geschichte sowie der ukrainisch-katholischen Kirche wider. Als Sekretär der vorbereitenden wie der Konzilskommission für die Ostkirchen Mitarbeit an *Orientalium ecclesiarum*. Nach dem Konzil besorgte W. die Übersetzung der Konzilsdokumente ins Ukrainische und wurde Konsultor der Kongregation für die Ostkirchen sowie der Kommission für die Überarbeitung des Kirchenrechts.

Werke: Umfangreiche Quelleneditionen, darunter Litterae Sacrae Congregationis de propaganda fide ecclesiam catholicam Ucrainae et Bielarusjae spectantes. Rom 1954ff.; Litterae episcoporum historiam Ucrainae illustrantes 1600–1900. Rom 1972ff. Alle fonti del cattolicesimo ucraino: Miscellanea in honorem cardinalis Isidori (1463–1963) (Analecta ordinis S. Basilii Magni 4). Rom 1963, 44–78; Un progetto anonimo di Pietro Mohyla sull'unione delle Chiese nell'anno 1645: Mélanges Eugène Tisserant, Bd. 3/2. Vatikanstadt 1964, 451–473.

Literatur: **I. Dick – N. Edelby:** Les Églises orientales catholiques: décret „Orientalium ecclesiarum". Paris 1970; Obituary: The Ukrainian Quarterly 38 (1983) 443f.; **J. Grootaers:** Zwischen den Sitzungsperioden: **GZVK** 2, 421–617 (passim); W. J.: A. G. W.: Jahrbuch für Ukrainekunde 20 (1983) 342–345.

MICHAEL QUISINSKY

Wenger, *Antoine,* AA (1937), französischer katholischer Theologe und Journalist, * 2.9.1919 Rohrwiller (Bas-Rhin), † 22.5.2009 Lorgues (Var). Nach dem Studium u. a. an der Universität Straßburg, an der

Sorbonne und an der EPHE (École pratique des hautes études, Paris) 1943 Priester, 1946 Mitglied des Institut français d'études byzantines, 1948 Professor für ostkirchliche Theologie am Institut Catholique de Lyon, 1955 Forschungsaufenthalt auf dem Berg Athos, wo er unveröffentlichte Katechesen des Johannes Chrysostomos entdeckte. 1957 übernahm W. die Leitung der katholischen Tageszeitung *La Croix*. Während des Vaticanum II hatte der Vertraute von Erzbischof-Koadjutor Jean-Marie ∕ Villot Zugang zu den Konzilssitzungen. 1969 Professor für Patristik in Straßburg, 1973–83 Botschaftsrat an der französischen Botschaft im Vatikan und Mitglied in verschiedenen vatikanischen Institutionen.

Werke: Chronique de Vatican II, 4 Bde. Paris 1963–66; Upsal. Le défi du siècle aux Églises. Paris 1968; Rome et Moscou 1900–1950. Paris 1987; Le Cardinal Jean-Marie Villot (1905–1979), secrétaire d'État de trois papes. Paris 1989; Les trois Rome. L'Église des années soixante. Paris 1991.
Literatur: Interview du Père W.: Annuaire de la Société d'Histoire et d'Archéologie du Ried-Nord. Illkirch 2000, 39–57; **M. Kubler:** La mort du P. A. W., témoin et artisan de la mission de l'Église: La Croix vom 23.5.2009. MICHAEL QUISINSKY

Willebrands, *Johannes Gerardus Maria,* niederländischer Bischof und Kardinal, * 4.9.1909 Bovenkarspel (Nordholland), † 2.8.2006 Denekamp (Overijssel). Ab 1921 Alumnus eines Kleinen Seminars des Redemptoristenordens, setzte W. 1927–34 seine Ausbildung im Kleinen bzw. Großen Seminar der Diözese Haarlem fort. Priester 1934, danach Promotionsstudium in Philosophie am Angelicum. Nach einer Tätigkeit als Vikar in Amsterdam (1937–40) lehrte er bis 1958 als Professor für Philosophie am Großen Seminar in Warmond. 1948–60 war er außerdem Präsident des Sint-Willibrord-Vereins und 1952–60 Sekretär der Katholischen Konferenz für Ökumenische Fragen. 1960 erfolgte die Ernennung zum Sekretär des Sekretariats zur Förderung der Einheit der Christen, wo er zum wichtigen Mitarbeiter Kardinal Augustin ∕Beas wurde. Während des Vaticanum II war er in der Folge in die Redaktion von *Nostra aetate, Unitatis redintegratio* und *Dignitatis humanae* einbezogen. 1964 zum Bischof geweiht und 1969 zum Kardinal erhoben, wirkte er 1969–89 als Nachfolger Kardinal Beas an der Spitze des Einheitssekretariates/ -rates. W. kann als einer der herausragenden katholischen Pioniere der Ökumene bezeichnet werden. Aufgrund seiner Position im Einheitssekretariat spielte er eine herausragende Rolle in den neu eingerichteten Dialogen mit wichtigen orthodoxen Kirchen, mit der Anglikanischen Gemeinschaft sowie lutherischen und reformierten Kirchen. Seit 1960 war W. auch der zentrale Verbindungsmann der römisch-katholischen Kirche zum Ökumenischen Rat der Kirchen, u. a. seit 1966 als Co-Chairman der Joint Working Group und ab 1980 als treibende Kraft hinter der SODEPAX (Ökumenische Arbeitsgemeinschaft Society, Development and Peace). 1975–83 zusätzlich zu seiner römischen Aufgabe als Nachfolger Kardinal ∕ Alfrinks Erzbischof von Utrecht, suchte er in einer bewegten Phase des niederländischen Katholizismus die Rezeption des Vaticanum II fortzuführen.

Werke: T. Salemink (Hg.): „You Will Be Called Repairer of the Breach". The Diary of J.G.M. W., 1958–1961 (Instrumenta Theologica 32). Löwen 2009; Declerck (Hg.): W. Eine vollständige Bibliografie findet sich in M. ter Steeg: Bibliography of Cardinal J.G.M. W.: P. De Mey – A. Denaux (Hg.): Cardinal J. W. Acts of the Centennial Colloquia in Rome and Utrecht (Bibliotheca Ephemeridum Theologicarum Lovaniensium XXX). Löwen 2012.
Literatur: **H.E. Fey:** A History of the Ecumenical Movement 1948–1968. London 1968 (Register); Le nouveau président du Secrétariat romain pour l'Unité. Le cardinal W.: Irénikon 42 (1969) 250–252; **W.A. Purdy:** Ecumenists of Our Time. J. Cardinal W.: Mid-Stream 29 (1990) 120–133; **Velati:** Una difficile transizione (Register); **A. Stacpoole:** Five Ecumenical Heroes. Mercier, Halifax, W., Ramsey, Suenens: W.M. McLoughin – J. Pinnock (Hg.): Mary is For Everyone. Papers on Mary and Ecumenism. Leominster 1997, 102–115; **J.A. Radano:** Some Aspects of the Catholic Church's Involvement in Ecumenism, 1951–1999. The Ecumenical Ministry of J. Cardinal W.: Pontifical Council for Promoting Christian Unity Information Service 100 (1999) 70–78; **LThK³** 10, 1209 (A. Klein); **B.**

Meeking: An Architect of the Roman Catholic Ecumenical Commitment: Mid-Stream 40 (2001) 196–202; **K. Schelkens:** L'"Affaire de Rhodes" au jour le jour. La correspondance inédite entre J. G. M. W. et Ch.-J. Dumont: Istina 54 (2009) 253–277; **BBKL** 32, 1530–48 (K. Schelkens); **J. Wicks:** Cardinal W.'s Contributions to Catholic Ecumenical Theology: Pro Ecclesia 20 (2011) 6–27.

KARIM SCHELKENS

Witte, *Johannes,* SJ (1928), niederländischer katholischer Theologe, * 19.1.1907 Groningen, † 21.11.1989 Nijmegen. 1947 Dr. theol. mit einer Arbeit über Jean Calvin, wurde W. Direktor des ökumenischen Zentrums De Hoeksteen in Groningen. 1955–77 lehrte er ökumenische Theologie an der Gregoriana. 1948 katholischer „Journalist" bei der Gründungsversammlung des Ökumenischen Rates der Kirchen in Amsterdam. Konsultor der vorbereitenden Theologischen Kommission; als Konzilsperitus v. a. Mitarbeit am Kapitel über das Volk Gottes der Konstitution *Lumen gentium.*

Werke: Het probleem individu-gemeenschap in Calvijns geloofsnorm, 2 Bde. Franeker 1949; Die Katholizität der Kirche: Gregorianum 42 (1961) 193–241; Zu den vier Wesenszügen der Kirche: Gott in Welt (FS Karl Rahner), Bd. 2. Freiburg 1964, 427–454; Die Kirche, „Sacramentum unitatis" für die ganze Welt: Baraúna (Hg.): De Ecclesia 1, 420–452; Einige Thesen zur Sakramentalität der Kirche: R. Groscourth (Hg.): Katholizität und Apostolizität. Göttingen 1971, 74–91; Ecumenism and Evangelization: Documenta Missionalia 9 (1975) 191–244; Jesus Christus, einzige Mitte auch in der Dritten Welt: K. Froehlich (Hg.): Ökumene. Möglichkeiten und Grenzen heute. Tübingen 1982, 124–139.

Literatur: Irénikon 62 (1989) 581f.; **A. von Teuffenbach:** Die Bedeutung des subsistit in LG 8. Zum Selbstverständnis der katholischen Kirche. München 2002; **T. Salemink** (Hg.): „You will be called Repairer of the Breach". The Diary of J. G. M. Willebrands 1958–1961. Leuven 2009 (Register).

MICHAEL QUISINSKY

Wittler, *Helmut Hermann,* deutscher Bischof, * 28.9.1913 Osnabrück, † 30.12.1987 ebd. Studium in Münster und Rom, 1941 Dr. theol.; 1938 Priester, 1940–45 Vikar in Twistringen, dann bis 1955 Sekretär Bischof Hermann Wilhelm Bernings, 1956 Generalvikar und Domkapitular. 1957 Bischof, begann W. seit 1958 mit der Regionalisierung der Diözese, berief einen Diözesanverwaltungsrat und errichtete das Seelsorgeamt. W. nahm an den Sitzungen des Vaticanum II teil und reichte animadversiones scriptae zu den Schemata über die sozialen Kommunikationsmittel (AS I-3, 607f.), über das Bischofsamt (AS III-2, 452f.: zur Frage der Koordinierung des Apostolats der Religiosen und Diözesanen) und das Laienapostolat (AS III-4, 391f.: positive Würdigung der Bestimmung des Laienapostolats als Teilhabe an der Sendung der Kirche, und nicht nur der Hierarchie; Kritik am fortbestehenden zu klerikalen Charakter des Textes) ein. Auf der Generalkongregation vom 11.10.1963 sprach er zu *De ecclesia* (AS II-2, 453–457: zur Verhältnisbestimmung von potestas ordinis und potestas iurisdictionis). Seine Diözesanen informierte er (u.a. durch einen Konzilstag 1966) über das Konzil und ließ gemeindliche Konzilskreise befragen. Seit 1975 weihte er Ständige Diakone. W. gehörte dem Sekretariat für die Nichtglaubenden bis 1969 an. Er führte die Verhandlungen um das Konkordat mit Niedersachsen, mit dem der Konflikt um die Schulfrage beigelegt wurde (erste Fassung 1965, fortgeschrieben 1973). Seit 1964 betrieb er den Prozess um die Seligsprechung Niels Stensens, der 1988 in der Proklamation mündete. 1985 beantragte er einen weiteren Weihbischof, erhielt aber von ↗Johannes Paul II. einen Koadjutor in der Person Ludwig Averkamps zugeteilt, was einen Protest der nach dem Preußen-Konkordat wählenden Domkapitel auslöste. 27.9.1987 Rücktritt.

Werke: Die Erlösung und ihre Zuwendung nach der Lehre des Abtes Rupert von Deutz. Düsseldorf 1940.

Literatur: 25 Jahre aus 1202. Bischof in einer bewegten Zeit. Osnabrück o.J. (1982); Dr. theol. H. H. W. 25 Jahre Bischof. Informationen, hg. v. Bischöflichen Generalvikariat, Nr. 1/1982, 1ff.; **B. Holtmann:** H. H. W.: Das Domkapitel zu Osnabrück, hg. v. Domkapitel. Osnabrück 1987, 154–159. (Literatur); **W. Seegrün:** H. H. W.: R. Hehemann (Bearb.): Biographisches Handbuch zur Geschichte der Region Osnabrück. Bramsche 1990, 317–319; **LThK³** 10, 1260 (W. Seegrün); **Gatz B 1945**, 428–430 (H.-G. Aschoff). CLEMENS CARL

Wojtyła, Karol ↗Johannes Paul II.

Worlock, *Derek,* britischer Bischof, * 4.2.1920 London, † 8.2.1996 Liverpool. 1944 Priester, nach kurzer Vikarstätigkeit diente er 1945–64 den drei aufeinanderfolgenden Erzbischöfen von Westminster Bernard Griffin, William ↗Godfrey und John Carmel ↗Heenan als Sekretär. In dieser Eigenschaft kam ihm während des Vaticanum II eine koordinierende Funktion unter den englischen und walisischen Bischöfen zu, bevor er selbst zum Peritus ernannt wurde. Während er sich in dieser Rolle auf dem Konzil v. a. Fragen des Laienapostolats widmete sowie Mitglied der Unterkommission *De vita oeconomico-sociale* bei der Redaktion von *Gaudium et spes* war, wirkte er ab 1964 in seinem Erzbistum als Pfarrer im Londoner East End. 1965 Bischof von Portsmouth, 1976 Erzbischof von Liverpool, gehörte der zunächst traditionell gesinnte W., für den das Konzil Anlass zu einem geistlichen Wandel war, zu den entscheidenden Protagonisten der Konzilsrezeption in Großbritannien. Neben seiner Mitarbeit am National Pastoral Congress 1980 sind dabei insbesondere seine Stellungnahmen zu sozialen Fragen sowie die gemeinsam mit dem anglikanischen Bischof von Liverpool David Sheppard erfolgten Impulse im Bereich der gelebten Ökumene in einer krisengeschüttelten Stadt zu nennen.

Werke: (Als Hg.:) English Bishops at the Council. The third session of Vatican II. London 1965; Parish Councils: In or Out? London 1974; (mit D. Sheppard:) Better Together. London 1988; (mit D. Sheppard:) With Christ in the Wilderness. Oxford 1990; (mit D. Sheppard:) With Hope in our Hearts. London 1994.

Literatur: **P. Hebblethwaite:** Obituary: The Independent vom 9.2.1996 (vgl. www.independent.co.uk/news/people/obituary-the-most-rev-derek-worlock-1318052.html; abgerufen 23.6.2012); **J. Furnival – A. Knowles:** Archbishop D. W. His personal journey. Foreword by Cardinal Hume. London 1998; **C. Longley:** The Worlock Archiv. Including his secret Diaries of Vatican II. London 2000; **Turbanti:** Un concilio per il mondo moderno (Register); **Oxford DNB** 60 (2004) 328–331 (V. Nichols).

MICHAEL QUISINSKY

Wright, *John Joseph,* US-amerikanischer Bischof und Kardinal, * 18.7.1909 Dorchester (Massachusetts), † 10.8.1979 Cambridge (ebd.). Nach dem Schulbesuch in Boston studierte er am St. John's Seminary in Brighton sowie als Alumne des North American College in Rom, wo er 1935 zum Priester geweiht wurde. Nach der Rückkehr in die Vereinigten Staaten lehrte er 1939–43 Theologie am St. John's Seminary, bevor er Bischofssekretär zunächst von Kardinal William O'Connell und nach dessen Tod 1944 von dessen Nachfolger Richard ↗Cushing wurde. 1947 erfolgte die Ernennung zum Weihbischof in Boston, 1950 die zum Bischof der neuerrichteten Diözese Worcester, 1959 die zum Bischof von Pittsburgh. Theologisch von John Henry Newman, Jacques ↗Maritain und Maurice Blondel geprägt, widmete er sich der Frage nach dem Verhältnis von Katholizismus und Kultur. W. machte sich einen Namen als sozial engagierter Bischof, der sich u. a. für die Überwindung der Rassentrennung einsetzte und sich innerkirchlich für die liturgische Erneuerung, die Ökumene sowie die Aufwertung der Laien aussprach. In Pittsburgh richtete er bereits vor dem Vaticanum II einen Diözesanpastoralrat ein, dem Laien, Ordensangehörige und Priester angehörten. 1960 Mitglied der vorbereitenden Theologischen Kommission, wurde W. während des Konzils Mitglied der Theologischen Kommission. Hier war er u. a. Relator des Kapitels der Kirchenkonstitution über die Laien (vgl. AS III-1, 291 f.) sowie Mitglied der Unterkommission zur Religionsfreiheit; als Vorsitzender der Unterkommission *De persona humana* und Mitglied der gemischten Kommission war er auch in die Redaktion der Pastoralkonstitution *Gaudium et spes* involviert. 1968 führte er eine Diözesansynode zur Konzilsrezeption durch. 1969 wechselte W. als Präfekt der Kleruskongregation nach Rom (zugleich Erhebung zum Kardinal), wo er, konfrontiert mit krisenhaften Erscheinungen im Verständnis des Priestertums, bewahrende theologische Positionen vertrat.

Werke: Introduction: The Church Today. The Collected Writings of Emmanuel Cardinal Suhard. Chicago 1953, XIII–XVII; Prefatory Note: J.T. Ellis: American Catholics and the Intellectual Life. Chicago 1956, 5–10; The Christian and the Law. Notre Dame (Indiana) 1962; Meditations on the Church, based on the Constitution on the Church. New York 1967; The Church: Hope of the World, hg. v. D. W. Wuerl. Kenosha 1972; Reaction of anglophone hierarchies to „Humanae vitae": Lateranum 44 (1978) 92–104; The Saints Always Belong to the Present. A Selection from the Sermons, Addresses, and Papers of Cardinal J.J. W., hg. v. R.S. Almagno. San Francisco 1985; Resonare Christum. A Selection from the Sermons, Addresses, Interviews, and Papers of Cardinal J.J. W., 3 Bde., hg. v. R. S. Almagno. San Francisco 1985–95.

Literatur: **V. A. Yzermans** (Hg.): American Participation in the Second Vatican Council. New York 1967 (Register); **Gordon Melton**: Religious Leaders, 514f.; G. Turbanti: La commissione mista per lo schema XVII-XIII: **M. Lambergts u.a.** (Hg.): Commissions Conciliaires, 217–250; **EACH** 1523–26 (S. M. DiGiovanni); **D.J. O'Brien**: When it all came together: bishop J.J. W. and the diocese of Worcester, 1950–1959: The Catholic historical review 85 (1999) 175–194; **Turbanti**: Un concilio per il mondo moderno (Register); **Scatena**: La fatica della libertà (Register).   MICHAEL QUISINSKY

Wulf, *Friedrich,* SJ (1927), deutscher katholischer Theologe und Redakteur, * 18.6.1908 Düsseldorf, † 2.5.1990 München. Von 1947–79 prägender Chefredakteur der Zeitschrift *Geist und Leben.* Dort wirkte er vor allem koordinierend und innovativ in der theologischen Erneuerung der Spiritualität der Gegenwart. Maßgebend wurden seine Beiträge für die Theologie des Ordenslebens auf dem Vaticanum II und der Würzburger Synode (1972–75). Als Berater Julius Kardinal ∕Döpfners, der als Relator wegweisende Korrekturen aus den Vorarbeiten W.s gegenüber dem ersten Entwurf des „Religiosenschemas" einbrachte, und Peritus des Rottenburger Bischofs Carl Joseph ∕Leiprecht, der Vorsitzender der Kommission zur Erstellung des Ordensdekretes *Perfectae caritatis* war, ist er als wichtiger Mitverfasser des Konziltextes und dessen profunder Interpret anzusehen. Die existentiell verstandenen Begriffe der Nachfolge, der Sendung, des Dienstes bzw. Heilsdienstes und der Gemeinschaft bringen eine bisherige statische Aufteilung von Klerikern und Laien sowie Ordens- und Nichtordenschristen in Bewegung. Das Ordensleben wird tiefer im Mysterium der Kirche verwurzelt.

Werke: Geistliches Leben in der heutigen Welt. Freiburg 1960; Einleitung und Kommentar zum Dekret über die zeitgemäße Erneuerung der Ordenlebens: LThK. E 2, 250–307; Theologische Phänomenologie des Ordenslebens: J. Feiner – M. Löhrer (Hg.): Mysterium Salutis. Grundriß heilsgeschichtlicher Dogmatik, Bd. 4/2. Einsiedeln u.a. 1973, 450–487; Gott begegnen in der Welt. Würzburg 1988.

Literatur: **L. Schulte:** Aufbruch aus der Mitte. Zur Erneuerung der Theologie christlicher Spiritualität – im Spiegel und Werk F. W.s SJ. Würzburg 1998; **ders.:** P. F. W. SJ und sein Einfluss auf Entwicklung und Rezeption des Ordensdekretes „Perfectae Caritatis": GuL 72 (1999) 212–224.

LUDGER SCHULTE

Wyszyński, *Stefan,* polnischer Bischof und Kardinal, * 3.8.1901 Zuzela (Bistum Łomża), † 28.5.1981 Warschau. Studium im Priesterseminar in Włocławek, 1924 Priester; Herausgeber der theologischen Zweimonatsschrift *Ateneum Kapłańskie,* Arbeiterseelsorger. In der Kriegszeit 1939–45 hielt sich W. in Lublin und Laski bei Warschau auf, Seelsorger der Untergrundorganisation „Armia Krajowa". 1946 Bischof von Lublin, 1948 Erzbischof von Gnesen und Warschau, 1953 Kardinal. Als Primas von Polen musste er von Anfang an zahlreiche Schwierigkeiten in der Konfrontation mit dem kommunistischen Regime bewältigen; um die Arbeit der Kirche zu erleichtern, schloss er am 14.4.1950 ein Abkommen mit der Regierung ab. Nach dem scharfen Protest gegen die Einschränkung der Handlungsfreiheit der Kirche (*Non possu-*

mus vom 8.5.1953) wurde W. am 25.9.1953 inhaftiert. Nach seiner Freilassung kehrte er 1956 nach Warschau zurück und bereitete das pastorale Programm „Große Novene" vor dem Millennium der Christianisierung Polens 1957–66 vor. Förderer des marianischen Kultus. Im September 1978 besuchte er zusammen mit Kardinal Karol Wojtyła Deutschland. 1979 empfing er diesen als Papst in Polen. 1980 unterstützte er „Solidarność" und die freien Gewerkschaften. Seligsprechungsprozess eingeleitet.

JAN KOPIEC

1962–65 nahm W. am Vaticanum II teil. Mitglied der zentralen vorbereitenden Kommission (AS I-1, 28), wurde W., der als einziger Kardinal aus dem europäischen Osten während des Konzils in Rom weilte, mit 1.455 Stimmen in die Konzilskommission über das Laienapostolat gewählt (AS I-1, 228), verzichtete aber nach seiner Ernennung zum Mitglied des Sekretariats für Außerordentliche Angelegenheiten auf seine Mitgliedschaft (GZVK 2, 49). In der Liturgiedebatte sprach er sich im Namen von 64 polnischen Bischöfen gegen Änderungen am Römischen Brevier aus (er plädierte u. a. für die Beibehaltung der lateinischen Sprache; AS I-2, 392–394). Als sich anlässlich der Debatte um das Offenbarungsschema eine neue Orientierung des Konzils abzeichnete, wandten sich am 24.11.1963 19 Kardinäle (darunter ∕Ruffini, ∕Siri, ∕Bacci und W.) in einem Brief direkt an den Papst, um die in Gang befindliche Entwicklung zu stoppen (GZVK 2, 409f.). In seinem Beitrag zu *De ecclesiae unitate* (AS II-3, 707–709) hob W. hervor, dass die Frage der Einheit aller Christen heute – v. a. angesichts eines weitverbreiteten religiösen Indifferentismus – im Interesse aller Konfessionen liege, und nahm in seinen Ausführungen Bezug auf die Enzyklika *Mystici corporis* ∕Pius' XII. In seiner Rede zum zweiten Kapitel von *De ecclesia* betonte er – mit Blick u. a. auf die Situation der Kirche in seinem Heimatland – die innere bzw. übernatürliche Verfasstheit der Kirche als mystischer Leib Christi sowie die Einwohnung des dreieinen Gottes in der Seele der Christen als „essentiale vinculum unitatis ecclesiae". Statt von der „ecclesia militans" solle man besser von der „ecclesia vivificans et sanctificans" sprechen (AS II-2, 574–577). In die Diskussion über die Bischofskonferenzen brachte er die polnischen Erfahrungen ein (AS II-5, 193–195). In einer animadversio scripta zum Marienschema wünschte er eine ausführliche Stellungnahme des Konzils zu Maria (AS II-3, 683f.); in seiner Rede zum 8. Kapitel von *De ecclesia* im Namen aller polnischen Bischöfe (AS III-1, 441–444) brachte er deren Wunsch vor, der Papst möge zusammen mit dem Konzil die Weihe des Menschengeschlechts an das Unbefleckte Herz Marias erneuern (∕Paul VI. kam diesem Wunsch am 21.11.1964 nach, wenn auch in abgewandelter Form; vgl. GZVK 4, 522). Außerdem solle Maria der Titel „Mater ecclesiae" verliehen werden und das Kapitel über Maria in der Anordnung des Kirchenschemas an zweiter Stelle erscheinen, da Maria als „Mittlerin aller Gnaden" gleichsam zwischen Gott und dem Gottesvolk (Kapitel III) stehe. In seinen Äußerungen zum Kapitel über das Wirtschafts- und Gesellschaftsleben von *De ecclesia in mundo huius temporis* übte W. Kritik am Menschenbild sowohl des Kapitalismus als auch des Kommunismus: beide lehrten einen „principatus materiae supra personam". Dem sei die Lehre vom Vorrang der menschlichen Person gegenüber der Materie entgegenzustellen. Aller ökonomische Fortschritt sei am Wohlergehen der Person zu messen (AS IV-3, 360–364; vgl. III-6, 272–275). W. befürwortete die Konzilserklärung über die Religionsfreiheit, wünschte jedoch eine klare Umschreibung der im Westen und in den vom Marxismus geprägten Ländern unterschiedlich verwendeten Begriffe Recht, Staat und Freiheit, um Fehlinterpretationen vorzubeugen (AS IV-1, 387–390). Er bestand ferner darauf, das Zugeständnis einzuschränken, das es den Staaten erlaubte, die Religionsfreiheit im Namen der Wahrung der öffentlichen Ordnung und der Sicherheit einzuschränken. Nicht ganz klar ist W.s Rolle im Zusammenhang des Briefwechsels zwischen polnischen und deutschen Bischöfen im November/Dezember 1965, der für die Aussöhnung von Polen und Deutschen eine wichtige Etappe darstellt. Obwohl kein ausgesprochener Freund der Deutschen, engagierte W. sich seit seiner ersten Begegnung mit Bischof ↗Döpfner 1957 im Dialog mit den deutschen Bischöfen und befürwortete die deutsch-polnischen Annäherungsversuche. Es dürften u. a. politische Gründe gewesen sein, die W. zur Zurückhaltung hinsichtlich der Briefidee bewogen (Kerski u. a., 29 f.). Die Worte der polnischen Bischöfe „Wir vergeben und bitten um Vergebung" riefen den Zorn des Gomułka-Regimes in Polen hervor und führten zu einer Kampagne gegen W. und die katholische Kirche. 1966 wurde Papst Paul VI. anlässlich der Millenniumsfeierlichkeiten der Christianisierung Polens die Einreise verweigert. In den folgenden Jahren stagnierten die deutsch-polnischen Kirchenbeziehungen – bis sie durch die neue Ostpolitik der sozial-liberalen Regierung Brandt und den Warschauer Vertrag auf eine neue Basis gestellt wurden (ebd., 46–50).

Literatur: **A. Micewski:** Kardynał W., prymas i mąż stanu. Paris 1982 (deutsch Mainz 1990); **H. Stehle:** Der Briefwechsel der Kardinäle W. und Döpfner im deutsch-polnischen Dialog von 1970/71: Vierteljahrshefte für Zeitgeschichte 31 (1983) 536–554; **P. Madajczyk:** Annäherung durch Vergebung. Die Botschaft der polnischen Bischöfe an ihre deutschen Brüder im Hirtenamt vom 18. November 1965: Vierteljahrshefte für Zeitgeschichte 40 (1992) 223–240; **J. Grootaers:** I Protagonisti del Vaticano II. Cinisello Balsamo 1994; **M. Romaniuk:** Życie, twórczość i posługa prymasa tysiąclecia, 2 Bde. Warschau 1994–98; **BBKL** 14, 259–261 (K. Karski); **E. Piotrowski:** s. v.: Religion in Geschichte und Gegenwart, 4. Aufl., hg. v. H. D. Betz u. a., Bd. 8. Tübingen 2005 (mit Verweis auf neuere polnische Literatur); **B. Kerski u. a.:** „Wir vergeben und bitten um Vergebung". Der Briefwechsel der polnischen und deutschen Bischöfe von 1965 und seine Wirkung. Osnabrück 2006.   CLEMENS CARL

Yu Bin (Yü Pin), *Paul,* chinesischer Bischof und Kardinal, * 1901 Lanxi (Heilongjiang), † 16.8.1978 Rom. Getauft 1913. 1919 ging er in das Kleine Seminar von Jilin, studierte dann an der Aurora-Universität in Shanghai. 1925 folgte das Studium in Rom, 1928 Dr. phil. und 1929 Dr. theol.; 1928 Priester. 1933 promovierte er in Perugia in Ökonomie. Nach seiner Rückkehr nach China war Y. Leiter der Katholischen Aktion, Sekretär des Nuntius und Professor an der Fu-Jen-Universität, 1934 Hauptinspektor der katholischen Schulen in China und 1936 Apostolischer Vikar von Nanjing. 1937 ging Y. mit der Guomindang-Regierung nach Chongqing, wo er 1938–49 Mitglied des Politischen Rates wurde. 1944 zum Apostolischen Administrator von Jiating und 1946 zum Erzbischof von Nanjing ernannt. Nach 1949 wirkte er in den USA und auf Taiwan. Im Auftrag des Papstes gründete er 1962 die Katholische Fu-Jen-Universität in Taipei. 1969 wurde Y. als zweiter Chinese (nach Thomas ∕Tian Gengxin) zum Kardinal ernannt. Er gilt als eine der angesehensten katholischen Persönlichkeiten Chinas im 20. Jahrhundert, war Dr. h.c. mehrerer Universitäten und erhielt auf Taiwan einige Denkmäler. ROMAN MALEK

Y. nahm an allen Sitzungsperioden des Vaticanum II teil und war Mitglied der Kommission für das Laienapostolat (AS I-1, 88). Im Zusammenhang mit der Arbeit am Schema XIII gehörte er der Subkommission über die Kultur an (GZVK 5, 458). Y. plädierte u. a. für den uneingeschränkten Gebrauch der Muttersprache in der missa cum populo (AS I-2, 128f.), für die Wiederherstellung des Ständigen Diakonats (AS II-2, 430–432), für eine stärkere Betonung der Rolle der Laien bei der Evangelisierung und das intensive Studium der einheimischen Sprache und Kultur durch die Missionare (AS II-3, 565f.; IV-4, 215f.; I-2, 766), für einen wahrhaft ökumenischen, die ganze Menschheit umfassenden Geist und eine ausführlichere Behandlung der nichtchristlichen Religionen (AS II-5, 832f.; vgl. II-2, 205), für eine Ergänzung des Schemas *De episcopis* um ein Kapitel zur Funktion des Bischofskollegiums und zur Kurie (AS II-4, 546f.), für die kirchliche Anerkennung und das Eintreten für den Schutz der Rechte der unabhängig gewordenen Kolonien (AS I-4, 599f.) und ein eigenes Kapitel zum Kommunismus in der Pastoralkonstitution (AS III-5, 378f.).

Literatur: Who's Who in Modern China. Hongkong 1954; Biographical Dictionary of Republican China, Bd. 4. New York–London 1971, 66f.; **Zhang Zhendong:** Theo-logos and anthropo-logos in the thought of P. Cardinal Y.: Zhexue yu wenhua 15 (1988) 506–517 (chinesisch); **J. Kung:** The Late Cardinal Y.P. and Chinese Culture: ebd. 638–648 (chinesisch); **Liu Shunde:** The merits of His Eminence P. Cardinal Y.P. for the restitution of Fu Jen Catholic University in Taipei: Vox cleri 1992, n. 314, 19–22 (chinesisch); **A.S. Lazzarotto:** I vescovi cinesi al concilio: Fattori – Melloni (Hg.): Experience, Organisations and Bodies, 67–86.

REDAKTION

Z

Žak, *Franz,* österreichischer Bischof, * 30.7.1917 Niederedlitz, † 18.1.2004 Wien. Eltern aus Südböhmen, zweisprachig; ab 1937 Studium der Theologie in St. Pölten, 1940 Einberufung zur Wehrmacht, 1945 Verwundung an der Ostfront, 1947 Priester, 1951 Studium des Kirchenrechts an der Gregoriana in Rom; 1956 Koadjutor mit Nachfolgerecht von St. Pölten, 1961 Tod Bischof Memelauers, seines Vorgängers; während des Vaticanum II wohnhaft in der Anima; am Konzil bei allen Sessionen anwesend, in Erscheinung getreten in Bezug auf die Liturgie (AS I-2, 150: de communione sub utraque), die Kollegialität der Bischöfe (AS II-2, 898f.: de collegialitate episcoporum; AS II-5, 20–22: de episcoporum coadjutoribus et auxiliaribus; dieses Votum mit scharfer Schlussbemerkung) und Fragen der Ökumene (AS III-2, 808f.) (vgl. auch Ž.s „Konzils-Notizen"). Die Umsetzung des Konzils als für ihn prägendes Ereignis nahm er energisch in die Hand. 1972 Diözesansynode, 1969–85 zugleich Militärvikar, 1991 Rücktrittsgesuch als Diözesanbischof, Kritik an seinem Nachfolger in der „Causa Groër".

Werke: Dignitäten und Kapitel in den ehemaligen Kollegiatsstiften der Diözese St. Pölten. Eine rechtsgeschichtliche Abhandlung. St. Pölten 1987; Festpredigt im Dom (200 Jahre Theologiestudium in St. Pölten): Hypolytus. Neue Folge 17 (1991) 4–7; Das Konzil, Ende und Anfang: Festschrift zum 75. Geburtstag von Heinrich Fasching, hg. v. T. Aigner u. a. St. Pölten 2004, 76–99; „Konzils-Notizen". Tagebuchaufzeichnungen von Bischof Dr. F. Ž. während des Zweiten Vatikanischen Konzils, hg. v. H. Fasching. St. Pölten 2005.

Literatur: **H. Ströbitzer:** F. Ž. Bischof einer Zeitenwende. St. Pölten 1987; **Gatz B 1945,** 536–539 (F. Schragl).   DAVID NEUHOLD

Zauner, *Franz Sales,* österreichischer Bischof, * 11.12.1904 Grieskirchen, † 20.2.1994 Linz. Studium in Rom (1925–32); 1931 Priester, 1942–46 Lehrbeauftragter für Kirchenrecht in Linz, 1946–50 Professor für Kirchenrecht ebd., 1946–49 Seminarregens, 1949–55 Bischofskoadjutor mit Recht der Nachfolge und ab 1951 mit den Fakultäten eines Residentialbischofs, 1956–80 Bischof von Linz, 1980–82 Apostolischer Administrator der Diözese Linz. Konsequenter Auf- und Ausbau der Katholischen Aktion (ab 1950). Z. forcierte den Kirchenbau und die Errichtung von Pfarrzentren. Als Referent für Liturgie in der Österreichischen Bischofskonferenz gab er der liturgischen Entwicklung entscheidende Impulse. Z. übte Einfluss aus auf die Endfassung der Konstitution *Sacrosanctum Concilium.* Der Umsetzung des Konzils in der Diözese diente v. a. die Synode 1970–72.

RUDOLF ZINNHOBLER

1960 wurde Z. in die liturgische Vorbereitungskommission des Vaticanum II berufen (AS I-1, 35) und 1962 mit 2.231 Voten in die entsprechende Konzilskommission gewählt (AS I-1, 86). ↗Paul VI. ernannte ihn 1964 zum Mitglied des Consilium ad exsequendam Constitutionem de sacra Liturgia und 1968 zum Mitglied der Ritenkongregation.

Konzilsbeiträge: AS I-2, 151–154.

Literatur: **M. Lengauer:** F. S. Z.: R. Zinnhobler (Hg.): Die Bischöfe von Linz. Linz 1985, 319–367; **R. M. Wiltgen:** Der Rhein fließt in den Tiber. Feldkirch 1988 (Register); **H. Hollerweger:** F. S. Z. – ein Motor der Liturgischen Bewegung: Heiliger Dienst 8 (1994) 91–96; **R. Zinnhobler:** Bischof F. S. Z.s Appell vom 2.12.1954 an Papst Pius XII. in Fragen der Volksliturgie: Neues Archiv für die Geschichte der Diözese Linz 13 (1999/2000) 12–21; **Gatz B 1945,** 330–332 (R. Zinnhobler); **R. Zinnhobler:** Das Bistum Linz. Seine Bischöfe und Generalvikare. Linz 2002.   REDAKTION

Ziadé, *Ignace,* libanesischer Bischof (Maroniten), * 26.1.1906 Harharaya (Libanon), † 31.3. 1994 Beirut. 1929 Priester, 1946–50 Bischof von Aleppo; 1952–86 Erzbischof von Beirut. Auf dem Vaticanum II Mitglied der Kommission für die orientalischen Kirchen. In seinen Interventionen trat Z. u. a. für eine Aufwertung der Bischöfe wie der

Laien sowie für das Amt des Diakons ein. Er sprach sich für eine stärker pneumatologisch akzentuierte Ekklesiologie aus und betonte die Rolle der Auferstehung für eine christliche Anthropologie. Seit 1969 Konsultor der Kommission für die Revision des Kirchenrechts, plädierte er aufgrund des – seiner Meinung nach – latinisierenden Effekts eines eigenen orientalischen Kirchenrechts für einen einzigen *Codex Iuris Canonici,* der die allen katholischen Kirchen gemeinsamen Grundprinzipien enthalten und unter Aufwertung der Ortskirchen die „Einheit in Verschiedenheit" (ders. 1966, 94) und damit auch die Versöhnung mit den „orthodoxen Schwesterkirchen" (ebd.) fördern sollte.

Werke: Orientale (Messe): Dictionnaire de Théologie Catholique, Bd. 11. Paris 1932, 1434–87; Syrienne (Église): Dictionnaire de Théologie Catholique, Bd. 14. Paris 1941, 3017–88; Note sur la nécessité d'un unique code de droit canonique dans l'Église catholique: L'Orient syrien 11 (1966) 91–98; Monseigneur Pierre Dib (1881–1965): Melto 3 (1967) (= Mélanges Mgr Pierre Dib) 1–23; Monseigneur Pierre Dib. Recteur du Collège Saint-Basile à Strasbourg: ebd., 25–33.

Literatur: **GZVK** (Register); www.catholic-hierarchy.org/bishop/bziade.html (abgerufen: 5.9.2012).

MICHAEL QUISINSKY

Zimmermann, *Josef,* deutscher Bischof, * 19.3.1901 Langwied (Oberbayern), † 29.12. 1976 Augsburg. 1926 Priester, 1927 Kaplan in Neu-Ulm, 1928 in Kempten, 1931 hauptamtlicher Religionslehrer in Kempten, 1939 Pfarrer in Stoffen, 1941 in Kissing, 1946 hauptamtlicher Religionslehrer und Hausgeistlicher im Mädchengymnasium und Franziskanerinnenkloster Maria Stern in Augsburg-Göggingen, 1952 Domkapitular, Ernennung zum Weihbischof, Bezirks- und Diözesanpräses der Kolpingfamilie, 1955–69 Landespräses der katholischen Männergemeinschaften in Bayern, 1959 Ernennung zum Dompropst. Z. lag die Männerseelsorge besonders am Herzen. Aufgrund seiner unprätentiösen Art und persönlichen Bescheidenheit war er bei den Gläubigen sehr beliebt. Z. nahm von 1962–65 am Vaticanum II teil. Seit 1963 verfasste Z. für das Augsburger *Ulrichsblatt* wöchentlich Briefe aus Rom, in denen er über die Sitzungen des Konzils und über persönliche Erlebnisse Bericht erstattete. 1966 erschienen diese Briefe in Buchform, erweitert um Wochenberichte für das Jahr 1962, die auf Tagebuchnotizen beruhten.

Werke: Erlebtes Konzil. Briefe vom Zweiten Vatikanischen Konzil 1962–1965. Augsburg 1966.

Literatur: KNA – Sonderdienst zum Zweiten Vatikanischen Konzil Nr. 28/65, 13; **P. Rummel:** Die Augsburger Bischöfe, Weihbischöfe und Generalvikare vom 17. Jahrhundert bis zum 2. Vatikanischen Konzil (1598–1963): Jahrbuch des Vereins für Augsburger Bistumsgeschichte 24 (1990) 25–114: 83f.; **Gatz B 1945,** 60 (P. Rummel).

GUIDO TREFFLER

Zoa, *Jean,* kamerunischer Bischof, * 1922 Provinz Lekié, † 20.3.1998 Yaoundé. Taufe 1930, Priester 1950, Studien in Rom, 1953 Dr. theol. Nach der Rückkehr nach Kamerun Seelsorge, 1958 Directeur diocésain des Œuvres im Erzbistum Yaoundé, dort 1961 Erzbischof. Während des Vaticanum II Mitglied der Missionskommission sowie der Unterkommission „Zeichen der Zeit" im Rahmen der Redaktion von *Gaudium et spes.* Führend beteiligt an der Entstehung der gesamtafrikanischen Bischofskonferenz Panafricaine épiscopale, die 1969 in der SECAM (Symposium of Episcopal Conferences of Africa and Madagascar) aufging. 1963 erster Vorsitzender der Bischofskonferenz von Kamerun. Zahlreiche Aktivitäten zur Konzilsrezeption in seiner Erzdiözese, u. a. Diözesansynode 1980. Theologisch dachte er v. a. von der Schöpfung und der christlichen Anthropologie her. Z. bemühte sich in Verbindung zur Weltkirche um eine theologisch wie institutionell autochthone Prägung seiner Ortskirche wie der Kirche Afrikas, wobei er den Begriff der metanoia dem der Inkulturation vorzog. In ökonomisch und politisch delikater Situation trat er für Demokratie und sozialen Fortschritt ein. Seine Teilnahme an der Bischofssynode zu Afrika 1994 war geprägt von einer heilsgeschichtlichen Deutung der Geschichte des afrikanischen Menschen, die diesen zu Zuversicht und Engagement ermutigt.

Werke: Nomen novum. Inquisitio exegetica de Novitate christiana. Rom 1953; Pour un nationalisme chrétien au Cameroun. Yaoundé 1957; Mystique chrétienne du travail. Yaoundé 1960; Évangélisation et coopération entre les Églises: R. Giacomelli (Hg.): Entretien avec l'Église. Paris 1979, 27–32.

Literatur: **G. Conus:** L'Église d'Afrique au Concile Vatican II. Immensee 1975; **Noël:** Gli incontri: Fattori – Melloni (Hg.): L'evento e le decisioni, 95–133; **J.-P. Messina:** J. Z. Prêtre, archevêque de Yaoundé. Paris 2000; ders.: Évêques africains au concile Vatican II (1959–1965). Le cas du Cameroun. Paris 2000; **Turbanti:** Un concilio per il mondo moderno (Register); **J. P. Messina – J. van Slaageren** (Hg.): Histoire du christianisme au Caméroun des origines à nos jours. Approche œcuménique. Paris 2005; **A. Bwidi Kitambala:** Les Évêques d'Afrique et le Concile Vatican II. Paris 2010 (Register).

MICHAEL QUISINSKY

Zoghby, *Elias,* ägyptischer griechisch-katholischer Bischof, * 9.12.1912 Kairo, † 16.1. 2008 Libanon. Nach Studium in Jerusalem 1936 Priester. Z. lehrte 1936–41 arabische Literatur am Priesterseminar Sainte Anne in Jerusalem und war als Pfarrer in Kairo tätig. 1954 Bischof und Patriarchalvikar für Alexandrien, Kairo und den Sudan. Während des Vaticanum II trat Z. mit elf Interventionen als einer der führenden ostkirchlichen Konzilsväter hervor, der sich neben ökumenischen ekklesiologischen Fragen, u. a. dem Verständnis von Katholizität, auch pastoralen Chancen (Laienapostolat) und Herausforderungen (Ehescheidung) widmete. 1967 Erzbischof von Baalbek, nachdem er aus Protest gegenüber der Annahme des Kardinalats durch Patriarch ↗Maximos IV. Sayegh von seinem bisherigen Amt zurückgetreten war. Hintergrund der Kritik Z.s waren seine ökumenischen Überzeugungen, die später zu weitreichenden Vorschlägen führten, v. a. in der sogenannten „Z.-Initiative" von 1995, in der Z. für eine Einheit der griechisch-katholischen und griechisch-orthodoxen Kirche von Antiochia unter Anerkennung des päpstlichen Primats in der Gestalt des ersten Jahrtausends eintrat.

Werke: Le Concile du Vatican II et l'unité chrétienne: Le Lien 28 (1963) n° 1, 1–13; Uniatisme et œcuménisme. Beirut 1963; La deuxième session du Concile: Le Lien 29 (1964) n° 1, 1–22; En marge du Concile: Le Lien 29 (1964) n° 3, 1–11; Einheit und Mannigfaltigkeit der Kirche: Baraúna (Hg.): De Ecclesia 1, 453–473; Den zerrissenen Rock flicken … Wie lange wollen Katholiken und Orthodoxe noch warten? Paderborn 1984; Le catéchisme universel projeté par le Synode extraordinaire des évêques, envisagé du point de vue culturel et pastoral: Conc 208 (1985) 103–109; Mémoires. Un évêque „peu commode", dit-on. Paris 1992.

Literatur: L'Église grecque melkite au Concile. Beirut 1967 (vgl. nunmehr auch www.melkite.org/faith/faithworship/introduction (abgerufen: 6.9.2012); **A. Panfili:** La Chiesa melkita cattolica al Concilio Ecumenico Vaticano II: Studi e richerche sull'Oriente christiano 11 (1988) 163–177 und 12 (1989) 23–52; **S. Shofany:** The Melkites at the Vatican Council. Contribution of the Melkite Prelates to Vatican Council II on the Renewal of Moral Theology. Bloomington (Indiana) 2005; Proche-Orient Chrétien 58 (2008) 358; **R. A. Karim:** L'initiative d'union de Mgr É. Z.: Le Lien 61 (2008) 76–107; **A. E. Kattan:** s. v.: Personenlexikon Ökumene, 244f.

MICHAEL QUISINSKY

Stichwort- und Abbildungsverzeichnis[1]

Adam, François-Nestor
* Agagianian, Gregor Petrus
Alberigo, Giuseppe
Aleksij Simanskij
Alfaro, Juan
* Alfrink, Bernard
Aloisi Masella, Benedetto
Anawati, Georges Chehata
Ancel, Alfred
Angerhausen, Julius
Antoniutti, Ildebrando
Arrighi, Jean-François Mathieu
Arrupe, Pedro
Athenagoras I.
Aufderbeck, Hugo

Baaken, Heinrich
* Bacci, Antonio
Backes, Ignaz
Balić, Karlo
Baudoux, Maurice
* Baum, Gregory
Baumann, Richard
* Bea, Augustin
Bekkers, Wilhelmus Marinus
Bélanger, Marcel
* Benedikt XVI.
* Bengsch, Alfred
Benoît, Pierre
Beran, Josef
Berkouwer, Gerrit Cornelis
Berto, Victor Alain
Betti, Umberto
Bevilacqua, Giulio
Blanchet, Émile
Bluyssen, Johannes Wilhelmus
Boegner, Marc
Bolte, Adolf,
Borovoj, Vitali
Botte, Bernard
Boulard, Fernand
Boyer, Charles
Brechter, Heinrich Suso
Brinktrine, Johannes
* Browne, Michael
Buchkremer, Joseph Ludwig
* Bueno y Monreal, José Maria
Bugnini, Annibale

Bukatko, Gabrijel
Butler, Christopher Basil

Cabana, Georges
Caggiano, Antonio
Calewaert, Karel Justinus
* Câmara Pessôa, Hélder
Camelot, Pierre-Thomas
Carbone, Vincenzo
* Cardijn, Jozef
Carinci, Alberto
Carinci, Alfonso
Carli, Luigi Maria
Carraro, Giuseppe
Castro-Mayer, Antonio de
Cauwelaert, Jan van
Cento, Fernando
Cerfaux, Lucien
Charrière, François
Charue, André-Marie
Chenu, Marie-Dominique
Ciappi, Mario Luigi
* Cicognani, Amleto Giovanni
* Cicognani, Gaetano
Ciriaci, Pietro
Cleven, Johann Wilhelm
Colombo, Carlo
Compagnone, Enrico Romolo
Confalonieri, Carlo
* Congar, Yves
Corbon, Jean
Cottier, Georges
Cullmann, Oscar
* Cushing, Richard James

D'Amato, Cesario
* D'Souza, Eugene Louis
Daem, Jules Victor
Daniélou, Jean
De Kesel, Leo Karel
De Proença Sigaud, Geraldo
De Smedt, Emiel-Jozef
Dearden, John Francis
Dell'Acqua, Angelo
Denis, Henri
Deschâtelets, Léo
Dhanis, Édouard
Dillenschneider, Clément

---

1 Den mit * gekennzeichneten Personenartikeln ist eine Abbildung beigegeben (© Bildarchiv Herder).

Dirks, Marianne
* Döpfner, Julius
Dossetti, Giuseppe
Doumith, Michael
Dumont, Christophe-Jean
Dumoulin, Heinrich
Duprey, Pierre
Duval, Léon-Étienne
Dwyer, George Patrick

Edelby, Neophytos
* Ehrle, Gertrud Elisabeth
Elchinger, Léon-Arthur
Emanuel, Isidor Markus
Enciso Viana, Jesús
Enrique y Tarancón, Vicente
Etchegaray, Roger

Feiner, Johannes
Felici, Pericle,
Feltin, Maurice
Fenton, Joseph-Clifford
Ferche, Joseph
Fernández Alonso, Aniceto
Fesquet, Henri
Fischer, Balthasar
Fittkau, Gerhard
Fleig, Paul
Florit, Ermenegildo
Forer, Heinrich
Franić, Frane
Frénaud, Georges
Freundorfer, Joseph
* Frings, Josef
Frisque, Jean
Frotz, Augustinus

Gagnebet, Marie-Rosaire
Galli, Mario von
Gargitter, Joseph
Garofalo, Salvatore
Garrone, Gabriel-Marie
Gauthier, Paul
Ghattas, Isaac
* Gilroy, Norman Thomas
Glazik, Josef
Glorieux, Achille
Glorieux, Palémon
Gnädinger, Karl
Godfrey, William
Goldie, Rosemary
Gonçalves Cerejeira, Manuel
González Martín, Marcelo
Gouyon, Paul
Graber, Rudolf

* Gracias, Valerian
Griffiths, James Henry Ambrose
Grillmeier, Alois
Grimshaw, Francis Joseph
Guano, Emilio
Guillemin, Suzanne
Guitton, Jean
Gülden, Josef
Gut, Benno

Hakim, Georges
Hallinan, Paul John
Hamer, Jérôme
Hänggi, Anton
Häring, Bernhard
Hasler, Joseph
Haubtmann, Pierre
Heenan, John Carmel
Heinzelmann, Gertrud
Helmsing, Charles Herman
* Hengsbach, Franz
Henríquez Jiménez, Luis Eduardo
Hermaniuk, Maxim
Heuschen, Jozef Maria
Hiltl, Josef
Himmer, Charles-Marie
Hirschmann, Johannes Baptist
Hoeck, Johannes Maria
Höfer, Josef
Höffner, Joseph
Hofmann, Antonius
Horton, Douglas
Hünermann, Friedrich
* Hurley, Denis
Hürth, Franz

Isaac, Jules

Jaeger, Lorenz
Janssen, Heinrich Maria
Janssens, Jean-Baptiste
* Jedin, Hubert
Jiménez Urresti, Teodoro Ignacio
* Johannes XXIII.
Johannes Paul I.
Johannes Paul II.
Journet, Charles
Jubany Arnau, Narcisio
* Jungmann, Josef Andreas

Kampe, Walther
Karrer, Otto
Kaufmann, Ludwig
Keegan, Patrick
Kempf, Alfons

Kempf, Wilhelm
Klostermann, Ferdinand
Kominek, Bolesław
* König, Franz
Köstner, Joseph
Krol, John Joseph
* Küng, Hans

Labourdette, Marie-Michel
Lambert, Bernard
* Landázuri Ricketts, Juan
Landersdorfer, Simon Konrad
Lanne, Emmanuel
Larraín Errazuriz, Manuel
* Larraona, Arcadio María
László, Stefan
Laurentin, René
Le Bourgeois, Armand
Le Guillou, Marie-Joseph
Lécuyer, Joseph
Lefebvre, (Charles-)Joseph
Lefebvre, Marcel
* Léger, Paul-Émile
Leiprecht, Carl Joseph
Lengeling, Emil Joseph
Lenhardt, Johannes
* Lercaro, Giacomo
Leven, Stephen Aloysius
Liégé, Pierre-André
* Liénart, Achille
Lindbeck, George
Loë, Walter von
Lokuang, Stanislaus
* Lombardi, Riccardo
* Lommel, Léon
Lorscheider, Aloísio
* Lubac, Henri de
Luciani, Albino / Johannes Paul I.
Lücker, Maria Alberta
Luke Tobin, Mary
Lusseau, Henri

Maccarrone, Michele
Macheiner, Eduard
* Malula, Joseph Albert
Marella, Paolo
* Maritain, Jacques
Maron, Gottfried
Martelet, Gustave
Martimort, Aimé-Georges
Martin, Joseph
Marty, François
* Maximos IV. Sayegh

McGrath, Marcos Gregorio
* McGuigan, James-Charles
McIntyre, James Francis
McShea, Joseph Marc
Meinhold, Peter
Mejía, Jorge María
Ménager, Jacques
* Meyer, Albert Gregory
Moeller, Charles
Monnet, Marie-Louise
Montini, Giovanni Battista / Paul VI.
Morcillo González, Casimiro
Mörsdorf, Klaus
Murphy, Francis Xavier
Murray, John Courtney

Nabaa, Philippe
Nau, Paul
Neuhäusler, Johannes
Neuner, Josef
Nissiotis, Nikos
Nordhues, Paul
Norris, James Joseph
O'Connor, Martin John
Oberman, Heiko Augustinus
Oesterreicher, Johannes
Olivier, Bernard
Onclin, Willy
* Ottaviani, Alfredo

Pachowiak, Heinrich
Pangrazio, Andrea
Parente, Pietro
Pascher, Joseph Maria
* Paul VI.
Pavan, Pietro
Pellegrino, Michele
Pelletier, Georges-Léon
Philippus a Sanctissima Trinitate
* Philips, Gerard Gustaaf Alfons[2]
Pietsch, Leo
Piolanti, Antonio
Pironio, Eduardo Francisco
Pius XII.
* Pizzardo, Giuseppe
* Pla y Deniel, Enrique
Plate, Manfred
Pocock, Philip Francis
Podipara, Joseph Placid
Pohlschneider, Johannes
Prignon, Albert
Primeau, Ernest John

---

2 Abbildung: © Archiv P. Fransen, Centre for the Study of the Second Vatican Council, Katolieke Universiteit Leuven.

Prou, Jean
Provenchères, Charles de

Quiroga y Palacios, Fernando

* Rahner, Karl
Reetz, Benedikt
Reuß, Josef Maria
Rigaux, Béda (Désiré)
Rintelen, Friedrich
Riobé, Guy-Marie
Ritter, Joseph Elmer
* Rohracher, Andreas
Roncalli, Angelo Guiseppe /Johannes XXIII.
Rondet, Henri
Rousseau, Joseph
Roy, Maurice
Rudloff, Johannes von
Rudloff, Leo von
* Ruffini, Ernesto
* Rugambwa, Laurean
Rupp, Jean
Rusch, Paulus
Rynne, Xavier /Murphy, Francis Xavier

Salaverri, Joaquín
Sanschagrin, Albert
Santos, Rufino Jiao
Schauf, Heribert
* Schäufele, Hermann
Schick, Eduard
* Schillebeeckx, Edward
* Schlink, Edmund
Schmaus, Michael
Schmidt, Carl
Schmidt, Wilhelm
Schmitt, Paul-Joseph
Schmitz van Vorst, Josef
Schneider, Josef
Schnitzler, Theodor
Schoiswohl, Joseph
Schräder, Bernhard
Schröffer, Joseph
Schürmann, Heinz
Schütte, Johannes
Schutz, Roger
Scrima, André
Sedlmeier, Wilhelm
Seeber, David
Semmelroth, Otto
* Šeper, Franjo
Seumois, André
* Sheen, Fulton John
Shehan, Lawrence Joseph
* Silva Henríquez, Raúl

* Siri, Giuseppe
Skydsgaard, Kristen Ejner Buhl
Slipyj, Josyf
Smulders, Pieter Frans
Spadafora, Francesco
* Spellman, Francis Joseph
Splett, Carl Maria
Spülbeck, Otto
Staffa, Dino
Stakemeier, Eduard
Stangl, Josef
Stein, Bernhard
Stimpfle, Josef
Stohr, Albert
Stourm, René
Straaten, Werenfried van
Stransky, Thomas
Streiff, Jean
Streng, Franziskus von
* Suenens, Léon-Joseph

Tappouni, Ignace Gabriel
* Tardini, Domenico
Tenhumberg, Heinrich
Testa, Gustavo
Teusch, Joseph
Theissing, Heinrich
Thils, Gustave
Thomas, Elisabeth
Thurian, Max
* Tian Gengxin, Thomas
Tillard, Jean-Marie Roger
* Tisserant, Eugène
Tomášek, František
* Tromp, Sebastian
Tucci, Roberto

Urbani, Giovanni

Valeri, Valerio
Vallainc, Fausto
Valon, Sabine de
Van den Eynde, Damien
Veronese, Vittorino
Veuillot, Pierre(-Marie-Joseph)
Villot, Jean
Vischer, Lukas
* Visser 't Hooft, Willem Adolf
Vodopivec, Janez
* Volk, Hermann
Vonderach, Johannes

Waeyenbergh, Honoré Marie Louis van
* Wagner, Johannes
Weber, Jean-Julien

Wechner, Bruno
Wehr, Matthias
Weinbacher, Jakob
Welykyj, Athanasius Gregorius
Wenger, Antoine
Willebrands, Johannes Gerardus Maria
Witte, Johannes
Wittler, Helmut Hermann
Wojtyła, Karol / Johannes Paul II.
Worlock, Derek
Wright, John Joseph

Wulf, Friedrich
* Wyszyński, Stefan

* Yu Bin, Paul

Žak, Franz
Zauner, Franz Sales
Ziadé, Ignace
Zimmermann, Josef
Zoa, Jean
Zoghby, Elias